ARCHIEPISCOPAT
et
ELECTORATUS
MOGUNTINUS
ut et
COMITATUS
UTERQ. CATIMELIBOCENS.
WERTHEIMENSIS ERPACENS.
aliæq. insertæ et confines Regiones
accuratißime delineatæ
per
TOB. CONRADUM LOTTER
CHALCOGR. ET
GEOGR. AUG.
ELECTORAT
ASCHAFFENBURG
SELIGENSTAT
MILTENBERG
PRÆF. ORBA
COMITATUS REINECK
REINECK
ALLNFELD
NEUDENAU
Krautheim
Bischofsheim
Walldürn
Buchen
Wertheim
Erpach
Hanau
Orba

D1872273

FRIEDHELM JÜRGENSMEIER · DAS BISTUM MAINZ

BEITRÄGE ZUR MAINZER KIRCHENGESCHICHTE

Herausgegeben von

FRIEDHELM JÜRGENSMEIER

1. Band

DIE BISCHOFSKIRCHE
SANKT MARTIN ZU MAINZ

herausgegeben von
Friedhelm Jürgensmeier

2. Band

Friedhelm Jürgensmeier
DAS BISTUM MAINZ

Friedhelm Jürgensmeier

DAS BISTUM MAINZ

Von der Römerzeit
bis zum II. Vatikanischen Konzil

VERLAG JOSEF KNECHT · FRANKFURT AM MAIN

CIP-Titelaufnahme der Deutschen Bibliothek

Jürgensmeier, Friedhelm:
Das Bistum Mainz: von d. Römerzeit bis zum II. Vatikan.
Konzil / Friedhelm Jürgensmeier. – 1. Aufl. – Frankfurt am Main: Knecht, 1988
(Beiträge zur Mainzer Kirchengeschichte; Bd. 2)
ISBN 3-7820-0570-8
NE: GT

ISBN 3-7820-0570-8

1. Auflage 1988. Alle Rechte vorbehalten. Printed in Germany.
© 1988 by Verlag Josef Knecht · Carolusdruckerei GmbH., Frankfurt am Main
Satz: Fotosatz Otto Gutfreund, Darmstadt
Druck und Bindung: Wiesbadener Graphische Betriebe GmbH, Wiesbaden

INHALTSVERZEICHNIS

Gottesmutter, Glasfenster in Fritzlar, St. Peter

VORWORT

Das heute relativ kleine Bistum Mainz hat eine lange und bedeutungsvolle Tradition. Erste Christen im mittelrheinischen Raum gab es bereits im 2. Jahrhundert. Bischof Irenäus von Lyon erwähnt sie in seiner Schrift „Gegen die Häretiker". Genauere Spuren lassen sich jedoch erst vom 4. Jahrhundert an verfolgen. Die Kirche von Mainz nahm Strukturen an, sie war bischöflich organisiert, die Grenzen des Bistums wurden erkennbar. Im 7. und 8. Jahrhundert, in der letzten Phase der fränkischen Landnahme, wurde aus dem Randbistum des Reiches ein strategisch wichtiger Knotenpunkt. Mit der Bedeutung der Stadt Mainz wuchs das Ansehen des Bischofssitzes, dem erste wichtige Schenkungen zuflossen. Daß jedoch der „Heilige Stuhl von Mainz, besondere Tochter der römischen Kirche" die hervorragende Stellung gewann, die ihm seit dem 8. Jahrhundert als Erzbistum und ranghöchster Metropolitansitz für mehr als ein Jahrtausend gegeben war, hatte seine Ursache nicht zuletzt in den Leistungen und dem Ansehen von Winfrid-Bonifatius (gest. 754), dem ersten Erzbischof in Mainz. Die Kirchenprovinz Mainz erstreckte sich seit dem 10. Jahrhundert vom rätischen Chur in den Alpen bis zur Elbe, vom alamannischen Straßburg bis nach Böhmen und Mähren. Erzbischof Willigis (gest. 1011) schuf diesem großen kirchlichen Gebilde im Mainzer Dom ein geistiges Zentrum. Auch wurde unter ihm der Mittelrhein die „maxima vis imperii", die kraftvolle Achse des Reiches, und der Erzstuhl die „Metropolis Germaniae", wie es in zeitgenössischen Quellen hieß.

Die Inhaber dieser „Sancta Sedes Moguntina" waren zugleich höchste Reichsfürsten. Seit dem 13. Jahrhundert zählten sie zum erlauchten und privilegierten Kreis der sieben Kurfürsten, denen es oblag, den Römischen König bzw. Kaiser zu wählen. Seit dieser Zeit bauten die Mainzer Oberhirten den erzbischöflichen Besitz zu einem geistlichen Territorium aus, dessen Landesherren sie schließlich wurden.

Das Erzstift Mainz, zwar zerstückelt und sehr bizarr in seiner äußeren Gestalt, überstand relativ ungeschmälert die durch die Reformation bedingten Veränderungen. Nicht so Erzbistum und Kirchenprovinz, beide mußten hohe Verluste hinnehmen. Nach den Wirren des Dreißigjährigen Krieges (1618–1648) konnte sich der Mainzer Kirchensprengel erneut festigen und innerlich erstarken. Nach 150 Jahren kam jedoch sein Ende. Die französischen Revolutionskriege, Napoleons Verfügungen und die Säkularisation löschten das Mainzer Erzbistum und den Kurstaat aus. Ein neues, jetzt viel kleineres Bistum Mainz mußte ab 1827 im Großherzogtum Hessen-Darmstadt seinen neuen Weg finden. Persönlichkeiten wie Bischof Wilhelm Emmanuel von Ketteler (gest. 1877) halfen ihm dabei. Heute hat der Mainzer Kirchensprengel wieder Gestalt und Profil gewonnen. Die Leistungen insbesondere auch seiner Oberhirten sind anerkannt und werden über die Grenzen des Bistums gewürdigt.

Ganz anders ist es mit der großen Vergangenheit und Geschichte der annähernd 1800 Jahre alten „Kirche von Mainz". Für viele scheint sie eine weithin unbekannte Größe zu sein. Dazu hat sicherlich beigetragen, daß bisher lediglich die kurz gefaßte „Mainzer Kirchengeschichte" von Adam B. Gottron, 1950 als Neuauflage des Büchleins „S. Sedes Moguntina – kurzer Abriß der Mainzer Kirchengeschichte“ von Josef Selbst (1892) erschienen, Kunde über das Werden und Wachsen, das Auf und das Ab des Mainzer Kirchensprengels einem größeren Publikum bot. Dabei hatte die Erforschung der Mainzer Kirchengeschichte schon früh eingesetzt. In fünf Bänden brachte 1604 der Jesuit Nikolaus Serarius die Geschichte der Mainzer Kirche und ihrer Erzbischöfe heraus. Sie wurde zwischen 1722 und 1727 von Georg Christian Joannis in drei Foliobänden, versehen mit vielen Zusätzen und Ergänzungen, erneut ediert. Vieles davon griff Franz Werner auf, als er, wiederum in drei Bänden, zwischen 1827 und 1836 den „Dom zu Mainz und seine Denkmäler“ veröffentlichte. In drei Foliobänden hatte schon im 18. Jahrhundert Stephan Alexander Würdtwein (gest. 1796) die Mainzer Kirchengeschichte vorstellen wollen, ein Unternehmen, das scheiterte, weil der gelehrte Rechtshistoriker und Weihbischof in der damals geplanten „Germania Sacra“ damit für Mainz einen zu umfassenden Raum beanspruchte. Um so zahlreicher sind die Mainzer Quellensammlungen, die Würdtwein zum Druck brachte.

Mit den Arbeiten von Serarius und Joannis sind sie wertvoller Bestand, aus dem bis heute Einzeluntersuchungen schöpfen. Detailforschungen zur Mainzer Geschichte nahmen vor allem wieder nach dem Zweiten Weltkrieg zu. Viele Phasen und Persönlichkeiten konnten dadurch historisch neu aufgearbeitet werden. Dennoch ist nicht zu verkennen, daß in bezug auf die Mainzer Kirchen- und Profangeschichte noch vieles einer gründlichen Erforschung bedarf.

Um dem Leser, der an der wechselvollen Geschichte des Heiligen Stuhles von Mainz und seiner lange Zeit so bedeutenden Stellung in Kirche und Reich interessiert ist, die Möglichkeit einer umfassenderen Information in die Hand zu geben, wurde der vorliegende Band „Das Bistum Mainz von der Römerzeit bis zum II. Vatikanischen Konzil“ geschrieben. Er kann und will nur erste Hinführung sein. Auf Anmerkungen wurde bewußt verzichtet. Mit Hilfe der jedem Abschnitt beigefügten Literatur ist jedoch der historische Beweisgang nachzuvollziehen und eine vertieftere Behandlung der historischen Problematik möglich.

Am Zustandekommen des Buches haben mehrere mitgeholfen. Ihnen allen gilt mein Dank. Zu ihnen zählen vor allem meine Mitarbeiterinnen im „Institut für Mainzer Kirchengeschichte“ Frau A. Bornheimer, Frau G. Hart und insbesondere Frau OStR. R. E. Schwerdtfeger, die nicht nur die Literatur und die Register zusammenstellte, sondern auch eine stets aufmerksame wissenschaftliche Gesprächspartnerin war.

Aufrichtiger Dank gilt überdies der geschätzten Bistumsleitung, die durch einen Druckkostenzuschuß die Veröffentlichung dieses Bandes förderte.

Möge das Buch hinlenken auf „die ehrwürdige Mainzer Kirche, eine besondere Säule des Reiches und reich bedacht mit Ehren und Freiheiten“.

Mainz, am Fest des heiligen Martin 1987 — Friedhelm Jürgensmeier

I. „GEHET HIN IN ALLE WELT ...“

Das Bistum in römischer und fränkischer Zeit

1. Das Christentum am Mittelrhein in römischer Zeit

Die frühesten christlichen Zeugnisse

Als Petrus am ersten Pfingstfest in der Kraft des Heiligen Geistes öffentlich verkündete, daß der gekreuzigte Jesus von Gott auferweckt und durch Gottes Rechte erhöht ist (Apg 2,32–33), hörten ihn „in Jerusalem fromme jüdische Männer aus allen Völkern unter dem Himmel“ (Apg 2,5). Die Frohe Botschaft wurde von ihnen aufgenommen und „bis an die Grenzen der Erde“ weitergetragen.

Das Christentum schickte sich an, das Römische Reich für den Glauben an Jesus, den Christus und Kyrios, und seine Ideale zu gewinnen. Gemeinden bildeten sich in Palästina, Syrien, Kleinasien, Griechenland, in Ägypten, in Nordafrika und in Italien. Vor allem in den Städten fand das Evangelium seine Anhänger. Rom, die Hauptstadt des Weltreiches, hatte schon eine christliche Gemeinde, bevor die Apostel Petrus und Paulus hier wirkten und in der Verfolgung unter Kaiser Nero (54–68) für ihren Glauben das Martyrium erlitten. Das hohe Ansehen der Apostelfürsten und die Stellung Roms als Metropole des Reiches gaben der dortigen Christengemeinde bald in der gesamten Christenheit größte Autorität.

In seiner Schrift „Adversus haereses“ (Gegen die Häretiker) bezog der aus Smyrna in Kleinasien stammende Bischof Irenäus von Lyon (177/178–um 200) Rom in seinen Beweisgang ein, als er um 180 in seiner Auseinandersetzung mit dem Gnostizismus die Tradition und die apostolische Sukzession als Normen für die Orthodoxie herausstellte und die Glaubensgleichheit seiner gallischen Gemeinde mit den großen Apostelgründungen nachwies. Das bedeutende literarische Dokument für die Entfaltung der frühchristlichen Großkirche enthält eine Bemerkung, die einen schmalen Lichtstreifen in das ansonsten tiefe Dunkel der Frühphase des Christentums am Rhein fallen läßt.

Im 10. Kapitel von Buch I. stellt Irenäus die „Kirche als Trägerin der Wahrheit“ dar. Dazu schreibt er: „Wenngleich es auf der Welt verschiedene Sprachen gibt, so ist doch die Kraft der Überlieferung ein und dieselbe. Die in Germanien gegründeten Kirchen glauben und überliefern nichts anderes als die in Spanien oder bei den Kelten, die im Orient oder in Ägypten, die in Libyen oder in der Mitte der Welt.“

Dieses Zeugnis des Bischofs von Lyon beweist, daß bereits in der zweiten Hälfte des 2. Jahrhunderts das Christentum bis an den mittleren und unteren Rhein vorgedrungen war, denn hier lagen die von Irenäus erwähnten römischen Provinzen „Germania superior“ und „Germania inferior“, seit der Reichsreform unter Kaiser Diokletian (284–305) unter Neuumschreibung der Grenzen „Germania prima“ und „Germania secunda“ geheißen. Ihre Hauptorte waren das um 14 v. Chr. zum großen Militärzentrum ausgebaute Mainz und Köln. Wie sich das Christentum in der römischen Welt ausbreitete, entzieht sich weithin der historischen Kenntnis.

Irenäus selbst ist Zeuge dafür, daß die Lehre Christi vom Osten her besonders früh in den unteren Rhônebereich gelangt war. Lyon und Vienne wurden hier erste wichtige Zentren. Beide Christengemeinden waren 177 bereits so stark, daß es zu einer Massenerregung gegen sie kommen konnte, die mehr als 40 Christen das Leben kostete. Selbst solche Anfeindung und der hohe Blutzoll vermochten die Lebensfähigkeit der Gemeinden nicht zu erschüttern. In den Norden des Reiches dürfte das Evangelium vor allem den Weg über die „Agrippa" genommen haben, die große römische Heer- und Verkehrsstraße die Rhône hinauf und dann durch das obere Moseltal nach Trier und weiter nach Köln. Von Trier führte auch eine Verbindung über den Hunsrück nach Bingen und Mainz. Ebenso wichtig waren die Straßen von Metz in östlicher Richtung nach Speyer und Worms und rheinabwärts bis Mainz.

Die ersten Glaubensboten im Mosel-Rhein-Gebiet sind weniger unter den Soldaten als unter den Händlern aus dem östlichen Mittelmeerraum und den gallischen Handwerkern zu suchen. Diese Christen kamen und lebten so unauffällig, daß sie der Nachwelt kaum literarische oder archäologische Spuren hinterließen. Dem früheren wissenschaftlichen Versuch, bestimmten Zeichen oder Graffiti auf Ton- oder Steinfragmenten eine christliche Deutung zu geben, steht die jüngere historische Forschung eher reserviert gegenüber. Das schließt jedoch nicht aus, daß interessante Terra sigillata-Funde aus dem Bereich des Mainzer Domes mit Kreuz- oder X bzw. IX (= Jesus Christus)-Einritzungen dennoch Hinweise auf vorkonstantinische christliche Stadtbewohner sein könnten.

Die zahlenmäßig nicht großen Gruppen der frühen Christen in den Ortschaften links des Rheins wurden vermutlich vor der 2. Hälfte des 3. Jahrhunderts nicht von Bischöfen geleitet. Trier, Kaiserstadt, Metropole von Belgica I und auch erster Bischofssitz, sieht wohl mit Recht in Eucharius und Valerius, beide dem 3. Jahrhundert zuzuordnen, seine ersten Bischöfe. Historisch belegt ist der 314 an der Synode von Arles teilnehmende Trierer Bischof Agritius. Mitglied der gleichen Kirchenversammlung war auch Bischof Maternus. Mit ihm beginnt die lange Reihe der Kölner Oberhirten.

Die ersten Bischöfe von Mainz und der benachbarten Munizipalität Worms hießen Martinus (Marinus) und Victor. Beide werden 342/343 im Zusammenhang mit der Synode von Sardika (Sofia) genannt. Wenn Mainz in Listen des 10. und 11. Jahrhunderts als ersten Bischof den Paulusschüler Crescenz für sich in Anspruch nahm, dann geschah das noch mit der gleichen Absicht und lediglich auf Legenden basierenden Geschichtlichkeit, mit der Trier aus dem Bischof Eucharius des 3. Jahrhunderts einen Petrusschüler machte. Beide Bischofssitze wollten als Gründung von Apostelschülern größere Bedeutung und höhere Rechte für sich beanspruchen.

Die ersten Bischöfe von Mainz

Die Lehre des Priesters Arius (ca. 260–336) aus Alexandrien, der die wahre Gottheit Jesu Christi leugnete, stürzte die Kirche des 4. Jahrhunderts in Verwirrung und Bedrängnis. Zwar hatte das von Kaiser Konstantin (305–337) nach Nikaia einberufene 1. Ökumenische Konzil 325 die Wesensgleichheit des ewigen Gottessohnes

Jesus Christus mit Gott, dem Vater, definiert und die orthodoxe Lehre im Nicänischen Glaubensbekenntnis festgelegt. Doch einige Jahre später hatte Bischof Eusebius von Nikomedien (gest. 341/342), wie Arius Schüler des Exegeten und Märtyrers Lukian von Antiochien (gest. 312), den berühmten Ossius von Cordoba (gest. 357/358) als Berater des Kaisers ablösen und Konstantin für einen gemäßigten Arianismus gewinnen können. Energischster und kompromißlosester Kämpfer für die Orthodoxie war damals der 328 zum Bischof von Alexandrien gewählte Athanasius (um 295–373). Ihn vermochten 335 Eusebius und seine arianisch gesinnten Freunde abzusetzen. Athanasius mußte auf Geheiß des Kaisers nach Trier in die Verbannung. Die arianischen Glaubensstreitigkeiten waren damit bis an den Nordrand des römischen Imperiums gedrungen. Nach dem Tode Konstantins konnte Athanasius 337 in seine Bischofsstadt zurückkehren, mußte aber bereits 339 erneut dem Druck seiner mächtigen Feinde weichen. Er fand in Rom bei Julius I. (337–352) Hilfe und Unterstützung. Dem Papst gelang es, die Konstantinsöhne Konstantius II. (337–361) und Konstans I. (337–350) für die Einberufung einer Einigungssynode in Sardika zu gewinnen.

Unter Führung von Bischof Ossius trafen hier 342/343 etwa 300 westliche Bischöfe mit 78 Bischöfen des Ostreiches zusammen. Der Streit um die Position von Bischof Athanasius nahm solche Ausmaße an, daß fast alle östlichen Bischöfe die Kirchenversammlung verließen. Daraufhin rehabilitierten die zurückgebliebenen Konzilsväter Bischof Athanasius, sie setzten einige seiner führenden bischöflichen Gegner ab und exkommunizierten sie als Arianer. Erneut bestätigten sie die Lehraussagen der 318 Väter des Konzils von Nikaia.

Zu den gallischen Bischöfen, die diese Verfügungen und Entscheidungen durch ihre Unterschrift bekräftigten, gehörten auch Victor von Worms und der Mainzer Bischof Martinus (Marinus). Dafür spricht eine Handschrift aus dem 8. Jahrhundert, die das Protokoll der umstrittenen Kölner Synode von 346 überliefert. Bei dieser Versammlung von 14 gallischen Bischöfen, deren Beschlüssen sich weitere 10 Bischöfe anschlossen, ging es erneut um das Problem des Arianismus, der nach Sardika in eine Kirchenspaltung auszuufern drohte. Im konkreten Fall betraf es Bischof Euphrates von Köln, der damals von den Mitbischöfen als Leugner der wahren Gottheit Christi verurteilt worden sein soll. Auf einer dem Protokoll beigefügten Namensliste, die als echt eingestuft wird, unterschrieb ein persönlich nicht in Köln anwesender Bischof Martinus von Mainz als erster die Beschlüsse der Synode.

Im ältesten hagiographischen Denkmal des Rheinlandes, der „Vita Maximini" aus der 2. Hälfte des 8. Jahrhunderts, taucht für das gleiche Jahr 346 der Name eines Bischofs Martinus auf. Der Legende nach soll Bischof Maximin von Trier (gest. 346 in Poitiers) in Begleitung ebendieses Mainzer Bischofs nach Rom bzw. in seine Heimat Aquitanien gereist sein.

Sicher ist, daß ab der Mitte des 4. Jahrhunderts die christliche Gemeinde der römischen civitas Moguntiacensium unter episkopaler Leitung stand. Dafür sprechen die historisch-literarischen Befunde, die für Mainz einen Bischof Martinus (Marinus) nennen, dafür sprechen überdies die gallischen Vorschriften und die erneute Anordnung der Synode von Sardika, nach der jede civitas Sitz eines Bischofs sein sollte. Ein weiteres wichtiges Zeugnis für die episkopale Leitung ist die um 358 entstandene Schrift des Bischofs Hilarius von Poitiers (ca. 315–367/68)

„Über die Synoden oder über den Glauben der Orientalen". Hilarius, gleich dem Bischof Paulinus von Trier (gest. 358) wegen seiner antiarianischen Einstellung von Konstantius II., dem seit 350 alleinregierenden Kaiser, nach Phrygien verbannt, schrieb dieses Werk im Exil und widmete es „den geliebten und seligen Brüdern und Mitbischöfen der ersten und der zweiten germanischen Provinz, wie auch denen der ersten und zweiten belgischen".

Unsicher bleiben jedoch Namen und Regierungszeiten der Bischöfe im römischen Mainz. Die vom 10. bis zum 14. Jahrhundert entstandenen Bischofslisten liegen in zehn verschiedenen Fassungen vor. Auffallend ist, daß der Name Martinus nur einmal genannt wird, und zwar in der späten Liste der „Miracula Aurei et Iustinae" des Benediktinermönches Sigehard von St. Alban aus dem 13. Jahrhundert. Alle anderen Kataloge sprechen von einem Bischof Marinus, den sie in der Reihe der Bischöfe vor Aureus (um 451) an erster, zweiter oder auch vierter Position einordnen. Umstritten bleibt, ob diese Namensverschiedenheit eher zufällig ist oder ob sie im Zusammenhang mit dem St. Martinus-Patrozinium der Domkirche steht. Die bisher älteste Mainzer Bischofsliste wurde zwischen 919 und 923 unter Erzbischof Heriger (913–926) zusammengestellt. Sie hält Aureus für den ersten Bischof von Mainz. Da es sich bei diesem aber mit großer Wahrscheinlichkeit um jenen Aureus handelt, der 451 beim verheerenden Hunnensturm unter Attila (gest. 453) auf Mainz ums Leben kam, war Aureus kaum der erste, vielmehr einer der letzten römischen Bischöfe von Mainz.

Fast alle Bischofslisten nennen Sophronius/Suffronius. Sein griechischer Name deutet ebenso wie ein bei St. Alban gefundenes christliches Grabsteinfragment mit griechischer Inschrift auf den hellenistischen Einfluß hin, der in Trier, Köln und Mainz bemerkbar war. Die Namen Bothadus/Podartus und Riuthardus/Ruthardus, die in Bischofslisten noch vor Aureus auftauchen, nennen wohl kaum Bischöfe aus römischer Zeit. Theomast oder Theonest wird als Mainzer Bischof angesehen, obwohl er in den Bischofslisten nicht zu finden ist. Nach Gregor von Tours (538/539–594/595) floh Bischof Theomast 406 vor den anrückenden Vandalen aus Mainz und ging nach Innergallien. In Poitiers soll er gestorben sein. Der möglicherweise letzte römische Bischof von Mainz war Maximus. Mit ihm beginnt aber jenes schier undurchdringliche historische Dunkel, das sich bald nach 451 für fast ein Jahrhundert über Mainz und die Germania prima legte.

Erste Kirchenbauten

Kaiser Konstantin erkannte die Bedeutung der christlichen Lehre und der kirchlichen Organisation für die römische Reichseinheit und protegierte ab 313 (Mailänder Edikt) die verfolgte Kirche. Wie das gesamte Römische Reich, schickte sich auch das vornehme Trier an, christlich zu werden. Durch die jüngere archäologische und historische Forschung konnte der Nachweis erbracht werden, daß die Trierer Bischofskirche in konstantinischer Zeit auf kaiserlichen Palastanlagen errichtet worden war. Die südliche Basilika, älteste Vorgängerin von Liebfrauen, war bereits um 321 fertiggestellt.

Die Veränderungen in der kaiserlichen Residenzstadt, nach Rom die bedeutendste Metropole des Weströmischen Reiches, blieben nicht ohne Auswirkungen auf

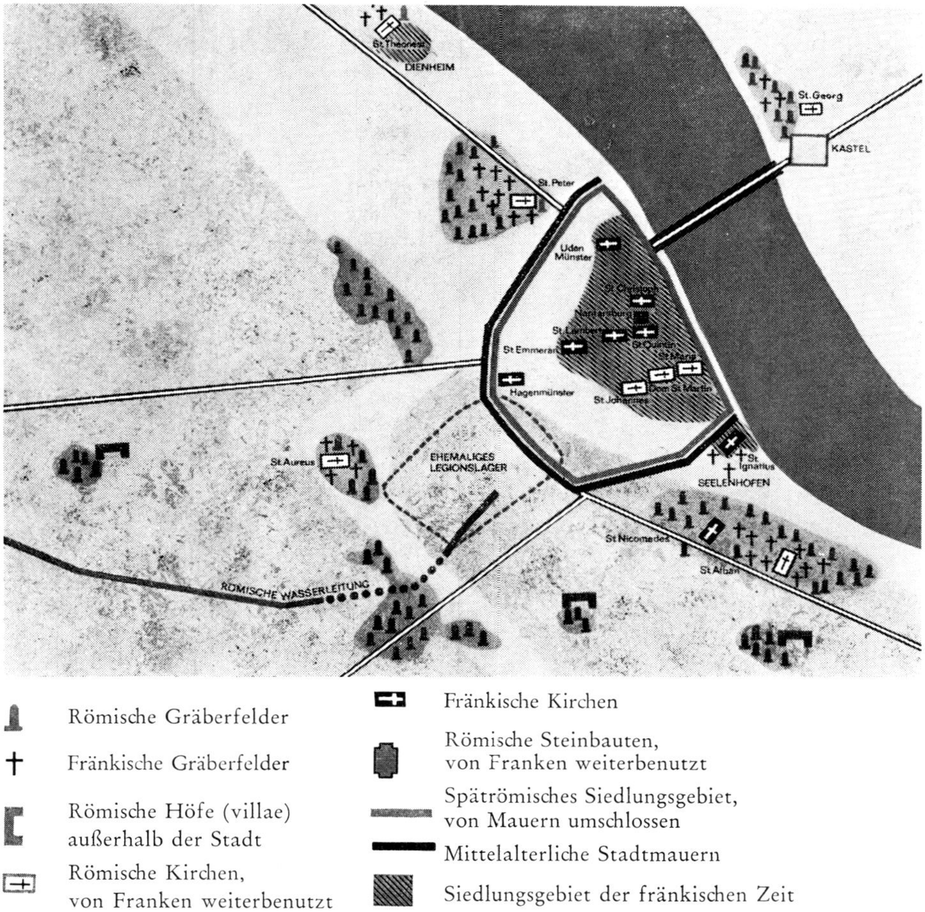

Mainz in römischer und fränkischer Zeit

Mainz, das seit der Neuordnung von Heer und Verwaltung durch Kaiser Diokletian (gest. 313 oder 316) nicht mehr vornehmlich Garnisonsstandort, sondern Sitz der hohen militärischen und zivilen Kommando- und Verwaltungsorgane geworden war. In dieser Stadt, die im 4. Jahrhundert durch die Abtragung des großen Römerlagers auf dem Kästrich und durch die Fertigstellung einer vier Kilometer langen Stadtmauer auch ihr äußeres Erscheinungsbild änderte, begann sich das Christentum zu festigen und zu etablieren. Die Zahl der Christen mehrte sich, die Gemeindestruktur wurde besser organisiert und durch die Einrichtung eines Bischofssitzes geordneter und straffer. Man baute die für das liturgische und gottesdienstliche Leben notwendigen Kirchen.

Ähnlich wie Trier wird auch Mainz eine „domus episcopalis", eine Bischofskirche, um 340/345 errichtet haben. Obwohl die Straßenführung des römischen Mainz nicht exakt bekannt ist, läßt sich die erste christliche Kathedralkirche relativ sicher lokalisieren. Sie lag nahe der Kreuzung der Straße, die vom Kästrich, die

Gaugasse hinab, am römischen Tiermarkt (Schillerplatz) vorbei zum Rhein und zur Rheinbrücke nach Kastel führte, und dem Straßenzug, der den Dimesserort, wohlhabendes Handelszentrum mit galloromanischer Kaufmannsbevölkerung im Bereich des heutigen Zollhafens, mit dem Amphitheater und den Ausfallstraßen am heutigen Südbahnhof verband, und zwar über die Wallaustraße, die uralte Schustergasse und die Augustinerstraße hinweg. Vieles spricht dafür, daß sich an dieser wichtigen Kreuzung im damals immer größer und bedeutender werdenden zivilen Siedlungskomplex ein heidnischer heiliger Bezirk befand. In diesem Gebiet zwischen dem Westwerk des heutigen Domes und der unter Erzbischof Bardo (1031–1051) als Stift gegründeten heutigen evangelischen St. Johanneskirche wird der Dombezirk gelegen haben. Wie bei den meisten ältesten Bischofskirchen dürfte auch ein Baptisterium und eine Maria geweihte Katechumenenkirche im heiligen Bezirk errichtet worden sein.

Es ist nicht anzunehmen, daß die Bischofskirche das älteste christliche Gotteshaus in Mainz war. Vermutlich hatten die frühen römischen Christen einen liturgischen Versammlungs- und Gebetsraum bei der großen Begräbnisstätte im Heiligen Tal (Zahlbachtal) unterhalb des Lagers.

Zu den ältesten Mainzer Kirchen gehören St. Peter, wohl bald nach der Errichtung der stadtnäher gelegenen 948 erbauten Stiftskirche St. Peter verfallen, St. Clemens, 1341 nicht mehr bekannt, und St. Theonest, 791 erstmals erwähnt und 1595 endgültig beseitigt. Sie lagen im Bereich der nördlichen Vorstadt, d. h. im oder beim Dimesserort. Diese Hafen- und Händlersiedlung ist wohl die Keimzelle des christlichen Mainz. Die Gemeinde wuchs so stark, daß sie im 4. Jahrhundert offensichtlich eine provozierende Auseinandersetzung mit dem Heidentum wagen konnte: Es waren vermutlich die Christen des Dimesserortes, die jene für das Heil Kaiser

Neros zwischen 59 und 67 errichtete „Jupitersäule" in fast 2000 Stücke zerschlugen. Die zahlenmäßige Stärke der Gemeinde spricht für die Vermutung, daß wenigstens die eine oder andere der frühmittelalterlichen Kirchen auf römische Ursprünge zurückgeht. So auch eventuell die spätere St. Viktorkirche in der römischen Siedlung Weisenau oder die St. Georgskirche im rechtsrheinischen, der Stadt vorgelagerten Römerkastell, in das die Legende den Tod des Soldatenmärtyrers und ersten bekannten Heiligen von Mainz, St. Ferrutius, verlegt.

Die sichersten Spuren aus römischer Zeit hat die Kirchen- und Klosteranlage von St. Alban zwischen Mainz und Weisenau oberhalb des heutigen Stadtparks hinterlassen. Christliche Bestattungen auf diesem Gräberfeld, das die Römer im 1. Jahrhundert n. Chr. anlegten, lassen sich vom 4. bis ins 7. Jahrhundert nachweisen.

Das berühmteste Grab ist das des heiligen Alban. Nach den im 11. Jahrhundert entstandenen Legenden – dem „Martyrologium des Hrabanus Maurus" und der von Mönch Gozwin (gest. um 1080) verfaßten „Passion des hl. Alban" – erlitt der Heilige 406 beim Einfall der Alanen und Vandalen das Martyrium nahe dem Dimesserort und wurde im Gräberfeld südlich der Stadt beigesetzt. Hier wurde bald nach 413 die einschiffige, rechteckige 50 mal 100 römische Fuß (= 14,6 mal 29,6 Meter) große St. Albans-Basilika gebaut, ein imposantes Bauwerk „in bester spätrömischer Mauertechnik", das wie kein anderes Monument der Stadt die christliche Tradition vom römischen Mainz in die fränkische Zeit hinüberrettete.

Kirchliches Leben

Vom christlichen und kirchlichen Leben im römischen Mainz sind nur wenige Nachrichten überliefert. Aussagen lassen sich daher am ehesten über den Vergleich mit anderen Kirchengemeinden machen. Vieles spricht dafür, daß Mainz im 4. Jahrhundert bereits eine zahlenmäßig starke Christengemeinde besaß. Das Umland dagegen nahm nur zögernd das Christentum an. Wie die christlichen Stadtgemeinden im Gesamtreich standen die Mainzer Christen spätestens seit dieser Zeit unter der Leitung eines Bischofs. Dessen Zuständigkeit erstreckte sich auch auf das Umland. Ihm werden, wie überall, Priester, Diakone und andere Gehilfen beigegeben gewesen sein. Von ihnen wissen wir fast gar nichts. Um so wertvoller ist ein in Bingen 1908 gefundener Grabstein aus dem 5. Jahrhundert, der Aetherius, dem bislang frühesten inschriftlich bekannten Priester an Rhein und Mosel, gesetzt wurde.

Die Formen des kirchlichen und liturgischen Lebens werden denen von Lyon, Poitiers oder Trier ähnlich gewesen sein, Christengemeinden, mit denen Mainz in enger Verbindung stand. Langsam traten die griechischen Elemente zugunsten der lateinischen zurück.

Über Bischof Athanasius von Alexandrien gelangte im 4. Jahrhundert die Kenntnis vom ägyptischen Mönchtum nach Trier. Daß es dort Nachahmer fand, ergibt sich aus den „Bekenntnissen" des heiligen Augustinus: Er berichtet von dort lebenden Einsiedlern, deren Vorbild der Mönchsvater Antonius (251/252–356/357) war. An gleicher Stelle spricht Augustinus auch von Frauen in Trier, die sich „der Jungfräulichkeit geweiht" hätten. Es ist nicht ausgeschlossen, daß diese frühen Ansätze eines monastischen oder gottgeweihten Lebens auch im römischen Mainz bekannt und praktiziert wurden, doch mehr als Spekulation ist darüber nicht möglich.

Daß der Arianismusstreit Auswirkungen bis nach Mainz hatte, ist bekannt. Ob jedoch der mit seiner gnostisch geprägten asketischen Sonderauffassung vom Christentum in Südgallien erfolgreiche Spanier Priscillianus die Mainzer Oberhirten beeinflussen konnte, ist ungewiß. Seine und seiner sechs Gefährten Verurteilung und Hinrichtung wegen Magie und Häresie durch den kaiserlichen Usurpator Maximus 384/385 in Trier hat in Mainz sicher ähnliche Unruhe ausgelöst wie in Gallien, Mailand und Rom.

Mit dem Ende der mehrhundertjährigen Herrschaft der Römer in Germanien und Gallien, das durch die Überfälle der Alamannen, Vandalen und Hunnen ab der 2. Hälfte des 4. Jahrhunderts historische Wirklichkeit wurde, kam auch das Ende des römischen christlichen Mainz.

Fränkische Landnahme und Verfall des Römischen Reiches

Die Wanderbewegung der germanischen, slawischen und asiatischen Völker brachte in der ausgehenden Antike einen tiefgreifenden Wandel der politischen und gesellschaftlichen Verhältnisse, die 476 zum endgültigen Zerfall des Weströmischen Reiches führten.

Lange konnten Mainz und die im linksrheinischen Hinterland gelegenen Kastelle den Angriffen trotzen. Das änderte sich 368, als Alamannen unter der Führung von Rando in Mainz eindrangen. Nach einem Bericht des römischen Geschichtsschreibers Ammianus Marcellinus (gest. um 400) überraschten sie Christen während eines feierlichen Gottesdienstes und schleppten Männer und Frauen als Sklaven fort. Im folgenden Jahr ließ Kaiser Valentimian I. (364–375) den Rhein, „den berühmten Schutzwall des Römischen Reiches gegen die wilden Völker“ (Ambrosius von Mailand, gest. 397), erneut militärisch sichern. Der kleine rechtsrheinische Brückenkopf vor Mainz mit Türmen in Kostheim, Schierstein und Steinheim bei Niederwalluf brachte jedoch wenig Schutz.

Im rechtsrheinischen Gebiet bedrängten germanische Franken die Alamannen und übernahmen nach der Niederlage des Alamannenfürsten Makrian um 380 die Herrschaft an der Lahn und in der Wetterau. 406 kam es nördlich des Mains zwischen fränkischen Stämmen und aus Noricum und Rätien stammenden Vandalen zu schweren kriegerischen Auseinandersetzungen. Dabei sollen an die 20 000 Vandalen gefallen sein. Nur mit Hilfe von Alanen gelang es den Vandalen, sich in Richtung Rhein abzusetzen. Dabei schlossen sich ihnen noch Sueben an. Gemeinsames Ziel dieser Völker war der Einbruch ins Römische Reich. Geführt von dem Vandalen Gunderich konnten sie genau zum Jahreswechsel 406/407 die römische Rheinbrücke erstürmen und Mainz erobern, plündern und verwüsten.

Dieses Ereignis erschütterte damals die römische Welt bis in den fernen Osten des Reiches. Um 409 schrieb von Bethlehem aus der mit Trier und dem römischen Rheingebiet gut vertraute heilige Hieronymus (um 347–420) der ihm befreundeten Galloromanin Ageruchia, das vornehme Mainz sei erobert und zerstört worden, „in der Kirche habe man viele tausend Menschen“ niedergemacht. Die Zahlenangabe, wenngleich nicht wörtlich zu nehmen, weist auf eine großgewordene

christliche Gemeinde hin. Sie begann, erneut aufblühend, 413 mit dem Bau der St. Albanskirche.

Die endgültige Vernichtung der römischen Stadt Mainz konnte trotz der militärischen Erfolge des römischen Feldherrn und Staatsmannes Aetius Flavius nur hinausgezögert werden. Er hatte 436 mit Hilfe der Hunnen die um Worms angesiedelten Burgunder geschlagen und verdrängt. Auch gelang es ihm, den Rhein 446 noch einmal zur Reichsgrenze zu erklären. Dann stürmte Attila mit seinem großen Heer die Nordgrenze. 451 drangen die Hunnen über den Rhein, sie nahmen Mainz, raubten es aus und zerstörten die Stadt. Der Überlieferung nach erlitten bei dieser Katastrophe Bischof Aureus und seine Schwester Justina das Martyrium. Mit Unterstützung der Franken und Westgoten besiegte Aetius Flavius noch im gleichen Jahr Attila auf den Katalaunischen Feldern bei Troyes. Das hätte die abermalige Rettung Galliens sein können, doch die Ermordung des Aetius 454 ließ die römische Reichsverteidigung der gallischen und germanischen Provinzen endgültig zusammenbrechen. Wenig später traten die Franken das Erbe der Römer an. Mainz stand ab etwa 456 unter fränkischer Herrschaft. Auch das weite Umland an Rhein, Selz, Nahe, Glan und Pfrimm wurde von den Franken genommen und besiedelt.

Das Schicksal des christlichen Mainz bleibt in dieser Frühphase der fränkischen Landnahme ebensosehr im dunkeln wie das etwa der christlichen Römergemeinden in Bingen, Kreuznach und Alzey, deren erste Kirchen im Bereich der römischen Kastelle lagen. Das politische und religiöse Leben war zwar nicht gänzlich ausgelöscht, doch vermochte es sich kaum noch zu regen. Neue Lebendigkeit konnte sich erst knapp hundert Jahre später zeigen.

2. Das fränkische Bistum

Neubeginn unter Bischof Sidonius (gest. 580)

Für das Werden und die Geschichte des christlichen Abendlandes war es von größter Bedeutung, daß die Franken im 5. Jahrhundert das Christentum in der katholischen Form annahmen und nicht, wie die anderen germanischen Stämme, in der Form des Arianismus.

Engere Kontakte zur christlichen Religion hatten sie nach der eigentlichen Landnahme gefunden, die mit dem Zusammenbrechen der Römerherrschaft am Rhein und in Gallien einsetzte. Mainz wurde 456 von jenem fränkischen Stamm erobert, der im Raum von Weser, Lippe, Ruhr und Niederrhein beheimatet gewesen war und bei Köln ins linksrheinische Gebiet eindrang. Von den gleichen Franken wurde 459 Köln und 475 Trier endgültig genommen. Noch zerfiel das Frankengebiet in mehrere Kleinkönigtümer. Bischof Gregor von Tours spricht in seiner „Frankengeschichte" von den Königtümern in Cambrai, Tournai und Köln, Sitz der Francia Rinensis. Das Kerngebiet lag in Innergallien. Erst Chlodwig (gest. 511), der Sohn des in Tournai residierenden Königs Childerich (gest. um 482), schaffte es, das Großreich der Franken zu gründen. 486 vermochte er Syagrius, den letzten römischen Machthaber in Gallien, vernichtend zu schlagen und das Gebiet der Franken bis zur Loire auszudehnen. Er machte zunächst Soissons, dann Paris zu seinem Herrschaftssitz. Unter ihm nahmen die Franken das Christentum an.

Chlodwig legte nach der siegreich verlaufenen Schlacht gegen die Alamannen Weihnachten 498 oder 499 vor Bischof Remigius von Reims (gest. 533) das katholische Glaubensbekenntnis ab und ließ sich taufen. Sicher standen hinter dieser Entscheidung, der sich die fränkischen Großen anschlossen, politische Überlegungen. Doch ebenso mitbestimmend war der positive Einfluß, den der gallische Episkopat auf die Franken ausübte. Hohes christliches Ethos, Anhänglichkeit an die mit Rom verbundene petrinisch-apostolische Tradition, Antiarianismus und Verwaltungstalent zeichneten die zur Oberschicht gehörenden galloromanischen Bischöfe des 5. und 6. Jahrhunderts aus.

Der Sieg über die Alamannen, die aus dem Elsaß und über Worms und Speyer hinaus in den Süden zurückgedrängt wurden, eröffnete den Merowingern neue Expansionsmöglichkeiten. Den arianischen Westgoten entrissen sie bis 507 die südgallischen Gebiete bis zur Garonne, bis 511 beseitigten sie rücksichtslos fast alle fränkischen Teilfürstentümer. Köln, Trier und Mainz wurden Teile des Merowingerreiches.

Kurz vor seinem Tod rief Chlodwig 511 die Bischöfe seines Herrschaftsgebietes zum ersten merowingischen Reichskonzil in Orléans zusammen, um kirchliche Strukturen zu schaffen bzw. neu zu organisieren. Die Durchsetzung der Konzilsbeschlüsse im Osten des Reiches übernahmen seine Nachfolger Theuderich I. (511–534) und Theudebert I. (534–548). Mit der Durchführung der Verordnungen beauftragten sie bevorzugt aquitanische Kleriker, so in Trier Bischof Nicetus (gest. 561) und in Mainz Bischof Sidonius.

Wann Sidonius aus seiner Heimat im Rhône-Loire-Gebiet nach Mainz kam, um hier die im 5. Jahrhundert unterbrochene christliche Tradition und kirchliche Or-

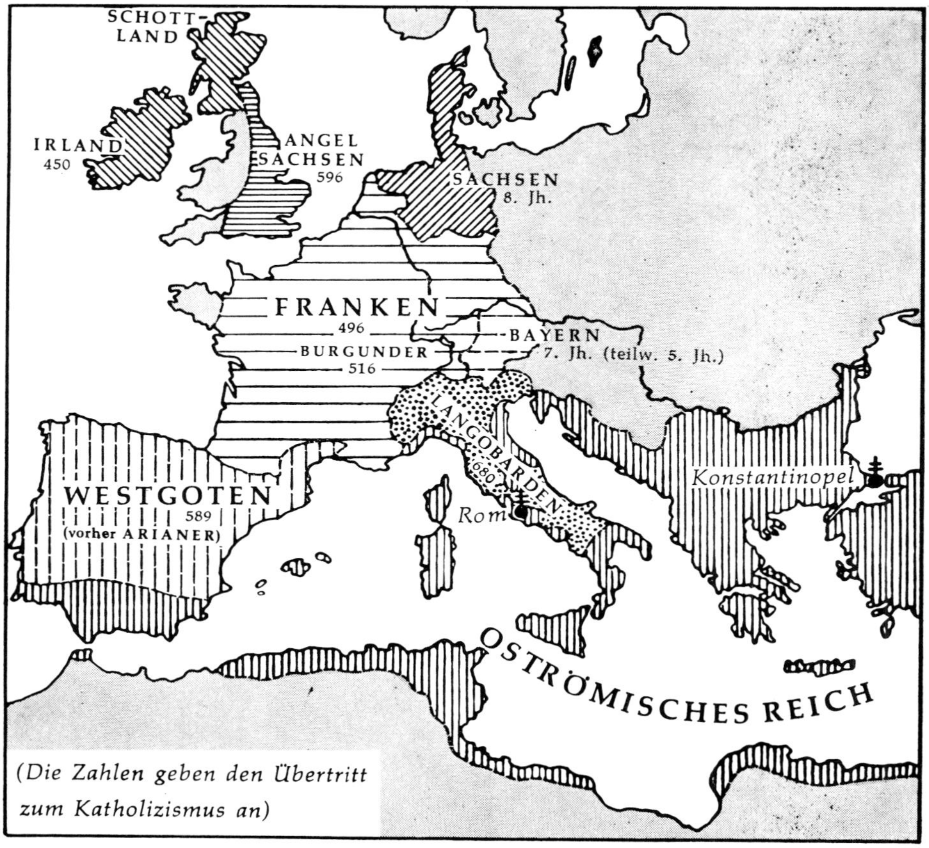

Christliche Völker im Frühmittelalter

ganisation erneut aufzubauen, ist ungewiß. Durch drei Gedichte des wandernden italo-romanischen Dichters Venantius Fortunatus (gest. 606), der sich in Poitiers niederließ, 566 am Hofe Sigeberts I. (561–575) in Metz weilte und von dort aus Mainz besuchte, ist der langsam fortschreitende Konsolidierungsprozeß ersichtlich. Der Dichter beglückwünschte „Magantia", weil es nicht mehr verwaist sei. In Bischof Sidonius habe es wieder einen Vater und guten Hirten. Er „hat der Stadt die Hand gereicht und sie erneuert, der bisherige Verfall ist zu Ende ... Die alten Gotteshäuser sind in prächtigem Schmucke wiederhergestellt, neue Kirchen hat Sidonius errichtet".

Venantius Fortunatus spricht vom erneuerten Dom, der offensichtlich seinen Hauptbestand aus römischer Zeit hatte herüberretten können, von einem neugebauten Baptisterium – „hochragend glänzt der heiligen Taufe Vorhof" –, wohl westlich der Bischofs- und Gemeindekirche gelegen, und vom neuen Tempel zu Ehren des heiligen Georg, möglicherweise die St. Georgskirche in Kastel. Diese baulichen Aktivitäten konnte der Bischof mit Unterstützung der merowingischen Prinzessin Bethoara, Tochter Theudeberts I., durchführen. Solches Miteinander deutet bereits auf eine recht enge kirchlich-weltliche Verschmelzung hin, die für die merowingische Kirche charakteristisch wurde. Die innere Annäherung von Kirche und Frankentum spiegelt sich auch in den Patrozinien wider: ab dem 6. Jahrhundert führte der Dom das urkundlich 745/752 bezeugte Patrozinium des fränkischen Nationalheiligen Martin von Tours (gest. 397); im gleichen Zeitraum wurde die Grabbasilika im Zahlbachtal Hilarius von Poitiers (gest. 367) geweiht, dem König Chlodwig 507 den Sieg über die Westgoten zuschrieb. Sie diente bis ins 7. Jahrhundert als bischöfliche Grablege. Erst unter Erzbischof Johann Adam von Bicken (1601–1602) erhielt sie das Patrozinium des heiligen Aureus. Bischof Sidonius starb nach 580 und wurde in St. Hilarius beigesetzt. Dieser bedeutende letzte Galloromane auf dem bischöflichen Stuhl von Mainz hinterließ einigermaßen geordnete kirchliche Verhältnisse, ein erneut lebendiges Christentum in Mainz, dessen Quasi-Stadtherr er gewesen war, und ein Bistum, das sich langsam seinen späteren Grenzen näherte.

Der fränkische Episkopat bis 745

Mit Sigimundus beginnt die Reihe der fränkischen Bischöfe von Mainz. Der Geschichtsschreiber der Franken, Gregor von Tours, erwähnt eine bischöfliche Einladung an König Childebert II. (575–595/6), das Osterfest 589 in Mainz zu feiern. Diese Notiz erlaubt es, den in allen späteren Listen der vorbonifatianischen Mainzer Bischöfe genannten Sigimundus zeitlich in etwa einzuordnen. Er gilt als erster germanischer Bischof von Mainz. Da die Quellenlage bis in die Mitte des 8. Jahrhunderts so dürftig ist, daß weder eine exakte Namensbezeichnung noch die genaue Reihenfolge der Bischöfe festzulegen ist, kann die fränkische Bischofsliste vor Bonifatius nur mit Vorbehalt aufgestellt werden. Nachfolger von Sigimundus waren Lesio (Leudegasius), Becilin (Petilinus, Bothadus?), Laboald (Lupoaldus), Lan(t)wald (Lantivaldus), Riuthard (Ruthardus?), Rigibert (Sigibertus), Gerold und Gewilib (Gewiliobus).

Durch eine Zusammenschau der spärlich überkommenen Nachrichten mit den mehr allgemeinen politischen, kirchlichen und religiösen Vorgängen, Entwicklungen und Entfaltungen im Merowingerreich lassen sich durchaus Kenntnisse über das gewinnen, was sich in der Mainzer Kirche des 7. und frühen 8. Jahrhunderts tat.

In der nicht gerade kritischen und in grobem Latein geschriebenen „Chronik" des Fredegar steht eine hochpolitische Notiz über Bischof Lesio (Leudegasius). Sie sieht den Mainzer 612 auf seiten von Theuderich II. (596–613), König in Burgund mit Sitz in Orléans, der in blutigem Kampf mit seinem Bruder Theudebert II. (596–612), König in Austrasien mit Sitz in Metz, stand. Der Bruderkrieg war einer der Höhepunkte jenes grausamen Machtkampfes, der schon lange Zeit zwischen den Merowingerherrschern ausgetragen wurde und gerade dabei war, die Kraft dieser so starken Dynastie zu brechen. Treibende Figuren im wilden Ringen um Macht waren Brunehildis, Gemahlin des 575 ermordeten Sigibert I. (561–575), und Frenegundis, geschiedene und nach der Ermordung der Rivalin Galswitha, Schwester von Brunehildis, erneut Gemahlin des 584 ermordeten Chilperich (561–584). Frenegundis' Sohn war Chlotar II. (584–628), König in Neustrien. Brunehildis' Sohn war der schon erwähnte Childebert II., König in Austrasien und seit 593 auch in Burgund, der mitsamt seiner Gemahlin 595/6 wahrscheinlich vergiftet wurde. Childeberts II. Söhne drängte die Großmutter Brunehildis in den Machtkampf, bei dem Bischof Lesio gleich der Alt-Königin Partei für Theuderich II. ergriff, der 612 seinen Bruder Theudebert II. gefangennehmen konnte und erdolchen ließ. Das blutige Treiben war damit noch nicht beendet. Der überraschende Tod von König Theuderich II. machte Chlotar II. 613 zum Alleinherrscher. Sofort stellte Brunehildis gegen ihn ein Heer auf. Doch da kündigte ihr der austrasische Hochadel unter Anführung von Hausmeier Pippin dem Älteren (gest. 640) und Bischof Arnulf von Metz (gest. um 640), beide Urväter der karolingischen Dynastie, die Gefolgschaft. Sie verbündeten sich mit dem Neustrier Chlotar II., der 613 Brunehildis besiegen und damit die Alleinherrschaft erlangen konnte. Die gefangengenommene Alt-Königin wurde 613 in Worms grausam zu Tode geschleift.

Das weitere Schicksal von Bischof Lesio bleibt unbekannt. Auffallend ist, daß er im Gegensatz zu den Bischöfen von Worms und Speyer nicht an der 614 von König Chlotar II. veranstalteten Synode von Paris teilnahm. Möglicherweise war er in Ungnade gefallen. Ihn mit anderen fränkischen Bischöfen in die großen politischen Machtkämpfe und Intrigen seiner Zeit verwickelt zu sehen, kann auf einige für die Mainzer Kirchengeschichte wichtige Vorgänge und Entwicklungen aufmerksam machen.

Es weist durchaus darauf hin, daß dem Mainzer Bischofsstuhl ab dem 7. Jahrhundert eine erhöhte politische Bedeutung zukam. Diese hatte zunächst ihren Ausgangspunkt in den veränderten territorialen Verhältnissen des Frankenreiches. Nach der Unterwerfung der Hessen zwischen Lahn, Eder, Fulda, Kinzig und Untermain und der Thüringer zwischen Mittelelbe und Mittelmain mit Zentren um Würzburg und Erfurt und ihrer endgültigen Einbeziehung in den Herrschaftsbereich der Franken war Mainz seit Mitte des 6. Jahrhunderts nicht mehr äußerstes Randgebiet. Aus der Stadt war ein strategisch wichtiger Verbindungspunkt geworden. Als nach der Phase des Einheitskönigtums unter Chlotar II. und Dagobert I. (628–639) die politische Macht vom schwachen merowingischen Königtum immer mehr zu den karolingischen Hausmeiern überging und diese den Schwerpunkt des Reiches deutlich in den Mosel-, Maas- und Rheinraum mit Metz als Zentrum verlagerten, wuchs diese Bedeutung noch.

Solch politischer Zugewinn hatte damals zur selbstverständlichen Folge, daß der Mainzer Bischofsstuhl näher in das Interesse der fränkischen Großen rückte. Das wiederum bedingte eine erhebliche politische Einflußnahme auf die Besetzung dieses jetzt wichtig und durch Schenkungen auch reich gewordenen bischöflichen Sitzes. Mainz glich damit vielen anderen fränkischen Bischofssitzen. Der in Gallien bis ins 5. Jahrhundert praktizierte altkirchliche Brauch, einen neuen Bischof durch Volk, Klerus, die Mitbischöfe einer Provinz und den Metropoliten zu wählen, zu weihen und einzusetzen, war bereits von König Chlodwig nicht mehr voll respektiert worden. In späterer Zeit wurde die Bischofswahl durch die politischen Machthaber soweit umgangen oder zur Farce gemacht, daß die vielen Reichskonzilien zwischen 511 und 614 immer wieder darüber Beschwerde führten. Wirksame Maßnahmen gegen den Mißbrauch unternahmen sie jedoch nicht. Im Gegenteil, mit dem wachsenden Reichtum der Bistümer durch zahlreiche Schenkungen und königliche Privilegien wuchs die Begehrlichkeit und damit die Bereitschaft der fränkischen Bischofsversammlungen, in der Besetzungsfrage Kompromisse zugunsten des Königshauses zuzulassen. Das eröffnete die Möglichkeit, über die Königsfamilien leichter in den Besitz der angestrebten kirchlichen Ämter und Pfründe zu gelangen. Damit hängt auch die rasche Frankisierung des Episkopats zusammen: „War das Bischofsamt im frühen 6. Jahrhundert noch eine Domäne der eingesessenen Senatorenfamilien, so bildete es bald mehr und mehr den Abschluß einer Karriere der germanisch-romanischen Großen im Königsdienst."

Dieses Urteil von Eugen Ewig gilt in bestimmter Hinsicht auch für Mainz. Hier dürfte diese Entwicklung unter den Bischöfen Gerold und Gewilib in der 1. Hälfte des 8. Jahrhunderts ihren negativen Höhepunkt erreicht haben. Nach einer Quelle aus dem 11. Jahrhundert (Quarta Vita Bonifatii auctore Moguntino) war Bischof Gerold mit den austrasischen Hausmeiern so eng verbunden, daß er mit Karlmann, dem Sohn von Karl Martell (gest. 741) und Bruder von König Pippin dem Jüngeren (751/54–768), 743 gegen die Sachsen zog. Er fiel in diesem Kampf. Neuer Bischof in Mainz wurde sein Sohn Gewilib. Ihn charakterisierte Papst Zacharias (741–752) in einem Schreiben an Erzbischof Bonifatius als „falschen Bischof, Sohn eines ehebrecherischen und mit Mord befleckten Geistlichen, im Ehebruch geboren und ohne geistliche Erziehung aufgewachsen". Das harte Urteil muß vor dem Hintergrund der Tatsache gesehen werden, daß Gewilib 745 auf Drängen von Bonifatius seines Bischofsamtes enthoben wurde, weil er für den Tod seines Vaters Blutrache an den Sachsen genommen hatte, aber wohl auch, weil er sich den Organisations- und Reformvorhaben des Angelsachsen widersetzte.

Geographische Ausdehnung

Die Gebietserweiterung des Frankenreiches im 6. und dann nochmals im 8. Jahrhundert brachte Mainz als unmittelbaren Zugewinn nicht nur eine politische Aufwertung, sondern auch die Ausdehnung des Bistumsprengels, der als ein lebendiger Organismus aus den in der Spätantike geschaffenen Strukturen langsam heranwuchs.

Die Glaubensboten des 4. Jahrhunderts hatten von Trier aus die Grenze der römischen Provinz Belgica I überschritten und den christlichen Glauben bis an die Untermosel verbreitet. Damit kamen – entgegen der sonst üblichen Deckungsgleichheit von politischem und kirchlichem Gebiet – die zur Provincia Germania I gehörenden Kastelle Andernach, Koblenz und Boppard bis hin nach Oberwesel unter die Oberhoheit der Trierer Bischöfe. Dies bestimmte linksrheinisch die bis ins ganz frühe 19. Jahrhundert geltende Westgrenze des Mainzer Bistums. Sie führte vom Rhein zwischen Bacharach und Bingen über den Hunsrück in den oberen Nahe- und Glanraum. Auf dem Hunsrück bildete Kirchberg/Denzen bald ein wichtiges zum Mainzer Sprengel gehörendes Kirchenzentrum. An Nahe und Glan waren es Sobernheim und Meisenheim. Die in fränkischer Zeit vom Trierer Bistum aus vorstoßenden Missionare zogen lahnaufwärts über Dietkirchen bis Wetzlar und Gießen und weiter über Haiger bis an die Sieg. Sie legten damit auch rechtsrheinisch die nordwestliche Mainzer Bistumsgrenze fest. Im Süden stieß Mainz auf das Bistum Worms. Die mit der späteren christlichen Diözese in etwa deckungsgleiche „civitas" reichte rheinabwärts bis einschließlich Oppenheim. Die jahrhunder-

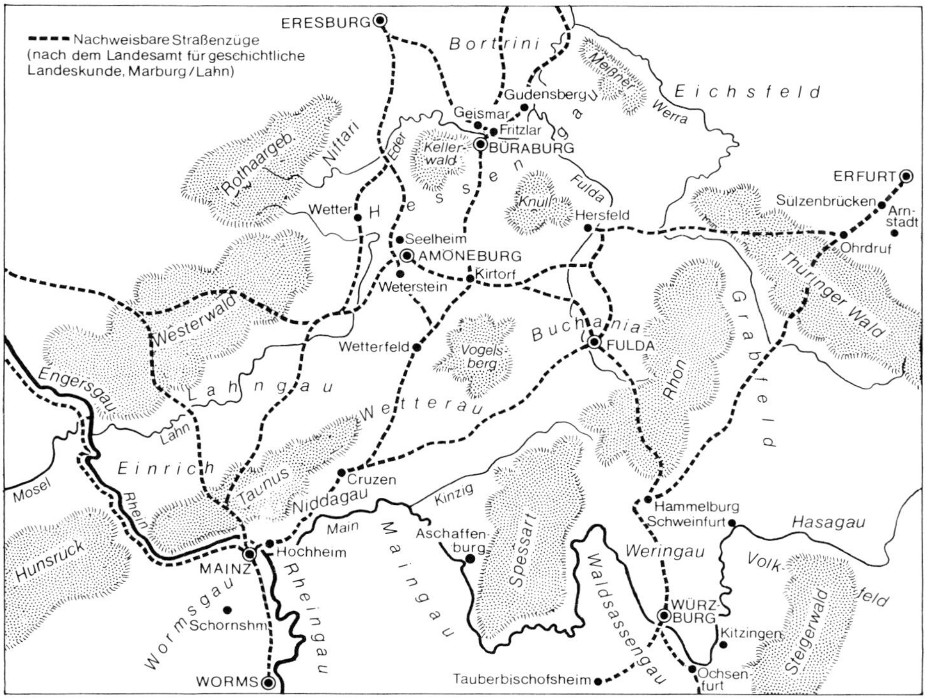

Hessisch-thüringische Missionslande

telang unveränderte Bistumsgrenze lief von hier in südwestlicher Richtung bis Kaiserslautern und ins obere Glantal. Mainz hatte in der ersten christlichen Epoche rechtsrheinisch lediglich einige kleine Vorposten. Mit den fränkischen Eroberungszügen – wohl weniger durch gezielte Missionsunternehmungen – konnte sich im 6. und 7. Jahrhundert das Christentum in die Gebiete der Hessen und Thüringer ausbreiten. Die ersten christlichen Zellen wurden von fränkischen Kriegern und Siedlern gebildet. Durch eine später verlorengegangene Inschrift aus dem 8. Jahrhundert ist bekannt, daß zur Zeit des thüringischen Herzogs Hedenus (Hetan, gest. nach 717) eine in Nilkheim nahe Aschaffenburg vom Priester Adalhuno errichtete Kirche vom Mainzer Bischof Rigibert (Sigibert) konsekriert und dem heiligen Dionysius geweiht wurde. Das Patrozinium gerade dieses Heiligen, dessen Kirche bei Paris (St. Denis) von König Dagobert I. reich dotiert und ab 639 Grabstätte der neustrischen und später der französischen Könige wurde, zeigt die enge Verbindung der Siedlung Nilkheim mit dem fränkischen Kernland. Das Datum der Konsekration ist ein wichtiger Hinweis dafür, daß sich die östliche Mainzer Bistumsgrenze im frühen 8. Jahrhundert zumindest bis an den Spessartrand vorgeschoben hatte.

Wenige Jahre später gehörten auch die Gebiete bis Miltenberg und das untere Mudtal im Odenwald zum Mainzer Bistum. Ein wichtiges Missions- und Christianisierungszentrum in dieser Gegend war das noch in der 1. Hälfte des 8. Jahrhunderts von Franken, die der Spiritualität und dem monastischen Gedankengut des

Wandermissionars und Mönchbischofs Pirmin (gest. 753) nahestanden, gegründete Kloster Amorbach. Im Mudtal stieß der „mainzische Christianisierungsweg" auf jene siedelnden fränkischen Christen und Missionare, die über Worms und Speyer den Neckar aufwärts und dann über den Odenwald, die Wingarteiba der Burgunder, bis zur Tauber und zum mittleren Main vordrangen.

Worms, das sich wie Mainz in den noch kirchlich ungegliederten Osten ausgedehnt hatte, mußte im Gegensatz zu Mainz seine Bistumsgrenze zurückziehen, als Erzbischof Bonifatius mit Zustimmung der Hausmeier Karlmann und Pippin 741 das Bistum Würzburg gründete, dessen Grenze im Odenwald und Taubertal die endgültige Ostgrenze der Mainzer Diözese wurde.

Kirchliches Leben

Gegen Ende des 6. Jahrhunderts war die fränkische Kirche mit ihren etwa 125 Bistümern in 11 Kirchenprovinzen organisiert. Der öffentliche heidnische Kult war zumindest in Neustrien seit 556 offiziell verboten, doch hielten sich im Frankenreich rein heidnische Gebiete in ländlichen Gegenden bis ins 8. Jahrhundert, und unter christlichen Vorzeichen wurde überall heidnisches Brauchtum tradiert. Annahme des Christentums bedeutete noch lange nicht die innere Aufnahme. Christliche Ethik und christliche Lebensformen setzten sich nur mühsam durch. Mit dem Verfall der Disziplin im 6. und 7. Jahrhundert ging die Lockerung der alten kirchlichen Strukturen Hand in Hand. Die Metropolitanorganisation zeigte sich brüchig und verschwand allmählich. Schon das läßt die im 11. Jahrhundert aufkommende Meinung, Mainz sei vor Bonifatius Suffraganbistum von Worms, zentrale Königsresidenz am Mittelrhein und wichtiger Sitz eines fränkischen Gaugrafen, gewesen, sehr unwahrscheinlich sein. Auch die hierarchische Bistumsorganisation, die seit dem 2. Jahrhundert den Bischof als Spitze der Diözesanleitung kannte, konnte nicht länger beibehalten werden. Im Gegensatz zu den stadtorientierten Römern und Galloromanen bevorzugten die Franken die ländlichen Gegenden als Siedlungsraum. Da nach altem germanischen Recht das Sippenoberhaupt für den Kult zuständig war, oblag es ihm, auch für die Kultstätte bzw. die Kirche zu sorgen. Diese war sein Eigenbesitz; sie wurde von ihm unterhalten, und er stellte die Priester an. Gerade das Eigenkirchenwesen in seiner ursprünglichen Form ließ die Beziehungen zwischen den Landgeistlichen und den Bischöfen immer loser werden. Alle Bemühungen des Episkopats, den Einfluß der Eigenkirchenherren auf den Klerus in Grenzen zu halten, blieben im 7. Jahrhundert ohne dauernden Erfolg. Obwohl die vielen entstehenden Eigenkirchen sicher die Verchristlichung der ländlichen Bereiche förderten, waren die wenig disziplinierten Verhältnisse insgesamt der inneren Christianisierung schädlich. Der schwache religiöse Zustand der spätmerowingischen und frühkarolingischen Kirche läßt kaum eine andere Schlußfolgerung zu.

In eben diese Zeit des immer deutlicher werdenden inneren Verfalls und der damit verbundenen geistigen Stagnation fällt als geistlich belebendes Element die iroschottische Festlandsmission. Eröffnet wurde sie von dem Iren Columban (um 540–615), Mönch des berühmten Klosters Bangor, der 581/2 mit zwölf Gefährten über die Bretagne ins Frankenreich kam und vor allem im austrasischburgundischen Raum mit Eifer für die Vertiefung des christlichen Lebens wirkte. Am Südwestrand der Vogesen gründete er die Klöster Anegray, Fontaine und das für die Entwicklung des abendländischen Mönchtums besonders bedeutsame Luxeuil. Er gab ihnen eine Ordensregel, die an den Bedürfnissen seiner irischen Heimat orientiert war. Neben strenger Askese gehörte als wichtiger Bestandteil des Klosterwesens die Übernahme der Seelsorge dazu. Denn anders als die übrige episkopal strukturierte Christenheit war die keltisch-insulare Kirche der Iren und Schotten in Anlehnung an das bestehende Clansystem organisiert, mit je einem Stammeskloster und dem Abt als Leiter und Oberhaupt. Von Columban und den iroschottischen Wandermönchen insgesamt gingen starke religiös-sittliche Impulse aus. Ihre völlig unpolitische und gewaltlose Missionsarbeit und ihr gelebtes streng christliches Ideal gaben ihnen enorme Wirkkraft. Bis etwa zum Jahre 700 hatte sich ihr Einfluß im westlichen Franken bis zur aquitanischen Südlinie Genf–Lyon–Pyrenäen ausgebreitet. Überall entstanden Klöster. Oft waren sie nach iroschottischem Vorbild zunächst gebündelte Einzelhütten.

Die strikte Beibehaltung der Eigenarten der heimatlichen Kirche war Stärke und zugleich größte Schwäche dieser Missionare. Besonders nachteilig wirkte sich aus, daß ihnen eine tragfähige Organisation fehlte. Das nahm ihrem guten Wirken den dauerhaften Erfolg. Das starre Festhalten an irischen Kirchengebräuchen und autarke Seelsorgetätigkeit brachten sie überdies mehrfach in Konflikt mit den ansässigen Bischöfen. Besonders Columban geriet in Gegensatz zum burgundischen Episkopat. Als er sich noch dazu die Feindschaft von Brunehildis und König Theuderich II. zuzog, weil er deren sittliches Verhalten heftig kritisiert hatte, konnte er sich 610 als Abt von Luxeuil nicht mehr halten. Er floh zunächst zu Chlotar II. und verließ dann endgültig den burgundisch-austrasischen Raum, um rheinaufwärts zu den noch heidnischen Alamannen zu ziehen. Aus dem Bodenseegebiet wanderte er um 613 weiter ins langobardische Italien und starb 615 in dem von ihm gegründeten Kloster Bobbio.

Auf der langen Reise an den Oberrhein soll der Heilige 610 nach Aussage seines Biographen Jonas von Bobbio auch Mainz besucht haben. Dabei sei er von Bischof Lesio mit allem Notwendigen versehen worden. Da dieser Nachricht zufolge Columban offensichtlich einen großen Umweg in Kauf nahm, mag an ihrer Richtigkeit gezweifelt werden. Kern der Aussage ist wohl, daß auch Mainz und seine ersten klösterlichen Einrichtungen in Stadt und Land dem iroschottischen oder dem von diesem stark beeinflußten gallofränkischen Mönchtum nahestanden oder angehörten.

Inschriftliche Zeugnisse – zwei dem 7. Jahrhundert zugeschriebene Grabsteine nennen einen Priester Badegiesel und einen Abt („abbas") Pertram – sprechen dafür, daß schon vor der karolingischen Benediktinergründung in St. Alban eine Kleriker- bzw. Klostergemeinschaft existierte. Sie wurde gelegentlich mit einem iroschottischen Kloster und mit der Columban-Regel in Verbindung gebracht. Andere Vermutungen nehmen eher benediktinische, altgallische und merowingische Einflüsse an. Mit nicht überliefertem Erfolg missionierte – vielleicht nach iroschottischer Methode – im Raum von Nahe und Glan der heilige Disibod, dessen Vita die heilige Hildegard von Bingen (1098–1179) schrieb. An der Existenz dieses historisch wenig faßbaren Heiligen, in dem manche einen iroschottischen Wandermönch sehen, läßt sich nicht zweifeln. Mit seinen Gefährten gründete er wohl eine „Zelle".

Iroschottische Einflüsse können bei der Gründung des ursprünglichen Doppelklosters Altmünster am Zeybach in Mainz um 700 (oder erst um 771?) kaum angezweifelt werden. Als Klostergründerin des später reichen Frauenklosters gilt der Legende nach die heilige Bilhildis (Bilihild), geboren in Veitshöchheim, dem Wirkfeld der Iroschotten Kilian, Colman und Totman, Nichte (?) des Mainzer Bischofs Rigibert (Sigibert) und um 734 gestorbene Witwe des Thüringerherzogs Hedenus (Hetan). Die irische Nationalheilige Brigida von Kildare (gest. um 525), deren Reliquien das elsässische Schottenkloster Honau bei Straßburg als kostbaren Schatz hütete, genoß in Altmünster ebenfalls große Verehrung. 810 errichtete Abt Beatus von Honau für sein Kloster eine neben Altmünster gelegene Schottenkirche (später: St. Paulskirche). 884 wissen wir von einer weiteren Schottenkirche in Mainz, wohl Altmünster selbst, die auch im Besitz von Honau war. Eigenkirchenherren von Altmünster dürften die mächtigen „Haganonen" gewesen sein, die um Hahnheim (Hagenheim) an der Selz ein Zentrum ihrer umfassenden Grundherrschaft besaßen.

Auffallend ist das St. Brigida-Patrozinium der vorbonifatianischen Kapelle auf dem Büraberg im hessischen Edertal. Franken hatten auf diesem mächtigen Bergrücken gegenüber Fritzlar eine vorgeschichtliche Festung übernommen und ausgebaut. Möglicherweise haben iroschottische Mönche aus Honau über Mainz das Christentum dort hingebracht und die erste Kirche errichtet. Daß iroschottische Missionare in Hessen tätig waren, bestätigt auch der Name des Dorfes Schotten im Vogelsberg. Ob von hier aus Beziehungen zu Mainz bzw. zum Kloster Altmünster bestanden, läßt sich nicht nachweisen.

Über die Intensität des christlichen Lebens in Mainz wissen wir wenig. Daß jedoch in der Bischofsstadt eine verhältnismäßig zahlreiche christliche Bevölkerung gelebt haben muß, zeigen die im 7. und 8. Jahrhundert errichteten Kirchen St. Nikomedes durch Bischof Becilin (Bothadus), auf den möglicherweise auch St. Ignatius in Selenhofen zurückgeht, St. Lambert als Eigenkirche der im Binger Raum begüterten Rupertiner sowie St. Quintin und St. Christoph.

Entscheidende Impulse für die endgültige Christianisierung der zum Bistum Mainz gehörenden Franken kamen ab 718 vom Angelsachsen Bonifatius, der mit anderen Methoden als die iroschottischen Mönche missionierte und im Auftrage von Rom und mit Unterstützung der mächtigen austrasischen Hausmeier eine grundlegende Neuorganisation der fränkischen Kirche schuf.

3. Der Angelsachse Winfrid-Bonifatius (gest. 754)

Der Missionsbischof

716 verließ der um 675 in Wessex nahe Exeter (Südengland) geborene und in Nursling aufgewachsene und zum Priester geweihte Benediktinermönch Winfrid von London aus sein Vaterland, um gleich anderen angelsächsischen Missionaren den

stammesverwandten heidnischen Friesen die Botschaft Jesu Christi zu bringen. Da sein Vorhaben scheiterte, kehrte er noch im Herbst desselben Jahres in sein Heimatkloster zurück, wo er bald zum Abt gewählt wurde. Auf eigenes Drängen hin wurde er wenig später von seinem Amt entbunden. Das machte ihn frei, im Spätherbst 718 erneut – und dieses Mal endgültig – die peregrinatio religiosa in Mitteleuropa anzutreten.

Wie sein Vorbild Erzbischof Willibrord (gest. 739), der 690 mit elf Gefährten aufs Festland gereist war und seitdem mit Unterstützung des Hausmeiers Pippin und im Auftrag des Papstes von Utrecht aus die fränkisch beherrschten Friesen christianisierte, wollte er zunächst von Rom sein Missionsvorhaben sanktionieren lassen. Das entsprach der Grundhaltung der angelsächsischen Kirche, die sich vor allem seit Bischof Wilfrith von York (gest. 709/710) dem römischen Kirchensystem, der römischen Liturgie und der benediktinischen Ordensregel zugewandt und eng angeschlossen hatte.

Am 15. Mai 719 erhielt Winfrid von Papst Gregor II. (715–731) den Auftrag, als Missionar unter den Heiden zu wirken. Gleichzeitig empfing er einem römischen Brauch gemäß einen kirchlichen Beinamen. Nach dem Märtyrerheiligen des Vortages (14. Mai) wurde der Angelsachse fortan Bonifatius genannt.

Mit Reliquien ausgestattet begab sich der Missionar über Italien (Langobardenreich) und Bayern nach Thüringen, um dort „die Stammeshäupter und die Fürsten des ganzen Volkes... auf den Weg der wahren Erkenntnis und zum Lichte der Einsicht, das sie schon lange und zum größten Teil, von schlechten Lehrern verführt, verloren hatten", zurückzuführen. „Aber auch die Geistlichen und Priester, von denen zwar einige den Dienst des allmächtigen Gottes versahen, andere jedoch beschmutzt und verunreinigt durch Hurerei die keusche Enthaltsamkeit, die sie als Diener der heiligen Altäre bewahren sollten, eingebüßt hatten, wandte er, soweit es in seinen Kräften lag, durch seine evangelischen Reden von den Abwegen der Bosheit wieder dem richtigen Wege der kirchlichen Satzungen zu, ermahnte und belehrte sie."

Bonifatius' Missionstätigkeit in Thüringen – hier geschildert nach der vom Kleriker Willibald 755/68 wohl im Sinne des Bonifatiusschülers und späteren Erzbischofs Lul verfaßten Vita – währte nicht lange. Schon bald wirkte Winfrid im Friesengebiet unter Erzbischof Willibrord, der als eine fränkische Missionsbasis 698/704 das Benediktinerkloster Echternach gegründet hatte.

Bedacht auf eigenständige Mission, zog Bonifatius 721 moselabwärts und dann lahnaufwärts ins Gebiet der Hessen bis zur Frankensiedlung Amöneburg, in der er eine Mönchsniederlassung einrichtete. Nach ersten Bekehrungsversuchen in Hessen machte sich Bonifatius zu seiner zweiten Romreise auf. Am 30. November 722 weihte ihn Gregor II. zum Missionsbischof ohne festen Sitz, beauftragte ihn, erneut zu christianisieren, und gab ihm die erbetenen Empfehlungsschreiben an Karl Martell und mehrere thüringische Adlige mit. Dies veranlaßte den mächtigen Hausmeier – wegen der schwachen Merowingerkönige der eigentliche Herr im Frankenreich –, Bonifatius einen Schutzbrief auszustellen. So gerüstet kehrte der „Apostel der Deutschen" 723 in sein hessen-thüringisches Missionsgebiet zurück.

Ziel seiner Tätigkeit war weniger die Einzelbekehrung durch Unterrichtung und Überzeugung, als vielmehr die endgültige Christianisierung der noch heidnischen Räume. So glich Bonifatius seine Missionspraxis dem bewährten angelsächsisch-

fränkischen Muster an. Autorisiert durch Rom und mit dem Schutzbrief Karl Martells ausgestattet, öffneten sich ihm die befestigten christianisierten fränkischen Siedlungen als Ausgangspunkte für seine Bekehrungsarbeit.

Ein wichtiges Überzeugungsmittel war für den hochgewachsenen, fast hünenhaften Missionar der Beweis der unbesiegbaren Mächtigkeit des Christengottes bzw. der Schwäche der heidnischen Gottheiten. Dem diente besonders eindrucksvoll das Fällen der Donareiche 723 im hessischen Kernland in Geismar bei Fritzlar. Solche Demonstrationen lösten Massentaufen aus. Um das so Erreichte zu sichern, gründete Bonifatius Klöster und legte feste Missionskirchen an. Dort entstanden erste Gotteshäuser, so etwa bei Fritzlar die St. Peterskirche aus dem Holz der Donareiche oder die Marienkirche in Erfurt. Diese Stationen und die Eigenkirchen in den größeren fränkischen Grundherrschaften bildeten die Vorläufer der späteren Urpfarreien. Die klösterlichen Gründungen des Bonifatius in Amöneburg, Fritzlar, Ohrdruf bei Erfurt, Tauberbischofsheim, Ochsenfurt, Kitzingen und später vor allem Fulda in der Buchonia wurden in der Frühzeit weithin von angelsächsischen Mönchen und Nonnen getragen, die sich aus dem monastischen Ideal der Pilgerschaft für Christus bewußt in den Dienst der Missionierung des nahen Festlandes gestellt hatten. Zu ihnen gehörte auch die um 710 in Wessex geborene Lioba, die wie Lul seit 732 Bonifatius begleitete und als Äbtissin das 735 gegründete Kloster

Tauberbischofsheim und andere Mainklöster leitete. Sie starb 782 in Schornsheim nahe Mainz und wurde auf dem Petersberg bei Fulda beigesetzt.

Neben dem missionarischen Apostolat und der kirchlichen Betreuung der bereits Getauften war die Heranbildung eines einheimischen Klerus die Hauptaufgabe der Klöster. Letzteres war um so wichtiger, da Bonifatius, anders als die iroschottischen und gallofränkischen Wandermissionare, spätestens ab 725 konsequent den Aufbau einer nach römischem Muster organisierten Kirche anstrebte. Dazu wußte er sich durch seinen 722 Papst Gregor II. geleisteten Eid verpflichtet. Bonifatius, der sich als vom Papst beauftragte bischöfliche Autorität verstand, trat allem entgegen, was der römischen Kirchenordnung und Observanz widersprach. Heftige Kontroversen mit den Wanderpredigern und dem bereits ansässigen fränkischen Klerus, die sich beide vom Missionsbischof angegriffen fühlten, blieben nicht aus. An den Iroschotten mißbilligte der Angelsachse vor allem deren Festhalten und Weitergeben der irischen Eigenformen des Christentums. Wie seine an Rom orientierte Heimatkirche sah er in diesen Eigenarten kirchliches Fehlverhalten oder gar Verfälschung der genuinen christlichen Lehre. Mißtrauen und Ablehnung erfuhr er von den kaum gebildeten und zumeist „unkanonisch" lebenden, weithin unfreien fränkischen Priestern an den Eigenkirchen der Grundherren, denen er durch Befehle und strenge Maßregelungen die Annahme seiner Reformvorschriften rigoros aufzwang. Besonders schwierig erwies sich die Auseinandersetzung mit dem Mainzer Bischof Gerold, der das Gebiet der Hessen „als zu seinem Sprengel gehörig für sich in Anspruch nahm". Der aus dem Hochadel stammende Franke fühlte sich durch das Wirken des angelsächsischen Wanderbischofs in seinen Rechten verletzt. Bonifatius, durch Papst Gregor III. (731–741) 732 zum Erzbischof ernannt und mit dem Pallium als Zeichen seiner neuen Würde ausgezeichnet, bestritt die Mainzer Rechtsansprüche und ignorierte sie. Dies war möglich, solange Karl Martell seine Schutzfunktion aufrecht erhielt. Als jedoch der fränkische Hausmeier mit Rücksicht auf die mit Bonifatius unzufriedenen Großen seines Landes dem Erzbischof seinen besonderen Schutz entzog, konnte sich dieser im Gebiet der Hessen und Thüringer nicht mehr halten. „Der welt- und waffenfrohe Episkopat des benachbarten Austrasien und der Adel, der sich am Kirchengut bereicherte, also die politisch, sozial und wirtschaftlich herrschende Schicht" befeindete Bonifatius bald so sehr, daß er zunächst nach Bayern auswich und von dort im Sommer 737 zu seiner dritten Romreise aufbrach.

Bonifatius' Bedeutung für Mainz

Papst Gregor III., wegen der aggressiven Haltung der Langobarden und der Feindseligkeiten des im Bilderstreit auf seiten der Ikonoklasten (= Bilderfeinde) stehenden Kaisers Leon III. (717–741) selbst in bedrängter Lage, empfing den Erzbischof mit großer Freundlichkeit. Bonifatius' zentrales Anliegen war die Absprache seiner weiteren Tätigkeit im Frankenreich mit Rom. Er wollte sich für die Reform und die Organisation der fränkischen Kirche erneut die Beauftragung durch den Papst holen, und er erhielt sie. Gregor III. übertrug ihm in noch verstärkter Form die Legatenwürde und stattete ihn mit der Vollmacht aus, geeignete Priester zu Bischöfen eigenständig zu bestellen und neue Bistümer einzurichten.

Als der „päpstliche Stellvertreter und Legat“ Bonifatius im Herbst 738 die Rückreise antrat und in den folgenden Jahren die Kirche in Bayern neu ordnete, konnte er nicht ahnen, daß sein dritter Romaufenthalt für die Kirche von Mainz in mehrfacher Hinsicht von besonderer Bedeutung werden würde.

An den Gräbern der Apostel Petrus und Paulus hatte Bonifatius seinen jungen Landsmann Lul (geb. um 710) kennengelernt. Diesen talentierten Angelsachsen aus Wessex hatte eine Seuchenkrankheit gehindert, früher am Ziel seiner Pilgerreise einzutreffen. Nur so traf er mit dem auch in seiner Heimat berühmten Missions-Erzbischof zusammen. Bonifatius muß von Lul einen nachhaltig guten Eindruck gewonnen haben. Er warb um ihn und nahm ihn sogleich ins Frankenreich mit. Er sandte ihn zunächst zur weiteren theologischen und literarischen Ausbildung ins thüringische Kloster Ohrdruf. Lul wurde um 739 mit seinen Freunden Denehard und Burchard (später Bischof von Würzburg) von Bonifatius in den Mönchsstand aufgenommen und 741 Sekretär des Erzbischofs. In dieser Funktion wuchs er zu einem der engsten Vertrauten des Bonifatius heran. 751 beauftragte ihn dieser mit einer Gesandtschaft nach Rom. 752 ließ er ihn zum Mainzer Chorbischof weihen, 754 vertraute er ihm die Verwaltung des Mainzer Bistums an, denn, so schrieb der Erzbischof, „an ihm haben die Priester einen Führer, die Mönche einen Lehrer im Geiste der Regel, die christlichen Völker einen treuen Prediger und Hirten“. Noch im gleichen Jahr übernahm Lul in Mainz die Nachfolge des Märtyrerbischofs.

Bonifatius’ Romaufenthalt von 738 hatte für die Mainzer Kirche nicht nur diese personale Bedeutung. Das Gesamtgebilde des späteren Erzbistums und das Ausreifen des erzbischöflichen Stuhles von Mainz zur bedeutendsten Kirchenmetropole von Deutschland hat hier wesentliche Wurzeln.

Weil Bonifatius 738 von Papst Gregor III. nochmals in besonderer Weise mit der päpstlichen Legatenwürde und den Vollmachten als „Apostolischer Vikar“ ausgestattet worden war, nahmen Mainzer Erzbischöfe ab dem 10. Jahrhundert diesen Titel für sich in Anspruch. Sie begründeten damit ihre Position, im Reichsepiskopat den Vorrang innezuhaben. Dabei hatte Bonifatius gar nicht daran gedacht, Mainz zum Hauptsitz der von ihm beabsichtigten austrasischen Kirchenprovinz zu machen. Als es ihm nach dem Tode von Karl Martell ab 741 möglich wurde, die seit langem geplante große Reform und Neugestaltung der fränkischen Kirche anzugehen, war sein Sinn, Köln zur Metropole zu machen.

Bei dem kirchenpolitisch wichtigen Unternehmen fand Bonifatius die tatkräftige Unterstützung der Hausmeier Karlmann (Austrien) und Pippin (Neustrien). Mit ihrer Hilfe konnte er 741 oder 742 die Bistümer Büraburg bei Fritzlar, Würzburg (päpstliche Bestätigung: 1. April 743), Erfurt (die päpstliche Bestätigung ging verloren) und wenig später auch Eichstätt in Bayern gründen und mit Bischöfen seiner Wahl besetzen. Während Pippin für Neustrien am 3. März 744 eine erste Reformsynode in Soissons abhalten ließ und auf ihr die Bischöfe von Reims, Sens und später noch Rouen zu Erzbischöfen für seinen Reichsteil erklärte, forderte Karlmann von Bonifatius, er solle sein bisheriges Missionsfeld verlassen und in Austrien die lange vernachlässigte Kirchenreform angehen. Auf der ersten austrasischen Synode an unbekanntem Ort, dem sogenannten „Concilium Germanicum“ von 742 (oder 743), leitete Bonifatius sein weitreichendes und umfassendes Kirchenorganisationsprogramm ein. Der wichtigste Beschluß der Bischofsversammlung war, die austrasische Kirche unter Erzbischof Bonifatius zu einem Metropoli-

S. BILHILDIS,
Princeps quondam foe-
mina, sanctimonialis
Moguntiae.
Prouerb. 31.
Mulier timens Do-
minum, ipsa lauda-
bitur.

Die heilige Lioba, Glasfenster in Fulda auf dem Petersberg

tanverband zusammenzuschließen. Ein fester Sitz für den Erzbischof wurde noch nicht vorgesehen. Dazu entschloß sich erst die gesamtfränkische Synode von 745. Gemäß dem Wunsch des Angelsachsen sollte Köln der Hauptsitz der Kirchenprovinz werden.

Man vermutet, daß die Kirchenprovinz aus den Bistümern gebildet werden sollte, welche die unechte Bestätigungsurkunde des Papstes Zacharias nennt, nämlich Köln mit den Suffraganbistümern Tongern/Maastricht, Utrecht, Mainz, Worms, Speyer, Büraburg, Würzburg und Erfurt. Der Papst gab dem Plan bereits im Oktober 745 seine Zustimmung: „Was die Stadt betrifft, die früher Agrippina hieß und jetzt Köln, so haben wir sie auf Ansuchen der Franken durch Anordnung unserer Machtvollkommenheit für Deine Person als Metropolitansitz bestätigt."

Den verheißungsvollen Anfängen folgte bald ein Rückschlag. Die fränkische Adelsopposition ließ die Durchführung der Beschlüsse scheitern. Vor allem der austrasische Episkopat wandte sich dagegen, daß das bedeutende Köln Sitz eines angelsächsischen Erzbischofs wurde. Pippin, seit 747 faktisch Alleinherrscher, da Karlmann aus wenig deutlichen Gründen abgedankt hatte und Mönch in Montecassino geworden war, gab dem Drängen nach, um seine eigene Machtposition noch weiter zu festigen. Bonifatius erhielt zwischen 745 und 748 als festes Bistum lediglich das durch die Amtsenthebung von Gewilib freigewordene Mainz, mit dem er sich nur wenig verbunden fühlte. Die von ihm geplante austrasische Kirchenprovinz blieb im Ansatz stecken. Er war Erzbischof ohne eigentlichen Metropolitanbereich. Für den Kirchenreformer bedeutete diese Entwicklung eine herbe Enttäuschung. Schon 748 bat er Papst Zacharias, das Bistum einem anderen zu übertragen und selbst als päpstlicher Legat tätig sein zu dürfen. Zacharias empfahl ihm jedoch, auf seinem Posten auszuharren.

Die tragische Isolierung ließ den Erzbischof gegen Ende seines arbeitsreichen und rastlosen Lebens das verwirklichen, was seit langem sein großer Wunsch gewesen war. Er machte sich mit einigem Gefolge noch einmal auf eine Missions- und Pastoralreise zu den Friesen auf. Sein Missionsstützpunkt war Utrecht, das er sich 753 von Pippin als politischen und wirtschaftlichen Rückhalt hatte übertragen lassen. Eine lange Missionstätigkeit war ihm nicht mehr beschieden. Während eines Gottesdienstes wurde Winfrid-Bonifatius mit mehreren seiner Gefährten nahe Dokkum von heidnischen Friesen erschlagen. Dem bald als Heiligen verehrten Märtyrer wurde in der späteren Ikonographie als Attribut bzw. als besonderes Zeichen die Heilige Schrift in die Hand gegeben, mit der er den tödlichen Schwertstreich abzuwehren sucht.

Beigesetzt wurde Bonifatius auf eigenen Wunsch in seinem 744 unter königlicher Mitwirkung gegründeten Lieblingskloster Fulda, das er in einem Brief an Papst Zacharias 751 lobend beschreibt: „Da liegt ein Waldland in der Einöde und in weiter Einsamkeit, mitten unter den Völkern unseres Predigerbereichs, wo wir ein Kloster erbaut und Mönche angesiedelt haben, die unter der Regel des hl. Vaters Benedikt leben, Männer von strenger Enthaltsamkeit, ohne Fleisch und Wein, ohne Bier und Knechte, zufrieden mit der Arbeit ihrer Hände."

Seine Bischofsstadt Mainz hütete lange Zeit als wertvolle Reliquien einige Teile der blutgetränkten Leibwäsche des Märtyrers. Sie wurden in der St. Johanneskirche aufbewahrt. Das in Form eines Sarkophages gestaltete sogenannte Bonifatiusgrab ließ Erzbischof Gerlach 1357 erneuern. Eine damals gearbeitete Deckplatte wurde 1823 in den Dom überbracht und dort nahe der Marienkapelle an einem Nordpfeiler aufgerichtet.

Bonifatius war der erste Erzbischof in Mainz. Das dem Missionar, Reformer, Kirchenorganisator und Märtyrer im Frankenreich und in der Kirche bald entgegengebrachte hohe Ansehen hat viel dazu beigetragen, daß Mainz Sitz eines der größten und angesehensten Erzbistümer des Abendlandes werden konnte.

LITERATUR

Zu Kapitel I, 1:

BOPPERT, Walburg: Die frühchristlichen Inschriften des Mittelrheingebietes. Phil. Diss. Mainz. Hrsg. vom Römisch-Germanischen Zentralmuseum in Mainz. Mainz 1971. Vgl. dazu Krämer, Kurt: Bemerkungen zu rheinischen Grabinschriften des frühen Christentums. In: Francia. Forschungen zur westeuropäischen Geschichte 3 (1975) S. 648–668.

BRACK, C(aspar) A(loys): Geschichte von Mainz bis zum Tode Hatto des I. Von dem Anfange der Stadt Mainz bis zur Gründung ihres erzbischöflichen Sitzes. In: Zeitschrift des Vereins zur Erforschung der rheinischen Geschichte und Alterthümer in Mainz 1 (1845–1851) S. 385–480 (2. Beilage: Ueber die ältesten Kirchen in Mainz: S. 462–480).

EWIG, Eugen: Die ältesten Mainzer Patrozinien und die Frühgeschichte des Bistums Mainz. In: Das erste Jahrtausend. Kultur und Kunst im werdenden Abendland an Rhein und Ruhr. Textband 1. Hrsg. v. Victor H. Elbern. Düsseldorf 1962. S. 114–127.

EWIG, Eugen: Die ältesten Mainzer Bischofsgräber, die Bischofsliste und die Theonestlegende. In: Universitas. Dienst an Wahrheit und Leben. FS Albert Stohr. I. A. der katholisch-theologischen Fakultät der Johannes Gutenberg-Universität Mainz hrsg. v. Ludwig Lenhart. Bd. 2. Mainz 1960. S. 19–27.

FALK, V. A. Franz: Die Cataloge der vorbonifacianischen Bischöfe von Mainz. Ein Beitrag zur ältesten Kirchengeschichte des Mittelrheins. Mit einer Tabelle. Mainz 1870.

FALK, Franz: Der heilige Alban, Martyrer zu Mainz, sein Leben und seine Verehrung. In: Der Katholik 61 (1881) I (= NF 45. Bd.), S. 593–617.

FRIEDRICH, H.: Die Anfänge des Christentums und die ersten Kirchengründungen in römischen Niederlassungen im Gebiet des Nieder- und Mittelrheins und der Mosel. In: Bonner Jahrbücher. Jahrbücher des Vereins von Altertumsfreunden im Rheinlande 131 (1926) S. 10–113 (1 Karte).

HEGEL, Eduard: Die rheinische Kirche in römischer und fränkischer Zeit. In: Das erste Jahrtausend. Kultur und Kunst im werdenden Abendland an Rhein und Ruhr. Textband 1. Hrsg. v. Victor H. Elbern. Düsseldorf 1962. S. 93–113.

HOLDER-EGGER, Otto (Hrsg.): Series archiepiscoporum Moguntinorum. In: Monumenta Germaniae Historiae Scriptores 13 (1881) S. 308–316. Dazu: Veit, Andreas Ludwig: Ein Mainzer Bischofskatalog aus dem Anfang des 14. Jahrhunderts. In: Archiv für hessische Geschichte und Altertumskunde NF 10 (1914) S. 127–130.

LEDROIT, Johannes: Früheste Christuszeichen am Rhein. Zwei Abhandlungen über die Funde aus der römischen Zeit des Mainzer Domgebietes. Mainz (1937).

LEVISON, Wilhelm: Die Anfänge rheinischer Bistümer in der Legende. In: Annalen des historischen Vereins für den Niederrhein 116 (1930) S. 5–28. ND in: ders.: Aus rheinischer und fränkischer Frühzeit. Ausgewählte Aufsätze. Düsseldorf 1948. S. 7–27.

MÜLLER, Wolfgang: Die Christianisierung der Alemannen. In: Zur Geschichte der Alemannen. Hrsg. von Wolfgang Müller. (= Wege der Forschung, 100). Darmstadt 1975. S. 401–429. Vgl. auch: Stroheker, Karl Friedrich: Die Alamannen und das spätrömische Reich. In: a.a.O. S. 20–48.

SCHULER, Matthias: Über die Anfänge des Christentums in Gallien und Trier mit besonderer Berücksichtigung der These von Louis Duchesne. In: Trierer Zeitschrift 6 (1931) S. 80–103.

WEIDEMANN, Konrad: Die Topographie von Mainz in der Römerzeit und dem frühen Mittelalter. In: Jahrbuch des Römisch-Germanischen Zentralmuseums Mainz 15 (1968, erschienen 1970) S. 146–199.

Zu Kapitel I, 2:

ALBERT, Peter P.: Die Abtei Amorbach und ihr Anteil an der kirchlichen und kulturellen Erschließung des badischen Odenwaldes und Baulandes. In: Freiburger Diözesan-Archiv 3. F. 6 = 74 (1954) S. 47–87.

ARENS, Fritz: Darstellung und Kult der hl. Bilhildis zu Veitshöchheim bei Würzburg. In: Mainfränkisches Jahrbuch für Geschichte und Kunst 13 (1961) S. 63–100.

BÜTTNER, Heinrich: Studien zur Geschichte von Disibodenberg. Frühgeschichte und Rechtslage des Klosters bis ins 12. Jahrhundert, Baugeschichte und Patrozinien. In: Studien und Mitteilungen zur Geschichte des Benediktinerordens 52 (1934) S. 1–46.

BÜTTNER, Heinrich: Zur frühmittelalterlichen Reichsgeschichte an Rhein, Main und Neckar. Hrsg. von Alois Gerlich. Darmstadt 1975. (Der Sammelband enthält in mehreren Aufsätzen gesicherte Forschungsergebnisse zur kirchlichen Entwicklung des Mainzer Bistums).

CLAUDE, Dietrich: Die Bestellung der Bischöfe im merowingischen Reiche. In: Zeitschrift der Savigny-Stiftung für Rechtsgeschichte 80 = Kan. Abt. 49 (1963) S. 1–75.

EWIG, Eugen: Die Kathedralpatrozinien im römischen und fränkischen Gallien. In: Historisches Jahrbuch 79 (1960) S. 1–61.

EWIG, Eugen: Spätantikes und fränkisches Gallien. Gesammelte Schriften [1952–1973]. Hrsg. v. Hartmut Atsma. Bd. 1 (= Beihefte der Francia 3, 1). Zürich, München 1976. (Wichtige Artikel auch zur Mainzer Bistumsgeschichte; u. a.: Die fränkischen Teilungen und Teilreiche (511–613): S. 172–230; Der Mittelrhein im Merowingerreich: S. 435–449).

EWIG, Eugen: Zur Bilhildisurkunde für das Mainzer Kloster Altmünster. In: FS für Helmut Beumann zum 65. Geburtstag. Hrsg. v. Kurt-Ulrich Jäschke und Reinhard Wenskus. Sigmaringen 1977. S. 137–148.

FALCK, Ludwig: Mainz im frühen und hohen Mittelalter. (Mitte 5. Jahrhundert bis 1244). (= Geschichte der Stadt Mainz, 2). Düsseldorf 1972.

HEINEMEYER, Karl: Das Erzbistum Mainz in römischer und fränkischer Zeit. Bd. 1: Die Anfänge der Diözese Mainz. (= Veröffentlichungen der Historischen Kommission für Hessen, 39). Marburg 1979.

LINDNER, Klaus: Untersuchungen zur Frühgeschichte des Bistums Würzburg und des Würzburger Raumes. (= Veröffentlichungen des Max-Planck-Instituts für Geschichte, 35). Göttingen 1972.

MITTERMAIER, Franz Paul: Vorbonifatianisches Christentum in Hessen. Zusammenfassung der bisherigen Forschungsergebnisse. In: Archiv für hessische Geschichte und Altertumskunde NF 28 (1963) S. 61–82.

PAULY, Ferdinand: Aus der Geschichte des Bistums Trier. Bd. 1: Von der spätrömischen Zeit bis zum 12. Jahrhundert. (= Veröffentlichungen des Bistumsarchiv Trier 13, 14). Trier 1968.

PRINZ, Friedrich: Frühes Mönchtum im Frankenreich. Kultur und Gesellschaft in Gallien, den Rheinlanden und Bayern am Beispiel der monastischen Entwicklung (4. bis 8. Jahrhundert). München 1965.

WEIDEMANN, Konrad: Alemannen, Franken und Burgunder. In: Vor-Zeiten. Geschichte in Rheinland-Pfalz. Hrsg. v. Dieter Lau und Franz-Josef Heyen. Bd. 2. Mainz 1986. S. 27–44.

WERLE, Hans: St. Bilhildis, das Hagenmünster und die Lambertkirche. Mainzer Kirchengründungen in vorbonifatianischer Zeit. In: Mainzer Zeitschrift 60/61 (1965/66) S. 83–87.

WERNER, Matthias: Iren und Angelsachsen in Mitteldeutschland. Zur vorbonifatianischen Mission in Hessen und Thüringen. In: Die Iren und Europa im frühen Mittelalter. Hrsg. v. Heinz Löwe. (= Veröffentlichungen des Europa Zentrums Tübingen. Kulturwissenschaftliche Reihe) Tb 1. Stuttgart 1982. S. 239–318.

ZACHERL, M. S. J.: Die vita communis als Lebensform des Klerus in der Zeit zwischen Augustinus und Karl dem Großen. In: Zeitschrift für katholische Theologie 92 (1970) S. 385–424.

Zu Kapitel I, 3:

ANGENENDT, Arnold: Pirmin und Bonifatius. Ihr Verhältnis zu Mönchtum, Bischofsamt und Adel. In: Mönchtum, Episkopat und Adel zur Gründungszeit des Klosters Reichenau. Hrsg. von Arno Borst (= Vorträge und Forschungen, 20). Sigmaringen 1974. S. 251–304.

FINSTERWALDER, Paul Willem: Wege und Ziele der irischen und angelsächsischen Mission im fränkischen Reich. In: Zeitschrift für Kirchengeschichte 47 = NF 10 (1928) S. 203–226.

FLASKAMP, Franz: Die Missionsmethode des heiligen Bonifatius. In: Zeitschrift für Missionswissenschaft 15 (1925) S. 18–49. 85–100.

FRITZE, Wolfgang: Bonifatius und die Einbeziehung von Hessen und Thüringen in die Mainzer Diözese. Bemerkungen zu einer unerklärten Stelle in Willibalds Bonifatius-Vita. In: Hessisches Jahrbuch für Landesgeschichte 4 (1954) S. 37–63.

FRITZE, Wolfgang H.: Universalis gentium confessio. Formeln, Träger und Wege universalmissionarischen Denkens im 7. Jahrhundert. In: Frühmittelalterliche Studien 3 (1969) S. 78–130.

HEINEMEYER, Karl: Die Ausbreitung des Christentums und der heilige Bonifatius. In: Die Geschichte Hessens. Hrsg. von Uwe Schultz. Stuttgart 1983. S. 38–48.

HEINEMEYER, Karl: Die Gründung des Klosters Fulda im Rahmen der bonifatianischen Kirchenorganisation. In: Fuldaer Geschichtsblätter 56 (1980) S. 83–132.

JÄSCHKE, Kurt-Ulrich: Bonifatius und die Königssalbung Pippins des Jüngeren. In: Archiv für Diplomatik, Schriftgeschichte, Siegel und Wappenkunde 23 (1977) S. 25–54. ND in: Aus Geschichte und ihren Hilfswissenschaften. FS für Walter Heinemeyer zum 65. Geburtstag. Hrsg. v. Hermann Bannasch und Hans-Peter Lachmann. (= Veröffentlichungen der Historischen Kommission für Hessen, 40). Marburg 1979. S. 25–54.

JÄSCHKE, Kurt-Ulrich: Die Gründungszeit der mitteldeutschen Bistümer und das Jahr des Concilium Germanicum. In: FS für Walter Schlesinger. Hrsg. von Helmut Beumann. (= Mitteldeutsche Forschungen, 74, II) Bd. 2. Köln, Wien 1974. S. 71–136.

JARNUT, Jörg: Bonifatius und die fränkischen Reformkonzilien 743–748. In: Zeitschrift der Savigny-Stiftung für Rechtsgeschichte 96 = Kan. Abt. 66 (1979) S. 1–26.

KIRCHENGESCHICHTE ALS MISSIONSGESCHICHTE. Hrsg. von H. Frohnes u. a. Bd. II: Die Kirche des früheren Mittelalters, 1. Halbband. Hrsg. von Knut Schäferdieck. München 1978. Bes. Heinz Löwe: Pirmin, Willibrord und Bonifatius. Ihre Bedeutung für die Missionsgeschichte ihrer Zeit. In: A.a.O. S. 192–226.

LEINWEBER, Josef: St. Lioba. Leben und Wirken. Text und Bildauswahl. Hrsg. vom Bistum Fulda zum 1200. Todestag. Fulda 1980.

LEVISON, Wilhelm: England and the continent in the eighth century. Oxford 1946. ND 1948.

NOTTARP, Hermann: Die Bistumserrichtungen in Deutschland im achten Jahrhundert. (= Kirchenrechtliche Abhandlungen, 96). Stuttgart 1920. ND Amsterdam 1964.

RAU, Reinhold (Hrsg. u. Bearb.): Briefe des Bonifatius. Willibalds Leben des Bonifatius nebst einigen zeitgenössischen Dokumenten. (= Ausgewählte Quellen zur deutschen Geschichte des Mittelalters. Freiherr von Stein-Gedächtnisausgabe, 4b). Darmstadt 1968.

SANKT BONIFATIUS. Gedenkgabe zum zwölfhundertsten Todestag. Hrsg. von der Stadt Fulda in Verbindung mit den Diözesen Fulda und Mainz. Fulda 1954. Darin bes.: Anton Ph. Brück: Zur Bonifatiusverehrung. A.a.O. S. 506–513; Franz Flaskamp: Wilibrord und Wynfrith-Bonifatius. A.a.O. S. 157–172; Kassius Hallinger: Römische Voraussetzung der bonifatianischen Wirksamkeit im Frankenreich. A.a.O. S. 320–361.

SANTE, Georg Wilhelm: Bonifatius und die Begründung des Mainzer Erzbistums. In: Historisches Jahrbuch der Görres-Gesellschaft 57 (1937) S. 157–179.

SCHIEFFER, Theodor: Angelsachsen und Franken. Zwei Studien zur Kirchengeschichte des 8. Jahrhunderts. (= Akademie der Wissenschaften und Literatur. Abhandlungen der geistes- und sozialwissenschaftlichen Klasse, 20). Mainz, Wiesbaden 1950. (I. Bonifatius und Chrodegang [mit einem Exkurs: Das Jahr des Concilium Germanicum und die Gründung der mitteldeutschen Bistümer]: S. 1–45. II. Erzbischof Lul und die Anfänge des Mainzer Sprengels: S. 45–113.)

SCHIEFFER, Theodor: Winfried-Bonifatius und die christliche Grundlegung Europas. Freiburg 1954. ND Darmstadt 1972.

SPÄTLING, Luchesius: Die Petrusverehrung in den Bonifatius-Briefen. In: Antonianum 42 (1967) S. 531–552.

TANGL, Michael: Die Briefe des heiligen Bonifatius und Lullus. (= MGH, Epist. 4, Epist. Selectae). Berlin 1916. ND München 1978.

WIEMANN, Erich: Bonifatius und das Bistum Erfurt. In: Laudate Dominum. Achtzehn Beiträge zur thüringischen Kirchengeschichte. Festgabe zum 70. Geburtstag von Landesbischof D. Ingo Braecklein. (= Thüringer kirchliche Studien, 3). Berlin 1976. S. 27–51.

II. STRUKTURELLE ENTFALTUNG UND KIRCHLICHES LEBEN

Das Erzbistum unter den Karolingern und Ottonen

1. Entfaltung und Ausbau zum Metropolitanverband

Entstehung des Erzbistums unter Erzbischof Lul (754–786)

Nach dem Tod von Winfrid-Bonifatius schien es zunächst, als solle die große Kirchengeschichte an Mainz vorbeigehen. Der vom verstorbenen Erzbischof als Nachfolger erwünschte Lul wurde lediglich Bischof von Mainz. Das bonifatianische Erbe der Friesenmission im Bistum Utrecht fiel als selbständiges Arbeitsgebiet an Abt Gregor von St. Martin in Utrecht. Die Funktion eines austrasischen Erzbischofs übernahm der gebildete und zielstrebige Chrodegang von Metz (gest. 766).

Als enger Vertrauter und Freund der austrasischen Hausmeier spielte er eine dominierende Rolle, als es 753/754 erneut darum ging, den usurpatorischen Griff des Karolingers Pippin nach der fränkischen Königskrone (751) durch Papst Stephan II. (752–757) sanktionieren zu lassen. In Pippins Auftrag reiste Chrodegang 753 nach Rom, sagte dort dem Papst die erbetene Hilfe der Franken gegen den aggressiven Langobardenkönig Aistulf (749–756) zu und begleitete 754 den römischen Bischof über die Alpen ins Frankenreich. Der Metzer war dabei, als in den königlichen Pfalzen zu Ponthion in der Champagne und Quierzy bei Laon das weltgeschichtlich bedeutende und folgenschwere Schutz- und Trutzbündnis zwischen dem fränkischen König und dem Papst geschlossen wurde. Er erlebte in St. Denis bei Paris die feierliche Zeremonie, bei der Papst Stephan II. Pippin und dessen Söhne Karl (der Große, gest. 814) und Karlmann (gest. 771) zu Königen salbte. Als Dank für seine politisch bedeutsame Vermittlertätigkeit erhielt Chrodegang vom Papst das erzbischöfliche Pallium.

Von all diesen Geschehnissen war Erzbischof Bonifatius ausgeschlossen geblieben. Nicht mehr ihm und dem am Rande des politischen Magnetfeldes gelegenen Mainz gehörte seit etwa 745 die Gegenwart, sondern dem als Pippins „Premierminister“ apostrophierten Chrodegang und seinem zentral gelegenen Bistum Metz. Auch Pippins Erzkanzler Fulrad, seit 750 Abt des fränkischen Nationalheiligtums St. Denis, hatte dazu beigetragen, daß die angelsächsischen Missionsbischöfe ihren Einfluß im Reich verloren und in eine geistige Isolierung gerieten. Bei dieser politischen Konstellation kam es nicht unerwartet, daß Lul 754 nur Bischof von Mainz wurde. Doch da er sich als legitimer Universalerbe von Bonifatius fühlte, arbeitete er trotz der für sein Bistum wenig günstigen Situation seit Amtsantritt an der Entfaltung und Ausdehnung seines Kirchensprengels. Zunächst bemühte er sich, Metropolit wenigstens der Rheinbistümer von Speyer bis Utrecht zu werden. Als dieses Vorhaben scheiterte, wandte er seine besondere Aufmerksamkeit dem hessisch-thüringischen Raum zu. Ihn wollte er ganz in sein Bistum integrieren. Damit hatte er Erfolg. Lul erreichte, daß die von Bonifatius gegründeten Bistümer Erfurt und

Büraburg nach dem Tode der Bischöfe Adalar (gest. 754 als Märtyrer bei Dokkum) und Witta (gest. 760) nicht wiederbesetzt, sondern dem Bistum Mainz angeschlossen wurden. Dieser Zugewinn, der das Bistum bis weit in den hessischen und thüringischen Raum ausdehnte, bestimmte über ein Jahrtausend die kirchliche Geographie des mittleren Deutschlands.

Die durch die große räumliche Ausbreitung gewachsene Bedeutung des Bistums Mainz übertrug sich auch auf die Anerkennung, die dem Bischof gegeben wurde. Bereits 762 konnte Lul auf der Synode von Attigny in den Ardennen neben Erzbischof Chrodegang von Metz und dem Pirminschüler Bischof Heddo von Straßburg an der Spitze der 44 anwesenden Bischöfe und Äbte stehen. Weniger erfolgreich als das endgültige Eingliedern der aufgelösten Bistümer Büraburg und Erfurt in das Mainzer Erzbistum verlief das langjährige Bemühen von Lul, das bonifatianische Eigenkloster Fulda unter die Mainzer bischöfliche Jurisdiktion zu stellen. Mit dieser Forderung stieß er auf den erbitterten Widerstand des Gründerabtes Sturmi (gest. 779), der aus monastischen Prinzipien heraus jede Schmälerung der klösterlichen Selbständigkeit ablehnte. Berufen konnte sich dabei der Abt auf das Exemtionsprivileg, das Papst Zacharias dem Kloster 751 ausgestellt hatte. Aus der Kontroverse wurde ein ernster Streit, der nicht nur nachhaltig das Verhältnis zwischen den Bonifatiusschülern Sturmi und Lul trübte, sondern auch das Verhältnis zwischen König Pippin und dem Mainzer Bischof. Abt Sturmi konnte sich in dem Streit letztlich durchsetzen. Fulda wurde 765 Reichskloster. Das bestimmte für ein Jahrtausend seine Eigenständigkeit. Kirchlich exemt und territorial eigenständig, lag es wie eine Insel im großen Meer der Mainzer Kirche.

Eine andere Entwicklung nahm das Verhältnis zwischen Mainz und den benediktinischen Klöstern Fritzlar, 724 bzw. 732 von Bonifatius errichtet, und Lorsch, 764 vom rheingauischen Rupertiner Graf Cancor gegründet und von Erzbischof Chrodegang mit Mönchen aus dem von ihm 749 gegründeten Kloster Gorze bei Metz besetzt. Fritzlar mit seiner bedeutenden Schule wurde bald mit dem Bistum Mainz vereinigt. Später war es als Stift ein wichtiges geistiges und politisches Zentrum. Lorsch, wie kaum ein anderes Kloster mit grundherrschaftlichem Besitz reich beschenkt, erreichte als exemtes Reichskloster im 10. und 11. Jahrhundert seine höchste spirituelle, kulturelle und wirtschaftliche Blüte. Dann verfiel es überraschend schnell. Von den Mainzer Bischöfen stets begehrt, verlor es im 13. Jahrhundert seine Eigenständigkeit. Durch päpstlichen Erlaß wurde es dem Schutz und der Verwaltung der Mainzer Metropoliten und Reichskirchenfürsten unterstellt. 1232 hat Kaiser Friedrich II. die Übergabe an Mainz bestätigt.

Weil es Bischof Lul nicht möglich war, mit Fulda einen wichtigen Missions- und Seelsorgestützpunkt nahe der Grenze zu den noch heidnischen Sachsen zu erhalten, gründete er um 770 nördlich vom Kloster Fulda die Benediktinerabtei Hersfeld. Nur wenige Jahre später betrieb er die von dort aus erfolgte Tochtergründung Bleidenstadt im hinteren Taunus. Um seinen beiden Klöstern Ansehen und Gewicht zu geben, beschenkte er sie mit Reliquien. Nach Bleidenstadt ließ er von Mainz-Kastel aus die Gebeine des heiligen Ferrutius transferieren. Nach Hersfeld wurde von Fritzlar aus die sterbliche Hülle des heiligen Abtes Wigbert gebracht.

Das nur langsam wachsende und erst 813 eingeweihte Benediktinerkloster St. Ferrutius in Bleidenstadt blieb Mainzer Eigenkloster. Später wurde es in ein Stift umgewandelt. Es war lebendiger Mittelpunkt in einem damals noch kaum er-

schlossenen und erst allmählich etwas dichter besiedelten Gebiet. Von diesem Zentrum aus geschah die kirchliche Betreuung jenes Raumes, der um 1000 unter Erzbischof Willigis als Pfarrsprengel Bleidenstadt umschrieben wurde.

Rasch gelangte Hersfeld zur Blüte. Lul, der bis zu seinem Tod Abt des Klosters blieb, übertrug es 775 König Karl, der Hersfeld zum Reichskloster erklärte und ihm zahlreiche Schenkungen machte. Bald erstreckte sich der Klosterbesitz bis weit in das Gebiet von Weser, Unstrut und Saale. Möglich war diese Ausdehnung, weil unter dem seit 771 alleinregierenden König Karl 772 eine neue Phase der fränkischen Sachsenpolitik begonnen hatte. Diese zielte nicht mehr nur auf sogenannte Strafexpeditionen. Sie wollte vielmehr die Unterwerfung der Sachsen und damit verbunden deren Christianisierung. In dieser Politik war dem Kloster Hersfeld die wichtige Rolle eines grenznahen Stütz- und Ausgangspunktes für die Sachsenmissionare zugedacht; gleichzeitig sollte es Schutz bieten und die dortigen Frankensiedlungen betreuen.

Was im politischen Kalkül von König Karl für das Kloster Hersfeld galt, betraf in viel größerem Maße das gesamte Bistum Mainz. Es lag strategisch sehr günstig. Der auf die Erweiterung seines Herrschaftsbereiches, die Sicherung des Frankenreiches und die Christianisierung der Sachsen bedachte Frankenkönig hatte von Beginn seiner Regierung an dem Kirchensprengel Mainz seine Aufmerksamkeit zugewandt. Von den Spannungen, die unter seinem Vater Pippin zwischen dem fränkischen Königshof und dem angelsächsischen Bischof Lul geherrscht hatten, war unter ihm nichts mehr zu spüren. Von Anfang an waren ihre Beziehungen gut. Das stand auch im Zusammenhang mit dem Plan einer organisatorischen Neugestaltung der fränkischen Kirche. Pläne für eine solche Neustrukturierung hatte es bereits unter König Pippin gegeben. Vor allem nach dem Tod des einflußreichen Erzbischofs Chrodegang 766 war Bewegung in diese Überlegungen gekommen. Schon da hatte es sich gezeigt, daß dem zentral gelegenen Bistum Mainz, das auch nach Norden und Nordosten hin offen war, eine Rangaufwertung zugedacht war. Als Hinweis darauf kann gelten, daß Lul 768 zu den zwölf fränkischen Bischöfen gehörte, die zu der von Papst Stephan IV. (768–772) nach Rom einberufenen Synode gesandt wurden. Auf der Versammlung im Lateran nahm Wilidar von Sens nach dem Papst und nach dem Erzbischof von Ravenna den ranghöchsten Platz ein. Nur er führte von den fränkischen Bischöfen den Titel Erzbischof. Das zeigt, wie unfertig zu dem Zeitpunkt die fränkische Metropolitanverfassung noch war; denn mit zur römischen Delegation gehörten die Bischöfe von Bordeaux, Bourges, Lyon, Narbonne, Reims und Tours, Oberhirten von Kirchensprengeln, die wenig später alle Metropolitansitze waren.

Unter solch hochrangigen Bistümern 768 auch Mainz zu finden, läßt erkennen, wie hoch diese Großkirche von den fränkischen Herrschern eingeschätzt wurde. Hatte es zu Lebzeiten von Chrodegang ausgesehen, als würde sein Bistum zu einer Kirchenprovinz erhoben, so schickte sich jetzt Mainz an, Metz den Rang abzulaufen. 780/782 war dies erreicht, Mainz wurde Erzbistum. Als Zeichen seiner neuen erzbischöflichen Würde erhielt Lul 782 von Papst Hadrian I. (772–795) das Pallium. Zu den ersten Suffraganbistümern der fränkischen Kirchenprovinz gehörten Worms, Speyer, Würzburg und Eichstätt. Köln wurde wie Salzburg erst 795/798 Erzbistum. Umstritten ist, ob in den Jahren bis dahin Köln mit Utrecht und Tongern/Lüttich auch zur jungen Kirchenprovinz Mainz zählten.

Nur wenige Jahre konnte Erzbischof Lul als Metropolit seiner Kirchenprovinz vorstehen. Er starb am 16. Oktober 786. Ihm war nicht die schier unbändige Dynamik und das kirchenpolitische und organisatorische Talent seines großen Vorgängers und Vorbildes Bonifatius gegeben. Er blieb stets mehr der gelehrte und dem kontemplativen klösterlichen Leben zugeneigte Geistesmann. Dennoch verstand er es mit Geschick und Ausdauer, seinem Bistum das Erbe des Bonifatius zu halten und es zu mehren. Die Kirche von Mainz verehrt Lul als Heiligen. Die letzte Ruhestätte fand der Erzbischof in seiner Klostergründung Hersfeld.

Die Kirchenprovinz Mainz

Nachfolger von Erzbischof Lul wurde Richulf (787–813). Als erster Mainzer Oberhirte entstammte er dem Klerus des Rhein-Main-Gebietes. Unter ihm konnte die eben erst gegründete Kirchenprovinz Mainz sich so weit ausdehnen, daß sie zum größten Metropolitanverband der westlichen Kirche wurde. Als erste kamen zu den schon vorhandenen Suffraganbistümern die schwäbisch-alamannischen Bistümer Konstanz und Straßburg hinzu. Dieser südlichen Erweiterung folgte die Angliederung der neugegründeten sächsischen Bistümer Paderborn, Heiligenstadt/Halberstadt, Verden und Hildesheim im Norden.

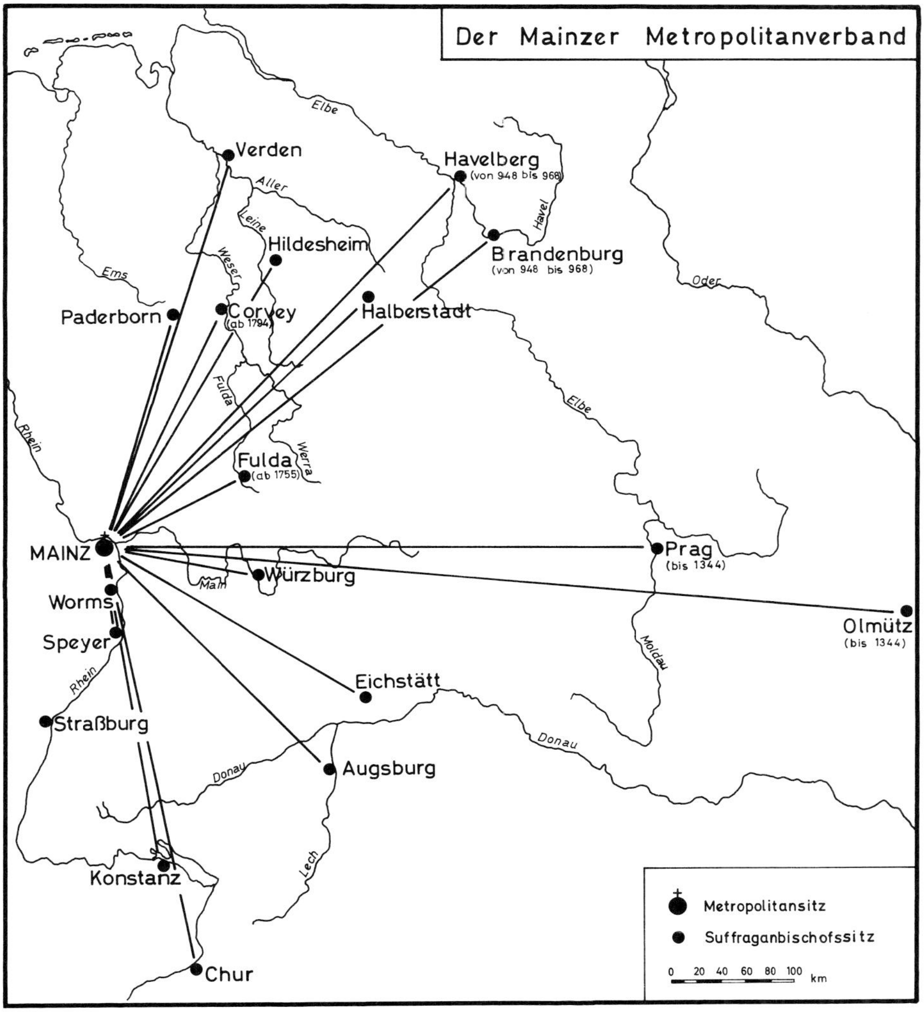

Karl, seit 774 auch König der Langobarden und seit der Krönung durch Papst Leo III. (795–816) an Weihnachten 800 Kaiser, hatte nach der endgültigen Unterwerfung der Sachsen auf der Reichsversammlung 804 zu Salz an der Saale durch die von ihm erlassene Kirchenreorganisation verfügt, daß diese bis auf Paderborn östlich der Weser gelegenen Bistümer zum Erzbistum Mainz kamen. Die westfälischen Sprengel Münster, Osnabrück und Minden wurden der Kirchenprovinz Köln zugeordnet.

Als weiteres Bistum kam das Graubündener Bistum Chur zu Mainz, als 843 die Söhne und Erben Kaiser Ludwigs des Frommen (814–840) im Vertrag von Verdun das Frankenreich unter sich aufteilten. Chur, bis dahin Suffraganbistum der jetzt im Bereich von Lothringen liegenden Kirchenprovinz Mailand, wurde ab jetzt zum

Ostreich gehörend von der alten Metropolitankirche getrennt und Mainz beigegeben.

Um diese Zeit muß das rätische Bistum Augsburg schon zur Mainzer Kirchenprovinz gehört haben. Mit Sicherheit wohnte ein Augsburger Bischof der Kirchenversammlung von 847 bei, zu der Erzbischof Hrabanus Maurus (847–856) zu Beginn seines Pontifikates alle Mainzer Suffraganbischöfe eingeladen hatte.

Im 10. Jahrhundert waren für kurze Zeit die ostelbischen Bistümer Havelberg und Brandenburg dem Mainzer Metropolitanverband angegliedert. Sie waren im Zuge der Ostpolitik Kaiser Ottos I. (936–973) entstanden und 948 auf der Synode von Ingelheim eingerichtet worden. Bereits 968 wurden sie wieder von Mainz getrennt und dem neuerrichteten Erzbistum Magdeburg zugesprochen. Als Entschädigung für diese Verluste erhielt Mainz die um 973 gegründeten böhmisch-mährischen Bistümer Prag und Olmütz.

Mit Recht konnte der Verfasser der Lebensbeschreibung von Erzbischof Arnold von Selenhofen (1153–1160) voll Stolz vermerken: „Der Stuhl von Mainz ist berühmt durch seine Suffragane, hochedel in seinen Fürsten, wohlausgestattet mit Menschen und Gütern, überaus mächtig und reich. Ihm gehorcht Sachsen und Thüringen, Franken und Hessen, Schwaben, Böhmen und Mähren."

Über Jahrhunderte konnte sich diese große kirchliche Organisationseinheit halten. In ihrer größten Ausdehnung reichte sie vom Elsaß bis in den böhmisch-mährischen Osten und von den Südalpen bis an die untere Elbe. Einbußen im Osten mußten im 14. Jahrhundert hingenommen werden und starke Einbrüche im Norden durch die Reformation. Als kleiner Ausgleich mag dafür gelten, daß ab 1755 das 1752 errichtete Bistum Fulda wie auch ab 1794 Corvey noch für kurze Zeit Glieder im tausendjährigen Metropolitanverband waren.

Die Kompetenzen und das Mitspracherecht bei den Belangen der Suffraganbistümer waren für den Mainzer Metropoliten nicht immer gleich. Ja nach den politischen und kirchlichen Umständen konnten sie größer oder geringer sein. Seine Autorität und sein Einfluß schwanden jedoch nie ganz. Ein besonders wichtiges Instrument der Führung im Metropolitanverband waren die Provinzialsynoden, zu denen die Erzbischöfe bis ins 16. Jahrhundert immer wieder einluden; Begegnungsort der Suffraganbischöfe war bis ins 11. Jahrhundert sehr häufig das St. Albanskloster auf der Höhe von Mainz nach Weisenau.

2. St. Alban in Mainz: 200 Jahre geistiges Zentrum

Die Klosterkirche

Karl der Große schuf nicht nur das fränkische Großreich, er setzte auch alles daran, es nach römischem Vorbild kirchlich, rechtlich, liturgisch und kulturell zu ordnen, zu heben und zu einen. Als wichtiges Instrument benutzte er dazu die von ihm in Aachen eingerichtete Hofschule, eine Art Akademie, die unter dem Vorsitz des Königs bekannte Lehrer und hervorragende Schüler vereinigte.

Die Hofschule betrieb in bewußter Anlehnung an das Lehrsystem der Spätantike

Michelstadt-Steinbach, Einhard-Basilika

das Studium der „Sieben freien Künste“ (Grammatik, Rhetorik, Dialektik = „Trivium“ und Arithmetik, Geometrie, Astronomie, Musik = „Quadrivium“) und das Studium der von den Kirchenvätern überkommenen „Heiligen Lehre“. Bei regelmäßigen Tagungen erörterte sie zudem wichtige politische und kirchliche Fragen und nahm dazu Stellung. Leiter der Hofschule war seit 782 der angelsächsische Benediktiner Alkuin (gest. 804). Er war bald der unbestrittene Mittelpunkt des gelehrten Kreises, zu dem auch der Mainfranke Einhard (ca. 770–840), der aus dem Raume Höchst stammende Richulf und der um 780 in Mainz geborene Hrabanus Maurus gehörten. Sie vermochten dem Mainzer Erzbistum wichtige Impulse zu geben und seiner Geschichte nachhaltige Akzente aufzudrücken.

Einhard, „Architekt“ der kaiserlichen Bauten und Verfasser der ersten mittelalterlichen Herrscherbiographie „Vita Caroli Magni“, errichtete die 827 vollendete und bis heute gut erhaltene Basilika bei Michelstadt-Steinbach. Er gründete auch die Benediktinerabtei Seligenstadt am Main, der er 828 die aus Rom kommenden Reliquien der Märtyrer Marcellinus und Petrus schenkte.

Richulf, der in der Hofschule den rühmenden Beinamen „Damoetas“ erhalten hatte und von Alkuin mehrfach als „bewährter Freund“ und „geliebter Sohn“ tituliert worden war, kam als Mainzer Erzbischof bald der „Admonitio generalis“ Karls des Großen vom 23. März 789 nach, auch in Mainz eine Schule und Ausbildungsstätte einzurichten. Er ersetzte die alte römische Märtyrerbasilika St. Alban auf dem südlich von Mainz gelegenen Bergrücken durch eine großartige neue Kirche und gründete dort 796 ein Kloster. Damit schaffte er seinem Kirchensprengel ein geistiges Zentrum, das als monastische Einrichtung, vornehmes Mausoleum, Bildungsstätte und wichtiger Versammlungsort gleichermaßen bedeutend und wirkungsstark werden sollte.

Die fertiggestellte Klosterkirche mit einer imposanten Länge von 75 Metern konnte von Richulf am 1. Dezember 805 feierlich eingeweiht werden. Die Reliquien des heiligen Alban wurden überbracht und aus der Basilika St. Hilarius auch die sterblichen Hüllen der Heiligen Aureus und Justina.

Einige Jahre zuvor hatte König Karl in dem noch im Bau befindlichen Gotteshause seine Gemahlin Fastrada, die während der Frankfurter Synode 794 verstorben war, beisetzen lassen. Seitdem war St. Alban für lange Zeit bevorzugte und oft reich beschenkte Grablege. Fast alle Mainzer Erzbischöfe von Richulf bis Rupert (970–975) fanden hier ihre letzte Ruhestätte. Das war Erzbischof Hiltibert (927–937) Anlaß, 935 auch die Gebeine der vorbonifatianischen Bischöfe von St. Hilarius nach St. Alban überführen zu lassen. Unter Kaiser Otto dem Großen (936–973) hatte die Klosterkirche als vornehmer Beisetzungsort ihren letzten Höhepunkt. Gleich drei der königlichen Söhne und Töchter erhielten hier ihre Totengruft: Erzbischof Wilhelm, Liudolf und Liutgard.

Die Klosterschule

Berühmt war die Schule in St. Alban. Gemeinsam mit der unter die Leitung des Chorbischofs Thiotgar (gest. 857) gestellten Domschule erreichte sie als „Mainzer Schreibstube" in der zweiten Hälfte des 9. Jahrhunderts eine besondere Blüte. Zu verdanken hatte sie dies vor allem der Förderung, die ihr Hrabanus Maurus zuteil werden ließ.

Der in Tours und Aachen ausgebildete „Praeceptor Germaniae" (Lehrer Deutschlands), Lieblingsschüler Alkuins, der ihn gleich dem Lieblingsschüler Benedikts von Nursia Maurus nannte, hatte, lange bevor er den Mainzer Erzbischofsstuhl bestieg (847), als Gelehrter und fruchtbarer Literat einen Namen. Vor allem seine 814 in Fulda vollendete Schrift „Vom Lob des Kreuzes" machte ihn berühmt. Abschriften dieses in Prosa und Versform geschriebenen und kunstvoll illuminierten theologischen und literarischen Meisterwerkes erhielten nicht nur Kaiser Ludwig I. und Papst Gregor IV. (827–844), sondern auch die Mainzer Erzbischöfe, ehemals Kapläne an der Hofkapelle, Haistulph (813–825), Neffe von Erzbischof Richulf, und Otgar (826–847), dessen Nachfolger Hrabanus wurde.

Schon als Mönch in Fulda (dort seit 822 Abt) hatte er begonnen, mit Dichtungen in altsächsischer und althochdeutscher Sprache die gerade einsetzende Missionsarbeit bei den Dänen und Schweden zu unterstützen. Am Johannistag 826 hatte Erzbischof Otgar – im Beisein der Paten Kaiser Ludwig I., Kaiserin Judith und Sohn Lothar – den dänischen König, dessen Familie und zahlreiche Gefolgsleute in St. Alban getauft. Die Taufe wurde als ein wesentlicher Schritt zur Christianisierung Skandinaviens verstanden. Wie schon bei der Sachsen- und bei der karolingischen Ostmarkmission sollte Mainz bzw. das Kloster St. Alban auch für die Dänen- und Nordlandmission ein wichtiger Ausgangspunkt sein. Als die Dänen in ihre Heimat zurückkehrten, begleitete sie der aus der Picardie stammende und jetzt zum Benediktinerkloster Corvey gehörende Ansgar (801–865). Rasche Anfangserfolge wa-

Mainz, St. Alban: Priesterstein

ren dem Missionar nicht beschert. Dennoch wurde er, 831 von Drogo in Metz unter Assistenz von Erzbischof Otgar zum Bischof von Hamburg (ab 847 Bischof von Bremen) geweiht, der große „Apostel des Nordens".

Die Pflege der für die Predigt so wichtigen Muttersprache blieb Hrabanus auch als Erzbischof ein großes Anliegen. Die Mainzer Schule ließ sich dieses Anliegen so sehr angedeihen, daß die – historisch allerdings nicht haltbare – Vermutung aufkommen konnte, die vom Hraban-Schüler Otfrid von Weißenburg (gest. 880) in fränkischer Mundart verfaßte epische Evangelienharmonie sei in St. Alban begonnen worden. Es könnte auch dem Einfluß von Hraban zu verdanken sein, daß in der „Mainzer Schreibstube" bald Buchkostbarkeiten von einzigartigem Wert entstanden. Zu diesen Prachtstücken zählt das „Sacramentarium", das heute kostbarer und gut gehüteter Schatz des Mainzer Priesterseminars ist.

Hraban setzte auch in Mainz seine literarische Tätigkeit fort. Ergebnisse dieses Schaffens sind u. a. seine dichterischen Inschriften für die Altäre des Domes, sein Martyrologium und eine für Kaiser Lothar I. (840–855) verfaßte Predigtsammlung. Von seinen zahlreichen Schriften seien noch die beiden Poenitentiare erwähnt, von denen es heißt, sie stellten für den ostfränkischen Raum die gleiche kirchenrechtliche Leistung dar, wie die wichtigsten Rechtswerke der Westfranken Theudolf von Orléans (gest. 821), Herrard von Tours (gest. 869), Isaak von Langres (gest. 880) und Hinkmar von Reims (gest. 882).

Versammlungsstätte für Synoden

Geistiger Mittelpunkt der Mainzer Kirche war das großzügig ausgebaute Kloster St. Alban überdies auch deshalb, weil es oft Ort bedeutender und geschichtsprägender Versammlungen war. Fast alle zwischen 813 und 1085 in Mainz abgehaltenen Synoden, Konzilien und Reichstage fanden in St. Alban statt. Hier entfaltete sich die Synodaltätigkeit der Mainzer Erzbischöfe, hier wirkten sie in ihrer Eigenschaft als Apostolische Vikare und Legaten des Papstes und als „missi" und Beauftragte der Kaiser und Könige. In St. Alban fielen Entscheidungen, die nachhaltigen Einfluß nahmen auf das Geschehen und die Entwicklung im Bistum.

Bereits Bonifatius hatte 742 bei Papst Zacharias Klage geführt, im Frankenreich sei die altkirchliche Ordnung zusammengefallen, seit über 80 Jahren seien keine Synoden mehr abgehalten worden. Er drängte auf die von den kirchlichen Canones vorgeschriebene Abhaltung von jährlich zwei Provinzialsynoden. Erst unter Karl dem Großen jedoch begann das kirchliche Synodalwesen wieder Gestalt zu gewinnen. Mit Berufung auf die altkirchlichen Konzilien forderte der Kaiser wiederholt Provinzialsynoden. Die eine oder andere wird auch stattgefunden haben. Für die Mainzer Kirche läßt sich keine nachweisen. Wohl aber trat 813, nach dem 811 die Umschreibung der Kirchenprovinzen festgelegt worden war, in Mainz wie in Tours, Arles, Châlons und Reims auf Anordnung Karls ein Reichskonzil zusammen, dem die Aufgabe gegeben war, die bestehenden Mängel der Kirche abzustellen und die begonnene Reform voranzutreiben.

Das Mainzer Konzil wurde am 9. Juni in St. Alban eröffnet. Mit Richulf von Mainz und Hildebald von Köln, die den Vorsitz führten, und Arn von Salzburg und Bernhard von Worms, die als kaiserliche Gesandte fungierten, berieten 30 Bischöfe und 25 Äbte. In über 50 Kapiteln umschrieben sie das kirchliche Reformprogramm. Ein wichtiges Ergebnis war die Begrenzung des fränkischen Eigenkirchenrechtes durch ein erweitertes Mitspracherecht der Bischöfe. Den Eigenkirchenherren wurde untersagt, einmal gestiftete Kirchen oder Klöster nach Belieben wieder aufzulösen oder zu verkaufen. Auch durften sie nicht mehr ohne Absprache mit dem Bischof die Priester an den Eigenkirchen ein- oder absetzen. Die Kleriker wurden unter die geistliche Leitung des Bischofs gestellt und konnten von diesem visitiert werden. In Verbindung mit dem von Karl dem Großen bereits 779 und 794 eingeführten Kirchenzehnt ermöglichten diese Maßnahmen geordnete kirchliche Verhältnisse auch außerhalb der Bischofsstädte. Eine deutlichere Strukturierung der kirchlichen Verwaltungs- und Seelsorgsbezirke konnte sich allmählich durchsetzen. Auch im weiträumigen Bistum Mainz bildeten sich langsam die Umrisse der späteren Pfarreien heraus. Wenn im 9. Jahrhundert die Erzbischöfe mehrfach Kirchweihhandlungen vornahmen, etwa 822 in Großenlüder bei Fulda, 825 nahe Alsfeld, 852 bei Frankfurt oder 885 in Altenschlirf, dann weist das auf eine wachsende Verbindung dieser Kirchen mit der Bischofskirche hin.

In der Stadt Mainz kam es im gleichen Jahrhundert zu einer weiteren Entfaltung der Strukturen. „Die Dezentralisation der öffentlichen ordentlichen Seelsorge und Sakramentenverwaltung von der Kathedrale weg auf einzelne bischöfliche Kirchen machte Fortschritte, die bischöflich genehmigten Seelsorgefunktionen einzelner grundherrschaftlicher Kirchen, wie z. B. Udenmünster, St. Christoph, St. Ignaz, vertieften sich, die späteren Pfarrbezirke begannen ganz allmählich Gestalt zu gewinnen." St. Emmeran wurde erbaut und unter Erzbischof Liutbert (863–889) das Klerikerstift St. Mauritius.

Die nächste Synode in St. Alban fand unter der Leitung von Erzbischof Otgar 829 statt, der nach etwa einjähriger Sedisvakanz 826 von Kaiser Ludwig dem Frommen auf den Mainzer Erzstuhl erhoben worden war. Wie die Versammlungen des gleichen Jahres in Paris, Lyon und Toulouse, war das Mainzer Konzil wiederum keine Provinzialsynode im kirchenrechtlichen Sinne, sondern eine von Kaiser Ludwig I. angeordnete Reichssynode. Die kirchlichen Reformvorschläge von 829 haben kaum Auswirkungen gehabt. Das hatte nicht zuletzt seinen Grund in den politischen Wirren, die durch die sehr enge Verknüpfung und Verflechtung von weltlicher und geistlicher Herrschaft im Frankenreich mit ausgelöst wurden.

Während Karl der Große, der sich als Priesterkönig verstand, ohne Bedenken in die Kirche hineinregierte und die Idee der Theokratie faktisch vertrat, konnte sein frommer, aber politisch schwacher Sohn Ludwig nicht verhindern, daß das Sacerdotium, d. h. der Papst und die Bischöfe, im Zuge der vom Kaiser selbst geförderten kirchlichen Reform die Leitung der Kirche stärker selbst in die Hand nahmen. Ludwigs Söhne wiederum wollten erneut andere Akzente setzen. Die Staatsstreiche von 830 und 833 und die Erhebung der Kaisersöhne gegen Ludwig den Frommen zeigen, wie explosiv die politische Lage war.

In dieser Situation stellte sich Otgar von Mainz unbeirrt auf die Seite von Kaiser Ludwig I. – auch nach dessen Gefangennahme 833. Diese Treue lohnte der ab 835 wieder siegreiche Herrscher dadurch, daß er den Erzbischof 836 mit einer Gesandtschaft nach Italien betraute, um dort die Versöhnung mit seinem Sohn Lothar I. zu vermitteln. Otgars Mission verlief erfolgreich. Auf der Heimreise nahm er von Ravenna die Reliquien der Heiligen Severus, Vicentia und Innocentia mit in sein

Bistum. Die Reliquien der beiden heiligen Frauen ließ er in St. Alban zur Verehrung aufstellen, die Reliquien des heiligen Severus überführte er nach Erfurt.

Kaiser Ludwig I. starb im Beisein der Erzbischöfe Otgar und Heti von Trier am 20. Juni 840 auf einer Rheininsel bei Ingelheim. Sein Tod ließ das Frankenreich bald auseinanderbrechen. Die Teilung unter die Kaisersöhne Lothar, Ludwig II. (dem Deutschen, gest. 876) und Karl II. (dem Kahlen, gest. 877) erfolgte 843 durch die Verträge von Verdun. Mainz wurde Hauptort und erste Metropole des deutschsprachigen Ostreiches, das Ludwig zufiel. Mit Ausnahme der sächsischen Suffraganbistümer Münster, Minden und Osnabrück lagen die Kirchenprovinzen Köln und Trier im Mittelreich Kaiser Lothars. Da dem Ostreich die politische Zukunft gehörte, konnte Mainz in die ranghöchste kirchliche Position des kommenden deutschen Reiches hineinwachsen.

Anders als sein am 21. April 847 verstorbener und in der St. Bonifatiuskapelle der St. Albanskirche beigesetzter Vorgänger Otgar, der bis zu seinem Tod entschiedener Gegner von Ludwig dem Deutschen blieb, war Erzbischof Hrabanus Maurus auf Ausgleich bedacht. Daher zögerte er auch nicht, auf Geheiß Ludwigs unmittelbar nach seiner Bischofsweihe im Oktober 847 die erste Synode des ostfränkischen Reiches nach St. Alban einzuberufen. Diese Synode ist das erste bekannte Mainzer Provinzialkonzil. Nach einigen Quellen war unter den „Mitbischöfen, die zur Mainzer Kirche gehören" und nach St. Alban gekommen waren, auch Gauzbert von Osnabrück (845–859). Das könnte bedeuten, daß Köln kurz in Gefahr war, seine sächsischen Bistümer an Mainz zu verlieren. Mit dieser Kirchenversammlung war in der Mainzer Kirchenprovinz neben den Reichskonzilien auch wieder die Provinzialsynode etabliert. Hrabanus' Nachfolger Karl von Aquitanien (856–862), der aus politischen Gründen auf den Mainzer Erzstuhl gehobene Neffe König Ludwigs des Deutschen, hielt in St. Alban 857 die nächste Provinzialsynode ab. Von diesem Konzil, wie überhaupt von der Amtszeit des Erzbischofs Karl, sind nur spärliche Nachrichten überliefert.

Um so markanter ist das Pontifikat von Erzbischof Liutbert (863–889). Vorher Mönch und Lehrer auf der Reichenau und Abt des mittelfränkischen Klosters Herrieden, war er auf Vermittlung von Erzkapellan und Kanzler Grimoald (gest. 870) Mitglied der Hofkapelle und dann Erzbischof von Mainz geworden. Liutbert, den Heinrich Büttner „eine energische, religiös interessierte und politisch begabte Persönlichkeit" nennt und den Josef Fleckenstein „zu den ersten staatsmännischen Begabungen des 9. Jahrhunderts" zählt, wirkte in Kirche und Reich gleichermaßen nachhaltig. Eine umfangreiche Synodaltätigkeit zeichnete ihn aus. Er nahm nicht nur an den Konzilien von Pîtres 864, Tursey 865, Soissons 866, Metz 867, Worms 868, Aachen 870, Köln 871, 873 und 887 und Mainz 867, 878 und 888 teil, er vermochte in diesen Kirchenversammlungen auch mehrfach die entscheidenden Akzente zu setzen. Über ihn läuft mit Sicherheit der Weg, der die Mainzer Erzbischöfe in den im Reiche unangefochtenen Besitz des Einberufungs- und Leitungsrechtes von Reichssynoden führte.

Nach dem Tode von Erzkapellan und Kanzler Grimoald übernahm Liutbert 870 dessen Ämter. Lange Zeit waren die Kapelläne zumeist bescheidene Helfer des Königs gewesen, die ihm für den herrschaftlichen Gottesdienst und die schriftliche Verwaltungstätigkeit zur Verfügung standen. Mit Liutbert setzte der Brauch ein, die Leitung der Hofkapelle im Ostreich ausschließlich Bischöfen zu übertragen.

Mainz, St. Alban: Sakramentar

Mainz, St. Alban: Sakramentar

Vom umsichtigen Wirken und Handeln des Erzbischofs Liutbert profitierten nicht nur das Bistum und das Reich. Auch der Stadt Mainz brachte sein Pontifikat sichtbaren Gewinn. Ausgelöst durch die immer offenkundiger werdende Schwäche der zerstrittenen Karolingerherrscher, wagten es die plündernden und brandschatzenden Normannen, ihre Raubzüge bis weit ins Landesinnere vorzutragen. 881 beraubten und zerstörten sie Köln, Bonn, Prüm und Aachen. 882 standen sie in Koblenz. Um seine Stadt zu schützen, ließ Erzbischof Liutbert die Stadtmauern wieder instandsetzen und mit einem Graben umziehen. Mainz galt als so sicher, daß viele Menschen in die Stadt flohen und kostbare Reliquien nach hier gebracht wurden. 883 und 885 beteiligte sich der Erzbischof sogar aktiv an der Bekämpfung der Normannen, so daß Mainz durch seine Umsicht und Tatkraft vor ihren Einfällen verschont blieb.

Liutberts Nachfolger, der aus dem Kloster Fulda stammende Erzbischof Sunderold (889–891), setzte den Kampf gegen die kriegerischen Wikinger fort. Mit Arnulf von Kärnten (gest. 899), der 887 in Trebur gegen Kaiser Karl III. (den Dicken, gest. 888) unter maßgeblicher Beteiligung von Liutbert zum König des Ostreiches erhoben worden war, zog der Erzbischof in die Schlacht. Am 26. Juli 891 ist er im Flandrischen gefallen. Wenige Tage später konnte König Arnulf die Wikinger nahe Löwen vernichtend schlagen und damit die Normannengefahr endgültig bannen.

Mit den baulichen und kriegerischen Maßnahmen Liutberts und Sunderolds setzte ein Neubeginn der erzbischöflichen Stadt- und Bistumspolitik ein. Die kirchlichen Oberhirten schickten sich an, die Geschichte von Mainz mehr und mehr in ihre Hand zu nehmen. Das zeigte sich auch darin, daß sie ihren Sitz, das bischöfliche Leitungs- und Verwaltungszentrum und den geistigen Mittelpunkt des Bistums von St. Alban weg wieder ins Stadtinnere verlegten.

3. Die Dombauten der Erzbischöfe Hatto I., Willigis und Bardo

Die Grabinschrift des in St. Alban beigesetzten Erzbischofs Sunderold pries Mainz glücklich, einen Hirten besessen zu haben, der bereit gewesen war, sogar sein Blut für das Bistum zu vergießen.

Von Sunderolds Nachfolger Erzbischof Hatto I. (891–913) – möglicherweise starb er auf der Rückreise von Rom in Como/Oberitalien – ist weder seine letzte Ruhestätte noch eine Grabinschrift bekannt. Um so mehr bemächtigte sich seiner die Legende. Einige Erzählungen lassen ihn vom Blitz erschlagen werden oder in den feurigen Schlund des Ätna fallen. Eine späte Legende verknüpft ihn düster mit dem „Mäuseturm" bei Bingen, einer Wacht- und Wehranlage im Rhein, die im 13. Jahrhundert erbaut wurde. Daneben stehen widersprüchliche Urteile der geschichtlichen Überlieferung. Widukind von Corvey (gest. nach 973) brachte Hatto mit einem versuchten Meuchelmord in Verbindung und beurteilte ihn überaus negativ. Dagegen lobte Hattos Zeitgenosse Regino von Prüm (gest. 915) den Erzbischof als „letzten Liebhaber der Philosophie" und widmete dem „Primas von ganz Deutschland" seine kultur- und rechtsgeschichtlich überaus bedeutsame Schrift

„De synodalibus causis et disciplinis ecclesiasticis". Auch Ekkehard IV. von St. Gallen (gest. 1060), von 1022 bis 1032 Leiter der Mainzer Domschule, schätzte den Erzbischof: er habe in Mainz „in vielen Dingen die Großartigkeit seines Geistes" gezeigt.

Der gebildete und tatkräftige Hatto, den Josef Fleckenstein für „ebenso berühmt wie gehaßt" hält, war als Sproß einer vornehmen schwäbischen Familie und Neffe von Erzbischof Liutbert rasch zu hohen Ämtern gelangt. Er erhielt 888 die reiche Abtei Reichenau und 889 das Kloster Ellwangen. Er wurde Mitglied der Hofkapelle und gelangte über seinen Förderer König Arnulf 891 auf den erzbischöflichen Stuhl von Mainz. Auch in diesem Amt blieb Hatto I. der kluge und getreue Gefolgsmann Arnulfs. Er begleitete ihn 894 und nochmals 896 zur Kaiserkrönung nach Rom. Gemeinsam mit Erzbischof Theotmar von Salzburg (874–907) sicherte er nach dem Tod des Kaisers dessen Sohn Ludwig IV. (dem Kind, gest. 911) 900 die Thronfolge. Bis zum Tode Ludwigs führte er für den Minderjährigen die Reichsgeschäfte. Damit eröffnete Hatto die lange Reihe jener Mainzer Erzbischöfe, die als einflußreiche Staatsmänner und Reichsverweser die Geschichte des deutschen Reiches und der deutschen Reichskirche maßgeblich mitgestalteten.

Es kann als selbstbewußter Ausdruck der eigenen Wertschätzung angesehen werden, daß der Erzbischof um 900 begann, seine Bischofsstadt zu erweitern und auszubauen. Er ließ das Rheinuferviertel neu anlegen, vollendete den unter Liutbert begonnenen Bau der St. Mauritiuskirche und veranlaßte, seine Domkirche „durch ansehnliche Baumaßnahmen zu schmücken". Bei dieser Kirche dürfte es sich um die heutige St. Johanneskirche handeln; denn sie gleicht in ihren ältesten Bauteilen der St. Georgskirche, die Hatto in Oberzell auf der Reichenau ebenfalls errichten ließ. Der äußere Anlaß, der Kathedralkirche mehr Glanz und symbolisches Gewicht zu geben, könnte die starke Beschädigung der St. Albanskirche durch das Erdbeben von 858 gewesen sein. Das tiefere Motiv lag aber wohl darin, die Domkirche selbst wieder in den Mittelpunkt des Bistums zu rücken.

Was sich unter Hatto I. als Vorspiel anbahnte, wurde unter Willigis zu einem politisch durchdachten Unternehmen. Daher begann er um 978, einen neuen Dom zu errichten. Der vielseitig begabte Bauherr selbst reifte in seinem sehr langen Pontifikat zu einer der markantesten Persönlichkeiten auf dem Mainzer Erzstuhl heran.

Willigis, um 940 geboren, entstammte wahrscheinlich einer sächsischen Ministerialenfamilie. Seine Ausbildung hatte er beim kaiserlichen Kaplan Folkold, nachmals Bischof von Meißen, erhalten. Er wurde Domherr in Hildesheim und um 969 auf Vermittlung seines Lehrers Mitglied der Hofkapelle. Es spricht für die große politische Begabung des hochgewachsenen Willigis (eine von ihm getragene Kasel, die heute als kostbares liturgisches Gewand im Mainzer Dommuseum aufbewahrt wird, mißt 1,65 m Rückenhöhe), daß er 971 Kanzler Kaiser Ottos I. (936–973) und nach dessen Tod auch Kanzler Ottos II. (973–983) wurde. 975 verschaffte der jugendliche Regent seinem engen Ratgeber und Vertrauten den Bischofsstuhl von Mainz. Dem neuen Erzbischof bestätigte er sofort alle bisher dem Erzstuhl verliehenen Besitzungen und königlichen Privilegien. Schon im März 975 erhielt Erzbischof Willigis von Benedikt VII. (974–983) mit dem erbetenen Pallium das Privileg, als Vikar und Stellvertreter des Papstes in Deutschland und Gallien bei allen kirchlichen Amtshandlungen, vornehmlich bei der Kaiserkrönung und auf den Synoden, die nach Rom höchste und alle anderen Bischöfe überragende Stellung einzunehmen und zu besitzen.

Damit war Mainz die seit langem beanspruchte Führungsrolle im deutschen Episkopat von höchster Autorität zuerkannt worden. Mit dem Erhalt des erbetenen Privilegs konnte der Erzbischof zugleich die Führungsansprüche von Trier zurückweisen; 969 und 974 war ihm von Rom der Titel Primas verliehen worden.

Das Erzbistum Mainz stieg unter Willigis in Reich und Kirche zu einer außerordentlichen Position auf. Sein Erzbischof war Metropolit der größten Kirchenprovinz, Apostolischer Vikar, Primas und päpstlicher Legat, er war Erzkapellan, Kanzler und zeitweilig überdies noch Reichsverweser. Willigis, von vielen Historikern als der Idealtyp des engagierten und befähigten Reichskirchenfürsten charakterisiert, war nicht der Mann, dem diese Ämter nur bloße Titel sein konnten. Er nahm sie in Anspruch, er füllte sie aus und war sich dabei seiner hervorragenden Bedeutung durchaus bewußt. Seine hohe Stellung in Kirche und Reich manifestiert sich im Neubau der Bischofskirche, die zu einer „der großartigsten, bedeutendsten und bedeutsamsten Leistungen der mittelalterlichen Architektur des Abendlandes“ wurde.

Am Gesamtkonzept des willigisischen Kult- und Repräsentationsbaues und an vielen Details läßt sich überzeugend der politische Standort des Erbauers nachweisen. Die dreischiffige monumentale Anlage (Länge: 70 m, Breite 35 m), wahrscheinlich östlich vom Alten Dom gelegen, war wie die in Rom unter Kaiser Konstantin erbaute Basilika Alt-St. Peter gewestet. Diese zu Stein gewordene Demonstration weist auf den Anspruch der Mainzer Kirche hin, im Reich der Ottonen eine ähnliche Stellung einzunehmen wie das Papsttum im christlich gewordenen Römerreich. Die vielen eigenständig weiterentwickelten Bauelemente des Domes künden darüber hinaus, daß das manifestierte politische Programm nicht simple Nachahmung des Vorbildes war, sondern bewußte Entsprechung der bestehenden ottonischen Reichsideologie. Der Dom des Willigis bejaht die von Karl dem Großen verwirklichte und von Otto dem Großen neu konzipierte Idee der „renovatio imperii“ und die gewollte Einordnung der Kirche von Mainz in dieses „erneuerte christliche Imperium“. 1009 war der Dom mit seinem zum Rhein hin vorgelagerten 60 m langen Atrium nach über dreißigjähriger Bauzeit fertiggestellt. Am 30. August sollte er feierlich eingeweiht werden. Am Vorabend vernichtete ihn eine Feuersbrunst. Vom stolzen Bauwerk blieben nur noch die Grundmauern und die Stümpfe der beiden Rundtürme des Ostwerks. Der hochbetagte Erzbischof war nicht bereit, der Katastrophe den Sieg zu überlassen. Ungebrochen ordnete er den sofortigen Wiederaufbau an.

Willigis starb am 23. Februar 1011 und wurde in dem von ihm 990 gegründeten Stift St. Stephan beigesetzt. Hier befinden sich bis heute die Gebeine des Erzbischofs, der im 17. Jahrhundert Einlaß in das Verzeichnis der Mainzer Heiligen fand.

Erkenbald (1011–1021) und Aribo (1021–1031), die Nachfolger von Willigis auf dem Heiligen Stuhl von Mainz, setzten den Wiederaufbau des Domes fort. Als Aribo 1031 starb, waren die Arbeiten so weit fortgeschritten, daß er im neuen Dom seine letzte Ruhestätte finden konnte. Bei den Renovierungsarbeiten von 1928 wurden sein Grab, Gebeinreste und sein Ring, wiederentdeckt.

1036 war der Dombau beendet. Erzbischof Bardo war es vergönnt, die auf den willigisischen Fundamenten und nach den alten Maßen wiedererrichtete Kathedralkirche im Beisein von Kaiser Konrad II. (1024–1039), König Heinrich III. (1039–1056), der Kaiserinnen Kunigunde (gest. 1039?) und Gisela (gest. 1043), von 17 Bischöfen und vielen Großen am 10. November 1036 zu Ehren des heiligen Martin einzuweihen. Mit gleichem Datum transferierte der Erzbischof die Rechte und Dotationen vom alten Dom auf die neue Bischofskirche. Dieser „Alte Dom" war offensichtlich das spätere Stift St. Johann; denn hier feierte das Domstift sein Kirchweihfest und dorthin zahlte es einen Rekognitionszins.

Nicht mehr aufgebaut worden war das dem Dom vorgelagerte Atrium mit der Vorkirche. Dafür entstand die Kirche des bald eingerichteten Chorherrenstifts Mariagreden, die 1069 eingeweiht werden konnte. Das Portal der Kirche schmückte jenes mächtige Bronzetor, das Erzbischof Willigis hatte gießen lassen und das heute das Nordportal der Domkirche ziert. Der großartig gelungene Bronzeguß war der erste, der seit der Zeit Karls des Großen wieder versucht wurde. Von der Funktion als Pfarrkirche, die Liebfrauen über Jahrhunderte innehatte, zeugt heute noch das herrliche gotische Taufbecken im Dom.

4. Die Organisation des Erzbistums

Stifte und Klöster

Schon bevor Willigis den Stiften seine besondere Aufmerksamkeit zuwandte sowie in und um Mainz die Stifte St. Stephan, Liebfrauen und um 995 St. Viktor in Weisenau entstanden, gab es in Mainz stiftische Einrichtungen mit Klerikern, die nach Bischof Chrodegangs Regel lebten oder nach jener, die von der Aachener Reformsynode 816 für die Stiftsgeistlichkeit vorgesehen war. Neben dem Domstift St. Martin zählten dazu St. Mauritius, St. Peter, das Erzbischof Friedrich (937–954) um 945 nördlich der Stadtmauer errichtet hatte, und St. Gangolph, das vom Mainzer Dompropst Gangolph und späteren Erzbischof von Trier (965–977) um 960 gegründet worden war. Auch außerhalb der Metropole bestanden schon vor Willigis wichtige Stifte: St. Maria in Erfurt, das möglicherweise bis in die Zeit von Bonifatius zurückgeht, das Stift an der Salvatorkirche zu Frankfurt, das durch seinen Gründer König Ludwig den Deutschen große Förderung fand und nach 1238 wegen der erhaltenen Apostelreliquie fast nur noch St. Bartholomäusstift hieß, weiter St. Martin in Heiligenstadt, das Erzbischof Wilhelm um 960 eingerichtet haben soll, und schließlich das Stift St. Peter und Alexander in Aschaffenburg.

Mit dem Regierungsantritt von Willigis nahm die Einrichtung von Stiften beinahe sprunghaft zu. Auf den Erzbischof gehen das Stift auf dem Disibodenberg zurück, das eingerichtet wurde, um den Nahe-Glanraum seelsorglich zu erschließen, dann die Stifte St. Peter und Paul in Jechaburg und ebenso in Dorla. Umstritten ist, ob das Stift St. Martin in Bingen schon älteren Datums ist oder auch erst unter Willigis eingerichtet wurde. Nicht ganz sicher ist es überdies, ob es Willigis war, der die Benediktinerabtei St. Peter in Erfurt in ein Kanonikerstift umwandelte. Solche Überführungen geschahen besonders häufig in den nächsten Jahrzehnten.

Die Zeit bis in die zweite Hälfte des 11. Jahrhunderts blieb eine sehr die Stifte begünstigende Epoche. Durch Umwandlungen von Klöstern oder als Neugründungen entstanden in dieser Zeit die Stifte St. Peter in Fritzlar, in Mainz St. Marien auf dem Felde (nach Hechtsheim hin) und St. Johannes, dann St. Aureus und Justinus in Heiligenstadt, St. Peter in Nörten, St. Alexander in Einbeck und St. Severin in Erfurt.

Der deutliche Trend hin zu den Klerikerstiften war nicht gegen die monastischen Strukturen gerichtet. Er war eher eine Korrektur der starken Dominanz des Benediktinischen, das nicht nur das gesamte Klosterleben beherrschte, sondern seit Bonifatius auch zu den tragenden Kräften im Erzbistum gehörte.

Wie lebendig die Klöster im Erzbistum bleiben konnten, lassen im 11. und 12. Jahrhundert die Erfolge der Gorzer und jüngeren Cluniazenser Reform erkennen, die nicht nur die schon existierenden Benediktinerklöster erfaßte, sondern auch die neu hinzugekommenen, so etwa St. Jakob in Mainz, das in eine Benediktinerabtei umgewandelte Stift auf dem Disibodenberg oder St. Marien in Sponheim. Die Regularkanoniker-Bewegung der strengeren jüngeren Ordnung, die in die Orden der Augustiner-Chorherren und Prämonstratenser einmündete, fand ebenso das Wohlwollen und die Förderung der Erzbischöfe und adligen Stifter wie der benediktinische Reformzweig der Zisterzienser. Die Augustiner-Chorherrenstifte in Ravengiersburg, Hasungen und Pfaffen-Schwabenheim stehen dafür, die Prämonstratenserklöster in Ilbenstadt und die Zisterzienserabteien im rheingauischen Eberbach und im hessischen Arnsburg. Dazu kamen die Kommenden und Balleien der Deutschherren und Templer, die aus der Kreuzzugsbewegung hervorgingen. Die spätere Vielfalt und Zahl der monastischen und klösterlichen Einrichtungen bot ein großes buntes Bild. Männer- oder Frauenklöster, bis zum Beginn der Reformation schließlich mehr als 300, gab es fast in jeder Stadt und jedem größeren Ort des Erzbistums. Die Klöster, Konvente und Niederlassungen hatten sich besonders vermehrt, als vom 13. Jahrhundert an die modernen und vom Bürgertum getragenen Orden und religiösen Gemeinschaften hinzukamen, die Franziskaner, noch zu Lebzeiten des heiligen Franz von Assisi (gest. 1226) erstmals im Mainzer Raum, die Dominikaner mit ihren frühen Kirchen in Frankfurt und Mainz, die Karmeliten, Augustinereremiten, die Wilhelmiten, die Antoniter – insbesondere in Höchst –, die Kugel- oder Fraterherren im rheingauischen Marienthal und in Butzbach, dazu die weiblichen Zweige der Orden und religiösen Gemeinschaften, darunter auch die Beginen, die schon zu Anfang des 13. Jahrhunderts vor allem in Mainz sehr zahlreich waren.

Das monastische Leben zu unterdrücken oder den Zug dieser Form religiösen Lebens zu stoppen, war nicht der Sinn von Erzbischof Willigis und seinen Nachfolgern, als von ihnen im 10. und 11. Jahrhundert die Stifte besonders gefördert wurden. Vielmehr war es Absicht, mit deren Hilfe eine straffere Organisation des Erzbistums durchzuführen und die Möglichkeiten der seelsorglichen Betreuung zu erweitern. Die Stifte hatten Seelsorger zu stellen. Die frühesten Inkorporationen, d. h. die völlige rechtliche Einbindung von Pfarrkirchen, erfolgte mit den Kirchen von Geisenheim, Kastel und Nieder-Olm noch im 12. Jahrhundert zugunsten von Stiften. In ihnen erfolgte dann auch die Ausbildung des Klerus, dessen Zahl mit der fortschreitenden pfarrlichen Strukturierung des Erzbistums Schritt halten mußte.

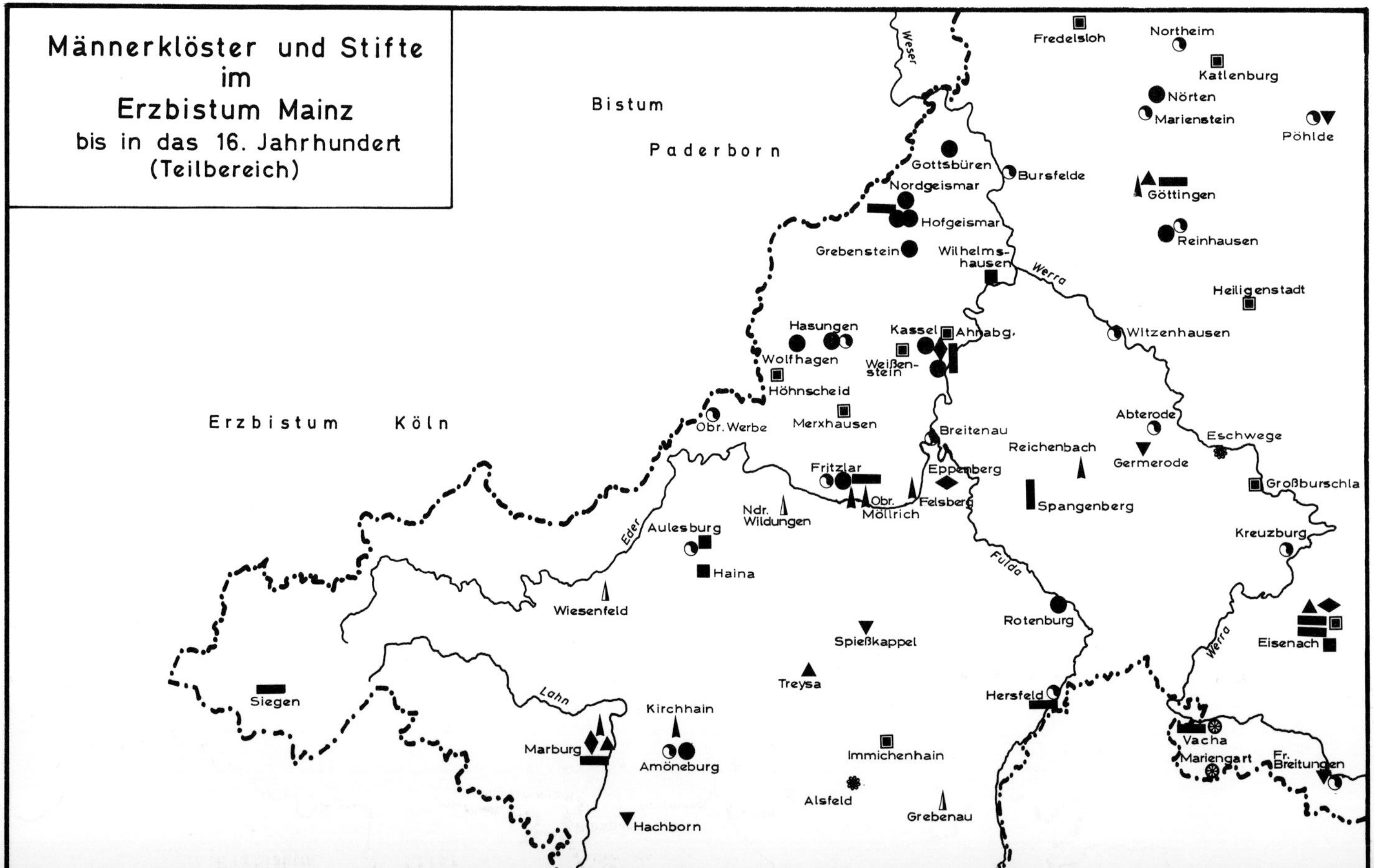
Männerklöster und Stifte
im
Erzbistum Mainz
bis in das 16. Jahrhundert
(Teilbereich)
Bistum
Paderborn
Erzbistum Köln
Weser
Werra
Fulda
Eder
Lahn
Fredelsloh
Northeim
Katlenburg
Nörten
Marienstein
Pöhlde
Gottsbüren
Bursfelde
Göttingen
Nordgeismar
Hofgeismar
Reinhausen
Grebenstein
Wilhelms-
hausen
Heiligenstadt
Hasungen
Kassel
Ahnabg.
Witzenhausen
Wolfhagen
Weißen-
stein
Höhnscheid
Abterode
Eschwege
Obr. Werbe
Merxhausen
Breitenau
Reichenbach
Germerode
Fritzlar
Eppenberg
Großburschla
Obr.
Möllrich
Felsberg
Spangenberg
Ndr.
Wildungen
Aulesburg
Kreuzburg
Haina
Wiesenfeld
Rotenburg
Eisenach
Spießkappel
Treysa
Siegen
Hersfeld
Kirchhain
Vacha
Marburg
Amöneburg
Immichenhain
Mariengart
Fr.
Breitungen
Alsfeld
Grebenau
Hachborn

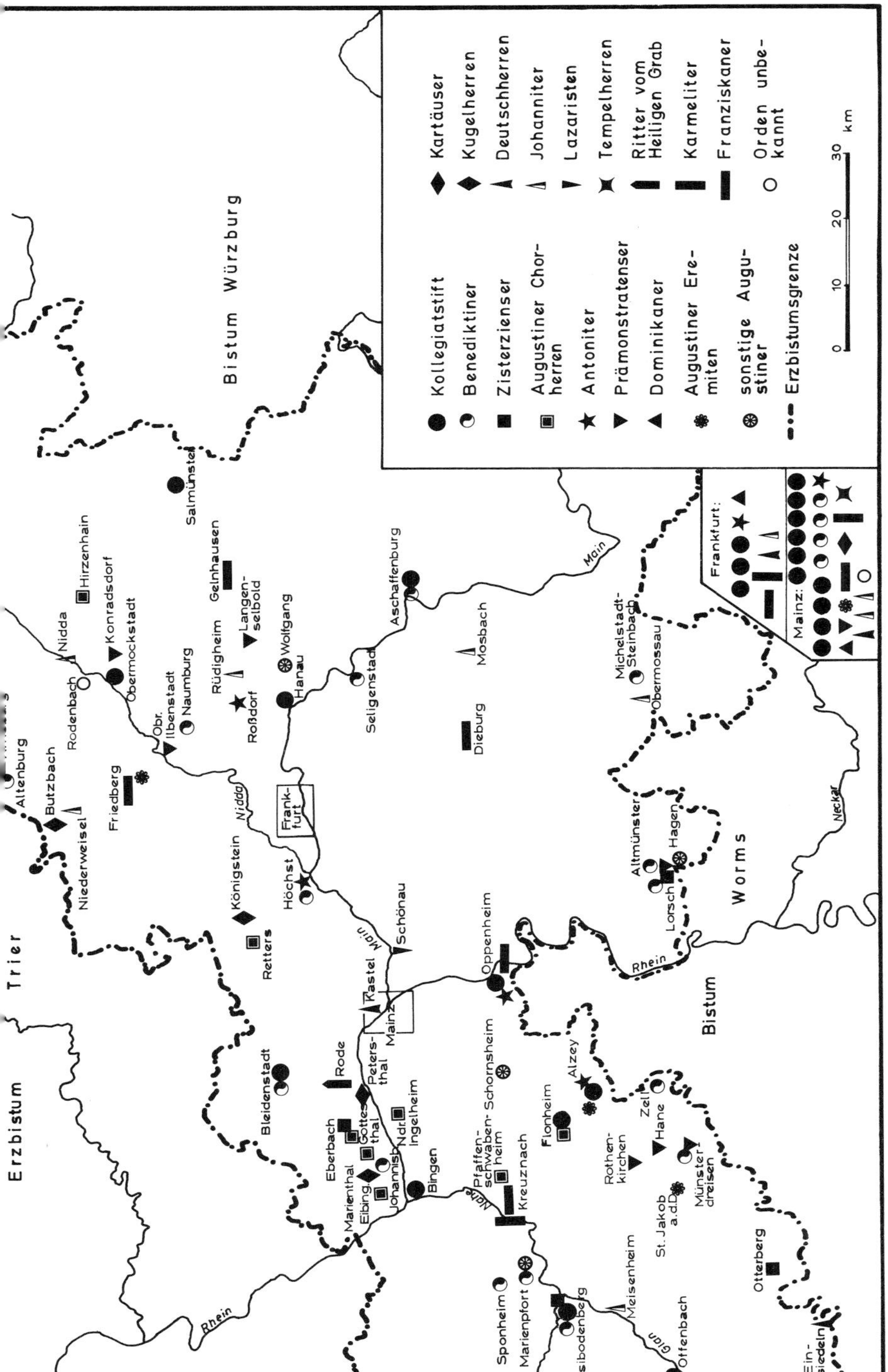

Kollegiatstift
Benediktiner
Zisterzienser
Augustiner Chorherren
Antoniter
Prämonstratenser
Dominikaner
Augustiner Eremiten
sonstige Augustiner
Erzbistumsgrenze
Kartäuser
Kugelherren
Deutschherren
Johanniter
Lazaristen
Tempelherren
Ritter vom Heiligen Grab
Karmeliter
Franziskaner
Orden unbekannt
0 10 20 30 km
Frankfurt:
Mainz:
Bistum Würzburg
Erzbistum Trier
Bistum Worms
Rhein
Main
Nidda
Nahe
Glan
Neckar
Altenburg
Butzbach
Niederweisel
Friedberg
Rodenbach
Nidda
Konradsdorf
Obermockstadt
Hirzenhain
Obr. Ilbenstadt
Naumburg
Rüdigheim
Roßdorf
Langenselbold
Gelnhausen
Salmünster
Wolfgang
Hanau
Seligenstadt
Aschaffenburg
Mosbach
Dieburg
Frankfurt
Königstein
Retters
Höchst
Schönau
Kastel
Mainz
Oppenheim
Michelstadt-Steinbach
Obermossau
Altmünster
Hagen
Lorsch
Bleidenstadt
Rode
Petersthal
Eberbach
Gottesthal
Ndr. Ingelheim
Schornsheim
Alzey
Marienthal
Eibingen
Johannisb.
Bingen
Pfaffenschwabenheim
Kreuznach
Flonheim
Zell
Hane
Rothenkirchen
Münsterdreisen
St. Jakob a.d.D.
Sponheim
Marienpfort
Disibodenberg
Meisenheim
Offenbach
Otterberg
Einsiedeln

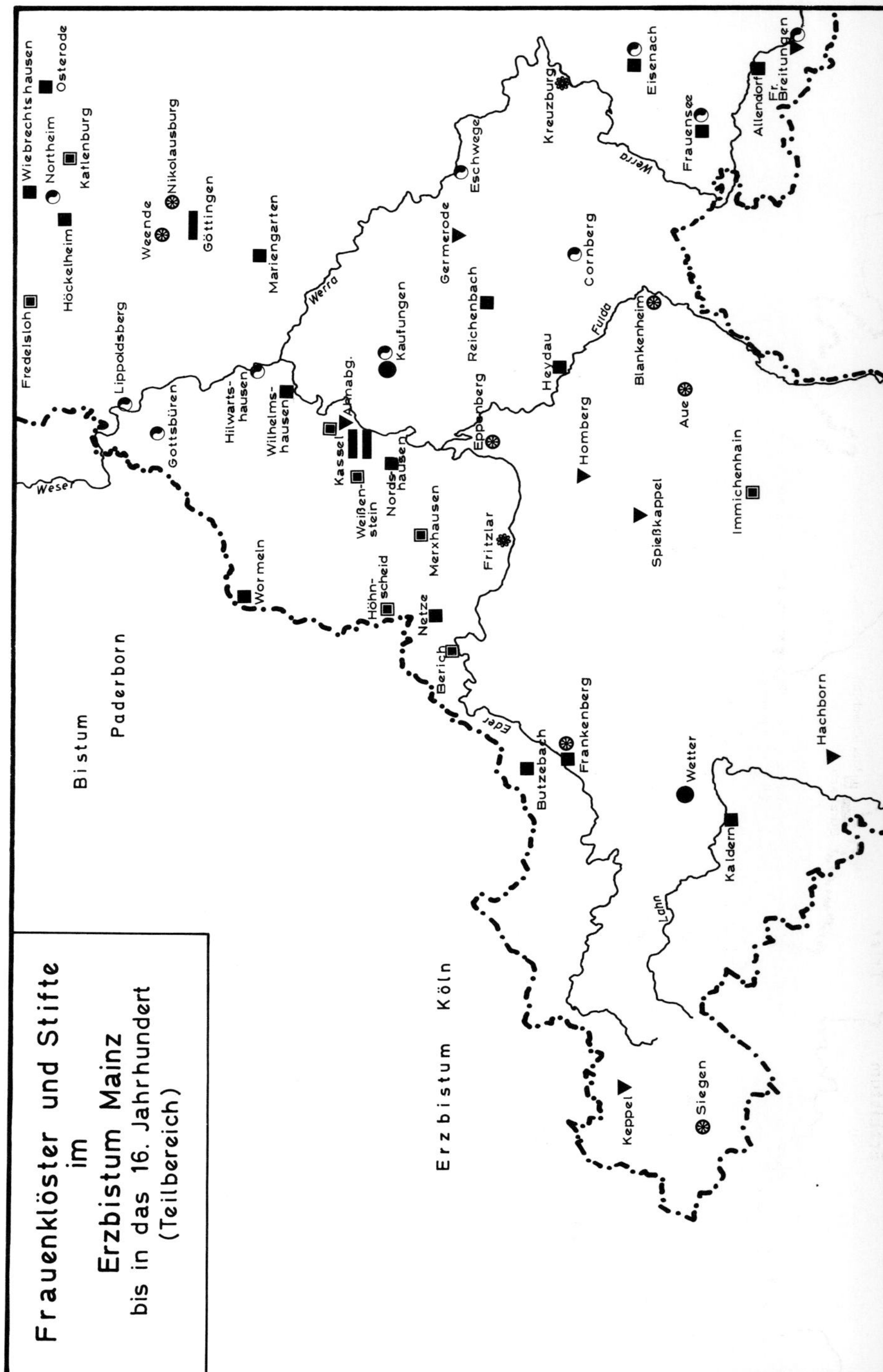

Frauenklöster und Stifte im Erzbistum Mainz bis in das 16. Jahrhundert (Teilbereich)

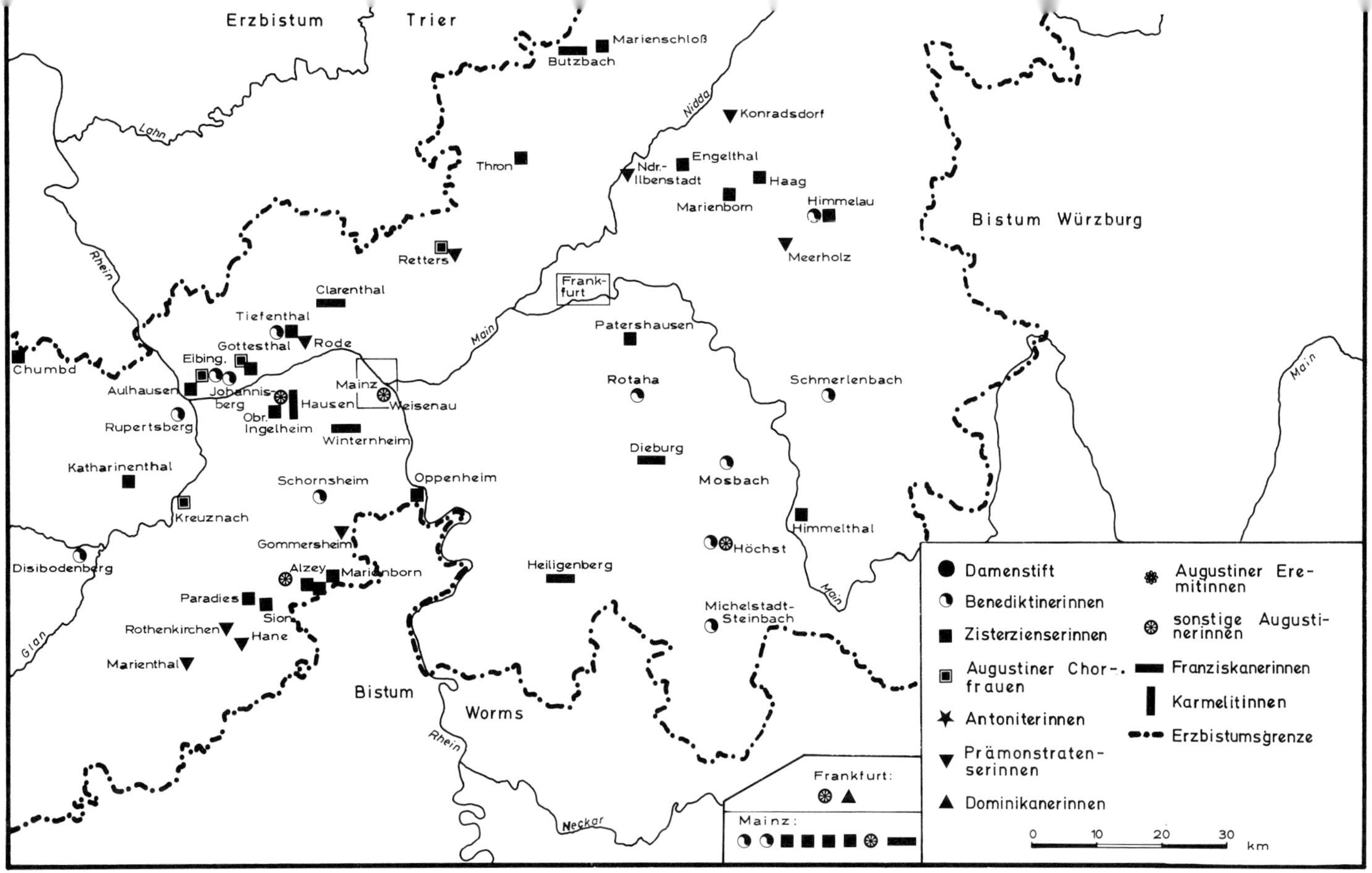
Erzbistum Trier
Bistum Würzburg
Bistum Worms
Marienschloß
Butzbach
Konradsdorf
Thron
Ndr.-Ilbenstadt
Engelthal
Haag
Himmelau
Marienborn
Meerholz
Retters
Frank-furt
Clarenthal
Tiefenthal
Rode
Gottesthal
Eibing.
Chumbd
Aulhausen
Johannis-berg
Mainz
Hausen
Weisenau
Obr. Ingelheim
Winternheim
Rupertsberg
Katharinenthal
Kreuznach
Schornsheim
Oppenheim
Gommersheim
Disibodenberg
Alzey
Marienborn
Paradies
Sion
Rothenkirchen
Hane
Marienthal
Patershausen
Rotaha
Dieburg
Mosbach
Schmerlenbach
Himmelthal
Höchst
Heiligenberg
Michelstadt-Steinbach
Lahn
Rhein
Nidda
Main
Glan
Neckar
Damenstift
Benediktinerinnen
Zisterzienserinnen
Augustiner Chor-frauen
Antoniterinnen
Prämonstraten-serinnen
Dominikanerinnen
Augustiner Ere-mitinnen
sonstige Augusti-nerinnen
Franziskanerinnen
Karmelitinnen
Erzbistumsgrenze
Frankfurt:
Mainz:
0 10 20 30 km

Aus den bedeutendsten der Stifte erwuchsen schließlich die wichtigsten Mitarbeiter der Erzbischöfe bei der Leitung und Verwaltung des großen und durch Straßen nur schwach erschlossenen Kirchensprengels.

Amtsträger und Verwaltungseinheiten

Bis zum ausgehenden 10. Jahrhundert hatten die Erzbischöfe in den Archidiakonen und den Chorbischöfen ihre stärksten Mitarbeiter für die Leitung und Verwaltung des Erzbistums. Bonifatius hatte mit Lul erstmals einen mit der bischöflichen Weihe ausgestatteten Chorbischof genommen. Die Chorbischöfe dieser Art waren vor allem für Weihehandlungen bestimmt. Sie wurden aber auch als Stellvertreter des Erzbischofs in bestimmten Distrikten des weiten Erzbistums mit Leitungsaufgaben betraut. Im Verlaufe der Zeit rückten sie immer stärker in diese Verwaltungs- und Rechtsprechungsämter, und zwar in bestimmt umgrenzten Gebieten. Dabei verlor ihr Amt den Weihecharakter. Die Chorbischöfe waren kaum mehr von den Archidiakonen der älteren Ordnung zu unterscheiden, die als Vertreter des Erzbischofs im gesamten Bereich der Mainzer Kirche Verwaltungs- und Rechtsprechungsaufgaben wahrnahmen.

Das Erzbistum Trier behielt während seiner gesamten Geschichte den Chorbischof. Im Erzbistum Mainz liefen sie wie der Archidiakon der älteren Ordnung im 11. Jahrhundert in den Archidiakon der jüngeren Ordnung ein. Diesen Archidiakonen der jüngeren Ordnung waren eigene Kompetenzen und Jurisdiktionen gegeben, mit denen sie die ihnen zugeteilten Bezirke leiten und vor allem gerichtsmäßig verwalten konnten. Alle Gerichtsfälle, die nicht vor die zentrale geistliche Gerichtsbehörde mußten, die seit Ende des 12. Jahrhunderts in Mainz bestand und deren „Richter des heiligen Mainzer Stuhles" vom Erzbischof ernannt wurden, fielen in den Kompetenzbereich des Archidiakons. Die Archidiakonate waren untergliedert in Archipresbyterate; darunter versteht man den Zusammenschluß von mehreren Pfarreien, denen der Archipresbyter oder Erzpriester vorstand. Er war auch der geistliche Richter in unterster Instanz.

Inhaber des Archidiakonats waren die Pröpste der wichtigsten Stifte des Erzbistums. Als im Verlaufe des 12. Jahrhunderts die verwaltungsmäßige Aufteilung und Umschreibung des Erzbistums in 18 Archidiakonate erfolgte, wurden auch die dazugehörigen Propsteien festgelegt.

Der Propst des Mainzer Domkapitels wurde Archidiakon für den Bereich unmittelbar um Mainz sowie der Archipresbyterate bzw. der Presbyterate Sobernheim, Altenglan, Glan-Odernheim, Kirn, Münster-Appel, Flonheim und Gau-Odernheim. Klein war das Archidiakonat, dem der Propst des Mainzer Stifts Heilig Kreuz bzw. St. Maria im Felde vorstand. Es umfaßte nur das rheinhessische Archipresbyterat Partenheim. Zum Archidiakonat des Propstes von St. Viktor in Weisenau gehörten das Ried, das Gerauer Land und die Archipresbyterate Nierstein und Kirchheim-Bolanden. Der Propst von St. Mauritius war zuständig für das Archidiakonat Rheingau. Der Propstei von St. Peter in Mainz gehörte das Archidiakonat vom südöstlichen Nassau bis zur südwestlichen Wetterau. Die übrige Wetterau war das Archidiakonat von Liebfrauen.

Weit ausgedehnt war das Archidiakonat von St. Stephan. Es lag in Hessen und reichte bis in das Quellgebiet von Sieg, Lahn und Eder. Die übrigen Archidiakonate, jeweils auch im engeren oder weiteren Stiftsbereich gelegen, unterstanden den Pröpsten von St. Bartholomäus in Frankfurt, St. Peter und Alexander in Aschaffenburg, St. Peter in Fritzlar, St. Maria und St. Severus in Erfurt, St. Peter und Paul in Jechaburg, St. Peter und Paul in Dorla, St. Martin in Heiligenstadt, St. Martin in Nörten und St. Alexander in Einbeck. Diese Aufgliederung des Erzbistums hielt sich bis in die beginnende Neuzeit. Veränderungen in der Verwaltung dieser Jurisdiktionsbezirke bahnten sich dagegen schon im 13. Jahrhundert an. Die Erzbischöfe wehrten sich gegen die immer autarker auftretenden Archidiakone und auch gegen die Tatsache, daß vom Papst providierte Pröpste so wichtige Diözesanaufgaben wahrnahmen. Eine erste wichtige Maßnahme zur Zurückdrängung der Machtbefugnisse der Archidiakone, denen als ihre ständigen Vertreter ab etwa 1250 Offiziale zur Seite standen, war die Ernennung von geistlichen Beamten, und zwar entweder durch den Bischof selbst oder durch das Domkapitel, das seine geistlichen und weltlichen Rechte weit auszudehnen vermochte. Der nächste Schritt war zu Beginn des 14. Jahrhunderts die Beauftragung von geistlichen Richtern. Insbesondere die Schaffung des Amtes eines Generalvikars als Beauftragten des Erzbischofs bewirkte die Ablösung der bisherigen archidiakonalen Gerichtspraxis. Wie in den weltlichen Bereichen entstand ab dem späten 13. Jahrhundert auch im geistlichen Bereich ein immer zentraler gelenkter Verwaltungsapparat.

Diese Entwicklung machte auch nicht vor den Weihbischöfen halt, denen wegen der Weite des Erzbistums und der häufigen Abwesenheit der Erzbischöfe ein Großteil der Weihehandlungen, insbesondere auch die Einweihung von Kirchen, oblag. Als ab dem 10. Jahrhundert die Chorbischöfe immer seltener geweihte Bischöfe waren, übernahmen deren bisherige Weihefunktionen Bischöfe, die aus ihren Bistümern aus irgendwelchen Gründen vertrieben worden waren. Zumeist waren es Bischöfe aus nördlichen oder nordöstlichen Missionsbistümern, so im 10. Jahrhundert die Bischöfe Azzo von Oldenburg, Staggo von Dänemark oder Folkold von Meißen. Daran änderte sich bis zum 14. Jahrhundert nur wenig. Erst dann traten an die Stelle der weihenden Bischöfe mit eigenem Bistum Hilfsbischöfe ohne eigene Diözese, vom Erzbischof ernannt, vom Papst bestätigt, geweiht auf den Titel eines untergegangenen Bistums „im Gebiet der Heiden“ und im Erzbistum zunächst fast ausschließlich mit Pontifikalhandlungen betraut.

Der erste namentlich bekannte Mainzer Weihbischof dieser jüngeren Ordnung war der Zisterzienser Peter, Titularbischof von Suda oder Syra. 1290 weihte er den Mönch Johann vom Disibodenberg zum Abt von Sponheim. Bis ins 16. Jahrhundert waren fast alle Mainzer Weihbischöfe Ordensleute. Später kamen sie fast ausschließlich aus dem Weltklerus. Ab dem 14. Jahrhundert hatte ein Weihbischof immer seinen Sitz in Mainz. Ihm war der Bereich „in partibus Rheni“ zugeteilt. Der andere Weihbischof saß in Erfurt. Er hatte das Erzbistum „in partibus Thuringiae, Eichsfeldiae et Saxoniae“ zu betreuen. Ihre Leistungen auf dem Gebiet der geistlichen und religiösen Führung der Kirche von Mainz sind hoch anzuschlagen.

Unter Erzbischof Willigis hatte die Neuorganisation des mittelalterlichen Erzbistums seinen Anfang genommen. Vieles mußte sich im Verlaufe der Zeit erst entwikkeln und entfalten. Seine konsequente Förderung der Stifte und die Rekrutierung seiner wichtigsten Mitarbeiter aus der Gruppe der Kanoniker hatte als erste entscheidende Folge, daß die oberste Bistumsleitung nicht mehr von den Orden gestellt wurde. Entstammten bis zur Thronerhebung von Willigis fast alle Mainzer Erzbischöfe dem Benediktinerorden, so waren es nach ihm nur noch die Erzbischöfe Erkenbald, Bardo und Siegfried I. Mittelpunkt des Erzbistums war nicht mehr das „monasterium" St. Alban, sondern der Dom mit dem Domstift St. Martin.

LITERATUR

Zu Kapitel II, 1:

BÖHMER, Johannes Friedrich / Will, Cornelius: Regesta Archiepiscoporum Maguntinensium. Regesten zur Geschichte der Mainzer Erzbischöfe von Bonifatius bis Uriel von Gemmingen 742?–1514. Mit Benützung des Nachlasses von Johann Friedrich Böhmer bearb. und hrsg. von Cornelius Will. 2 Bde.: Bd. 1: Von Bonifatius bis Arnold von Selehofen 742?–1160. Bd. 2: Von Konrad I. bis Heinrich II. 1161–1288. Innsbruck 1877–1886. ND Aalen 1966.

BÜTTNER, Heinrich: Mission und Kirchenorganisation des Frankenreiches bis zum Tode Karls des Großen. In: Karl der Große. Lebenswerk und Nachleben. Bd. 1: Persönlichkeit und Geschichte. Hrsg. v. Helmut Beumann. Düsseldorf 1965. S. 454–487.

BUSS, Stefan: St. Lullus. Leben und Wirken. Hrsg. vom Bistum Fulda und der Pfarrei St. Lullus-Sturmius in Bad Hersfeld zum 1200. Todestag des hl. Lullus und zum 100jährigen Jubiläum der Pfarrkirche St. Lullus-Sturmius. Bad Hersfeld 1986.

ENGELBERT, Pius O.S.B.: Die Vita Sturmi des Eigil von Fulda. Literaturkritisch-historische Untersuchung und Edition. (= Veröffentlichungen der Hist. Kommission für Hessen und Waldeck, 29). Marburg 1968. Vgl. dazu auch: ders.: Eigil: Das Leben des Abtes Sturmi. In: Fuldaer Geschichtsblätter 56 (1980) S. 17–49.

EWIG, Eugen: Beobachtungen zur Entwicklung der fränkischen Reichskirche unter Chrodegang von Metz. In: Frühmittelalterliche Studien 2 (1968) S. 67–77.

LAMPERT VON HERSFELD: Das Leben des heiligen Lullus. Eingeleitet, übersetzt und mit Anmerkungen versehen von Michael Fleck. Bad Hersfeld 1986.

WEHLT, Hans-Peter: Reichsabtei und König dargestellt am Beispiel der Abtei Lorsch mit Ausblicken auf Hersfeld, Stablo und Fulda. (= Veröffentlichungen des Max-Planck-Instituts für Geschichte, 28). Göttingen 1970.

WENNER, Joseph: Die Rechtsbeziehungen der Mainzer Metropoliten zu ihren sächsischen Suffraganbistümern bis zum Tode Aribos (1031). Ein Beitrag zur Geschichte der Metropolitanverfassung in Deutschland. (= Görres-Gesellschaft zur Pflege der Wiss. im kath. Deutschland. Veröffentl. der Sektion für Rechts- und Sozialwissenschaft, 46. Heft). Paderborn 1926.

Zu Kapitel II, 2:

BRUNHÖLZL, Franz: Der Bildungsauftrag der Hofschule. In: Karl der Große. Lebenswerk und Nachleben. Bd. 2: Das geistige Leben. Hrsg. v. Bernhard Bischoff. Düsseldorf 1965. S. 28–41.

BÜTTNER, Heinrich: Erzbischof Liutbert von Mainz und die Rechtsstellung der Klöster. In: Landschaft und Geschichte. FS für Franz Petri. Hrsg. v. Georg Droege, Peter Schöller, Rudolf Schützeichel und Matthias Zender. Bonn 1970. S. 104–115.

BÜTTNER, Heinrich: Zur Albanverehrung im frühen Mittelalter. In: Zeitschrift für Schweizerische Geschichte 29 (1949) S. 1–16.

FLECKENSTEIN, Josef: Einhard, seine Gründung und sein Vermächtnis in Seligenstadt. In: Das Einhardkreuz. Vorträge und Studien der Münsteraner Diskussion zum arcus Einhardi. (= Abhandlungen der Akademie der Wissenschaften in Göttingen. Phil. Hist. Kl. F. 3, 87). Göttingen 1974. S. 96–121.

FLECKENSTEIN, Josef: Die Hofkapelle der deutschen Könige. 2 Bde. (= Schriften der MGH, 16). Stuttgart 1959–1966.

GERLICH, Alois: Die Reichspolitik des Erzbischofs Otgar von Mainz. In: Rheinische Vierteljahrsblätter 19 (1954) (= FS Camille Wampach, 1. Teil) S. 286–316.

KELLER, Hagen: Zum Sturz Karls III. Über die Rolle Liutwards von Vercelli und Liutberts von Mainz, Arnulfs von Kärnten und der ostfränkischen Großen bei der Absetzung des Kaisers. In: Deutsches Archiv für Erforschung des Mittelalters 22 (1966) S. 333–384.

KOTTJE, Raymund: Die Bußbücher Halitgars von Cambrai und des Hrabanus Maurus. Ihre Überlieferung und ihre Quellen. (= Beiträge zur Geschichte und Quellenkunde des Mittelalters, 8). Berlin, New York 1980.

KOTTJE, Raymund und Zimmermann, Harald (Hrsg.): Hrabanus Maurus. Lehrer, Abt und Bischof. (= Akademie der Wissenschaften und der Literatur. Abhandlungen der Geistes- und sozialwissenschaftlichen Klasse, Einzelveröffentlichung, 4). Wiesbaden 1982.

KOTTJE, Raymund: Hrabanus Maurus – „Praeceptor Germaniae"? In: Deutsches Archiv für Erforschung des Mittelalters 31 (1975) S. 534–545. Auch in: Becker, Josef und Bergmann, Rolf (Hrsg.): Wissenschaft zwischen Forschung und Ausbildung. München 1975. S. 81–90.

MAIER, Hans: Rabanus Maurus – Lehrer der Deutschen. (= aktuelle information, 17. Hrsg. v. der Abteilung Öffentlichkeitsarbeit im Bischöflichen Ordinariat Mainz). Eltville 1980.

METZ, Wolfgang: St. Alban in Mainz und die Liudolfinger. In: Archiv für mittelrheinische Kirchengeschichte 27 (1975) S. 27–35.

NEEB, Ernst: Bericht über die Ausgrabungen der St. Albanskirche bei Mainz im Jahre 1908. In: Mainzer Zeitschrift 4 (1909) S. 34–49.

NEEB, Ernst: Zur Baugeschichte der St. Albanskirche bei Mainz. In: Mainzer Zeitschrift 3 (1908) S. 69–91.

RABANUS MAURUS IN SEINER ZEIT. 780–1980. Hrsg. vom Mittelrheinischen Landesmuseum Mainz (Ausstellungskatalog). Mainz 1980.

SANDMANN, Mechthild: Hraban als Mönch, Abt und Erzbischof. In: Fuldaer Geschichtsblätter 56 (1980) S. 133–180.

SCHIEFFER, Theodor: Erzbischof Richulf (787–813). In: Jahrbuch für das Bistum Mainz 5 (1960) (= Aus Kirche-Kunst-Leben. FS Albert Stohr) S. 329–342.

SCHIEFFER, Theodor: Karl von Aquitanien. Der Weg eines karolingischen Prinzen auf den Stuhl des heiligen Bonifatius. In: Universitas. Dienst an Wahrheit und Leben. FS für Bischof Dr. Albert Stohr. I. A. der katholisch-theologischen Fakultät der Johannes Gutenberg-Universität Mainz hrsg. v. Ludwig Lenhart. Bd. 2. Mainz 1960. S. 42–54.

SCHUR, Johannes: Königtum und Kirche im ostfränkischen Reiche vom Tode Ludwigs des Deutschen bis Konrad I. (= Görres-Gesellschaft zur Pflege der Wissenschaft im katholischen Deutschland, Veröffentlichungen der Sektion für Rechts- und Staatswissenschaft, 57). Paderborn 1931.

SEMMLER, Josef: Karl der Große und das fränkische Mönchtum. In: Karl der Große. Lebenswerk und Nachleben. Bd. 2: Das geistige Leben. Hrsg. v. Bernhard Bischoff. Düsseldorf 1965. S. 255–289.

ZIEHEN, Eduard: Mainz, Rheinfranken und das Reich 843–961. Ein Problem gesamtdeutscher Geschichtsforschung. In: Archiv für hessische Geschichte und Altertumskunde NF 22 (1942) S. 113–164.

Zu Kapitel II, 3:

ARENS, Fritz (Viktor): Der Dom zu Mainz. Darmstadt 1982.

ESSER, Karl Heinz: Der Mainzer Dom des Erzbischofs Willigis. In: Willigis und sein Dom. FS zur Jahrtausendfeier des Mainzer Domes 975–1975. Hrsg. v. Anton Ph(ilipp) Brück. (= Quellen und Abhandlungen zur mittelrheinischen Kirchengeschichte, 24). Mainz 1975. S. 135–184.

KAUTZSCH, Rudolf / Neeb, Ernst: Der Dom zu Mainz. (= Die Kunstdenkmäler der Stadt und des Kreises Mainz. Bd. 2: Die kirchlichen Kunstdenkmäler der Stadt Mainz. T. 1 = Die Kunstdenkmäler im Freistaat Hessen. Hrsg. durch eine von der Hessischen Regierung bestellten Kommission. Provinz Rheinhessen. Stadt und Kreis Mainz). Darmstadt 1919.

KLUGE, Rolf-Dieter: Die Sage von Bischof Hattos Mäusetod im alten Rußland. In: Mainzer Almanach 1968, S. 142–154.

KNÖPP, Friedrich: Hatto, Abt von Reichenau, Ellwangen und Weißenburg, Erzbischof von Mainz 891–913. In: Die Reichsabtei Lorsch. FS zum Gedenken an ihre Stiftung 764. Hrsg. von Friedrich Knöpp. 1. Teil. Darmstadt 1973. S. 261–267.

SCHNEIDER, Friedrich: Der heilige Bardo, Erzbischof von Mainz 1031–1051. Nebst Anhang: Der dichterische Inschriftenkreis Ekkehard's IV. des Jüngeren (gest. 1036) zu Wandmalereien im Mainzer Dom. Mainz 1871.

SCHWERDTFEGER, Regina Elisabeth: Der Dom zu Mainz. Eine bibliographische Handreichung. In: Die Bischofskirche Sankt Martin zu Mainz. FS Hermann Berg. Hrsg. von Friedhelm Jürgensmeier (= Beiträge zur Mainzer Kirchengeschichte, 1). Frankfurt a. Main 1986. S. 109–314.
WINKLER, Friedrich: Der heilige Bardo. Erzbischof von Mainz und Erzkanzler des Reiches 1031–1051. FS zur Feier des 900. Todestages des Heiligen. Oppershofen (Wetterau) 1951.

Zu Kapitel II, 4:

FALK, F(ranz): Die Mainzer Weihbischöfe (Chorbischöfe) des neunten Jahrhunderts. In: Historisches Jahrbuch der Görresgesellschaft 28 (1907) S. 570–577.
GOTTLOB, Theodor: Der abendländische Chorepiskopat. (= Kanonistische Studien und Texte, 1). Bonn 1928. ND Amsterdam 1963.
HALLINGER, Kassius: Neue Forschungen über Willigis von Mainz (975–1011). In: Studien und Mitteilungen zur Geschichte des Benediktiner-Ordens und seiner Zeit 84 (1973) S. 7–51. – In geänderter Fassung unter dem Titel: Willigis von Mainz und die Klöster. In: Willigis und sein Dom. FS zur Jahrtausendfeier des Mainzer Domes 975–1975. Hrsg. v. Anton Ph(ilipp) Brück. (= Quellen und Abhandlungen zur mittelrheinischen Kirchengeschichte, 24). Mainz 1975. S. 93–134.
LANDERS, Ernst: Die deutschen Klöster vom Ausgang Karls des Großen bis zum Wormser Konkordat und ihr Verhältnis zu den Reformen. (= Historische Studien, 339). Berlin 1938. ND Vaduz 1965.
LOTTER, Friedrich: Ein kanonistisches Handbuch über die Amtspflichten des Pfarrklerus als gemeinsame Vorlage für den Sermo synodalis „Fratres presbyteri" und Reginos Werk „De synodalibus causis". In: Zeitschrift der Savigny-Stiftung für Rechtsgeschichte 93 = Kan. Abt. 62 (1976) S. 1–57.
MAY, Georg: Die Organisation der Erzdiözese Mainz unter Erzbischof Willigis. In: Willigis und sein Dom. FS zur Jahrtausendfeier des Mainzer Domes 975–1975. Hrsg. v. Anton Ph(ilipp) Brück. (= Quellen und Abhandlungen zur mittelrheinischen Kirchengeschichte, 24). Mainz 1975. S. 31–92.
METZ, Wolfgang: Die Anfänge der kirchlichen Organisation im hessischen Werratal. (Archidiakonat Heiligenstadt). In: Hessisches Jahrbuch für Landesgeschichte 16 (1966) S. 9–34.
OTTO, Heinrich: Die frühesten Mainzer Weihbischöfe. In: Historisches Jahrbuch 58 (1938) S. 120–128.
SÄGMÜLLER, J(ohann) B(aptist): Die Entwicklung des Archipresbyterats und Dekanats bis zum Ende des Karolingerreichs. (= Einladung zur akademischen Feier des Geburtsfestes Seiner Majestät des Königs Wilhelm II. von Württemberg). Tübingen 1898.
SCHRÖDER, A.: Ueber die Chorbischöfe des 8. und 9. Jahrhunderts. In: Zeitschrift für katholische Theologie 15 (1891) S. 176–178.
WAGNER, Gotthold: Comitate in Hessen. In: Zeitschrift des Vereins für hessische Geschichte und Landeskunde 67 (1956) S. 39–75.

III. IM KRÄFTEFELD VON KIRCHE UND REICH

Das Erzbistum vom 10. bis zum 12. Jahrhundert

1. Die ottonisch-salische Reichskirche

Die Erzbischöfe Hatto I. (891–913) bis Rupert (970–975)

Gegen Ende des 9. Jahrhunderts wurde immer offenkundiger, daß die karolingischen Herrscher nicht länger imstande waren, ihrem Gesamtreich den erforderlichen Schutz zu gewähren. Die Herrschaft der Königssippe wurde entscheidend durch die Duldung nichtkarolingischer Könige im Großfrankenreich getroffen. Die Erhebung Arnulfs von Kärnten 887 zum König des Ostreiches und die von Hatto I. forcierte Übertragung der Königswürde auf den mächtigen fränkischen Stammesherzog Konrad I. (911–918) sind Meilensteine, die zum gänzlichen Auseinanderfallen des Frankenreiches und zur Bildung neuer Reiche bzw. zum Selbständigwerden des deutschen Reiches führten.

Während des Pontifikats von Hattos Nachfolger Erzbischof Heriger (913–926) erfolgte der entscheidende Wechsel des Königtums von den Karolingern zum Stamm der Sachsen. Die Großen des Reiches wählten in Fritzlar Herzog Heinrich I. (919–936) zum neuen König. Anders als sein Vorgänger suchte der „Vogler" nicht mehr die grundsätzliche Reichseinheit, sondern tendierte offen auf ein von West-Franzien losgelöstes deutsches Reich. Im Bonner Vertrag von 921 erfolgte der endgültige Bruch: Deutschland und Frankreich trennten sich für immer. Mit Unterstützung der immer mächtiger werdenden Stammesherzöge erwuchs das deutsche Reich in föderativer Gesinnung und Anerkennung des gemeinsamen Ganzen bei Wahrung ihrer weitgehenden Selbständigkeit.

Während der Sachsenkönig mit den Magnaten im Ostreich Freundschaftsbündnisse schloß – z. B. mit Eberhard von Franken, Burchhard von Schwaben oder Arnulf von Bayern –, stand er dem einflußreichen Episkopat und dessen enger Verbindung zum Königtum zuerst reserviert gegenüber. Er lehnte es daher ab, von Erzbischof Heriger gesalbt und gekrönt zu werden. Auch schaltete er zunächst die Hofkapelle aus. Seit 922/23 läßt sich eine Abänderung dieser Politik nachweisen: Die Hofkapelle wurde erneuert und Erzbischof Heriger zum Erzkapellan ernannt. Ab 931 entwickelte sich das Erzkapellanat durch das Hervortreten eines Kanzlers als eigentlichem Leiter der Hofkapelle zu einem von den erzbischöflichen Stühlen sehr begehrten Ehrenamt. Noch war das oberste Amt der Hofkapelle nicht endgültig an den Mainzer Erzstuhl gebunden.

Eine erneute Wende der Reichspolitik brachte die Wahl Ottos I. (936–973) zum Nachfolger seines Vaters. Ohne Beteiligung der Bischöfe – sie wurden nicht einmal zu den Fürsten gerechnet – hatten ihn die weltlichen Großen am 8. August 936 in Aachen zum König gewählt. Doch anders als sein Vater ließ sich Otto gemäß karolingischer Tradition sogleich nach seiner Thronerhebung krönen und salben. Da sich die Erzbischöfe von Trier und Köln nicht einigen konnten, wem von ihnen in

Aachen das Krönungsrecht zustehe, nahm Erzbischof Hiltibert (927–937) von Mainz im Beisein beider diese ehrenvolle Handlung vor. Dieses Faktum wurde später von den Mainzern mehrfach als Beleg für das von ihnen beanspruchte grundsätzliche und alleinige Krönungsrecht herangezogen.

Die heilige Handlung in der Pfalzkapelle Karls des Großen war weder einfache Zeremonie noch schmückendes Beiwerk, sondern bewußt gewählter Ausdruck eines neuen politischen Programms. Anders als Heinrich I. war Otto nicht gewillt, das Stammesherzogtum zu einer vom Königtum unabhängigen, eigenständigen Größe werden zu lassen. Sein Ziel war es, das Königtum in seiner alten Macht und Bedeutung durch Zurückdrängung und Unterwerfung aller zentrifugalen Kräfte zu erneuern.

Da Otto prinzipiell – im Gegensatz zu den Karolingern – die Erblichkeit von Würden und Ämtern der Großen des Reiches anerkannte, bemühte er sich, die Bischöfe und Äbte zur raschen Verwirklichung seines Konzepts zu Bundesgenossen und Gefolgsleuten zu machen. Er belehnte sie mit den höchsten Reichsämtern, übertrug ihnen zahlreiche Güter und königliche Privilegien und stellte sie gleichberechtigt neben die weltlichen Fürsten. Das ottonische, später salische „Reichskirchensystem" gewann Gestalt. Es vereinigte in einer Hand das geistliche Amt und die weltliche Herrschaft. Der Bischof wurde ein im Dienste des Königs stehender Reichsfürst. Die Kirche war zur Stützung des Königtums dienend in das Reich eingeordnet. Die Besetzung der reich ausgestatteten und mit vielen Privilegien und Regalien versehenen Bischofssitze geriet dadurch allerdings noch mehr als bisher in die Verfügbarkeit des Königs. Mit der Übergabe des Stabes nahm er die Investitur in das hohe kirchliche Amt vor. Im Sinne dieser Politik, die den Dienst an der Kirche zugleich als Dienst am Reich und umgekehrt erachtete, lag auch, daß Otto sogleich die Hofkapelle zur Zentrale der Reichspolitik bzw. zu einem Zentrum der Reichskirche auszubauen begann.

Erzbischof Friedrich (937–954) von Mainz gehörte zu jenen Bischöfen, die sich mit einer derartig engen Verflechtung von Kirche und Reich nicht abfinden konnten. Als es ihm zudem nicht gelang, den Streit zwischen dem König und der hohen Adelspartei vermittelnd beizulegen, stellte er sich in Opposition zu Otto I. Das kostete ihn 953 sein Hofamt und trug ihm ein Jahr Gefangenschaft in der zu Fulda gehörenden Besitzung Hammelburg ein. Erspart blieb ihm das Schicksal des ebenfalls oppositionellen Erzbischofs von Salzburg, der nicht nur sein Hofamt und seine bischöfliche Würde verlor, sondern überdies noch eingekerkert und geblendet wurde.

Die Otto dem Großen gegenüber reservierte Haltung von Erzbischof Friedrich, der in den Quellen als seelsorglich engagiert charakterisiert wird, begünstigte, daß Brun, der Bruder des Königs, der starke Mann am Hofe wurde. 951 übernahm er die Leitung der Kanzlei. 953 machte ihn der König zum Erzbischof von Köln. Mit dem einflußreichen Brun (gest. 965?) an der Spitze schickte sich die Metropole am Niederrhein an, den Erzstuhl von Mainz politisch zu übertreffen.

Daß dies nicht gelang, war das Verdienst von König Ottos natürlichem Sohn Wilhelm, der am 17. Dezember 954 als vom Hofe favorisierter Kandidat im thüringischen Arnstadt zum Erzbischof von Mainz gewählt worden war. Erzbischof Wilhelm (954–968) wollte hinter seinem Oheim Brun von Köln nicht zurückstehen. Er wandte sich an Papst Agapet II. (946–955), erbat und erhielt von diesem die Bestätigung als Apostolischer Vikar in Deutschland und Gallien und erreichte, daß das von Otto I. angestrebte Erzbistum Magdeburg noch nicht eingerichtet wurde. Er fühlte sich so sehr der „honor" und der Größe seines Metropolitanverbandes verpflichtet, daß er dafür ein gespanntes Verhältnis zu seinem Vater hinnahm. Trotz Mißstimmigkeiten übertrug der König nach Bruns Tod Wilhelm das Erzkapellanat, das unter Kaiser Heinrich III. (1039–1056) durch das Erzkanzleramt für Deutschland (per Germaniam) ersetzt wurde. Amt und Würde blieben bis zum Ende des Heiligen Römischen Reiches Deutscher Nation beim Mainzer Erzstuhl.

Nach Wilhelms Tod im März 968 sorgte Otto I. dafür, daß das bedeutende Erzbistum seinem Neffen Hatto II. (968–970), bis dahin Abt von Fulda, übertragen wurde. Hatto II. stimmte 968 der Einrichtung eines Erzbistums Magedeburg gefügig zu. Sein Nachfolger Erzbischof Rupert empfing die Bischofsweihe von den Bischöfen Erkenbald von Straßburg und Ulrich von Augsburg. Beide Mainzer Oberhirten konnten in Reich und Kirche keine wesentlichen Akzente setzen.

„Des Kaisers und des Reiches Vater": Erzbischof Willigis (975–1011)

Die Geschicke von Reich und Kirche zu lenken und zu leiten und seiner Zeit Prägung zu geben, gelang dagegen wie wenigen anderen Reichskirchenfürsten Willigis, seit 975 Erzbischof von Mainz. Unter ihm wurde der Mittelrhein die „maxima vis imperii", die kraftvolle Achse des Reiches, und der Mainzer Erzstuhl wirklich die „Metropolis Germaniae", wie es gelegentlich der Synode von 852 in den Fuldaer Annalen und in anderen zeitgenössischen Quellen hieß.

Zu den ersten Pontifikalhandlungen von Willigis, die ihrer Bedeutung nach über den Rahmen des engeren Bistumsgeschehens hinausgriffen, zählen 975/976 die Konsekrationen der neu ernannten Bischöfe von Prag und Mähren. Den Sachsen Thietmar von Prag weihte er in Anwesenheit Ottos II. (973–983) im elsässischen Brumath. Die Weihe des mährischen Bischofs erfolgte wahrscheinlich in Worms. Noch im gleichen Jahr zog er beide Suffraganbischöfe zu Verwaltungs- und Rechtssprechungsaufgaben heran.

Die kirchliche Anbindung der jetzt organisierten Kirche in Böhmen und Mähren an das entfernt liegende Mainz, mit dem nicht einmal ein direkter Gebietszusammenhang bestand, war auch Reaktion des jungen Königs auf die Schwierigkeiten, die ihm von den aufständischen Bayern unter Herzog Heinrich dem Zänker (gest. 987) gemacht wurden. Sein Hauptsitz war Regensburg. Bei einem offenen Machtkampf zwischen Otto II. und dem Zänker wurde 976 das Stammesherzogtum vom König nach einer Schlacht genommen. Mit dem König in den Kampf gezogen war sein Erzkapellan und Berater Willigis. In Regensburg traf er mit Erzbischof Friedrich von Salzburg und Bischof Pilgrim von Passau zusammen, um die weitere Missionierung und kirchliche Organisation des östlichen und südöstlichen Raumes zu erörtern und festzulegen. Bei den Verhandlungen setzten sich schließlich nicht deren Pläne durch, sondern das zwischen dem König und Willigis abgesprochene und politisch motivierte kirchenorganisatorische Konzept zugunsten des Mainzer Metropoliten.

Ein Höhepunkt im politischen Leben Ottos II. war seine Italien- und Romfahrt 981/982. Der junge Herrscher war mit großem Gefolge über die Alpen gezogen, um als Schutzherr der Kirche (Defensor ecclesiae) die kriegerischen Sarazenen zu bekämpfen. Für das Heer mußte der Erzbischof von Mainz 100 Schwerbewaffnete, d. h. gerüstete Ritter zu Pferd, stellen. Ein gleich starkes Kontingent hatten damals nur noch Köln, Straßburg und Augsburg aufzubringen. Der bereits als Römischer Kaiser (Romanorum imperator augustus) gefeierte Otto II. verfolgte mit dieser Reise auch eigene politische Pläne. Ihm schwebte eine enge Verbindung Italiens mit dem deutschen Reich vor. Diese imperiale Zielsetzung sollte vor allem vom 11. Jahrhundert an wie kaum eine andere die Reichs- und Kirchengeschichte des Abendlandes mitbestimmen. Sie führte zu heftigsten Kontroversen und Kämpfen zwischen den Päpsten und den Kaisern, sie leitete den Zusammenbruch des universalen Kaisertums im 13. Jahrhundert ein und hatte Auswirkungen bis in die beginnende Neuzeit. Viele Mainzer Erzbischöfe wurden tief in diese politischen Verwicklungen und Auseinandersetzungen hineingezogen.

Die Italienfahrt Ottos II. wurde noch aus einem anderen Grund für die Geschichte der erzbischöflichen Kirche von Mainz bedeutsam. An Pfingsten 983 hatte Otto II. in Verona einen großen Reichstag versammelt. Auch Kanzler und Erzkapellan Willigis war eigens aus diesem Anlaß von Deutschland her angereist. Bei der Rückkehr in sein Erzbistum trug er ein wertvolles Geschenk mit sich. Anläßlich des glanzvollen Reichstages hatte ihm nämlich Otto II. nicht nur alle dem Erzbistum Mainz bisher zugefallenen Rechte und Besitzungen in Mainz und Bingen erneut bestätigt. Er hatte ihm als treuem Gefolgsmann überdies auch den gesamten königlichen Besitz, eingeschlossen alle Hoheitsrechte, in den Orten „diesseits des Rheins von der Brücke über die Selz bei Ingelheim bis nach Heimbach und jenseits des Rheins von der Elzbach, wo sie in den Rhein fließt, bis nach Kaub“ übertragen. Das heißt, das Gebiet beiderseits der unteren Nahe, linksrheinisch zwischen Ingelheim und Heimbach und der rechtsrheinische Rheingau waren Besitz des Mainzer Erzstifts geworden. Das bedeutete, daß von nun an Willigis' Erzbistum zu einem der ersten Machtfaktoren im Westen des Rhein-Mainraumes aufgestiegen war. Die Veroneser Schenkung von 983 bildete einen wesentlichen Grundstock für das spätere Erzstift und den Kurstaat Mainz, in dem der Erzbischof schließlich als fast souveräner Landesherr herrschte.

Die Entwicklung bis dahin erstreckte sich über mehrere Jahrhunderte. In dieser Zeit wuchs nicht nur der Erzbischof aus der Position eines Grundherren und mit Regalien, d. h. königlichen Rechten, reich beschenkten Reichskirchenfürsten in die eines Territorialherrschers und ersten Kurfürsten des Reiches. In dieser Zeit mehrte sich bis ins 14. Jahrhundert hinein auch kontinuierlich der Mainzer Territorialbesitz.

Der Ausgangspunkt waren die Grundherrschaften, wie sie schon in merowingischer und karolingischer Zeit dem Erzbischof in Form von ausgedehntem Grundbesitz, Eigenkirchen und Kirchenzentren als Schenkung zugefallen waren. Da Mainz im Gegensatz zu Köln und Trier in früher Zeit weniger über Fernbesitz verfügte, lagen diese Besitzungen zunächst im näheren Raum um Mainz bis hin zu Nahe und Glan. Über Bonifatius hatte sich der grundherrschaftliche Besitz bis weit in das hessisch-thüringische Gebiet vorgeschoben. Fritzlar und Amöneburg, Erfurt und das Eichsfeld waren in diesem Raume später Zentren des Mainzer Territorialbesitzes. Sie blieben dem Erzstift bis zur Aufhebung in der Säkularisation erhalten.

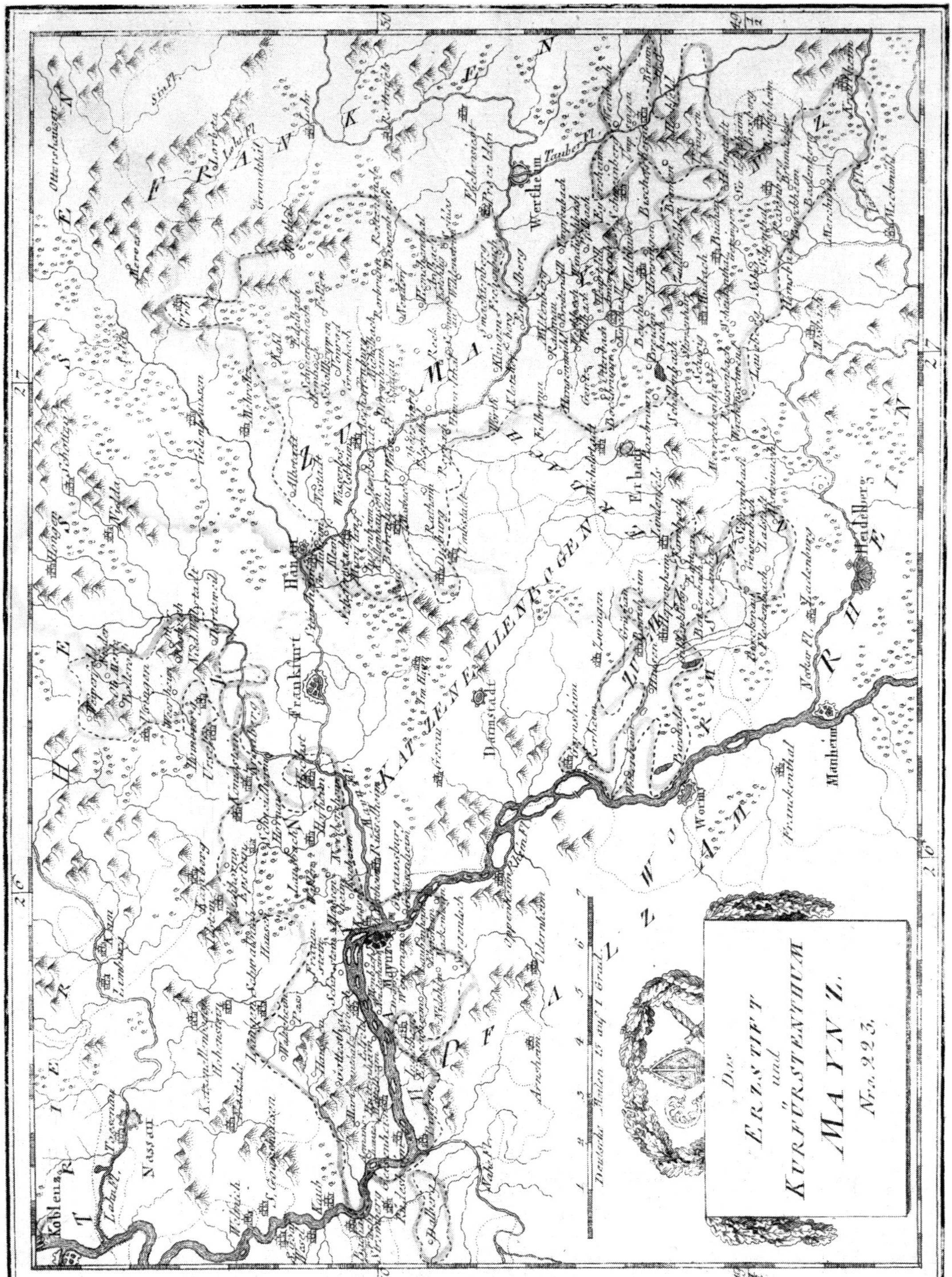

Erzstift Mainz, Teilgebiet

Wohl noch vor der „Veroneser Schenkung“ am 13. Juni 983 war das Stift Aschaffenburg an Mainz übertragen worden. Dessen weitläufiger grundherrschaftlicher Besitz wurde vor allem im 13. Jahrhundert der Ausgangspunkt für die territoriale Ausdehnung, die das Erzstift am Main, im Spessart und im Odenwald zu erzielen vermochte. Was im einzelnen diese Rechte und Besitzungen alles waren und sein konnten, zählen spätere kaiserliche Besitzbestätigungsurkunden für Mainz auf. Da heißt es, der Kaiser bestätige dem Erzbischof die von den Kaisern, von den Königen und vom Reich den Erzbischöfen je gegebenen Privilegien und Briefe „über alle Besitzungen, Herrschaften, Fürstentum, Rechte, Freiheiten und Ehren, Eigen, Immunitäten, Lande, Landschaften, Provinzen, Gebiete, Burgen, Städte, Dörfer, Orte, Berge, Täler, Weiden, Wälder, Büsche, Wasser, Wasserläufe, Fischteiche, Fischerei, Jagd, Vogelfang, Vassalen, Lehen, Lehenverleihungen, Patronatsrechte über Kirchen, Gebiete, Zölle, Geleite, Steuern, Münze, Pfandschaften, Gefälle, Zinsen, Gülten und alle Nutzungen“.

Drei Zentren hatte das Mainzer Erzstift bzw. der spätere Kurstaat: den Erfurter Staat mit dem Eichsfeld um Heiligenstadt und Duderstadt, das Oberstift mit Aschaffenburg als Hauptort und das Unterstift mit der Hauptstadt Mainz und dem Rheingau. Wesentlicher Anlaß für den Reichstag von Verona war die Wahl des dreijährigen Kaisersohnes Otto III. (983–1002) zum König und designierten Nachfolger seines Vaters.

Die ehrenvolle Aufgabe, das königliche Kind zur Krönung und Salbung nach Aachen zu begleiten, wurde Erzbischof Willigis und Erzbischof Johann von Ravenna als den höchsten kirchlichen Repräsentanten des Reiches und Reichsitaliens übertragen. Noch bevor am Weihnachtsfest 983 die feierliche Krönungszeremonie in Aachen vollzogen wurde, war Kaiser Otto II. in Rom am 7. Dezember nach kurzem schwerem Krankenlager an der heimtückischen Malaria gestorben. Der Chronist Thietmar von Merseburg (gest. 1018) schrieb: „Kaum war (in Aachen) die hohe Handlung beendet, verwandelte ein Bote mit der Nachricht vom Tod König Ottos II. die Freude in tiefe Trauer.“

Der Tod des hochgesinnten deutschen Kaisers, der seine letzte Ruhestätte in St. Peter in Rom fand und dessen Grab auf Veranlassung des Prälaten Ludwig Kaas (1881–1952) heute in der Krypta von St. Peter zu finden ist, stürzte das Reich in eine schwere Krise. Herzog Heinrich der Zänker brachte Otto III. in seine Gewalt, um für den unmündigen König die Regentschaft führen zu können. Schon bald griff er selbst nach der Krone. In dieser kritischen Lage erwies sich Willigis von Mainz als einer der treuesten Anhänger und Verteidiger des ottonischen Herrscherhauses. Er setzte alles daran, Herzog Heinrich zu zwingen, den königlichen Knaben wieder auszuliefern und alle usurpatorischen Pläne aufzugeben.

Reichsverweserin für ihren Sohn wurde 984 Kaiserin Theophano, die als ausnehmend schöne und hochtalentierte byzantinische Prinzessin 972 in Rom Otto II. vermählt worden war. Ihre wichtigsten Berater waren Erzbischof Willigis und der Hofkanzler Bischof Hildebald von Worms (979–998). Als die Kaiserin 989 nach Rom zog, um dem unwürdigen Treiben der dort herrschenden Crescentier ein Ende zu machen, übertrug sie die Führung der Reichsgeschäfte ihren beiden bischöflichen Vertrauten. Theophanos überraschender Tod 991 ließ Kaiserin Adelheid (gest. 999), die Großmutter Ottos III., Vormund des noch nicht mündigen Königs werden. Ihre durch ihr Alter erzwungene politische Enthaltsamkeit machte Erzbischof Willigis bis zur Mündigkeitserklärung Ottos III. im Jahre 994 zum eigentlichen Regenten des Reiches. Aus seinen Reichsdiensten flossen dem Erzbistum große Einnahmen zu. Allein der Tribut, den das Königreich Lombardei dem kaiserlichen Quasi-Vormund zu entrichten hatte, soll jährlich 1200 Goldpfund betragen haben. Willigis ließ daraus das sogenannte Benna-Kreuz gießen, das lange Zeit der wesentliche Bestand des Mainzer „Staatsschatzes" war, später Stück für Stück verpfändet und verkauft wurde und schließlich ganz verlorenging.

Das Jahr 996 verwickelte den Erzbischof intensiv in kirchen- und auch rechtsgeschichtlich besonders relevante Vorgänge. Sie hatten ihren Ausgangspunkt in Rom. Dort bestimmte trotz kaiserlicher Gegenanordnung die mächtige Familie der Crescentier weiterhin das Geschehen. Crescentius II. (gest. 998), ihr tyrannisch auftretendes Oberhaupt, attackierte 995 Papst Johannes XV. (985–996) so sehr, daß er sich genötigt sah, die Stadt zu verlassen. Das war Otto III. Anlaß, von Regensburg aus im Frühjahr 996 seinen ersten Italienzug anzutreten. Zu seinem großen Gefolge gehörte auch Willigis. In Pavia erreichte sie die Nachricht vom überraschenden Tod des Papstes. Nach eingehender Beratung entschied sich der König, einer eingetroffenen römischen Abordnung seinen Vetter Brun von Kärnten als neues Oberhaupt der Kirche von Rom zu benennen. Der Mainzer Erzbischof und der Wormser Bischof Hildebald erhielten den ehrenvollen, aber auch gefährlichen Auftrag, den designierten Papst nach Rom zu begleiten. Wegen der militärischen Stärke des Königs wagten die Crescentier keinen Widerstand. Die römische Bevölkerung nahm ihren neuen Bischof hin. Besondere Reaktionen blieben aus. Der neue Papst Gregor V. (996–999) wurde unter Mitwirkung von Willigis am 3. Mai 996 zum Bischof von Rom geweiht und inthronisiert. Am 21. Mai, dem Tag Christi Himmelfahrt, krönte er in St. Peter den jungen Otto III. zum Kaiser.

Drei Tage darauf eröffnete der Papst in Rom eine große Synode. Wie Erzbischof Willigis nahm auch der vom Mainzer Metropoliten zum Bischof von Prag geweihte Adalbert an der römischen Kirchenversammlung teil. Er hatte wegen des Böhmenaufstandes 994 sein Bistum verlassen. Erzbischof Willigis sah das als furchtsame Flucht an. Er forderte den Bischof auf, trotz aller Gefahren als Hirt der Herde in sein gefährdetes Bistum zurückzukehren. Die Synode schloß sich der Aufforderung an. Bischof Adalbert fügte sich und verließ Rom. Wegen der in Böhmen immer noch anhaltenden Unruhen nahm er aber nicht den direkten Weg. Er begab sich zunächst als Missionar zu den Preußen. Diese ermordeten ihn am 23. April 997 nahe der Elbinger Weichsel. Bischof Adalbert wurde in Gnesen beigesetzt und bereits zwei Jahre nach seinem Tode als Märtyrer heiliggesprochen. Kaiser Otto III. machte sich im Winter 999/1000 auf, das Grab seines bischöflichen Freundes Adalbert aufzusuchen. Nicht allein fromme Devotion war der Anlaß für diese beschwerliche Reise. Ziel des Kaisers war es auch, durch die Errichtung der polnischen Kirchenprovinz Gnesen den Osten noch stärker dem christlichen Abendland anzubinden.

Der deutsche Papst Gregor V. starb im Februar 999 an der Malaria. Sein Nachfolger wurde der aus der Auvergne stammende Franzose Gerbert von Aurillac, seit 997 Hoftheologe Ottos III. und seit 998 Erzbischof von Ravenna. Daß Gerbert sich Silvester II. (999–1003) nannte, war Programm. Beim Übergang vom 1. ins 2. christliche Jahrtausend wollte er an der Seite Ottos III. stehen, so wie einst Silvester I. (314–335) an der Seite Kaiser Konstantins des Großen gestanden hatte, unter dem aus der verfolgten Kirche im Römerreich die römische Reichskirche geworden war. Gerbert wollte nun als „neuer Silvester" mit dem „neuen Konstantin" ins neue Jahrtausend gehen, Kirche und Reich nach den Idealen der Vorzeit erneuern und ihnen dadurch universale Geltung verschaffen.

Der begeisterungsfähige und idealistische Otto III. war schon seit längerem von den utopischen Gedanken seines talentierten Hoftheologen angetan. Unter diesem Einfluß hatte er bereits 997 seine engsten Berater gewechselt. Erzbischof Gisilar von Magdeburg (981–1004) fiel in Ungnade. Der Rat des realistisch denkenden Willigis war nicht mehr so gefragt wie früher. Neuer Favorit des Kaisers war seitdem neben Gerbert vor allem der in Worms und Gorze ausgebildete Heribert (gest. 1021), seit 994 Kanzler für Italien, seit 998 auch Kanzler für Deutschland und ab 999 Erzbischof von Köln.

Als Otto III. im Mai 1000 zu seiner dritten Italienfahrt aufbrach, waren die Differenzen zwischen dem Mainzer Erzbischof und dem frühreifen Kaiser mit seinem „Schwanken zwischen weltlichem Herrscher- und Lebenswillen und asketischer Weltflucht" und seiner Vorstellung von einem verchristlichten antiken Imperium mit Rom als kaiserlicher Residenzstadt unübersehbar. Dennoch wurde er zum Reichsverweser ernannt. Daß Otto III. und Papst Silvester II. (1001) auf der Synode von Rom im Jurisdiktionsstreit um das reiche Kloster Gandersheim nicht dem Mainzer Erzbischof Recht gaben, sondern Bischof Bernward von Hildesheim (983–1022), könnte ebenfalls in den politischen Meinungsverschiedenheiten seine Ursache haben. Als Gegenreaktion verzögerte Willigis den deutschen Nachschub für den Kaiser. Zu einem ernsteren Konflikt zwischen dem Herrscher und seinem Erzkanzler bzw. Erzkapellan konnte es nicht mehr kommen; denn gleich seinem Vater erlag der erst 22jährige Otto III. der Malaria. Er starb am 24. Januar auf der Burg Paterno nördlich von Rom, wohin er wegen eines Aufstandes der Römer geflohen war. Den Leichnam des Kaisers brachte Erzbischof Heribert nach Aachen. Dem Wunsch des letzten Ottonen gemäß wurde er dort nahe dem Grab Karls des Großen beigesetzt.

Noch im Zusammenhang mit den Beisetzungsfeierlichkeiten in Aachen wollte die Mehrheit der dort anwesenden Fürsten Hermann von Schwaben zum König machen. Doch das mißlang. An Herzog Hermann von Schwaben und am ebenfalls als Thronprätendent auftretenden Herzog Ekkehard von Sachsen vorbei wurde auf Veranlassung von Erzbischof Willigis am 6. oder 7. Juni 1002 in Mainz von den fränkischen, oberlothringischen und bayerischen Großen Herzog Heinrich zum König gewählt. Auch das Volk proklamierte ihn zum Herrscher. Noch am selben Tag hat ihn Willigis nach dem Mainzer Krönungsordo aus St. Alban im Dom gesalbt und gekrönt.

Die für das Reich gefährlich werdende Rivalität des Herzogs Hermann von Schwaben war damit endgültig ausgeschaltet. Am 10. August 1002 konnte Willigis im Dom zu Paderborn auch Königin Kunigunde krönen. Sie gelangte später wie ihr Gemahl Kaiser Heinrich II. (1002–1024) zur Ehre der Altäre. Unter Heinrich II., der das von Otto I. grundgelegte Reichskirchensystem vollendete, konnte der Mainzer Erzbischof seinen starken politischen Einfluß in Reich und Kirche voll zurückgewinnen. Wenn Zeitgenossen den am 23. Februar 1011 verstorbenen und in Mainz, St. Stephan, beigesetzten Willigis „des Kaisers und des Reiches Vater" hießen, bedachten sie ihn nicht mit leeren Lobsprüchen.

Die Erzbischöfe Erkenbald (1011–1021) und Aribo (1021–1031)

Nachfolger von Erzbischof Willigis wurde 1011 der aus dem Kloster Fulda stammende Mönch Erkenbald. Er verdankte dem Kaiser die Erhebung auf den Mainzer Stuhl. Heinrich II. betrachtete mehr als alle seine Vorgänger den Reichsepiskopat als im Dienste des Königs stehend. Deshalb nahm er in den 22 Jahren seiner Regierung auch über 50 Bischofsernennungen vor. Mit Erkenbald hat er der Mainzer Kirche einen integren, doch nicht sonderlich bedeutenden Oberhirten gegeben. Der Mainzer Kirchengeschichte konnte der Erzbischof nur wenig prägnante Züge geben. Er starb im August 1021 und wurde im alten Martinsdom beigesetzt. Sein Grabmal in der St. Johanneskirche wurde bei Renovierungsarbeiten 1740 zerstört.

Viel tiefere Spuren hinterließ der Pontifikat von Aribo, der aus einer reich begüterten bayerischen Grafenfamilie stammte. Er war verwandt mit Erzbischof Pilgrim von Köln (1021–1036). Auf den Mainzer Erzstuhl gelangte Aribo über die Hofkapelle. Bei seinem Bemühen, der reichskirchlichen Vorrangstellung von Mainz gebührende Geltung zu verschaffen, lagen Erfolg und Verlust nahe beieinander.

Erfolgreich war er 1024, als nach dem Tode von Heinrich II. das Königtum von den Sachsen auf die Salier überging. Aribo hatte die Wahlversammlung für den 4. September 1024 nach Kamba eingeladen und leitete sie auch. Er machte von dem inzwischen anerkannten Mainzer Erststimmrecht Gebrauch und setzte gemeinsam mit Herzog Heinrich von Bayern die Wahl Konrads II. (1024–1039) durch. Am 8. September salbte und krönte er im alten Mainzer Dom den Gekürten zum König. Der Erzbischof bewegte sich „als Erstwähler und Konsekrator auf dem Gipfelpunkt seines verfassungsmäßigen Anteils an der Besetzung des deutschen Königsthrones". Die längere Zeit umstrittene Rangordnung zwischen den geistlichen Rivalen in Trier, Köln und Mainz schien endgültig geregelt.

Noch im selben Jahr bahnte sich jedoch der Mißerfolg an: aus kanonischen Vorbehalten weigerte sich Aribo, die in 3. Ehe mit Konrad II. verheiratete Gisela ebenfalls zu krönen. Pilgrim von Köln setzte sich über die kirchenrechtlichen Bedenken hinweg und vollzog die Krönung in seiner Kathedralkirche. Das hatte zur Folge, daß sich Heinrich III., Konrads Sohn, Mitregent und designierter Nachfolger (1039–1056), Ostern 1028 wohl aus Verärgerung über den Mainzer vom Kölner Erzbischof in Aachen zum König krönen ließ. Von da an war bis auf wenige Ausnahmen Aachen Krönungsort, bis es später von Frankfurt abgelöst wurde. Der Erzbischof von Köln behielt für immer das „Ius coronandi". Im Ringen um die Vorrangstellung konnte Köln einen weiteren Erfolg verbuchen: Nach dem Tod Aribos übertrug Heinrich III. 1031 dem Kölner Metropolit das Erzkanzleriat für Italien, während der Mainzer Erzkanzler für Deutschland blieb. Damit waren die höchsten geistlichen Hofämter auf Mainz und Köln verteilt. Entscheidend war allerdings, daß der Mainzer Erzbischof zum ihm verbliebenen Wahleinberufungsrecht das Erststimmrecht erringen konnte. Diese Rechte, das Erzkanzleramt und das im 16. Jahrhundert noch hinzukommende Reichsdirektorium, ließen den Mainzer Erzstuhl trotz verschiedener Schwächeperioden bis zur Säkularisation ranghöchster und vornehmster Bischofssitz im Reich bleiben.

Die Erzbischöfe Bardo (1031–1051) und Liutpold (1051–1059) zu Beginn der Reformbewegung für die „libertas ecclesiae“

1030 besuchte der aus der Wetterau stammende Bardo, Mönch von Fulda, seit 1029 Abt von Werden und 1031 auch Abt von Hersfeld, seine Verwandte Königin Gisela. Am Königshof traf er Erzbischof Aribo, der ihn aus nicht überlieferten Gründen abfällig behandelte. Der klugen Besonnenheit und demütigen Bescheidenheit des Abtes ist es nach dem Fuldaer Bardo-Chronisten zuzuschreiben, daß ein größerer Skandal vermieden wurde. Einige Monate nach dieser unerfreulichen Begegnung starb Aribo am 6. April 1031 auf der Rückreise von Rom in Como. Sein Nachfolger auf dem vakanten Mainzer Erzbischofsstuhl wurde auf Betreiben der Königin der fromme und tatkräftige Mönch Bardo. Während seines zwanzigjährigen Pontifikats bahnten sich grundlegende Veränderungen im Verhältnis von Kirche und Reich an.

Angefeindet von den Mainzern und einigen Suffraganbischöfen, konnte Bardo nach einer ungewohnt langen Verzögerung erst Pfingsten 1032 von Konrad II. investiert werden. Die Erhebung in geistliche Ämter und Investitur durch den König waren selbstverständlich praktizierte Gepflogenheiten; hatte doch Papst Johannes X. (914–928) in einem Schreiben an den Kölner Erzbischof 921 prinzipiell erklärt, daß nur der König nach alter Gewohnheit („prisca consuetudo“) einem Geistlichen ein Bistum übertragen dürfe. Als Bardo am 11. Juni 1051 im thüringischen Dornloh starb, hatte über eben diese Gewohnheiten ein tiefgreifender Umdenkungsprozeß begonnen.

Die Schwäche des Papsttums war zu Beginn des 11. Jahrhunderts unübersehbar. Das römische Bischofsamt war der mehr oder weniger frei gehandelte Besitz einiger römischer Familien. Wie stark sich demgegenüber etwa Erzbischof Aribo wußte, demonstriert ein Geschehnis aus dem Jahr 1023. Auf der Herbstsynode in Seligenstadt hatte er beschließen lassen, kein Pönitent dürfe in Rom um Vergebung nachsuchen oder an den Papst appellieren, bevor er nicht zu Hause die ihm vom Bischof auferlegte Buße verrichtet habe. Überdies bedürfe jeder Appellant für die Romreise der Erlaubnis seines Bischofs. Auch habe er dem Papst ein Schreiben zu überreichen, in dem der strittige Sachverhalt vom Bischof dargestellt sei. Als Benedikt VIII. (1021–1024) gegen diese Verfügung als Verletzung der päpstlichen Primatialgewalt protestierte und Aribo das Tragen des Palliums untersagte, hatte das kaum Wirkung. Die Mitbischöfe stellten sich hinter ihren Metropoliten, und dieser beharrte auf seinem Standpunkt.

1046 waren die Zustände um den Bischof von Rom so verwirrend, daß Kaiser Heinrich III., auf der Höhe seiner Macht, mit großem Gefolge nach Italien reiste, um dort im Dezember auf den Synoden von Sutri und Rom die um das römische Bischofsamt rivalisierenden Silvester III., Gregor VI. und Benedikt IX. abzusetzen. In seiner Eigenschaft als Patricius Romanorum und Schützer der Kirche griff er in die unwürdigen Verhältnisse der römischen Kirche ein und erhob mit Zustimmung von Volk und Klerus der Stadt Rom Suitger von Bamberg auf die Cathedra Petri. Der neue Papst wählte den Namen Klemens II. (1046–1047). Mit ihm und den

rasch folgenden, ebenfalls aus dem Reich stammenden Päpsten kam die vor allem an den Klöstern Cluny in Burgund und Gorze in Lothringen orientierte kirchliche Reformbewegung an die römische Kurie.

Anfänglich trug diese Reform eher moralischen Charakter. Der Kampf galt der Simonie, d. h. dem Erwerb geistlicher Ämter und Würden durch Geld, und dem Nikolaitismus, d. h. dem Verheiratetsein des Klerus bzw. dessen Leben im Konkubinat. Aus diesen zunächst eher peripheren Problemen erwuchs in kürzester Zeit der revolutionäre Anspruch, „daß die Päpste nicht bloß spirituell das Haupt der Kirche gegenwärtig machen, sondern in allen ihren Beziehungen rechtlich und praktisch ein wahres Regiment führen sollten“.

Zum Durchbruch kam diese neue Linie unter Leo IX. (1049–1054), vormals Bischof Brun von Toul, der nach Designation durch Kaiser Heinrich III. und Wahl durch Klerus und Volk von Rom den päpstlichen Thron bestiegen hatte. Noch im Jahr seiner Papsterhebung entfaltete er im Reich eine rege Synodaltätigkeit. Im Oktober 1049 kam er nach Mainz und leitete im neuen Dom eine Kirchenversammlung, an der mit Kaiser Heinrich etwa 40 Reichsbischöfe teilnahmen. Der Papst drang auf scharfe Bestimmungen gegen Simonie und Priesterehe und verlangte harte Maßnahmen bei Nichteinhaltung der Gesetze.

Der neue und bald dominierende Typ der päpstlichen Synoden und Kirchenversammlungen gewann mit Mainz 1049 erste Gestalt. Bei den auf ihre Rechte bedachten deutschen Bischöfen blieb dieses Vordringen der päpstlichen Oberhoheit nicht ohne Widerspruch.

Die Spannungen wurden besonders deutlich bei einem heftigen Disput, der 1052 aus nichtigem Anlaß zwischen dem Mainzer Erzbischof Liutpold, vormals Dompropst in Bamberg, und Papst Leo IX. ausbrach. Weil ein Mainzer Diakon bei der Messe am zweiten Weihnachtstag die „Lectio" nach einer nicht-römischen Melodie sang und auch nicht aufhörte, als ihn Leo IX. dazu verpflichtete, degradierte ihn der Papst ohne Verzug. Dagegen protestierte Liutpold aufs schärfste. Nur ihm stehe es zu, Mainzer Kleriker zu maßregeln. Sollte der Papst den Diakon nicht sofort rehabilitieren, würde der Gottesdienst nicht fortgesetzt. Um den Streit nicht eskalieren zu lassen, nahm Leo IX. die Degradierung zurück.

Ein Grund für diese maßlose Gereiztheit des Mainzers lag sicher auch in der nur grollend hingenommenen Zurücksetzung gegenüber den Kölnern durch eine Verfügung, die Leo IX. gelegentlich der im Oktober 1052 erneut in Mainz abgehaltenen Synode getroffen hatte. In einem Privileg, das dem Erzbischof vom Papst gegeben wurde, war dem Mainzer eingeräumt worden, das Pallium auch an Allerheiligen und in der Weihnachtsoktav zu tragen. Er durfte die Cuphia, eine Art Mitra, aufsetzen und den Zelter reiten. Doch das wichtige „Ius coronandi", das Recht, den König zu salben und zu krönen, war im Privileg nicht enthalten. Das gewährte Leo IX. dem Kölner Erzbischof, der sich überdies „Kanzler des Apostolischen Stuhles" nennen durfte und ein lokales Kardinalat einrichten konnte.

Zwei Jahre nach diesem Zwischenfall starb Papst Leo IX. Die Entscheidung über die Nachfolge fiel im November 1054 auf dem Hoftag zu Mainz. Noch baten römische Gesandte den Kaiser um die Erlaubnis der Wahl eines neuen Oberhirten; noch konnte Heinrich III. offensichtlich gegen ihre Bedenken und Einwände Bischof Gebhardt von Eichstätt zum neuen Papst Viktor II. (1055–1057) designieren. Selbst von den Reformwilligen an der römischen Kurie wurde das ottonisch-salische Kirchensystem nicht einmal im Ansatz in Frage gestellt. Dies änderte sich jedoch grundlegend, als Humbert von Silva Candida den Simoniebegriff in seiner zwischen 1054 und 1058 verfaßten Schrift „Adversus Simonaicos" neu definierte. Er interpretierte „Simonie" nicht mehr nur moralisch, sondern zeit- und gesellschaftskritisch. Simonie war nun auch Verleihung und Erlangung eines geistlichen Amtes, das mit Dienstleistungen verbunden war. Nicht simonistische Absicht, sondern die zeitbedingten und mit den aus dem Germanischen herkommenden Lehns- und Eigenkirchenwesen gegebenen Rechts- und Lebensgewohnheiten waren für ihn die eigentliche Quelle des Übels. Damit brandmarkte er die Praxis der Besetzung der deutschen Bischofsstühle, die durch den Kaiser erfolgte. Diese Laieninvestitur galt nun als Simonie. „Libertas ecclesiae", Freiheit der Kirche von allem Laieneinfluß, wurde für die an der Kurie immer mächtiger werdende Reformpartei Schlagwort und Programm.

Zu den Legaten, die miterlebt hatten, wie eigenmächtig der Mainzer Hoftag über den Apostolischen Stuhl verfügte, gehörte der Toscaner Hildebrand. Er war im Geist von Cluny erzogen worden und als römischer Archidiakon zum führenden Kopf der Reformpartei herangewachsen. Nach vom römischen Volk erregt geforderter Wahl bestieg er 1073 die Cathedra Petri als Gregor VII. (gest. 1085). Genauso stürmisch wie seine am Kaiser und am Papstwahldekret von 1059 vorbei erfolgte Papsterhebung verlief sein Pontifikat. Kernstück der nach ihm benannten

„Gregorianischen Reform" wurde der „Investiturstreit". Die Reformer sprachen dem Kaiser das Recht ab, als Laie geistliche Ämter zu besetzen. Heinrich IV. (1056–1106) und die Mehrheit der Reichsfürsten sahen darin einen massiven und durch nichts zu rechtfertigenden Angriff auf die seit langem bestehende Ordnung im Reich. Bald war der offene Kampf um die wichtige Wertordnung nicht mehr zu vermeiden.

Die Erzbischöfe Siegfried I. (1060–1084) und Wezilo (1084–1088) während der Hochphase des Investiturstreits

Als das Kräftemessen zwischen Regnum und Sacerdotium 1076/1077 in bis dahin nicht gekannter Heftigkeit ausbrach, war Siegfried I. Erzbischof von Mainz. Der eher unpolitische und den religiösen Strömungen seiner Zeit zugewandte Benediktiner aus Fulda war als Günstling der Kaiserin Agnes zum Nachfolger des am 7. Dezember 1059 verstorbenen und im von ihm gegründeten Mainzer St. Jakobskloster beigesetzten Liutpold gewählt worden. Er mied die ihm als Fürst zufallenden Reichsaufgaben und begab sich statt dessen mehrfach auf längere Pilgerreisen. Im Frühjahr 1064 besuchte er Rom. Im Herbst des Jahres trat er gemeinsam mit den Bischöfen von Utrecht, Bamberg und Regensburg und einer großen Pilgergruppe die Fahrt ins Heilige Land an. Ein Jahr später war er wieder in Mainz. Gesundheitlich geschwächt und der weltlichen Geschäfte überdrüssig, trug er sich ab 1070 mit dem Gedanken, sein Bischofsamt niederzulegen und erneut ins Kloster zu gehen. Im Juli 1072 traf er auf dem Wormser Reichstag Hugo I. (gest. 1109), Abt des burgundischen Reformklosters Cluny. 1072 trat Siegfried nach einer Wallfahrt ins spanische Santiago di Compostela als Mönch in dessen Abtei ein. Eine päpstliche Aufforderung, „die Bitten von Klerus und Volk von Mainz" und nicht zuletzt das gute Zureden des Abtes veranlaßten ihn, im Dezember 1072 in sein Bistum zurückzukehren.

1073 war Siegfried auf seiten der süddeutschen Fürsten zu finden, die zu Heinrich IV., seinerseits in heftige Kämpfe mit den Sachsen verwickelt, in Opposition standen. Es wurde bereits beraten, den Herrscher abzusetzen und dessen Schwager Rudolph von Rheinfelden (gest. 1080) zum König zu wählen. Als Erzbischof Siegfried im Dezember 1073 eine Fürstenversammlung nach Mainz berief, um die Absetzung Heinrichs IV. zu verwirklichen, verhinderten die königstreuen Rheinstädte den Umsturz. Das sich seiner selbst bewußt werdende Bürgertum begann sich zu formieren.

In den Jahren 1074 und 1075 kennzeichneten Reformbemühungen die kirchlichen Aktivitäten von Erzbischof Siegfried. Er förderte die Gründung der Kanonikerstifte und forderte vom Klerus, wie es von den römischen Stellen verlangt wurde, die strenge Einhaltung der Zölibatsverpflichtung. Nach Lampert von Hersfeld (gest. 1077) soll er deshalb in Thüringen auf solch erheblichen Widerstand gestoßen sein, daß er um sein Leben bangen mußte. Nur das Versprechen, beim Papst um Milderung des Zölibatsgesetzes nachzusuchen, habe ihn gerettet.

Siegfrieds Verhältnis zu Papst Gregor VII. war nicht unbelastet. Die schroffe Art, römische Maßnahmen und Reformforderungen durchzusetzen, irritierten den Oberhirten. Überdies mißbilligte er wie sein Vorgänger Liutpold den Anspruch der päpstlichen Legaten, bei den Reichssynoden den Vorsitz und die Leitung innezuhaben. 1074 zitierte Papst Gregor VII. aufgrund verschiedener Anklagen Erzbischof Siegfried zur Verantwortung nach Rom. Dieser zögerte zwar, kam aber dennoch im Frühjahr 1075 der Aufforderung nach. Das macht deutlich, wie sehr sich die Verhältnisse etwa im Vergleich zu den Jahren 1023 oder 1046 geändert hatten. Dennoch war die Situation keineswegs geklärt. Die eigentliche Auseinandersetzung zwischen Papst und Reich bzw. zwischen Sacerdotium und Imperium (Regnum) oder, personifiziert, zwischen Gregor VII. und Heinrich IV. mit ihren Parteigängern stand noch aus.

Ausbruch und Ausmaß des „Investiturstreits" kamen trotz der langen Anlaufphase seit 1046 überraschend. Unmittelbarer Ausgangspunkt war nicht einmal die Kontroverse um die Bischofsernennung durch den König bzw. Kaiser. Vielmehr war es Gregors VII. Schreiben vom 8. Dezember 1075, in dem der Papst den deutschen Episkopat und Heinrich IV. im Sinne der strengen Reformer und im Geiste des von ihm im März 1075 zusammengestellten „Dictatus Papae" zu Umkehr, Reform und Gehorsam in hartem Ton aufforderte. Er drohte, Heinrich IV. die Huld zu entziehen, wenn dieser den Wünschen des Papstes zu wenig Nachdruck verleihe.

Das päpstliche Schreiben war den in Worms versammelten Reichsbischöfen unter Führung von Erzbischof Siegfried von Mainz Anlaß, mit König Heinrich IV. dem Papst am 24. Januar 1076 einen äußerst schroffen Absagebrief zu senden. Dem Papst warfen sie vor, anmaßend und „mit hochmütiger Grausamkeit und grausamem Hochmut" die Glieder der Kirche und damit den Frieden zerrissen zu haben. Sie kündigten ihm den Gehorsam auf und erklärten: „Du sollst von nun an für keinen von uns mehr Papst sein." In einem weiteren Schreiben an „Hildebrand" befahl König Heinrich dem Papst, vom römischen Thron herabzusteigen. Gregor VII., der mit seinen römischen Anhängern unter allen Umständen der Kirche ihre Freiheit zurückgewinnen wollte, dabei aber in Übersteigerung des berechtigten Anliegens das seit Karl dem Großen bestehende theokratische System mit der eindeutigen Unterordnung des Priestertums unter das Königtum in eine hierokratische Ordnung umbog, in der die Könige als gehorsame Diener der Kirche ihre staatlichen Interessen den geistlich-politischen Zielen der „christianitas" unterzuordnen hatten, reagierte rasch und kompromißlos. Im Februar 1076 exkommunizierte und suspendierte er Erzbischof Siegfried und die meisten anderen Bischöfe des Reiches und der Lombardei. König Heinrich exkommunizierte er auf der gleichen römischen Fastensynode, er nahm ihm die Herrschaft über das Reich der Deutschen und über Reichsitalien und löste alle Gläubigen von dem Eid, den sie dem König geschworen hatten. Er verbot, Heinrich IV. als König zu dienen. Durch diese päpstlichen Maßnahmen, die sofort Wirkung und Erfolg erzielten, sah sich Heinrich IV. plötzlich in Gefahr, sein Königtum zu verlieren. Wie schon häufig zuvor formierten sich in Deutschland die zentrifugalen Kräfte. Als der König Pfingsten 1076 auf der Synode in Mainz den Papst absetzen lassen wollte, fand er kaum noch Gefolgsleute. Auch Erzbischof Siegfried hatte sich von dem exkommunizierten König abgewandt. Die Reichsversammlung zu Trebur nahe Mainz im Oktober 1076 zeigte sich bereits entschlossen, einen neuen König zu wählen. Nur die Legaten des Papstes verhinderten eine sofortige Entscheidung. Sie erreichten den Kompromiß, der

Heinrich IV. dann die Herrschaft belassen sollte, wenn der Papst ihn innerhalb von Jahr und Tag vom Bann löse.

Der oft beschriebene und in der Interpretation so umstrittene Gang nach Canossa rettete Heinrich IV. im Januar 1077 die Krone. Dem moralischen Sieger Gregor VII. nahm die Lossprechung alle politischen Trümpfe aus der Hand. Mit der päpstlichen Absolution war Heinrich IV. wieder legitimer König. Der Papst hatte die ihm von den Fürsten angetragene Schiedsrichterrolle verspielt.

Die deutsche Fürstenopposition, mit ihr der seit Oktober 1076 wieder mit Rom versöhnte Mainzer Erzbischof, nahm die Entscheidung nicht hin. Im März 1077 wählte sie in Forchheim Rudolph von Rheinfelden zum Gegenkönig. Wenige Tage später krönte ihn Siegfried im Mainzer Dom zum König. Dabei hatten beide offensichtlich die Heinrich IV. ergebene Stimmung der Stadtbevölkerung unterschätzt. Noch während der Krönungsfeierlichkeiten kam es zu einer Revolte. Die Bischofspfalz neben dem Dom wurde gestürmt. Siegfried und Rudolph waren genötigt, sich über den Leichhof in Sicherheit zu bringen. Zwar konnte der Aufstand mit Waffengewalt niedergeschlagen werden, doch am nächsten Tag verließen der Erzbischof und sein König die für sie unsicher gewordene Stadt. Keiner von beiden hat Mainz je wieder betreten.

Die Mainzer Erhebung am Sonntag Laetare (26. März) 1077 kann nicht losgelöst gesehen werden von jener weitgreifenden kommunalen Bewegung, die ab dem 11. Jahrhundert viele Städte des Abendlandes erfaßte. Dieses auf mehr Freiheiten bedachte bürgerliche Autonomiebestreben war wiederum eng verflochten mit der sogenannten Armutsbewegung, die als christliche Erneuerungsströmung viele erfaßte und bald entweder in sektiererische Gruppierungen oder in neue kirchliche religiöse Gemeinschaften einmündete.

Im Machtkampf zwischen König und Gegenkönig unterlag Rudolph von Rheinfelden. Bald brachen neue Konfrontationen zwischen Gregor VII. und Heinrich IV. aus. Als deshalb der Papst den König und seine Gefolgschaft 1080 erneut bannte, antworteten diese mit der Absetzung Gregors VII. Bischof Wibert von Ravenna wurde in Brixen zum Gegenpapst gewählt. Er gab sich den Namen Klemens III. (1080–1100). Der Fürstenkonvent in Mainz bestätigte seine Wahl. Gegen diese sprach sich Erzbischof Siegfried aus. Er und die progregorianische Partei im Reiche aberkannten Heinrich IV. wegen des von ihm zu verantwortenden Schismas die Königswürde und wählten 1081 Hermann von Salm-Luxemburg zum Gegenkönig. Siegfried salbte ihn am 26. Dezember 1081 in Goslar. Es war die letzte und wenig erfolgreiche größere politische Aktivität des Erzbischofs. Er zog sich in sein Reformkloster Hasungen zurück und starb dort am 16. Februar 1084.

Zum neuen Erzbischof von Mainz erhob Heinrich IV. seinen engen Gefolgsmann, den Halberstädter Domherr Wezilo. Als Anhänger des Gegenpapstes Klemens III. erneuerte Wezilo 1085 auf der großen Reichssynode von Mainz die Absetzung Gregors VII. und verfügte den Bannspruch über Hermann von Salm-Luxemburg. Auf derselben Synode wurde für das Reich der Gottesfrieden (treuga Dei) ausgerufen, den 1081 der Bischof von Lüttich erstmals für den Bereich seines Bistums erklärt hatte. Der Friede in Reich und Kirche selbst war jedoch noch weit entfernt. Eine Chance für die Beendigung des Investiturstreits bot sich, als am 25. Mai 1085 der 1606 heiliggesprochene Papst Gregor VII. in Salerno starb. Die letzten, gut bezeugten Worte des unerbittlichen Kämpfers für die Freiheit der Kirche und die Durchsetzung der kirchlichen Gerechtsame lauteten: „Ich habe die Gerechtigkeit geliebt, gottloses Wesen gehaßt, deshalb sterbe ich in der Verbannung."

Gregor VII. hatte der Kirche die „Libertas", die Freiheit errungen, sie aber gleichzeitig durch die Beanspruchung der Weltherrschaft mit einem Ballast befrachtet, der tiefe Risse und schwerwiegende Folgen für Reich und Kirche brachte. Das selbständige und unmittelbare Gottesgnadentum des deutschen Königs war zerbrochen und damit eine wesentliche Voraussetzung für eine lebensfähige universale, kirchlich-staatliche Einheit.

Die Erzbischöfe Ruthard (1089–1109) und Adalbert I. von Saarbrücken (1110–1137) bis zum Wormser Konkordat (1122)

Die ermüdenden Auseinandersetzungen zwischen Regnum und Sacerdotium, die erbitterten Kämpfe um die rechtmäßige Wahl eines Kandidaten zum König bzw. Papst, die Zerstrittenheit im deutschen Episkopat hielten auch nach dem Tod Papst Gregors VII. an. Sein Nachfolger wurde Viktor III. (gest. 1087), bis dahin Abt von Montecassino. Erst am 7. März 1087 konnte er in Rom inthronisiert werden. Kurz vor seinem Sterben hatte der Papst gleich seinem Vorgänger die Laieninvestitur scharf verurteilt und den Bann über Klemens III. gesprochen. Daß er jedoch unterließ, auch den Bann über Heinrich IV. zu erneuern, wies auf seine Bereitschaft zur Versöhnung hin. Neuer Papst wurde am 12. März 1088 der aus Frankreich stammende Urban II. (1088–1099). Noch deutlicher als sein Vorgänger zielte er auf die Überwindung des für Kirche und Reform schädlichen Schismas hin, Papst und Gegenpapst unterschieden sich nicht in ihrem Reformanliegen: beide forderten die Abschaffung der Simonie und des Nikolaitismus. Unterschiedlich war jedoch ihre Haltung zum immer mehr überholten ottonisch-salischen Reichskirchensystem. In seinem elfjährigen Pontifikat konnte Urban II. sein Vorhaben zwar nicht völlig verwirklichen, doch war er es, der die Spaltung praktisch überwand und der im Abendland dem rechtmäßigen Papsttum weitgehend die Obödienz zurückgewann. Die Entschärfung der Spaltung erreichte er durch nachsichtiges Verhalten und geschickte Politik. Zur weithin anerkannten obersten Autorität der abendländischen Christianitas wurde er durch den ersten Kreuzzug, den er 1095 in Clermont-Ferrant ausgerufen hatte und der, in seinem Namen und Auftrag durchgeführt, 1098–1099 mit der Eroberung des Heiligen Landes endete.

Die Hinlenkung der abendländischen Christenheit auf die Rückeroberung des Heiligen Landes wurde für die Juden von Mainz 1096 zur Katastrophe und für Erzbischof Ruthard wegen der gewaltsamen Ausschreitungen gegen die jüdischen Bewohner seiner Bischofsstadt Anstoß für eine politische Kehrtwende.

Die ungeheure Erregung, die die Kreuzzugsbewegung auslöste, motivierte Fanatiker, sich der Juden „anzunehmen". So verübten z. B. im Rheintal unter Anführung eines Grafen Emicho irregeleitete Kreuzfahrerscharen im Frühjahr 1096 schwerste Pogrome. Sie attackierten Speyer, vernichteten die Judenschaft in Worms und drangen am 27. Mai in Mainz ein. Erzbischof Ruthard sah sich bald nicht mehr in der Lage, die in seinen Schutz geflohenen Juden gegen die Massen zu verteidigen. Er überließ sie ihrem Schicksal. Fast die gesamte jüdische Gemeinde von Mainz – es sollen an die 600 gewesen sein – fand den Tod. Kurze Zeit später wurde Erzbischof Ruthard beschuldigt, sich am Gut der Ermordeten bereichert zu haben. Was es mit diesen Vorwürfen wirklich auf sich hat, ist schwer auszumachen. Möglicherweise haben sie mit den Dissonanzen zu tun, die das ursprünglich gute Verhältnis zwischen Klemens III. bzw. seinen deutschen Parteigängern und Erzbischof Ruthard ab etwa 1096 belasteten. 1098 griff der Kaiser die Anschuldigungen gegen Ruthard auf und zog ihn zur Rechenschaft. Das war dem Erzbischof Anlaß, offen die Fronten zu wechseln. Er verließ das Heinrich IV. treu ergebene Mainz, ging in den thüringischen Teil seines Bistums und schloß sich der antihenrizianischen Gruppe an. Damit war die Anerkennung Urbans II. als rechtmäßigen Papst und die Lösung Ruthards vom Bann verbunden. Daß ihn jetzt Klemens III. mit dem Anathem belegte, weil er „zu den Feinden des Reiches und den Verächtern des göttlichen Wortes übergegangen und des Tempelraubes schuldig" war, demonstriert, wie verworren die damaligen Zustände sein konnten.

1099 starb Papst Urban II., 1100 sein persönlich integrer und kirchlich gesinnter Widerpart Klemens III. Urban II. erhielt in Paschalis II. (1099–1118) seinen Nachfolger. Da dieser, anders als der unbedeutende Nachfolger von Klemens III., bald allgemeine Anerkennung fand, hätte das Schisma rasch überwunden werden können, zumal im Reich die sogenannte kirchliche, d. h. gegen Heinrich IV. eingestellte Partei immer stärker wurde. Politische Ereignisse verzögerten jedoch die Einigung. 1105 kam es zur Fürstenrevolte gegen Kaiser Heinrich IV., an der dessen Sohn Heinrich V. (1106–1125) und der in Erfurt residierende Erzbischof Ruthard maßgeblich beteiligt waren. Beide, der Kaiser und sein von der Opposition bereits als König anerkannter Sohn, wandten sich in Schreiben an Paschalis II. und baten um Anerkennung und Lösung vom immer noch bestehenden Kirchenbann. Der Papst entschied sich für Heinrich V., vorausgesetzt jedoch, dieser sei willens, als gerechter König Frieden mit der von seinem Vater in so große Verwirrung gebrachten Kirche zu machen.

Erzbischof Ruthard galt jetzt als der oberste geistliche Repräsentant der „päpstlichen Partei" im Reiche. Im Mai 1105 führte er in Nordhausen eine Synode durch, die u. a. über die „simonistisch und schismatisch ins Amt gelangten" Bischöfe von Paderborn, Halberstadt und Hildesheim zu Gericht saß. Die Leitgedanken der strengen „Gregorianer" waren dabei nicht zu übersehen. Heinrich V. und sein Anhang gingen in die Offensive. Sie rückten bis zum Rhein vor und nahmen in Koblenz, vielleicht durch indirekte Hilfe des Mainzer Bischofs, Kaiser Heinrich IV. fest. Erzbischof Ruthard konnte im November 1105 nach achtjähriger Abwesenheit in seine Bischofsstadt zurückkehren. Von der Bevölkerung wurde er kaum willkommen geheißen. Sie stand nach wie vor hinter Heinrich IV., der so oft wie kein anderer Kaiser die Stadt aufgesucht und zum Ausgangspunkt seiner politischen Aktivitäten gemacht hatte. Auch hatte sich unter ihm das Eigenständigkeitsbestreben der Bürger entfalten können.

Große Verdienste hatte sich Heinrich IV. überdies um den Dom erworben. Nach den Zerstörungen von 1079 und der Brandkatastrophe von 1081 hatte er den Neubau veranlaßt und mit Nachdruck betrieben. Es ist tragisch, daß sich gerade hier sein bitteres Scheitern abspielen mußte. Auf dem Mainzer Reichstag an Weihnachten 1105, zu dem 52 oder mehr Fürsten gekommen waren, verhängten die päpstlichen Legaten über den in Burg Böckelheim an der Nahe eingekerkerten Kaiser erneut den Bann. Der Kaiser wurde in die Pfalz nach Ingelheim gebracht. Dort verzichtete er am 31. Dezember 1105 zugunsten seines Sohnes auf den Thron, willigte in die Auslieferung der Reichsinsignien ein und unterwarf sich der Kirche. Am 5. oder 6. Januar (Dreikönigstag) 1106 salbte und krönte Erzbischof Ruthard im Mainzer Dom Heinrich V. zum König. Die Familientragödie der Salier war damit jedoch ebensowenig beendet wie der Investiturstreit. Mit Hilfe treuer Anhänger hatte Heinrich IV. fliehen und gegen seinen Sohn erneut aufrüsten können. Bevor es jedoch zur offenen Schlacht kam, starb der Kaiser am 7. August 1106 in Lüttich.

Heinrich V., seit Sommer 1106 unangefochten an der Regierung, hatte sich ab 1104 der päpstlichen Partei angeschlossen, um mit ihrer Unterstützung seinen Herrschaftsanspruch durchzusetzen. Den Forderungen der gregorianischen Reformer, auf Laieninvestitur zu verzichten, kam er jedoch nicht nach. Papst Paschalis II. hatte in einem Schreiben an Erzbischof Ruthard im November 1105 das Verhältnis von weltlicher und geistlicher Macht festgelegt: den Königen sei zu belassen, was den Königen zustehe – aber nur dies. Der Kirche gebühre die Freiheit, dagegen dem König nicht das aufgrund eines selbständigen und unmittelbaren Gottesgnadentums bisher beanspruchte Einwirken auf die Kirche. Damit war erneut die bis zuletzt praktizierte Laieninvestitur zurückgewiesen.

Heinrich V. wollte jedoch nicht darauf verzichten. Eine Regelung sollte ein Zusammentreffen zwischen dem im Mai 1107 zur Synode von Troyes gereisten Papst Paschalis II. und einer kaiserlichen Delegation, darunter Kanzler Adalbert von Saarbrücken, herbeibringen. Da beide Seiten an ihren Prinzipien festhielten, waren die Verhandlungen schnell gescheitert. Auf der Synode selbst suspendierte der Papst Erzbischof Ruthard, weil dieser trotz Einladung der Synode von Guastalla ferngeblieben war, den Bischof von Hildesheim wieder in sein Amt eingesetzt und den vom König investierten Bischof von Halberstadt konsekriert hatte. Das Scheitern von Troyes und die Maßnahmen gegen den Mainzer erweiterten die Kluft zwischen den Parteien, führten jedoch nicht zum offenen Bruch. Eine Entscheidung in der Investiturfrage wurde bis zum Zusammentritt eines allgemeinen Konzils in Rom hinausgeschoben. Erzbischof Ruthard hat die Einigung nicht mehr erlebt. Er starb am 2. Mai 1109. Unsicher ist, wo er sein Grab fand.

Es besteht kaum Zweifel, daß Heinrich V. für die Neubesetzung des Erzstuhls von Mainz sogleich seinen Kanzler Adalbert von Saarbrücken (1110–1137) vorsah. Doch erst im Frühjahr 1110 erfolgte dessen Ernennung bzw. Wahl. Auch die offizielle Belehnung des gewählten neuen Oberhirten mit dem Amt des Erzbischofs von Mainz und die Investitur mit Ring und Stab durch den am 12. April 1111 zum Kaiser gekrönten Heinrich V. verzögerte sich bis zum 15. August 1111. Die Bischofsweihe erhielt Adalbert I. erst am 26. Dezember 1115. Zwischen der Wahl und der Investitur des neuen Mainzer Erzbischofs lag ein Ereignis, das aus dem vertrautesten Ratgeber und Kanzler Heinrichs V. dessen erbittertsten Gegner machte.

Adalbert I. gehörte als Kanzler des Kaisers zu einer Gesandtschaft, die 1109/1110 in Rom das Problem der Investitur und der Kaiserkrönung Heinrichs V. ausloten sollte. Am 4. Februar 1111 schlossen Paschalis II. und Heinrich V. einen geheimen Vorvertrag, in dem der Kaiser auf die Investitur der Bischöfe verzichtete und der Papst zusagte, den Reichsbischöfen unter Androhung des Bannes zu befeh-

Kelch und Patene von Erzbischof Adalbert I. von Saarbrücken

Pontifikale von Erzbischof Adolf II. von Nassau

len, alle vom Reich erhaltenen Güter und Regalien zurückzugeben; alle Regalien, d. h. alle ihnen zugekommenen königlichen Rechte und Privilegien, wie etwa Münzrecht, Zölle, Märkte, Stadtherrschaften, Grafenrechte, die Gerichtsbarkeiten, Höfe, Burgen und Kriegsmannschaften. Als am 12. Februar, dem vorgesehenen Tag der Kaiserkrönung, die vertraglich bereits fixierte Rückstellung der Regalien zur Annahme und Bestätigung bekannt gegeben wurde, kam es bei den Fürsten, insbesondere bei den betroffenen geistlichen Würdenträgern, zum Aufstand. Die Krönungsfeierlichkeiten mußten abgebrochen werden. Als neue und erregte Verhandlungen keinen Erfolg brachten, nahm Heinrich V. mit Zustimmung seines Kanzlers Adalbert den Papst gefangen. Erst das Zugeständnis der Investitur und die Zusicherung der Kaiserkrönung brachten Paschalis II. und seinem Stab die Freiheit wieder. Es war ein erzwungener Friede, der keinen Bestand haben konnte.

Die von ihm selbst ursprünglich mitgetragenen Vorgänge in Rom waren für den Mainzer Erzbischof Anlaß, 1112 radikal die Fronten zu wechseln. Er trat zur Partei der Gregorianer über und verbündete sich mit Lothar von Supplinburg, dem Haupt und Anführer der kaiserfeindlichen Opposition in Sachsen.

Es spricht nicht viel dafür, daß eine neue kirchliche Gesinnung den versierten Politiker Adalbert zur Änderung seiner Haltung bewogen hätte. Der Bruch mit dem Salier war vielmehr politisch motiviert. Adalbert wußte aus seinen Erfahrungen vom Februar 1111, wie leicht Heinrich V. bereit war, um eigener Vorteile willen die Regalien der Reichskirchenfürsten aufs Spiel zu setzen und als billiges Tauschobjekt einzubringen. Jetzt selbst Inhaber der vornehmsten und höchsten Kirchenfürstenwürde des Reiches und, gleich anderen Fürsten, dabei, den Mainzer Stiftsbesitz zu einem geschlossenen Herrschaftsgebiet auszubauen, sah er im Kaiser und dessen politischer Zielsetzung für sich und das Mainzer Bistum eine Gefahr. Er stellte sich gegen den Salier, verbündete sich wie schon vor ihm Siegfried I. und Ruthard mit den Sachsen und gab damit für mehrere Jahrzehnte der Mainzer Politik ihre Richtung. Mit der Hinwendung zur Gegenpartei der Gregorianer sah er zudem die Möglichkeit, „als erster der Fürsten die wirklich entscheidende Person im Reiche zu werden“.

Die politische Kehrtwende hatte für Adalbert I. negative Konsequenzen. Der Stadt Mainz dagegen brachte sie im nachhinein erhebliche Vorteile. Im Dezember 1112 ließ Heinrich V. den Erzbischof wahrscheinlich auf Burg Trifels gefangensetzen. Erst ein Aufstand der immer selbstbewußter auftretenden Mainzer Bürger zwangen den Kaiser, Adalbert I. nach dreijähriger Haft im Spätjahr 1115 freizulassen. Dies brachte jedoch keine Aussöhnung zwischen den Kontrahenten. Adalbert blieb bei seiner antikaiserlichen Politik. Gemeinsam mit dem Kölner Erzbischof Friedrich I. (gest. 1131) exkommunizierte er den Kaiser an Weihnachten 1115 im Mainzer Dom. Gegen Friedrich II. von Schwaben, der für seinen kaiserlichen Oheim während dessen Italienaufenthaltes die Regentschaft führte, trat er in offene Konfrontation. Offensichtlich in diesem Zusammenhang ist das große Freiheitsprivileg zu sehen, das Erzbischof Adalbert der Stadt Mainz zwischen 1119 und 1122 verlieh. Es ist in das Bronzeportal am heutigen Dom eingetragen und hält fest, daß die Mainzer den Vögten außerhalb der Stadtmauer bei Gerichtsaufgeboten keine Folge zu leisten brauchen. Nach ihrem angeborenen Recht dürfen sie innerhalb der Stadtmauern leben. Sodann wird ihnen zugestanden, daß sie außer-

Worms, Dom

halb der Mauern den Vögten keine Abgaben schuldig sind und innerhalb der Mauern ohne Zwang ihre Abgaben entrichten.

Erzbischof Adalbert erhielt 1117 vom Papst das Pallium und ein Jahr später von Gelasius II. (1118–1119) den Titel eines päpstlichen Legaten für Deutschland. Im Sommer 1122 überbrachten Legaten Erzbischof Adalbert I. ein Schreiben von Papst Calixt II. (1119–1124) mit der Aufforderung, sich am Zustandekommen eines Friedensschlusses zwischen Reich und Kirche zu beteiligen. Das vor allem durch den als Kanonist hochangesehenen Bischof Ivo von Chartres (gest. 1116) neu zur Geltung gebrachte Prinzip einer Scheidung von Weltlichem und Geistlichem bei der Investitur machte einen Vertrag möglich. Am 23. September 1122 wurde der Friede im „Wormser Konkordat" besiegelt. Als Kompromiß wies es den

Geistlichen die Wahl und die Einsetzung in das kirchlich-bischöfliche Amt zu und dem König die Belehnung und Investitur des Reichsbischofs in die fürstlich-weltlichen Ämter und Würden. Bei der hart umkämpften Vertragsausarbeitung hatte Erzbischof Adalbert I. bis zuletzt den rigorosen kirchlichen Standpunkt vertreten. Dabei dürfte es ihm weniger um das kirchliche Prinzip gegangen sein. Seine Intention war vielmehr die möglichst weite Minderung des kaiserlichen Einflusses. Der schließlich ausgehandelten Lösung beugte er sich. Er sah sich sogar als maßgeblichen Mitgestalter. Dennoch hielt er in einem Schreiben an Papst Calixt II. nicht mit leichter Kritik zurück.

Das Wormser Konkordat brachte den Abschluß des Ringens zwischen dem Kaisertum, das auf seinen tradierten Rechten beharrte, und dem Papsttum, das sich anschickte, erste Führungsmacht in der Christenheit und zentrale Regierungsinstanz der Kirche zu werden. Es brachte für Kirche und Reich Gewinn. Der so bitter geführte Investiturstreit war beendet. Das Reichskirchensystem in seiner alten Form bestand nicht mehr. Eine neue Epoche tat sich auf. Erzbischof Adalbert I. stellte sich dem Neuen. Als mit Kaiser Heinrich V. am 23. Mai 1125 der letzte Salier starb, war der Mainzer mächtig genug, die Zukunft des Reiches bestimmend mitzugestalten.

LITERATUR

Zu Kapitel III, 1:

BÄRMANN, Johannes: Die Entstehung des Mainzer Erzkanzleramtes. In: Zeitschrift der Savigny-Stiftung für Rechtsgeschichte 88 = Germ. Abt. 75 (1958) S. 1–92.

BISCHOFF, Norbert: Über die Chronologie der Kaiserin Gisela und über die Verweigerung ihrer Krönung durch Aribo von Mainz. In: Mitteilungen des Instituts für österreichische Geschichtsforschung 58 (1950) S. 285–309.

BOSHOF, Egon: Köln, Mainz, Trier. – Die Auseinandersetzung um die Spitzenstellung im deutschen Episkopat in ottonisch-salischer Zeit. In: Jahrbuch des Kölnischen Geschichtsvereins 49 (1978) S. 19–48.

BÜTTNER, Heinrich: Erzbischof Willigis von Mainz und das Papsttum bei der Bistumserrichtung in Böhmen und Mähren im 10. Jahrhundert. In: Rheinische Vierteljahrsblätter 30 (1965) S. 1–22.

BÜTTNER, Heinrich: Die Mainzer Erzbischöfe Friedrich und Wilhelm und das Papsttum des 10. Jahrhunderts. In: Geschichtliche Landeskunde 3, I (1966) (= FS Johannes Bärmann, I) S. 1–26. ND in: ders.: Zur frühmittelalterlichen Reichsgeschichte an Rhein, Main und Neckar. Hrsg. v. Alois Gerlich. Darmstadt 1975. S. 275–300.

BÜTTNER, Heinrich: Der Weg Ottos des Großen zum Kaisertum. Zugleich ein Beitrag zur Geschichte des Mainzer Erzbischofs Wilhelm. In: Archiv für mittelrheinische Kirchengeschichte 14 (1962) S. 44–62. ND in: Helmut Beumann/Heinrich Büttner: Das Kaisertum Ottos des Großen. Konstanz 1963. S. 55–80.

DERSCH, Wilhelm: Die Kirchenpolitik des Erzbischofs Aribo von Mainz (1021–1031). Phil. Diss. Marburg 1900.

FISCHER, Friedrich M.: Politiker um Otto den Großen. (= Historische Studien, 329). Berlin 1938.

FUHRMANN, Horst: Der angebliche Brief des Erzbischofs Hatto von Mainz an Papst Johannes IX. In: Mitteilungen des Instituts für österreichische Geschichtsforschung 78 (1970) S. 51–62.

GERLICH, Alois: Willigis und seine Zeit. Der Staatsmann, der Erzbischof und der Stadtherr. In: 1000 Jahre Mainzer Dom (975–1975). Werden und Wandel. Ausstellungskatalog und Handbuch. Hrsg. von Wilhelm Jung i. A. des Diözesanbischofs und des Domkapitels. Mainz 1975. S. 23–43.

HEINEMEYER, Walter: Erzbischof Willigis von Mainz. In: Blätter für deutsche Landesgeschichte 112 (1976) S. 41–57.

JUNG, Wilhelm: Willigis und Mainz. In: Vor-Zeiten. Geschichte in Rheinland-Pfalz. Hrsg. von Dieter Lau und Franz-Josef Heyen. Bd. 2. Mainz 1986. S. 45–62.

KIPPENBERGER, Johannes: Beiträge zur Geschichte des Erzbischofs Aribo von Mainz (1021–1031). Phil. Diss. Leipzig 1909.

KLEWITZ, Hans Walter: Königtum, Hofkapelle und Domkapitel im 10.und 11. Jahrhundert. In: Archiv für Urkundenforschung 16 (1939) S. 102–156.

LOTTER, Friedrich: Der Brief des Priesters Gerhard an den Erzbischof Friedrich von Mainz. Ein kanonistisches Gutachten aus frühottonischer Zeit. (= Vorträge und Forschungen, Sonderband 17). Sigmaringen 1975.

LÜBECK, Konrad: Die Äbte von Fulda als Politiker Ottos des Großen. In: Historisches Jahrbuch 71 (1952) S. 273–304.

NORDEN, Walter: Erzbischof Friedrich von Mainz und Otto der Grosse. Zur Entwicklung des deutschen Staatsgedankens in der Ottonenzeit. (= Historische Studien, 103). Berlin 1912.

REICKE, Siegfried †: Der Hammersteinische Ehehandel im Lichte der mittelalterlichen Herrschaftsordnung. In: Rheinische Vierteljahrsblätter 38 (1974) S. 203–224.

SANTIFALLER, Leo: Zur Geschichte des ottonisch-salischen Reichskirchensystems. (= Österreichische Akademie der Wissenschaften, Phil.-Hist. Klasse, Sitzungsberichte 229, 1. Abh.). Graz/Wien/Köln 1953. ²1964.

STIMMING, Manfred: Die Entstehung des weltlichen Territoriums des Erzbistums Mainz. (= Quellen und Forschungen zur hessischen Geschichte, 3). Darmstadt 1915.

STRÄTER, Ludwig: Aribo, Erzbischof von Mainz. 1021–1031. (= Erzkanzler des Reiches, 19). Baden-Baden 1953.

Zu Kapitel III, 2:

BÜTTNER, Heinrich: Erzbischof Adalbert von Mainz, die Kurie und das Reich in den Jahren 1118–1122. In: Investiturstreit und Reichsverfassung. Hrsg. v. Josef Fleckenstein. (= Vorträge und Forschungen, 17). Sigmaringen 1973. S. 395–410.

BÜTTNER, Heinrich: Das Erzstift Mainz und die Klosterreform im 11. Jahrhundert. In: Archiv für mittelrheinische Kirchengeschichte 1 (1949) S. 30–64.

BÜTTNER, Heinrich: Die Mainzer Synode vom Oktober 1049. In: Mainzer Kalender 1949, S. 53–59.

CANOSSA ALS WENDE. Ausgewählte Aufsätze zur neueren Forschung. Hrsg. von Hellmut Kämpf. (= Wege der Forschung, 12). Darmstadt 1963.

CLASSEN, Peter: Das Wormser Konkordat in der deutschen Verfassungsgeschichte. In: Investitur und Reichsverfassung. Hrsg. v. Josef Fleckenstein. (= Vorträge und Forschungen, 17). Sigmaringen 1973. S. 411–460.

HEINEMEYER, Karl: Adalbert I., Erzbischof von Mainz. In: Saarländische Lebensbilder. Hrsg. v. Peter Neumann. Bd. 2. Saarbrücken 1984. S. 11–41.

KÖHLER, Oskar: Das Bild des geistlichen Fürsten in den Viten des 10., 11. und 12. Jahrhunderts. (= Abhandlungen zur Mittleren und Neueren Geschichte, 77). Berlin 1935.

LÜBECK, Konrad: Fuldaer Heilige. Fulda 1948.

RASSOW, Peter: Über Erzbischof Ruthard von Mainz (1089–1109). In: Universitas. Dienst an Wahrheit und Leben. FS für Bischof Dr. Albert Stohr. I. A. der katholisch-theologischen Fakultät der Johannes Gutenberg-Universität Mainz hrsg. v. Ludwig Lenhart. Bd. 2. Mainz 1960. S. 55–59. Auch in: Ders.: Die geschichtliche Einheit des Abendlandes. Reden und Aufsätze. (= Kölner historische Abhandlungen, 2). Köln–Graz 1960. S. 255–262.

RUDOLPH, Rainer: Erzbischof Siegfried von Mainz (1060–1084). Ein Beitrag zur Geschichte der Mainzer Erzbischöfe im Investiturstreit. Phil. Diss. Frankfurt a. M. 1971. Frankfurt a. M. 1973. (Masch.).

SCHIEFFER, Rudolf: Die Romreise deutscher Bischöfe im Frühjahr 1070. Anno von Köln, Siegfried von Mainz und Hermann von Bamberg bei Alexander II. In: Rheinische Vierteljahrsblätter 35 (1971) S. 152–174.

SDRALEK, Max: Die Streitschriften Altmanns von Passau und Wezilos von Mainz. Paderborn 1890.

TELLENBACH, Gerd: Libertas. Kirche und Weltordnung im Zeitalter des Investiturstreites. (= Forschungen zur Kirchen- und Geistesgeschichte, 7). Stuttgart 1936.

THOMAS, Heinz: Erzbischof Siegfried I. von Mainz und die Tradition seiner Kirche. Ein Beitrag zur Wahl Rudolfs von Rheinfelden. In: Deutsches Archiv für Erforschung des Mittelalters 26 (1970) S. 368–399.

VITAE BARDONIS ARCHIEPISCOPI MOGUNTINI. In: Monumenta Moguntina. Hrsg. v. Philippus Jaffé (= Bibliotheca rerum Germanicarum, 3). Berlin 1866. S. 521–564.

VOGEL, Jörgen: Gregor VII. und Heinrich IV. nach Canossa. Zeugnisse ihres Selbstverständnisses. (= Arbeiten zur Frühmittelalterforschung. Schriftenreihe des Instituts für Frühmittelalterforschung der Universität Münster, 9). Berlin, New York 1983.

IV. ZWISCHEN DEN FRONTEN

Das Erzbistum im 12. und 13. Jahrhundert

1. Mainzer Erzbischöfe als Gegner und treue Reichskanzler der Staufer im 12. Jahrhundert

Die Erzbischöfe Adalbert I. und II. von Saarbrücken als Gegner der Staufer

Herzog Friedrich II. von Schwaben, ein Verwandter des 1125 verstorbenen Kaisers Heinrich V. und von diesem als Erbe der salischen Hausgüter eingesetzt, machte sich große Hoffnungen, aufgrund des bestehenden Geblütsrechtes Römischer König zu werden. Dem stand jedoch Erzbischof Adalbert I. entgegen. Der Mainzer befürchtete nicht nur, Friedrich könne, anstatt eine grundsätzlich neue Reichs- und Kirchenpolitik einzuleiten, in den Bahnen Heinrichs V. weiterziehen; er beargwöhnte auch die expansive und erfolgreiche Territorialpolitik der Staufer, die seinen eigenen auf Ausbau und Erweiterung ausgerichteten Territorialplänen gefährlich werden konnte. Gestützt auf das ihm zustehende Konvokationsrecht berief er die Reichsfürsten für den 24. August 1125 zur Wahlversammlung nach Mainz und erreichte, daß Herzog Lothar von Supplinburg dort am 30. August gewählt und am 13. September in Aachen zum König gekrönt wurde. Damit war die freie Königswahl gesichert, die Staufer vorerst zurückgedrängt und Adalbert I. als Erzkanzler und enger Vertrauter Lothars III. wieder am Schalthebel der Macht. Das teilweise von Tumulten begleitete Wahlgeschehen brachte Mainz aber nicht nur Gewinn. Es hatte die mächtigen Staufer gegen sich, die im Dezember 1127 Konrad von Schwaben, den jüngeren Bruder Friedrichs II., zum Gegenkönig ausrufen und trotz aller Bannsprüche bis 1134 halten konnten. Zudem wurde es in den später gefährlich ausufernden staufisch-welfischen Streit tief einbezogen, der dadurch grundgelegt worden war, daß der Welfe Herzog Heinrich der Schwarze von Bayern unter Mitwirkung Adalberts 1125 von seinem Schwiegersohn Friedrich II. von Schwaben abgerückt war und Lothar seine Stimme gegeben hatte.

Nach über 25jährigem Pontifikat starb Erzbischof Adalbert I. am 23. Juni 1137. Da eine Brandkatastrophe im selben Jahr schwere Schäden am Mainzer Dom angerichtet hatte, wurde er in der von ihm als Hauskirche des erzbischöflichen Palastes gestifteten und wenige Monate später vom Wormser Bischof Buggo von Ahorn eingeweihten Godehardkapelle an der Nordseite des Domes beigesetzt. Sein Grab, das einen silbernen Kelch und eine Patene enthielt, wurde 1850 wieder aufgefunden. Seine sterblichen Reste waren vergangen. Geblieben ist sein Andenken als herausragender Erzbischof und Reichsfürst in markanter Übergangszeit.

Das Bemühen der Staufer und Welfen, die Neubesetzung des politisch bedeutsamen Mainzer Erzstuhls zu beeinflussen, und die Abwesenheit Lothars III. vom Reich führten zu einer einjährigen Sedisvakanz. Noch bevor die Mainzer einen neuen Erzbischof hatten, mußten die Fürsten am 7. März 1138 einen neuen König wählen: Lothar III., der 1136 mit großer Streitmacht in das wegen der Eroberung von König Roger II. von Sizilien und den aus der schismatischen Papstwahl von 1130 resultierenden Auseinandersetzungen zwischen Innozenz II. (1130–1143) und Anaklet II. (1130–1138) politisch unruhige Italien gezogen war, war am 4. Dezember 1137 in Tirol gestorben. In Koblenz hatten die Staufer endlich ihre Chance und erhoben Konrad von Schwaben (1138–1152) auf den Königsthron. Ziel der staufischen Politik war es nun, Mainz mit einem Parteigänger zu besetzen. Der kurz darauf gewählte Adalbert II. von Saarbrücken (1138–1141), ein Neffe Adalberts I., erwies sich jedoch während seines kurzen Pontifikats eher als Stärkung der sächsischen Opposition.

Die Absetzung von Erzbischof Heinrich (1142–1153) durch Papst Eugen III.

Mit Erzbischof Heinrich I., wohl aus dem thüringischen Grafengeschlecht von Wartburg, der im Sommer 1142 dem nur ein Jahr regierenden Erzbischof Markulf (1141–1142) gefolgt war, verhielt es sich ähnlich. Gemäß den 1122 konkordatär festgelegten Bestimmungen war er – wie wahrscheinlich als erster sein unmittelbarer Vorgänger – durch freie Wahl in sein Amt gekommen. Gewählt hatte den bisherigen Mainzer Dompropst ein Klerikerkollegium. Noch besaß nicht das Domkapitel das ausschließliche Wahlrecht, obwohl das 2. Laterankonzil 1139 dies bereits festgelegt hatte. Es sollte in Mainz noch über ein halbes Jahrhundert dauern, bis sich die Domkapitulare das alleinige Bischofswahlrecht erkämpft hatten. Den seit 1122 geltenden Bestimmungen entsprach weiter, daß Erzbischof Heinrich I., noch bevor er zum Bischof konsekriert worden war, am 27. September 1142 in Frankfurt vom König als Fürst investiert und mit den Regalien belehnt wurde. Heinrich I. stand ganz in der Tradition von Adalbert I., dessen enger Mitarbeiter er gewesen war. Er teilte dessen kirchen- und reichspolitischen Leitlinien. Sein politisches Programm war es daher, die dem Mainzer Erzbischof durch Wahl und Belehnung zugekommenen Ämter, Rechte und Privilegien auszuüben und zu erweitern.

Die Zeitumstände, aber auch sein nicht selten strenges und mitunter rücksichtsloses Vorgehen beim Durchsetzen seiner kirchlichen und politischen Ziele führten zu manchen Spannungen und für Heinrich selbst schließlich zu einem harten Schicksalsschlag. Das Reformpapsttum, der erneut ausbrechende Konkurrenzkampf zwischen Köln und Mainz um die Führung im Reich und territoriales Gewinnstreben lagen den kommenden Auseinandersetzungen zugrunde.

Mit Papst Innozenz II. hatte sich das nachgregorianische Papsttum endgültig durchgesetzt. Weil sich ihm die neuen geistigen Kräfte und spirituellen Bewegungen angeschlossen hatten, allen voran die Regularkanoniker, die Prämonstratenser, seit 1123 durch die Gründung der Brüder Gottfried (gest. 1127) und Otto (gest. 1171?) von Kappenberg auch in Ilbenstadt tätig, und der durch das Wirken des Abtes Bernhard von Clairvaux (gest. 1153) sich explosionsartig ausbreitende neue Zisterzienserorden, war Innozenz II. als Sieger aus dem Schisma von 1130 hervorgegangen. Die Überwindung dieser Kirchenspaltung und die Impulse, die das zweite Laterankonzil zu geben vermochte, ließen das Papsttum immer bestimmender und durchsetzungsstärker werden. Das sollte Erzbischof Heinrich bald zu spüren bekommen.

1145 war mit Eugen III. (gest. 1153) der erste Zisterzienser Papst geworden. Er

Ilbenstadt, Klosterkirche

war Lucius II. (1143–1145) gefolgt, von dem es heißt, er sei bei schweren republikanischen Ausschreitungen in Rom durch einen Steinwurf getötet worden. Die Ewige Stadt befand sich seit 1144 im Aufstand gegen den Papst. Eugen III. konnte in dieser aufgewühlten „Republik“ zwar noch gewählt, aber nicht mehr gekrönt werden. Die Krönung fand in der alten Reichsabtei Farfa statt. In Rom setzte sich der aus der norditalienischen Armutsbewegung hervorgegangene rebellische Arnold von Brescia an die Spitze der Aufständischen. Ab 1147 konnte sich Eugen III. nicht mehr in Italien halten. Wie Innozenz II. begab er sich nach Frankreich und

Deutschland, brachte hier die Reformkräfte hinter sich und suchte auf von ihm einberufenen Synoden, die päpstliche Funktion der Kirchenführung weiter zu festigen und auszubauen.

Erzbischof Heinrich besuchte die Synode 1147 in Trier, die unter anderem bahnbrechend für Hildegard von Bingen (1098–1179) und ihr Erstlingswerk „Sci vias" wurde. Für die Teilnahme an der Synode von 1148 in Reims ließ er sich wegen dringender Reichsgeschäfte als Reichsverweser und Vormund des jungen Königssohnes Heinrich – König Konrad III. war trotz der unruhigen Situation im Reich im Mai 1147 zum Kreuzzug aufgebrochen – entschuldigen. Eugens III. Antwort war hart: er suspendierte den Mainzer mit allen, die trotz Einladung zu der Kirchenversammlung nicht gekommen waren. Diese 1149 wieder aufgehobene Kirchenstrafe gegen Erzbischof Heinrich war mehr als nur die Antwort auf sein Nichterscheinen. Sie war auch Ausdruck des Ringens um Führungsanspruch und Kompetenz. Das auf den Zenit seiner Macht zugehende hochmittelalterliche Papsttum maß sich mit den ranghöchsten geistlichen Fürsten des Reiches. Daraus war schon vor 1148 Streit zwischen Eugen III. und Heinrich I. erwachsen, und es führte danach zu wiederholtem Zwist zwischen beiden.

Die Differenzen wären für den Mainzer weniger gefährlich geblieben, hätten sich mit ihnen nicht reichs- und territorialpolitische Querelen verquickt. Nicht ohne Widerspruch war im Reiche hingenommen worden, daß der Mainzer Erzbischof auf der Frankfurter Reichsversammlung vom März 1147 „ex antiquo suae ecclesiae et dignitatis privilegio" zum Reichsverweser („custos regni et protector") bestellt worden war. Vor allem der gewandte Abt Wibald von Stablo und Corvey trat zu ihm in Konkurrenz. Anders als Erzbischof Heinrich, der den welfisch-staufischen Gegensatz ausgenützt hatte, im hessischen und weiter nördlich gelegenen Raum für Mainz territoriale Gewinne zu erzielen, gab sich Wibald sehr staufisch. Gleichzeitig vertrat er die Interessen Kölns, das nach wie vor mit Mainz um die Vormachtposition rang. Solange König Konrad III. lebte, der innerlich gebrochen 1149 vom katastrophal verlaufenen Kreuzzug zurückgekehrt war, vermochte Wibald Erzbischof Heinrich nicht zu schaden. Doch als nach Konrads III. Tod gegen den Widerstand von Erzbischof Heinrich am 5. März 1152 in Frankfurt der energiegeladene und dynamische Staufer Friedrich Barbarossa zum König gewählt wurde und zu seinen bevorzugten Ratgebern Abt Wibald und Bischof Eberhard von Bamberg ernannte, war das Schicksal des Mainzers besiegelt.

Zur gleichen Zeit, da der neue König mit dem Papst die bilateralen Abmachungen aushandelte, die am 23. März 1153 im Konstanzer Vertrag festgeschrieben wurden, betrieb Friedrich Barbarossa die Entmachtung von Erzbischof Heinrich. Entsprechend dem Gesuch des Königs setzte Papst Eugen III. Heinrich als Erzbischof ab und ließ dies auf der Wormser Reichsversammlung Pfingsten 1153 durch zwei Kardinallegaten offiziell vollziehen. Damit war zum erstenmal ein geistlicher Reichsfürst seines Amtes enthoben worden. Begründet wurde die Absetzung mit dem Vorwurf, Heinrich habe „die Kirche von Mainz zerstückelt". Hinter der Anschuldigung stand die Tatsache, daß der Erzbischof Mainzer Fernbesitz um Hildesheim, Verden und Eichstätt den Welfen und nicht den Staufern zu Lehen gegeben hatte. Die wirklichen Ursachen der Ausschaltung Heinrichs waren jedoch tieferliegende Machtkämpfe. Heinrich begab sich nach Einbeck bei Göttingen und starb dort am 1. September 1153.

Die Ermordung von Erzbischof Arnold von Selenhofen (1153–1160)

Gleich nach der Amtsenthebung von Erzbischof Heinrich war der Erzstuhl neu besetzt worden. Ein Wahlgremium hatte Arnold von Selenhofen, Propst von St. Peter in Mainz und seit 1151 Vorsteher der königlichen Kanzlei, noch auf der Reichsversammlung in Worms zum Nachfolger erhoben. Die Wahl dürfte formal dem geltenden Recht entsprochen haben. Doch galt der Gewählte in seiner Stadt als Kreatur und Günstling Friedrich Barbarossas und als unerwünschter Eindringling. Dabei richtete sich die ablehnende Haltung weniger gegen die Form der Amtserhebung als vielmehr gegen die Person des neuen Erzbischofs. Die eigentlichen Gründe dafür lagen in dem weitgehenden sozialen und gesellschaftlichen Emanzipations- bzw. Umschichtungsprozeß, der, wie überall so auch in Mainz, seit dem 11. Jahrhundert zum Tragen kam. Arnolds Familie, erzbischöfliche Dienstmannen bzw. Ministeriale in der damals noch Mainz vorgelagerten Siedlung Selenhofen am Filzbach, war in diese Mobilität einbezogen. Wie die anderen Ministerialen in Erzstift und Reich waren sie im sozialen Bereich so hoch aufgestiegen, daß sie fast den alten edelfreien Geschlechtern gleichkamen. Die als neuer Stand sich etablierenden Ministerialen wurden für lange Zeit eine wichtige Stütze der staufischen Reichs- und der erzbischöflichen Territorialpolitik. Erst im 15. Jahrhundert gingen sie im niederen Adel auf und bildeten den Kern des Ritterstandes. Vorher und nachher bedeuteten sie im Erzbistum Mainz einen wesentlich die Geschichte mitbestimmenden Faktor.

Als Arnold von Selenhofen sein Amt als Erzbischof antrat, waren die sozialen und gesellschaftlichen Umwälzungen noch stark im Fluß. Unruhe bestimmte das Klima. Die älteren privilegierten Schichten in Adel und Klerus reagierten mit Abwehr, das aufstrebende Bürgertum drängte nach kommunaler Mitbestimmung und Freiheit. Der Erzbischof geriet bald zwischen alle Fronten. Weil er sich nicht als kämpferischer und bedingungsloser Gefolgsmann des 1155 in Rom zum Kaiser gekrönten Friedrich I. erwies und im Streit zwischen Kaiser und Papst eher abwartend und unentschieden blieb, verlor er mehr und mehr Einfluß auf die Reichspolitik. Hier gaben Wibald von Stablo (gest. 1158) und vor allem der zum Reichskanzler bestellte Rainhald von Dassel (gest. 1167), seit 1159 Erzbischof von Köln, den Ton an. Weil er gleichzeitig zur Unterstützung der italienischen Unternehmungen Kaiser Friedrichs das Erzbistum stark belastete und sich in kriegerische Händel um mainzischen Besitz einließ, rebellierte gegen ihn die kommunale Bewegung seiner Bischofsstadt, der sich oppositionelle Ministeriale anschlossen. Unter deren maßgeblicher Beteiligung kam es 1159 zum offenen Aufstand. Erzbischöfliche Häuser wurden besetzt, der Dom geschändet, die Dombibliothek geplündert, wichtige Urkunden zerstreut. Wegen dieser Vorfälle belegte Erzbischof Arnold die Stadt Mainz am 1. November 1159 mit dem Interdikt. Die Kirchenstrafe dämmte die Krise nicht ein. Dennoch reiste Erzbischof Arnold zu der von Kaiser Friedrich nach Pavia einberufenen Reichsversammlung. Dort sollte über das seit 1159 bestehende Papstschisma beraten und entschieden werden. Alexander III. (1159–1181), der von der Mehrheit der Kardinäle, die auf die volle Eigenständigkeit der Kirche setzte, zum Papst gewählt worden war, stand Viktor IV. (1159–1164) gegenüber, der im selben Jahr von der kaisertreuen Minderheit im Kardinalskollegium auf den Stuhl Petri erhoben wurde. Obwohl Alexander III., der erste im modernen römischen Recht geschulte Jurist auf dem Papstthron, die Mehrheit des christlichen Abendlandes hinter sich hatte, stellten sich in Pavia der Kaiser und die Reichsfürsten auf die Seite Viktors IV. Erzbischof Arnold erhielt von diesem dafür erneut die Würde eines päpstlichen Legaten im Bereich der Mainzer Kirchenprovinz.

Wohl in Fehleinschätzung der explosiven Lage in der Stadt kehrte der Erzbischof nach Mainz zurück. Das wurde sein Verhängnis. Am 24. Juni 1160 brach der offene Bürgerkrieg aus. Die aufgebrachte Menge erstürmte das St. Jakobskloster und erschlug Erzbischof Arnold. Erst nach Tagen konnte seine vor St. Jakob liegende geschändete Leiche von Stiftsherren geholt und in St. Mariagreden beigesetzt werden.

Die genauen Hintergründe der Tragödie lassen sich nur schwer fassen. Wäre es nur kommunale Bewegung gewesen, die, in Aussicht auf freies Stadtregiment, den verhaßten geistlichen Stadtherren ermordet hätte, dann wäre es wohl kaum dazu gekommen, daß die am Aufstand beteiligten Mainzer Ministerialen und Bürger den Stadtklerus nötigten, den aus dem Hochadel stammenden Rudolf von Zähringen zum neuen Erzbischof zu wählen.

Wie gegensätzlich und gespalten die Stadt war, zeigt, daß nach Frankfurt ausgewichene Mainzer Geistliche und Laien, beide wohl der Oberschicht zuzuordnen, gegen Rudolf den Propst des Mainzer Marienstiftes Christian von Buch zum neuen Erzbischof wählten.

Die Vorgänge in Mainz erzeugten ein erregtes Echo. Die Erzbischöfe von Köln, Trier und Salzburg und mehrere Bischöfe verkündeten 1160 das Interdikt über Mainz. Kaiser Friedrich I. verhängte 1163 über einige der Anführer die Todesstrafe und zwang die Stadt, ihre Befestigungsmauern und Türme niederzulegen. Auch verlor die Bürgerschaft Rechte, die sie bisher errungen hatte. Erst als Erzbischof Siegfried III. von Eppstein 1244 der Stadt volle Freiheiten und die Selbstverwaltung durch einen Stadtrat einräumte, konnte dieser Rückschlag wieder ganz wettgemacht werden.

Die 1160 zum Nachfolger des ermordeten Erzbischofs Arnold gewählten Rudolf von Zähringen und Christian von Buch wurden beide vom Kaiser nicht geduldet. Unter Berufung auf den ihm 1157 von den Mainzer Äbten, Pröpsten und vornehmsten Ministerialen geleisteten Eid, nur in Anwesenheit des Königs bzw. Kaisers oder seines Vertreters einen neuen Oberhirten zu wählen, verwarf er beide Wahlen.

Das Mainzer Schisma 1165: Die Erzbischöfe Konrad von Wittelsbach (1161–1165) und Christian von Buch (1165–1183)

Friedrich Barbarossa veranlaßte auf der Synode von Lodi (Italien) Papst Viktor IV., beide 1160 gewählten Erzbischöfe abzusetzen und am 20. Juni 1161 den Wittelsbacher Konrad I. auf den Mainzer Stuhl zu erheben. Das Schicksal dieses Erzbischofs ist in vielem ein Spiegelbild der damaligen Welt, die sich anschickte, in einem großen Differenzierungsprozeß die Grundlagen für das kommende Europa zu legen. Teil dieser Entwicklung war auch das lange anhaltende Kräftemessen zwischen den Päpsten und den Staufern, ein Ringen, das viel mit der Ablösung der mittelalterlichen Auffassung von der nur funktionellen Unterscheidung von Imperium und Sacerdotium durch das Verständnis der seinsmäßigen Trennung von

Staat und Kirche zu tun hatte. Wohl angeregt von Erzbischof Eberhard von Salzburg (1147–1164), dem unentwegtesten Parteigänger von Alexander III. im Reich, wandte sich Erzbischof Konrad in einer behutsamen Umorientierung dem von der Mehrheit gewählten und anerkannten Papst zu. Das führte zu Konflikten mit der Kirchenpolitik Friedrich Barbarossas, die jedoch bis 1164 kaum zutage traten. Erst als nach dem Tode von Viktor IV. das Schisma gegen die ausdrücklichen Warnungen Konrads dadurch neuen Auftrieb erhielt, daß auf Drängen von Kanzler Rainald im April 1164 Paschalis III. (1164–1168) zum Gegenpapst gewählt wurde, nahm der Mainzer offen für Alexander III. Partei. Nach einer Pilgerreise nach Santiago di Compostela besuchte er ihn 1165 im französischen Sens, leistete ihm den Gehorsamseid und brach noch im selben Jahr mit Friedrich Barbarossa. Als dieser im Mai auf dem Reichstag zu Würzburg den Fürsten den Schwur abverlangte, niemals Alexander III. anzuerkennen, verließ Erzbischof Konrad nachts die Reichsversammlung und floh nach Frankreich.

Welche Verwirrung dieser gegen den Kaiser gerichtete Schritt im Reich auslöste, läßt sich daran ersehen, daß Friedrich Barbarossa über vier Monate mit einer deutlichen Reaktion zögerte. Erst im September 1165 ließ er auf der Reichsversammlung in Worms Konrad als Erzbischof absetzen und den als Kanzler in Italien tätigen Christian von Buch zum Nachfolger wählen. Christian, Mainzer Dompropst und Propst von Mariagreden, wurde im Reich sofort als rechtmäßiger Erzbischof von Mainz anerkannt. Da Papst Alexander III. keinen Zweifel daran ließ, daß der von ihm am 18. Dezember 1165 in Rom zum Bischof geweihte und zunächst zum Kardinalpriester an San Marcello und dann zum Kardinalbischof von Santa Sabina erhobene Konrad weiterhin das rechtmäßige Oberhaupt der Kirche von Mainz sei, bestand seit 1165 formell ein Schisma.

Ähnlich wie das Papstschisma hatte das äußerlich auf das Erzbistum selbst nur geringfügige Auswirkungen. Grundsätzlich problematischer war, daß, ähnlich wie der Kölner Erzbischof Rainald, Erzbischof Christian von Buch eigentlich nur genialer Reichspolitiker war, der von den 18 Jahren seines Pontifikats den weitaus größten Teil in Italien verbrachte. Er war dort nach seiner Wahl geblieben und hatte sich am 4. und 5. März 1167 in Imola die Priester- und die Bischofsweihe erteilen lassen. Bald darauf nahm er gemeinsam mit Kanzler Rainald nach einem vernichtenden Schlag gegen die römischen Truppen Alexanders III. nahe Tuskulum die Ewige Stadt, aus der kurz zuvor mit dem Papst auch Kardinal Konrad von Wittelsbach, inzwischen auch noch Bischof von Sora in Campanien, nach Benevent geflohen war. Am 1. August 1167 erlebte Erzbischof Christian in St. Peter die glänzenden Feierlichkeiten anläßlich der nochmaligen Krönung von Kaiser Friedrich I. und dessen Gemahlin Beatrix von Burgund. Er mußte aber auch die Schrecken miterleiden, die wenige Tage später eine Malariaepidemie im kaiserlichen Heer auslöste, die in kürzester Zeit über 2000 Mann dahingerafft haben soll. Zu den Toten zählte auch Rainald von Dassel, dessen Stellung als Kanzler des Reiches jetzt Christian von Buch einnahm.

Die katastrophalen Verluste durch die Seuche und der für ihn überaus gefährliche antistaufische Zusammenschluß von 22 Städten im Lombardischen Bund nötigten Kaiser Friedrich, mit seinem Gefolge unverzüglich ins Reich zurückzukehren. Da Erzbischof Christian mitreiste, betrat er Ende 1167 erstmals sein Bistum. Doch nahm er kaum erzbischöfliche Funktionen wahr. Reichsgeschäfte, aber auch

Sondierungen über Möglichkeiten, das immer noch bestehende Papstschisma beizulegen, führten ihn in verschiedene Orte des Reiches, nach Frankreich und 1170 auch nach Griechenland. Im Spätjahr 1171 begab er sich als kaiserlicher Gesandter, Kanzler und oberster Kriegsführer nach Italien. In sein Erzbistum kehrte er 1173 nur noch einmal kurz zurück.

Waffengänge und Friedensverhandlungen charakterisieren Erzbischof Christians Jahre in Italien. Gegen die antikaiserliche Opposition in Oberitalien gewann er Schlachten, vermochte sie aber nicht zu besiegen. Als der Kaiser auf seiner 5. Italienfahrt anstatt den Krieg für sich zu entscheiden, bei Legnano am 29. Mai 1176 eine schwere Niederlage gegen das mit Alexander III. verbündete Mailand hinnehmen mußte, weil der Welfe Herzog Heinrich der Löwe ihm die Gefolgschaft versagt hatte, gehörte Christian von Buch zu den maßgebenden Friedensunterhändlern mit den Lombarden und vor allem mit dem Papst. Er half das 1177 im Frieden von Venedig besiegelte große Versöhnungspaket zwischen dem Papst und dem Kaiser zu schnüren, das die kirchliche Einheit zurückbrachte, weil Friedrich Barbarossa vom Gegenpapst abließ und Alexander III. anerkannte. In die Friedensverträge einbezogen war auch die Mainzer Frage. Christian wurde als rechtmäßiger Erzbischof von Mainz anerkannt, er leistete Alexander III. den Treueid und erhielt von diesem das erzbischöfliche Pallium. Um den beim Friedensabschluß ebenfalls anwesenden Erzbischof Kardinal Konrad zu entschädigen, wurde diesem das eigens dafür freigemachte Erzbistum Salzburg übertragen (1177–1183). Der Kardinal nahm Salzburg an, nicht aber den Beschluß, auf Mainz zu verzichten. Er unterließ offene Opposition, betrachtete sich aber nach wie vor als Erzbischof von Mainz.

Erzbischof Christian begleitete Papst Alexander III. nach Rom. Mit Waffengewalt nötigte er den in Venedig abgesetzten Calixt III., in seine Abtei Struma zurückzukehren. Im März 1179 nahm er am 3. Laterankonzil teil, dessen zentrales Thema der bedrohte innere Friede der Kirche und des christlichen Abendlandes war. Drei Monate später befehligte Christian wieder Truppen, die für ruhige Verhältnisse zu sorgen hatten. Dieser Waffengang wurde dem Erzbischof zum Verhängnis. Er geriet im September 1179 für 15 Monate in Gefangenschaft. Es drohte ihm sogar die Gefahr, vom byzantinischen Kaiser Manuel nach Konstantinopel abgeführt zu werden. Nur dessen Tod und eine hohe Lösesumme gaben dem Erzbischof 1181 die Freiheit wieder.

Auf Bitten von Papst Lucius III. (1181–1185), dessen Wahl 1181 unter dem Schutz des Reichskanzlers erfolgt war, kam Erzbischof Christian von Buch dem von den Römern belagerten Tuskulum zu Hilfe. Im August 1183 befreite er die Stadt und zog in sie ein. Von einem heftigen Fieber befallen, starb er am 23. August 1183 und wurde in Tuskulum beigesetzt. Papst Lucius III., der dem Sterbenden beigestanden hatte, schrieb für den Verstorbenen eine mehrwöchige Trauer aus.

Kaum war im Reich der Tod von Erzbischof Christian bekannt geworden, machte Konrad von Wittelsbach seine Ansprüche auf Mainz geltend. Er verließ Salzburg und nahm im November 1183 das Erzbistum Mainz in Besitz. Daß ihm das ohne nennenswerte Verwicklungen möglich war, setzte das Einvernehmen mit Kaiser Friedrich Barbarossa voraus und wohl auch das des Klerus und der Großen von Mainz, die sich möglicherweise in einer erneuten Wahl für ihn erklärt hatten.

Die 2. Amtsperiode von Erzbischof Konrad von Wittelsbach (1183–1200)

Besser als Christian von Buch schaffte es Erzbischof Konrad in seinem zweiten Mainzer Pontifikat, die schwierige Doppelfunktion eines geistlichen Reichsfürsten in Übereinstimmung zu bringen. Obwohl auch er in seiner Eigenschaft als Kanzler in Begleitung oder im Auftrag des Kaisers häufig außerhalb seines Kirchensprengels weilte, vernachlässigte er nicht seine Aufgaben als Erzbischof und Metropolit. Seine besondere Fürsorge galt dem Klerus, ohne dabei jedoch den einzelnen näher im Auge zu haben, da dies ja in die Zuständigkeit der Archidiakone fiel. Für die Ausformung und Besserung des Niederkirchenwesens wirkte sich besonders günstig aus, daß er den jüngeren Orden der Augustiner-Chorherren und Prämonstratenser bereitwillig Pfarreien inkorporierte. Er schenkte dem Visitations- und Synodalwesen wieder mehr Beachtung. Um dem Erzstift eine sichere finanzielle Grundlage geben zu können, forderte er, alle Ausstände und Schulden, die aus dem Reichsdienst seines Vorgängers herrührten, aufzulisten.

Für seine Bischofsstadt setzte er sich besonders ein. Er trug zu einer großangelegten Erneuerung des sehr schadhaften Domes bei und ließ die 1163 eingerissene Stadtmauer neu errichten. Unter seiner Kanzlerschaft fanden wieder bedeutende Reichsversammlungen in Mainz statt, so 1184, 1188, 1194 und 1196. Erstaunen und Bewunderung erregte der Hoftag von Pfingsten 1184. Diese Versammlung, die Fürsten und Grafen aus allen Teilen des Reiches, aus Spanien, Italien und Frankreich, Bischöfe, Äbte, mehrere 10 000 Ritter und Ministeriale, die großen Dichter der Zeit und viel Volk zur feierlichen Schwertleite der Kaisersöhne Friedrich und Heinrich durch ihren kaiserlichen Vater nach Mainz bzw. auf die Maaraue bei Kastel und die Rheinebene zwischen Kostheim und Erbenheim kommen ließ, gehört zu den glänzendsten Hof- und Reichstagen des Mittelalters überhaupt. Wie kaum noch einmal entfaltete in diesen Maitagen das hochmittelalterliche Rittertum seine Pracht und Lebenskraft. Ein halbes Jahr später war Erzbischof Konrad bereits in Italien. Er hatte Kaiser Friedrich Barbarossa begleitet und führte für diesen wichtige Verhandlungen mit dem ihm befreundeten Papst Lucius III., wie dieser während seines Kardinalats einer der ergebensten Gefolgsleute von Alexander III. Lucius III. starb am 25. November 1185. Den neuen Papst Urban III. (1185–1187) hat Konrad wahrscheinlich mitgewählt. Erst im März 1186 kehrte er in sein Erzbistum zurück.

Genau zwei Jahre später trat am 27. März 1188 in Mainz jener „Hoftag Jesu Christi“ zusammen, der als Kontrapunkt zu dem glanzvollen Geschehen von 1184 gilt. Dieser Hoftag stand ganz unter dem Zeichen des Kreuzes, das mit Kaiser Friedrich viele Fürsten und Ritter nahmen, um gemäß dem Aufruf von Papst Klemens III. (1187–1191) zum 3. Kreuzzug aufzubrechen. Sie wollten Jerusalem zurückerobern, das Saladin, Sultan von Ägypten und Syrien, am 2. Oktober 1187 genommen hatte, nachdem es ihm zuvor gelungen war, ein großes Kreuzfahrerheer bei Hattim zwischen dem See Genezareth und dem Berg Tabor vernichtend zu schlagen und Akkon einzunehmen.

1189 brach das deutsche Ritterheer unter Kaiser Friedrich auf. Da nicht genügend Schiffsraum zur Verfügung stand, wurde der Landweg über Ungarn und Bulgarien gewählt. Beide Länder hatte zuvor Erzbischof Konrad besucht, um die Vorbereitungen für den Durchzug zu treffen. Am Kreuzzug selbst beteiligte er sich nicht. Mit König Heinrich VI. (1190–1197), Reichsverweser und zum Nachfolger seines kaiserlichen Vaters designiert, blieb er zurück, um die Reichsgeschäfte zu führen. Der wie kein anderer gut organisierte 3. Kreuzzug drohte katastrophal zu enden, als Kaiser Friedrich Barbarossa am 10. Juni 1190 bei Seleukia im Saleph ertrank. Das durch den Tod erschütterte und von den ungeheuren Strapazen entmutigte Heer begann sich aufzulösen. Ein Ergebnis kam schließlich noch durch die nachgerückten französischen und englischen Kontingente zustande. Der am 2. September 1192 zwischen Richard Löwenherz und Saladin geschlossene Friedensvertrag sicherte den Pilgern den Zugang zu den Heiligen Stätten und ließ das Königreich Jerusalem aus dem Gebiet von Akkon bestehen.

Im gleichen Zeitraum machte Heinrich VI. Erbansprüche auf das Königreich Sizilien geltend. Er ließ sie in Italien von Erzbischof Konrad vortragen. 1194 hatte der Staufer sein Ziel erreicht. An Weihnachten wurde er in Palermo zum König gekrönt. Einen Tag später gebar ihm Konstanze in Jesi den Thronfolger Friedrich. Das staufische Imperium war Wirklichkeit. Heinrich VI. trug außer der Kaiserkrone, die ihm Papst Cölestin III. (1191–1198) Ostern 1191 aufgesetzt hatte, und der Eisernen Krone der Langobarden nun auch die Krone des normannischen Königreiches. Was wie der Anfang eines neuen Weltreiches aussah, erwies sich bald als gefährliches Gebilde.

Noch während des Pontifikats von Erzbischof Konrad geschahen grundlegende Veränderungen. Dieser hatte sich auf der Reichsversammlung zu Gelnhausen im Oktober 1195 entschlossen, selbst das Kreuz zu nehmen. Bevor er im April 1197 von Apulien aus an der Spitze eines größeren Ritterheeres nach Palästina übersetzte und bald auch an Kämpfen gegen die Sarazenen teilnahm, hatte er gleich zweimal den Klerus zu Synoden nach Mainz eingeladen und Helmbert, den Bischof von Havelberg, zu seinem Stellvertreter in geistlichen Sachen bestellt. Auch hatte er im Dezember 1196 mit den anderen Reichsfürsten Friedrich, den zweijährigen Sohn Heinrichs VI., zum Römischen König gewählt.

Möglicherweise war es diese Wahl, die ihn zögern ließ, den Kreuzzug frühzeitiger abzubrechen. Es war ein Zögern, das für die Reichsgeschichte und teilweise auch für die Kirchengeschichte von Mainz verhängnisvolle Auswirkungen hatte.

Am 28. September 1197 starb nämlich in Messina Kaiser Heinrich VI. Dieser Tod bedeutete die Wende des Mittelalters. Er leitete den Zusammenbruch der universalen Kaisermacht und damit des Imperiums ein. Er ließ das Reich in langjährige Bürgerkriege und in feindliche Blöcke zerfallen. Er verdrängte das Geblütsrecht zugunsten des fürstlichen Wahlrechtes, und das zu einem Zeitpunkt, da sich in England und Frankreich die Erblichkeit der Krone durchsetzte und damit einem auf Dauer zentral gelenkten Staat der Weg bereitet wurde. Sofort nach dem Tode Heinrichs VI. hatte sich dessen jüngerer Bruder Herzog Philipp von Schwaben bemüht, den 1196 gewählten König Friedrich zur Krönung nach Aachen zu bringen. Da das wegen der in Italien ausgebrochenen Aufstände unmöglich wurde und zudem der Kölner Erzbischof Adolf von Altena (1183–1205) alle Anstrengungen unternahm, einem Nichtstaufer die Krone zu verschaffen und damit die Entscheidung über den Königsthron wieder an den Erzstuhl von Köln zu bringen, ließ sich Herzog Philipp vom Stauferanhang überreden, selbst als Prätendent aufzutreten. Im März 1198 wurde er in Thüringen gewählt und am 8. September 1198 im Mainzer Dom gekrönt. Da Erzbischof Adolf und sein mit England verbündeter niederrheinisch-westfälischer Anhang die Wahl nicht anerkannten, setzten sie sofort ein Gegenfaktum. Sie wählten am 9. Juni 1198 den Welfen Otto von Braunschweig, Sohn von Heinrich dem Löwen und dessen zweiter Frau Mathilde von England. Er wurde bereits am 12. Juli 1198 vom Kölner Erzbischof in Aachen gekrönt.

Die verhängnisvolle Doppelwahl von 1198 spaltete für Jahrzehnte Deutschland. „Gros czweytracht" herrschte im Reich. Das Reichsgut wurde verschleudert, das Königtum verlor seine Bedeutung, die mittelalterliche Kaiseridee schwand. Am Ende standen die „kaiserlose, die schreckliche Zeit" und eine völlig neue politische Ordnung.

Weil er 1196 Friedrich zum Römischen König gewählt und die Wahl in Palästina 1198 noch einmal bestätigt hatte, glaubte Erzbischof Konrad, seine Rückreise sei nicht sofort erforderlich. Dennoch verwundert, daß der im Reich hohe Autorität genießende und mit weitreichender Kompetenz ausgestattete Mainzer Erzbischof, Kanzler und Reichsfürst die Heimfahrt bis 1199 hinausschob. Erst im Sommer verließ er Akkon und kehrte über Italien ins Reich zurück. In Rom war er noch mehrere Monate geblieben. Vom 1198 zum Papst gewählten Innozenz III. (1198–1216) hatte er sich über die Vorgänge im Reich unterrichten und mit einer Vermittlerfunktion beauftragen lassen. Der Mainzer Erzbischof, laut Aussage von Innozenz III. „nach dem Papst das vornehmste Glied der Kirche", sollte die Kontrahenten veranlassen, die Entscheidung des Papstes abzuwarten; denn dieser hatte die Königsfrage seinem Rechtsspruch unterstellt.

Die Entscheidung des Papstes, der sich 1201 zunächst für Otto IV. (1198/1208–1215/1218) aussprach und später Philipp (1198; gest. 1208) begünstigte, hat Erzbischof Konrad nicht mehr erlebt. Er hatte es noch geschafft, im April 1200 einen befristeten Waffenstillstand im Reiche zustande zu bringen. Auch war es ihm noch gelungen, erfolgreich im ungarischen Thronstreit zwischen den Brüdern Emmerich (gest. 1204) und Andreas II. (1205–1235), dem Vater der heiligen Elisabeth von Thüringen, zu vermitteln. Auf der Rückreise von Ungarn war er dann im Oktober 1200 wahrscheinlich in Riedfeld nahe Neustadt an der Aisch gestorben. Beigesetzt wurde Erzbischof Konrad im Mainzer Dom. Mit ihm verlor das Erzbistum nicht nur eine hervorragende Persönlichkeit, sondern für Jahre auch den inneren und äußeren Frieden.

2. Pro und Contra: Die Erzbischöfe Siegfried II. und III. von Eppstein und das staufische Kaiserhaus bis zur Mitte des 13. Jahrhunderts

Erzbischof Siegfried II. (1200–1230) als Gegner und Förderer der Staufer

Philipp von Schwaben, von der Mehrheit der Mainzer Domkapitulare, des Klerus und der Bürgerschaft als rechtmäßiger König anerkannt, erschien zur Beisetzung von Erzbischof Konrad und erreichte, daß sich das wahrscheinlich erstmals ausschließlich aus Domkapitularen bestehende Wahlgremium mit Mehrheit für den staufisch gesinnten Wormser Bischof Luitpold von Scheinfeld (Leopold von Schönfeld, gest. 1217) als neuen Mainzer Erzbischof aussprach. Die welfisch orientierte, nur wenige Köpfe zählende Minderheit wählte dagegen in Bingen Siegfried von Eppstein, Propst von St. Peter in Mainz, zum Erzbischof.

Um das so entstandene Dilemma gar nicht erst aufkommen zu lassen, belehnte König Philipp sofort Luitpold mit den Regalien und stellte ihm ein Truppenkontingent zur Verfügung, mit dessen Hilfe dieser Siegfried aus Bingen vertrieb. Der floh nach Köln, verband sich dort mit dem Welfen, vermochte mit dessen Truppen Bingen zurückzuerobern, nahm auch Mainz und feierte hier 1200 gemeinsam mit König Otto IV. das Weihnachtsfest. Dabei setzte er diesem die Krone auf. Siegfrieds Erfolg in Mainz war kurz. Er mußte bald wieder weichen. Daß er schließlich dennoch das Ringen um den Mainzer Erzstuhl gewann, verdankte er weniger erfolgreichen Waffengängen als vielmehr der politischen Entwicklung im Reich und den Entscheidungen des Papstes.

1201 hatte Innozenz III. in Köln durch zwei Legaten verkünden lassen, er anerkenne Otto von Braunschweig als König und verlange, diesem Treue und Gehorsam zu leisten. Auf derselben Versammlung gaben die Kardinallegaten weiter bekannt, der Papst betrachte Siegfried von Eppstein als rechtmäßigen Erzbischof von Mainz und habe ihm die Administration des Sprengels übertragen.

Weder die päpstlichen Entscheidungen von 1201 noch ausgesprochene Exkommunikationen beendeten im Reich und im Erzbistum Mainz die Spaltungen. Philipp von Schwaben verstand sich nach wie vor als König. In der Folgezeit konnte er so viele Anhänger gewinnen, daß ab 1205 das Königtum Ottos IV. fast völlig zusammenbrach. Schließlich wandte sogar Innozenz III. dem Staufer seine Gunst zu.

Im Mainzer Bistumsstreit schien Luitpold sich durchzusetzen. König Philipp schenkte ihm sein uneingeschränktes Vertrauen, beauftragte ihn als Kanzler sogar mit einer wichtigen Italienmission und hielt an ihm fest, auch nachdem er sich mit dem Papst versöhnt hatte.

Siegfried besaß dagegen nur die Anerkennung und den Respekt des Papstes, von dem er mehrfach aufgefordert wurde, in der Diözese erzbischöfliche Funktionen auszuüben. 1206 reiste er nach Rom und wurde nach einigen Quellen Kardinalpriester von Santa Sabina.

Tragischerweise brachte erst ein Mord das Ende des Mainzer Schismas. Das Opfer war König Philipp. Von einem beleidigten Verwandten wurde er am 21. Juni 1208 im Palast des Bischofs von Bamberg erstochen. Dieser Tod ließ die staufische Opposition im Reich zusammenbrechen. Otto IV., schon fast ohne Anhang, fand wieder Anerkennung. Hart traf diese Entwicklung Luitpold von Scheinfeld und seine Anhänger im Domkapitel. Ohne die bisherige königliche Rückendeckung konnte er sich als Erzbischof nicht mehr halten. Er verzichtete auf den Erzstuhl und überließ ihn Siegfried, der im Juni 1208 aus Italien zurückgekehrt war. Luitpold begnügte sich mit seinem Wormser Bistum.

Der erzbischöfliche Stuhl von Mainz blieb von da an während des gesamten 13. Jahrhunderts fast ausschließlich in den Händen der Herren von Eppstein. Diese, von den Herren von Hainhausen abstammend und zwischen 1180 und 1190 mit der mainzischen Burg Eppstein belehnt, hatten umfangreichen Besitz am mittleren Main, im Spessart und vor allem im Taunus. Es spricht für ihren Einfluß und ihr Durchsetzungsvermögen, daß sie mit den Erzbischöfen Siegfried II. (1200–1230),

Siegfried III. (1230–1249), Werner (1259–1284) und Gerhard II. (1289–1305) den Heiligen Stuhl von Mainz ohne nennenswerte Unterbrechung gleich viermal besetzen konnten. Die Bedeutung und die Stellung von Mainz im Zentrum der „Drehachse der mittelalterlichen Kaiserpolitik" verschaffte ihnen in der geschichtsbestimmenden Epoche des ausgehenden universalen mittelalterlichen Kaisertums und der Durchsetzung der Verterritorialisierung des Reiches eine Machtposition, die es ihnen ermöglichte, die Geschichte der Kirche von Mainz, des Reiches und in gewissem Sinne sogar die des werdenden Europas maßgeblich mitzubestimmen. Sie setzten markante Punkte beim territorialen Zugewinn des Mainzer Erzstifts; sie hatten wesentlichen Anteil am Ausbau der Landesherrschaft; unter ihnen vollzog sich die Einengung der Königswähler auf sieben Kurfürsten mit dem Erzbischof von Mainz an der Spitze; sie beeinflußten wie wenig andere das letzte große Aufkommen der Staufer und deren Untergang, dann den gefährlichen Schwebezustand im Interregnum und schließlich den Übergang des nun anders gearteten Kaisertums auf die Habsburger bzw. auch die Nassauer.

Den Anfang dieser eppsteinisch-mainzischen Reichs- und Kirchenpolitik machte Erzbischof Siegfried II. Nach seiner endgültigen Anerkennung als Erzbischof von Mainz hatte er nicht gezögert, sofort im Sinne von Papst Innozenz III. reichspolitisch aktiv zu werden. Gemeinsam mit dem Pfalzgrafen Heinrich rief er für den 11. November 1208 eine Reichsversammlung nach Frankfurt ein. Es ist für die Unsicherheit und innere Unstabilität Ottos IV. bezeichnend, daß er sich auf dieser Versammlung noch einmal zum König wählen ließ. Damit gab der Welfe selbst zu verstehen, daß seine Königswahl von 1198 doch der eigentlichen Gültigkeit entbehrte. Das damit manifestierte Königsverständnis war weit von dem eines Friedrich Barbarossa entfernt. Die Staatsidee der Übertragung von Reich und Krone, und zwar letztlich durch den Papst (translatio imperii), hatte endgültig die jahrhundertelang bestimmende Reichsidee der Erneuerung (renovatio imperii), nämlich des von Kaiser Konstantin im 4. Jahrhundert errichteten ersten christlichen Imperiums durch die vom Volk der Franken und der ihnen nachfolgenden Deutschen frei gewählten und von Gott unmittelbar beauftragten Könige bzw. Kaiser, abgelöst. Kaiser Friedrich Barbarossa und die Reichsfürsten hatten dem Papst und der römischen Kurie 1154 und 1157 noch mit dem Bruch gedroht, als deren Symbole und Sprachformen anklingen ließen, Krone und Reich seien dem Herrscher als Huld und päpstliches Lehen zugekommen. 1208 bezeichnete sich Otto IV. selbst als König von Gottes und des Papstes Gnaden. An Innozenz III., unter dem das Papsttum des Mittelalters seine größte geistliche und weltliche Machtentfaltung erreichte, schrieb er: „Was wir bisher waren, was wir sind und sein werden, verdanken wir nächst Gott ganz Euch und der römischen Kirche."

Mit seiner unterwürfigen Äußerung war der König nicht weit von der seit 1198 mehr und mehr akzeptierten rechtlichen Realität entfernt. Er selbst sollte das bald zu spüren bekommen. Die erneute Königswahl von 1208 brachte überdies zum Ausdruck, in welch neue und erweiterte Rechtsposition die Reichsfürsten gewachsen waren. Als Fürsten galten jetzt nicht mehr alle, die bis in die Zeit um 1190 fürstliche Prädikate trugen. Im letzten Jahrzehnt des 12. Jahrhunderts hatte der Begriff Fürst eine wesentliche Einengung und Veränderung erfahren. Fürsten waren nur noch die Herzöge, die Markgrafen, der Pfalzgraf bei Rhein und alle geistlichen Fürsten, d. h. in erster Linie die Reichsfürsten, allen voran die Erzbischöfe von

Mainz, Köln und Trier. Hinter dem König bildeten sie einen eigenen Stand, der alle anderen überragte. Aus diesem Stand löste sich ab Mitte des 13. Jahrhunderts der Stand der sieben Kurfürsten. Unter ihnen etablierte sich der Stand der Reichsfürsten, Grafen und Herren und seit König Wilhelm von Holland (1247–1256) auch noch der zunächst noch minderberechtigte Stand der Reichs- und freien Städte.

Um 1209 in Rom auch zum Kaiser gekrönt zu werden, hatte König Otto IV. Papst Innozenz III. zwei folgenschwere Zugeständnisse gemacht. Er verzichtete auf kaiserliche Rechte und Güter in Italien, die seit Kaiser Friedrich Barbarossa gegen die Päpste beansprucht wurden, und er gab zugunsten des Papstes das Mitwirkungsrecht des Kaisers bei den deutschen Bischofserhebungen auf, so wie es 1122 im Konkordat von Worms festgeschrieben worden war.

Die Nichteinhaltung des ersten Versprechens führte noch im selben Jahr zum Bruch zwischen Otto IV. und Innozenz III., den es reute, „den Menschen gemacht zu haben". Aus dem zweiten Zugeständnis bildete sich das päpstliche Bestätigungsrecht der deutschen Bischofswahlen, das noch im Verlauf des 13. Jahrhunderts zum päpstlichen Provisionsanspruch auswuchs, d. h. zum Rechtsanspruch der Päpste, unter Ausschaltung des Wahlrechts der Domkapitel die Bischöfe ernennen zu können. Die mehrfachen und zerstörerischen Mainzer Schismen im 14. Jahrhundert hatten hier ihren wesentlichen Ausgangspunkt.

Obwohl lange Zeit Anhänger des Welfen Otto IV., stellte Erzbischof Siegfried II. sich gegen diesen, als bald nach der Kaiserkrönung vom 4. Oktober 1209 wegen der Italien- und Sizilienpolitik der offene Konflikt zwischen Papst und Kaiser ausbrach. Bald war der Mainzer in der vordersten Linie jener Fürsten zu sehen, die im Reiche die neue päpstliche politische Linie durchzusetzen bestrebt waren. Mit dem Titel eines päpstlichen Legaten bedacht, hatte er großen Anteil daran, daß 1212 der junge Staufer Friedrich II. in Nürnberg und Frankfurt zum Gegenkönig gewählt wurde. Er selbst krönte ihn am 9. Dezember 1212 im Mainzer Dom.

Die Reaktion Kaiser Ottos IV. auf diesen „Verrat" des Erzkanzlers war die erhebliche Zerstörung mainzischer Gebiete. Doch das Schicksal des Welfen war besiegelt, als er mit seinen niederrheinischen und englischen Verbündeten am 27. Juli 1214 bei Tournai vom französischen König Philipp II. August und dem mit diesem verbündeten König Friedrich II. schwer geschlagen wurde. Otto wurde entmachtet und auf sein braunschweigisches Gebiet beschränkt. 1218 starb er auf der Harzburg.

Friedrich II. wurde vom Mainzer Erzbischof am 25. Juli 1215 in Aachen erneut gesalbt, gekrönt und auf dem Stuhl Karls des Großen inthronisiert. Es ist umstritten, ob Erzbischof Siegfried bei diesem Anlaß gleich dem König und vielen Großen des Reiches das Kreuz nahm, um den vom Papst ausgerufenen Kreuzzug mitzumachen. Ins Heilige Land ist Siegfried II. von Eppstein nie gezogen. Wohl aber nahm er am 4. Laterankonzil teil, jener bedeutendsten der hochmittelalterlichen Kirchenversammlungen, zu der Papst Innozenz III. für November 1215 eingeladen hatte und auf der eine ganze Fülle von richtungweisenden und die Kirche prägenden Entscheidungen getroffen wurden. Der Einfluß des Mainzers auf das Konzilsgeschehen war vermutlich gering. 1220 weilte Erzbischof Siegfried II. erneut in Rom. Er hatte Friedrich II. begleitet und wohnte dessen Kaiserkrönung am 22. November 1220 durch Papst Honorius III. (1216–1227) in St. Peter bei.

Dem Italienzug und der Kaiserkrönung war im April 1220 auf der Reichsver-

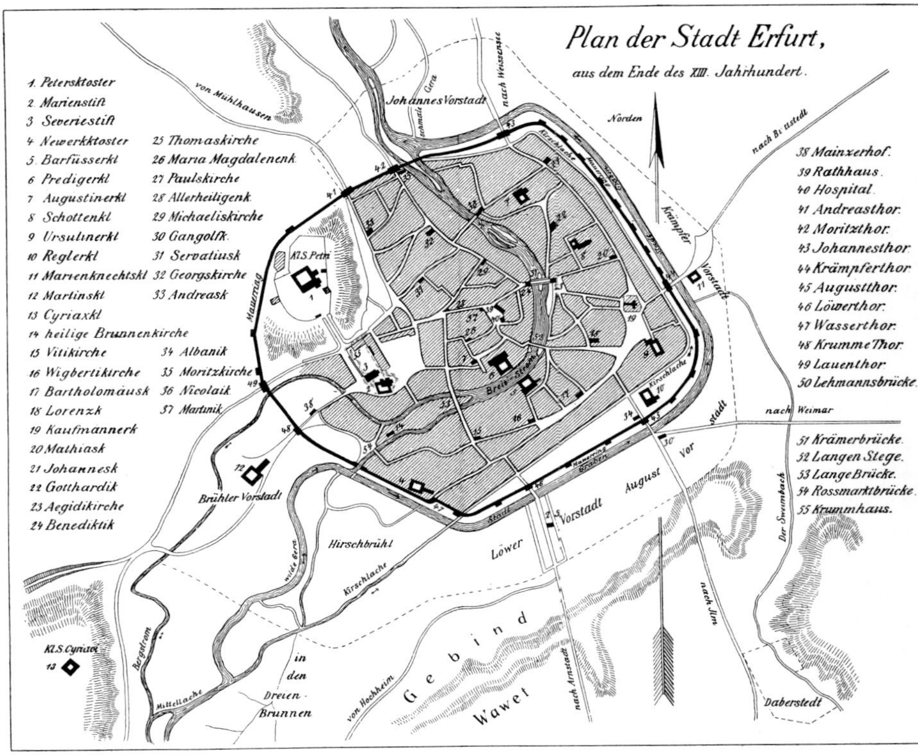

sammlung von Frankfurt eine Rechtsfestlegung vorausgegangen, welche die Geschichte des Reiches und der deutschen Kirche in ungewöhnlich starkem Maße beeinflussen sollte. Friedrich II. hatte erreichen können, daß die Fürsten seinen neunjährigen Sohn Heinrich (VII.) zum König wählten, d. h. im Sinne der Staufer die Nachfolge regelten. Das war Friedrich II. Anlaß, den geistlichen Fürsten eine solche Fülle von Privilegien mehr oder weniger freiwillig einzuräumen, daß damit praktisch der Anfang von deren Landesherrschaft gesetzt war. Der Staufer verzichtete zugunsten der geistlichen Fürsten auf königliche Münz- und Zollrechte, gewährte ihnen die freie Verfügung über ihre Lehen, schränkte die Regalien in den Bischofsstädten ein, untersagte das Bauen von Burgen und das Errichten von Städten in geistlichen Gebieten, es sei denn, die geistlichen Reichsfürsten wollten es selbst, entsagte dem alten Spolienrecht, d. h. dem Recht des Königs auf den Nachlaß der Bischöfe, erkannte den kirchlichen Bann auch im Bereich des weltlichen Rechts an, d. h. er ließ der kirchlichen Verurteilung die Acht folgen und löste die Bischöfe schließlich aus der Einengung der Vögte.

1220 war Friedrich II. von Rom aus nach Sizilien gereist. Für 15 Jahre blieb er außerhalb des Reiches. Erzbischof Siegfried begab sich damals im Gefolge des jungen Heinrich (VII.) nach Deutschland zurück. Obwohl weder Vormund des Kaisersohnes noch Reichsverweser, mit beiden Aufgaben hatte Friedrich II. den Kölner Erzbischof Engelbert I. betraut, der 1225 einem Mordanschlag zum Opfer fiel, nahm er in der Folgezeit großen Einfluß auf die Reichsangelegenheiten. Gleichzeitig zeigte er sich als Metropolit so aktiv und entschlußfreudig, daß seine Eingriffe in die Belange der Suffraganbistümer mehrfach zu offenen Konflikten führten, und sogar der Papst getroffene Verfügungen des Mainzers rückgängig machen mußte. Zu größeren Spannungen mit Rom führte das nicht. Ähnliches läßt sich über das Verhältnis zwischen dem Kaiser und dem Papst sagen. Obwohl Kaiser Friedrich II. in Sizilien immer offenkundiger eine sehr eigenständige und auf Rom wenig Rücksicht nehmende Politik verfolgte, blieb der Konflikt mit der päpstlichen Kurie aus, solange Honorius III. (1216–1227) lebte. Das änderte sich allerdings mit dem Regierungsantritt von Papst Gregor IX. (1227–1241), der sofort ein Kräftemessen suchte. Die erneute Verschiebung des von Friedrich II. bereits 1215 zugesagten und gelobten Kreuzzuges nahm der Papst zum Anlaß, den Kaiser am 29. September 1227 zu exkommunizieren. Im Reich erzielte die päpstliche Verurteilung kaum Wirkung; auch der Mainzer Erzbischof hielt sich mit seiner Reaktion sehr zurück. Anders als noch unter Innozenz III. war er trotz eindringlichen Werbens Gregors IX. nicht gewillt, an der Kür eines Gegenkönigs mitzuwirken. Die offenkundige Erfolglosigkeit des Banns und der Vermittlungsversuche der Fürsten führten im Frieden von Ceprano am 28. August 1230 zur Aussöhnung zwischen Papst und Kaiser.

Siegfried II. starb wenige Tage später am 9. September 1230 in Erfurt. In der dortigen Stiftskirche St. Marien wurde er beigesetzt.

Erzbischof Siegfried III. (1230–1249) als „Königsmacher"

Siegfried III. von Eppstein wurde im Oktober oder November 1230 wohl ohne nennenswerten Widerstand zum Nachfolger seines Onkels gewählt. Der Mainzer Domherr und Propst der Stifte von Frankfurt und Aschaffenburg, mit seiner engen verwandtschaftlichen Bindung zum verstorbenen Erzbischof und über seine Mutter auch Neffe des Trierer Erzbischofs Dietrich von Wied, versprach, die vom Domkapitel mitgetragene politische Linie Siegfrieds II. am ehesten weiterführen und durchsetzen zu können.

Die Reichspolitik von Erzbischof Siegfried III. weist zwei stark gegensätzlich geprägte Perioden auf. Bis 1241 war – trotz aller Tendenz, gleich den anderen Reichsfürsten bei der vieljährigen Abwesenheit des Kaisers das landesherrliche Eigengewicht zu vergrößern und aufzuwerten – die Politik des Mainzers staufisch orientiert. Wie wertvoll dem Kaiser der ihm treu ergebene geistliche Reichsfürst und Erzkanzler war, zeigt, daß er Siegfried III. bzw. dem Mainzer Erzstift 1232 die Reichsabtei Lorsch übertrug – obwohl deren Vogt Pfalzgraf Otto war, der ebenfalls mit allem Nachdruck und mit deutlichen Drohgebärden den reichen Klosterbesitz forderte – und ihn 1237 zum Reichsverweser und Vormund seines noch minderjährigen Sohnes König Konrad IV. (1250–1254) ernannte.

Vorausgegangen war die Tragödie mit König Heinrich (VII.). Dieser führte ab 1228 die Reichsgeschäfte ohne Vormund. 1231 mußte er den weltlichen Fürsten im sogenannten „Statut" die gleichen Rechte einräumen, die im „Privileg" von 1220 den geistlichen Fürsten zugestanden worden waren. Doch besorgt um den Erhalt eines starken Königtums im Reiche, hatte er sich mit den nach eigener Landesherrlichkeit drängenden Reichsfürsten angelegt. Diese grundsätzlich richtige, doch zur Beunruhigung im Reiche führende Politik lief den Interessen Kaiser Friedrichs II. entgegen, der Ruhe in Deutschland brauchte, um in seinem Königreich Sizilien ungestört eine unmittelbare und mit einem modernen Beamtenapparat ausgestattete Königsherrschaft aufzubauen. Der Mittelmeerraum war seine Welt. Hier schuf er seinen Staat. Das Heilige Römische Reich mit seinen komplizierten Strukturen und mächtigen Fürsten war ihm politisch eher Nebenschauplatz, den er durch Zugeständnisse an die Reichsfürsten an sich gebunden hielt. 1234 lehnte sich König Heinrich (VII.) gegen seinen kaiserlichen Vater auf. Erzbischof Siegfried III., den Heinrich vergeblich für die Rebellion zu gewinnen trachtete, mühte sich im November 1234 gemeinsam mit dem Bamberger Bischof Ekbert von Andechs-Meran im apulischen Foggia ohne sonderlichen Erfolg um eine Versöhnung beider.

1235 nahm der Kaiser die für ihn gefährlich werdende Angelegenheit selbst in die Hand. Nach 15jähriger Abwesenheit kehrte er mit großem Gefolge und orientalischem Gepränge ins Reich zurück. Obwohl Friedrich II. kein Heer mit sich führte, fiel der Aufstand sofort in sich zusammen. Im Juni 1235 bot Heinrich in Wimpfen die bedingungslose Unterwerfung an. Friedrichs II. Antwort war hart und grausam. Gemeinsam mit den Fürsten saß er im Juli 1235 in Worms über seinen Sohn zu Gericht. Der König wurde verurteilt, entthront, nach Apulien gebracht und hier in mehrfach wechselnden Gefängnissen eingekerkert. 1242 setzte er seinem Leben wahrscheinlich selbst ein Ende.

Während für den Sohn 1235 die Glanzlichter dieser Welt verlöschten, bot der Vater im Reich eine strahlende und imponierende Darstellung seiner Macht und Persönlichkeit. Noch im Juli 1235 heiratete er vor Erzbischof Siegfried III. in Worms Isabella, die Schwester des englischen Königs Heinrich III. Anschließend begab er sich nach Mainz und veranstaltete hier mit den Großen des Reiches im August 1235 eine Reichsversammlung, die wegen ihrer Prunkentfaltung mit dem berühmten Hoftag Friedrich Barbarossas von 1184 verglichen wurde. Das vorrangige Thema der Zusammenkunft war die Wiederherstellung des Rechtszustandes und der inneren Sicherheit. Aus kaiserlicher Machtvollkommenheit heraus wurde am 23. August 1235 der Reichslandfriede, erstmals auch in deutscher Sprache, verkündet. Zwar vereinheitlichte der „Mainzer Landfriede" nicht die geltenden Rechtsbräuche und nahm auch nicht die Fürstenprivilegien zurück, doch wahrte er die Rechte, die der Reichsgewalt noch geblieben waren und bedrohte jede Verletzung mit schweren Strafen. Da auch noch ein Reichshofrichter eingesetzt wurde, der im Namen des Kaisers Recht sprechen sollte, zählt der Mainzer Landfriede von 1235 zu den herausragendsten Rechtskonstitutionen des Mittelalters.

Zur gleichen Zeit, als Friedrich II. im Reich noch einmal das universale mittelalterliche Kaisertum zur Geltung brachte, ging in Italien der Heiligsprechungsprozeß der 1207 in Ungarn geborenen und 1231 im von ihr gegründeten Armenhospiz in Marburg verstorbenen Landgräfin Elisabeth von Thüringen zu Ende. Wie sehr damals das Papsttum die Leitung und äußere Gestaltung der Kirche an sich gezogen hatte, beweist u. a. der Anspruch, fürderhin nur mehr vor dem päpstlichen Gericht Heiligsprechungsprozesse zu führen und zu entscheiden. Die Bischöfe und Synoden verloren endgültig ihre bis dahin wenigstens noch rechtlich bestehende Kanonisationsgewalt, als Gregor IX. am 5. September 1234 die Rechtssammlung „Liber extra" promulgierte. Auf diesem neuen Kirchenrecht basierte die Kanonisation der heiligen Elisabeth, die Papst Gregor IX. am 27. Mai 1235 in Perugia feierlich verkündete. Erzbischof Siegfried III. nahm die Heiligsprechung mit zwiespältigen Gefühlen auf. Einerseits lag er mit dem landgräflichen Thüringen wegen Besitzstreitigkeiten häufig in Fehde. Erst 1232 hatte Elisabeths Schwager Konrad von Thüringen das mainzische Fritzlar angegriffen, geplündert und zerstört. Diesen Gegner nun im Ruhm einer neuen Heiligen zu sehen, war politisch nicht in seinem Sinn. Andererseits war Elisabeth eine Heilige des Mainzer Erzbistums. Der Erzbischof selbst hatte sich am Heiligsprechungsprozeß beteiligt. So zögerte er jetzt nicht, in Erfurt im April 1236 im Beisein von 38 Erzbischöfen und Bischöfen die Kanonisationsbulle feierlich zu verkünden und die neue Heilige zehn Tage zu feiern. Am 1. Mai 1236 war er in Marburg, um hier im Auftrag des Papstes gemeinsam mit dem Erzbischof von Trier und dem Bischof von Hildesheim die Gebeine der heiligen Elisabeth zu heben und in die Kirche zu transferieren. An der Spitze der vielen Gläubigen und Großen des Reiches, die der feierlichen Zeremonie beiwohnten, stand Friedrich II. Der Kaiser, dem nachgesagt wurde, er habe nach dem Tode seiner Gemahlin Jolante von Jerusalem (gest. 1228) um die Hand der verwitweten Landgräfin angehalten – ihr Gemahl Ludwig von Thüringen war im September 1227 auf dem Kreuzzug im süditalienischen Otranto dem Fieber erlegen –, schmückte das Haupt der neuen Heiligen mit einem Goldreif.

Im Februar 1237 trug Friedrich II. dafür Sorge, daß sein 1228 geborener Sohn Konrad IV. mit der Königskrone geschmückt wurde. Zu den geistlichen und weltlichen Fürsten, die Konrad in Wien wählten und im Juni in Speyer noch einmal bestätigten, gehörte auch der zum Reichsverweser bestellte Erzbischof Siegfried III. Der Kaiser hatte ohne Zweifel einem politisch talentierten und ihm treu ergebenen Mann das Vertrauen geschenkt, der zu den bedeutendsten Persönlichkeiten des Reiches zählte. Daher war es für den Staufer ein herber Schlag, daß gerade dieser bisher unbeirrbare Gefolgsmann 1241 die Partei wechselte. Der Bruch des Reichsverwesers mit dem Kaiser war letztlich begründet in dem Kampf, der 1239 erneut offen zwischen Papst Gregor IX. und Friedrich II. ausbrach. Es war das letzte Ringen um Vormacht zwischen universalem Papsttum und universalem Kaisertum. Der Kampf endete mit dem endgültigen Verfall der großen Dynastie der Staufer. Daran war Siegfried III. von Eppstein ebenso beteiligt, wie mehrere seiner erzbischöflichen Vorgänger an deren politischer Entfaltung tätig gewesen waren.

Nicht sofort hatte der Erzbischof die Front gewechselt, als Papst Gregor IX. 1239 Friedrich II. zweimal exkommunizierte und die deutschen Bischöfe aufforderte, den Bannspruch zu verkünden und vom Kaiser abzufallen. Das Gegenteil war der Fall.

Der Mainzer bekundete dem Kaiser unverhohlen seine Treue und mühte sich um Versöhnung. Der Papst, politisch dem Kaiser gegenüber nach dessen mißglücktem dritten Zug gegen die lombardischen Städte im Vorteil, schlug die Vermittlung aus und drängte statt dessen noch intensiver nach der Durchsetzung der Verurteilung Friedrichs II. Weil Erzbischof Siegfried dem Drängen nicht nachgab, erklärte ihn der päpstliche Gesandte Albert von Passau am 26. April 1240 für exkommuniziert. Die gleiche Strafe wurde über zahlreiche andere Reichsbischöfe und Herren verhängt. Diese Unbeugsamkeit des Papstes erzielte ihre Wirkung. Nur der drohende Mongoleneinfall im Jahr 1241 verhinderte ein gefährliches Aufeinanderstoßen der Anhänger des Kaisers und jener des Papstes, unter diesen vor allem Pfalzgraf Otto, der mit Hilfe Gregors IX. immer noch den an Mainz gefallenen Lorscher Besitz zu erhalten hoffte.

Unerwartet brachte dann der Tod Gregors IX. am 22. April 1241 die Wende. Noch bevor Cölestin IV. (1241) als neuer Papst gewählt war, verbündete sich der Mainzer Erzbischof mit Erzbischof Konrad von Köln gegen den Staufer. Sie verkündeten die Exkommunikation und griffen sofort zu den Waffen. Die Gründe für die plötzliche Kehrtwende Siegfrieds III. sind nur schwer auszumachen. Sie müssen wohl in der das Reich vernachlässigenden Politik des Kaisers und in den landesherrlichen Bestrebungen des geistlichen Reichsfürsten gesucht werden.

Ein Teil des Mainzer Domkapitels, allen voran der Domkustos Friedrich von Eberstein, und die Stadt Mainz stellten sich gegen die Wende des Erzbischofs, der vom Kaiser sofort seines Amtes als Reichsverweser enthoben worden war. Neuer Reichsverweser wurde Landgraf Heinrich von Thüringen mit dem Beinamen Raspe. Weder er noch der junge König Konrad IV. vermochten zu verhindern, daß der Aufstand rasch um sich griff. Eine größere Zahl von Kriegen war die Folge. Sie zogen auch das Erzstift Mainz in Mitleidenschaft, konnten jedoch keine Entscheidung bringen. Eine erhebliche Schwächung der staufischen Position bahnte sich an, als 1243 Innozenz IV. (gest. 1254) nach zweijähriger Sedisvakanz neuer Papst wurde. Er gab sofort zu erkennen, daß er den Kampf gegen Friedrich II. mit aller Konsequenz fortzusetzen gedachte. Um den Mainzer Erzbischof noch fester an diese Politik zu binden, beauftragte er ihn 1244 mit dem Amt eines päpstlichen Legaten und übertrug ihm die Visitation und die Reform in den Erzbistümern Mainz, Trier und Magdeburg. Um Mainz aus der Reihe der staufisch gesinnten Rheinstädte zu lösen und die Bürgerschaft für seine antistaufische Politik zu gewinnen, verlieh Siegfried der Stadt, ähnlich wie vorher schon der Kaiser und der Papst, am 13. November 1244 das große Stadtprivileg. Mainz erhielt einen 24köpfigen Stadtrat, die Befreiung von der Verpflichtung zu Kriegsleistungen außerhalb der Stadt, Zollfreiheit an den erzbischöflichen Zollstätten, die Bestätigung, sich nicht vor Gerichten, auch den geistlichen Gerichten, außerhalb der Stadt verantworten zu müssen und die Einbeziehung in Friedenseinungen zwischen Kaiser und Papst.

Auch gelang es Siegfried, den Reichsverweser Heinrich Raspe durch Überlassung von mainzischen Lehen in Thüringen und Hessen auf die päpstliche Seite zu ziehen. Als es Erzbischof Siegfried III. dann noch möglich war, den Thüringer am 22. Mai 1246 in Veitshöchheim bei Würzburg zum Gegenkönig zu wählen und damit der antistaufischen Opposition einen Konzentrationspunkt zu geben, ging der Entscheidungskampf in die Endphase. Heinrich Raspe, gern als Pfaffenkönig apostrophiert, war dabei das Mittel zum Zweck. Der Kopf der antistaufischen Partei im Reich war Erzbischof Siegfried III. Daß Heinrich Raspe bereits am 16. Februar 1247 auf der Wartburg starb, war ein unerwarteter Rückschlag. Doch bereits am 3. Oktober 1247 stellten die rheinischen Erzbischöfe mit Graf Wilhelm von Holland (1247–1256) erneut einen König gegen Konrad IV. und vor allem gegen Friedrich II. auf, der 1245 auf dem Konzil von Lyon als Kaiser abgesetzt worden war.

Siegfried III. starb am 9. März 1249. Seine letzte Ruhestätte fand der im Leben oft so unruhige Kämpfer im Mainzer Dom, dessen imposantes Westwerk nach langer Bauzeit während seines Pontifikats vollendet worden war, und den er am 4. Juli 1239 in Anwesenheit von König Konrad IV. und unter Mitwirkung fast aller

Mainz, Dom und St. Johanneskirche

Suffragane erneut feierlich konsekriert hatte. Die Weihe des westlichen Hauptaltares geschah zu Ehren der Gottesmutter Maria, des heiligen Martin und weiterer Heiliger. Hauptpatron der Kathedrale blieb St. Martin. Das Epitaph von Siegfried III. ist das älteste der langen Reihe der Grabdenkmäler im Mainzer Dom. Es zeigt ihn als großen Erzbischof, der mit spielerisch leichter Hand zwei kleinen Königen die Krone aufsetzt. Eine aufgemalte Inschrift nennt seine geistlichen Würden: des Heiligen Stuhles Erzbischof, Rektor der Kirche von Fulda, Apostolischer Legat.

3. Die einflußreiche Stellung der Mainzer Erzbischöfe bis zum Ende des 13. Jahrhunderts

Die Erzbischöfe Christian II. von Weisenau (1249–1251) und Gerhard I. Wildgraf von Dhaun (1251–1259) während des Interregnums

Der Kölner Erzbischof Konrad von Hochstaden strebte die Nachfolge in die bedeutenden Ämter Siegfrieds III. von Eppstein an. Es kennzeichnet die antistaufische Einstellung des Mainzer Domkapitels, aber auch dessen Bedürfnis, in turbulenter Zeit eine mächtige Persönlichkeit zum Erzbischof zu haben, daß sie ihn im April 1249 wirklich zum Nachfolger postulierten. Die Kumulation der beiden ranghöchsten Bischofssitze im Reich konnte weder dem während der Wahl in Mainz anwesenden Wilhelm von Holland noch Innozenz IV. willkommen sein. Von beiden kam Widerstand. Die ablehnende Haltung des Königs machte weniger Eindruck. Doch als der Papst am 4. Mai 1249 die Bestätigung der Postulation ablehnte und eine Neuwahl forderte, gingen die Domherren auf diese Willensäußerung sofort ein. Sie taten es allerdings nicht im Sinne des Papstes. Dieser wünschte den Speyerer Bischof Heinrich von Leiningen, Kanzler von König Wilhelm, auf dem Heiligen Stuhl von Mainz. Die Domkapitulare entschieden sich jedoch für den schon älteren Dompropst Christian II. von Weisenau, Sproß eines im Mainzer Vorort begüterten Ministerialengeschlechts.

Erzbischof Konrad von Hochstaden, zum Apostolischen Legaten ernannt, bestätigte die Wahl und weihte den von König Wilhelm mit den Reichsinsignien investierten neuen Oberhirten zwischen Juli und August 1249 zum Bischof. Spätestens im Januar 1250 war Christian II. auch Inhaber des Palliums. Der friedfertige Erzbischof war der konfliktreichen Zeit nicht gewachsen. Nur widerwillig zog er mit Wilhelm von Holland in den Kampf gegen Konrad IV. Die von beiden Seiten praktizierte Kriegsform von Brandschatzung und Verwüstung drückte ihn schwer, zumal auch mainzische Gebiete dadurch betroffen waren.

Als sich Ostern 1251 König Wilhelm, der Trierer Erzbischof Arnold von Isenburg und Bischof Heinrich von Leiningen – er hatte zuvor gemeinsam mit seinem Bruder Friedrich dem Mainzer die strategisch wichtige Starkenburg entrissen – in Lyon mit Papst Innozenz IV. trafen, um den nach dem Tode von Kaiser Friedrich II. (13. Dezember 1250) in die Endphase getretenen Kampf gegen die Staufer zu beraten, führten sie auch Klage über Christian II. Es fiel der Entschluß, ihm den Rücktritt nahezulegen. Mit der Durchführung eines Wechsels in Mainz wurde der Kardinallegat Hugo von Santa Sabina betraut. Dieser reiste im Juni 1251 nach Mainz, überzeugte Christian von Weisenau von der Dringlichkeit des von ihm erwarteten Schrittes, erleichterte ihm den Rücktritt durch die verbindliche Zusage einer entsprechenden Entschädigung und sorgte für eine rechtmäßige Neuwahl. Der Rücktritt bzw. die Amtsenthebung Christians II. erfolgte wohl noch im Juni 1251.

Zum neuen Erzbischof gewählt – möglicherweise auch vom Kardinallegaten erhoben – wurde im Juli oder August desselben Jahres der Wildgraf Gerhard I. von Dhaun und Kyrburg. Er empfing am 4. Februar 1252 in Erfurt die Diakonats- und Priesterweihe. Zum Bischof weihte ihn in Braunschweig am 24. März 1252 der französische Erzbischof von Embrun und spätere Kardinalbischof von Ostia Heinrich de Suze. Erzbischof Gerhard I. war ein Vetter des Speyerer Bischofs und königlichen Kanzlers Heinrich von Leiningen. Diese verwandtschaftliche Verbindung schien ihn zu einem treuen Gefolgsmann des Gegenkönigs und damit der sogenannten päpstlichen, d. h. antistaufischen Partei zu machen.

Doch offensichtlich machte der Wildgraf seinem Namen alle Ehre. Er ließ sich nicht so leicht binden und ging seine eigenen Wege. Das hatte er schon vor seiner Erhebung zum Erzbischof bewiesen. Er gehörte zu den Mainzer Domkapitularen, die die politische Kehrtwende von Erzbischof Siegfried III. nicht mitgemacht hatten. Deshalb enthob ihn im Mai 1244 das Konzil in Fritzlar als Anhänger des exkommunizierten Friedrich II. seiner Würde als Mainzer Domkantor. Erst 1249 hatte er sich mit dem Erzbischof wieder versöhnt. Er wechselte zur antistaufischen Partei und erhielt dafür die päpstliche Rehabilitierung. Doch bald nach seiner Erhebung zum Erzbischof verfiel er erneut dem Bann, erstmals von Ende 1252 bis April 1253 und dann nochmals für kurze Zeit um 1254. Ihm wurden Eigenmächtigkeiten vorgeworfen und auch konkrete Pläne zur Stärkung der inzwischen fast hoffnungslosen Position König Konrads IV., der seit 1252 in Sizilien weilte. Nach nur zweijähriger Regierungszeit starb der erst sechsundzwanzigjährige Staufer nach kurzer Krankheit am 21. Mai 1254 in Lavello. Nicht prostaufische Gesinnung, sondern eher die Hoffnung auf territorialen Zugewinn ließen den Mainzer Erzbischof zeitweilig auf Distanz zu König Wilhelm und damit zur päpstlichen Partei gehen.

Dieser Dissens hatte sich schon gezeigt, bevor Gerhard Erzbischof war. 1250 war es den Mainzern mit Hilfe von König Wilhelm gelungen, die Burg Weisenau zu erobern und zu zerstören. Schon lange war ihnen die unmittelbar vor den Toren der Stadt gelegene Burg verhaßt, da sie mit einem mächtigen Vogt besetzt war.

Die Vogtei lag als erzbischöflich mainzisches Lehen in den Händen der Brüder Werner von Bolanden und Philipp von Falkenstein und ihres Vetters Philipp von Hohenfels. Alle drei waren mit Erzbischof Gerhard I. verwandt. Dessen Bemühung ging seit Regierungsantritt dahin, im Streit zwischen der Stadt und den Lehensinhabern zu vermitteln. Dabei ging es ihm weniger um Familienbelange. Er wollte den bis 1253 wenigstens teilweise erreichten friedlichen Vergleich, um aus einer stärkeren Position heraus das ihm 1252 von König Wilhelm verpfändete Oppenheim in mainzischen Besitz zu bringen. Der Erwerb dieses strategisch wichtigen Reichsgutes hätte vor allem sein und des Erzstifts Gewicht der Kurpfalz gegenüber erheblich gestärkt. Diese Territorialpolitik stieß auf den Widerstand nicht nur der Städte, sondern auch König Wilhelms, der nach dem Tode seines Kontrahenten Konrad IV. unangefochtener Träger der Krone war.

Im Februar 1254 schlossen die Stadt Mainz und das bis dahin staufische Worms ein „ewiges Bündnis“, in das am 3. April Oppenheim und am 29. Mai Bingen einbezogen wurden. Die Ausweitung zum großen Rheinischen Bund, dem nicht nur fast alle wichtigen Rheinstädte zwischen Köln und Basel beitraten, sondern auch – um nicht als Friedensgegner zu gelten – die drei geistlichen Kurfürsten und die Bischöfe von Worms, Basel, Straßburg und Metz sowie viele Grafen und Herren, erfolgte am 13. Juli 1254. Ziel dieses auf zehn Jahre geschlossenen Bundes, der eine neue Struktur der Reichsorganisation anzukünden schien, war die Durchsetzung des Mainzer Landfriedens von 1235 und die Abstellung von ungerechten Zöllen. Der Zusammenschluß weist aber auch darauf hin, wie unsicher bereits die

Oppenheim, Katharinenkirche

Verfassungs- und Rechtszustände im Reich waren. Noch existierte mit König Wilhelm ein einigendes Band. Doch dann zerstörte dessen gewaltsamer Tod am 28. Januar 1256 auch diese letzte Stütze.

Das Reich zerfiel. Die „kaiserlose" Zeit, „Interregnum" genannt, begann. Deutschland schaffte es nicht, wie Frankreich, England und Spanien, vom Feudalstaat in eine zentral geführte Monarchie hineinzuwachsen. Mit dem jetzt endgültig gewordenen Verfall und Schwinden des Römischen König- bzw. Kaisertums mit seinem universalen Regierungsanspruch ging der Verlust des Reichsgutes einher. Es bildeten sich Territorialstaaten mit sich steigernder Eigendynamik. Der Mainzer Erzbischof behielt zwar in diesem Reichsgebilde als Kurfürst, ranghöchster Königswähler und Territorialherr wesentlichen Einfluß, doch erwuchsen ihm in den dynastischen Territorialherrschaften immer stärker werdende Konkurrenten und Rivalen.

Das deutete sich schon zu Lebzeiten von Erzbischof Gerhard I. an. Es war fast symptomatisch, daß er bei der Königswahl 1257 seine Stimme als Gefangener abgeben mußte. Beim Kampf um mainzische Lehensrechte in Hessen war er am 16. Januar 1256 in die Gefangenschaft von Herzog Albrecht von Braunschweig geraten, dem Schwiegersohn der hessischen Landgräfin Sophie, Tochter der heiligen Elisabeth von Thüringen. Das nahm ihm zwar nicht die Möglichkeit, mit den als Siebenerkollegium in Erscheinung tretenden Kurfürsten die Entscheidung über den kommenden König zu treffen. Doch mußte er sein Stimmrecht über einen Mittelsmann wahrnehmen. Er tat es über den mit ihm verbündeten Erzbischof von Köln. Über ihn und mit ihm und dem Kurpfälzer wählte er am 13. Januar 1257 Richard von Cornwall (1257–1272), Bruder von Heinrich III. von England, zum König. Am selben Tag entschieden sich in Frankfurt die Kurfürsten von Trier, Sachsen und Brandenburg für den Spanier Alfons von Kastilien (1257–1284). Da der nicht anwesende König Ottokar II. von Böhmen (1253–1278), selbst wie später noch mehrfach Prätendent auf die Krone, als siebter Kurfürst seine Stimme doppelzüngig abgab und damit eine Entscheidung verhinderte, blieb die Wahl gespalten. Keiner der Gewählten verzichtete, keiner von beiden erhielt die Bestätigung des Papstes, keiner vermochte sich im Reich entscheidend durchzusetzen. Richard wurde zwar am 17. Mai 1257 in Aachen vom Kölner Erzbischof in Anwesenheit des gegen eine hohe Lösesumme aus der Gefangenschaft entlassenen Erzbischofs Gerhard gekrönt, doch blieb sein Einsatz auf dem Festland sporadisch. Die Reichseinheit zerfiel immer mehr. An der unentschiedenen Lage zerbrach auch 1259 der so hoffnungsvoll begonnene Rheinische Bund.

Im selben Jahr endete das noch junge Leben von Erzbischof Gerhard. Ein Jahr zuvor war er wegen Besitzstreitigkeiten an der Bergstraße erneut für kurze Zeit in Gefangenschaft geraten. Gerhard I. starb am 25. September 1259 in Erfurt, dessen Bürger er nach 1255 dadurch befriedet hatte, daß er ihnen unter Verzicht auf einen Teil der eigenen Gerechtsame eine neue Ratsordnung und mehr Freiheiten im Stadtregiment gewährt hatte.

Auf eigenen Wunsch wurde der im Leben eher kriegerische Kirchenfürst in der Erfurter Minoritenkirche begraben. Er hinterließ kein allzu geordnetes Erbe. Reichspolitisch war er im Schatten des Kölner Erzbischofs mehr und mehr ins Hintertreffen geraten. Sein territorial-politisches Kräftemessen mit Hessen und der Pfalz hatte mehr Rückschläge als Erfolge gebracht.

Der steile Aufstieg der Mainzer Kirche unter dem Pontifikat von Erzbischof Werner von Eppstein (1259–1284)

Im Oktober 1259 wählten die Mainzer Domkapitulare den Neffen von Siegfried III., Dompropst Werner, zum neuen Erzbischof. Zum drittenmal legten sie die Geschicke der Mainzer Kirche in die Hände eines Kirchenfürsten aus dem Hause der mächtigen und bisher so erfolgreichen Eppstein. In einem langen Pontifikat gelang es dem politisch versierten und geschickt agierenden Werner, der Mainzer Kirche wieder zu höchstem Rang und Ansehen zu verhelfen.

Gemäß einer jüngst verschärften päpstlichen Anordnung reiste Werner im Oktober 1260 nach Rom, um sich vom Papst konsekrieren zu lassen und das Pallium persönlich entgegenzunehmen. Über die Alpen begleitete ihn Graf Rudolf von Habsburg (1218–1291), dessen Pate einst Kaiser Friedrich II. war und dessen Wahl zum König und designierten Kaiser am 29. September 1273 in Frankfurt von Erzbischof Werner entscheidend beeinflußt und durchgesetzt werden sollte.

Hauptwidersacher des Habsburgers und Gegenspieler des Mainzer Kurfürsten sollte 1273 König Ottokar II. von Böhmen sein, Herr auch über Österreich, Steiermark, Kärnten und Krain. Mit dessen Ambitionen auf Erweiterung seines Macht- und Kompetenzbereiches mußte sich Erzbischof Werner bereits 1260 in Rom auseinandersetzen. Mit Nachdruck widerstand er vor Papst Alexander IV. (1254–1261) dem Bestreben des Böhmen, die Bistümer Prag und Olmütz aus der Mainzer Kirchenprovinz zu lösen. Er war lediglich bereit zuzugestehen, daß die Bischöfe beider Suffraganbistümer für dieses Mal die Erlaubnis erhielten, König Ottokar zu krönen. Auch dazu kam es glücklicherweise nicht: an Weihnachten 1261 konnte Erzbischof Werner als zuständiger Metropolit in Prag den böhmischen König und seine Gemahlin krönen.

Von Rom aus war Erzbischof Werner im Januar 1261 nach Mainz zurückgekehrt. Im Mai wiederholte er auf der wegen der immer noch anhaltenden Mongolengefahr gemäß päpstlicher Weisung einberufenen, jedoch nur spärlich besuchten Mainzer Provinzialsynode die bereits von seinen Vorgängern ausgesprochene Exkommunikation der hessischen Landgräfin Sophie von Brabant und ihres Sohnes Heinrich, dem von Mainz nach wie vor der Titel „Landgraf von Thüringen“ verweigert wurde. Über ihr Land verhängte der Erzbischof das Interdikt. Er beschuldigte Sophie und Heinrich I., die 1247 beim Tode von Heinrich Raspe heimgefallenen mainzischen Lehen – mit dem Tod von König Heinrich Raspe war das Thüringer Landgrafenhaus im Mannesstamm erloschen – dem Erzstift widerrechtlich vorzuenthalten. Diese Belegung mit kirchlichen Strafen ist Hinweis darauf, daß der Mainzer nicht gewillt war, die schon seit langem anhaltende Fehde mit Hessen-Thüringen zu beenden. Doch dann einigte er sich am 10. September 1263 mit Sophie und Heinrich im Frieden von Langsdorf. Anlaß für dieses Abkommen waren wohl Waffenerfolge seiner Kontrahenten, mehr aber noch das intensive Bestreben des Erzbischofs, zunächst einmal Ruhe und Sicherheit zu schaffen, um weiterreichende politische Ziele überhaupt angehen zu können. Darauf deuteten auch seine Vergleiche mit anderen unruhigen Mainzer Lehensträgern und sein Landfriedensbündnis mit einigen mittelrheinischen Bischöfen, Städten und Herren hin.

Den das Reich immer mehr belastenden Zustand der unentschiedenen Königsfrage wollte er durch eine Neuwahl beenden. Zweimal wirkte er dabei auf die Wahl des noch minderjährigen Staufers Konradin hin. Beidemal scheiterte das Vorhaben am Einspruch des Papstes. Erst als der sechzehnjährige letzte Staufer 1268 im Kampf um das Königreich Sizilien in Gefangenschaft geriet und nach einem Scheinprozeß am 23. August 1268 in Neapel enthauptet wurde, legte Werner sich nach einigem Zögern endgültig auf Richard von Cornwall fest. In dessen Auftrag tat er alles, dem mehrfach geschworenen, aber immer wieder gebrochenen Landfrieden am Rhein und in der Wetterau auch wirklich Geltung zu verschaffen. Als Richard am 2. April 1272 starb, setzte ein zähes Ringen ein, um dem Reich ein wirkliches Oberhaupt zu geben. Erzbischof Werner gelang es, die mehrfach festgefahrenen Verhandlungen dahingehend zu beeinflussen, daß am 1. Oktober 1273 Rudolf von Habsburg als einmütig gewählter Römischer König proklamiert werden konnte. In einer Wahlkapitulation hatten sich die auf weitgehende Selbständigkeit bedachten Kurfürsten ihre Rechte und Vergünstigungen festschreiben lassen. Die Krönung erfolgte am 24. Oktober 1273 in Aachen. Wie so oft brach bei der Feierlichkeit erneut der Streit zwischen den Erzbischöfen von Köln und Mainz aus, wem bei der Festtafel der erste Platz neben dem König zustehe. Ohne damit auf seinen grundsätzlichen Anspruch zu verzichten, gab der Mainzer nach. Er konnte dies ohne Schaden tun, denn reichspolitisch hatte er längst wieder den ersten Rang eingenommen.

Nach der Wahl und Krönung galt es, für Rudolf die päpstliche Bestätigung zu erhalten. Vorbehalte und Widerstände waren nicht nur vom anspruchsvollen päpstlichen Selbstverständnis zu erwarten, sondern auch von dem in der Kurie einflußreichen Ottokar II. und von Alfons von Kastilien, der hartnäckig seine Ansprüche geltend machte. Die Entscheidung von Papst Gregor X. (1271–1276), nach fast dreijährigem Konklave in Viterbo gewählt, fiel 1274 auf dem II. Konzil von Lyon. In einem Konsistorium der Kardinäle am 6. Juni 1274, zu dem mit den Erzbischöfen von Köln, Trier, Magdeburg und Bremen auch Erzbischof Werner und acht weitere deutsche Bischöfe eingeladen wurden, erklärte sich der Papst endgültig für den Habsburger. Im Auftrag des Königs war der Franziskaner Heinrich aus Isny nach Lyon gereist, um die förmliche Erklärung und öffentliche Verkündigung der päpstlichen Anerkennung Rudolfs am 26. September 1274 entgegenzunehmen. Erzbischof Werner hatte bereits im Sommer Lyon verlassen, nachdem er dort im Auftrag des Papstes Otto von Braunschweig zum Bischof von Hildesheim geweiht hatte.

Das neue Reichsoberhaupt nahm selbstbewußt die Regierung in die Hände. Nach seinen Siegen über Ottokar II. führten seine Städtepolitik wie auch der Aufbau einer starken habsburgischen Hausmacht mit Einbeziehung von Österreich und Kärnten zu manchem Dissens mit den Kurfürsten. Diese hätten einen schwächeren und dem eigenen Streben nach vollem Ausbau der Territorialherrschaft geneigteren König lieber gesehen.

Anders als der Kölner Erzbischof Siegfried von Westerburg (1275–1297) – bis zu seiner Erhebung auf den Kölner Erzstuhl Dompropst in Mainz – vermied Erzbischof Werner den offenen Konflikt mit Rudolf von Habsburg. Er achtete darauf, daß die Rechte des Kurfürstenkollegs gewahrt blieben. Wenn nötig, ging er auf Distanz zum König. Ab 1275 betrieb der Mainzer eine aktive und erfolgreiche Territorialpolitik, bei der Kampf und Fehde nicht ausblieben. Zum Ausgleich und zur Versöhnung mit Kaiser Rudolf zeigte er sich immer dann bereit, wenn dieser

Entgegenkommen bewies und vermittelnd in die Streitfälle des energischen und zielstrebigen Territorialpolitikers eingriff.

Werner hatte besondere Spannungen mit der Stadt Erfurt und seiner Bischofsstadt. Als sich die Führer der Mainzer Bürgerschaft 1276 auf die Seite der rheingauischen Ministerialen stellten, die gegen das straffe Regiment des Erzbischofs aufbegehrten, eskalierte der Streit. Die bischöfliche Pfalz am „Höfchen“ wurde geplündert und zerstört. Dem vom Habsburger in Nürnberg am 25. Juli 1281 verkündeten fünfjährigen Reichslandfrieden schlossen sich Erzbischof Werner, seine Bischofsstadt sowie die meisten Fürsten, Herren und Städte des Mittelrheins am 14. Dezember desselben Jahres in Mainz an.

Erzbischof Werner starb am 2. April 1284 in Aschaffenburg, dem Zentrum des sich stark ausdehnenden Oberstifts. Hier hatte er als Propst des Stifts St. Peter und Alexander seine Karriere begonnen. Die enge Anbindung an Mainz verstärkte er, als er 1272 die Bestätigung der freien Propstwahl mit der Auflage verknüpfte, daß nur ein Mainzer Domkapitular auf diesen wichtigen Posten berufen werden dürfe. Beigesetzt wurde der Erzbischof im Mainzer Dom. Die 1279 begonnene Erweiterung um gotische Seitenkapellen war in vollem Gange. Noch im Todesjahr des Erzbischofs konnte der schon öfters zu Pontifikalhandlungen herangezogene und jetzt für die Zeit der Vakanz mit der kirchlichen Verwaltung vom Domkapitel beauftragte Meißener Bischof Witigo von Wur (1266–1293) die als erste fertiggestellten St. Viktor-, Georg- und Wenzelslauskapellen im östlichen Bereich des nördlichen Seitenflügels einweihen. Nach und nach legten sich die Kapellen so dicht an den Dom, daß sie ab dem 14. Jahrhundert aus der dreischiffigen Kathedralkirche eine fünfschiffige werden ließen. Diese Kapellen mit ihren Altären, zahlreichen Heiligenfiguren und vielen Reliquien waren der sichtbar gewordene Ausdruck für das stark gewandelte Frömmigkeitsempfinden und ein geändertes liturgisches Bewußtsein.

Der letzte bürgerliche Erzbischof auf dem Mainzer Stuhl: Heinrich II., Minorit aus Isny (1286–1288)

1284 kam es zu einer zwiespältigen Wahl, die zu zweijähriger Sedisvakanz führte. Ein Teil der Domkapitulare setzte nach wie vor auf die Eppstein und wählte Erzbischof Werners Vetter Gerhard zum Nachfolger. Er war sicher schon im Mannesalter, denn bereits 1251 war er Mainzer Domherr, 1253 Propst des kaiserlichen St. Bartholomäusstifts in Frankfurt und 1268 trierischer Archidiakon von St. Lubentius in Dietkirchen an der Lahn. Der andere Teil des inzwischen auch in Mainz allein wahlberechtigten Domkapitels entschied sich für den von König Rudolf favorisierten Dompropst Peter Reich von Reichenstein, auch Dompropst von Basel und Kanzler des böhmischen Königs. Da eine Einigung in Mainz nicht zu erreichen war, begaben sich beide persönlich nach Rom, um eine Entscheidung zu ihren Gunsten durchzusetzen. Symptomatisch für den damaligen krisenhaften Zustand des Papsttums, aber auch für dessen extensiv ausgelegten Leitungsanspruch war, daß sich die Entscheidung zwei Jahre verzögerte und dann am Domkapitel völlig vorbei getroffen wurde. Papst Honorius IV. (1285–1287) ernannte am 15. Mai 1286 scheinbar spontan Heinrich II. aus Isny zum Mainzer Erzbischof, der gerade zu Verhandlungen wegen der Kaiserkrönung Rudolfs von Habsburg an der Kurie weilte, transferierte ihn von Basel auf den ranghöchsten Erzstuhl des Reiches und übertrug Peter Reich von Reichenstein als Entschädigung für Mainz das so vakant gewordene Bistum Basel.

Das Recht für dieses Vorgehen nahm Honorius aus der seit dem 12. Jahrhundert immer mehr juristisch ausgebauten und in die Praxis umgesetzten kirchlichen Zentralgewalt der Päpste. In der Konstitution „Licet ecclesiarum" (1265) hatte Klemens IV. (1265–1268) diesen Rechtszustand noch einmal begründet und in bezug auf die konkrete Ausführung erweitert. Nach diesen Rechtsnormen konnte der Papst die Besetzung der Bistümer für sich in Anspruch nehmen, ein Anspruch, der bald auf den erheblichen Widerstand der betroffenen Domkapitel stieß.

In bezug auf das Papsttum hatte sich in der zweiten Hälfte des 13. Jahrhunderts überdies eine Entwicklung angebahnt, die noch schicksalsschwer und entscheidend Einfluß auf das Leben und die Gestalt der Kirche nehmen sollte. Mit dem französischen Papst Urban IV. (1261–1264) wurde nicht nur der Übergang des Königreiches Sizilien von den zum Schluß mit kleinlichem Haß bekämpften Staufern zu den Anjou eingeleitet, von ihm wurden auch viele Franzosen in das Kardinalskollegium berufen. Deren bald dominierende Rolle ließ Kompromisse bei den folgenden Papstwahlen immer schwieriger werden und das zu einem Zeitpunkt, in dem sich politische Veränderungen größten Ausmaßes vollzogen.

Mit dem Kaisertum unter Friedrich II. war das eigentliche Pendant zum im Papsttum gipfelnden Sacerdotium untergegangen. An dessen Stelle waren miteinander rivalisierende Königreiche getreten. Da die Kirche bzw. das Papsttum den weltlichen Arm brauchte, um Ansprüche durchsetzen und Schutz finden zu können, mußte die neue Ergänzung unter den sich herausbildenden Nationalstaaten gesucht werden. Wie im kleinstaatlich zerrissenen Italien überhaupt, setzten dabei im Kardinalskollegium die einen auf ein starkes italienisches Papsttum (Guelfen), die anderen auf ein erneuertes Kaisertum (Ghibellinen) und die dritten auf eine enge Anlehnung an das mächtige Frankreich. Folgen dieser Parteiung waren zwei extrem lange Sedisvakanzen, einmal nach dem Tod von Papst Klemens IV., als es fast drei Jahre dauerte, bis sich die 17 in Viterbo versammelten Kardinäle eher unfreiwillig auf Gregor X. (1271–1276) als Kompromißkandidaten einigen konnten. Die Wahl kam erst zustande, als die Bürger der Stadt auf Rat des Franziskanergenerals Bonaventura (gest. 1274) dadurch nachhalfen, daß sie das Dach der Konklavehalle abdeckten, die Kardinäle nötigten, dort versammelt zu bleiben und ihnen überdies die Lebensmittel verknappten. Kaum leichter gestaltete sich die Papstwahl nach dem Tod von Papst Nikolaus IV. (1288–1292), als die Kardinäle 27 Monate benötigten, bis sie sich 1294 auf den weltunerfahrenen, über achtzigjährigen Eremitenmönch Peter aus Murrone einigten. Cölestin V. wurde von den Franziskaner-Spiritualen als „Engelspapst" und Bringer der von Joachim von Fiore (gest. 1202) angekündigten „Geistkirche" enthusiastisch begrüßt. Er legte bereits nach einem halben Jahr sein ihm zu schweres Amt ab und machte dem politisch gewandten, ehrgeizigen und überaus selbstbewußten Bonifaz VIII. (1294–1303) Platz.

Die Krise des Papsttums wurde häufig in politischer Handlungsschwäche deutlich, die mit unerwarteten und autoritären Entscheidungen kompensiert wurde. Dies zeigte sich auch bei der Ernennung des Mainzer Erzbischofs. Mit dem Franziskanermönch Heinrich II. – wegen seiner Bettelordenskleidung mit verknotetem Gürtelstrick und Kapuze von der düpierten hohen Mainzer Geistlichkeit „Knoderer", „Gürtelknopf" oder „Kugulin" benannt – hatte der Papst keinen unfähigen Mann für den Erzstuhl bestimmt. König Rudolf begrüßte es mit Nachdruck, daß sein geschätzter langjähriger Ratgeber und kluger Diplomat den auch politisch so wichtigen Erzbischofssitz erhielt. Dennoch muß gefragt werden, ob es nur das sehr kurze Pontifikat war, das den Erzbischof hinderte, wesentliche Akzente zu setzen oder wichtige Impulse zu geben. Wenig Entgegenkommen zeigte dem ungewollten Erzbischof das Domkapitel, das außer Heinrich auch noch dessen Neffen Eberhard, Pfarrer zu Kilhofen, akzeptieren mußte, dem Papst Honorius IV. gleichzeitig eine Mainzer Dompfründe übertragen hatte. Widerstände kamen auch aus jenen Adelskreisen, die sich in ihren Plänen gestört sahen. Die „Belästiger" des neuen Erzbischofs ließ der Papst schon im Juni 1286 mit kirchlichen Strafen belegen. Unerwartet freundlich wurde Erzbischof Heinrich II. von der Stadt Mainz empfangen. Die Bürgerschaft erwartete und erhielt auch sogleich von ihm die Bestätigung ihrer Privilegien. Nach anfänglichen Schwierigkeiten mit der Stadt Erfurt konnte er im März 1287 auch hier einen Ausgleich erzielen.

Heinrich II. schloß mit überraschend vielen Großen seines Amts- und Wirkungsbereiches Landfrieden. Das lag offenkundig im Sinne von Kaiser Rudolf, dessen Politik deutlich auf eine erneute Stabilisierung der Königsmacht mit Eindämmung der kurfürstlichen Reichskompetenzen ausgerichtet war. Ob von Erzbischof Heinrich II. das Tendieren des Habsburgers auf ein Erbkönigtum unterstützt wurde, läßt sich schwer sagen. Dieser Plan scheiterte am Widerstand der Fürsten ebenso wie die Absicht des Papstes, den deutschen Klerus mit einer Besteuerung zu belegen, ein Ansinnen, gegen das der Reichsepiskopat auf dem Würzburger Nationalkonzil im März 1287 vehement und handgreiflich Protest erhob. Auch hier hielt sich Erzbischof Heinrich II. eher bedeckt. Weniger zurückhaltend war er, als nach den schweren Judenverfolgungen im Reich, am Rhein und auch in Mainz jüdisches Vermögen von König Rudolf in Anspruch genommen und eine rigorose finanzielle Ausbeutung der Juden inszeniert wurde. Ausgelöst wurden die furchtbaren Pogrome am Rhein durch den Mord an dem Kind Werner von Oberwesel, der 1287 bei Bacharach entdeckt und grundlos den Juden angelastet wurde. Die herrliche gotische Wernerkapelle bei Bacharach, schon bald nach dem Tod des sofort als Märtyrer verehrten Knaben errichtet, läßt kaum erahnen, daß sie ihren Ursprung fanatischer und aufgebrachter Volksverblendung verdankt.

Nach Aussage von Johannes Trithemius (1462–1516) soll zu Beginn des Jahres 1288 Erzbischof Heinrich II. in Bacharach auf Geheiß des Königs zugunsten der Juden gepredigt haben: ihnen sei von den Christen großes Unrecht angetan worden. Der Leichnam des guten Werner, von dem man behaupte, er sei von den Juden ermordet worden, werde eingeäschert und in alle Winde verstreut, weil schon gewisse einfältige Gemüter daran dächten, ihn zur Ehre der Altäre zu erheben.

Diese heute kritisch betrachtete Nachricht des gelehrten Humanisten hat wohl einen historischen Wahrheitskern. Sie dürfte aber auch in Bezug stehen zum zwischen 1426 und 1429 vom Bacharacher Pfarrer Wienand von Steeg vergebens in Rom angestrengten Heiligsprechungsprozeß und des dadurch örtlich und in Bereichen des Mainzer Erzbistums erneut aufgekommenen Wernerkultes.

Wenige Wochen nach der möglichen Bacharach-Predigt starb Erzbischof Heinrich II. am 17. oder 18. März 1288 in Hagenau, wohin er König Rudolf begleitet hatte. Seine letzte Ruhestätte fand er in seiner Mainzer Kathedralkirche. Von seinem Grab fehlt jede Spur. Nur zwei angebliche Grabinschriften sind überliefert. „Hic iacent in fossa Henrici mendici ossa“ (In diesem Grab liegen die Gebeine des Mendikanten Heinrich), lautet die eine, „Nudipes Antistes, non curat clerus, ubi stes, dummodo non celis, stes ubicunque velis“ (Barfüßerbischof, es kümmert den Klerus nicht, wo du dich aufhältst; wenn du nur nicht im Himmel bist, kannst du sein, wo du willst), heißt die andere. Diese Spottreime mögen im Mainzer Domkapitel entstanden sein. Man war zufrieden, die Spitze des Bistums so schnell erneut besetzen zu können.

Kein Bürgerlicher kam mehr von da an auf den Erzstuhl von Mainz. Er war fest in den Händen des Adels. Knapp 50 Jahre später war auch das gesamte Domkapitel dem Adel vorbehalten. Die Domkapitulare konnten dieses Privileg durchsetzen, weil sie als einzig berechtigte Wähler der Erzbischöfe in die günstige Lage gerieten, sich in Wahlkapitulationen eine Fülle von Rechten und Vorteilen festschreiben lassen zu können. Die Exklusivität lohnte sich für den Adel, denn die Dompfründe waren sehr einträglich, das alleinige Zustimmungsrecht des Domkapitels bei vielen geistlichen und weltlichen Handlungen des Erzbischofs mehrte sich und ihr alleiniges Vertretungsrecht bei der häufigen Abwesenheit des geistlichen Kurfürsten festigte sich. Im Gegensatz zu Trier konnte das Mainzer Domkapitel jedoch nie zur Landständigkeit aufsteigen.

Das Pontifikat von Erzbischof Gerhard II. von Eppstein (1289–1305) am Übergang vom Hoch- zum Spätmittelalter

Die Erzbischofswahl nach Heinrichs II. Tod fiel wieder strittig aus. Im März 1288 wurden sowohl Gerhard von Eppstein als auch Emercho von Schöneck gewählt. Beide appellierten an den Apostolischen Stuhl, reisten nach Rom und betrieben dort ihre Sache. Dieses Mal entschied sich der Papst für Gerhard II. Nach vorausgegangenem Verzicht beider Präbendenten benannte er ihn am 6. März 1289 zum Erzbischof, konsekrierte ihn und überreichte ihm das Pallium. Gerhards bisherige Pfründe galten der Kurie von da ab als vakant. Gemäß der Konstitution „Licet ecclesiarum“ nahm der Papst für sie das Kollationsrecht in Anspruch. Ein zum Teil bis zu 150 Jahre währender Streit um päpstliche Provision, stiftisches Wahlrecht und erzbischöfliches bzw. kaiserliches Kollationsrecht entwickelte sich daraus. Andeutungen und Wurzeln der kommenden kirchlich-weltlichen Turbulenzen im 14. Jahrhundert auch hier.

Dem letzten Jahrzehnt des 13. Jahrhunderts, unmittelbare Bruchstelle zwischen Hoch- und Spätmittelalter, vermochte im Reich und im Bistum der vierte Mainzer Oberhirte aus dem Hause Eppstein deutliche Stempel aufzudrücken. Im August 1289 kehrte er als vom Papst bestätigter und konsekrierter Bischof nach Mainz zurück. Er rief am 28. August zum Wiederaufbau der durch Brand verwüsteten St. Mariengredenkirche auf und bestätigte am folgenden Tag der Stadt Mainz ihre Freiheitsprivilegien. Auch nahm er sich der schon seit langem auf Emanzipation drängenden und erneut unruhigen Stadt Erfurt an. Am 24. November 1289 einigten sich die beiden Parteien gütlich und schlossen am 26. November einen Vertrag,

Bischofsstab von Erzbischof Gerhard II.

der beiderseitige Rechte und Pflichten in einem umfassenden Schriftstück festlegte. Gerhard II. war selbst nach Erfurt gereist, zumal König Rudolf dorthin eine Reichsversammlung einberufen hatte. Das Verhältnis des Erzbischofs zum Habsburger war reserviert. Nachhaltende Verstimmung über die Vorgänge von 1286 spielte dabei eine gewisse Rolle. Doch mehr noch distanzierte beide der politische Kurs. Rudolf wollte ein auf einer starken Hausmacht basierendes erneuertes Königtum mit weitreichender Kompetenz und tendierte auf ein an sein Haus Habsburg gebundenes Erbkönigtum. Gerhard hatte, wie auch seine kurfürstlichen Kollegen, insbesondere von Köln und Trier, ein Wahlkönigtum im Sinn, das ihnen immer wieder die Möglichkeit bot, entscheidend in die Reichsführung einzugreifen, die eigene Position aufzubessern und die Territorialherrschaft endgültig durchzusetzen. Die Verhinderung der von König Rudolf beabsichtigten frühzeitigen Nachfolgeregelung durch die Wahl eines seiner Söhne zum Römischen König, die an enorme Zugeständnisse und Auflagen gebundene Wahl von König Adolf von Nassau (1292–1298) zum Nachfolger des am 15. Juli 1291 verstorbenen Rudolfs unter bewußter Umgehung von dessen Sohn Albrecht, der Sturz des Nassauers 1298, die Wahl Albrechts I. von Österreich (1298–1308) zum neuen König und der offene Kampf gegen Adolf von Nassau in der Ritterschlacht auf dem Hasenbühl bei Göllheim in der Pfalz am 2. Juli 1298 wiesen unmißverständlich in diese Richtung.

Der Eppstein war maßgebend in diese Vorgänge einbezogen. Die Wahl Adolfs von Nassau hatte er mitbetrieben, weil dieser mit ihm verwandt war und keine starke Hausmacht besaß. Als der neue König um einer stärkeren Hausmacht willen nach Thüringen und Meißen griff und damit in das territoriale Interessengebiet von Mainz, protestierte Erzbischof Gerhard II. und setzte sich zur Wehr. Im Mainzer Dom wurde der Prozeß gegen Adolf geführt. Am 23. Juni 1298 verkündete der Mainzer Kurfürst die Absetzung und wählte noch am selben Tag gemeinsam mit Herzog Albrecht von Sachsen und den Markgrafen Otto, Heinrich und Hermann von Brandenburg den neuen König Albrecht. An der Schlacht bei Göllheim nahm er persönlich teil. König Adolf verlor im Kampf sein Leben, Anlaß für Gerhard II. von Eppstein, am 27./28. Juli 1298 in Frankfurt jetzt mit allen Kurfürsten Albrecht von Österreich ein zweites Mal zu wählen.

König Albrecht I. begann bald, eigene Politik zu betreiben. Weil er damit vor allem den rheinischen Kurfürsten gefährlich wurde, schlossen am 4. Oktober 1300 die Erzbischöfe von Mainz, Köln und Trier und der Pfalzgraf Rudolf I. in Heimbach bei Bingen ein Schutzbündnis gegen den König. Offen wurde dabei über die Absetzung des Habsburgers nachgedacht. Der Mainzer soll dabei geäußert haben, er führe noch viele Könige in seinem Köcher. Doch offensichtlich war der Köcher des Königs noch gefüllter. Er verlangte von den Erzbischöfen am Rhein die Aufhebung eigenmächtig errichteter Zölle, verband sich mit den Städten, griff zu den Waffen und besiegte in raschen Feldzügen die rebellischen Kurfürsten. Im März 1302 eroberte er Bingen und zwang Gerhard II. unter harten Bedingungen zu einem Friedensvertrag. Es war nicht der einzige Rückschlag, den der Erzbischof hinnehmen mußte. Auch seiner an sich tatkräftigen Territorialpolitik wurden Grenzen gesetzt. Am drückendsten war, daß das Erzstift unter ihm erhebliche finanzielle Einbußen erlitt. In einem päpstlichen Schreiben vom 11. März 1304 hieß es, König Albrecht habe Erzbischof Gerhard und das Mainzer Erzbistum in arge Bedrängnis gebracht. Der Erzbischof habe aus Angst zu seiner und seiner Kirche Schaden einige sehr ungünstige Verträge eingehen müssen.

Der das schrieb, war Papst Benedikt XI. Er war 1303 Papst Bonifaz VIII. gefolgt, der geglaubt hatte, von Gott zur Regierung der Welt beide Schwerter erhalten zu haben, das geistliche und das weltliche. Das erste, um es selbst zu führen, und das zweite, um es nach seinem Willen und Fügen von den Königen führen zu lassen. Was Bonifaz VIII. glaubte und was seit Innozenz III. (gest. 1216) weithin auch Wirklichkeit war, erwies sich 1303 als Traum, der an der Realität zerbrach. Als im September 1303 der Papst in Anagni in die Gefangenschaft von Beauftragten des französischen Königs geriet, war das mehr als ein schlimmer Coup. Anagni bedeutete das Ende des mittelalterlichen universalen Papsttums. Nach Anagni war die damalige Welt anders. Bonifaz VIII. hatte die ihm zugefügte Schmach nur noch wenige Monate überlebt. Sein Nachfolger Benedikt XI. konnte noch im selben Jahr 1303 gewählt werden. Als der eben gewählte Papst bereits 1304 starb, dauerte es fast ein Jahr, bis sich die Kardinäle 1305 auf den Franzosen Klemens V. (1305–1314) einigen konnten. Mit diesem willfährigen Gefolgsmann König Philipps IV. von Frankreich begann das, was das „Exil von Avignon" oder die „babylonische Gefangenschaft" der Kirche genannt wird. Diese bis 1376 währende Abwesenheit der Päpste von Rom legte wie auf die Gesamtkirche große Schatten über das Erzbistum Mainz. Erzbischof Gerhard II. von Eppstein, unter dessen Pontifikat das Mainzer Rad ins erzbischöfliche Wappen aufgenommen worden sein soll, war davon nicht mehr betroffen. Er war am 25. Februar 1305 gestorben und in seiner Kathedralkirche beigesetzt worden.

LITERATUR

Zu Kapitel IV, 1:

ACHT, Peter (Bearb.): Mainzer Urkundenbuch. Bd. 2: Die Urkunden seit dem Tode Erzbischof Adalberts I. (1137) bis zum Tode Erzbischof Konrads (1200). Teil 1: 1137–1175. Teil 2: 1176–1200. (= Arbeiten der Hessischen Historischen Kommission Darmstadt). Darmstadt 1968–1971.

BRÜCK, Anton (Ph(ilipp): Hildegard von Bingen 1179–1979. FS zum 800. Todestag der Heiligen. (= Quellen und Abhandlungen zur mittelrheinischen Kirchengeschichte, 33). Mainz 1979.

BÜTTNER, Heinrich: Das Erzstift Mainz und das Reich im 12. Jahrhundert. In: Hessisches Jahrbuch für Landesgeschichte 9 (1959) S. 18–36.

BÜTTNER, Heinrich: Erzbischof Heinrich von Mainz und die Staufer (1142–1153). In: Zeitschrift für Kirchengeschichte 4. F. 6 = 69 (1958) S. 247–267.

BÜTTNER, Heinrich: Die Stadt Mainz in der Stauferzeit. In: Mainzer Zeitschrift 58 (1963) S. 46–54.

EHLERS, Joachim: Verfassungs- und sozialgeschichtliche Studien zum Bildungsgang Erzbischof Adalberts II. von Mainz. In: Rheinische Vierteljahrsblätter 42 (1978) S. 161–184.

FLECKENSTEIN, Josef: Friedrich Barbarossa und das Rittertum. Zur Bedeutung der großen Mainzer Hoftage von 1184 und 1188. In: FS für Hermann Heimpel zum 70. Geburtstag am 19. September 1971. (= Veröffentlichungen des Max-Planck-Instituts für Geschichte, 36 – II). Göttingen 1972. S. 1023–1041.

GANZER, Klaus: Die Entwicklung des auswärtigen Kardinalats im Hohen Mittelalter. Ein Beitrag zur Geschichte des Kardinalkollegiums vom 11. bis 13. Jahrhundert. (= Bibliothek des Deutschen Historischen Instituts, 26). Tübingen 1963.

HAUSMANN, Friedrich: Reichskanzlei und Hofkapelle unter Heinrich V. und Konrad III. (= Schriften der Monumenta Germaniae historica, 14). Stuttgart 1956.

JORDAN, Karl: Das politische Kräftespiel an Oberweser und Leine um die Mitte des 12. Jahrhunderts. In: FS für Hermann Heimpel zum 70. Geburtstag am 19. September 1971. (= Veröffentlichungen des Max-Planck-Instituts für Geschichte, 36 – II). Göttingen 1972. S. 1042–1062.

LIEBEHERR, Irmtraud: Das Mainzer Domkapitel als Wahlkörperschaft des Erzbischofs. In: Willigis und sein Dom. FS zur Jahrtausendfeier des Mainzer Domes 975–1975. (= Quellen und Abhandlungen zur mittelrheinischen Kirchengeschichte, 24). Mainz 1975. S. 359–391.

OEHRING, Siglinde: Erzbischof Konrad I. von Mainz im Spiegel seiner Urkunden und Briefe (1161–1200). Phil. Diss. Marburg 1971. (= Quellen und Forschungen zur hessischen Geschichte, 25). Darmstadt und Marburg 1973.

PFAFF, Volkert: Die deutschen Domkapitel und das Papsttum am Ende des 12. Jahrhunderts. In: Historisches Jahrbuch 93 (1973) S. 21–56.

SCHÖNTAG, Wilfried: Untersuchungen zur Geschichte des Erzbistums Mainz unter den Erzbischöfen Arnold und Christian I. (1153–1183). (= Quellen und Forschungen zur hessischen Geschichte, 22). Darmstadt und Marburg 1973.

SPEER, Lothar: Kaiser Lothar III. und Erzbischof Adalbert I. von Mainz. Eine Untersuchung zur Geschichte des deutschen Reiches im frühen zwölften Jahrhundert. (= Dissertationen zur mittelalterlichen Geschichte, 3). Köln, Wien 1983.

SPIESS, Karl-Heinz: Königshof und Fürstenhof. Der Adel und die Mainzer Erzbischöfe im 12. Jahrhundert. In: Deus qui mutat tempora. Menschen und Institutionen im Wandel des Mittelalters. FS für Alois Becker zu seinem fünfundsechzigsten Geburtstag. Hrsg. v. Ernst-Dieter Hehl, Hubertus Seibert und Franz Staab. Sigmaringen 1987. S. 203–234.

STEINITZ, Wolfgang: Erzbischof Konrad III. von Salzburg und der hl. Thomas von Canterbury. In: Mitteilungen der Gesellschaft für Salzburger Landeskunde 112–113 (1972–1973) S. 253–263.

STOOB, Heinz: Zur Königswahl Lothars von Sachsen im Jahre 1125. In: Helmut Beumann (Hrsg.), Historische Forschungen für Walter Schlesinger. Köln, Wien 1974. S. 438–461.

STUMPF, Karl Friedrich: Acta Maguntina saeculi XII. Urkunden zur Geschichte des Erzbisthums Mainz im zwölften Jahrhundert. Innsbruck 1863.

WERLE, Hans: Die Machtstellung des Saarbrücker Hauses am Mittel- und Oberrhein im 12. Jahrhundert. In: Saarbrücker Hefte 5 (1957) S. 23–37.

Zu Kapitel IV, 2:

DEMANDT, Dieter: Stadtherrschaft und Stadtfreiheit im Spannungsfeld von Geistlichkeit und Bürgerschaft in Mainz (11.–15. Jahrhundert). (= Geschichtliche Landeskunde, 15). Wiesbaden 1977.

DEMANDT, Karl E.: Der Endkampf des staufischen Kaiserhauses im Rhein-Maingebiet. In: Hessisches Jahrbuch für Landesgeschichte 7 (1957) S. 102–164.

FALCK, Ludwig: Mainz in seiner Blütezeit als freie Stadt (1244 bis 1328). (= Geschichte der Stadt Mainz, 3). Düsseldorf 1973.

FINK, Erich: Sigfried III. von Eppenstein. Erzbischof von Mainz 1230–1249. Phil. Diss. Rostock. Berlin 1892.

FRIEDERICHS, Heinz F.: Zur Herkunft der Herren v. Eppstein. In: Hessische Familienkunde 8 (1966–1967) S. 1–15.

GERLICH, Alois: Thronstreit – Erzbistumsschismen – Papstpolitik (1198–1208). In: Deus qui mutat tempora. Menschen und Institutionen im Wandel des Mittelalters. FS für Alois Becker zu seinem fünfundsechzigsten Geburtstag. Hrsg. v. Ernst Dieter Hehl u. a. Sigmaringen 1987. S. 283–320.

JÜRGENSMEIER, Friedhelm (Hrsg.): So also, Herr... Elisabeth von Thüringen 1207–1231. Frankfurt am Main 1982.

LEWIN, Heinrich: Der Mainzer Erzbischof Siegfried II. von Eppstein. Berner Diss. 1895. Schlüchtern 1895.

MEYER ZU ERMGASSEN, Heinrich: Hertwich, ein Eberbacher Mönch als Abt in Lorsch. In: Archiv für Diplomatik, Schriftgeschichte, Siegel und Wappenkunde 23 (1977) S. 286–296. ND in: Aus Geschichte und ihren Hilfswissenschaften. FS für Walter Heinemeyer zum 65. Geburtstag. Hrsg. von Hermann Bannasch und Hans-Peter Lachmann. (= Veröffentlichungen der Historischen Kommission für Hessen, 40). Marburg 1979. S. 286–296.

PICARD, Bertold: Eppstein im Taunus. Geschichte der Burg, der Herren und der Stadt. Frankfurt a. M. 1968.

SCHAAB, Meinrad: Bergstraße und Odenwald. 500 Jahre Zankapfel zwischen Kurmainz und Kurpfalz. In: Oberrheinische Studien III. FS für Günther Haselier. Karlsruhe 1975. S. 237–265.
SCHÖNFELDT, Ernst von: Lupuldus von Schönfeld. In: Vom Rhein. Monatsblatt des Wormser Altertumsvereins 9 (1910) S. 3–6. 11–15.

Zu Kapitel IV, 3:

BAETHGEN, Friedrich: Zur Geschichte der Wahl Adolfs von Nassau. In: Deutsches Archiv für Erforschung des Mittelalters 12 (1956) S. 536–543.
BAUMGARTNER, Ephrem O.M.Cap.: Heinrich von Isny, Ord. Min. († 1288), Bischof von Basel, Erzbischof von Mainz, Erzkanzler Rudolphs I. von Habsburg. (Beiträge zur Geschichte seiner Jugendjahre). In: Zeitschrift für Schweizerische Kirchengeschichte 5 (1911) S. 122–151. 220–226.
EUBEL, Konrad O.M.C.: Die Minoriten Heinrich Knoderer und Konrad Probus. In: Historisches Jahrbuch 9 (1888) S. 393–449. 650–673.
GEISSEL, Johann: Die Schlacht am Hasenbühl und das Königskreuz zu Göllheim. Eine historische Monographie. Speyer 1835. ND Göllheim 1982.
GERLICH, Alois: Königtum, Rheinische Kurfürsten und Grafen in der Zeit Albrechts I. von Habsburg. In: Geschichtliche Landeskunde 5, II (1969) (= FS Ludwig Petry, II) S. 25–88.
GERLICH, Alois: Rheinische Kurfürsten und deutsches Königtum im Interregnum. In: Geschichtliche Landeskunde 3, II (1967) (= FS Johannes Bärmann, II) S. 44–126.
PATZE, Hans: Erzbischof Gerhard II. von Mainz und König Adolf von Nassau. Territorialpolitik und Finanzen. In: Hessisches Jahrbuch für Landesgeschichte 13 (1963) S. 83–140.
REGESTEN der Erzbischöfe von Mainz 1289–1396. Hrsg. von Goswin von der Ropp. Abt. 1, Bd. 1: 1289–1328. Bearb. von Ernst Vogt. Leipzig 1913. ND Berlin 1970. – Abt. 1, Bd. 2: 1328–1353. Bearb. von Heinrich Otto. Darmstadt 1932–1935. ND zusammengestellt von F. Knöpp. Aalen 1976. – Abt. 2, Bd. 1: 1354–1371 unter Einschluß der 16. Lieferung 1371–1374. Bearb. von Fritz Vigener. Leipzig 1913–1914. ND Berlin 1970. – Namensverzeichnis zu Band 1,1; 1,2; 2,1. Bearb. von W. Kreimes. Darmstadt 1958.
ROPP, Goswin von der: Erzbischof Werner von Mainz. Ein Beitrag zur deutschen Reichsgeschichte des 13. Jahrhunderts. Göttingen 1872.
STUTZ, Ulrich: Das Mainzer Erststimmrecht bei der Wahl Richards von Cornwallis im Jahre 1257. In: Zeitschrift der Savigny-Stiftung für Rechtsgeschichte 55 = Germ. Abt. 42 (1921) S. 466–474.
ZIEHEN, Eduard: König Adolf von Nassau, Mittelrhein und Reich. In: Nassauische Annalen 59 (1939) S. 1–30.

V. IM SCHATTEN VON AVIGNON

Das Erzbistum im 14. Jahrhundert

1. Erzbischof Peter von Aspelt (1305–1320), eine zentrale Gestalt im Reichsgeschehen

Ernennung durch päpstliche Provision

Noch zu Lebzeiten von Erzbischof Gerhard II. (gest. 1305) hatte Papst Bonifaz VIII. am 15. Januar 1300 verfügt, daß im Falle einer Bischofsvakanz die Kirche von Mainz seiner Provision vorbehalten sei. Dennoch setzte das Domkapitel einen Termin für die Neuwahl an. Heftige Parteiungen innerhalb des Gremiums führten vor dem 4. Juli 1305 zu einer zwiespältigen Wahl: einige Domherren entschieden sich wie 1288 für den Domscholaster und Frankfurter Propst Emercho von Schöneck, andere gaben Emercho von Sponheim-Kreuznach ihre Stimme. Beide standen für reichspolitische Richtungen. Emercho von Schöneck war Kapellan von König Albrecht I. von Österreich (1298–1308), der eigens nach Mainz gekommen war, um den von ihm bevorzugten Domscholaster in das hohe Amt zu bringen. Gegen Albrechts Kandidat stand wegen der Vorgänge von 1298 die nassauische Opposition und wegen des Zollkrieges von 1302 auch die mit dem König überworfene Gruppe der Domkapitulare. Emercho von Sponheim, ehedem Kleriker im Gefolge König Adolfs, war ihr Favorit, weil er deutlicher die Belange der rheinischen Kurfürsten vertrat und als Verwandter der Nassau diesen die erhoffte Möglichkeit bot, im Erzbistum Mainz eine ähnlich dominierende Rolle einzunehmen wie bis dahin seit rund 150 Jahren die Eppstein. Die Gewählten wandten sich an den Papst. Klemens V. bestätigte keinen von beiden, sondern ernannte von Bordeaux aus Anfang November 1306 den Baseler Bischof Peter von Aspelt zum neuen Mainzer Oberhirten. Am 10. November erhielt der einstige Leibarzt von Kaiser Rudolf von Habsburg und später hervorragend agierende Kanzler unter König Wenzel II. von Böhmen (1278/1300–1305) das Pallium. Daß der Papst keine persönlichen Bedenken gegen die in Mainz Erwählten trug, zeigte die 1307 erfolgte Ernennung des Emercho von Schöneck zum Bischof von Worms sowie die Übertragung eines Kölner Kanonikats 1308 auf Emercho von Sponheim.

Durch seine Entscheidung festigte Klemens V. den päpstlichen Rechtsanspruch, den Mainzer Erzstuhl aus eigener Machtvollkommenheit besetzen zu können. Gleichzeitig hatte er Gelegenheit, dem französischen König eine Gefälligkeit zu erweisen. Philipp IV. bzw. der hinter diesem stehende Graf Heinrich von Luxemburg hatte den Blick des Papstes auf Peter von Aspelt gelenkt, der an der päpstlichen Kurie im Avignonesischen Exil weilte, weil er sich wegen der Thronwirren in Böhmen mit dem habsburgischen König Albrecht I. überworfen hatte. Graf Heinrich, Sohn des 1288 in der Schlacht bei Worringen gefallenen gleichnamigen Vaters und der Beatrix von Avesnes, war aus haus- und territorialpolitischen Gründen seit 1294 enger Verbündeter Frankreichs. Häufig weilte er am französischen Hof.

Noch im Frühjahr 1306 hatte er in Lyon Philipp IV. einen Treueid geschworen. Die räumliche Nähe zum modernen und dynamischen, vom jungen Grafen bewunderten Frankreich hatte diese – bei genauerer Sicht sogar das bestehende Reichslehensrecht verletzende – enge Verbindung gefördert. Tiefster Grund für solch politisches Taktieren war jedoch die zielbewußte und mit Geschick vorangetragene Planung des eigenen Aufstiegs. Über Graf Heinrich wurde daher für Philipp IV. Peter von Aspelt der Kandidat für Mainz. Er hoffte, damit einen Gegenpart zu König Albrecht zu bekommen. Für Graf Heinrich war der ihm freundschaftlich verbundene und um 1245 im luxemburgischen Aspelt geborene Peter als Erzbischof und Kurfürst von Mainz beste Voraussetzung für höchste Ambitionen. Das Domkapitel respektierte die päpstliche Entscheidung. König Albrecht belehnte Peter von Aspelt am 15. April 1307 mit den Regalien.

Politiker in unruhiger Zeit

Eine enge Zusammenarbeit mit dem immer mächtiger werdenden Haus Luxemburg prägte die politische Ausrichtung des neuen Mainzer Erzbischofs. Zwei Todesfälle führten 1308 zu einem ersten Höhepunkt dieser gemeinsamen Politik. Am 22. November 1308 starb der einst dem Mainzer Dominikanerkonvent angehörende Trierer Erzbischof Diether von Nassau, ein Bruder König Adolfs. Um die Nachfolge bewarben sich der bereits genannte Emercho von Sponheim-Kreuznach und Balduin von Luxemburg, der jüngere Bruder von Graf Heinrich. Erneut lief die luxemburgische Partei der sponheimisch-nassauischen den Rang ab, denn Erzbischof wurde Balduin. Papst Klemens V. selbst erteilte ihm am 10. März 1308 in Poitiers die Bischofsweihe. Als dann am 1. Mai 1308 König Albrecht I. von seinem Neffen Johann ermordet wurde, hielt Philipp IV. von Frankreich die von ihm geförderte Konstellation der geistlichen Kurstimmen für so günstig, daß er seinen Bruder Karl von Valois als deutschen Thronkandidaten präsentierte. Doch inzwischen hatte unter dem nachhaltigen Einfluß von Erzbischof Peter von Aspelt Heinrich von Luxemburg seine Kandidatur angemeldet. Sein Freundschaftsverhältnis mit Frankreich zerbrach. Unbeirrt reichsorientiert ging er von da an seinen eigenen Weg. Nach eingehenden Vorverhandlungen und Abmachungen in Rhens wählten ihn am 27. November 1308 in Frankfurt die Kurfürsten einstimmig zum neuen König. Noch am selben Tag baten sie den Papst, dem Gewählten die Kaiserkrone zu überreichen. Glaubt man dem eindrucksvollen Epitaph des Peter von Aspelt im Mainzer Dom, dann war der Erzbischof 1308 der eigentliche Königsmacher. Auf der Grabplatte setzt dieser Heinrich VII. (1308–1313) die Königskrone auf. In Wirklichkeit vollzog jedoch der zuständige Kölner Erzbischof Heinrich von Virneburg (1304–1332) am 6. Januar 1309 in Aachen die Krönung. Die feierliche Zeremonie, der Erzbischof Peter beiwohnte, wurde erstmals nicht mehr nach dem alten Mainzer Krönungsordo mit der Dreikönigsliturgie gestaltet, sondern nach dem neuen Köln-Aachener Ordo mit der Heiliggeist-Liturgie.

Zwischen dem am 10. Juni 1310 als Erzkanzler bestätigten und erneut für die Mainzer Kirche mit allen Privilegien bedachten Erzbischof Peter und König Heinrich VII., für viele bald nachgerade Hoffnungsträger in schwerer und unruhiger Zeit, entwickelte sich ein enges Vertrauensverhältnis. Eine für das Reich und den

Aufstieg des Hauses Luxemburg wichtige Entscheidung fiel im August 1310. König Heinrich VII. und sein erzbischöflicher Kanzler nutzten die Unzufriedenheit des böhmischen Adels und eines großen Teils der Geistlichkeit mit dem zum Nachfolger des 1306 verstoßenen Königs Wenzel III. gewählten Heinrich von Kärnten. Sie erwirkten dessen Absetzung und konnten Heinrichs VII. Sohn Johann von Luxemburg, verheiratet mit Elisabeth, der Tochter König Wenzels II., als Nachfolger durchsetzen. Als zuständiger Metropolit krönte Erzbischof Peter das böhmische Königspaar am 7. Februar 1311 im Prager Hradschin. Er erhielt dafür zum Dank außer 1000 Mark Silber einen kostbaren, reich mit Gold und Edelsteinen und mit Reliquien von Severus, Bonifatius und Margareta von Ungarn (gest. 1271) verzierten Thronsessel, der später als „Sitz des heiligen Martin" häufig ausgestellt und bei den Mainzer Prozessionen mitgeführt wurde. Wahrscheinlich wurde ihm beim selben Anlaß auch die Kopfreliquie der heiligen Margareta geschenkt. Das Reliquiar wog „drutzehen marck Goldes", war später in Bingen und wurde 1462 als Teil des Domschatzes verpfändet. 1311 lenkte der Mainzer Erzbischof als Verweser die Geschicke des Reiches; denn Heinrich VII. war im September 1310 mit kleinem Gefolge nach Italien aufgebrochen. Dante Alighieri und die Ghibellinen begrüßten begeistert das Kommen des Königs als Anbruch einer neuen Zeit des Friedens und der Gerechtigkeit. Am 6. Januar 1311 empfing Heinrich die Eiserne Lombardenkrone und am 29. Juni 1312 in der römischen Lateranbasilika aus der Hand von drei Kardinälen, da Papst Klemens V. nach wie vor in Avignon weilte, die Kaiserkrone.

Statt des erhofften Friedens brachte der Italienzug Aufstände lombardischer Städte und des guelfischen Florenz, viele blutige Kämpfe und aufreibende Belagerungen sowie die erklärte Feindschaft Philipps IV., der im einstigen Verbündeten die größte Gefahr für die Herrschaft der Anjou in Italien erkannte und deshalb alles daransetzte, den Papst zum Gegner des Kaisers zu machen. Der Italienzug endete katastrophal. Der König starb nach kurzer, schwerer Krankheit am 24. August 1313 in Buonconvento nahe Siena. Seine letzte Ruhestätte fand er im Dom des ghibellinischen Pisa. Zuvor hatte man schon seine am 14. Dezember 1311 in Oberitalien verstorbene Gemahlin Margarethe von Brabant zu Grabe getragen.

Heinrichs Programm war Friedenssicherung und Rechtswahrung gewesen. Sein jäher Tod wurde zum Auftakt langanhaltender Spannung und Spaltung. Erzbischof Peter von Aspelt klagte, in 500 Jahren habe kein Tod der Welt größeren Schaden zugefügt. Im Reich setzte sofort der Machtkampf um die Nachfolge ein. Erzbischof Balduin von Trier und Erzbischof Peter von Aspelt bemühten sich, Heinrichs Sohn, König Johann von Böhmen, auf den deutschen Thron zu heben. Als sich das als undurchführbar erwies und zwischen den Kurfürsten auch keine Einigung auf einen anderen gemeinsamen Kandidaten erzielt werden konnte, kam es 1314 zu jener folgenschweren Doppelwahl, die das Reich in mehrjährige Kriege verwickelte, die dem Erzstift Mainz größten Schaden zufügte, die den letzten Zweikampf zwischen Sacerdotium und Imperium auslöste und schließlich zum Rhenser Weistum von 1338 und zur Goldenen Bulle von 1356 führte, in der die Unabhängigkeit der deutschen Königswahl von der Gewalt des Papstes proklamiert und festgeschrieben wurde. Am 19. Oktober wählten in Frankfurt-Sachsenhausen Erzbischof Heinrich von Köln, der in territorialer Konkurrenz mit dem Mainzer Erzstift liegende Pfalzgraf Rudolf I., die Herzöge Rudolf von Sachsen und Heinrich von Kärnten den Habsburger Friedrich I. (Sohn Albrechts I.) zum König (1314–1330). Für seinen Vetter Herzog Ludwig IV. von Bayern (1314–1347) entschieden sich am folgenden Tag vor den Toren Frankfurts die geistlichen Kurfürsten von Mainz und Trier sowie Markgraf Waldemar von Brandenburg, König Johann von Böhmen und Johann von Sachsen-Lauenburg.

Friedrich wurde am 25. November 1314 vom zuständigen Kölner Erzbischof am falschen Ort in der Bonner St. Cassiuskirche gekrönt und Ludwig der Bayer am selben Tag vom nicht zuständigen Erzbischof Peter von Aspelt am richtigen Krönungsort in Aachen. Beide nannten sich Römischer König und beide beanspruchten das Reich. Ein unbekannter Mönch aus dem Kloster Fürstenfeld schrieb: „Zwietracht ergriff weit und breit die Gemüter. In allgemeiner Parteiung schloß sich dieser dem einen, jener dem anderen an. Der Geistliche und der Laie, der Reiche und der Arme, sie alle befehden einander und streiten ohne Unterlaß. Vom Gift der Zwietracht bleibt keine Stadt, keine Burg und kein Landstrich frei und unverseucht". Noch am Wahltag hatten Erzbischof Peter und seine Verbündeten der päpstlichen Kurie die Wahl angezeigt und für Ludwig den Bayern die Kaiserkrone erbeten. Gleiches taten die Wähler Friedrichs. Sie suchten überdies noch um die Bestätigung der Königswahl nach.

Beide Parteien hatten ihre Schreiben an den künftigen Papst gerichtet, denn Klemens V. war am 20. April 1314 gestorben. Erst am 7. August 1316 konnten sich die Kardinäle in Lyon auf Johannes XXII. (1316–1334), vormals Kanzler Karls II. von Neapel-Anjou, einigen. Dieser weithin die französischen Interessen vertretende Papst erklärte sich bis 1323 weder für den einen noch für den anderen zum König gewählten Fürsten. Erst als Ludwig, der mit Unterstützung des Königs Johann von Böhmen am 23. September 1322 bei Mühldorf Friedrich von Österreich vernichtend schlug, als jetzt in Deutschland anerkanntes Reichsoberhaupt daran ging, die verworrenen Verhältnisse in Italien in seinem Sinne zu regeln, sprach sich der Papst gegen ihn aus. 1323 erklärte er, da keine päpstliche Konfirmation erfolgt sei, den Königsthron für vakant, forderte Ludwig den Bayern auf, die Krone niederzulegen und verhängte 1324 über den gegen ihn appellierenden König den Bann. Diese zu großen Verwirrungen führende letzte epochale politische Auseinandersetzung zwischen dem Sacerdotium und dem Imperium hat Peter von Aspelt jedoch nicht mehr erlebt.

Landesherr und Oberhirte

Nicht nur als Königsmacher, Reichsverweser, Friedensmittler und Erzkanzler hatte sich Peter von Aspelt große Verdienste erworben. Seine Sorgen und sein tatkräftiges Handeln galten auch der Mainzer Kirche. Er belebte durchgreifender und weiträumiger als seine Vorgänger das von den kirchlichen Canones vorgeschriebene Visitationswesen. Bis in den böhmischen Bereich sandte er als Metropolit seine Visitatoren. Ein Höhepunkt der mittelalterlichen Mainzer Kirchengesetzgebung war das vom 11. bis 13. Mai 1310 im Dom abgehaltene Provinzialkonzil.

Gleich den bereits abgehaltenen Kirchenversammlungen in Köln und Trier sollte sich die Synode auf Geheiß des Papstes (mehrere Schreiben vom 12. August 1308) vornehmlich mit den Templern bzw. mit deren Verhör und der Konfiszierung ihrer

Güter befassen. Es gehört zu den dunklen Seiten der Kirchengeschichte, daß dem seit 1307 von König Philipp IV. aus persönlichen und politischen Gründen heftig befeindeten geistlichen Ritterorden unter dem Vorwurf schwerster Verfehlungen mit Wissen und Duldung Klemens' V. ohne die Chance einer echten Verteidigung ein ungerechter und gewaltsamer kirchlicher Inquisitionsprozeß auf Leben und Tod gemacht wurde. Aufgrund von erpreßten Geständnissen fällten das Konzil von Vienne und Papst Klemens V. trotz großer Bedenken aus Furcht vor dem französischen König den Schuldspruch. Der Orden wurde durch päpstlichen Erlaß am 22. März 1312 aufgehoben. Seine Güter und sein reicher Besitz sollten dem Johanniterorden übertragen werden.

Erzbischof Peter von Aspelt und das Mainzer Konzil nahmen das vom Papst angeordnete Templerverhör nur zögernd auf. In Berichten ist von einem dramatischen Zwischenfall die Rede. Danach soll der Wild- und Rheingraf Hugo auf Grumbach bei Meisenheim, Komtur der Templer, mit zwanzig bewaffneten Ordensrittern auf der Synode erschienen sein, nachhaltig die Unschuld des Ordens beteuert und erregt mit Appellen an den Papst und die gesamte Kirche gegen den auf die Vernichtung des Ordens gerichteten, in Frankreich grausam geführten Prozeß protestiert haben. Den Ordensrittern wurde eine gerechte Untersuchung zugesagt. Sie endete zum Mißfallen des Papstes im Juli 1311 mit der Unschuldserklärung. Da jedoch das vom Erzbischof Peter nicht besuchte Konzil von Vienne zu einem Schuldspruch gekommen war und der Orden nach der Auflösung durch den Papst seit März 1312 rechtlich nicht mehr bestand, ging auf Anordnung Klemens' V. (2. Mai 1312) auch der Templerbesitz im Mainzer Erzbistum bald auf die Johanniter über. Dabei handelte es sich vor allem um die nahe der St. Ignazkirche im Mainzer Stadtteil Selenhofen gelegene Komtei, an die später nur noch der Name „Tempelgäßchen" erinnerte.

Das tragische Templergeschick blieb auf dem Mainzer Provinzialkonzil von 1310 Randthema. Bestimmend war dagegen die Behandlung der alten und neuen Kirchenstatuten. Kirchenrechtliche und disziplinäre Fragen beherrschten die Beratungen. Das Ergebnis waren 157 Canones, die als Normen für das kirchliche Leben in Bistum und Provinz zusammengestellt wurden und weit über das Pontifikat Peters von Aspelt hinaus Bedeutung und Geltung hatten.

Als Landesherr war er in der Sicherung des Erreichten und im Ausbau seiner Herrschaft erfolgreich tätig. Der Kirche von Mainz konnte er in den Vorverhandlungen zu den Königswahlen von 1308 und 1314 die früher verliehenen Regalien und Privilegien erneuern und erhalten. Die verlorengegangenen Zölle in Lahnstein und Ehrenfels gewann er zurück. Der Stabilisierung der wirtschaftlichen Verhältnisse diente u. a. der am 22./23. Mai 1317 in Bacharach zwischen König Ludwig, den Erzbischöfen von Mainz und Trier, weiteren Fürsten und mehreren Rheinstädten, darunter auch Mainz, geschlossene Landfriede. Wohlwollend stand Peter der Errichtung eines Kaufhauses am Brand gegenüber, das unter großen Kosten von Mainzer Bürgern vor 1317 erbaut wurde. Es diente der Belebung des Handels, mit dem man in Konkurrenz zu Frankfurt treten wollte, und war Ausdruck der Bedeutung, zu der es die bürgerliche Kaufmannsgilde der Stadt gebracht hatte.

Mit der damals bereits sehr unruhigen und spannungsgeladenen, von verheerenden Hungersnöten (1315 und 1317) geplagten freien Stadt Mainz – 1316 nahmen gleich mehrere päpstliche Schreiben zu den Streitigkeiten zwischen den selbstbewußt gewordenen Bürgern und dem Klerus der Stadt Stellung – hielt der Erzbischof Frieden. Das dem Stadtgericht 1314 von König Ludwig eingeräumte Recht, in eigener Kompetenz entscheiden zu können, anerkannte und respektierte er. Weltgewandt und offen für die kulturellen Strömungen der Zeit, holte Erzbischof Peter 1312 den (1318 verstorbenen und im Mainzer Domkreuzgang beigesetzten) Minnesänger und Theologen Heinrich von Meißen, genannt Frauenlob, in seine Bischofsstadt. Hier fand der Gelehrte ein Publikum, das für seine geistlichen, theologischen und philosophischen Themen aufgeschlossen war. Sein Freund und Gönner Peter von Aspelt, der 15 Jahre lang die Geschicke des Reiches mitbestimmt und der Mainzer Kirche zu großem Ansehen verholfen hatte, starb am 5. Mai 1320. Sein Epitaph zeigt ihn als dreimaligen Königskröner und preist seine Freigebigkeit, seinen Weitblick und scharfsinnigen Rat.

2. Die bedächtige Haltung von Erzbischof Matthias von Bucheck (1321–1328) zum Reichsgeschehen

Päpstliche Provision und kuriale Finanzansprüche

Der dem Schweizer Geschlecht der Grafen von Bucheck entstammende Matthias, seit 1304 Kustos der alten elsässischen Benediktinerabtei Murbach und einige Jahre später auch Propst der von der Abtei zu besetzenden Propstei Luzern, war nicht nur der letzte Ordensmann auf dem Mainzer Erzstuhl, er war auch der vorerst letzte Mainzer Erzbischof, der unwidersprochen durch päpstliche Provision in sein hohes Amt gelangte.

Nach dem Tode von Erzbischof Peter nahm das Domkapitel wie gewohnt sein Wahlrecht wahr und einigte sich aus territorial- und reichspolitischen Überlegungen auf den Trierer Erzbischof Balduin von Luxemburg, enger Freund des Verstorbenen und wie dieser Parteigänger Ludwigs des Bayern. Balduin nahm die wahrscheinlich im August 1320 erfolgte Wahl an und trat sogleich als Administrator in Funktion. Gleichzeitig jedoch erwartete er vom Mainzer Domkapitel, daß es die päpstliche Bestätigung seiner Postulation einhole.

Papst Johannes XXII. entschied nicht im Sinne der Mainzer Domherren. Er ernannte vielmehr am 4. September 1321 Matthias von Bucheck zum neuen Erzbischof. Die Entscheidung des Papstes hatte mehrere Gründe. Seiner politischen Ausrichtung stand entgegen, dem einflußreichen und auf König Ludwig festgelegten Luxemburger noch ein zweites bedeutendes Erzbistum in die Hand zu geben. Zudem hatte er bereits zu Lebzeiten von Erzbischof Peter die Neubesetzung des Mainzer Erzbistums dem Apostolischen Stuhl reserviert. Für Matthias von Bucheck sprach, daß er, gleich dem Papst, König Friedrich von Österreich favorisierte. Zudem besaß Matthias über seinen älteren Bruder Hugo guten Kontakt zu dem mit Johannes XXII. befreundeten Robert von Neapel-Anjou (gest. 1343). Der Papst, der die Ernennung eines Reichsvikars für sich in Anspruch nahm, hatte Robert 1317 dieses Amt für Italien übertragen. Dieser hatte die päpstliche Entscheidung für Matthias vermutlich maßgeblich beeinflußt.

Erzbischof Balduin von Trier zögerte nicht, den zum Erzbischof providierten Matthias sofort anzuerkennen. Er traf mit ihm zusammen und begleitete ihn von Speyer aus nach Mainz, wo der Ernannte am 13. Dezember 1321 nach feierlichem Empfang durch die Stadt und die Geistlichkeit das Erzbistum übernahm. Balduins Verhalten war voraussehend und politisch klug. Durch seinen Verzicht auf das Erzbistum und sein freundliches Entgegenkommen hatte er das Vertrauen und die Freundschaft von Matthias gewonnen und damit erreicht, daß dessen Einstellung bei der immer noch unentschiedenen Königsfrage sich seiner eigenen annäherte. Das gewann vor allem politisches Gewicht, als ab 1323 der offene Konflikt zwischen Johannes XXII. und Ludwig dem Bayern ausbrach.

Die Art und Weise, wie der Papst sich ab 1324 mühte, König Karl IV. von Frankreich auf den deutschen Königsthron zu bringen und aus diesem Grunde auch den 1325 aus der Gefangenschaft entlassenen Friedrich den Schönen von Österreich verwarf, sowie die sehr kontrovers geführte Diskussion um Sinn und Bedeutung von Königswahl, päpstlicher Approbation und Krönung machten offenkundig, daß dem Streit grundsätzlicher Charakter zukam. Nicht zuletzt dem guten Einvernehmen zwischen Balduin und Matthias muß es zugeschrieben werden, daß der Mainzer sich in der Gesamtkontroverse eher abwartend verhielt. Sah es anfänglich so aus, als zeige er für die politischen Ziele des Papstes und die unter Johannes XXII. besonders extensiv ausgelegten päpstlichen Kompetenzansprüche auf das Reich und die Besetzung des Königsthrones Verständnis und Entgegenkommen, so revidierte er durch sein Handeln im Verlaufe der Zeit diesen Eindruck, ohne allerdings klare Gegenpositionen einzunehmen.

So hatte er nach einigem Zögern auf mehrfaches Drängen des Papstes die Exkommunikation von Ludwig dem Bayern verkündigen lassen. Gleichzeitig blieb er trotz der Neuwahlüberlegungen 1324 in Rhens in der Frage der päpstlichen Reichsentsetzung zurückhaltend und rückte von Ludwig so wenig ab, daß ihn Johannes XXII. in mehreren Schreiben rügte und zu deutlicheren Schritten aufforderte.

Dabei erwartete der Papst von ihm Dankbarkeit. Das nicht nur, weil Matthias von Bucheck durch päpstliche Gunst Erzbischof von Mainz geworden war, sondern auch, weil die Kurie bei ihren hohen finanziellen Forderungen Verhandlungsbereitschaft erkennen ließ.

Bei diesen Geldern ging es um die sogenannten Servitienzahlungen und um die Forderungen, welche die Kurie auf die Mainzer Einkünfte aus den erzbischöflichen Mensalgütern während der zurückliegenden Sedisvakanz stellte. Die Servitien waren seit Papst Alexander IV. (1254–1261) pflichtmäßige Abgaben, die von den Bischöfen für die päpstliche Bestätigung bzw. Ernennung zu entrichten waren. Sie zerfielen in das „Servitium commune", bald festgelegt entsprechend dem von der Kurie geschätzten Jahreseinkommen des Bischofsstuhles, und den kleinen Servitien („servitia minuta"), deren Zahl seit Papst Benedikt XI. (1303–1304) fünf betrug.

Eine von dem päpstlichen Stuhl taxierte Pflichtabgabe leistete von den Mainzer Erzbischöfen wohl erstmals Werner von Eppstein. Von „Servitien" ist bei Peter von Aspelt die Rede, der sich 1306 zu einer Zahlung von 1000 Mark Silber verpflichtete im Wert von 5000 fl., das heißt florentinischen Gulden, die damals je 3,537 g

Wappen der Erzbischöfe

Wappen der Erzbischöfe

Feingold enthalten mußten. Der seit der Mitte des 13. Jahrhunderts in Florenz (Florin, fl.), Genua und Venedig (Zecchino bzw. Dukat) geprägte Gulden war an der Kurie üblich und kam zu Beginn des 14. Jahrhunderts auch im Reich in Gebrauch. Die 5000 fl. waren für Mainz das „servitium commune". Als kleine Servitien fielen weitere 400 bis 500 fl. an. Bei dieser Taxierung blieb es bis 1420. Infolge der Neuregelung der Servitien bzw. Gebühren durch Papst Martin V. (1417–1431) erhöhte sich das „servitium commune" auf 10000 fl., die „5 servitia minuta seu familiaria" betrugen von da an 4000 fl.

Daß diese hohen Summen, zu denen noch weitere Gebühren, die Beträge für das Pallium und die Kosten für die an der Kurie verhandelnden Prokuratoren hinzukamen, drücken konnten, bekam Erzbischof Matthias zu spüren. Über seine Verhandlungsdelegation hatte er am 2. Oktober 1321 zugesichert, die Servitien bis Christi Himmelfahrt 1322 zu zahlen. Ferner erhob die Kurie ohne eigentlichen Rechtstitel auch noch Anspruch auf die Hinterlassenschaft von Erzbischof Peter und auf 30000 fl. aus den Mainzer Einkünften während der Sedisvakanz. Dadurch geriet der Erzbischof trotz einer 1322 dem Bistum auferlegten („Subsidium maius") bzw. vom Mainzer Klerus gegen die Zusicherung von Privilegien freiwillig gewährten („gratae subventionis subsidium") Unterstützung in arge Bedrängnis; war doch nicht nur die päpstliche Erlaubnis, sich zum Bischof weihen zu lassen, an die pünktliche Einhaltung der Zahlungstermine gebunden, sondern auch die Drohung, bei Nichteinhaltung der Exkommunikation, der Suspension und dem Interdikt zu verfallen.

Die Servitiengelder brachte Matthias von Bucheck – zwischenzeitig wirklich mit den angedrohten Kirchenstrafen belegt – bis Oktober 1322 auf, nicht aber die Sedisvakanzgelder. Für sie verpflichtete er sich erneut im März 1323. Die dabei mit der Kurie ausgehandelten Zahlungsbedingungen sahen vor, daß die 30000 fl. bis Ostern 1324 in drei Raten beglichen werden sollten. Aufgrund dieser Einigung gestattete Papst Johannes XXII. dem Erzbischof, sich von einem Bischof eigener Wahl konsekrieren zu lassen. Matthias von Bucheck wählte den Eichstätter Bischof Marquard von Hageln (1322–1324). Im Beisein von zwei weiteren Konsekratoren weihte ihn dieser in Aschaffenburg am 3. Juli 1323 zum Bischof. Marquard nahm die Gelegenheit zum Anlaß, sich und seinem Bistum „das den Eichstätter Bischöfen seit den Zeiten des Bonifatius zustehende Recht" erneuern zu lassen, Kanzler der Mainzer Kirche zu sein und, ohne Verletzung der erzbischöflichen Rechte, das Mainzer Siegel zu führen. Zwei Monate nach seiner Bischofsweihe erhielt Erzbischof Matthias am 5. September 1323 vom Papst das Pallium.

Von den immer noch anstehenden Sedisvakanzgeldern zahlte Mainz lediglich am 18. Januar 1324 3000 fl. Erneut traten gegen den Erzbischof die hohen Kirchenstrafen in Kraft, von denen er jedoch vom Papst bald wieder losgesprochen wurde und überdies vom Vergehen, trotz Exkommunikation, Suspension und Interdikt Pontifikalhandlungen vorgenommen zu haben.

Wichtiger jedoch als die Befreiung von der ihres häufigen Gebrauchs wegen immer stumpfer werdenden Waffe der Kirchenstrafe war für ihn und das Bistum, daß der Papst am 1. Juli 1325 einen Nachlaß von 7000 fl. zugestand. Die restlichen 20000 fl. sollten, jeweils zu Weihnachten, in drei Raten bis 1327 beglichen werden. Im März 1326 fand sich Johannes XXII. zu einem weiteren Nachlaß von 5000 fl. bereit. Dann folgten Aufschübe der Zahlungstermine. Bis zum Tod von Erzbischof

Matthias blieb die Zahlung der Sedisvakanzgelder ebenso unerledigt wie die Aushändigung der von Avignon eingeforderten Hinterlassenschaft von Peter von Aspelt.

Hinter den Zugeständnissen, die Johannes XXII. bzw. die Kurie ab Juli 1325 bezüglich der Sedisvakanzgelder machten, standen politische Motive. In dem epochalen Ringen um die Besetzung des deutschen Königsthrons sollte der wichtige geistliche Kurfürst von Mainz an die päpstliche Position gebunden werden. Welch hoher Stellenwert dem Heiligen Stuhl von Mainz damals beigemessen wurde und zukam, dokumentiert u. a. Marsilius von Padua (gest. 1342/43) in seinem 1324 vollendeten „Defensor pacis". In dieser extrem antipäpstlichen Schrift mit ihrer radikaldemokratischen Tendenz, deren kirchenpolitisch und ekklesiologisch äußerst brisante Sprengkraft eigentlich erst im 16. Jahrhundert wirksam wurde, heißt es: „Rom nämlich ist mit Mainz und den übrigen Städten das eine Reich bzw. Imperium" („Roma namque cum Maguncia et reliquis communitatibus sunt unum regnum seu imperium").

Als in Avignon 1326 die Verfasserschaft des Marsilius bekannt wurde, floh dieser nach München zu Ludwig dem Bayern und stellte sich ihm in dessen Kampf gegen Johannes XXII. zur Verfügung. Ebenso verhielten sich seine Ordensbrüder Johannes von Janduno (gest. 1328), Wilhelm von Cesena (gest. 1342) und Wilhelm von Ockham (gest. 1349/50), alle Minoriten und mit Johannes XXII. zerstritten. Sie waren für den Papst theologisch und politisch ernstzunehmende Gegner. In ihren Ideen und Vorstellungen fand in vielem der neue Geist der Zeit Prägung und Ausdruck. Wohl auf sie wollte Johannes XXII. hinweisen, als er am 26. Mai 1324 Erzbischof Matthias vor den „Lügnern in Mönchskleidern" warnte, die ihn anschuldigten, mit seinem Kampf gegen Ludwig das Wahlrecht der Kurfürsten auslöschen zu wollen. Die Warnung war Werbung für die eigene Königsidee und Beschwichtigung eines davon betroffenen Königswählers.

Kommunale Bewegung und mißglückte Territorialpolitik

1327 begleitete Marsilius von Padua König Ludwig nach Italien. Er half ihm, am 17. Januar 1328 in Rom die Kaiserkrone zu erhalten. Ludwig nahm sie in St. Peter aus der Hand des 1303 am Überfall von Anagni beteiligten Sciarra Colonna (gest. 1329) an, der sie ihm gegen den ausdrücklichen Willen des Papstes im Namen des römischen Volkes überreichte. Die Krönung war Ausdruck eines weltlich verstandenen Königtums. Gleichzeitig manifestierte sich in ihr ein kommunales Selbstverständnis, das, zwar in geänderter Form und Intensität, auch in vielen Städten des Reiches lebendig war. In Mainz und in Erfurt drückte es sich in wachsenden Spannungen zwischen den Bürgern und dem privilegierten Klerus aus. Matthias von Bucheck gelang es, sich, d. h. die Person des Erzbischofs von Mainz, aus dem immer heftiger werdenden Kräftemessen herauszuhalten. Bereits am 3. April 1322 trat er dem Landfriedensbund der Städte Mainz, Oppenheim, Worms, Speyer und Straßburg bei. Mainz gewährte er weitere Freiheiten und erklärte 1325 die Bürger für steuer- und bedefrei. Er versprach, künftig bei Streitereien um Gelder und Steuern keine Kirchenstrafen mehr zuzulassen. Auch das Privileg, die Bürger nur innerhalb der Stadt vor ein Gericht zu stellen, erneuerte er. Dem Klerus legte er auf, nächtliches Umherschweifen und das Waffentragen zu unterlassen. In der Kernfrage des Streites, im Steuer- und Gerichtsprivileg des Klerus, hielt er sich zurück. Ihm blieb kaum anderes übrig, wollte er sich nicht die eine oder andere Seite zum Gegner machen. Die aufgeregte Stimmung in Mainz blieb. Ähnlich war es in Erfurt. „Riche lute“, die nicht zuletzt durch die gut gehende Blaufärberei reich geworden waren, machten gegen die Vierherren und die Gemeinde Front. Ebenso wie in Mainz lagen die Bürger und der Klerus in vielfachem Streit. Der Streit war im letzten nur Ausdruck eines viel tiefer gehenden Emanzipationsprozesses. In Mainz sollte er enden mit dem Verlust der Stadtfreiheit im Jahre 1462. Bis dahin war es noch ein langer Weg.

Die bedächtige politische Art von Erzbischof Matthias den unruhigen Städten Mainz und Erfurt gegenüber muß als nicht gerade glücklich bezeichnet werden, doch sie hatte beruhigenden Einfluß und während seines Pontifikats Erfolg. Eher umgekehrt war es mit seinen territorialpolitischen Unternehmungen Hessen gegenüber. Der schon seit dem Tode von Heinrich Raspe 1247 währende Dualismus bzw. territoriale und rechtliche Kompetenzkampf zwischen dem Erzbistum und der immer gefestigter werdenden Landgrafschaft Hessen war 1311 erneut aufgebrochen. Den Tod von Landgraf Johann von Niederhessen (gest. 1311) hatte Erzbischof Peter von Aspelt zum Anlaß genommen, Mainzer Lehen geltend zu machen. Es kam zu einer Anzahl entscheidungsloser Fehden. Am Ende stand 1318 die für die Mainzer Territorialentwicklung schicksalhafte Eisenacher Einung zwischen Landgraf Otto von Hessen (gest. 1328) und Markgraf Friedrich von Meißen (gest. 1323), Landgraf von Thüringen, die Erzbischof Peter bewog, seinen Frieden mit dem Gegner zu machen.

Erzbischof Matthias griff nicht nur den Lehensstreit 1324 abermals auf, er ließ sich sogar in schwere Kämpfe ein. Er war zunächst siegreich. 1327 konnte Gießen erobert werden, das 1265 gegen den Widerstand von Erzbischof Werner von Eppstein durch Kauf an Hessen gekommen war. Als sich dann Erzbischof Matthias anschickte, den hessischen Rivalen endgültig niederzuwerfen, mußte er in der Schlacht bei Wetzlar am 10. August 1328 eine empfindliche Niederlage hinnehmen. Bald darauf, am 9./10. September 1328, starb Matthias in Miltenberg. Er fand seine letzte Ruhestätte im Mainzer Dom.

3. Kampf um den Erzstuhl. Die Mainzer Schismen zwischen 1328 und 1381

Wahlrecht gegen Provisionspolitik: Erzbischof Balduin (1328–1337) gegen Heinrich III. von Virneburg (1328–1337)

Noch waren die Beisetzungsfeierlichkeiten für Erzbischof Matthias nicht beendet, da setzte bereits ein weitgespanntes Bemühen um die Nachfolge ein. In Avignon versuchte Bruno von Bucheck, seinem Bruder Berthold, providierter Bischof von Speyer und vom Papst am 28. September 1328 zum Bischof von Straßburg ernannt, den Mainzer Erzstuhl zu sichern. Gegen diese Pläne arbeitete der aus Konstanz stammende Johannes Unterschopf (gest. 1345), der 1321 mit Erzbischof

Matthias nach Mainz gekommen und ab seiner Ernennung durch Johannes XXII. 1325 zum Domdekan für zwei Jahrzehnte führender und bestimmender politischer Kopf des Domkapitels war. Die Gesamtlage des Reiches und die konkrete Situation der Mainzer Kirche veranlaßten ihn, gegen Berthold von Bucheck zu agieren. In Mainz erreichte der Gegensatz zwischen der freiheitlich gesinnten und auf immer weiter gehende Emanzipation drängenden Bürgerschaft und dem auf seine Privilegien bestehenden Klerus, vor allem dem mächtigen Domkapitel, seinen ersten Höhepunkt. Im Reich herrschten weiterhin Turbulenzen um den Königsthron. Obwohl Ludwig der Bayer mit seiner Romreise und der völlig wirkungslos gebliebenen Ausrufung eines römischen Gegenpapstes sein Ansehen im Reich aufs Spiel gesetzt hatte, standen seine Anhänger, unter ihnen der Mainzer Domdekan, weiterhin zu ihm. Das Domkapitel sah in diesen gespannten Zeiten Berthold von Bucheck als die weniger geeignete Persönlichkeit für den wichtigen Mainzer Erzstuhl. Es fand in Erzbischof Balduin von Trier einen eigenständigen Kandidaten. Daher beauftragten sie ihn in einstimmiger Wahl Ende September oder Anfang Oktober 1328 erneut mit der Administration des Erzbistums. Dem Luxemburger, der bis dahin noch in durchaus gutem Einvernehmen mit Papst Johannes XXII. stand und sogar von Philipp von Valois protegiert wurde, weil dieser sich Chancen ausrechnete, über ihn den deutschen Königsthron besteigen zu können, trauten sie am ehesten zu, ihre Belange, die des Reiches und die des durch die Niederlage von Wetzlar empfindlich getroffenen Erzstifts zu vertreten.

Balduin nahm die Wahl und die Beauftragung mit der Administration an. Er verstand sich auch zur Unterzeichnung der ersten im Wortlaut bekannten Mainzer Wahlkapitulation am 12. Oktober 1328 in Bingen. Er mußte sich wie auch schon 1320 verpflichten, dem Erzbistum Schutz zu gewähren, die vom Vorgänger hinterlassenen hohen Schulden zu tilgen und dem Domkapitel seine Rechte zu wahren. Eingeschlossen in diese Rechte waren die Steuerfreiheit, die geistliche Gerichtsbarkeit, und zwar einmal hinsichtlich der vom Domkapitel zu besetzenden Richterstellen und zum anderen als Vorbehaltung des von der gesamten Kirchenprovinz als Berufungsgericht anerkannten Mainzer Stuhlgerichts, ferner die Zustimmung zum 1326 erlassenen Adelsstatutes für das Domkapitel, die Befreiung von der Residenzpflicht, der Anspruch des Domkapitels auf Propsteien, die Gültigkeit synodaler Beschlüsse erst nach Zustimmung des Domkapitels sowie das Offenstehen der dem Erzbischof übergebenen Burgen und festen Plätze für die Domherren.

Dem so markant auf die Festigung und den Ausbau seiner Rechtsansprüche bedachten Mainzer Domkapitel konnte ebenso wie Erzbischof Balduin die von Papst Johannes XXII. im Reich immer ausschließlicher betriebene Provisionspolitik nur gefährlich und gegen die eigenen Belange gerichtet erscheinen. Die Wahl von Balduin zum Mainzer Oberhirten und Administrator war somit klar erkennbarer Widerspruch zu dieser Politik, zumal Johannes XXII. noch zu Lebzeiten von Erzbischof Matthias die nächste Besetzung von Mainz erneut ausdrücklich dem päpstlichen Stuhl vorbehalten hatte. Es fragt sich, ob die Mainzer Wähler und Erzbischof Balduin erwarteten, daß Johannes XXII. auf ihre Entscheidung eingehen würde. Dagegen spricht, daß sie die Einholung der benötigten päpstlichen Konfirmation (Bestätigung) bis zum Januar 1329 zurückhielten. Ihr Zögern kann als Zweifel interpretiert werden, und sie täuschten sich nicht: Bereits am 11. Oktober 1328 providierte der Papst Heinrich von Virneburg zum Erzbischof und befahl dem Erzbistum und der Mainzer Kirchenprovinz, dem von ihm Ernannten den gebührenden Gehorsam zu leisten. Die päpstliche Entscheidung hatte stark politischen Charakter. Die Ernennung des Diakons und Bonner Propstes Heinrich, Neffe des gleichnamigen Kölner Erzbischofs, erfolgte nicht, weil diesen besondere Tugenden auszeichneten, sondern weil er wie sein Oheim unbedingter Parteigänger des Papstes war. Über die beiden Virneburger waren 1328 viele Bemühungen der Kurie gelaufen, durch die Wahl eines neuen Königs den abgelehnten und exkommunizierten Ludwig von Bayern endgültig auszuschalten. Um dieses Ziel möglichst rasch zu erreichen, gestattete der Papst dem Ernannten, trotz der entgegenstehenden Konstitution Bonifaz' VIII. schon vor dem Empfang der Priester- und Bischofsweihe die geistliche und weltliche Verwaltung der Mainzer Kirche zu übernehmen. Doch dem stellten sich Erzbischof Balduin und seine Anhänger entgegen.

Das Domkapitel legte beim Papst gegen die Provision Heinrichs von Virneburg Protest ein, und der Trierer Erzbischof zeigte sich fest entschlossen, dieses Mal das ihm durch Wahl übertragene Mainzer Erzbistum gegen den vom Papst providierten Konkurrenten zu verteidigen. Das Mainzer Schisma war da. Beide Kontrahenten mühten sich um Bundesgenossen.

Der in seiner Territorial- und Burgenpolitik sehr geschickte Luxemburger hatte als Machtbasis sein Trierer Erzbistum. Fast das gesamte Mainzer Domkapitel war für ihn. Durch Bündnispolitik wußte er in rascher Folge seine Machtposition im Mainzer Bereich auszubauen. Dabei war von besonderer Wichtigkeit, daß er mit dem hessischen Landgrafen Heinrich bereits am 27. Dezember 1328 einen zweijährigen Landfrieden und ein Jahr später sogar mit dem Friedensschluß ein Bündnis gegen Heinrich von Virneburg zustande brachte.

Außer seinem erzbischöflichen Oheim hatte Erzbischof Heinrich als namhafte Bundesgenossen lediglich die mit ihm verwandten Grafen von Leiningen (bis 1335). Anerkannt wurde er zudem noch von den Kollegiatstiften in Aschaffenburg (bis 1332), Bingen, Heiligenstadt und im schon seit längerem sehr unruhigen Fritzlar, von einem Teil der Einwohner von Erfurt und vor allem von der Stadt Mainz, die im ausbrechenden Bistumsstreit eine Chance erblickte, lange geforderte Rechte durchzusetzen.

Heinrich von Virneburg hatte die Mainzer Bürgerschaft dadurch gewonnen, daß er ihr, anders als der ablehnende Erzbischof Balduin, im April 1329 ihre Privilegien von 1244 bestätigte und „auf Bitten des Kämmerers Salmann, des Schultheißen Emercho, der weltlichen Richter, Ratsherren und Bürger" gelobte, „keinen Zoll und kein Geleitsgeld binnen einer Meile um die Stadt zu nehmen und sich nicht mit den Kanonikern des Mainzer Doms zu sühnen (= zu versöhnen, auszugleichen), ehe sie nicht den gegenwärtigen und die anderen Briefe, die er der Stadt bereits besiegelt hat oder noch besiegeln wird, bestätigt haben". In Mainz kam es nicht zu der hier angesprochenen Einigung zwischen Domkapitel bzw. Klerus und Bürgerschaft. Das Gegenteil trat ein. Anfang August 1329 brach in der Stadt eine offene Revolte aus. Domkapitelshäuser wurden niedergebrannt, die vor der Stadt gelegenen Klöster St. Alban und St. Jakob und das Stift St. Viktor wurden zerstört, die Mönche und Stiftsherren vertrieben und die Klostergebäude als Verteidigungsanlage ausgebaut. Ein Großteil des Klerus hatte die Stadt teils freiwillig, teils gezwungen verlassen. Die Reaktionen der Erzbischöfe Balduin und Heinrich waren kontrovers.

Während Heinrich, inzwischen nach vorübergehendem Aufenthalt in Mainz wieder in Bonn, die Stadt von der Exkommunikation löste, der sie wegen der Zerstörung der Klöster ipso facto verfallen war, und alles daran setzte, vom Papst Schutzbriefe für die Bürger und Kirchenstrafen für die Gegner zu erhalten, zeigte sich Balduin, der den Aufstand nicht zuletzt dadurch ausgelöst hatte, daß er im Juli 1329 mit Hilfe seines Neffen König Johann von Böhmen und dessen Heer Mainz einzuschließen begann, fest gewillt, den Widerstand zu brechen. Er ließ Eltville und Flörsheim befestigen und ausbauen, um so gesichert die Mainzer Handelswege zu stören und Überfälle bis nahe an die Stadt heranzutragen. In Eltville errichtete er zudem als Trutz-Mainz die Martinsburg. Sie wurde um 1339 als Wohnburg ausgebaut und diente dann für 200 Jahre den Mainzer Erzbischöfen als bevorzugte Residenz. Er verbündete sich 1331 mit dem von ihm als rechtmäßigen König angesehenen Ludwig von Bayern – den Titel Kaiser billigte er ihm erst einige Jahre später zu – und erreichte, daß dieser auf der Reichsversammlung in Frankfurt am 28. Januar 1332 über Mainz die Acht erklärte. Gleichzeitig erwirkte er von ihm für Eltville und Gau-Algesheim das Marktrecht, das Frankfurter Stadtrecht und das Befestigungsrecht. Diese Erfolge Balduins ließen die Stadt Mainz die Aussichtslosigkeit ihres Kampfes erkennen. Sie suchte den Vergleich. Ein Friedensschluß kam am 23. Juni 1332 zustande. In den ersten Augusttagen hob Ludwig die Reichsacht auf.

Erzbischof Balduin hatte sich durchgesetzt, Heinrich von Virneburg war ausgeschaltet und im Reich isoliert, doch beharrte er weiterhin auf seinem Anspruch. Die avignonesische Kurie bestand auf ihrer Ernennung und eröffnete gegen Balduin den Prozeß. Mit geschicktem Zutun Balduins verzögerte sich die Entscheidung weit über den Tod des am 4. Dezember 1334 verstorbenen Johannes XXII. hinaus. Dennoch brachte sie schließlich die Verurteilung des Mainzer Verwesers und des dortigen Domkapitels. Papst Benedikt XII. (1335–1342) exkommunizierte sie am 15. Oktober 1336 und belegte das Erzbistum mit dem Interdikt. Diese mit weiteren Androhungen verbundenen Strafen ließen den schon seit längerem zum Einlenken bereiten Balduin nachgeben. Er unterzeichnete am 12. November 1336 eine Verzichtserklärung auf Mainz und übersandte sie dem Papst. Avignon war mit dieser Entwicklung zufrieden. Es unterließ zunächst weitere Schritte gegen den nach wie vor sehr einflußreichen Trierer Erzbischof und bemühte sich statt dessen über Gesandte, diesen zu einem Einvernehmen mit Heinrich von Virneburg zu bringen, dem wiederum untersagt wurde, zur Erlangung des Erzbistums selbst initiativ zu werden.

Das Unternehmen der offensichtlich recht herrisch auftretenden päpstlichen Gesandten scheiterte nicht so sehr an Balduin als vielmehr am Widerstand der Mainzer Domkapitulare, die im November 1336 die Verzichtserklärung noch befürwortet hatten, der Mainzer Amtsleute, die im Einvernehmen mit dem Kapitel nicht gewillt waren, den päpstlichen Beauftragten die festen Plätze zu übergeben, und des Mainzer Magistrats, in deren Stadt Heinrich von Virneburg ein Haus eingerichtet werden sollte. Die Dinge spitzten sich wieder zu. Zu heftiger Erregung führte auf beiden Seiten, daß Erzbischof Balduin für Gründonnerstag 1337 in seiner Trierer Kathedrale geweihten Chrisam nach Mainz bringen ließ und dieser dort von den päpstlichen Gesandten beschlagnahmt worden war. Für die Kurie war das Verhalten des Erzbischofs Kompetenzüberschreitung und Verstoß gegen die Verzichtserklärung. Für diesen und die Mainzer war das Vorgehen der Gesandten unbillig und anmaßend. Ereignisse wie solche verstärkten noch die schon bestehende antipäpstliche Stimmung in Deutschland.

In diesen Monaten machte der bis dahin völlig isolierte und auch von der Kurie nicht mehr recht geschätzte Heinrich von Virneburg eine politische Kehrtwende. Er suchte Kontakt zu König Ludwig dem Bayern, versöhnte sich mit ihm, sah ihn als rechtmäßigen Throninhaber und schwor ihm am 29. Juni 1337 den Treueid. Im Einvernehmen mit dem ihm ergebenen Mainzer Domkapitel bestätigte dafür Ludwig den vor knapp zehn Jahren providierten Erzbischof Heinrich und gewährte ihm seinen Schutz. Als Gegenleistung mußte Heinrich versprechen, sich unter Wahrung des Reichsrechts für die Versöhnung des Königs/Kaisers mit der Kurie zu verwenden. Das Domkapitel anerkannte Erzbischof Heinrich am 2. Juli 1337, allerdings nur gegen hohe Zugeständnisse und Auflagen, die in einer Wahlkapitulation festgehalten wurden.

Sieger des damit beendeten Mainzer Schismas waren das Domkapitel und der trotz mancher Versöhnungsversuche nach wie vor exkommunizierte Ludwig der Bayer, der nicht nur in Heinrich einen seiner jetzt treuesten Gefolgsleute gewann, sondern über ihn erstmals die Möglichkeit erhielt, eine gemeinsame Front der Reichsstände gegen Avignon aufzubauen. Die Leidtragenden am langen Kampf um den Erzstuhl waren das geschwächte Erzbistum, die Mainzer Bürgerschaft, die päpstliche Politik und das Ansehen der Kurie sowie die Erzbischöfe Balduin und Heinrich. Der endlich auf seinen Bischofsstuhl gelangte Heinrich hatte wegen der vielen eingegangenen Verschuldungen und Verpfändungen im Erzstift einen schweren Stand. Er verlor als „meineidiger Anhänger des Häretikers und Schismatikers Ludwig des Bayern" endgültig die Gewogenheit des wie sein Vorgänger eng an die französische Politik gebundenen Papstes. Er wurde exkommuniziert, suspendiert und im Februar 1338 vor den Apostolischen Stuhl zitiert.

Am selben Tag reservierte sich Papst Benedikt XII. bis auf weiteres die Besetzung der Mainzer Kirche, sollte sie durch Tod oder Verzicht des Erzbischofs „oder auf irgendeine andere Weise" zur Erledigung kommen. Diese „andere Weise" kam rascher, als es dem Mainzer Erzbischof und seinem Kirchensprengel lieb war.

Auf dem Weg in die erneute Spaltung – Der Verlust der Suffraganbistümer Prag und Olmütz (1344)

Erzbischof Heinrich hatte sich gemäß der König Ludwig gemachten Zusage ab Februar 1338 bemüht, vermittelnd in den Kampf zwischen der Kurie und diesem einzugreifen. Die von ihm einberufene Provinzialsynode in Speyer beorderte eine Gesandtschaft nach Avignon, die überbringen sollte, Ludwig der Bayer sei bereit, sich im verderblichen Konflikt dem Entscheid des Papstes zu fügen, sofern es mit Gott, Recht und Ehre geschehen könne. Da auch dieser Vermittlungsversuch scheiterte, wandte sich im Reich die Stimmung endgültig gegen die kuriale politische Auffassung. Die Konsequenz war der Beschluß der Kurfürsten am 16. Juli 1338 in Rhens. Nach vorausgegangenen Beratungen in Lahnstein kam es zum ersten Bündnis der Kurfürsten zu dem Zweck, in gemeinsamem Handeln das angegriffene Reichsrecht und ihre Kurrechte gegen jedermann zu verteidigen. Es wurde beschlossen, daß der von den Kurfürsten mit Mehrheit gewählte König keiner päpstlichen Approbation oder sonstigen Bestätigung bedürfe, um im Reich oder Imperium die Reichsrechte auszuüben, das Reichsgut zu verwalten oder den Königstitel zu führen. Mit den erzbischöflichen Kurfürsten Balduin von Trier und Walram von Köln und dem Pfalzgraf bei Rhein, dem Herzog von Sachsen und dem Markgraf von Brandenburg half Erzbischof Heinrich damit eine Rechtsnorm festzuschreiben, die dem päpstlichen Hoheitsanspruch auf Reich und Königskrone definitiv ein Ende setzte. Dem „Rhenser Kurverein" schlossen sich noch einige Bischöfe, Äbte und Städte an. Einen Rückzieher machte lediglich Erzbischof Walram von Köln. Um so schärfer vertrat Erzbischof Heinrich die neue Linie. Für ihn war jetzt Ludwig „Kaiser der Römer", dessen Rechte durch die päpstlichen Prozesse verletzt worden waren.

Die päpstliche Kurie blieb bei ihrem Standpunkt. Das hätte Ludwig nicht zu schaden brauchen, wäre er nicht durch seine Hausmachtpolitik in harte Gegnerschaft zu König Johann von Böhmen geraten. Dieser hatte nämlich seinen achtjährigen Sohn Johann Heinrich mit der zwölfjährigen Margarethe Maultasch, einzig überlebendes Kind Heinrichs (Herzog von Kärnten und Graf von Tirol) 1330 vermählt, um dadurch das reiche Erbe dem Hause Luxemburg-Böhmen zu sichern. Sein Ziel erreichte er jedoch nicht, weil Margarethe, Gräfin von Tirol, 1341 ihren Gemahl verstieß und Ludwig (Sohn von Ludwig dem Bayern) heiratete, nachdem sein kaiserlicher Vater die erste Ehe der Erbin von Tirol für ungültig hatte erklären lassen. Dieses Vorgehen ließ König Johann und das Haus Luxemburg-Böhmen zu Gegnern des Kaisers werden und weckte darüber hinaus starkes Mißtrauen bei den Reichsfürsten. Avignon sah in der neuen politischen Konstellation eine Chance, den nach wie vor bekämpften und nicht anerkannten Ludwig den Bayern endlich zu stürzen. Gegenkandidat für die päpstliche Kurie war spätestens seit Frühjahr 1344 Markgraf Karl von Mähren (1316–1378), Sohn des böhmischen Königs Johann und seit dessen Erblindung 1340 Kronerbe, offizieller Stellvertreter des Vaters und eigentlicher Lenker der luxemburgischen Hausmacht. Der mit Blanca von Valois, der Schwester des französischen Königs Philipp V. (1328–1350) verheiratete Karl war lange in Frankreich erzogen worden und hatte als Lehrer den beredten und theologisch gebildeten Pierre Roger gehabt, der 1342 als Klemens VI. (gest. 1352) den päpstlichen Thron bestieg. Schon im August 1343 hatte Karls Großonkel Erzbischof Balduin von Trier dem Papst angezeigt, er sei bereit, die Kurfürsten zur Wahl eines neuen Königs aufzufordern. Daß Erzbischof Heinrich von Virneburg entgegen dieser Entwicklung unbeirrt Gefolgsmann von Ludwig dem Bayern blieb, sollte ihn und das Erzbistum teuer zu stehen kommen.

Bereits zu Lebzeiten von Benedikt XII. hatte Karl darum ersucht, im Falle seiner Krönung zum König von Böhmen nicht vom zuständigen Mainzer Erzbischof Heinrich, sondern vom Prager Bischof gekrönt werden zu dürfen. Der Papst kam der Bitte am 15. Oktober 1341 „für diesen Fall" nach, da die Jurisdiktion des Mainzer Erzbischofs wegen „dessen Untaten durch apostolische Prozesse gänzlich suspendiert sei". Nur dürfe aus dieser Erlaubnis der Mainzer Kirche kein Präjudiz erwachsen. Die 1341 gewährte Einzelerlaubnis wurde 1344 für immer verfügtes Recht. Am 17. Oktober 1343 hatte Klemens VI. gegen Erzbischof Heinrich erneut den Prozeß eröffnet und ihn aufgefordert, innerhalb von vier Monaten vor dem apostolischen Richterstuhl zu erscheinen. Diese akute Verschlechterung der Beziehungen zwischen Heinrich und Klemens VI. nutzte Karl aus, um die völlige Loslösung der böhmischen und mährischen Suffraganbistümer von der Mainzer Kirchenprovinz zu erreichen. Er hatte mit seinem Gesuch erneut Erfolg. Am 30. April 1344 entzog Papst Klemens die Bistümer Prag und Olmütz der Mainzer Jurisdiktion, erhob Prag zum Erzbistum und unterstellte ihm neben Olmütz das neugeschaffene Bistum Leitomischl. Am 5. Mai 1344 übertrug er dem Prager Erzbischof das bis dahin an den Mainzer Erzstuhl gebundene Recht, die Könige von Böhmen zu salben und zu krönen. Begründet wurde die Abtrennung der östlichen Bistümer von Mainz mit den weiten Entfernungen und der Verschiedenheit der Völker und Sprachen. Die vorgebrachte Begründung hatte durchaus Sinn. Doch nicht sie war für die Verfügung ausschlaggebend. Die Ausgliederung der Bistümer Prag und Olmütz aus dem Mainzer Metropolitanverband war wie ihre Einbeziehung einige Jahrhunderte zuvor eine politische Setzung und Entscheidung.

Weder Karl noch die päpstliche Kurie begnügten sich mit diesem Schritt: Karl wollte Römischer König werden. Die Kurie unterstützte dieses immer chancenreicher werdende Bemühen mit allem Nachdruck. Erzbischof Heinrich von Virneburg, der wegen territorialer Streitigkeiten vor allem um die Lorscher Besitzungen in gefährlichem Dissens mit der Pfalz war, widersprach dem päpstlichen Vorhaben energisch. Daraufhin erklärte ihn Klemens VI. am 7. April 1346 für abgesetzt und providierte gleichzeitig den 24jährigen Mainzer Domdekan Gerlach von Nassau zum neuen Erzbischof. Der Nassauer hatte lediglich die niederen Weihen empfangen. Er machte dem Papst bei seinem Treueid am 26. April 1346 in Avignon große Versprechen: Er widersagte Ludwig dem Bayern, verpflichtete sich, den Papst persönlich oder durch Vertreter wenigstens alle zwei Jahre aufzusuchen und zu unterrichten, wollte mit dem abgesetzten Heinrich keine Vereinbarungen eingehen und sagte zu, für eine baldige Neuwahl des Königs zu sorgen.

In den Besitz des Erzbistums vermochte Gerlach jedoch nicht sofort zu kommen. Das Domkapitel, allen voran Konrad von Kirkel und der streitbare Kuno von Falkenstein, standen hinter dem exkommunizierten und abgesetzten Heinrich von Virneburg. In seinem Namen führten sie nacheinander die Pflegschaft des Erzbistums.

Trotz des Widerstandes innerhalb seines Bistums kam der Ernennung von Gerlach überaus große Bedeutung zu; denn unverzüglich nahm der Ernannte das dem Erzbischof von Mainz zukommende Recht in Anspruch, zur Königswahl einzuladen, und beschied die Kurfürsten für den 11. Juli 1346 zur Neuwahl nach Rhens. Am festgesetzten Tag wählten dort mit ihm die Erzbischöfe von Trier und Köln, Johann von Böhmen und Herzog Rudolf von Sachsen Karl IV. zum Gegenkönig. In Anwesenheit von Gerlach und Balduin wurde Karl am 26. November 1346 von Erzbischof Walram in Bonn gekrönt, da ihnen Aachen verschlossen blieb. Das Reich und das Erzbistum Mainz waren, symptomatisch für die zerrissene und auch streitsüchtige Zeit, gespalten.

Anfangs hatte Karl IV. im Reich nur wenige Erfolge. Er fand größere Anerkennung, nachdem Ludwig der Bayer am 11. Oktober 1347 während einer Bärenjagd nahe München einem Schlaganfall erlegen war. Obwohl Erzbischof Heinrich, Markgraf Ludwig von Brandenburg, Pfalzgraf Rudolf II. und Herzog Erich von Sachsen am 10. Januar 1348 in Lahnstein König Eduard III. von England die Krone antrugen und nach dessen Ablehnung am 30. Januar 1349 in Frankfurt den Thüringer Günther von Schwarzburg zum Gegenkönig wählten, wurde die Stellung Karls IV. im Reich nicht wesentlich erschüttert. Günther starb bereits am 14. Juni. Jetzt war Karl allseits anerkanntes Reichsoberhaupt. Er ließ sich am 25. Juni 1349 in Aachen nochmals krönen und empfing Ostern (5. April) 1355 in Rom die Kaiserkrone. An diesem feierlichen Tag verlieh Kaiser Karl von Rom aus das ihm jetzt zustehende Recht „der ersten Bitte" in Stadt und Erzbistum Mainz und in der gesamten Mainzer Kirchenprovinz Erzbischof Gerlach, dem er viel zu verdanken hatte.

Ende eines Schismas – Die Erzbischöfe Gerlach von Nassau (1346–1371) und Johann von Luxemburg-Ligny (1371–1373)

Die sich befehdenden Erzbischöfe Heinrich von Virneburg und Gerlach von Nassau schlossen 1350 zwar einen Waffenstillstand, um das Erzbistum nicht weiterhin unmittelbar zu schädigen, doch dauerte das Schisma bis zum Tode Heinrichs am 21. Dezember 1353 an. Gerlach konnte bis dahin nur wenige potente Verbündete hinter sich bringen: außer seiner reichen nassauischen Verwandtschaft standen auf seiner Seite die von ihm teuer gekauften Kurfürsten Ruprecht von der Pfalz und Walram von Sponheim. Mainz konnte er durch Privilegiengewährung zwar für sich gewinnen, doch war die von Aufruhr, Bränden und Hungersnöten heimgesuchte und 1348 zu schweren Judenpogromen aufgehetzte Stadt in manchem eher eine Belastung. Karl IV., der ihm in Avignon Hilfe zugesagt hatte, blieb mit seiner Unterstützung sehr zurückhaltend. Nicht zuletzt daraus resultierte, daß sich beider Verhältnis später merklich abkühlte.

Die insgesamt düstere Lage im Stift besserte sich erst, als auf Vermittlung König Karls am 3. Januar 1354 ein Friedensvertrag zwischen Erzbischof Gerlach und dem Dompropst Kuno von Falkenstein zustande kam. Jetzt endlich war der Nassauer Herr im Erzbistum. Er bemühte sich bald, die belastenden Pfändungen einzulösen, so vor allem die Mainzer Besitzungen in und um Bingen, die dem Dompropst im Vertrag als Pfand für die ihm zugesagten 40 000 fl. Schadloshaltung eingeräumt worden waren. Trotz widriger Umstände leistete der Erzbischof viel für die Sanierung seines Sprengels. Obwohl unter seiner Regierung auch die üblichen Anstrengungen gemacht wurden – Visitationen, Drängen auf strikte Durchführung von Synodalbeschlüssen (1354) und Synoden (Mainz 1359 und Frankfurt 1369 und 1370) –, Religiosität und Kirchlichkeit zu heben, lagen seine größeren Verdienste im Bereich der Territorial- und Reichspolitik. Dazu zählt ohne Zweifel die Abfassung und Verkündigung der „Goldenen Bulle" von 1356, in der als Reichsgesetz die Königswahl und die Kurfürstenrechte festgeschrieben worden waren. Das Gesetz schuf eine dauerhafte Ordnung und blieb bis 1806 in Kraft. Es sah vor, daß sieben Kurfürsten den König wählen. Zur Wahl hatte der Mainzer formgemäß und fristgerecht nach Frankfurt einzuladen. Ihm stand auch das Recht zu, die Wahl zu leiten. Nacheinander holte er die Stimmen der geistlichen Kurfürsten von Trier und Köln und der weltlichen Kurfürsten von Böhmen, von der Pfalz (bei Rhein), von Sachsen(-Wittenberg) und von Brandenburg ein. Er selbst wählte als letzter und nicht mehr wie bisher zuerst. Da aber von nun an galt, daß derjenige rechtsgültig zum König gewählt worden war, der die Mehrheit der Stimmen auf sich gebracht hatte, besaß der Mainzer mit seinem letzten Votum eine überaus wichtige Entscheidungsmöglichkeit.

Weiter verbriefte die „Bulle“ den Kurfürsten eine ganze Fülle von Vorrechten: „Was die Fürstengesetze Friedrichs II. den Landesherren zustanden, wurde jetzt für die Kurfürsten noch gesteigert“. Im Grunde war die „Goldene Bulle“ lediglich die Festschreibung des bis dahin gewachsenen Rechtszustandes. Doch dadurch, daß sie diesen klar formulierte und zum Reichsgesetz erhob, brachte sie einen wesentlichen Wendepunkt in der Reichsverfassungsgeschichte. Für Mainz bedeutete das langfristig eine verfassungsmäßig starke Position. Um seine Stellung auch als Landesherr zu festigen und auszubauen, ließ sich Erzbischof Gerlach von Kaiser Karl IV. gleich zweimal alte Privilegien bestätigen und erneuern und schloß mehrfach Landfriedensbünde ab. Dennoch scheute er sich nicht, zur Durchsetzung seiner Ziele selbst Fehden zu führen, so zwischen 1361 und 1364 mit Hessen oder 1366 mit der Stadt Mainz, in der es wieder zu bewaffnetem Streit zwischen Bürgerschaft und Klerus gekommen war. Die kurze Fehde endete mit dem Kasteler Vertrag vom 2. Juli 1366. Bei den Unruhen hatten viele Kleriker die Stadt verlassen. Sie kehrten jetzt wieder zurück. Ihnen gleich taten es die Stiftsherren von St. Viktor in Weisenau und Heilig Kreuz vor den Mauern. Um den häufigen Überfällen zu entgehen, verlegten sie ihr Domizil in das geschützte und wehrhafte Mainz. Dessen Mauern vermochten jedoch nicht den Schwarzen Tod abzuhalten, der seit Jahren Europa mit seinem Pesthauch heimsuchte und, wie 1364 schon einmal im gesamten Rheintal, ab April 1367 erneut in Mainz seine vielen Opfer holte. Ein Jahr später folgte ihm eine besonders schwere Hungersnot. Zu diesen Katastrophen kam für die Bewohner von Mainz noch der Schreck, daß im September 1367 ein Blitz die Liebfrauenkirche in Flammen aufgehen ließ. Die Errichtung des St. Barbara-Hospitals war das Bemühen, zum Nutzen der eigenen Seele dem vielen Elend etwas entgegenzuwirken.

Um ähnlich wie die Eppstein im 13. Jahrhundert den Heiligen Stuhl von Mainz eng an seine Familie zu binden, berief Erzbischof Gerlach am 27. Januar 1371 seinen Neffen Adolf von Nassau zum Bischofskoadjutor. Das sollte das Domkapitel bewegen, diesem bei der nächsten Vakanz die Nachfolge anzutragen. Gerlach starb nur wenige Tage später am 12. Februar in Aschaffenburg und wurde in der Klosterkirche von Eberbach/Rheingau beigesetzt.

Die Domkapitulare schritten zur Neuwahl. Einige wählten zwar den Koadjutor, die anderen entschieden sich jedoch für Kuno von Falkenstein, der seit 1362 Erzbischof von Trier war. Kaiser Karl IV., der es verstanden hatte, während seiner gesamten Regierung unter Umgehung der Domkapitel über päpstliche, von ihm beeinflußte Provisionen die Reichsbistümer besetzen zu lassen, hatte noch andere Pläne. Ihm gelang es, Papst Gregor XI. (1370–1378) zu bewegen, keinem von beiden die Anerkennung zu gewähren und statt dessen den kaiserhörigen Bischof Johann von Luxemburg-Ligny von Straßburg nach Mainz zu transferieren. Mainz fügte sich, Kuno blieb in Trier und Adolf begnügte sich mit der Ernennung zum Bischof von Speyer, das vakant geworden war, weil der Papst dessen Bischof nach Straßburg überstellt hatte. Über den neuen Erzbischof, einen Verwandten des Kaisers, heißt es in den sogenannten Fragmenten der Mainzer Chronik: „Er war ein Kind in bezug auf die Sitten, von schlanker Gestalt, unfähig zu regieren“. Sein unbedeutendes Pontifikat währte nur kurz. Erzbischof Johann starb am 4. April 1373 und wurde wie sein Vorgänger in Kloster Eberbach beigesetzt.

Eberbach, Klosterkirche und Dormitorium

4. Die Mainzer Kirche zu Beginn des großen abendländischen Schismas

Der Mainzer Bistumsstreit: Ludwig von Meißen (1374–1381) gegen Adolf von Nassau

Das Mainzer Domkapitel ging nach Erzbischof Johanns Tod unverzüglich die Wiederbesetzung des Erzstuhls an. Bereits am 21. April gab es die Postulation und Erhebung des Speyerer Bischofs Adolf I. von Nassau (1373–1390) zum Administrator des Erzbistums bekannt. Bei Papst Gregor XI. wurde um die Bestätigung des neuen Erzbischofs nachgesucht. Doch wiederum scheiterte das Begehren an Karl IV., dem es durch seine Avignon geschickt entgegenkommende Politik gelungen war, vom Papst bei der Besetzung der Reichsbistümer ein Quasi-Zustimmungsrecht zu erhalten. Da der Kaiser zu Recht vermutete, mit seinem politischen Nahziel, nämlich Wahl und Erhebung seines Sohnes Wenzel zum Mitkönig und designierten Nachfolger, beim selbstbewußten und vom Domkapitel bestärkten Adolf von Nassau auf Ablehnung zu stoßen, verhinderte er dessen Bestätigung durch den Papst. Um die wichtige Mainzer Kurstimme für die Wahl seines Sohnes sicher zu haben, betrieb er die Provision des Bamberger Bischofs Ludwig von Meißen. Gregor XI. kam dem kaiserlichen Wunsch nach und transferierte am 28. April 1374 den Bamberger nach Mainz. Doch dort nahm man, anders als 1371, die Ernennung nicht hin. Ein erneutes Schisma war die Folge. Es ließ sich weder durch päpstliche Anordnungen und Drohungen noch durch die persönlichen Vermittlungsversuche des Kaisers beheben. Vielmehr brach 1375 im Thüringischen ein offener Kampf zwischen Adolf und Ludwig um den Besitz des Erzstifts aus. Die Fehde brachte dem Meißener ebensowenig Erfolg wie die 1377 von ihm ins Eichsfeld hineingetragenen Waffenzüge. Erzbischof Adolf konnte fast das gesamte Mainzer Gebiet halten. Ludwig blieb praktisch auf das halb zu Mainz gehörende Langensalza beschränkt. Dennoch betrachteten ihn Papst und Kaiser als den rechtmäßigen Erzbischof und Kurfürst. Dadurch gehörte er, obwohl landlos und ohne die Anerkennung von seiten des Erzbistums, am 10. Juni 1376 in Frankfurt zu den Mitwählern von Wenzel zum Römischen König. Er war auch bei dessen Krönung am 6. Juli 1376 in Aachen anwesend.

Abgesehen von einigen erfolglosen Waffengängen kam bis 1378 kaum Bewegung in diese völlig verfahrene Situation. Schließlich brachte ein kirchenhistorisches Großereignis nach anfänglichem Hoffnungsschimmer völlige Verwirrung. Es hatte in Rom seinen Anfang genommen. Dort war am 27. März 1378 Papst Gregor XI. gestorben. Dessen verdienstvollste Tat war es gewesen, 1376 das „Exil von Avignon" beendet und die päpstliche Kurie trotz widrigster Verhältnisse in die Ewige Stadt zurückverlegt zu haben. Etwa zwei Wochen nach Gregors XI. Tod hatten die Kardinäle in spannungsgeladener Atmosphäre den italienischen Erzbischof Bartolomeo Prignano zum Nachfolger gewählt und unter tumultartigen Umständen als Urban VI. (1378–1389) inthronisiert. Das herrische und krankhaft autoritätsbesessene Auftreten des neuen Papstes ließ zunächst die französischen Kardinäle und dann alle seine Wähler von ihm abrücken. Sie bestritten die Gültigkeit der Wahl vom 9. April, traten im neapolitanischen Fondi erneut zu einem Konklave zusammen und wählten am 20. September 1378 Kardinal Robert von Genf zum neuen Papst. Er nannte sich Klemens VII. (1378–1394). Diese Doppelwahl zerriß die gesamte abendländische Kirche. Urban VI. konnte sich in Rom behaupten. Klemens VII. nahm in Avignon Residenz. Beide fanden große Gefolgschaften, denn die umstrittenen Vorgänge bei der Wahl Urbans VI. ließen bald nicht mehr erkennen, wer wirklich der rechtmäßig gewählte Nachfolger Petri war. Das Abendland spaltete sich in zwei Obödienzen (Anhängerschaften). Jede glaubte das Recht auf ihrer Seite und belegte die andere mit Bann und Exkommunikation. Ein schier auswegloses Durcheinander war die Folge.

Das in seiner Spitze schon gespaltene Erzbistum Mainz geriet durch das große abendländische Schisma in noch größere Verwirrung. Um dem seit 1374 anhaltenden Bistumsstreit ein Ende zu setzen, war von Mainz aus 1378 die Angelegenheit dem eben gewählten Papst Urban VI. vorgelegt worden. Der gab seine Entscheidung einen Tag nach der Wahl des Gegenpapstes Klemens VII. bekannt, also am 21. September 1378. Er löste Erzbischof Ludwig von Meißen von den der Kirche von Mainz gegebenen Eiden, ernannte ihn zum Patriarchen von Jerusalem und übertrug ihm das vakante Bistum Cambrai, das Klemens VII. bis 1371 innegehabt hatte. Die Mainzer Domkapitulare nahmen den päpstlichen Bescheid zum Anlaß, sich erneut für Adolf von Nassau auszusprechen. Beim Papst suchten sie um Bestätigung der Wahl nach. Dieser zeigte sich zunächst bereit, der Bitte zu entsprechen. Dann ließen ihn jedoch politische Umstände von seinem Vorhaben abrücken. König Wenzel, seit dem Tode seines Vaters Karl IV. am 29. November 1378 dessen Nachfolger, beharrte nämlich auf Ludwig von Meißen. Er drängte Urban VI., den Entschluß vom 21. September zu revidieren und von einer Bestätigung des Nassauers Abstand zu nehmen. Um mit König Wenzel nicht seinen wichtigsten Parteigänger zu verlieren, ging der Papst auf die Forderung ein. Die Wende in der Mainzer Frage hielt er für durchsetzbar, weil zur gleichen Zeit die deutschen Kurfürsten im sogenannten Urbansbund seine Anerkennung beschlossen hatten.

Doch Adolf von Nassau und seine Anhänger nahmen diese für sie gefährlich werdende Entwicklung zum Anlaß, Klemens VII. anzuerkennen und um Bestätigung anzugehen. Der nahm gerne das Gesuch an, bot es ihm doch die Chance, im Reich einen ranghohen und einflußreichen Fürsten zu gewinnen. Er bestätigte Adolf von Nassau am 18. April 1379, ließ sich von ihm den Treueid schwören und verlieh ihm das erzbischöfliche Pallium. Gleichzeitig providierte er dessen Bruder Johann I. (gest. um 1380) zum Bischof von Speyer.

Johann, nicht zu verwechseln mit seinem gleichnamigen Bruder, der 1396 durch päpstliche Provision den Erzstuhl von Mainz bestieg, vermochte Speyer nicht in Besitz zu bekommen. Ebenso blieb die Mainzer Frage unentschieden. Weder die römische noch die avignonesische Antwort hatte eine Änderung der bestehenden Situation bewirken können. Eine Klärung kam erst zustande, als Adolf von Nassau 1381 seinen Frieden mit Wenzel machte und Urban VI. anerkannte. Dafür ließ der König von seinem Kandidaten ab. Papst Urban VI. providierte am 28. April 1381 Adolf von Nassau mit Mainz und Ludwig von Meißen mit dem Erzbistum Magdeburg. Erzbischof Ludwig gab endgültig seine Ansprüche auf Mainz auf und akzeptierte die Lösung. Er starb jedoch am 17. Februar 1382.

Die Erzbischöfe Adolf I. von Nassau (1381–1390) und Konrad II. von Weinsberg (1390–1396)

Am 28. Mai 1381 konnte Erzbischof Adolf I. endgültig seinen feierlichen Einzug in die Stadt Mainz halten, mit der er und das Domkapitel bereits im Vorjahr einen Einigungsvertrag geschlossen hatten. Die letzte länger anhaltende Mainzer Kirchenspaltung hatte ihr Ende gefunden. Das Ende des großen abendländischen Schismas sollte noch mehr als ein Vierteljahrhundert auf sich warten lassen. Die noch neun Jahre des jetzt unbestrittenen Pontifikats von Adolf I. waren gekennzeichnet von dem Bemühen, der allgemeinen Unruhe und Unsicherheit durch Einigungen und Bündnisse zu begegnen. Der Erzbischof schloß sich den Landfrieden an, die König Wenzel 1382 und 1383 verkündete, und brachte selbst 1388 das Bündnis mit den Städten Mainz, Worms und Speyer zustande. Im selben Jahr kam es zu einer Einigung mit dem Speyerer Bischof Nikolaus von Wiesbaden (1381–1396), dem er bis dahin das Hochstift streitig gemacht hatte. Als die im Rheinischen Bund seit 1381 zusammengefaßten Städte (darunter Mainz) im November 1388 bei Gau-Bickelheim eine schwere Niederlage gegen die Pfalzgrafen erlitten und Mainz mit seinen Vororten bis zum Frühjahr 1389 mehrfach Ziel pfälzischer Angriffe und Zerstörungen war, gelang es dem Erzbischof, einen Frieden zu vermitteln. Gegen Hessen hatte er selbst zweimal ohne besonderen Erfolg zu den Waffen gegriffen, 1385 und 1387. Beidemal ließ er sich auf einen raschen Friedensschluß ein. Sein Bemühen, dem Bistum Würzburg 1389 im bekannten Städtekrieg beizustehen – damals lagen fast alle Reichs- und freien Städte zwischen Rhein und Böhmerwald mit sämtlichen Fürsten und Herren in Fehde –, wurde ihm vom dortigen Bischof mit dem vollen Besitz von Krautheim gelohnt. Es war eine der wenigen territorialen Erweiterungen des Erzstifts, die ihm möglich waren.

Erzbischof Adolf I. starb auf seiner fünften Reise ins Eichsfeld am 6. Februar 1390 in Heiligenstadt, wo vermutlich seine Eingeweide beigesetzt wurden. Auch im Mainzer Dom erhielt er ein Grabmal, dessen Inschrift sich teilweise an diejenige für Erzbischof Peter von Aspelt in der Reimbildung anlehnt: ... „Er regierte 16 Jahre lang und wirkte für den Frieden. Den Ungerechten brachte er zu Fall, den Klerus und dem Volk war er ein guter Hirte ..."

Bereits am 27. Februar 1390 entschieden sich die damals noch 28 Domkapitulare – die Begrenzung auf 24 Domkapitulare, wozu noch kurzzeitig vier Priesterpräbenden „ex gratia" als Supernumerare (Überzählige) kommen konnten, erfolgte erst 1405 – einhellig für den Domscholaster Konrad II. von Weinsberg als neuen Erzbischof. So unkompliziert, wie das Ergebnis vermuten läßt, verlief die Wiederbesetzung des Erzstuhls nicht. Widerstände gegen diese Nachfolgeregelung kamen vornehmlich aus den Reihen der Nassauer und ihrer Parteigänger, deren Kandidat Johann von Nassau-Wiesbaden-Idstein war, der Bruder des verstorbenen Erzbischofs, Propst von Fritzlar und 1383 mit Konrad von Weinsberg als Domherr von Würzburg emanzipiert.

Doch gerade die Befürchtung, eine Entscheidung für den Nassauer könne, wie schon zweimal zuvor, wieder zu lang anhaltender Spaltung und zur Abkehr von der römischen Obödienz mit all den negativen Konsequenzen für das Erzbistum führen, ließ die Mehrheit für Konrad von Weinsberg stimmen. Er entstammte einer Ministerialenfamilie, war erfahren und stand in guten Beziehungen zu den drei

Pfalzgrafen mit dem Namen Ruprecht, die als unbedingte Gefolgsleute des römischen Papstes galten. Bonifaz IX. (1389–1404) bestätigte dann auch die Wahl ohne Einwände. Die Belehnung mit den Regalien holte sich Erzbischof Konrad II. im September 1391 persönlich bei König Wenzel in Prag ab. Auf dem Rückweg ließ er sich am 24. September 1391 in Bamberg die Bischofsweihe erteilen. Der Feierlichkeit wohnte auch Pfalzgraf Ruprecht II. (gest. 1398) bei, mit dem Erzbischof Konrad II. im Bunde stand, als die vier rheinischen Kurfürsten im Oktober 1395 in Boppard eine Fronde gegen König Wenzel bildeten und Ruprecht II. als möglichen Gegenkönig ins Auge faßten. Dem König, der 1393 die Ermordung des Prager Generalvikars Johannes von Nepomuk mitzuverantworten hatte und der 1394 vorübergehend in die Gefangenschaft der gegen ihn aufständischen Adelspartei geriet, warfen sie vor, das Reich zu vernachlässigen und zu wenig für die Überwindung der großen Kirchenspaltung zu tun, ja diese noch durch seine Annäherung an Frankreich und damit an Avignon gefährlich zu vertiefen. Das Kurfürstentreffen von 1395 zählt zu den auffallendsten politischen Angelegenheiten des kurzen Pontifikats von Erzbischof Konrad II., abgesehen vielleicht von seinem 1392 abgeschlossenen Bündnis mit den Städten Worms, Speyer, Frankfurt und Mainz, in das er seinen feierlichen Einritt erst am 24. August 1394 halten konnte, und seiner Beteiligung an der Niederwerfung der schwäbischen Rittervereinigung der „Schlegler“ in den Jahren 1395 und 1396. Hart ging er gegen häretische Gruppen vor. 1392 sollen 30 Waldenser bzw. Albigenser in Bingen auf diese Weise ums Leben gekommen sein.

Für das Erzstift Mainz war wichtig, daß die erzbischöfliche Diplomatie große Anstrengungen machte, den Landfrieden am Rhein zu erhalten und die von Erzbischof Adolf I. von Nassau hinterlassene hohe Schuldverschreibung abzubauen. Weniger vorteilhaft für den erzstiftischen Besitz sollte sich auswirken, daß mit kurmainzischer Unterstützung der Landgraf von Hessen 1392 in den Reichsfürstenstand erhoben wurde. Bald lief das immer mächtiger werdende Hessen Mainz in vielem den Rang ab.

Konrad II. von Weinsberg starb am 19. oder 20. Oktober 1396 wahrscheinlich in Mainz. Im südlichen Querhausarm des Domes wurde ihm das erste Wanddenkmal errichtet. Alle früheren Epitaphien waren, wie an den Kopfkissen zu erkennen ist, Liegegrabmäler. Als kraftvolle Bischofsgestalt mit schönem Antlitz steht Konrad II. auf einem Löwen, Symbol der Tapferkeit. In der Rechten hält er die Bibel, Symbol der Gelehrsamkeit. Die Krümme des Bischofsstabes zeigt den Mantel teilenden St. Martin. Auffallend ist das von zwei Engeln gehaltene „Schweißtuch der Veronika“ im oberen Abschluß des Epitaphs. Dieses Haupt des verklärten Christus – die Darstellung des leidenden und dornengekrönten Schmerzensmannes, setzte gerade erst ein – weist wohl weniger auf die persönliche Frömmigkeit des Verstorbenen hin. Sie war vielmehr Ausdruck jener Eucharistie- und Christusfrömmigkeit, die das damalige Leben in der Kirche allgemein beherrschte. Dem entspricht auch, daß aus diesen Jahren die erste genaue Beschreibung einer Mainzer Fronleichnamsprozession stammt.

Der Tod von Erzbischof Konrad II. hätte für die Mainzer Kirchengeschichte nicht unbedingt Zäsur bedeuten müssen. Doch er löste durch die nachfolgende Wahl eine Krise aus, in der wichtige Akzente verlagert und damit neue Faktoren bestimmend wurden.

LITERATUR

Zu Kapitel V, 1:

ARENS, Marianne: Die Reichspolitik des Erzbischofs von Mainz Peter von Aspelt. 1306–1320. Diss. Phil. Freiburg 1949. (Masch.).

DOTZAUER, Winfried: Anrufung und Messe zum Heiligen Geist bei Königswahl und Reichstagen in Mittelalter und früher Neuzeit. In: Archiv für mittelrheinische Kirchengeschichte 33 (1981) S. 11–44. 34 (1982) S. 11–36.

GERLICH, Alois: Rheinische Kurfürsten im Gefüge der Reichspolitik des 14. Jahrhunderts. In: Der deutsche Territorialstaat im 14. Jahrhundert, II. Hrsg. v. Hans Patze. (= Vorträge und Forschungen, 14). Sigmaringen 1971. S. 149–169.

GERLICH, Alois: Der Tempelhof zu Mainz. In: Mainzer Almanach 1960, S. 159–166.

HEIDEMANN, Julius: Peter von Aspelt als Kirchenfürst und Staatsmann. Ein Beitrag zur Geschichte Deutschlands im 13. und 14. Jahrhundert. Berlin 1875.

HILDEBRAND, Alexander: Der Erzbischof und sein Chronist. Peter von Aspelt aus der Sicht Ottokars von Steiermark. In: Mainzer Almanach 1970/71, S. 66–84.

MAURER, Helmut: Zu den Inskriptionen der Mainzer Provinzialstatuten von 1310. In: Zeitschrift der Savigny-Stiftung für Rechtsgeschichte 84 = Kan. Abt. 53 (1967) S. 338–346.

SCHÄLICKE-MAURER, Edith: Das Alte Kaufhaus auf dem Brand in Mainz. In: Mainz und der Mittelrhein in der europäischen Kunstgeschichte. Studien für Wolfgang Fritz Volbach zu seinem 70. Geburtstag. (= Forschungen zur Kunstgeschichte und christlichen Archäologie, 6). Mainz 1966. S. 315–354.

WAMPACH, Camill: Peter von Aspelt. Seine Herkunft. In: Rheinische Vierteljahrsblätter 15/16 (1950/51) (= Festgabe Hermann Aubin zum 65. Geburtstag) S. 293–297.

Zu Kapitel V, 2:

HENNIG, Ernst: Die päpstlichen Zehnten aus Deutschland im Zeitalter des avignonesischen Papsttums und während des großen Schismas. Phil. Diss. Königsberg 1909. Halle a. S. 1909.

HERRMANN, Fritz: Die Mainzer Servitien-Zahlungen. In: Beiträge zur Hessischen Kirchengeschichte (= Ergänzungsbd. zum Archiv für Hessische Geschichte und Altertumskunde NF) 2 (1905) S. 121–149.

HOBERG, Hermann: Die Servitientaxen der Bistümer im 14. Jahrhundert. In: Quellen und Forschungen aus italienischen Archiven 33 (1944) S. 101–135.

HOMANN, Hans-Dieter: Kurkolleg und Königtum im Thronstreit von 1314–1330. (= Miscellanea Bavarica Monacensia, 56). München 1974.

HUBER, Alexander: Das Verhältnis Ludwigs des Bayern zu den Erzkanzlern von Mainz, Köln und Trier (1314–1347). (= Münchener Historische Studien, Abt. Geschichtliche Hilfswissenschaften, 21). Kallmütz 1983.

Zu Kapitel V, 3:

BALDUIN VON LUXEMBURG. Erzbischof von Trier – Kurfürst des Reiches 1285–1354. FS aus Anlaß des 700. Geburtsjahres. Hrsg. unter Mitwirkung von Johannes Mötsch und Franz-Josef Heyen. (= Quellen und Abhandlungen zur mittelrheinischen Kirchengeschichte, 53). Mainz 1985. – Darin besonders: Debus, Karl-Heinz: Balduin als Administrator von Mainz, Worms und Speyer. A.a.O. S. 413–436.

BRABAND, Gustav: Domdekan Johannes Unterschopf (1325–1345). Studien zur Geschichte des Mainzer Domkapitels und seiner Beziehungen zu Papsttum und Reich unter Ludwig dem Bayern. In: Archiv für mittelrheinische Kirchengeschichte 7 (1955) S. 22–76. 8 (1956) S. 94–132.

FALCK, Ludwig: Eltville und die Mainzer Stiftsfehde 1328–1337. (= 31. Eltviller Druck). Wiesbaden 1983.

FALCK, Ludwig: Das spätmittelalterliche Mainz – Erzbischofsmetropole und freie Bürgerstadt. In: Blätter für deutsche Landesgeschichte 112 (1976) S. 106–122.

GERLICH, Alois: Interterritoriale Systembildung zwischen Mittelrhein und Saar in der zweiten Hälfte des 14. Jahrhunderts. In: Blätter für deutsche Landesgeschichte 111 (1975) S. 103–137.
GERLICH, Alois: König Johann von Böhmen. Aspekte luxemburgischer Reichspolitik von 1310 bis 1346. In: Geschichtliche Landeskunde 9 (1973) S. 131–146.
GERLICH, Alois: Nassau in den politischen Konstellationen am Mittelrhein von König Adolf bis Erzbischof Gerlach (1292–1346). In: Nassauische Annalen 95 (1984) S. 1–37.
HUBER, Augustin Kurt: Das Erzbistum Mainz und das Bistum Prag im Mittelalter. In: Tausend Jahre Bistum Prag 973–1973. Beiträge zum Millenium (= Veröffentlichungen des Institutum Bohemicum, 1). München 1974. S. 107–126. – In erweiterter Fassung unter dem Titel: Die Metropole Mainz und die böhmischen Länder. In: Archiv für Kirchengeschichte von Böhmen – Mähren – Schlesien 3 (1973) S. 24–57.
KAISER KARL IV. Staatsmann und Mäzen. Hrsg. v. Ferdinand Seibt aus Anlaß der Ausstellung Nürnberg und Köln 1978/79 in Zusammenarbeit mit dem Bayerischen Nationalmuseum und dem Adalbert Stifter-Verein München. München [2]1978.
KAISER, Vlado Alc.: Die Gründung des Bistums Prag. In: Archiv für Kirchengeschichte von Böhmen–Mähren–Schlesien 3 (1973) S. 9–23.
KRÄLING, Theodor: Der Mainzer Bistumsstreit von 1328 bis 1337. Phil. Diss. Marburg 1948. (Masch.). Autorenreferat in: Nassauische Annalen 67 (1956) S. 275–277.
PFEIL, Fritz: Der Kampf Gerlachs von Nassau mit Heinrich von Virneburg um das Erzstift Mainz. Phil. Diss. Straßburg. Darmstadt 1910.
SCHUEGRAF, August: Die Bistumsvereinigungen in der deutschen Kirche während des 14. und 15. Jahrhunderts. Ein Beitrag zur wirtschaftlichen und politischen Geschichte deutscher Kirchen im späteren Mittelalter. (= Erlanger Abhandlungen zur mittleren und neueren Geschichte, 19). Erlangen 1935.
SCHWIND, Fred: Zur staatlichen Ordnung der Wetterau von Rudolf von Habsburg bis Karl IV. In: Der deutsche Territorialstaat im 14. Jahrhundert, II. Hrsg. von Hans Patze. (= Vorträge und Forschungen, 14). Sigmaringen 1971. S. 199–228.
STEIN, Gerhard: Die Einigungs- und Landfriedenspolitik der Mainzer Erzbischöfe zur Zeit Karls IV. Phil. Diss. Mainz 1960. (Masch.).
TRUSEN, Winfried: Kurmainz und das Einberufungsrecht zur deutschen Königswahl seit der Goldenen Bulle. In: Geschichtliche Landeskunde 3, II (1967) (= FS Johannes Bärmann, II) S. 127–152.
UHL, Georg: Untersuchungen über die Politik Erzbischofs Heinrich III. von Mainz und seines Kapitels in den Jahren 1337–1346. In: Archiv für hessische Geschichte und Altertumskunde NF 15 (1928) S. 87–146.
VIGENER, Fritz: Kuno von Falkenstein und Erzbischof Gerlach von Mainz in den Jahren 1354–1358. In: Mitteilungen des Oberhessischen Geschichtsvereins NF 14 (1906) S. 1–43.
VIGENER, Fritz: Synodalstatuten des Erzbischofs Gerlach von Mainz von 1355 und 1356. In: Beiträge zur Hessischen Kirchengeschichte (= Ergänzungsbd. zum Archiv für Hessische Geschichte und Altertumskunde NF) 2 (1905) S. 285–332.

Zu Kapitel V, 4:

GERLICH, Alois: Die Anfänge des abendländischen Schismas und der Mainzer Bistumsstreit. In: Hessisches Jahrbuch für Landesgeschichte 6 (1956) S. 25–76.
GERLICH, Alois: Konrad von Weinsberg, Kurfürst des Reiches und Erzbischof von Mainz (1390–1396). In: Jahrbuch für das Bistum Mainz 8 (1958–1960) (= FS August Schuchert) S. 179–204.

VI. UNRUHE UND STURM

Das Erzbistum im 15. Jahrhundert

1. Das Erzbistum während der Reformkonzilien

Erzbischof Johann II. von Nassau (1397–1419). Seine Stellung zu den Konzilien von Pisa (1409) und Konstanz (1414–1418)

Noch gezielter als 1390 strebte Graf Johann von Nassau-Wiesbaden-Idstein 1396 das vakant gewordene Amt des Erzbischofs von Mainz an. Da er wußte, wie schwer es sein würde, im Domkapitel eine Mehrheit für sich zu finden, sah er sich nach Unterstützung um. Er fand sie im einflußreichen Pfalzgrafen Ruprecht II. (gest. 1398), mit dem er am 24. Oktober in Oppenheim einen Beistandsvertrag schloß, und in der Stadt Mainz, der er Entgegenkommen bei ihrem Ringen um Freiheiten zusicherte. Dennoch fiel die Wahl gegen ihn aus. In knapper Mehrheit hatte sich das Domkapitel im November 1396 für Jofrid von Leiningen entschieden, Domkapitular in Mainz und Speyer und Domkustos in Köln, wo sein ihn protegierender Onkel Friedrich von Saarwerden seit 1370 Erzbischof war. Die Leininger und die mit ihnen verwandten Falkenstein hatten sich die Mainzer Wahl etwa 110000 Gulden kosten lassen.

Johann von Nassau akzeptierte das Ergebnis nicht. Unterstützt von Empfehlungsschreiben des Pfalzgrafen und der Stadt Mainz und dem Protest von zwölf Domherren, die für ihn votiert hatten, begab er sich nach Rom, um dort seinen Einspruch vorzubringen. Es gelang ihm, das Wohlwollen von Papst Bonifaz IX. zu gewinnen und von diesem am 24. Januar 1397 zum Erzbischof von Mainz providiert zu werden. Die Verhandlungen in Rom und die Provision waren teuer. Das zwang ihn, immense Geldsummen aufzunehmen. Erst als die Abtragung der Schulden geklärt war, konnte der am 7. Juli 1397 nochmals formell zum Erzbischof ernannte und mit dem Pallium ausgezeichnete Diakon Johann II. von Nassau in sein Erzbistum zurückkehren.

Jofrid von Leiningen, der zwischenzeitlich mit Erfolg seine Stellung gefestigt hatte, mußte Johann II. den erzbischöflichen Stuhl räumen; denn dieser wurde sofort von den rheinischen Kurfürsten und von der Stadt Mainz, in die er am 6. November 1397 feierlich einzog, anerkannt. Von den Domkapitularen versagten ihm jedoch 13 lange den Gehorsam. Wenige blieben für immer unversöhnt. Die anderen schlossen sich ihm später an, so auch Jofrid von Leiningen, der 1405 die Mainzer Dompropstei erhielt, 1409 als Gesandter des Kölner Erzbischofs zum Konzil von Pisa ging und dort noch im selben Jahr starb.

König Wenzel stand der Ernennung des Nassauers zurückhaltend gegenüber. Dennoch belehnte er ihn auf dem Frankfurter Reichstag im Januar 1398 mit den Regalien. Gleichzeitig verkündete er einen Landfrieden, dessen Schiedsgericht jährlich sechsmal in Mainz tagen sollte.

1399 spitzten sich die Dinge im Reich zu. Besorgt und unzufrieden darüber, daß durch Wenzels Politik das Schwergewicht des Reiches immer deutlicher in den Osten verlagert wurde, ergriffen die rheinischen Kurfürsten Gegenmaßnahmen. Sie schlossen sich zum Kurverein zusammen. Damit nicht genug, erklärten sie König Wenzel am 20. August 1400 in Braubach für abgesetzt und wählten am folgenden Tag in Rhens den Pfalzgrafen Ruprecht III. zum neuen König (1400–1410), der fast vom gesamten Westen und Süden des Reiches anerkannt wurde.

Die eindeutige Haltung des Pfälzers in der Papstfrage, d. h. sein klares Stehen zur römischen Obödienz, ließ erwarten, daß Bonifaz IX. ihn sofort bestätigen würde. Überraschenderweise zögerte der Papst seine Entscheidung lange hinaus.

In eben diesen Jahren bahnte sich eine Entfremdung zwischen Erzbischof Johann II. und König Ruprecht an. Sie ging soweit, daß der Mainzer 1405 den antipfälzischen Marbacher Bund zusammenbrachte. Die Feindschaft wirkte sich auch verhängnisvoll im kirchenpolitischen Bereich aus. Wegen der immer unerträglicher werdenden Lage der gespaltenen Kirche hatten Kardinäle beider Obödienzen auf Drängen Frankreichs ein Konzil nach Pisa einberufen. Diese Kirchenversammlung setzte 1409 sowohl den Avignoneser Benedikt XIII. (1394–1417/23) als auch den römischen Papst Gregor XII. (1406–1415) ab und wählte Alexander V. (1409–1410) zum neuen Papst. Statt Einheit brachte das Vorgehen eine noch größere Zerrissenheit, denn jetzt standen sich drei Obödienzen gegenüber. Das Mainzer Erzbistum war davon besonders betroffen. Aufgrund seiner Kontroverse mit König Ruprecht, der unbeirrt an Rom festhielt und es ablehnte, das Konzil zu beschicken, tendierte Johann II. schon sehr früh zur Pisaner Lösung. Alexander V. honorierte dem Mainzer diese Haltung noch während des Konzils dadurch, daß er ihn am 23. August 1409 zum geborenen Legaten mit voller Machtbefugnis („legatus natus cum plena potestate“) ernannte. Zu solch geborenen bzw. dauernden Legaten hatte Papst Innozenz IV. einst die lateinischen Patriarchen des Ostens, d. h. die von Konstantinopel, Antiochien und Jerusalem, und einige wenige Erzbischöfe des Westens ernannt. Der machtbewußte Erzbischof Johann II. nahm die Würde in Anspruch, um im Reich gegen die vorzugehen, die sich der Pisaner Obödienz nicht anschlossen.

Der abgesetzte Papst Gregor XII. erklärte die Anhänger Alexanders V. für schismatisch und sakrilegisch. Er befahl König Ruprecht, diese durch romtreue Personen zu ersetzen. Selbst der Mainzer Erzbischof sollte seines Amtes enthoben werden, falls er bei seiner feindlichen Haltung gegen den römischen Papst bliebe. Zum Nachfolger war der von Gregor XII. zum Apostolischen Legaten im Reich ernannte Matthäus von Krakau (gest. 1410) bestimmt, Reformprediger, Theologe, Professor in Heidelberg, Bischof von Worms und Ratgeber König Ruprechts. Bald nach der Ernennung hatte dieser wegen seiner angegriffenen Gesundheit einen Teil seiner Legatengewalt u. a. auf den Verdener Bischof Ulrich von Albeck übertragen. Da Ulrich von diesen Rechten nicht nur innerhalb des Mainzer Erzbistums Gebrauch machte, sondern 1410 Erzbischof Johann II. seines Amtes wirklich für verlustig erklärte und Johann, den Bischof von Glandèves in Frankreich, zum Mainzer Weihbischof und Vikar bestimmte, war die Verwirrung groß.

Das Vorgehen Gregors XII. und der von ihm Beauftragten hätte für das Erzbistum Mainz weniger Gefahr bedeutet, wäre nicht auch Landgraf Hermann II. von Hessen (1376–1413) Anhänger des römischen Papstes gewesen. Unter ihm drängte das seit rund 200 Jahren mit Kurmainz um die territoriale Vormacht ringende

Nachbarland auf einen Entscheidungskampf. Erste Fehden hatte es bereits 1403 gegeben. Jetzt bot Gregor XII. dem Landgrafen sogar die Chance, Hessen aus dem Mainzer Jurisdiktionsbereich zu lösen. Er bevollmächtigte ihn, alle erledigten kirchlichen Stellen im Lande, deren Patronat ihm zustand, ohne Rücksicht auf den Mainzer Erzbischof zu präsentieren und vom Stiftsdekan von St. Martin in Kassel investieren zu lassen. Der Klerus von Hessen, Thüringen und Sachsen, wegen einer Besteuerung von 1401 ohnehin gegen Johann II. von Nassau eingenommen, sah die Kontroverse nicht ungern. Der Erzbischof suchte mit Bündnissen der gefährlichen Entwicklung entgegenzuwirken. Die Entscheidungsschlacht zwischen den Kontrahenten blieb vorerst aus. Erst fünfzig Jahre später war Hessen an seinem diesbezüglichen Ziel. Noch blieb die kirchliche Einheit mit dem Erzbistum gewahrt. Im folgenden Jahrhundert löste sich Hessen jedoch als einer der ersten Territorialstaaten aus der alten kirchlichen Jurisdiktion und schuf ein eigenes Landeskirchentum.

Mitten im Ringen um die vor allem in Deutschland so kontrovers ausgetragene Entscheidung für die römische oder die Pisaner Obödienz starb König Ruprecht von der Pfalz am 18. Mai 1410 in Oppenheim. Wenzel machte sich erneut Hoffnung, als König anerkannt zu werden. Dagegen wehrten sich die rheinischen Kurfürsten und drängten auf eine Neuwahl. Gespalten in der Frage des rechtmäßigen Papstes, war es ihnen nicht möglich, einen gemeinsamen Kandidaten für die Thronfolge festzulegen. So kam es, daß sich die Kurfürsten von der Pfalz und Trier, beide ergebene Anhänger Gregors XII., gemeinsam mit dem durch einen Vertreter anwesenden König von Ungarn am 20. September 1410 für Wenzels Bruder Sigismund entschieden, welcher der römischen Obödienz Duldung versprochen hatte. Gegen ihn wählten die geistlichen Kurfürsten von Mainz und Köln sowie der Bevollmächtigte Böhmens am 1. Oktober 1410 Landgraf Jobst von Mähren zum König, einen überzeugten Anhänger der Pisaner Obödienz. Dessen rascher Tod am 18. Januar 1411 ließ die Erzbischöfe von Mainz und Köln auf Sigismund einlenken. Nach einem Vergleich gaben auch sie ihm bei einer erneuten Wahl am 21. Juli 1411 ihre Stimme.

Der jetzt von allen anerkannte König Sigismund (1411–1437) war von Regierungsbeginn an bestrebt, die zerrissene abendländische Kirche wieder zu einen. Nach zähen Verhandlungen gelang es ihm, das Konzil von Konstanz (1414–1418) zustande zu bringen. Drei Ziele waren der stark besuchten Kirchenversammlung am Ufer des Bodensees aufgetragen: die Einheit der Kirche, Reform an Haupt und Gliedern und die Lehre des rechten christlichen Glaubens deutlich zu machen. An den Geschehnissen in Konstanz, von König Sigismund von Mainz aus 1414 zugleich als Ort eines Reichstages bestimmt, nahmen auch Vertreter des Erzbistums und Kurstaates Mainz teil. Erzbischof Johann II. war mit großem Troß am 19. Januar 1415 in Konstanz eingetroffen. Er stellte sich als selbstbewußter Kurfürst und Landesherr vor mit 460 Leuten, 600 Pferden, 8 Wagen, begleitet von 8 Grafen. Aus Ulrich von Reichenthals Konzilschronik spricht noch das Erstaunen, das sein Einritt erregte, als er „ganz gewappnet mit allem Harnisch bis auf die Füße, das alle geystlichen Herren unzimlich bedaucht, daß ehr also reysig als ein Ritter einritte, wan doch alle geystlich Fürsten und Herren wellich states und Würdigkeit die warend, ritten ein inn ihren zimmlichen geystlichen Kleidern".

Die Verhandlungen der Kirchenversammlung verliefen zäh. Es war offensichtlich auch schwierig, den ersten geistlichen Kurfürsten für eine Papstneuwahl zu gewinnen, denn Johann II. von Nassau wollte an Papst Johannes XXIII. (1410–1415) festhalten. Der Mainzer verließ noch 1415 Konstanz und übertrug die weiteren Konzilsberatungen seinen Abgeordneten.

Der Weg aus der Spaltung gestaltete sich schwierig: das Konzil mußte sich zuerst selbst höchste kirchliche Autorität zuerkennen (Konziliarismus) und durch Absetzung (Johannes XXIII., 1415, und Benedikt XII., 1417) bzw. Rücktritt (Gregor XII., 1415) das Feld für eine Neuwahl freimachen. 1417 kehrte der Mainzer Erzbischof nach Konstanz zurück. Im November des gleichen Jahres wählten die Konzilsväter Martin V. (1417–1431) zum Papst. Seine Anerkennung im Mainzer Bistum bereitete keine nennenswerten Schwierigkeiten. Über Konkordate wurde mit verschiedenen Nationen die allgemeine Akzeptanz des neuen kirchlichen Oberhauptes erreicht. Das abendländische Schisma war beendet.

Erzbischof Johann II. von Nassau starb am 13. oder 23. September 1419 in Aschaffenburg. Beigesetzt wurde er neben seinem erzbischöflichen Bruder Adolph in der Mainzer Kathedralkirche, deren gotischer Kreuzgang gerade nach zehnjähriger Bauzeit (1400–1410) fertiggestellt worden war. Im Dom hatte er das herrliche Memorienportal mit dem gotischen Figurenschmuck und unter dem Mittelschiff die sogenannte Nassauer Kapelle errichten lassen, die bis 1683 als Martinschörlein in die Kirche hineinragte. Ein vom Bildhauer Madern Gerthener geschaffenes prächtiges Grabdenkmal im Stil des Umbruchs zwischen Gotik und Renaissance zeigt Johann II. als noch jugendlichen Erzbischof. Die starken und selbstbewußten Gesichtszüge und die mit mehreren Ringen geschmückte Rechte könnten Hinweis dafür sein, daß er als fähiger Politiker und zugleich ehrgeiziger und ränkereicher Machtmensch galt.

Bürger und Klerus im Widerstreit. Die Stadt Mainz unter den Erzbischöfen Johann II., Konrad III. von Dhaun (1419–1434) und Dietrich Schenk von Erbach (1434–1459)

Zu den letzten Amtshandlungen von Erzbischof Johann II. hatte es gehört, die 1417 vom Generalkapitel der Benediktiner in Konstanz beschlossene und von Papst Martin V. bewilligte Überführung der alten Mainzer Abtei St. Alban in ein ritterliches Kollegiatstift mit 20 Präbenden, darunter die Dignitäten des Dekans, Scholasters, Kantors und Kustos, und 20 Vikarien, davon 12 für Weltgeistliche, durch die Unterzeichnung eines Notariatsinstrumentes am 11. August 1419 zu verwirklichen. Die Auflösung wurde mit Verfallserscheinungen und der zerrütteten wirtschaftlichen Lage des einst so berühmten Klosters begründet, die vor allem eingetreten war, seit die aufständischen Bürger der Stadt Mainz mit anderen Klöstern auch 1329 St. Alban zerstört und die Mönche vertrieben hatten.

Als der Abt des Benediktinerklosters St. Jakob 1419 diese Erklärung abgab, war der Streit zwischen der Stadt Mainz und dem privilegierten Klerus erneut in eine kritische Phase geraten. Die Schwierigkeiten hatten sich bereits zu Lebzeiten von Erzbischof Johann II. gezeigt, obwohl es zu Anfang seines Pontifikats schien, als fände er ein besonders gutes Verhältnis zur seit langem unruhigen Mainzer Bürgerschaft. Noch im Jahr seiner Thronerhebung hatte er der Stadt ihre Freiheiten besie-

Mainz, Stadtansicht

gelt. Als 1398 eine schwere Epidemie Mainz heimsuchte, ordnete er Bittgebete und Prozessionen an. Mehrfach konnten Reichstage in der Stadt abgehalten werden. Offensichtlich gehörte auch Mainz 1410 zu den Städten, die zu vermitteln suchten, als Erzbischof Johann II. und König Ruprecht in scharfen Gegensatz wegen der Papstfrage geraten waren. Doch dann mehrten sich die Kontroversen. Aus nicht ganz durchschaubaren Gründen standen sich der Erzbischof und die Bürgerschaft auf dem Konzil bzw. Reichstag zu Konstanz sogar als Prozeßgegner gegenüber. Erst 1417 war es zu einer gütlichen Einigung gekommen. Kaum war Erzbischof Johann II. 1419 gestorben, brach der Streit um Rechte zwischen der freien Stadt Mainz und dem Klerus wiederum mit solcher Vehemenz aus, daß das Domkapitel es vorzog, den neuen Oberhirten auf Burg Ehrenfels zu wählen. Hier entschieden sie sich am 13. Oktober 1419 für den Rhein- und Wildgrafen Konrad III. von Dhaun, der über seine Mutter mit den Leiningern verwandt war. Der bisherige Mainzer Domherr und Propst des Frankfurter St. Bartholomäusstifts galt als politisch erfahren, zwar weltlich, doch für seine schwierige Aufgabe geeignet. Papst Martin V. war ihm gewogen, denn er bestätigte die Wahl bereits am 15. Dezember 1419. Möglicherweise wähnte der Papst in ihm aber auch einen Bundesgenossen gegen König Sigismund, mit dem ihn gerade aufkommende Differenzen bezüglich der Behandlung der Hussiten entzweiten. Die 1420 ausbrechenden Hussitenkriege, jene durch den Tod des 1415 auf dem Konzil von Konstanz als Häretiker hingerichteten Jan Hus ausgelöste, sehr militante national-politische tschechische Erhebung gegen die katholische Kirche und die deutsche Oberschicht, führte wegen der verworrenen Verhältnisse wirklich zu einer zeitweisen Entfremdung zwischen Erzbischof und König.

Der Tod Wenzels im August 1419 hatte die Verwirrung im Osten noch heilloser gemacht. König Sigismund war von da an nicht nur in die hussitischen Aufstände verwickelt, sondern auch in ungarische und polnische Streitigkeiten. Um wenigstens im Reich Ruhe zu haben, machte er den Städten Zugeständnisse, so auch Mainz. Er gewährte der Stadt erweiterte Privilegien und forderte den neuen Erzbischof auf, Mainz die alten Privilegien zu bestätigen. Eine Übereinkunft zwischen dem Erzbischof und der Stadt kam aber erst ein Jahr später zustande, dann allerdings in einem am 25. November 1420 geschlossenen Schutz- und Freundschaftsbündnis. Dem konnte 1422 noch ein Vertrag über die weltliche und geistliche Gerichtsbarkeit in der Stadt zugefügt werden. Doch das soziale Gären in der Stadt ging weiter. Es nahm neue Dimensionen an. Neben die Kontroverse zwischen Klerus und Bürgerschaft trat der offene Kampf der unterprivilegierten Zünfte gegen die im Stadtregiment tonangebenden Patrizier. Eine Zehnerkommission der Zünfte erreichte 1428 die Auflösung des seit 1244 bestehenden Stadtrates, drängte die Patrizier in einem neugewählten kleineren Rat in die Minderheit und verhinderte nicht, daß es zu handgreiflichen Ausschreitungen in der Stadt kam. Viele Patrizier verließen Mainz, unter ihnen Johann Gensfleisch, der 1448 zurückkehrte und als Johannes Gutenberg (um 1397–1468) durch seine Erfindung der Buchdruckkunst und seine zwischen 1452 und 1455 gedruckte 42zeilige Bibel seiner Vaterstadt zu Weltruf verhalf.

Ein Ausgleich bzw. eine Rachtung zwischen den Zünften und den Geschlechtern kam im März 1430 auf Vermittlung von Erzbischof Konrad III. zustande. Doch kaum war dieser Streit beigelegt, brachen die alten Konflikte zwischen den Bürgern und den mächtigen Geistlichen erneut mit solcher Heftigkeit aus, daß der gesamte Klerus 1433 unter Protest die Stadt verließ. Die wie überall seit dem 14. Jahrhundert festzustellende Zuspitzung des politisch und sozial bedingten Hasses gegen die privilegierte Geistlichkeit zeigte sich in Mainz besonders deutlich. Der Franziskanerspirituale Johannes aus Winterthur berichtete 1438 in seiner Chronik von solchen Gegensätzlichkeiten, und auch sein Zeitgenosse Eberhard Winecke aus Mainz gab davon Kunde.

Mit Hinweis auf die Bibel wurden demokratische Forderungen gestellt und Reichtum und Macht der Kirche bekämpft. Bereits 1398 hatte sich der Mainzer Dompfarrer Johann Wasmud aus Homburg in einem Traktat gegen die Bauern und Bürger gewandt, die unter dem Vorwand, sie befolgten das Leben Christi und der Apostel und sie seien die Kirche, sich frei von dem menschlichen Gehorsam und den Geboten der Kirche erklärten und Predigern der Freiheit anhingen. Daß 1431 Bauern bei Worms ein Protestbanner mit dem Bild des Gekreuzigten aufpflanzten, stand noch in Verbindung mit der Predigttätigkeit der Hussiten Johannes Dräudorf und Peter Turnau, die die Ausübung weltlicher Gewalt durch Geistliche als gegen das Evangelium erklärt hatten und dafür nach einem Inquisitionsverfahren 1425 hingerichtet worden waren. Zu den Bauern aus Mainz liefen auch Leute aus dem Mainzer Erzbistum. Ratsherren der Stadt Mainz traten als Vermittler ein. In diesem größeren Rahmen standen auch die Mainzer Konflikte.

Der Auszug der Mainzer Geistlichkeit hatte 1433 zur Folge, daß die gesamte seelsorgliche Betreuung der Stadt zusammenbrach. Gottesdienste hörten auf, Sakramente wurden nicht mehr gespendet, Tote nicht mehr christlich beerdigt. Die Fronten verhärteten sich noch, als Erzbischof Konrad III. am 14. Mai 1434 die

Exkommunikation über Mainz verhängte. Kurz darauf starb er am 10. Juni 1434 in Eltville. Er wurde im Mittelschiff des Domes vor der Kanzel beigesetzt. Laut testamentarischer Anordnung wurde seine heute an einem Mittelschiffpfeiler aufgestellte Grabplatte unter das Fußbodenniveau gelegt und mit einem einfachen Bretterdeckel zugedeckt.

Der immer noch nicht beigelegte Konflikt zwischen der Mainzer Bürgerschaft und dem Klerus nötigte die Domkapitulare, in Bingen die Wahl des neuen Erzbischofs vorzunehmen. Sie entschieden sich am 6. Juli 1434 für den Domkantor Dietrich Schenk von Erbach. Sofort suchte dieser bei dem in Florenz weilenden Papst Eugen IV. um Bestätigung der Wahl nach. Mit der Erledigung dieser Aufgabe betraute der Erzbischof den gelehrten Kanoniker und späteren Dekan von Mariagreden Dr. Johannes de Lysura (= aus Lieser an der Mosel; gest. 1459), der auch als erzbischöflicher Konzilsbevollmächtigter nach Basel zu gehen hatte. Die päpstliche Konfirmation der Erzbischofswahl und das Pallium wurden am 20. Oktober 1434 gewährt.

Wie üblich hatten die Domkapitulare Dietrich von Erbach vor der Wahl auf eine Kapitulation festgelegt. Auffallend bei dieser Vereinbarung ist, daß sie nicht mehr den ausschließlichen Anspruch der Domkapitulare auf die Propsteien des Erzbistums und der geistlichen Richterstellen enthält. Das ist wohl ein Hinweis darauf, daß die Phase der immer extensiver beanspruchten Beteiligung an der Leitung von Erzbistum und Erzstift allmählich zu Ende ging. Darauf könnte auch deuten, daß die Domkapitulare 1450 begannen, alle wichtigen Vorgänge und Entscheidungen ihrer Kapitelssitzungen in einem Protokollbuch festzuhalten. Es zeugt von dem immer noch starken Mitbestimmungsrecht des Domkapitels und von dessen Selbstbewußtsein, wenn die Eintragungen mit einer Antwort auf die Forderung des Erzbischofs nach Bewilligung einer Landsteuer und der Beteuerung beginnen, die Domherren wollten sich halten „als diejenigen, die da nit gern sehen, dass off den Stift schaden getriben werden soll".

Die verworrenen Verhältnisse in der Stadt Mainz, die noch nicht beendeten Differenzen mit Hessen und die heillose Gegnerschaft zwischen der Kirchenversammlung in Basel und Papst Eugen IV., die 1439 in der Wahl Felix' V. zum Gegenpapst gipfelte, waren die Hauptprobleme, die das ein Vierteljahrhundert währende Pontifikat Konrads III. begleiteten.

Noch bevor der Erbacher zum Erzbischof gewählt worden war, hatte die Mainzer Geistlichkeit eine Klageschrift gegen die Bürgerschaft an das Konzil von Basel gerichtet. Die Beschwerde hatte zwei Komponenten: 1. die Bürgerschaft komme ihrer eingegangenen Verpflichtung nicht nach, die 1329 angerichteten Zerstörungen der Klöster und der Domstiftsgebäude wiedergutzumachen, und 2. die Stadt belege die Geistlichen mit unzumutbaren Steuern und Zöllen. In einer Gegenschrift machte die Stadt ihre Argumente geltend. Das Konzil griff vermittelnd ein und schaffte es über Abgeordnete, daß die zerstrittenen Parteien sich in der sogenannten Pfaffenrachtung vom 7. Januar 1435 einigten. Die Bürgerschaft gab in einigen ihrer Forderungen nach, und die Geistlichen kehrten in die Stadt zurück. Das normale kirchliche Leben konnte wieder beginnen. Um diese Zeit zählte Mainz etwa 5 700 Einwohner. Davon waren etwa 1 000 Personen Bürger mit ungefähr 3 600 Angehörigen und 520 Beisassen. 50 Einwohner waren unter Königsschutz stehende Juden. Sie hatten für die Kaiserkrönung Sigismunds am 31. Mai 1433 allein

2000 Gulden aufbringen müssen. Der Rest der Stadt, also etwa 500 Personen, gehörte zum geistlichen Stand. Dieser hohe, im Mittelalter allerdings eher übliche Anteil macht verständlich, daß Konflikte entstehen mußten, sobald die weniger privilegierten Mittelschichten sich ihrer Macht bewußt wurden und lautstark ihre Ansprüche einforderten. Trotz oder vielleicht auch gerade wegen der Pfaffenrachtung von 1435 zog Erzbischof Dietrich erst am 7. März 1439 feierlich in Mainz ein. Der Anlaß war ein Reichstag, der vom Konzil von Basel aus nach Mainz einberufen worden war. In der Bischofsstadt schwelte die Unzufriedenheit weiter. Der grundsätzliche Konflikt der Mainzer Bürgerschaft mit dem Erzbischof wurde erneut offenkundig, als im Februar 1441 letztmals in der Mainzer Metropole eine deutsche Reichsversammlung tagte. Der Zunftaufstand stellte sich gegen den Anspruch des Erzbischofs, in allen geistlichen und weltlichen Belangen die Obrigkeit zu sein. Ohne den eigentlichen Streit beizulegen, kam es 1449 auf Vermittlung König Friedrichs III. zu einer vorläufigen Einigung.

Reformanliegen und Synodaltätigkeit unter den Erzbischöfen Konrad III. und Dietrich Schenk von Erbach

Seit Papst Martin V. in seiner Bulle vom 1. März 1420 zum Kreuzzug gegen die „Wiclifiten, Hussiten und andere Ketzer" aufgerufen und König Sigismund die Reichsfürsten um Hilfe für das bedrängte und bedrohte Böhmen nachgesucht hatte, war Konrad III., wenn auch nur zögernd, bereit, hilfeleistend in die Hussitenkriege einzugreifen. Die Siege lagen allerdings bis 1431 fast ausschließlich auf seiten der Hussiten. Am Kriegszug, der 1421 mit der Niederlage bei Deutschbrod endete, hatte er persönlich nicht teilgenommen. Statt dessen mühte er sich, im Reich Ruhe und Sicherheit zu schaffen. Sein geschicktes Vorgehen war König Sigismund Anlaß, ihm 1422 das Reichsvikariat zu übertragen. Trotz des Protestes von Pfalzgraf Ludwig III., der das Reichsamt für die Pfalz beanspruchte, nahm er die Statthalterschaft an, bot sie ihm doch die Möglichkeit hohen politischen Einflusses und eine einträgliche Geldquelle für das finanziell schwache und erheblich verschuldete Erzstift. Auf Drängen der rheinischen Kurfürsten sah er sich jedoch genötigt, auf dem Reichstag zu Boppard am 11. Mai 1423 das Reichsvikariat wieder niederzulegen. Er fürchtete, in Isolation zu geraten und bei den wachsenden Spannungen zwischen ihm und dem Kurpfälzer die Unterstützung der geistlichen Kurfürsten von Köln und Trier zu verlieren. Mit ihnen schloß er sich am 17. Januar 1424 zum Binger Kurverein zusammen. Er brauchte diese Rückendeckung auch, weil der offene Kampf mit Hessen immer wahrscheinlicher wurde. Beiderseitige Schutzansprüche auf Fulda und Hersfeld hatten die abermalige Zuspitzung des Jahrhundertstreites bewirkt. Der offene Kampf wurde 1425 ausgelöst durch Händel um Fritzlar. Mainz verlor, konnte aber am 8. Juli durch den Frieden von Kitzingen nochmals Hoffnung schöpfen. Doch dann geboten eine weitere Schlacht und der Sieg des hessischen Landgrafen Ludwig I. über Erzbischof Konrad III. und seine Verbündeten am 23. Juli 1427 bei Großenenglis den mainzischen Ansprüchen auf Vorherrschaft im hessischen Raum endgültig Einhalt. Der Friede von Frankfurt am 6. Dezember 1427 besiegelte das Ende eines territorialen Übergewichts des Erzstifts in Hessen und schuf unwiederbringlich die Trennung zwischen geistlicher und landesherrlicher Gewalt. Das führte mit dem Ausbruch der Reformation zu weitreichenden Konsequenzen.

Was das Konzil von Konstanz nicht geschafft hatte, nämlich die Reform an Haupt und Gliedern, blieb die große Forderung des 15. Jahrhunderts. Den Reformanliegen dienten die 1422 im Auftrag des Papstes durch den Kardinallegaten Branda durchgeführte Visitation des Erzbistums Mainz und die Provinzialsynode, die im März 1423 in Mainz abgehalten wurde. Die Versammlung verkündete die Beschlüsse des Konzils von Konstanz, erließ Reformvorschriften für den Klerus, sprach sich für die jährliche Einberufung einer Provinzialsynode aus und beriet über das bevorstehende Konzil von Pavia-Siena (1423/24).

Bevor das Ökumenische Konzil im Frühjahr 1424 endete, hatten die Konzilsväter festgelegt, die nächste allgemeine Kirchenversammlung solle in Basel stattfinden. Nur zögerlich ging Papst Martin V. auf die konziliaristisch gefärbte Forderung ein. Erst nach langem Hinhalten entschloß er sich 1430 zur Einberufung. Der unter Führung von Erzbischof Konrad III. in Nürnberg tagende deutsche Reichsepiskopat hatte ihn dazu gedrängt. Die Mainzer Kirchenprovinz bereitete sich auf der Aschaffenburger Synode von 1431 auf das Konzil vor, beschickte es in den Anfangsjahren aber ebenso schwach wie die übrige Kirche.

Das 1431 in Basel zusammengetretene Konzil überwarf sich bald mit Papst Eugen IV. (1431–1447). Der löste es noch im selben Jahr auf, sah sich dann aber auf Drängen von König Sigismund und der deutschen Kurfürsten 1433 genötigt, seine Entscheidung zu revidieren. 1434 konnte die Baseler Kirchenversammlung ihre Arbeit wirklich aufnehmen. Wenig später kam es jedoch zu einer heillosen Gegnerschaft zwischen dem Konzil und dem Papst.

Auf Veranlassung des Mainzer Erzbischofs Dietrich Schenk von Erbach erklärten die zur Königswahl in Frankfurt versammelten Kurfürsten am 17. März 1438, im Streit zwischen Papst und Konzil neutral bleiben zu wollen. Am Tag darauf wählten sie Albrecht II. (1438–1439) zum Nachfolger seines 1437 verstorbenen Schwiegervaters Kaiser Sigismund. Um ganz sicher zu gehen, ließ Erzbischof Dietrich am 30. März 1438 auf einer Provinzialsynode in Mainz nochmals erörtern, ob man sich, wie von der Germanischen Nation der Baseler Kirchenversammlung gefordert, den am 24. Januar 1438 erlassenen Reformdekreten des Konzils anschließen und die vom Konzil am 24. Januar 1438 ausgesprochene Suspension des Papstes Eugen IV. billigen solle. Der Papst hatte die Konzilsbeschlüsse abgelehnt, weil sie eine starke Schmälerung der päpstlichen Rechte, insbesondere hinsichtlich der Finanzen, beinhalteten, und hatte die Baseler Konzilsversammlung wegen der Verweigerung der von ihm verfügten Verlegung des Konzils nach Ferrara für illegitim erklärt. Wie schon die Fürsten in Frankfurt entschied sich auch die Mainzer Synode für die Neutralität. Die vom bekannten Konziliaristen Gregor von Heimburg (gest. 1472) stark beeinflußten Erklärungen waren keine klaren Lösungen, sie waren eher Ausweg aus einer Zwangslage und Bestreben, keine Seite zu verprellen. Sie bestimmten aber bis 1447 die Kirchenpolitik des Reiches und damit auch des Mainzer Erzbischofs.

Daß die 1439 erneut in Mainz versammelten geistlichen und weltlichen Fürsten am 26. März im Kapitelsaal des Domstifts das inzwischen verfertigte Instrument (Dokument) der Akzeptation unterzeichneten und damit die Reformdekrete des Konzils von Basel annahmen, widersprach nicht ihrer grundsätzlich neutralen Haltung. Die „Mainzer Akzeptation" von 1439 setzte sich nämlich, trotz ihrer Affinität zu der die „gallikanischen Freiheiten" festlegenden „Pragmatischen Sanktion" von Bourges vom 7. Juli 1438, nicht rigoros den päpstlichen Besitz- und Finanzansprüchen im Reich entgegen. So erklärte Erzbischof Dietrich, in Erzbistum und Kirchenprovinz blieben die von den Päpsten beanspruchten Annaten unangetastet, denn diese Abgaben seien vor Zeiten an die Stelle der Viertelzehnten getreten und daher rechtens.

Allerdings ist zu sehen, daß dieser erzbischöfliche Vorbehalt auch in Zusammenhang stand mit der Zurückweisung eines Protestes, den Landgraf Friedrich von Thüringen beim Baseler Konzil eingebracht hatte. Im Einspruch verwahrte sich der Thüringer gegen die Mainzer Praxis, die an sich schon hoch belasteten Diözesangeistlichen mit annatenähnlichen Abgaben zu belegen.

Neue Finanzansprüche, die Papst Eugen IV. um 1441 erhob, führten zu einer gefährlichen Kontroverse zwischen dem Mainzer Domkapitel und Erzbischof Dietrich. Weil dieser wie der am 2. Februar 1440 zum König gewählte Habsburger Friedrich III. (1440–1493) den kurialen Forderungen Verständnis entgegenbrachte, distanzierten sich die Domherren von ihm und verbündeten sich mit den Domkapiteln von Köln und Trier. Die jedoch waren gleich den dortigen Erzbischöfen Anhänger des Baseler Konzilspapstes Felix V. Größere Auswirkungen hatte die Entzweiung zwischen dem Domkapitel und dem Erzbischof nicht, denn sie wurde überdeckt durch den erneut aufbrechenden Zunftaufstand in Mainz.

Auch im Reich trieben Unruhe und Sturm einem Höhepunkt zu. Die größeren Reichsstädte rivalisierten um die Vormachtstellung. Bald sollte sich dieser Gegensatz mit wechselnden Bündnispartnern um die Häuser Hohenzollern-Brandenburg und Wittelsbach-Pfalz gruppieren. Trotz dieser Zerspaltenheit und Gegnerschaft untereinander nahm die Scheidung zwischen den zentrifugalen Kräften und den auf noch weitere Beteiligung an der Führung der Reichsgeschäfte bedachten Reichsfürsten und dem Kaiser ihren Fortgang. Bereits auf dem Reichstag von Frankfurt wurde außer einem dauerhaften Landfrieden eine grundlegende Neuordnung des Reiches gefordert. Obwohl König Friedrich III. fast ausschließlich die habsburgischen Hausinteressen verfolgte und die Reichsangelegenheiten sträflich vernachlässigte, widersetzte er sich aller Reichsreform. In seiner Abwehr der Fürstenforderungen suchte er den Anschluß an Papst Eugen IV., der ebenfalls in Abwehrhaltung gegen alle konziliaristischen Reformbestrebungen und nationalkirchlichen Tendenzen stand.

Auf den Reichstagen von Nürnberg 1443 und Frankfurt 1445 gab der König zu verstehen, daß er die bisherige Neutralitätspolitik verlassen und sich Eugen IV. anschließen wolle. Der Papst, durch den Zerfall des Konzils von Basel und den großen Prestigegewinn der durch ihn 1439 ermöglichten Union mit der griechisch-orthodoxen Kirche ohnehin auf Erfolgskurs, sah jetzt Gelegenheit, rigoros gegen die zu Felix V. stehenden Erzbischöfe von Köln und Trier vorgehen zu können. Er erklärte sie für abgesetzt und ernannte neue Oberhirten. Das politisch wenig kluge und ohne Ergebnis gebliebene Vorgehen schuf eine verstärkte Opposition der rheinischen Kurfürsten, der sich auch in gemäßigter Form Erzbischof Dietrich anschloß. Um den entstandenen Schaden einzugrenzen, machte Eugen IV. den Reichsfürsten im sogenannten „Fürstenkonkordat" von 1447 erhebliche Zugeständnisse im Sinne der Reformforderungen des Baseler Konzils. Noch im selben

Jahr starb der Papst. Sein Nachfolger wurde Nikolaus V. (1447–1455). Ein im Juli 1447 in Aschaffenburg stattfindender Fürstentag, dem als päpstlicher Beauftragter auch Enea Silvio Piccolomini, der spätere Papst Pius II. (1458–1464), beiwohnte, beschloß, ihn als rechtmäßigen Papst anzuerkennen, falls er die von seinem Vorgänger „für den Vorteil und die Ruhe unserer Nation" gemachten Zugeständnisse anerkenne. Die endgültige konkordatäre Festschreibung dieser Übereinkunft sollte noch folgen. Das Konkordat wurde am 17. Februar in Wien geschlossen. Nach dem Willen der Reichsfürsten sollte es der ergänzende Abschluß und die Vollendung des Fürstenkonkordates von 1447 sein. In Wirklichkeit wurde es eine rechtliche Übereinkunft zwischen König Friedrich III. und der Kurie, welche die Baseler Reformdekrete erheblich abschwächte und die Forderungen nach der endgültigen päpstlichen Anerkennung der Mainzer Akzeptation von 1439 und des Fürstenkonkordats von 1447 geflissentlich überging. Das Wiener Konkordat behielt bis zum Untergang des Heiligen Römischen Reiches 1806 Gültigkeit.

Die konkordatär verankerte Zurückdrängung der kirchlichen Reformforderungen der Fürsten wurde als Erfolg der päpstlichen Diplomatie gewertet. Die dadurch ungelöst gebliebenen Probleme führten in der Folgezeit jedoch zu viel Streit und ständigen Klagen über die „Übergriffe der römischen Kurie". Sie fanden in den offiziellen „Gravamina deutscher Nation" ihren Niederschlag und besagten ein Doppeltes: 1. Beschwerde über zu großen Einfluß der Kurie bei der Besetzung der kirchlichen Stellen in Deutschland und über den römischen Fiskalismus; 2. die Forderung nach umfassender Reform der Kirche. Erstmals wurde eine solche „Beschwerde" im „Mainzer Libell" der 1451 in Mainz tagenden Provinzialsynode verabschiedet. Kardinal Nikolaus von Kues (gest. 1464), der als päpstlicher Legat der Synode beiwohnte, vermochte eine Verhärtung der Fronten zu verhindern. Ihm gelang es, auch den religiösen Reformanliegen der Kirche Gehör und Beachtung zu verschaffen. Doch die Gravamina über die römische Besteuerungs- und Verwaltungspraxis und die ausbleibende Reform hörten nicht auf. Scharf und detailliert formulierte sie die Mainzer Provinzialsynode von 1455 in Aschaffenburg. Dort kam bereits der drohende Ruf nach einem Nationalkonzil auf. Auch die 1456 in Frankfurt tagende Synode erklärte sich für eine solche Nationalversammlung. Doch zusammen trat sie nicht. Mäßigend wirkte dabei der politisch im Grunde wenig interessierte Erzbischof Dietrich. Er ging aufkommenden Schärfen eher aus dem Wege. Diese politische Linie sollte sich bald ändern, denn Erzbischof Dietrich Schenk von Erbach starb am 6. Mai 1459 in Aschaffenburg. Beigesetzt wurde er in der dortigen Stiftskirche. Sein mit 16 Stammbaumwappen geziertes Epitaph läßt erkennen, daß der Geist der Renaissance auch in den Mainzer Raum gefunden hatte.

2. Die Mainzer Stiftsfehde und ihre Auswirkungen (1459–1484)

Die Erzbischöfe Diether von Isenburg (1459–1461/63) und Adolf II. von Nassau (1461–1475)

Die Wiederbesetzung des erzbischöflichen Stuhles verlief reibungsloser als erwartet. Neuer Erzbischof wurde am 18. Juni 1459 Diether von Isenburg, bisher Mainzer Domkustos und Propst von St. Viktor sowie Domherr in Köln und Trier. Ohne Schwierigkeit fand er im Erzstift und Erzbistum Anerkennung. Daß dennoch der Pontifikatswechsel mehr bewegte als nach außen sichtbar wurde, macht die Form der Wahl deutlich. Offensichtlich um größere Turbulenzen zu umgehen, hatte das Domkapitel, wie erstmals 1396, entschieden, „per modum compromissi" zu wählen, d. h. die Wahl einem aus ihren Reihen durch Los bestimmten Siebenerkollegium zu übertragen mit der verbindlichen Zusage, jenen als Erzbischof anzuerkennen, der die Mehrheit dieses Gremiums auf sich vereinigen würde. Aussichtsreiche Kandidaten für die Nachfolge waren Diether von Isenburg und Adolf von Nassau. Der Isenburger hatte bereits 1456 nach dem erzbischöflichen Stab von Trier gegriffen. Er war jedoch an Johann II. von Baden gescheitert, einem Verwandten und Anhänger von Friedrich III., seit 1452 Kaiser. Der Nassauer hatte sich noch vor dem Ableben von Erzbischof Dietrich Schenk von Erbach in Rom erfolgreich um die Loslösung von möglichen Irregularitäten bemüht, um im Falle einer Sedisvakanz aktiv und passiv wahlberechtigt zu sein. Bei der entscheidenden Wahl erhielt Diether vier und Adolf drei Stimmen. Trotz ihrer Rivalität scheinen stärkere Aversionen ihr Verhältnis nicht belastet zu haben. Schon bald nach seiner Erhebung zum Erzbischof bestellte Diether von Isenburg Adolf von Nassau zum Provisor in Erfurt und eichsfeldischen Oberamtmann in Rusteberg. Dennoch wurden beide kurze Zeit später nachgerade zu Repräsentanten der bestehenden reichs- und kirchenpolitischen Gegensätze. Das entlud sich in der blutigen und folgenschweren Mainzer Stiftsfehde von 1461/62.

Die unmittelbaren Anlässe, die den verhängnisvollen und für Mainz so verlustreichen Krieg heraufbeschworen, waren eher gering. Doch da sie eng mit den Auseinandersetzungen und Wirren der Zeit verknüpft waren, lösten sie weitreichende Wirkungen aus. Sowohl die Reichs- als auch die große Kirchenpolitik spielten in den Mainzer Bistumsstreit hinein.

Bevor die Mainzer Domkapitulare Diether von Isenburg am 18. Juni 1459 ihre Stimme gaben, hatte dieser sich in der Wahlkapitulation u. a. verpflichten müssen, in einem eventuellen Grenzstreit mit der Pfalz streng die Mainzer Position zu vertreten. Er mußte an einem 1458 gegen Kurfürst Friedrich von der Pfalz geschlossenen Bündnis festhalten, obwohl er in persönlich guten Beziehungen zu diesem stand. Mitbeeinflußt durch reichspolitische Intrigen führte diese Zusage am 4. Juli 1460 zur Schlacht bei Pfeddersheim nahe Worms, in der Erzbischof Diether mit seinem Ritterheer eine schwere Niederlage gegen den Pfalzgrafen erlitt. Das führte zu einem Wechsel der erzbischöflichen Politik. Am 18. Juli 1460 schloß Diether mit dem Pfälzer Frieden und ging einen Monat später mit ihm ein für 20 Jahre geltendes Bündnis ein. Das war eine hochbrisante politische Entscheidung, denn Friedrich von der Pfalz war der Führer der gegen Kaiser Friedrich III. gerichteten Fürstenopposition, die seit 1455 als erste Schritte für eine weitgehende Reichsreform ein ständiges Reichsregiment, ein oberstes Reichsgericht und eine allgemeine Reichssteuer, alles unter maßgeblicher Mitsprache der Reichsfürsten, forderte.

Ein ausschlaggebender Grund für den Wechsel zur Opposition war bei Erzbischof Diether seine Verärgerung über die Behandlung durch Pius II. Der Papst hatte Diether aufgefordert, die Bestätigung der Wahl persönlich in Mantua einzuholen, wohin Pius einen Fürstenkonvent einberufen hatte. Diese Versammlung sollte einen Kreuzzug gegen die Türken organisieren, die zum Schrecken der gesamten Christenheit 1453 Konstantinopel erobert hatten. Weiterhin verlangte der Papst die Zusage des Mainzers, in seiner Funktion als Reichskanzler keine Kurfürstentage ohne päpstliche Zustimmung und als Erzbischof keine Provinzialsynoden mehr einzuberufen. Zwar rückte Pius II. von diesen Forderungen wieder ab – er bestätigte am 4. Januar 1460 Diether als Mainzer Erzbischof, verlieh ihm das Pallium und erteilte ihm die Erlaubnis, sich außerhalb der Kurie zum Priester und Bischof weihen lassen zu dürfen –, doch untersagte er ihm am 15. Januar in der Bulle „Execrabilis", an ein künftiges Konzil zu appellieren. Dieses Verbot wurde von den deutschen Reichs- und Kirchenfürsten, und nicht nur von ihnen, als unbotmäßiger Eingriff in ihre Rechte und Gewohnheiten verstanden. Weil nun Erzbischof Diether in der Ablehnung dieser für ihn nicht akzeptablen päpstlichen Ansprüche keine Unterstützung von Friedrich III. erhoffen konnte, schlug er sich auf die Seite der kaiserlichen Opposition und wurde bald die führende Gestalt der Reichsopposition gegen Pius II.

Zum äußeren Anlaß für sein Vorgehen gegen die Kurie nahm er die Höhe der Servitienforderung. Er deklarierte sie für unstattlich hoch, obwohl die Verdoppelung der Mainzer Taxe von 5 000 auf 10 000 Kammergulden (fl.) bereits 1420 von Papst Martin V. verordnet worden war. Wegen der Servitienforderung und einer gegen ihn verhängten „kleinen" (d. h. wegen Zahlungssäumigkeit) Exkommunikation, appellierte Erzbischof Diether trotz des päpstlichen Verbotes im Februar 1461 an ein künftiges Konzil und verfiel dadurch schweren Kirchenstrafen. Bereits zu diesem Zeitpunkt hatte Kaiser Friedrich III. angeregt, Diether von Isenburg als Erzbischof abzusetzen. Noch zögerte der Papst, das auch von ihm beabsichtigte Vorgehen in die Tat umzusetzen. Er fürchtete einen ähnlichen Mißerfolg wie sein Vorgänger Eugen VI. bei der Absetzung der Erzbischöfe von Köln und Trier. Erst nachdem es ihm durch seine sehr geschickten Diplomaten gelungen war, den exkommunizierten Mainzer im Reich politisch zu isolieren und in Adolf von Nassau einen Nachfolger zu finden, setzte er am 21. August 1461 Erzbischof Diether ab. Da das Domkapitel nicht gewillt war, von dem ihm vom Papst vorgeschlagenen Recht einer neuen Wahl Gebrauch zu machen, hatte er am 8. August 1461 Adolf II. von Nassau zum Erzbischof von Mainz providiert. In Gegenwart von Diether von Isenburg wurden am 26. September 1461 auf einer von Adolf von Nassau einberufenen Versammlung des Kapitels im Mainzer Dom die Papstentscheide verlesen und verkündet. Obwohl Diether sofort Protest einlegte, konnte Adolf am 2. Oktober 1461 als Erzbischof eingesetzt werden. Er hatte den Großteil des Domkapitels für sich gewinnen können. Die Bürgerschaft der Stadt Mainz entschied sich nach einigem Zögern für Diether von Isenburg. Beide Erzbischöfe suchten Verbündete und fanden sie, allerdings zu einem sehr hohen Preis, der mit Stiftsgut beglichen wurde und das Erzstift über die Maßen verschuldete. Die Hauptverbündeten Die-

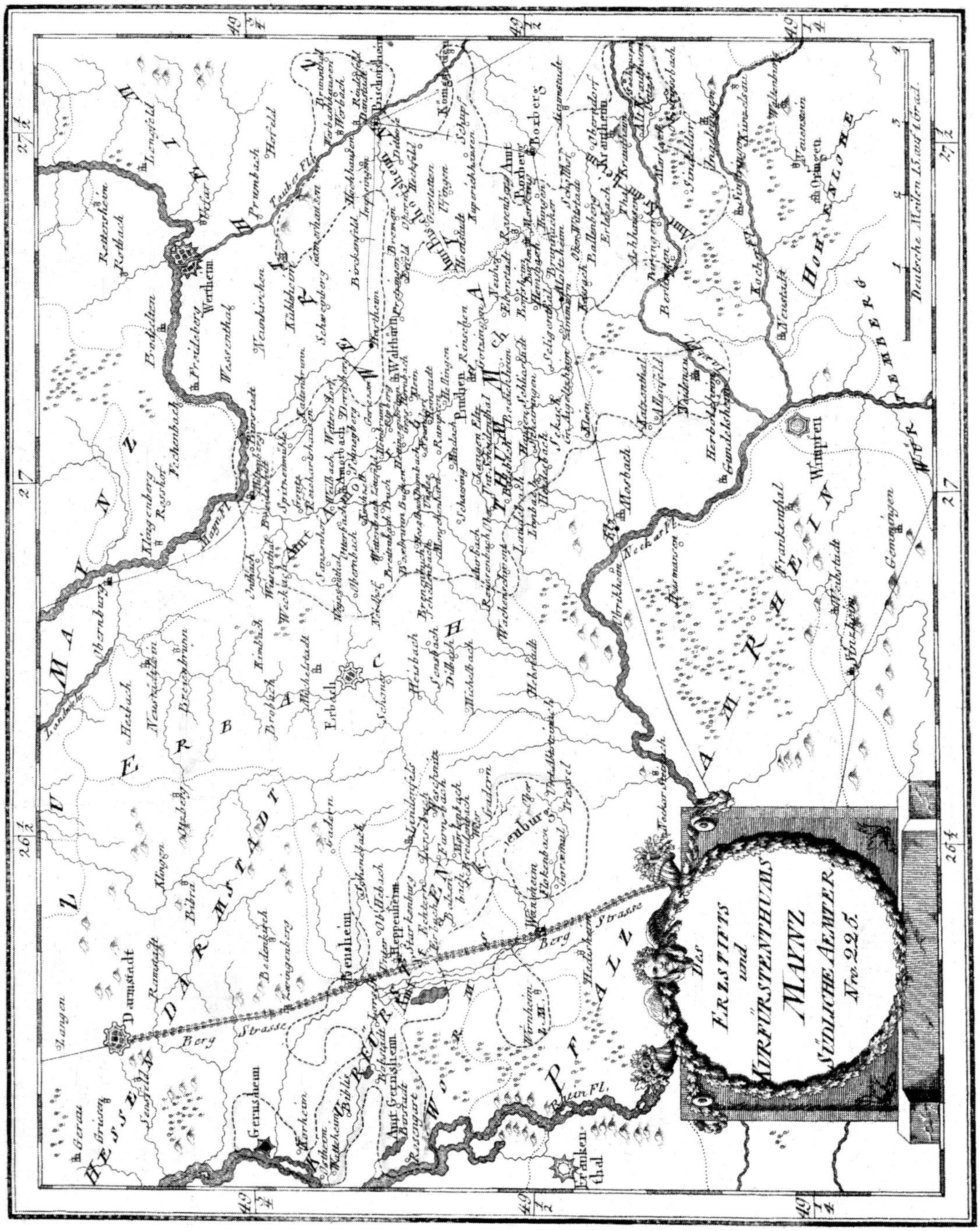

Erzstift Mainz, Teilgebiet

thers waren Kurfürst Friedrich von der Pfalz, der sich 1461 gegen eine Ablösesumme von 100000 fl. den begehrten Mainzer Besitz an der Bergstraße verpfänden ließ, und Landgraf Heinrich III. von Oberhessen (Marburg), der wertvolle, in seinem Gebiet liegende Mainzer Territorien als Pfand erhielt. Wichtige Bundesgenossen Adolfs waren Erzbischof Johann II. und dessen Bruder Karl von Baden und Bischof Georg von Metz sowie Landgraf Ludwig II. von Niederhessen (Kassel), der verfeindete Bruder Heinrichs III., der ebenfalls durch Pfandnahme mainzisches Land gewann. Für Adolf setzten sich auch der Kaiser und Papst Pius II. ein. Der eine rief zum Reichskrieg gegen Isenburgs Hauptverbündeten Friedrich von der Pfalz auf. Der andere erklärte Diether öffentlich zum gebannten und exkommunizierten Rebellen und forderte dazu auf, ihn zu bekämpfen.

Ab Dezember 1461 sprachen die Waffen. Überall hinterließ der Bistumskrieg Tod, Raub und Verwüstung. Zunächst schien Diether, der in Mainz seinen Hauptstützpunkt hatte und weite Teile des Erzstifts halten konnte, die Oberhand über Adolf zu gewinnen, der vor allem Bingen und den Rheingau auf seiner Seite hatte. Im Juni 1462 errangen Diether und Kurfürst Friedrich bei Seckenheim nahe Heidelberg einen großen Sieg über die Verbündeten Adolfs. Um den Schlußkampf zu organisieren, beriefen sie für Oktober 1462 einen Kriegsrat nach Mainz ein. Noch bevor es zu diesem Treffen kam, gelang es Erzbischof Adolf II. in den frühen Stunden des 28. Oktober 1462, beim Gautor mit seinen Truppen die Mainzer Stadtmauer zu überwinden und in die völlig überraschte Stadt vorzustoßen. Nach erbittertem Kampf war die Stadt abends in seiner Hand. Die Verluste waren hoch. Es gab mehr als 350 Tote, etwa 150 Häuser waren niedergebrannt, die meisten Wohnungen beraubt und geplündert. Allein Graf Ludwig von Veldenz-Saarbrücken soll 21 Frachtwagen Beute weggeschleppt haben.

Hart war das Gericht des Siegers über die Stadt, die sich für seinen Widersacher Diether entschieden hatte. Eine größere Gruppe Bürger wurde ausgewiesen. Mainz verlor seinen Status als freie Stadt, alle seine Freiheiten und Privilegien und die Selbstverwaltung unter einem vom Rat gewählten Bürgermeister. Die Stadt war fortan landsässig. Ihre Verwaltung lag in der Hand eines vom Erzbischof ernannten Vizedoms. Als erster erhielt Eberhard von Eppstein-Königstein das Amt, ein Schwager Adolfs II. Am 25. Mai 1469 erließ der Erzbischof für Mainz eine neue Verfassung. Sein nur bedingt gelungenes Bemühen ging dahin, als strenger Herr die Angelegenheiten des Erzstifts neu zu regeln. Die erzbischöflichen Kontrahenten in der Mainzer Stiftsfehde hatten sich am 5. Oktober 1463 im Zeilsheimer Friedensvertrag geeinigt. Die Abmachungen fielen für Diether von Isenburg günstiger aus, als manchem seiner Feinde lieb war. Dabei muß gesehen werden, daß der Isenburger trotz des Falles von Mainz keineswegs besiegt war. Der Krieg hätte durchaus wieder aufflammen können. Das jedoch wollte keine der beiden Seiten. Zu viel Schaden war bereits entstanden. So genügte es, daß Diether von Isenburg auf alle seine Ansprüche als Erzbischof zugunsten von Adolf II. von Nassau verzichtete und diesem ohne weiteren Widerstand das Erzstift abtrat. Dafür wurde ihm auf Lebzeiten ein Teil des Erzstifts als eigenes Fürstentum zugestanden. Es waren die Städte und Schlösser Höchst, Steinheim und Dieburg, Schloß und Zoll Lahnstein und die Zölle von zwölf weiteren stiftischen Städten. Beim Friedensvertrag versprach Erzbischof Adolf II., sich dafür zu verwenden, daß Diether von Isenburg und seine Anhänger von Acht und Bann gelöst würden.

Papst Pius II. ging bereitwillig auf die Bitte ein. Er war froh, daß die auch seine Politik belastende Mainzer Stiftsfehde ein Ende gefunden und Diether schließlich doch verzichtet hatte. Kaiser Friedrich III. verweigerte der in Zeilsheim getroffenen Übereinkunft bis 1465 die Bestätigung. Seine ablehnende Haltung Diether von Isenburg gegenüber hat er nie aufgegeben. 1465 verlieh Papst Paul II. (1464–1471) Erzbischof Adolf II. das Pallium und die Erlaubnis, sich nach Zahlung der Servitien zum Bischof weihen zu lassen. Die Weihe erfolgte am 26. Januar 1466. Vier Jahre später nahm der Erzbischof bei einem Besuch in Kärnten die offizielle kaiserliche Belehnung entgegen.

Besondere Akzente vermochte er nicht mehr zu setzen. Er mühte sich ohne sonderlichen Erfolg, die wirtschaftliche Lage des ruinierten Erzstifts aufzubessern, Schulden abzutragen und wenigstens einige verpfändete Besitzungen wieder einzulösen. Es ehrt ihn, daß er vor seinem Tod dem Domkapitel riet, Diether von Isenburg zu seinem Nachfolger zu wählen. Er wußte um dessen Qualitäten und sah, daß nur so das diesem übereignete Fürstentum möglichst bald ins Erzstift zurückgegliedert werden konnte. Erzbischof Adolf II. starb am 6. September 1475 in der erzbischöflichen Burg zu Eltville. Im heimatlichen Kloster Eberbach fand er seine letzte Ruhestätte.

Das zweite Pontifikat von Diether von Isenburg (1475–1482) und sein Administrator Adalbert III. von Sachsen (1482–1484)

Die Mainzer Domherren gingen auf den Rat des Verstorbenen ein. Am 9. November 1475 wählten sie Diether von Isenburg ein zweites Mal zum Erzbischof. Sie hielten auch an ihm fest, als ein Schreiben von Papst Sixtus IV. (1471–1484) sie abmahnen wollte. Rom gab seine Bedenken auf und bestätigte am 5. April 1476 die Entscheidung der Domkapitulare, die konkrete eigene Interessen hegten. Es ging ihnen um den Besitz der Stadt Mainz. In der Wahlkapitulation hatten sie sich diese „mit all ihren Rechten, Freiheiten, Gütern, Mauern, Türmen, Pforten, Bürgern und Einsassen" übertragen lassen. Überdies hatten sie den neuen Erzbischof verpflichtet, in Mainz eine Burg zu bauen, die vom Domkapitel mit einem Amtmann und Wächtern besetzt werden sollte. Diether von Isenburg war zum Entsetzen der Bürgerschaft auf die Forderung eingegangen und hatte sie feierlich beschworen. Nach seiner Ernennung übergab er den Domherren die Stadtschlüssel. Ein Aufstand der Bürger machte der neuen Herrschaft bereits im Juli 1476 ein Ende. Drei Tage nach dieser Revolte stand der Erzbischof bewaffnet vor Mainz. Ihm wurden von den Bürgern die Tore geöffnet, die erbeuteten Schlüssel überreicht und Gehorsam gelobt, so wie ehedem seinem Vorgänger Erzbischof Adolf II. Nur ein Domherrenregiment wollten die Mainzer nicht dulden.

Mit Zustimmung des Domkapitels wurde die Stadt wieder dem Erzbischof unterstellt. Lediglich für die Zeit der Sedisvakanzen hatten die Bürger dem Kapitel Treueid zu leisten. Am 26. Januar 1478 bestätigte die päpstliche Kurie die neue Regelung.

Noch im selben Jahr begann Erzbischof Diether mit dem Bau der Martinsburg am Ufer des Rheins. 1480 war sie fertiggestellt und wurde von da an der bevorzugte Sitz der Erzbischöfe. Mainz war seitdem kurfürstlich-erzbischöfliche Residenzstadt. Diether, der in seinem zweiten Pontifikat kaum noch in die große Reichs- und Kirchenpolitik eingriff, kämpfte energisch für den Wiederaufbau des Erzstifts und die Rückgewinnung der vielen verpfändeten Gebiete. Auch der kirchlichen Reform wandte er seine Sorge zu. Seine besondere Aufmerksamkeit schenkte er allerdings der Stadt Mainz. Hier ordnete er die Neuerrichtung der im Krieg zerstörten Häuser und Kirchen an und belebte den Handel. Zu seinen besonderen Leistungen zählt, daß er die bereits von Erzbischof Adolf II. in Gang gesetzte Gründung einer Universität wieder aufgriff und in die Tat umsetzte. Nach erneuten Verhandlungen mit Rom und dem endgültigen Erhalt der päpstlichen Approbation konnte er zur Eröffnung der Universität am 1. Oktober 1477 einladen. 22 Kanonikate aus 14 Stiften der Stadt Mainz und des Erzbistums bildeten das Fundament für die Besoldung der Professoren, die die „Artes liberales" (Freien Künste), Philosophie, Theologie, Rechtswissenschaft und bald auch Medizin lehrten. Erster Rektor der neuen Alma mater wurde der aus Siegen stammende Jakob Welder (gest. 1483).

Verschiedene Motive bewogen den Kurfürsten, eine Universität in Mainz zu errichten. Es gehörte zu den Bedürfnissen der frühhumanistischen Epoche, Lehre und Forschung Raum zu geben. So verdoppelte sich zwischen 1456 (Prag) und 1477 (Mainz) die Zahl der deutschen Universitäten auf insgesamt 14. Auch das Prestigedenken, in der eigenen Bischofsstadt die höchsten Studien anbieten zu können, spielte mit. Zur Gründung einer zweiten Universität innerhalb des Mainzer Erzstiftes führte schließlich auch die gespannte Lage in Erfurt, dessen 1382 errichtete Universität zu den ältesten des Reiches zählte. Von zwei Seiten her kam die Beunruhigung der am weitesten östlich gelegenen Gebiete des Kurmainzer Territoriums. Eingeschlossen von Sachsen, drohten Erfurt und das Eichsfeld in der damals so kritischen Zeit erneut eine Beute der sächsischen Nachbarn zu werden. Diese Gefahr bestand um so mehr, da auch innerhalb der thüringischen Stadt wieder starke aufständische Bewegungen vor allem gegen die mainzische Beamtenschaft lebendig waren. Um einem Verlust dieser Gebiete entgegenzuwirken, machten Erzbischof Diether und das Domkapitel den Kurfürsten Ernst von Sachsen (1464–1485) dadurch zum Mainzer Verbündeten und zum Schützer der bedrohten stiftischen Gebiete, daß sie seinen noch minderjährigen Sohn Adalbert 1477 an Stelle des rebellischen Heinrich von Schwarzburg zum Provisor in Erfurt und Oberamtmann auf dem Rusteberg machten, 1479 ins Domstift aufnahmen und 1480 zum Koadjutor des Erzbischofs mit dem Recht der Nachfolge wählten. Trotz erheblicher Bedenken hat Rom diese der Rückgewinnung und Sicherung der mainzischen Gebiete in Erfurt und im Eichsfeld dienende Wahl am 12. Januar 1481 bestätigt.

Die erfurtischen Gebiete waren damals nicht der einzige Unruheherd im Erzstift. Auch im Taubergrund und im Odenwald gärte es. Dort sorgte ein einfacher Bauernsohn, Hans Behem (Böhm), genannt Henselin, aus Niklashausen als schwärmerischer Prophet für Aufregung. Er wußte sich von der Jungfrau Maria beauftragt, predigte Buße und Sittenstrenge, erklärte Papst, Bischöfe und Priester als für das Seelenheil nicht erforderlich und weissagte eine kommende Zeit ohne Fürsten, Herren, Obrigkeit und Abgaben. Henselins Botschaft hatte außergewöhnlich starken Zulauf. Zu seinen Predigten sollen bis zu 40 000 Menschen zusammengekommen sein. Sein religiöser und sozial- und kirchenkritischer Ton traf genau das, was die Menschen bewegte und was sie hören wollten. Fürstbischof Rudolph II. von

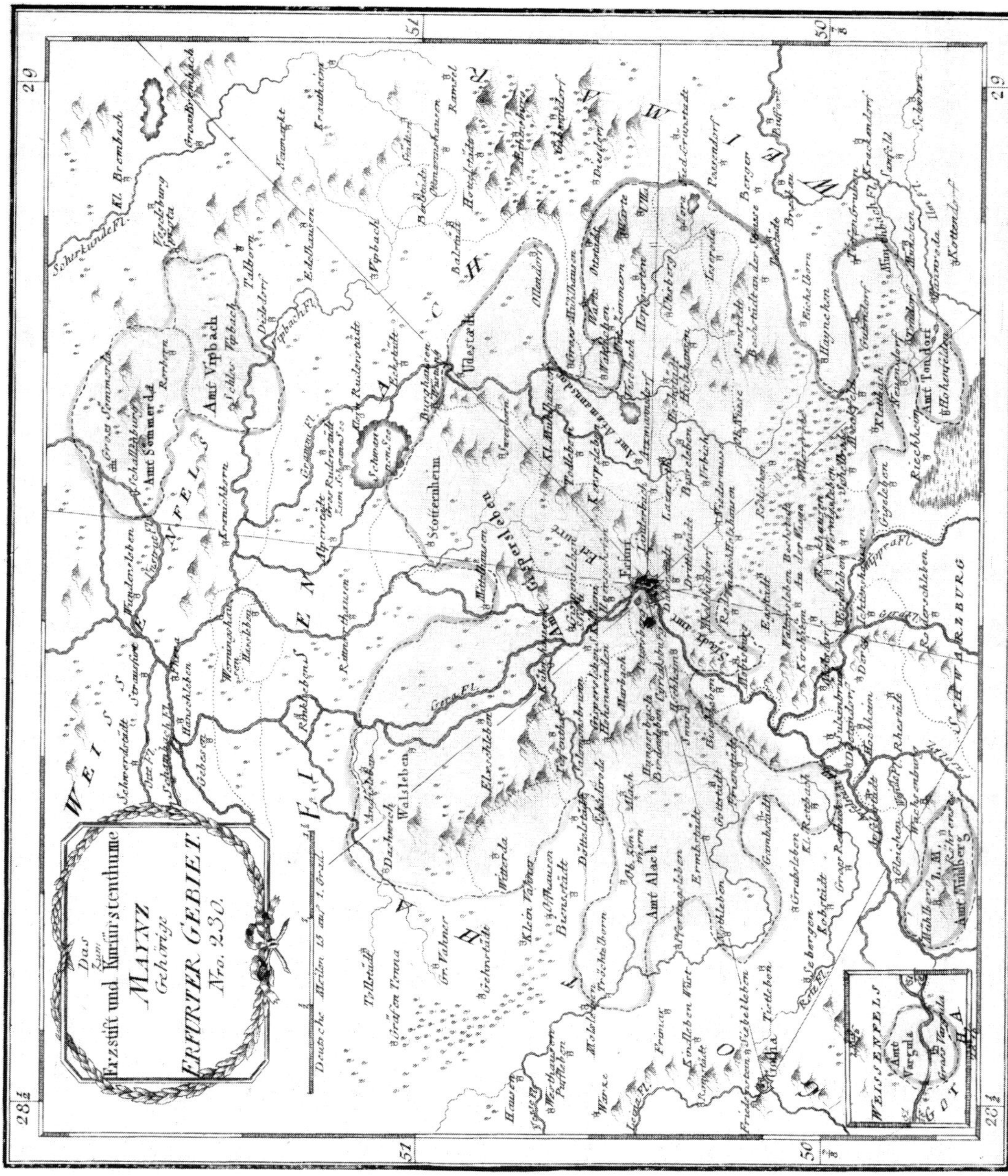

Erzstift Mainz, Teilgebiet

Scheerenberg in Würzburg, in dessen Bistum das territorial zu Mainz gehörende Taubergebiet lag, erkannte die von Niklashausen ausgehende Gefahr für die bestehende Ordnung. Er ließ Henselin gefangensetzen und am 19. Juli 1476 in Würzburg als Aufrührer hinrichten. Als dennoch die Massenwallfahrten nach Niklashausen nicht aufhörten, griff auch Erzbischof Diether ein. Mit Androhung von weltlichen und kirchlichen Strafen unterband er die Wallfahrten. Eine von Henselin erbaute Kapelle wurde niedergerissen. Die dort von den Pilgern zusammengetragenen Gelder und Pretiosen wurden unter die Obrigkeit verteilt. Den ihm zufallenden Teil hatte Erzbischof Diether 1478 für den Bau der ersten Martinsburg in Mainz verwandt. Als dieses Fachwerkgebäude 1481 abbrannte, ordnete der Kurfürst sogleich den neuen und jetzt steinernen Bau der Burg an.

Die Fertigstellung dieser Mainzer Residenz hat Diether von Isenburg nicht mehr erlebt. Der streitbare und kämpferische, umstrittene und bekämpfte und dennoch insgesamt so verdienstvolle Erzbischof und Fürst starb am 6. Mai 1482 in Aschaffenburg. Beigesetzt wurde er im Mainzer Dom. Die Gesichtszüge auf seinem Grabdenkmal wurden erstmals dem Leben nachgebildet. Sie lassen einen willensstarken Mann erkennen, an dem Enttäuschung und Leid nicht spurlos vorübergegangen waren. Er wollte große Reformen und Veränderungen in Reich und Kirche. Er scheiterte am Verkennen des rechten Maßes, an der Uneinigkeit und dem Eigennutz der Reichsfürsten und am unerwarteten Fall der Stadt Mainz 1462. Große Veränderungen hatte es gegeben, doch sie waren zuungunsten von Mainz ausgefallen: die Stadt war zerstört, und die Bürgerschaft hatte ihre freie Selbstverwaltung eingebüßt, das Erzstift hatte viele Gebiete verloren und war territorial endgültig in eine abhängige Zweitklassigkeit geraten; Sturm und Unruhe ließen auch im Erzbistum ihre Saat aufgehen.

Nichts machte das verlorene Vertrauen in die eigene Stärke und Fähigkeiten deutlicher als die Bestellung eines Sechzehnjährigen zum Koadjutor, nur um für das Stift des Vaters Wohlwollen und Schutz zu erhalten.

Mit Diether von Isenburgs Tod war Adalbert III. von Sachsen Administrator. Noch bevor er zum Priester und Bischof geweiht werden konnte, starb er am 1. Mai 1484 wie sein Vorgänger in Aschaffenburg. Auch er fand seine letzte Ruhestätte im Dom. Sein Epitaph zeigt ihn als jungen Domherren, ohne Mitra und Stab. Sein rascher Tod machte den Heiligen Stuhl von Mainz für einen Mann frei, der zu einem der großen Mitgestalter der deutschen Reichskirchen- und Verfassungsgeschichte werden sollte.

3. Am Vorabend der Reformation

Die Erzbischöfe Berthold von Henneberg (1484–1504), Jakob von Liebenstein (1504–1508) und Uriel von Gemmingen (1508–1514)

Es überrascht, daß schon knapp drei Wochen nach dem Tod von Adalbert von Sachsen mit Berthold von Henneberg ein neuer Erzbischof gewählt worden war. Die Wahl erfolgte am 20. Mai 1484. Sie fiel einstimmig aus. Das lag einmal am

Wahlmodus. Es spricht überdies für die Person des juristisch gebildeten und diplomatisch erfahrenen Berthold, der als gerecht, religiös, streng, sittlich einwandfrei und charakterfest galt. Die Wahl war aber nicht zuletzt auch Korrektur und Veränderung der von Erzbischof Diether verfolgten politischen Linie. Berthold von Henneberg, Domherr in Straßburg, Mainz und Köln, treuer Gefolgsmann des Erzbischofs Adolf II. und seit 1474 Mainzer Domdekan, war nämlich so sehr Gegner des Isenburgers, daß er noch im Jahr von dessen zweiter Bischofswahl Mainz verließ und nach Rom ging. Erst während der Regierung von Erzbischof Adalbert war er zurückgekehrt. Möglicherweise war das Verhalten der Kurpfalz gegenüber Berthold der ausschlaggebende Grund für die unversöhnliche Auseinandersetzung zwischen Erzbischof Diether und Domdekan Berthold, denn Kurfürst Philipp (1476–1508) machte 1484 große Anstrengungen, die Wahl des Hennebergers zu verhindern. Auch in der Folgezeit rückte der Pfälzer trotz des Dieburger Kompromißvertrages von 1486 von seiner Gegnerschaft kaum ab. Seit 1491 massierten sich die territorialen Gegensätze sogar so stark, daß 1494 ein offener Kampf drohte. Eine Beilegung des Konfliktes war erst 1502 möglich.

Der Papst bestätigte die Mainzer Erzbischofswahl am 20. September 1484 und gewährte Berthold von Henneberg das Pallium. Der durch seine Palästinareise von 1483 berühmt gewordene Mainzer Domherr Bernhard von Breidenbach (gest. 1487) führte im Auftrag des Erzbischofs in Rom die Verhandlungen. Sie wurden dadurch erschwert, daß Sixtus IV. im August 1484 starb. Noch im selben Monat wurde Innozenz VIII. (1484–1492) sein Nachfolger. Konfirmation und Palliumsgewährung für Berthold gehörten somit zu den ganz frühen Amtshandlungen des neuen Papstes. Nach Sixtus IV., einem großzügigen Mäzen, auf den u. a. die Sixtinische Kapelle zurückgeht, aber auch einem Renaissancepapst, der sträflich die Reform der Kirche vernachlässigte, hätte eine starke Persönlichkeit folgen müssen, mit Mut und Energie zur Durchsetzung der drängenden Anliegen von Kirche und religiösem Leben. Doch Innozenz VIII. war schwach und zumeist kränklich. Die Reformbestimmungen der Konzilien von Konstanz und Basel, seit zwanzig Jahren in die päpstliche Wahlkapitulation aufgenommen, blieben auch unter ihm lediglich Makulatur.

Gleiches läßt sich von dem im Geiste eines Nikolaus Cusanus geprägten Berthold von Henneberg nicht sagen. Schon bald nach seiner Bischofsweihe am 13. März 1485 im Mainzer Dom durch den Wormser Bischof Johann von Dalberg (1482–1503) erließ er Anordnungen zur Hebung der Disziplin des Klerus und der Klöster und zur Förderung des religiösen Lebens im Volke. Daß er dabei am 22. März 1485 bzw. am 4. Januar 1486 erstmals das Mittel der Bücherzensur durch eine von ihm bestimmte Mainzer Behörde einsetzte, ließ ihn später durch Kritiker Eingang in die Liste der ersten „Lichtputzscheren" finden. Daneben ist nicht zu übersehen, daß er die Mainzer Universität dem Humanismus öffnete. Zweimal, 1487 und 1499, berief Erzbischof Berthold Provinzialsynoden nach Mainz. Sein eigentliches Reformanliegen aber galt dem Bestreben, die in den Gravamina der Nation angeprangerten Mängel in bezug auf die kirchliche Ämtervergabe und päpstliche Finanzpraxis abzustellen. Um das Ziel endlich zu erreichen, arbeitete er auf das Zustandekommen eines neuen Reichskonkordats mit Rom hin. Typisch für ihn ist dabei der Gedanke einer Verbindung von Kirchen- und Reichsreform. Durchgreifenden Erfolg hatte Erzbischof Berthold mit seinen großen Kirchenreformplänen jedoch nicht. Um so mehr bewirkte die von ihm energisch betriebene Reichsreform. Mit seinen umfassenden Plänen trat der Mainzer Erzbischof und Kurfürst erstmals während des Frankfurter Reichstages 1486 an die Öffentlichkeit. Die Gelegenheit schien günstig, denn der seit je allen Reformforderungen unzugängliche Kaiser Friedrich III. wollte nicht nur eine Steuerbewilligung wegen der seit 1484 wieder besonders akut gewordenen Türkengefahr. Es ging auch um die Wahl seines Sohnes Maximilian I. (1486/1493–1519) zum Römischen König. Zu konkreten Reformabmachungen kam es nicht. Sie wurden auf den Nürnberger Reichstag von 1487 vertagt. Immerhin kam ein zehnjähriger Landfriede zustande. Maximilian von Habsburg wurde gewählt und bald darauf unter Mitwirkung von Erzbischof Berthold in Aachen vom zuständigen Kölner Erzbischof Hermann von Hessen (1480–1508) zum König gekrönt. Seine aktive Beteiligung an diesen wichtigen Reichsgeschäften und Entscheidungen ließ sich der Mainzer mit der Bestätigung der Leitung der Reichskanzlei und der offiziellen Belehnung mit der Stadt Mainz vergelten, womit die politischen Ergebnisse von 1462 und 1476 auch offiziell legitimiert und sanktioniert waren.

Beide Zustimmungen wurden von Maximilian gegeben, obwohl dieser an der Regierung eigentlich noch nicht beteiligt war. Auch mit ihm nahm der Erzbischof 1489 die Reichsreform in Angriff. Erste Erfolge zeigten sich auf dem Nürnberger Reichstag von 1491. Maximilian, wie Berthold von Henneberg von der Notwendigkeit einer Überwindung des gefährlichen territorialen Partikularismus im Reiche überzeugt und wegen der Türkengefahr auf Hilfe angewiesen, erklärte sich den Ständen gegenüber zu Zugeständnissen bereit. Er geriet darüber mit seinem Vater in ein Zerwürfnis. Es bahnte sich aber auch schon die später voll ausgebrochene Kontroverse mit dem Mainzer Erzbischof und Erzkanzler an. Berthold wollte die Reform und Sanierung des Reiches durch eine grundlegende Veränderung der Verfassung. Kaiser und Fürsten bzw. Reichsstände sollten an den Reichs- und Regierungsorganen verantwortlich und entscheidend beteiligt sein. Maximilian dagegen strebte mit einer Reichsreform die Schaffung einer starken Zentralgewalt, und zwar in der Hand eines habsburgischen Kaisertums an. Diese tiefgehenden gegensätzlichen Positionen blieben noch einige Jahre überdeckt und ohne Schärfe, wohl auch aus gegenseitigem Respekt und dem Wissen, in der Reformangelegenheit aufeinander angewiesen zu sein.

Am 19. August 1493 starb Kaiser Friedrich III. Der dynamische und fähige Maximilian, wie schon sein Vater in ständiger Finanznot, nahm die Regierungsgeschäfte sofort in die Hand. Bei seinem ersten Besuch im Reich verlängerte er am 10. Mai 1494 den Frankfurter Frieden (1486) bis zum Jahr 1499. Gleichzeitig übertrug er Berthold die persönliche Führung der Reichskanzlei. Das bedeutete für diesen häufige Aufenthalte außerhalb seines Erzbistums. Ein Blick in sein Itinerar zeigt, daß er von den letzten zehn Jahren seines Pontifikats mehr als die Hälfte der Zeit auf Reichstagen, Kurfürstentagen, den Tagungen des von ihm seit 1489 mitgetragenen Schwäbischen Bundes oder in Begleitung Maximilians auswärts tätig war. Das verdeutlicht sein Engagement, aber auch sein besonderes Interesse an der Reichspolitik.

Bevor Erzbischof Berthold im Juni 1494 Mainz verlassen hatte, um mit dem Königshof bis über das Jahr hinaus in die unruhigen Niederlande zu reisen, hatte er die Statthalterschaft für das Erzstift dem Grafen Johann von Isenburg-Büdingen übertragen. Die Leitung des Erzbistums lag in den Händen des Domherren und Generalvikars Wolfgang von Bicken (1487–1505) und der verschiedenen Offiziale. Die Pontifikalhandlungen wurden von den Weihbischöfen durchgeführt. Bis auf wenige Tage weilte Erzbischof Berthold von März bis Dezember 1495 in Worms. Er hatte maßgeblichen Anteil daran, daß auf dem dortigen Reichstag durch König Maximilian am 7. August ein Ewiger Landfriede, d. h. ein erstes gänzliches Fehdeverbot, verkündet sowie eine Reichskammergerichts- und eine Exekutionsordnung erlassen wurden. Als Exekutionsorgan für Recht und Frieden hatte der Erzkanzler eigentlich ein von den Ständen zu bildendes „Reichsregiment" angestrebt. Doch gegen eine derartige Einengung seiner Souveränität wehrte sich der König mit Erfolg. Der Kompromiß war die Exekutionsordnung.

Maximilian hatte die Zugeständnisse gemacht, weil ihn der Einfall des Königs Karl VIII. von Frankreich in Italien in eine weitere militärische Kraftprobe zu verwickeln drohte. Überzeugt von den beschlossenen Reformmaßnahmen war er nicht, genausowenig wie er sie einzuhalten gedachte. Kaum positiver war die Haltung der meisten Reichsfürsten. Auf dem Wormser Reichstag von 1497 zeigten sie sich zwar erneut beeindruckt von den Argumenten des Mainzers zugunsten der von ihm verfochtenen Reichsreform und auch von seiner Warnung vor den großen Gefahren einer weiteren Zerrissenheit des Reiches. Doch ihre partikularistischen Ambitionen gewannen die Oberhand.

Berthold von Henneberg geriet zwischen die Fronten. Die Spannungen zwischen Maximilian und ihm wurden immer offenkundiger. Am 13. Dezember 1497 erließ der Habsburger eine Hofratsordnung, die als gemeinsames Organ für das Reich und seine Erbländer gegen reichsständisch geprägte Einrichtungen treten sollte. Da in der Wiener Ordnung die Ausfertigung der Reichssachen der Hofkanzlei übertragen wurden, bedeutete sie eine erhebliche Schwächung der vom Erzkanzler geführten Reichskanzlei. Hier begann ein Kompetenzringen zwischen Kaiserhof und Erzkanzler, das in den verschiedensten Varianten bis zum Ende des 18. Jahrhunderts anhalten sollte.

Im Jahr 1500 schien das Reformprogramm des Berthold von Henneberg doch den Sieg davonzutragen. Nach den schweren Niederlagen Maximilians gegen die Schweiz und in Italien mit dem Verlust von Mailand und dem völligen Zusammenbruch der königlichen Finanzen erzwangen die Reichsstände ein „Reichsregiment", das aus 20 Mitgliedern der Reichsstände bestand und dem König nur noch einen Ehrenvorrang beließ. Es war ein Pyrrhussieg. Das Instrument erwies sich als untauglich. Ohne große Widerstände konnte es Maximilian am 21. März 1502 wieder aufheben. Von Erzbischof Berthold, dem er jetzt mit offen gezeigter Feindschaft begegnete, forderte er das Regiments- bzw. Reichssiegel zurück. Der König dachte sogar daran, Berthold als Erzbischof abzusetzen. Dazu kam es nicht. Doch reichspolitisch war der Mainzer entmachtet. Die Inhaber des Heiligen Stuhles von Mainz brauchten lange, bis sie sich von diesem Rückschlag erholt hatten.

Die Reichsregimentspläne von Erzbischof Berthold waren gescheitert. Sie waren nicht daran zerbrochen, daß sie grundsätzlich falsch gewesen wären. An sich hätten sie mit bestimmter Modifizierung ein geeignetes Mittel sein können, die bedrohte Einheit des Reiches wieder zu retten. Doch sie waren zu sehr an mittelalterlichen Idealen und Reichsverständnissen orientiert. Den modernen Strömungen der Zeit, die Macht vor Recht setzten, den letzten Ausbau der territorialen bzw.

nationalen Sonderungen anstrebten und in der Modernisierung von Regierung, Verwaltung und Administration die zukunftsorientierte Reform sahen, waren sie nicht mehr gewachsen. Dazu kam, daß in Maximilian I. dem Mainzer eine Herrschergestalt gegenüberstand, die über ein enormes politisches und diplomatisches Geschick verfügte und es trotz aller Widrigkeiten schaffte, die habsburgische Hausmacht zu erstaunlicher Höhe zu führen und dem Reich das Bewußtsein zu geben, wieder einig und stark zu sein.

Wie es in Wirklichkeit war, sollte sich bald zeigen. Die ausgebliebenen Reformen in Kirche und Reich hatten die Zeit reif gemacht für das, was als Reformation in die Geschichte eingegangen ist und was zu außerordentlich weitreichenden Veränderungen des christlichen Abendlandes führte.

Erzbischof Berthold von Henneberg hat diese Umgestaltung der damaligen Welt nicht mehr erlebt. Er starb am 21. Dezember 1504 in Mainz an den Pocken. Vor dem Ostchor des Domes wurde er beigesetzt und erhielt ein prächtiges, vom Bildhauer Hans Backoffen (gest. 1519) geschaffenes Denkmal. Wertvoller noch als dieses spätgotische riesenhafte Steinmonument ist das Andenken, das ihm die Nachwelt wahrte. Für sie blieb er trotz manch gescheiterter Vorstellung der „Vater der Reichsreform“. Immerhin hatten das 1495 eingerichtete, 1527 in Speyer fest etablierte und 1693 nach Wetzlar verlegte Reichskammergericht und die Reichsmatrikel für die Reichssteuer, beide 1507 auf dem Konstanzer Reichstag nochmals festgeschrieben, dauerhaften Bestand.

Mit dem Tod von Erzbischof Berthold hatte der Mainzer Erzstuhl seine große politische Eigendynamik und seinen bis dahin oft eminenten Reichseinfluß vorerst verloren. Weder Erzbischof Jakob von Liebenstein noch sein juristisch hervorragend geschulter Nachfolger Uriel von Gemmingen – beide verdankten ihre Erhebung auf den Heiligen Stuhl von Mainz dem Einfluß Maximilians – waren imstande, neue starke Impulse zu geben. Dafür waren ihre Pontifikate zu kurz und ihre politischen Möglichkeiten zu eingeschränkt. Für Erzbischof Uriel kam noch die langjährige Auseinandersetzung mit dem seit 1505 wieder aufständischen Erfurt als besonders belastend hinzu. Das für Mainz gefährlich unruhige Aufbegehren der Erfurter Bürgerschaft mit einem Höhepunkt im „tollen Jahr“ 1509/1510 hatte seine Ursachen in sozialen Mißständen, in einer erheblichen Überverschuldung der Stadt und in den fortwährenden landesherrschaftlichen Ansprüchen, die Kursachsen stellte.

Zu dem kostspieligen Problem Erfurt kam noch eine weitere Belastung. Sie bestand in den hohen Finanzverpflichtungen, die aus den Pontifikatswechseln der Jahre 1504 und 1508 herrührten. Noch waren die aus den Taxen und Konfirmationsgebühren für die Erhebung von Erzbischof Jakob entstandenen Schulden nicht bezahlt, da kamen als neue Abgaben die für Erzbischof Uriel hinzu.

Um bei einer möglicherweise wiederum rasch anstehenden Erzbischofswahl nicht abermals erhebliche finanzielle Belastungen aufnehmen zu müssen, wurde nach einem Kandidaten Ausschau gehalten, der in der Lage und willens war, die entstehenden Kosten selbst zu begleichen. Ferner sollte dieser kommende Mann, wenn eben möglich, dem in der Erfurter Angelegenheit von Sachsen bedrängten Erzstift Hilfe und neue Bundesgenossen bringen. Die eigene Stärke war gering, die Erwartungen waren groß. Schneller als befürchtet mußte der neue Erzbischof gefunden werden, denn Uriel von Gemmingen starb am 9. Februar 1514 an einem

Schlaganfall im Alter von 45 Jahren. Ungewöhnlich schnell wurde er bereits am 12. Februar nachmittags um 3 Uhr in der Memorie des Domes beigesetzt.

Wie schon seinen beiden Vorgängern schuf auch ihm Meister Hans Backoffen das Grabdenkmal. Das als Andachtsepitaph geschaffene Monument läßt den Erzbischof betend zwischen den Bistumspatronen Martin und Bonifatius knien, die für ihn beim gekreuzigten Jesus Christus Fürbitte einlegen. Dessen kostbares Erlöserblut wird von einem kleinen Engel in einem Kelch aufgefangen. Das Grabdenkmal läßt etwas von der tiefen Frömmigkeit spüren, die der Meister in seine beeindruckenden Kreuzigungsgruppen bei St. Ignaz in Mainz und auf den Kirchhöfen in Wimpfen sowie bei St. Bartholomäus und St. Peter in Frankfurt legte.

LITERATUR

Zu Kapitel VI, 1:

BARTH, Reinhard: Argumentation und Selbstverständnis der Bürgeropposition in städtischen Auseinandersetzungen des Spätmittelalters. Lübeck 1403–1408 – Braunschweig 1374–1376 – Mainz 1444–1446 – Köln 1396–1400. Köln, Wien [1]1974. [2]1976.

BRÜCK, Anton Ph(ilipp): Vorgeschichte und Erhebung des Mainzer Erzbischofs Johann II. von Nassau. In: Archiv für mittelrheinische Kirchengeschichte[1] (1949) S. 65–88.

FALCK, Ludwig: Das Mainzer Zunftwesen im Mittelalter. In: Oberrheinische Studien III. FS für Günther Haselier. Karlsruhe 1975. S. 268–288.

FISCHER, Joachim: Frankfurt und die Bürgerunruhen in Mainz 1332–1462. (= Beiträge zur Geschichte der Stadt Mainz, 15). Mainz 1958.

GERLICH, Alois: Zur Kirchenpolitik des Erzbischofs Johann II. und des Domkapitels von Mainz 1409–1417. In: Zeitschrift für die Geschichte des Oberrheins 105 = NF 66 (1957) S. 334–344.

GERLICH, Alois: Territorium, Bistumsorganisation und Obödienz. Die Mainzer Kirchenpolitik in der Zeit des Konzils von Pisa. In: Zeitschrift für Kirchengeschichte 4. F. 10 = 72 (1961) S. 46–86.

HALLAUER, Hermann: Zur Mainzer Provinzialsynode von 1451. In: Mitteilungen und Forschungsbeiträge der Cusanus-Gesellschaft 13: Das Menschenbild des Nikolaus von Kues und der christliche Humanismus. Festgabe für Rudolf Haubst. Mainz 1978. S. 253–263.

HANNAPPEL, Martin: Die in Aschaffenburg tagenden Mainzer Provinzialsynoden. In: „1000 Jahre Stift und Stadt Aschaffenburg." FS zum Aschaffenburger Jubiläumsjahr 1957 (= Aschaffenburger Jahrbuch für Geschichte, Landeskunde und Kunst des Untermaingebietes 4, 1957). Teil 1, S. 439–461.

HEIMPEL, Hermann: Studien zur Kirchen- und Reichsreform des 15. Jahrhunderts II.: Zu zwei Kirchenreform-Traktaten des beginnenden 15. Jahrhunderts. (= Sitzungsberichte der Heidelberger Akademie der Wissenschaften Phil. hist. Kl. 1974, 1). Heidelberg 1974.

HEINIG, Paul-Joachim: Reichsstädte, Freie Städte und Königtum 1389–1450. Ein Beitrag zur deutschen Verfassungsgeschichte. (= Veröffentlichungen des Instituts für Europäische Geschichte Mainz, Abt. Universalgeschichte, 108). (= Beiträge zur Sozial- und Verfassungsgeschichte des Alten Reiches, 3). Wiesbaden 1983.

HÜRTEN, Heinz: Die Mainzer Akzeptation. Ein Beitrag zur Reform und Vermittlungspolitik der Kurfürsten zur Zeit des Baseler Konzils. Phil. Diss. Münster/Westf. 1955. (Masch.). Gekürzt und überarbeitet unter dem Titel: Die Mainzer Akzeptation von 1439. In: Archiv für mittelrheinische Kirchengeschichte 11 (1959) S. 42–75.

LENHART, Ludwig: Zur Geschichte der Mainzer Domkapitelsprotokolle. In: Archiv für mittelrheinische Kirchengeschichte 12 (1960) S. 129–147.

MATHIES, Christiane: Kurfürstenbund und Königtum in der Zeit der Hussitenkriege. Die kurfürstliche Reichspolitik gegen Sigmund im Kraftzentrum Mittelrhein. (= Quellen und Abhandlungen zur mittelrheinischen Kirchengeschichte, 32). Mainz 1978.

DIE PROTOKOLLE DES MAINZER DOMKAPITELS. Bd. 1: Die Protokolle aus der Zeit 1450–1484. In Regestenform bearb. v. Fritz Herrmann. Text der Regesten mit den Originalen der Protokolle verglichen und zum Druck vorbereitet von Hans Knies. Darmstadt 1976.

RAAB, Heribert: Aschaffenburg und das Wiener Konkordat. In: „1000 Jahre Stift und Stadt Aschaffenburg." FS zum Aschaffenburger Jubiläumsjahr 1957 (= Aschaffenburger Jahrbuch für Geschichte, Landeskunde und Kunst des Untermaingebietes 4, 1957). Teil 1, S. 463–470.

RINGEL, Ingrid Heike: Studien zum Personal der Kanzlei des Mainzer Erzbischofs Dietrich von Erbach (1434–1459). (= Quellen und Abhandlungen zur mittelrheinischen Kirchengeschichte, 34). Mainz 1980.

SCHMITT, Joseph: Zur Geschichte der Beziehungen zwischen Hessen und Mainz im Ausgange des grossen Schismas. 1409–1416. Phil. Diss. Marburg 1909.

SCHROHE, Heinrich: Mainz in seinen Beziehungen zu den deutschen Königen und den Erzbischöfen der Stadt bis zum Untergang der Stadtfreiheit (1462). (= Beiträge zur Geschichte der Stadt Mainz, 4). Mainz 1915.

SCHUBERT, Ernst: Die Stellung der Kurfürsten in der spätmittelalterlichen Reichsverfassung. In: Jahrbuch für westdeutsche Landesgeschichte 1 (1975) S. 97–128.

SEIDENBERGER, Joh(annes) Bapt(ist): Die Kämpfe der Mainzer Zünfte gegen Geistlichkeit und Geschlechter im 14. Jahrhundert. ... im 15. Jahrhundert. In: Historisches Jahrbuch 8 (1887) S. 430–453. 9 (1888) S. 1–27.

WACKERFUSS, Winfried: Streitigkeiten zwischen dem Mainzer Erzbischof Dietrich von Erbach und dem Kurfürsten Friedrich dem Siegreichen von der Pfalz. Ein Beitrag zur Territorialgeschichte des 15. Jahrhunderts. In: Beiträge zur Erforschung des Odenwaldes und seiner Randlandschaften III. Wolfram Becher zum 70. Geburtstag gewidmet. Hrsg. i. A. des Breuberg-Bundes von Winfried Wackerfuß. Breuberg-Neustadt 1980. S. 147–192.

Zu Kapitel VI, 2:

ARNOLD, Klaus: Niklashausen 1476. Quellen und Untersuchungen zur sozialreligiösen Bewegung des Hans Behem und zur Agrarstruktur eines spätmittelalterlichen Dorfes. (= Saecvla Spiritalia, 3). Baden-Baden 1980.

BROSIUS, Dieter: Päpstlicher Einfluß auf die Besetzung von Bistümern um die Mitte des 15. Jahrhunderts. In: Quellen und Forschungen aus italienischen Archiven und Bibliotheken 55/56 (1976) S. 200–228.

BROSIUS, Dieter: Zum Mainzer Bistumsstreit 1459–1463. In: Archiv für hessische Geschichte und Altertumskunde NF 33 (1975) S. 111–136.

BRÜCK, Anton Ph(ilipp): Mainz vom Verlust der Stadtfreiheit bis zum Ende des Dreißigjährigen Krieges (1462–1648). (= Geschichte der Stadt Mainz, 5). Düsseldorf 1972.

ERLER, Adalbert: Neue Funde zur Mainzer Stiftsfehde. In: Zeitschrift der Savigny-Stiftung für Rechtsgeschichte 89 = Kan. Abt. 58 (1972) S. 370–386.

ERLER, Adalbert: Mittelalterliche Rechtsgutachten zur Mainzer Stiftsfehde 1459–1463. (= Schriften der Wiss. Gesellschaft an der Johann Wolfgang Goethe-Universität Frankfurt/M. Geisteswiss. Reihe, 4). Wiesbaden 1963.

KIRNBERGER, Albert: Diether von Isenburg, der Gründer der Mainzer Universität. Mainz 1950.

WALBRACH, Carl: Dieter von Ysenburg-Büdingen. Ein Erzbischof und Kurfürst vor der Reformation. In: Büdinger Geschichtsblätter 1 (1957) S. 7–50.

Zu Kapitel VI, 3:

BADER, Karl Siegfried: Kaiserliche und ständische Reformgedanken in der Reichsreform des endenden 15. Jahrhunderts. In: Historisches Jahrbuch 73 (1954) S. 74–94.

CHALOPEK, Gertrud: Kaiser Maximilian I. und seine Beziehungen zu den geistlichen Kurfürsten in den Jahren 1493 bis 1519. Phil. Diss. Graz 1980. (Masch.).

FAULDE, Horst: Uriel von Gemmingen, Erzbischof von Mainz (1508–1514). Beiträge zu seiner Geschichte. München 1955.

HÜHNS, Erik: Theorie und Praxis in der Reichsreformbewegung des 15. Jahrhunderts, Nikolaus von

Cues, die Reformatio Sigismundi und Berthold von Henneberg. In: Wissenschaftliche Zeitschrift der Humboldt-Universität Berlin 1 (1951/52) S. 17–34.
MEUTHEN, Erich: Das 15. Jahrhundert. (= Oldenbourg Grundriß der Geschichte, 9.) München, Wien 1980.
SCHEERER, Hans-Peter: Mainz und die Reichsreform. Jur. Diss. Mainz 1968.
SCHRÖCKER, Alfred: unio atque concordia. Reichspolitik Bertholds von Henneberg 1484 bis 1504. Phil. Diss. Würzburg 1970. (Masch.).
ZIEHEN, Eduard: Mittelrhein und Reich im Zeitalter der Reichsreform 1356–1504. 2 Bde. Frankfurt a. M. 1934–1937.

VII. ANBRUCH DER NEUZEIT

Das Erzbistum in den Schicksalsjahren von 1517 bis 1648

1. Die Reformation und das Erzbistum im Pontifikat von Erzbischof Albrecht von Brandenburg (1514–1545)

Der Auftakt der Reformation

Einen Monat nach dem Tode von Erzbischof Uriel postulierte am 9. März 1514 das Mainzer Domkapitel Albrecht von Brandenburg zum Nachfolger. Der Hohenzoller, Sohn des Kurfürsten Johann Cicero (gest. 1499) und der Margarethe von Sachsen-Thüringen, war seit 1509 durch päpstliche Provision Mainzer Domherr. Früh hatte sich sein kurfürstlicher Bruder Joachim I. Nestor (1499–1535) um ein Bistum für ihn bemüht. Albrecht wurde 1513 Erzbischof von Magdeburg und Administrator des ebenfalls gerade vakant gewordenen Bistums Halberstadt. Daß er 1514 sich erneut anstrengte, auch noch das Erzbistum Mainz zu erhalten, zeigt, welch hohes politisches Gewicht die Brandenburger den Bischofserhebungen beimaßen.

Politisches Kalkül bestimmte auch das Wahlverhalten des seit 1500 mit päpstlicher Bestätigung endgültig ausschließlich dem Adel vorbehaltenen Mainzer Domkapitels. Obwohl ihnen mit dem vom Kaiser (seit 1508) Maximilian I. favorisierten vierzehnjährigen Ernst von Bayern (1517–1540 Bischof von Passau, gest. 1560), einem Bruder von Herzog Wilhelm (1508–1550), den Brüdern Philipp (Bischof von Freising, gest. 1541), Georg (Bischof von Speyer, gest. 1529) und Heinrich von der Pfalz (Bischof von Worms 1523, von Utrecht 1524 bis 1528 und von Freising 1541, gest. 1552) und dem Straßburger Bischof Wilhelm von Hohenstein (bis 1506 Mainzer Domkustos, gest. 1541) so viele hochgestellte Bewerber zur Verfügung standen, daß eine längere Verhandlung zu erwarten gewesen wäre, entschieden sie sich schnell für Albrecht. In ihm sahen sie den sichersten Garanten für die Abwehr der Begierlichkeiten der Sachsen auf Erfurt. Die Mainzer Postulation wurde am 17. September 1514 von Papst Leo X. (1513–1521) bestätigt.

Um die daraus entstehenden Kosten und die Gebühren für das Pallium und die diversen Dispensen bezahlen zu können, hatte Erzbischof Albrecht kurz nach seiner Bischofsweihe am 14. Mai 1514 in Magdeburg beim Bankhaus Fugger einen Kredit von 29 000 fl. aufgenommen. Das Vorgehen war nicht ungewöhnlich. Auch Erzbischof Uriel hatte sich 1508 mit Zustimmung des Domkapitels von Wolf Hofmann, dem Nürnberger Faktor des Hauses Fugger, 21 000 fl. für die Zahlung der fälligen Servitien und Gebühren geliehen. Schicksalsschwer wurde die erzbischöfliche Schuldverschreibung von 1514 jedoch durch die Art, wie ab 1515 für ihre Tilgung gesorgt wurde. Sie erfolgte mit päpstlicher Erlaubnis (31. März 1515) über feilgebotene Ablässe, deren geldlicher Ertrag zur Hälfte für die Schuldtilgung von Erzbischof Albrecht verwandt werden sollte. Die andere Hälfte diente dem Neubau von St. Peter in Rom. Als vom Erzbischof beauftragter und mit einer Instruktion versehener Ablaßprediger wirkte in der Magedeburger Kirchenprovinz seit 1517 der Dominikaner Johann Tetzel (gest. 1519). Mit seinen mehr dem materiellen Gewinn als der Buße und Frömmigkeit dienenden Methoden stieß der Prediger auf den Widerstand des empörten Augustinereremiten Martin Luther (1483–1546), Professor der Bibelwissenschaft an der erst 1502 von Kurfürst Friedrich III. von Sachsen (1486–1525) gegründeten Universität in Wittenberg. Luther verfaßte 95 Thesen zum Ablaß und sandte sie am 31. Oktober 1517 an Erzbischof Albrecht, zu dessen Halberstädter Sprengel die sächsische Universität gehörte. Gleichzeitig wurden diese theologischen Sätze in seinem Kollegenkreis bekannt und öffentlich diskutiert. Weder das eine noch das andere Vorgehen war ungewöhnlich. Und dennoch wurde das Ablaßpapier zum auslösenden Moment jener Reformation, die in wenigen Jahrzehnten das Bild der Kirche im Reich und im Abendland völlig veränderte. Daß aus dem eher geringfügigen Anstoß in kürzester Zeit eine Massenbewegung wurde, die auch das Erzbistum Mainz in größte Mitleidenschaft zog, hatte vielfältige Ursachen. Sie lagen einmal in den geschichtlichen Gegebenheiten und Entwicklungen der letzten zwei Jahrhunderte. Ausgebliebene oder vernachlässigte Reformen, Mißstände in Klerus und Ordensstand, theologische Unklarheiten, soziale Konflikte verschiedener Art und nationale Ressentiments gegen Rom zählten ebenso dazu wie die politischen Konstellationen im Reich. Hinzu kam als wesentlich mitbestimmender Faktor die außergewöhnliche Persönlichkeit und Wirkkraft des Reformators Martin Luther selbst, für den das publizierte Thesenpapier der Beginn einer ungemein groß angelegten wirkungsvollen reformatorischen und theologischen Öffentlichkeitsarbeit wurde. Spätestens seit dem Erscheinen seiner drei programmatischen Flugschriften von 1520, nämlich „An den Christlichen Adel deutscher Nation von des Christlichen Standes Besserung“ (pragmatisch-politisch), „Die Babylonische Gefangenschaft der Kirche“ (theologisch) und „Von der Freiheit eines Christenmenschen“ (sozialethisch-mystisch), war er für viele zum Nationalhelden und großen Hoffnungsträger geworden. Noch galt allgemein die von ihm ausgelöste reformatorische Bewegung als notwendige, berechtigt kritische und heilsame innerkirchliche Angelegenheit. Doch im selben Jahr bahnte sich der endgültige Bruch mit Rom und damit die Spaltung der abendländischen Christenheit an. Am 10. Dezember 1520 verbrannte Luther in Wittenberg neben kirchlichen Gesetzestexten die päpstliche Bannandrohungsbulle vom 24. Juli 1520, in der 41 seiner geäußerten Lehrsätze als irrig, häretisch, ärgerniserregend oder verführerisch verurteilt worden waren. Diese öffentliche Absage an die Autorität der Kirche zog automatisch den Kirchenausschluß nach sich. Formell sprach Papst Leo X. den Bann in der Bulle vom 3. Januar 1521 aus. Er erfolgte, weil in den Disputationen mit Luther und im römischen Prozeß gegen ihn deutlich geworden war, daß seine Verkündigung nicht nur Reform wollte, sondern wegen der Ablehnung der Hierarchie und des priesterlichen Amtes, des Lehramtes und der bestehenden Sakramentenlehre auch schwerwiegender Angriff auf die Struktur der Kirche und ihr Glaubensverständnis bedeutete.

Erzbischof Albrecht hatte den römischen Prozeß gegen Luther eingeleitet. Luthers Brief vom 31. Oktober 1517 an ihn mit der Bitte, die Anweisungen für die Ablaßprediger zurückzuziehen und eine andere Predigtweise anzuordnen, hatte er Ende November in Aschaffenburg erhalten. Am 1. Dezember 1517 forderte er von den Theologen der Mainzer Universität ein Gutachten über die beigelegten 95 The-

Mainzer Atlas von Nikolaus Person, Titelblatt

sen ihres Wittenberger Kollegen an. Das Urteil der Mainzer Professoren wurde dem Erzbischof am 17. Dezember zugesandt. Sein Kernsatz lautete: „Wir haben die Thesen wiederholt gelesen und durchgesehen. Dabei sind wir zur Erkenntnis gelangt, daß sie die Macht des Papstes (summa potestas pontificis) und des Heiligen Stuhles... nicht nur beschränken und beschneiden, sondern sich sogar in Widerspruch stellen zu den diesbezüglich gemachten vielen Aussagen der Gelehrten. Wir raten, die Thesen dem Apostolischen Stuhl zuzusenden." Zu ähnlichem Urteil dürfte auch der Erzbischof gekommen sein, denn nach Rücksprache mit seinen Hofräten hatte er von Aschaffenburg aus die Thesen bereits am 13. Dezember 1517 nach Rom weitergegeben. Den 1520 zu Ende gegangenen Prozeß hat er nicht weiter beeinflußt. Von einer Antwort Albrechts an Martin Luther ist nichts bekannt, wohl aber von einem Schreiben an seine Magdeburger Räte, in dem er ungehalten den giftigen Irrtum rügt, mit dem der Wittenberger das Volk errege.

Vielleicht wußte der Erzbischof zu diesem Zeitpunkt schon von dem unerwartet großen Echo, das die von Luthers Freunden über Flugschriften der breiten Öffentlichkeit bekanntgemachten Ablaßthesen überall hervorgerufen hatten. Die reformatorische Bewegung war in Gang gekommen und konnte durch nichts mehr aufgehalten werden.

Reformatorische Strömungen in Mainz

Überraschend schnell fand die Reformation in Mainz Anklang. Viele einflußreiche Persönlichkeiten fühlten sich von Martin Luther angesprochen und waren beeindruckt von dessen Engagement. Dazu zählten an der Universität die Theologieprofessoren Dr. Johannes (Stumpf aus) Eberbach (gest. 1533), damals Dekan der Fakultät und Dompfarrer, Adam Weiß, später evangelischer Pfarrer in Crailsheim, Melchior Ambach aus Meiningen, von 1522 bis 1524 in Bingen reformatorisch tätig und nach 1541 evangelischer Pfarrer in Frankfurt, dann der Geschichtsprofessor Nikolaus Karbach, gebürtig aus Mainz oder Aschaffenburg und 1540 zeitweilig Mainzer Domvikar mit einer Pfründe am St. Batholomäus- und Valentinaltar, und schließlich Jakob Cammerlander, Sohn des Mainzer Schuhmachers Martin, mit nur vage feststellbarer Position an der Alma mater. Von der Stadtgeistlichkeit wirkten im Sinne der von Luther initiierten Bewegung der Domvikar Andreas Maier, von 1513 bis zu seinem Tod 1536 am St. Nazariusaltar bepfründet, Johannes (Bernhardi genannt) Algesheimer, der die neue Lehre auch in seinem Heimatort Gau-Algesheim verkündete und ab 1525 zu den Hauptreformatoren von Frankfurt zählte, Peter Nödigk, Vikar an Liebfrauen, sowie Dietrich Sartorius und Johannes Feyertag, beide mit der Predigttätigkeit an St. Ignaz betraut.

Bekannter als alle genannten wurden die aus Basel kommenden Domprediger Wolfgang Fabricius Capito (gest. 1541) und Kaspar Hedio (gest. 1552). Beide hatten sich bereits 1518 der neuen Lehre angeschlossen. Der zum Kreis um Erasmus von Rotterdam (gest. 1536) gehörende und mit dem Baseler Reformator Johannes Ökolampad (gest. 1531) befreundete Capito war auf Anraten des zwischen September 1517 und August 1519 als „täglicher Rat" in Mainzer Diensten stehenden Ulrich von Hutten (gest. 1523) von Erzbischof Albrecht dem für die Wiederbesetzung der Domprädikatur zuständigen Domprälaten-Gremium vorgeschlagen und dann auch berufen worden. Dem mit der erzbischöflichen Domvikarie bepfründeten Inhaber der durch den Tod von Bartholomäus Zehener seit dem 12. Juli 1519 vakanten Stelle oblag es, in Vertretung des Erzbischofs die sonn- und feiertägliche Mittagspredigt zu halten. Die Frühpredigt gehörte zu den Obliegenheiten des Dompfarrers, der mit der Heiligen Kreuz-Vikarie im „Eisentor" beim Ostchor des Domes bepfründet war. Capito, bis dahin als Domprediger in Basel tätig und 1518 als erster Herausgeber einer Sammlung von Luthers Schriften bekannt geworden, trat sein Mainzer Amt nach Ablegung des Vikarseides am 2. Mai 1520 an. Erzbischof Albrecht, zu dem Zeitpunkt in Magdeburg bzw. Halle, kam im August 1520 nach Mainz und ernannte noch im selben Monat Capito zu seinem Rat. Schon im Herbst 1520 ließ sich der neue Domprediger von Hedio vertreten, den er mit Zustimmung des Erzbischofs von Basel nach Mainz gerufen hatte. Dem mit Luther und Huldrych Zwingli (gest. 1531) in Briefverkehr stehende Hedio wurde überdies eine Dozentur an der Mainzer Theologischen Fakultät zugesprochen. Capito verzichtete am 5. Januar 1521 auf die Beauftragung als Domprediger. Mit gleichem Tage wurde Hedio sein Nachfolger, der die Stelle offiziell bis zum 19. Mai 1524 innehatte. Er beendete jedoch schon an Allerheiligen 1523 seine Predigttätigkeit, gab die Schlüssel der Kanzel an Domdekan Lorenz Truchseß von Pommersfelden (gest. 1543) zurück und reiste am 3. November nach Straßburg zu seinem Amtsvorgänger. Capito hatte bereits nach seinem Verzicht auf die erzbischöfliche Ratsstelle am 18. Juni 1523 Mainz verlassen, um die ihm 1521 von Papst Leo X. übertragene Propstei an St. Thomas in Straßburg anzutreten. In der dortigen Pfarrei St. Peter erhielt er auch das Pfarramt. Bald standen er, Martin Bucer (gest. 1551) und der seit 1524 verheiratete Hedio an der Spitze der Straßburger Reformationsbewegung. Lediglich äußere Umstände hatten es verhindert, daß Capito und Hedio nicht die Reformatoren von Mainz wurden. Beide hatten 1520 ihr Kommen mit der Absicht verknüpft, Erzbischof Albrecht von Brandenburg für die reformatorische Bewegung zu gewinnen. Ihre Aussicht auf Erfolg schien nicht ungünstig.

Albrecht war humanistisch gebildet. Er hatte an der Universität in Frankfurt an der Oder studiert, die von ihm gemeinsam mit seinem Bruder 1506 als Brandenburger Konkurrenz zur sächsischen Universität in Wittenberg gegründet worden war. Er galt als eifriger Förderer von Wissenschaft und Kunst und zeigte sich gegenüber den modernen Reformen in Politik und Geisteswissenschaft aufgeschlossen.

So straffte und zentralisierte er 1516 durch die Errichtung eines Mainzer Hofgerichts die erzstiftische Rechtssprechung. Die von ihm eingeführte Hofgerichtsordnung wurde vorbildlich für viele andere Territorien. Um seinem gebietsmäßig so zerrissenen Erzstift, in dem der grundherrliche Adel bzw. die Geistlichkeit noch erhebliche Mitspracherechte besaßen, eine modernere und bessere Verwaltung zu geben, richtete er 1522 den „beständigen Rat", d. h. einen dem Fürsten unterstellten Hofrat als zentrale Verwaltungs- und Aufsichtsbehörde ein. Diese frühmoderne Staatseinrichtung vermochte zwar nicht sofort die bisherigen mittelalterlichen Mit- und Nebenregierungen, insbesondere die des mächtigen Domkapitels, zurückzudrängen, doch sie war ein erster Schritt in diese Richtung.

Daß die Überführung des Erzstifts in einen modernen Staat nicht ohne erhebliche Widerstände möglich war, verdeutlichte z. B. die lang anhaltende Kontroverse mit Lorenz Truchseß von Pommersfelden, die 1528 mit dessen Verhaftung und erzwungener Abdankung als Domdekan ihren wenig rühmlichen Höhepunkt hatte. Die Neustrukturierung der Staatsregierung und -verwaltung wurde auch dadurch erschwert, daß Erzbischof Albrecht häufig abwesend war. Die Administration lag dann in den Händen seines Statthalters Wilhelm von Hohenstein.

Seine Aufgeschlossenheit für die modernen Zeitströmungen trug dem jungen Hohenzoller auf dem Mainzer Erzstuhl anfänglich die Sympathie vieler Gleichgesinnter zu. Einer seiner Verehrer war Ulrich von Hutten. Als der Erzbischof am 8. November 1514 seinen feierlichen Einzug in Mainz hielt, um am 13. November die Huldigung der Bürgerschaft und am 22. Dezember das von Rom überbrachte Pallium entgegenzunehmen, verfaßte Hutten ihm ein eigenes Fest- und Lobgedicht. Ein Jahr später war Hutten in die Affäre der „Dunkelmännerbriefe" verwickelt. In dieser pöbelhaft derben Schmähschrift, die 1517 von Rom verurteilt wurde, polemisierten radikale Humanisten mit heftigen Attacken auf die Scholastik und auf kirchliche Einrichtungen gegen die Widersacher des Johann Reuchlin (gest. 1522). In diesem Streit hatte Reuchlin in Erzbischof Albrecht einen verständnisvollen Befürworter. Zu Reuchlins Gegnern hatte der Mainzer Domprediger Bartholomäus Zehener gezählt. Hauptverfasser der „Dunkelmännerbriefe" war der langjährige Vorsteher der Fuldaer Klosterschule Rabianus Crotus (= Johann Jäger, gest. um 1541), ein Mann mit recht wechselhafter Lebensgeschichte. 1521 war er Rektor der Erfurter Universität. Als solcher begrüßte er begeistert den durch die Stadt nach Worms reisenden Luther. Er schloß sich der neuen Bewegung an, die gerade in Erfurt mit den berüchtigten „Pfaffenstürmen", d. h. mit gewaltsamen Übergriffen auf die Stiftsgeistlichkeit, vom 11. bis 13. Juni einen ersten Höhepunkt erreicht hatte. 1531 fand Crotus zum alten Glauben zurück. Für Erzbischof Albrecht verfaßte er eine Apologie (Verteidigungsschrift) der katholischen Kirche. Das brachte Luther so in Harnisch, daß er von ihm zornig als dem „Tellerlecker des Kardinals von Mainz" sprach, „Dr. Kröte genannt".

Sympathisant des 1516 (und erneut 1521) vom Kaiser als Erzkanzler bestätigten, 1517 von Maximilian I. für den Fall seiner Abwesenheit oder Krankheit zum Reichsverweser ernannten und 1518 auf Betreiben von Kurfürst Joachim I. Nestor vom Papst gegen den Willen des um die eigenen Rechte fürchtenden Mainzer Domkapitels zum Kardinal und schließlich 1521 auch noch zum Apostolischen Legaten „de latere" ernannten Albrecht war anfänglich auch Erasmus. Er widmete dem Mainzer 1519 sein theologisches Traktat „Ratio et methodus".

Selbst Luther, der zuvor noch heftig gegen Albrecht polemisiert hatte, setzte 1520 auf ihn. Dies wird der auf Ausgleich bedachte früheste Brief des Erzbischofs an den Reformator vom 26. Februar 1520 mitbewirkt haben. Darin mahnte der Kardinal den Wittenberger, von Tumulten, unnützem Streit, Schimpfereien und den theologischen Erörterungen vor der breiten Masse abzulassen. Werde er statt dessen seine Schriftbeweise fromm und ohne Angriff auf die kirchliche Autorität vortragen, würde sich sein Werk fest und unzerstörbar als aus Gott erweisen.

Es war kaum das gründliche Studium der Lehre Luthers, das Erzbischof Albrecht zu dieser Aussage kommen ließ. Er selbst bekannte, es fehle ihm die Zeit, dessen Schriften zu lesen. Intensiv und zeitaufwendig beschäftigte sich der Kirchenfürst dafür mit der Gründung seines Neuen Stifts St. Mauritius 1520 in Halle. Er ließ deren Kirche von namhaften Künstlern wie Lukas Cranach, Matthias Grünewald und Peter und Albrecht Vischer prachtvoll ausgestalten und trug mehr als

21000 Reliquien in kostbaren Behältern („Hallesche Heiltum") zusammen. Am 23. August 1523 war die von ihm als seine Grabstätte ausersehene Kirche eingeweiht worden.

In ebendiesen Jahren entschied sich im Reich das Schicksal der Kirche. Die Reformation hörte auf, lediglich eine innerkirchliche Angelegenheit zu sein. Kardinal Albrecht spielte in dieser Phase eine eher zwiespältige Rolle. Schon die Berufungen von Capito und Hedio wiesen darauf hin und auch die vielfältige Wirkmöglichkeit, die der reformatorischen Bewegung in Mainz zugebilligt wurde. Die gegen den hohen Klerus und gegen Rom aufgebrachte Stimmung der Bürgerschaft wuchs dadurch derart, daß es dem päpstlichen Nuntius Hieronymus Aleander (gest. 1542) kaum mehr möglich war, auftragsgemäß die am 15. Juni 1520 gegen Luther erlassene päpstliche Bannandrohungsbulle in der Stadt zu veröffentlichen. Als der Sitte der Zeit gemäß am 28. November 1520 die als häretisch und irrig verworfenen Schriften Luthers auf dem Marktplatz öffentlich verbrannt werden sollten, kam es zu Tumulten und Tätlichkeiten gegen den Legaten. Die feierlich makabre Verbrennungszeremonie mußte auf den nächsten Tag verschoben werden. Wenig Linie und Festigkeit zeigte Erzbischof Albrecht auch in dem für Luther und seine Sache so brisanten Jahr 1521. Nach Nuntius Aleander war es vor allem der unentschiedenen Haltung des Kardinals zuzuschreiben, daß der vom Papst gebannte Wittenberger Professor nicht sogleich durch ein scharfes königliches Edikt der Reichsacht verfiel, sondern die Möglichkeit erhielt, sich vor dem Reichstag zu verteidigen. Der Kardinal hatte den 1519 zum Römischen König gewählten und am 22. Oktober 1520 in Aachen gekrönten Karl V. (1519–1556) bewogen, Luther vor einer Verurteilung nach Worms einzuladen.

Die berühmte Wormser Rede Luthers, in der er am 18. April 1521 mutig-trotzig jeden Widerruf ablehnte, hat der Erzbischof miterlebt. Auch gehörte er zu den vier Kurfürsten, die am folgenden Tag gegen zwei Stimmen entschieden, den König für alle erforderlichen Maßnahmen gegen den unnachgiebigen Wittenberger und seine Anhänger zu ermächtigen. Als dann jedoch in der Nacht zum 20. April am Wormser Rathaus ein Plakat angeschlagen wurde, das insbesondere „dem bischoff von Mencz" mit bewaffnetem Widerstand drohte, falls mit scharfem Vorgehen gegen Luther die Ehre und das göttliche Recht unterdrückt würden, zog sich Albrecht recht furchtsam zurück. Das Edikt Karls V. vom 8. Mai 1521, in dem die Reichsacht gegen Luther erklärt wurde, hat er wie die anderen Reichsstände am 25. Mai 1521 bestätigt. Er vermied es jedoch, die Urkunde in seiner Eigenschaft als Erzkanzler zu unterzeichnen. Alle anderen wichtigen Reichstagsentscheide, nämlich die Kammergerichtsordnung, die Regimentsordnung und der Reichstagsabschied vom 26. Mai 1521, tragen dagegen seine Unterschrift.

Lange zögerte der Erzbischof, das Wormser Edikt im Mainzer Erzbistum zu publizieren und damit wirksam zu machen. Das erfolgte erst nach der am 8. Juli 1524 in Oberwesel mit Köln und Trier getroffenen Absprache. Den offiziellen römischen Bannspruch gegen Luther vom Januar 1521 hat Albrecht überhaupt nicht veröffentlichen lassen. An der päpstlichen Bulle störte ihn besonders, daß in ihr einzig er als Vollstrecker benannt wurde. Vor allem die Furcht, der „grimmige Haß aller Deutschen" könne ihn treffen, ließ den Erzbischof so zögerlich sein. „Im übrigen ist ja dieser Fürst aller Güte und Tugend voll mit Ausnahme seiner großen Verzagtheit, die von den eifrigen Lutheranern an seinem Hofe noch gesteigert wird", schrieb Aleander von Worms aus nach Rom und fügte hinzu, trotz seiner, d. h. des Nuntius', unablässigen Vorstellungen wolle der Mainzer nicht glauben, daß die gemeinten Ratgeber wirklich Lutheraner seien.

„Pfaffenkrieg" und Bauernkriege

Aleanders Bemerkung zielte vor allem auf Capito. Im weiteren betraf sie jedoch auch Franz von Sickingen (gest. 1523), den mit Hutten befreundeten nationalen Humanisten und reichsfreien Ministerialen, der es verstanden hatte, sich durch erfolgreiche Fehden und Kriegszüge eine relativ starke und einflußreiche Machtbasis zu schaffen. Vor allem politische Überlegungen hatten ihn früh zur reformatorischen Bewegung stoßen lassen. Die Ebernburg, sein Stammsitz an der Nahe, wurde bald als „Herberge der Gerechtigkeit" Zufluchtsstätte für manchen Reformator, so auch für Bucer und Ökolampad. Mit ihnen feierte er auf seiner Feste bereits 1521 erstmals eine deutsche Messe. Seinen guten Beziehungen zum erzbischöflich-kurfürstlichen Mainz tat das kaum Abbruch, doch erwies diese sich für das Erzstift bald als folgenschwer.

1518 hatte von Sickingen Hessen angegriffen und Darmstadt erobert. Sein Beutezug barg wenig Risiken in sich, denn Landgraf Philipp I. (gest. 1567), der 1509 fünfjährig seinem verstorbenen Vater Wilhelm II. gefolgt war, hatte, vom Kaiser für volljährig erklärt, gerade erst die selbständige Regierung angetreten. Überdies war das Land durch innere Unruhen erheblich geschwächt. Doch offensichtlich wußte der Landgraf trotz seiner Jugend, was er wollte. 1520 kam zwischen ihm, der Kurpfalz und Kurtrier ein Bündnis gegen den angriffsfreudigen Sickingen zustande, der als Verteidiger des bedrohten Ritterstandes gegen die territoriale Fürstenmacht auftrat. Kurmainz schloß sich dem Fürstenbündnis nicht an. Es kam auch nicht Kurfürst Richard Greiffenclau von Vollrads, Erzbischof von Trier (1511–1531), zu Hilfe, gegen den Franz von Sickingen 1522 eine Fehde eröffnet hatte, um ihm das Erzstift zu entreißen. Sickingens militanter Griff nach einem Fürstentum scheiterte. Erzbischof Richard und die mit ihm Verbündeten, Kurfürst Ludwig V. von der Pfalz (1508–1544) und Landgraf Philipp von Hessen, leisteten nicht nur erheblichen und erfolgreichen Widerstand gegen die Besetzung von Trier, sie gingen zum Gegenangriff über und beendeten den „Pfaffenkrieg" 1523 mit der Erstürmung der sickingenschen Feste Landstuhl, bei der Ritter Franz Sieg und Leben verlor.

Wegen der nicht gegebenen Waffenhilfe mußte auch Kurmainz ernstlich fürchten, von den drei verbündeten Fürsten angegriffen zu werden. Erst die Zahlung von 25 000 Gulden bannte 1522 nach längeren Verhandlungen, in die Erzbischof Albrecht persönlich eingriff, die Gefahr. Aus dem bewaffneten Kräftemessen in der Trierer Fehde ging nicht zuletzt Philipp von Hessen gestärkt und selbstbewußt hervor. Besonders wichtig für ihn war, daß mit dem Sieg über Sickingen und seine Freunde auch im territorial nun ziemlich geschlossenen Hessen die Selbständigkeit des Ritterstandes reduziert und die Gleichschaltung des landsässigen Adels endgültig besiegelt werden konnte. Das Erzbistum Mainz sollte die kräftig zupackende Hand des entscheidungsraschen Landgrafen bald nachhaltig zu spüren bekommen.

Noch von einer anderen Seite her kam eine gefährliche Bedrohung der bestehenden weltlichen und kirchlichen Ordnung. Gemeint ist die soziale und rechtliche Gleichheit und Freiheit fordernde Massenbewegung, Bauernkriege geheißen, die ab Februar 1525 in gewaltsamen Aufständen einen lange aufgestauten Groll zum Entladen brachte und wenige Monate später von den herrschenden Schichten mit hohem kriegerischem Einsatz und furchtbarem Blutzoll niedergeschlagen wurde.

Ausgelöst durch Vorgänge in der Schweiz hatte sich erstmals im Februar 1525 ein großer oberschwäbischer Bauernhaufen erhoben. Die hier entstandenen „Zwölf Artikel" – mit den Hauptforderungen der Aufständischen und mit dem Evangelium als Maßstab – gelangten als gedruckte Flugschriften sehr rasch nach Franken und Thüringen und an den Mittelrhein. Überall brachen Rebellionen aus. Radikal war der Aufstand der thüringisch-eichsfeldischen Bauern. Das war vor allem Thomas Müntzer (gest. 1525) und Heinrich Pfeiffer (gest. 1525) zuzuschreiben. Der letztere, ein ehemaliger Prämonstratenser, war von aufmüpfigem Charakter. Er hatte in seiner Heimatstadt Mühlhausen bereits 1523 gegen Papst, Klerus und Orden gepredigt und den offenen Kampf des „gemeinen Mannes" gegen das Stadtregiment inszeniert. Müntzer, Priester des Bistums Halberstadt und seit 1523 Pfarrer in Allstedt, kam 1524 nach Mühlhausen. Er wollte nicht politischer Revolutionär sein, sondern unerbittlicher Streiter für die Verwirklichung des Willens Gottes auf allen Gebieten und wurde doch durch seine fanatische und kampfbetonte Verkündigung die eigentliche Antriebsfeder des thüringischen Bauernaufstandes, der tiefe Spuren und viele zerstörte Klöster insbesondere im Eichsfeld hinterließ und am 15. Mai 1525 mit dem Blutbad bei Frankenhausen endete.

Die Aufstände in der freien Reichsstadt Frankfurt und im Gebiet der Abteien Fulda und Hersfeld berührten ähnlich wie die thüringischen Ereignisse das Erzbistum Mainz. Insbesondere jedoch galt das für die Erhebungen im Erzstift selbst, nämlich im kurmainzischen Oberstift, im Rheingau und in der Stadt Mainz.

Die Welle der Empörung hatte den Taubergrund bereits im März 1525 erreicht. Dem sich unter Führung von Florian Geyer bildenden Taubertaler Haufen waren die „Zwölf Artikel" mit der Forderung nach freier Pfarrerswahl durch die Gemeinde, die Verwendung des Fruchtzehnten ausschließlich für die Besoldung des Pfarrers und die Gemeindezwecke, um die Besteuerung der Armen zu vermeiden, die Abschaffung des kleinen Viehzehnten, die Aufhebung der Leibeigenschaft und die Beseitigung weiterer sozialer Ungerechtigkeiten Programm. Mit ihrem Beschluß, vorerst keine Abgaben zu machen und alle Schlösser zu brechen, agierten sie noch radikaler als die Oberschwaben. Ihr besonderes Aktionsfeld waren das Taubertal und Würzburg. Daneben bildete sich im kurmainzischen Dorf Oberschüpf und der Kleinstadt Ballenberg am 26. März der Neckartal-Odenwälder Haufen. Er wurde von dem mit Kurmainz auch in persönlicher Fehde liegenden Götz von Berlichingen geführt. Das vornehmliche Ziel dieser Aufständischen, die bald das ganze Oberstift überzogen, war die Beseitigung der adeligen Grundherrschaften. An Bischof Wilhelm von Straßburg, der als Statthalter des 1524 wieder nach Halle gereisten Erzbischofs Albrecht von Aschaffenburg aus die Regierungsgeschäfte führte, richteten sie im April die Aufforderung, alle Flecken, Orte, Schloß und Riegel zu öffnen. Diese Order betraf insbesondere die „Neun Städte" Aschaffenburg, Miltenberg, Dieburg, Seligenstadt, Amorbach, Buchen, Walldürn, Külsheim und Tauberbischofsheim, die seit 1346 steuerlich privilegiert waren und seitdem eine Art

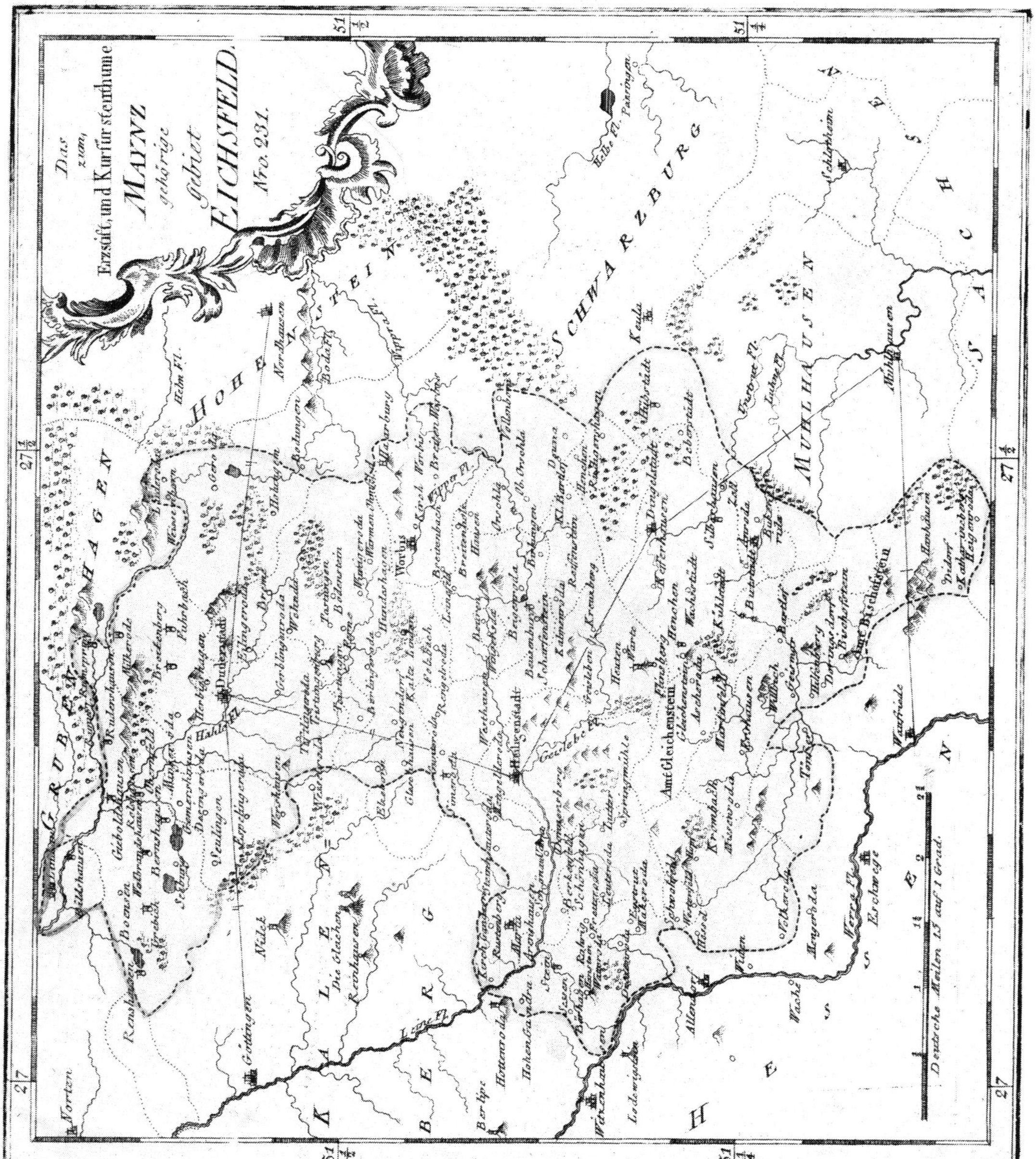

Erzstift Mainz, Teilgebiet

landständischer Korporation bildeten. Obwohl die Obrigkeiten dieser Städte zunächst zögerten, sich der aufsässigen Bewegung anzuschließen, weil sie befürchteten, vom Landesherren ihrer besonderen Stellung verlustig erklärt zu werden, gaben sie doch bald dem Druck der in „lichten" oder „hellen Haufen" vereinigten Odenwälder Bewegung nach. Als es den Bauern dann gelang, in Aschaffenburg einzudringen und mit der Bevölkerung das kurfürstliche Schloß zu belagern, sah sich der Statthalter gezwungen, am 1. Mai 1525 die „Zwölf Artikel" als bestehendes Recht aufzunehmen.

Am 7. Mai mußte er überdies im Miltenberger Vertrag stellvertretend für das gesamte Erzstift dem Bündnis der Bauern beitreten. Laut Vertrag sollten der Adel und alle Städte und Orte des Erzstifts der Vereinigung angehören und sie schützen. Sämtliche Klöster sollten geöffnet und die Kleidung der Mönche und Priester abgeschafft werden. Das Erzstift mußte den Aufständischen 15 000 Gulden Entschädigung zahlen und der Reform der Stadtverwaltung zugunsten einer größeren Beteiligung des kleinen Mannes zustimmen. Die neuen Ordnungen waren noch nicht recht unterschrieben, da kam bereits der militärische Gegenschlag durch die im Schwäbischen Bund vereinigten Fürsten. Die Bauern und aufständischen Bürger wurden vernichtend geschlagen. Die Strafgerichte in Würzburg und Tauberbischofsheim machten dem Krieg ein blutiges Ende. Die „Neun Städte" mußten sich dem Statthalter und dem Domkapitel unterwerfen. Bis 1527 erhielten sie alle endgültig neue Ordnungen. Ihre Freiheiten verfielen, die landständische Einung der „Neun" zerbrach, die bisherige eigenständige Bürgermeister- und Ratsverfassung wurde durch ein landesherrliches Stadtregiment ersetzt. Als Beamte des Erzbischofs standen nun Vizedom und Schultheiß, Amtmann und Vogt den ebenfalls ernannten Rechts- und Gerichtskollegien vor. Ähnlich gestalteten sich die Ereignisse im Rheingau mit seinem seit dem 14. Jahrhundert eigenen Rechtscharakter. 1324 waren erste Freiheiten für den Rheingau festgeschrieben worden, die in der Zeit der Mainzer Stiftsfehde noch erweitert werden konnten.

Die Bürger des Rheingaus durften in weltlichen Dingen von keinem Pfarrer vor ein geistliches Gericht geladen und vom Erzbischof nicht ungefragt mit Sondersteuern belegt werden. Noch 1521 hatte es heftigen Streit um die Bewilligung der Landsteuer gegeben. In ebendieser Zeit griff die reformatorische Bewegung auf den Rheingau über. Von Kaspar Hedio ist bekannt, daß er im Sommer 1523 auf der Wachholderheide zwischen Erbach und Hattenheim nahe dem Kloster Eberbach im Sinne der neuen Lehre predigte. Auch sandte er 1524 von Straßburg aus „an das christliche Häuflein im Rheingau" ein Schreiben mit seiner Auffassung über den Zehnten, mit Anschuldigungen gegen den Klerus und der Aufforderung, sich Verkünder des reinen Evangeliums zu holen. Nach späteren Berichten dürfte damals schon eine Anzahl evangelischer Prädikanten im Rheingau tätig gewesen sein. Auch von Frankfurt her, wegen seiner Handelsmesse für die Ausbreitung neuer Gedanken bekannt und mit dem eben richtig aufkommenden Buch- und Flugschriftendruck gut im Geschäft, war eine Beunruhigung der Bevölkerung des Rheingaus erfolgt.

Der Aufstand begann am 23. April 1523 in Eltville. Anderntags hatte er bereits auf das gesamte Gebiet übergegriffen. Er richtete sich vor allem gegen die steuerliche Freistellung des Adels und gegen bestimmte Abgaben an die Geistlichkeit. Nach langen Beratungen und Drohungen kam am 19. Mai ein Vertrag über 31

Artikel zustande, in dem das Mainzer Domkapitel den Rheingauern verschiedene Zugeständnisse machte. Am 20. Mai verbanden sich die Rheingauer mit der Geistlichkeit und den Bürgern von Mainz. Sie versprachen, einander beizustehen. Mit dem Odenwälder Haufen, der eigens Abgesandte in den Rheingau geschickt hatte, um für die Beteiligung an Bündnis und Bruderschaft zu werben, wollten sie nur wenig zu tun haben.

Wenn auch im Rheingauer Bauernkrieg das gewaltsame Vorgehen und Plündern der Klöster, vornehmlich der reichen Abtei Eberbach, nicht fehlten, so erreichte die Gewalt doch nie das Ausmaß wie anderswo. Ebenso waren die Forderungen der Aufständischen eher moderat und kirchlich wenig revolutionär. Dennoch wurde auch dieses Aufbegehren mit Waffengewalt niedergeworfen und hart bestraft. Die am 3. Januar 1527 für den Rheingau erlassene Landesordnung anerkannte nur noch die Landesherrschaft des Erzbischofs.

Zwischen der frühen reformatorischen Bewegung in Mainz und den Bauernkriegen bestand eine gewisse Form von Wechselbeziehung. Reformatorische Anstöße gingen von Mainz aus, solange sich die Anhänger Luthers hier sicher wußten. Die Anstöße, es auch in Mainz bis zur offenen Erhebung kommen zu lassen, gingen von den erfolgreich verlaufenden Bauernkriegen aus.

Die Phase, da die Anhänger der neuen Lehre ungehindert in Mainz und im Erzstift wirken konnten, ging ab 1523 zu Ende. Wohl unter dem Eindruck der von Sickingen angezettelten Trierer Fehde erließ Erzbischof Albrecht am 10. September 1523 den Beschluß des Nürnberger Reichstages, stärker gegen die Anhänger Luthers vorzugehen. Dazu beigetragen hatte offensichtlich auch der Eindruck, den der päpstliche Legat Francesco Chieregati hinterlassen hatte, der in Nürnberg im Auftrag des hochgesinnten Reformpapstes Hadrian VI. (1522–1523) mit großer Offenheit die Schuld der Kurie und des Klerus an der Verderbnis der Kirche bekannt hatte und Reform versprach und mit ebenso überzeugender Entschiedenheit die Abkehr von der neuen Lehre forderte.

Gleichzeitig regte sich der Widerstand auch bei den eher beharrenden Kräften im Domkapitel. In Bingen, das seit 1438 ganz diesem höchsten Stiftskollegium unterstand und in dem seit der Stadtverfassung von 1488 das Domkapitel den Amtmann und Oberschultheiß stellte, war am 18. März 1523 ein Mandat gegen „die Mißbräuche in Auslegung und Haltung evangelischer und christlicher Lehre, Gottesdienstes und brüderlicher Liebe“ erlassen worden.

In Mainz stellte der Verlag Schöffer seine Publikation der Werke Luthers und anderer Neuerer ein. Auch wurde untersagt, in der Öffentlichkeit weiterhin antiklerikale Theater und Spiele aufzuführen. 1524 verhaftete man die ersten Prediger im Sinne der Reformation, unter ihnen Johannes Algesheimer und Johannes Feyertag, Pfarrer von St. Ignaz. Verbunden mit den noch anhaltenden Spannungen wegen des Verlustes der Stadtfreiheit und den sozialen Gegensätzen, schuf dies alles eine sehr gereizte und explosive Stimmung. Das führte am 25. April 1525 zum Aufstand. Die traditionsgemäß in Waffen an der Markusprozession teilnehmenden Mainzer Bürger taten sich zusammen. Sie wollten weder gegen die erzbischöfliche Herrschaft vorgehen noch jemand in der Stadt beleidigen, forderten aber die Abschaffung ihrer in 30 Artikeln niedergeschriebenen Beschwerden bzw. die Anerkennung ihrer Ansprüche. Dazu zählten die Einsetzung der Pfarrer von St. Ignaz, St. Emmeran, St. Quintin und St. Christoph durch Kirchengeschworene, die Beschneidung der geistlichen Privilegien, die Verpflichtung der Geistlichen zum Wachtdienst, ausgenommen die Domherren und Mönche, der Grundsatz gleicher Rechte und Pflichten, die Erweiterung der Zwölf des Stadtrates um 20 Vertreter der Zünfte, die Verminderung der Sondersteuern und der Verzicht auf Grundlasten. Der eigens aus dem Oberstift herangereiste Statthalter und das Domkapitel nahmen am 27. Mai 1525 die Artikel an. Doch bereits am 1. Juli 1525 gingen sie wieder verloren. Die im Oberstift siegreichen Fürsten des Schwäbischen Bundes ließen der Stadt keine andere Wahl, als sich dem Erzbischof zu unterwerfen.

Der als Landesherr aus den Bauernkriegen und dem Stadtaufstand gestärkt hervorgegangene Kurfürst ließ 1526 als Zeichen der Versöhnung, aber auch als Drohung, den heute noch erhaltenen Mainzer Marktbrunnen vor dem Dom errichten. Ihm ist die Mahnung eingemeißelt: O BEDENCK DAS END.

Mit der Niederschlagung der Aufstände war für das Erzstift Mainz die Gefahr der Reformation und Säkularisation gebannt. Zwar glaubte Martin Luther noch im Juni 1525, den mit der Mainzer Bürgertochter Ursula Riedinger befreundeten Erzbischof bewegen zu können, dem „schönen Exempel" des Hochmeisters Albrecht von Brandenburg-Ansbach (gest. 1568) nachzueifern, der gerade als erster geistlicher Fürst das Ordensland in ein weltliches Herzogtum umgewandelt hatte und dabei war, Dorothea von Dänemark zu heiraten. Doch der Kurfürst ging nicht darauf ein, obwohl ihm auch die Magdeburger Stände eine Verehelichung nahegelegt hatten. Erzbischof Albrecht blieb bei seinem ablehnenden Kurs; evangelische Prediger ließ er nicht mehr zu. Anders als das Mainzer Domkapitel, das am 14. November 1525 gemeinsam mit den Domkapiteln der zwölf Suffraganbistümer im „Mainzer Ratschlag" den Kaiser und die Reichsfürsten zu scharfem Vorgehen gegen Luther und seine Anhänger aufforderte, hielt er jedoch bis 1541 einen eher gemäßigten und zurückhaltenden Weg bei. Das zeigte sich z. B. bei den Verhandlungen zum „Nürnberger Anstand", einem vorgezogenen Religionsfrieden, an denen er maßgeblich beteiligt war. Philipp Melanchthon (gest. 1560) widmete ihm im selben Jahr seinen Römerbrief-Kommentar. Erst der Verlust von Magdeburg und Halberstadt mitsamt dem geliebten Halle sowie die Erfolglosigkeit der von ihm geförderten Religionsgespräche 1540 und 1541 in Hagenau, Worms und Regensburg ließen ihn zu einem klaren Verfechter der katholischen Kirche werden.

Die Entstehung der hessischen Landeskirche

Die Verluste, die das Erzbistum und die Kirchenprovinz Mainz bis dahin hatte hinnehmen müssen, waren groß. Zuerst war Hessen aus dem Erzbistum Mainz ausgeschieden. Schon auf dem Wormser Reichstag 1521 vertrat Landgraf Philipp die Meinung, die geistliche Rechts- und Strafpraxis durch die „Conservatores, Commissarien, Richter, Pröpste und Officiales" in Mainz, Erfurt, Fritzlar und Amöneburg würde in ungebührlicher Weise vorgenommen. Besonders beklagte er die Verhängung des Interdikts bei der Verwundung und Tötung eines Priesters, übertriebene und selbstsüchtige Bestrafung durch Sendpriester, zu hohe Gebühren bei Urteilen in Ehesachen, das Zitieren von Laien vor die geistlichen Gerichte, und zwar bei weltlichen Sachen, sowie die Klagen der Bürger von Fritzlar und Amöneburg gegen hessische Untertanen.

Der Landgraf beließ es nicht bei Beschwerden. Schon 1522 hatte er in Mainz angezeigt, daß er den Geistlichen seines Fürstentums untersage, an die Kathedrale Abgaben zu machen und sich der erzbischöflichen Jurisdiktion zu unterstellen. Ab 1524 war Philipp endgültig Anhänger der neuen Lehre. 1525 wandte er sich an Luther und Melanchthon wegen der Möglichkeit, sein Land der Reformation zuzuführen. Der publizistischen Verbreitung der Reformation von Hessen diente die von ihm einberufene Synode in Homberg bei Fritzlar vom 21. bis 23. Oktober 1526, für die der von ihm herbeigerufene Reformator Franz Lambert (gest. 1530) 158 Reformthesen verfaßt hatte. Diese „Reformatio ecclesiarum Hassiae", Paradoxa geheißen, wurde zwar so nicht eingeführt, doch bildete sie die Grundlage für die bald entstehende hessische Landeskirche. Lambert, von Geburt Franzose, starb als Professor der Theologie an der Universität Marburg, die Philipp von Hessen 1527 als erste protestantische Hochschule errichtet hatte.

Zur endgültigen Abtrennung der Landgrafschaft Hessen von der Mainzer geistlichen Jurisdiktion kam es durch den Vertrag von Hitzkirchen, dem Kardinal Albrecht gezwungenermaßen zustimmen mußte. Vorausgegangen waren die sogenannten Packschen Händel. Von Otto von Pack, dem Kanzler des Herzogs Georg von Sachsen (1500–1539), wollte Landgraf Philipp von einem Bündnis der katholischen Fürsten zur Bekämpfung der reformierten Reichsstände und damit gegen sich gerichtet erfahren haben. Obwohl sich die vorgelegten Dokumente als Fälschung erwiesen, begann der Hesse 1527 gegen Kurmainz zu rüsten. Ein Krieg konnte nur noch auf Vermittlung von Trier und Kurpfalz verhindert werden. Als Entschädigung für seine Rüstungsauslagen verlangte er jedoch von Mainz 40 000 Gulden und den vertraglichen Verzicht auf die geistliche Jurisdiktion in Hessen und Sachsen.

Kardinal Albrecht ging auf diese Forderung ein und verlor damit dem Mainzer Erzbistum Hunderte von Pfarreien und Klöstern. Allein im Bereich der Wetterau waren es etwa 90 Kirchspiele. Als das Domkapitel den Vertrag bestätigen mußte, erzürnte das den Domdekan Lorenz Truchseß von Pommersfelden so sehr, daß er wütend das Stiftssiegel zu Boden warf und unter Protest den Kapitelsaal verließ. Dem Kurfürsten bot das den schon länger gesuchten Anlaß, den ihm häufig Opposition bietenden Domdekan gefangenzusetzen und zum Amtsverzicht zu zwingen.

Anfänge katholischer Reform

Nicht der zornige und oft ungestüme Truchseß von Pommersfelden war jedoch die Rettung der Kirche von Mainz, sondern jene Männer waren es, die zunächst Widerstand gegen das Vordringen der neuen Lehre und Kirchenauffassung setzten und dann über den Widerstand zur katholischen Selbstbesinnung und zur dringend erforderlichen kirchlichen Reform fanden.

Im Erzbistum Mainz gehörte zu diesen katholischen Reformern der aus dem Thüringischen stammende und in vielen Stiften bepfründete Valentin von Tetleben (auch Teutleben, gest. 1551). Er lebte lange Jahre in Italien, zunächst in Bologna, dann in Rom. An der Kurie vertrat er als Prokurator Kurmainz und Kursachsen. Über ihn forderte Papst Leo X. im Mai 1521 Kurfürst Friedrich III. von Sachsen auf, energisch gegen Luther vorzugehen. Im selben Jahr erhielt Tetleben durch päpstliche Provision eine Dompfründe in Mainz. Dorthin kehrte er 1522 zurück und gewann als Rat des Erzbischofs bald großen Einfluß. Er wurde mehrfach zu Gesandtschaften und Visitationen herangezogen. Auf Drängen des Erzbischofs erhielt er 1529 die Propstei von St. Bartholomäus in Frankfurt. In ihm gewann das Stift in sehr unruhiger Zeit einen seiner bedeutendsten Vorsteher und wahrscheinlich seinen Retter. Propst von Tetleben trat ein schweres Amt an. Die Wirren von 1525 waren nur bedingt behoben. Die gegen den Klerus gerichtete Stimmung im Volk hielt weiterhin an. Den Prädikanten, allen voran Dionys Melander und dem schon von Mainz her bekannten Johannes Algesheimer, gehörte die Gunst der Stunde. 1525 hatte die Bürgerschaft in 45 Artikeln neben der freien Pfarrerwahl auch die Besetzung der Stiftspfründen in St. Bartholomäus, Liebfrauen und St. Leonhard durch den Rat, die Abschaffung der Bruderschaften und Prozessionen, das Aussterben der Klöster und Beginenhäuser und die Vertreibung der mit Priestern liierten Frauen beim Stadtrat durchgesetzt. Seit 1527 konnte von einem katholischen Gottesdienst in der Stadt kaum mehr die Rede sein. Es wurde evangelisch getauft und gepredigt. Unfriede zerriß das Stift. Manche Stiftsherren waren nur mit Mühe zum Bleiben zu bewegen. St. Bartholomäus drohte an die Reformation verlorenzugehen: an Weihnachten 1532 trieb die fanatische Predigt Melanders zum Bildersturm, 1533 mußte nach Abstimmung durch die Zünfte wie schon in der Stadt der Meßgottesdienst eingestellt werden, 1535 wurde der Stiftsdekan Lutheraner und heiratete. Die Reformation war praktisch eingeführt worden. Doch die Kapitulare blieben hier und in den Stiften St. Leonhard und Liebfrauen beieinander. Das erleichterte es, 1547 und im Vollzug des Interims von 1548 den katholischen Gottesdienst wieder aufzunehmen. Von Tetleben, immer noch Propst, erlebte dieses für ihn frohe Ereignis als Bischof von Hildesheim. Dazu war er am 30. September 1537 gewählt und noch im selben Jahr von Papst Paul III. (1534–1549) bestätigt worden. Zuvor hatte er fünf Jahre (1532–1537) segensreich als Mainzer Generalvikar gewirkt. Der am 19. April 1551 in Mainz gestorbene Valentin von Tetleben gehört zu den überzeugenden Priestergestalten der damaligen Mainzer Kirche.

Zu den Geistlichen, die infolge der Tumulte 1525/26 Frankfurt verließen, gehörten Johannes Cochläus (gest. 1552) und Friedrich Nausea. Der bekannte Kontroverstheologe Cochläus, dessen 1549 in Mainz erschienene Kommentare zu den Werken und Schriften Luthers jahrhundertelang das katholische Bild des Reformators prägten, war Dekan des Frankfurter Liebfrauenstifts. Er begab sich 1525 nach Mainz, erhielt hier 1526 eine Stiftspfründe an St. Viktor, wurde der theologische Berater des Erzbischofs und begleitete ihn 1526 zum Reichstag nach Speyer. Er verließ bald darauf Mainz, kehrte aber 1549 nochmals zurück und hatte maßgeblichen Anteil an der Mainzer Provinzialsynode. Nausea, Pfarrer an St. Bartholomäus, reiste 1526 ebenfalls nach Mainz. Am 16. März 1526 wurde er Domprediger und behielt die Stelle bis zum 6. November 1534. In ihm gewann die Kathedralkirche einen ausgezeichneten Kanzelredner und unbeirrbaren Verfechter der katholischen Lehre. 1534 folgte er dem Ruf von König Ferdinand I. (gest. 1564) nach Wien. Er starb 1552 als Wiener Bischof (seit 1541) beim Konzil in Trient.

Noch während Nausea als Domprediger in Mainz weilte, wurde Michael Helding, seit 1531 Magister an der Mainzer Domschule, zum Dompfarrer ernannt.

Providiert hatte ihn als Prokurator und erzbischöflicher Kommissar der Generalvikar von Tetleben. Als Dompfarrer oblag ihm, an Sonn- und Feiertagen die Frühpredigt zu halten. Heldings Stimme war schwach. Doch um so reiner und unverfälschter war seine Lehre. 1537 bestimmten ihn der Erzbischof und das Domkapitel zum Nachfolger des nach vielen Amtsjahren gestorbenen Weihbischofs in partibus Rheni Johannes Münster (1510–1537). Im folgenden Jahr erteilte ihm Erzbischof Albrecht in Aschaffenburg die Bischofsweihe. Bereits vor seiner Ernennung zum Weihbischof hatte ihn Albrecht gemeinsam mit den Theologen Johann Mentzinger (gest. 1538), auf Empfehlung des Ingolstädter Johannes Eck von 1538 bis zu seinem Tod Mainzer Domprediger und Rektor der Universität, und Johannes Wild OFM (gest. 1554), von 1539 an für 15 Jahre einer der fähigsten Mainzer Domprediger, als Mainzer Gesandten für das Konzil bestimmt.

Die seit langem erwartete Kirchenversammlung hatte Papst Paul III. (1534–1549) für den 23.Mai 1537 nach Mantua einberufen und am 21.Mai 1539 auf unbestimmte Zeit vertagt, weil sie weder von den Protestanten noch von der Mehrheit der insgesamt nicht sonderlich reformfreudigen Bischöfe angenommen wurde. Ein Ersatz für dieses nicht zustande gekommene Konzil waren die Religionsgespräche von 1540/1541, zu deren Vorbereitung Erzbischof Albrecht seine Suffragane bereits am 26.Mai 1539 zu einem Treffen geladen hatte. Helding nahm als Mainzer Abgeordneter am Wormser Gespräch von 1540 teil. Er zeichnete sich wie stets durch seine vermittelnde Art aus, die nicht lediglich den Irrtum des anderen unter Beweis stellen wollte, sondern mit gutem Gespür für die berechtigten Anliegen der Reformatoren die dringend notwendige umfassende innerkirchliche Reform anzustreben bereit war. Solche Einstellung machte Helding besonders geeignet, an jener religiösen Reformation mitzuwirken, die Erzbischof Albrecht ab 1541 auf Drängen Roms für sein Erzbistum plante und die vor allem auf die Hebung des zerrütteten Klerus zielte. Bei einem Gespräch mit Nuntius Giovanni Morone (gest. 1580) klagte Kardinal Albrecht im Februar 1542, fast alle seine Priester seien Konkubinarier. Mit Gewalt sei nichts zu ändern, denn es beständen Verbindungen zwischen dem Mainzer, Trierer und Kölner Klerus. Bei strenger Zurechtweisung würden sie sich sofort gemeinsam erheben.

Die Bildung einer Reformkommission und die Ausarbeitung einer Reformvorlage sollten die ersten Schritte zur Besserung sein. Der Kommission gehörten neben Weihbischof Helding der Generalvikar Dr. Bernhard Scholl (1538–1548), der Mainzer Theologieprofessor und Dominikaner Konrad Necrosius (gest. 1553), der Domprediger Johannes Wild, der Abt Johannes Manger von St. Jakob und der Domkapitular und spätere Erzbischof Sebastian von Heusenstamm an. Letzterer hatte mit Dompropst Marquard vom Stein (gest. 1559), Kanzler Johannes Pfaff und Sekretär Melchior Vogt bereits 1540 als Mainzer Vertreter an den Religionsgesprächen in Hagenau teilgenommen. Das auf Drängen von Erzbischof Albrecht begonnene Reformationsvorhaben kam über erste Ansätze nicht hinaus. Die Klagen über die gravierenden Mißstände im Welt- und Ordensklerus hielten noch lange an. Immerhin war ein wichtiger Anfang gemacht.

Zu dem Bemühen, die innerkirchliche Reform zu forcieren, gehörten auch die 24 Katechismuspredigten mit Erklärungen des Apostolischen Glaubensbekenntnisses, des Vater unser und Ave Maria, der Zehn Gebote und der Sieben Sakramente, die Michael Helding von Sonntag Laetare 1542 bis Sonntag Judica 1544 im Dom hielt. Sie wurden im Anschluß an das Mainzer Provinzialkonzil 1549 als lateinische „Institutio christiana“ und 1551 als deutscher „Catechismus, das ist Christliche Unterweißung“ in Mainz gedruckt und verbreitet. Helding konnte mit Predigt und Publikation an mehrere Vorbilder anknüpfen, vor allem aber an den Katechismus, den 1537 der Dominikaner und Mainzer Theologieprofessor Johannes Dietenberger (gest. 1537) als letztes seiner literarischen Werke zur Unterweisung und Verteidigung des katholischen Glaubens publiziert hatte. Dietenberger war ein hervorragend mit der Bibel vertrauter Exeget. Gegen die reformatorischen Erneuerer verfaßte er rund 20 auf der Bibel basierende polemische Schriften. Besonders bekannt geworden war er durch seine deutsche Heilige Schrift, die er 1534 als Antwort auf Luthers Bibelübersetzung herausgab. Sie erreichte 58 Gesamtauflagen, dazu 14 Auflagen des Neuen Testaments und 20 der Psalmen. Der gelehrte und zugleich volksnahe, fromme Dietenberger war ein fruchtbarer früher Anreger des sich bildenden Mainzer Reformkreises.

Gleich ihm wirkte auch Petrus Faber (gest. 1546) nachhaltig auf Helding. Er war der erste Gefährte des Gründers des 1540 vom Papst approbierten Jesuitenordens, Ignatius von Loyola (gest. 1556). Der Weihbischof und der Jesuit hatten sich anläßlich der Religionsgespräche 1540 in Worms kennengelernt. Bei einem erneuten Aufenthalt in Deutschland erhielt Faber von Nuntius Morone den Auftrag, einer Einladung des Kardinals Albrecht entsprechend im Oktober 1542 von Speyer nach Mainz zu reisen, um dort für den Klerus „geistliche Übungen“ anzubieten. Im November 1542 nahmen Helding und Julius Pflug von Pegau (gest. 1564), der nach der Protestantisierung von Sachsen von 1539 bis 1545 auf seiner Domkapitelspfründe in Mainz lebte und am 6. November 1542 vom Papst als Bischof von Naumburg bestätigt worden war, an den ignatianischen Exerzitien teil. Wie Helding galt Pflug als Exponent der Vermittlung zwischen den sich verfestigenden konfessionellen Gegensätzen und als Verfechter einer an Erasmus und Georg Witzel (gest. 1573 in Mainz) orientierten Reform.

Wenige Monate später nahm an den „geistlichen Übungen“ des Petrus Faber in der Mainzer Albanskirche der eigens von Köln gekommene Petrus Canisius (gest. 1595) teil. Ihn faszinierten die Person des Exerzitienleiters und der Jesuitenorden so sehr, daß er sich der Societas Jesu bereits am 8. Mai 1543 anschloß. Seine Gelübde legte er in der St. Christophskirche ab. Faber verließ Mainz im August 1543. Auf Drängen des Nuntius ging er wieder nach Köln, das mitsamt dem Erzstift und Erzbistum in größter Gefahr war, durch Erzbischof Hermann von Wied (1511–1547; gest. 1552) der protestantischen Reformation zugeführt zu werden. 1544 gelang es den Jesuiten, hier ihre erste deutsche Niederlassung zu gründen. Von Köln aus kamen sie 1561 nach Mainz.

Das von vielen seit langem geforderte Konzil wurde 1545 endlich Wirklichkeit. Papst Paul III. hatte es am 19. November 1544 mit der Bulle „Laetare Jerusalem“ für den 15.März 1545 nach Trient einberufen und ihm die Aufgabe gesetzt, den religiösen Zwist zu überwinden, die Reform der Kirche durchzuführen und für die Befreiung der durch die mohammedanischen Türken besetzten Gebiete zu wirken.

In Mainz war die Einladung wie schon 1537 und 1543 positiv aufgenommen worden. Kardinal Albrecht, seit längerem gesundheitlich angegriffen, bestimmte als seine Vertreter und Prokuratoren Weihbischof Michael Helding, Konrad Necrosius, der bereits 1538 in Vicenza Erfahrungen gesammelt hatte, wohin Papst Paul III. das schließlich doch nicht zustande gekommene Konzil verlegt hatte, und der Mainzer Kirchenrechtler Theoderich Kauf (gest. 1583). Die drei Deputierten trafen am 18. Mai 1545 in der Konzilsstadt ein und wurden freundlich begrüßt. Sitz und Stimme wurde lediglich Helding zugebilligt, da nur er geweihter Bischof war.

Aus politischen Gründen zog sich die Eröffnung des Konzils bis zum 13. Dezember 1545 hin. Enttäuscht kehrten Necrosius und Kauf im September 1545 nach Mainz zurück. Helding blieb und war bei Konzilseröffnung der einzige Deutsche unter den nur 31 anwesenden stimmberechtigten Konzilsteilnehmern.

Die Eröffnung des Konzils hat Erzbischof Kardinal Albrecht von Brandenburg nicht mehr erlebt. Er starb am 24. September 1545 in der Martinsburg zu Mainz. Beigesetzt wurde er im Dom, in den er zwei Jahre zuvor das Hallesche Heiltum transferieren ließ, weil sich seine Lieblingsstadt 1541 der Reformation angeschlossen hatte. Die Überführung des wertvollen Reliquienschatzes nach Mainz war ihm Anlaß, in der Kathedralkirche ein achttägiges „Fest der Reliquien" mit eigenem Offizium einzuführen. Es war seine Antwort auf den protestantischen Kampf gegen das Reliquienwesen. Das mit einer großen Reliquienausstellung verbundene Fest wurde jährlich am letzten Sonntag im August eröffnet und nach dem Verlust des Heiltums im 19. Jahrhundert jeweils am 5. November gefeiert.

Außer dem kostbaren Reliquienschatz, einem bis dahin kaum in die Praxis umgesetzten Reformprogramm, einem durch die inzwischen Realität gewordene Kirchenspaltung sehr gebeutelten und verkleinerten Erzbistum und einer beachtlich hohen Schuldenlast, hinterließ der Erzbischof seinem Nachfolger einen Erzstuhl, der wegen der damit verbundenen Ämter und Rechte immer noch so bedeutend war, daß Kaiser, Papst und Domkapitel sich alle Mühe gaben, die Nachfolge in ihrem Sinne zu regeln.

2. Katholische Reform in der 2. Hälfte des 16. Jahrhunderts

Visitationen, Synoden und Konzilstätigkeit unter Erzbischof Sebastian von Heusenstamm (1545–1555)

Die Wichtigkeit des Mainzer Stuhles hatte schon in den letzten Lebensmonaten des von schwerer Krankheit gezeichneten Erzbischofs Albrecht zu vielen Aktivitäten um die Nachfolge geführt. Aus politischen und kirchlichen Erwägungen heraus wollten Karl V. und Paul III. unbedingt, daß der kaisertreue und streng katholische Kardinal Otto Truchseß von Waldburg, Bischof von Augsburg (1543–1573), den Mainzer Erzstuhl und die Kurfürstenwürde erhielt. Es war bereits daran gedacht, ihm durch eine Koadjutorwahl die Nachfolge zu sichern. Eindeutiger Kandidat des Mainzer Domkapitels dagegen war der geachtete Domscholaster Sebastian von Heusenstamm. Er war insbesondere mit den innerstiftischen Verhältnissen und Nöten vertraut. Nicht zuletzt die wirtschaftlich prekäre Situation des Erzstifts bewog die Kapitulare, trotz mancher Beeinflussung an ihrem Kandidaten festzuhalten. Mit zwei Drittel der Stimmen wurde Sebastian am 20. Oktober 1545 zum neuen Erzbischof gewählt. Obwohl zu seinen Befürwortern auch Landgraf Philipp von Hessen zählte, zögerte Papst Paul III. nicht, die Mainzer Bischofswahl bereits am 27. Januar 1546 zu bestätigen; denn an der rechtgläubigen Haltung des gewählten Erzbischofs gab es keinen begründeten Zweifel. Das Pallium wurde ihm am 12. Februar 1546 gewährt. Domscholaster Arnold von Buchholz (gest. 1568), der mit Anton Wedemeyer, Dekan von Liebfrauen, nach Rom gereist war, nahm es als Prokurator entgegen. Die Bischofsweihe empfing der aus der Wetterau stammende und theologisch gebildete Sebastian von Heusenstamm aus der Hand des Würzburger Bischofs Melchior Zobel von Giebelstadt zu Gutenberg (1544–1558) im Mainzer Dom am 2. Mai 1546. Mitkonsekrator war Michael Helding. Der hatte auf Anordnung des neuen Erzbischofs am 8. Januar 1546 das Konzil in Trient verlassen; dies jedoch nicht, weil Sebastian konzilsunfreundlich gewesen wäre, sondern wegen der anfallenden hohen Kosten und weil er glaubte, den Weihbischof in Mainz besser gebrauchen zu können.

Auf den politisch nicht so versierten Kurfürsten kamen sofort schwierige Reichsprobleme zu. Weil alle bisherigen kaiserlichen Bemühungen gescheitert waren, die durch das Luthertum bedrohte Reichseinheit auf friedlichem Wege zu retten, eröffnete Karl V. 1546 den Krieg gegen die im Schmalkaldischen Bündnis vereinigten protestantischen Reichsfürsten. Die Entscheidung zu seinen Gunsten fiel im April 1547. Kurfürst Johann Friedrich von Sachsen (1532–1547) geriet in kaiserliche Gefangenschaft und wurde genötigt, die Kurwürde an den Albertiner Moritz von Sachsen (1541/47–1553) abzutreten. Landgraf Philipp von Hessen, der andere führende Kopf der Schmalkaldener, mußte sich ebenfalls in die Gefangenschaft des Kaisers begeben.

Für Mainz, das Hessen und Kursachsen als unmittelbare mächtige Nachbarn hatte, war die Situation nicht ungefährlich. Um unbeschädigt aus dem militärischen Kräftemessen herauszukommen, hatte es zunächst eine neutrale Haltung einzunehmen versucht. Da diese Neutralität weder von der einen noch von der anderen Seite respektiert wurde – Hessen überzog das Erzstift mit Krieg und Zerstörung, der Kaiser verlangte hohe Kontributionen –, war das an sich schon hoch verschuldete geistliche Territorium zum Schluß von beiden Parteien geschädigt. Überdies hatte auch noch die Pfalz die Mainzer Schwäche zum eigenen Vorteil ausgenutzt. In ähnliche Situationen sollte das Erzstift, seit dem 15. Jahrhundert territorial zu sehr geschwächt und zersplittert, von da an bis zur Auflösung im endgültigen Säkularisationsbeschluß 1803 noch häufig geraten. Seine Stärke war nach wie vor seine Stellung innerhalb der Reichsverfassung. Diese zu wahren und die eigenen Gewichte geschickt einzubringen, mußte deshalb fortan kurmainzische Politik sein. Ziel des von Kaiser Karl V. eröffneten Schmalkaldischen Krieges war es gewesen, in der Religionsfrage wieder den Gang der Dinge bestimmen zu können. Dazu gehörte, die Protestanten zur Beschickung des Konzils zu zwingen, auf dem dann die Glaubenseinheit wiederhergestellt werden sollte. Doch noch vor dem Sieg des Kaisers über die Schmalkaldener hatte der Papst das Konzil von Trient in das für die protestantischen Stände unannehmbare Bologna verlegt. Es drohte zum Bruch zwischen Kaiser und Papst zu kommen. Um das Eskalieren des Streites einzudämmen, verfügte Paul III. am 3. Februar 1548 die Einstellung der Konzilstätigkeit.

Wappen von Erzbischof Albrecht von Brandenburg, Gobelin in Mainz, Dom- und Diözesanmuseum

Wappen von Erzbischof Daniel Brendel von Homburg Glasfenster in Fritzlar, St. Peter

Da es dem Kaiser nicht gelungen war, beim Papst die Rückverlegung des Konzils nach Trient durchzusetzen, suchte er eigenständig eine Zwischenlösung. Von Theologen, zu denen auch Weihbischof Michael Helding und Bischof Julius Pflug gehörten, ließ Karl V. einen Religionskompromiß ausarbeiten, der von den protestantischen Ständen angenommen werden und bis zur Einigung in einem Konzil Geltung haben sollte. Das „Interim" – es war in den Glaubensaussagen katholisch und erlaubte als Zugeständnis an die Protestanten den Laienkelch und die Priesterehe – wurde 1548 auf dem Augsburger Reichstag verlesen und nach kurzer Beratung von Erzbischof Sebastian als angenommen erklärt. Durch die Aufnahme in den Reichsabschied vom Frühsommer 1548 wurde das Interim Reichsgesetz, das durchzuführen die protestantischen Stände verpflichtet gewesen wären. Der Kaiser trug dem Mainzer Erzbischof auf, die Durchführung des Beschlusses zu beobachten und im eigenen Gebiet das katholische Leben durch Visitationen und Synoden wieder aufzurichten. Mit dem Interim war Erzbischof Sebastian mitsamt der hinter ihm stehenden Mainzer Reformgruppe nicht sonderlich glücklich. Dennoch teilte er es den weltlichen Fürsten und Reichsständen in seinem Sprengel mit und veröffentlichte auch die Indultbulle von Paul III. vom 18. August 1548, in welcher der Laienkelch zugestanden und die bedingte Wiederaufnahme von verheirateten Priestern ermöglicht wurde. Als Erfolg brachte das Interim dem Erzbistum die endgültige Rekatholisierung der drei Frankfurter Stifte und die Bereitschaft des Herzogs Heinrich II. von Braunschweig-Wolfenbüttel sowie der Reichsstadt Mühlhausen, zum katholischen Bekenntnis zurückzukehren.

Mit großem Eifer nahm Erzbischof Sebastian dagegen die am 14. Juni 1548 vom Kaiser für die Katholiken erlassene und bald darauf bei Ivo Schöffer in Mainz als kaiserliche Reformationsformel gedruckte Anweisung auf, Visitationen und Synoden abzuhalten. Nach Überwindung von Schwierigkeiten, die, wie schon 1547, das Domkapitel anfänglich machte, kündigte er am 1. Oktober 1548 eine umfassende Visitation des Erzbistums an, die noch im selben Monat begann und bis 1550 währte. Zu den Hauptvisitatoren zählten Weihbischof Helding, Domscholaster von Buchholz, Generalvikar Balthasar Geyer (1548–1553), der erzbischöfliche Protonotar und Pfarrer von St. Emmeran, Jodocus Selbach, der erzbischöfliche Siegler Anton Wedemeyer, der aus dem Bistum Osnabrück stammende Propst von St. Severin in Erfurt Dietrich von Rheden und der Mainzer Universitätsprofessor und Theologe Gerhard Ising. Sie sollten alle Kirchen und Klöster und die Geistlichen bzw. Mönche und Nonnen examinieren und dabei die rechte Durchführung des Gottesdienstes, die Verwaltung der Sakramente, die Einhaltung der Statuten und der Disziplin, die wirtschaftlichen Verhältnisse und das sittliche und religiöse Leben überprüfen.

Die Visitation begann am 22. Oktober 1548 in Mainz, zunächst im Domkapitel, dann in den Stiften, Klöstern und Pfarreien. Anschließend wurden die erzstiftischen Gebiete visitiert: das Unterstift, der Rheingau mit Bingen, das Oberstift mit Ausnahme von 14 Pfarreien des Taubergaus in den Gebieten der zum Luthertum neigenden oder schon übergetretenen Grafen von Rieneck, Wertheim und Leuchtenberg, und das mainzische Eichsfeld. Visitatoren für die Stadt Erfurt und für die Kommissariate Amöneburg und Fritzlar waren bestellt. Ungewiß ist, ob diese Visitationen durchgeführt wurden. Visitiert wurden in Frankfurt die drei Stifte Liebfrauen, St. Leonhard und St. Bartholomäus, zuvor evangelische Hauptkirche und am 14. Oktober 1548 durch Weihbischof Helding wieder rekonziliiert.

Seit Sommer 1549 begannen die Visitationen in jenen Gebieten, die nur kirchlich, aber nicht territorial zu Mainz gehörten. Konfessionell waren sie stillschweigend oder mitunter auch offen der Reformation zugeführt worden.

Die Landgrafschaft Hessen durfte trotz Verweises auf das Interim nicht visitiert werden. Nach längerem Beraten verneinte Kassel den erzbischöflichen Antrag, weil befürchtet wurde, eine Genehmigung könne als Anerkennung der Mainzer geistlichen Jurisdiktion verstanden werden. Auch in Sachsen wurde nicht visitiert.

Ohne landesherrliche Widerstände konnten die Grafschaften Isenburg-Büdingen, Hanau-Münzenberg, Königstein und Solm mit seinen Linien Lich, Lauburg und Braunfels sowie das Gebiet um Friedberg visitiert werden. Der Großteil dieser Territorien war lutherisch. In der Wetterau gab es praktisch kein katholisches Leben mehr. Mit der Übernahme der Nürnberger Kirchenordnung hatte Graf Wilhelm von Nassau-Dillenburg (1516–1559) 1533 seine Grafschaft der Reformation angeschlossen. Dennoch bat er, sein zum Bistum Mainz gehörendes Amt Siegen zu visitieren. In Siegen nahmen an der Predigt des Visitators Helding am 11. August 1549 über 1 000 Personen teil, obwohl in der Stadt außer einem Altaristen alle Geistlichen lutherisch waren.

Die Visitation des kurpfälzischen Amtes Alzey scheiterte nicht an der grundsätzlichen Ablehnung, wohl aber an den für Mainz unannehmbaren Bedingungen, die an die Erlaubnis geknüpft waren. Solche Hindernisse gab es weder im Herzogtum Pfalz-Simmern, das erst unter Pfalzgraf Georg (1559–1569) reformiert wurde, noch durch Pfalz-Zweibrücken für die zum Erzbistum Mainz gehörenden Ämter Meisenheim und Kusel, noch in der Vorderen Grafschaft Sponheim mit ihren etwas schwierigen Besitzverhältnissen und den konfessionell noch gleitenden Grenzen. Im Amte Kreuznach wurde von den Visitatoren lediglich der Pfarrer von Weinsheim als eindeutig lutherisch bezeichnet, dessen Abberufung sofort erfolgen müsse. Ohne Schwierigkeit konnten schließlich auch die Territorien der Wild-, Rau- und Rheingrafen im Nahegebiet, die Herrschaften Dalberg und Reipoldskirchen, die Grafschaft Nassau-Wiesbaden in dem kleinen zum Erzbistum Mainz gehörenden Bereich, in dem lediglich noch Schierstein und Mosbach katholische Pfarrer hatten, und als letztes Gebiet im Mai 1550 Falkenstein visitiert werden.

Ein umfangreiches Gesamtvisitationsprotokoll, das hauptsächlich von Weihbischof Helding zusammengestellt wurde, der anschließend Mainz verließ, um das ihm 1549 auf Betreiben Karls V. übertragene Bistum Merseburg (gest. 1561 in Wien) anzutreten, erlaubt gute Einblicke in den Zustand des damaligen Erzbistums Mainz.

Für die Pfarreien und Klöster im Erzstift selbst wiesen die Protokolle Licht und Schatten auf. Die Zahl der Priester war gering. Nicht wenige waren beweibt. Keiner wurde ausdrücklich als Häretiker bezeichnet, viele erhielten sogar das lobende Zeugnis, gelehrt und katholisch zu sein. Seelsorgliche und disziplinäre Nachlässigkeit gab es beim Welt- und beim Ordensklerus. Insgesamt spiegelten sie ohne dramatische Mißstände das durchschnittliche religiöse Leben wider. Große Anstrengungen waren zur Durchführung einer kirchlichen Reform notwendig.

Von den visitierten Gebieten der anderen Landesherrschaften mußten Nassau-

Dillenburg, Hanau und Pfalz-Zweibrücken als protestantisch gelten. Die meisten anderen Territorien hatten in buntem Wechsel ein Nebeneinander von lutherischen und katholischen Pfarrern mit einem Übergewicht der Anhänger der Reformation. Auch hier waren die meisten Pfarrer verheiratet und spendeten den Laienkelch. Durch autoritären Druck hätte sich keiner zurückführen lassen. Die Klöster und Stifte wie Arnsburg, Ilbenstadt, Rockenberg, Ravengiersburg, Disibodenberg, Sponheim, Kumbd, Klarental und Bleidenstadt waren noch alle katholisch, doch auch der Reform bedürftig.

Ein Teil dieser Territorien führte später offiziell die Reformation ein und löste sich damit aus dem Mainzer geistlichen Jurisdiktionsbereich. Wie schmal jetzt schon der bis dahin so große Mainzer Kirchensprengel geworden und wie eng die kirchliche Machtbefugnis des Erzbischofs gezogen war, zeigt eine genauere Betrachtung der Visitationsprotokolle. Insgesamt verlor das Erzbistum durch die Reformation etwa 700 Pfarreien und ungefähr 300 von einst rund 370 Klöstern. Später konnte dem Erzstift und damit dem Erzbistum wieder folgendes zurückgewonnen werden: die 1559 als erledigtes Mainzer Lehen zurückgefallene Grafschaft Rieneck mit dem zwischen 1601 und 1604 rekatholisierten Lohr als Mittelpunkt, die 1581 als erledigtes Reichslehen erhaltene Grafschaft Königstein, die als eingelöstes Pfand von Hanau zurückerhaltene Stadt Orb, ferner die ebenfalls verpfändeten und wieder eingelösten Ämter im Eichsfeld, das Amt Starkenburg mit den Städten Bensheim und Heppenheim und schließlich das 1664 mit Waffengewalt zurückerkämpfte Erfurt. Wieder zum Erzbistum kamen dazu noch jene Gebiete, die durch die Konversion ihrer Landesherren rekatholisiert wurden, wie etwa das Amt Netphen durch Johann VIII. von Nassau-Siegen (gest. 1638), oder Räume, in denen durch eine katholische Landesherrschaft erneut katholische Gemeinden entstehen konnten wie in der Kurpfalz, in der Vorderen Grafschaft Sponheim und in Pfalz-Simmern.

Die völlig veränderte Bistumsstruktur erforderte Konsequenzen. Erzbischof Sebastian, der von der dringenden Notwendigkeit einer durchgreifenden kirchlichen Reform überzeugt war, nutzte die Gunst der Stunde. Am 28. September 1548 erging wie eh an alle – d. h. auch an die inzwischen protestantisch gewordenen und in protestantischen Gebieten wohnenden – Archidiakone, Äbte, Pröpste, Dekane, Archipresbyter, Kapitelskämmerer, Pfarrer und Rektoren des Erzbistums die Einberufung einer Diözesansynode, die vom 19. bis 24. November 1548 im Kapitelsaal des Mainzer Domes tagen sollte. Die hessische Regierung in Kassel untersagte den Geistlichen, der Einladung einer „fremden Jurisdiktion“ Folge zu leisten. Die weithin protestantisch gewordenen thüringischen Geistlichen lehnten ihrerseits ein Erscheinen ab.

An der von Erzbischof Sebastian in den frühen Morgenstunden des 19. November eingeleiteten und mit einem feierlichen, von Weihbischof Helding gelesenen Hochamt begonnenen Synode nahmen 76 namentlich bekannte Geistliche teil, unter ihnen fünf, die verheiratet waren und sieben, von denen es hieß, sie seien Schismatiker. Sie kamen fast ausschließlich aus dem Bereich des Erzstifts. Neben der Mainzer Stiftsgeistlichkeit, bis auf St. Alban, erschienen Vertreter der Stifte in Aschaffenburg, Fritzlar, Erfurt, Frankfurt, Bingen, Oppenheim, Zell, Lich, Heiligenstadt, Nörten, Nordhausen und Bleidenstadt. Von den Orden waren vertreten die Benediktiner aus Mainz, Johannesberg, Sponheim und Erfurt, die Zisterzienser aus Eberbach, Arnsburg, Haina und vom Disibodenberg, die Augustinerchorherren aus Ravengiersburg und Pfaffen-Schwabenheim, die Prämonstratenser aus Lorsch und Bodenkirchen und die Antoniter aus Höchst. Vom Pfarrklerus fehlten die Geistlichen aus Hessen und Thüringen, aus den nördlichen und östlichen Erzbistumszonen und von der Bergstraße. Franz Fust, der Archipresbyter von Sobernheim, ließ sich mit zwei wie er verheirateten Geistlichen seines Landkapitels bzw. Archipresbyterats von den anwesenden päpstlichen Nuntien gemäß der Indultbulle Pauls III. rekonziliieren. Sie konnten so Vollmitglieder der Synode werden. Aufgabe der von Weihbischof Helding geleiteten Synode war es nicht, über theologische und kirchliche Streitfragen zu diskutieren, sondern praktische Wege zur innerkirchlichen Reform aufzuzeigen. Darüber wurde in zwei Kommissionen beraten. Das Ergebnis wurde in den sogleich von Ivo Schöffer gedruckten „Acta et Decreta" festgehalten und als von allen zu beachtendes Reformprogramm veröffentlicht. Neben disziplinarischen Vorschriften enthielt es auch den Beschluß, die liturgischen Bücher und einen Katechismus neu herauszugeben.

Um die katholische Reform auch in seinem Metropolitanbereich durchzusetzen, schrieb Erzbischof Sebastian am 21. Januar 1549 für den 6. Mai eine Provinzialsynode aus. Der Termin konnte eingehalten werden. Von den Suffraganbischöfen, die aufgefordert worden waren, möglichst persönlich und im dringenden Verhinderungsfall über einen geeigneten Vertreter zu erscheinen, leisteten lediglich die Oberhirten von Verden, Hildesheim und Chur der Einladung keine Folge. Von den anderen Fürstbischöfen kam persönlich nur der Eichstätter Bischof Moritz von Hutten (1539–1552). Die Schriften seines theologischen Beraters Johannes Cochläus waren gerade bei Franz Behem in Mainz herausgebracht worden.

Wie schon in der Diözesansynode von 1548 sollte nicht die Kontroverse mit den Protestanten Programm sein, sondern die Erarbeitung von Möglichkeiten der besseren Ausbildung des Klerus, die Vereinheitlichung der Liturgie durch neue Agenden und liturgische Bücher, die Hebung der Disziplin in Klerus und Volk, die Reform und Förderung der Mainzer Universität und schließlich die Vorbereitung eines allgemeinen Konzils. Die Arbeit war am 23. Mai 1549 abgeschlossen. Mit der öffentlichen Vorlesung der später bei Franz Behem gedruckten Konstitutionen endete das Provinzialkonzil am 24. Mai 1549. Den „Constitutionen" wurde, wie bereits erwähnt, als Katechismus die gedruckte katechetische Predigtreihe von Weihbischof Helding beigegeben.

Im März 1551 erfolgte die Herausgabe einer neuen Agende. Es war eine Überarbeitung der noch nach Mainz-römischem Ritus ausgerichteten Agende von 1513. Kaum waren unter Erzbischof Sebastian mit der Durchführung von Visitation und Synoden und mit der Herausgabe von Katechismus und Agende die ersten notwendigen Voraussetzungen für die Hebung des innerkirchlichen Lebens und der pastoralen Betreuung getan, da legten Krieg und politische Händel auf die Ansätze ihre bedrückende und erdrückende Hand.

Obwohl sich bereits auf dem Augsburger Reichstag von 1550 abzeichnete, daß in der Konzilsfrage mit den größeren protestantischen Reichsständen kaum eine Einigung zu erzielen war, beharrte Kaiser Karl V. auf der Einberufung einer solchen allgemeinen Kirchenversammlung, auf der die endgültige Einigung in den umstrittenen Glaubens- und Kirchenfragen erzielt werden sollte. Papst Julius III. (1549–1555) gab dem Drängen des Kaisers nach und berief das Konzil auf den

1. Mai 1551 wieder nach Trient. Noch bevor der Augsburger Reichstag am 14. Januar 1551 zu Ende ging, hatte der Mainzer Kanzler Christoph Matthias die Einberufungsbulle den versammelten Ständen zur Kenntnis gebracht. Vom Kaiser kam die dringende Aufforderung, das Konzil auch zu beschicken. Mit den Kurfürsten von Köln und Trier war Erzbischof Sebastian entschlossen, persönlich nach Trient zu reisen. Dieses Vorhaben wurde vom Domkapitel nach Überwindung erheblicher Vorbehalte am 4. Mai 1551 gutgeheißen. Ausgerüstet mit mehreren Kisten voll offizieller Dokumente aus der Reformationszeit und Büchern sowohl protestantischer als auch katholischer Autoren, machte sich der Mainzer Erzbischof im August 1551 gemeinsam mit dem Trierer Erzbischof Johann von Isenburg (1547–1556) auf den Weg nach Trient. Am 29. August trafen sie in der Konzilsstadt ein. In seinem kleinen Gefolge waren als wichtigste Mitreisende Arnold von Buchholz, der offiziell das Domkapitel vertrat, und Balthasar Fannemann OP (gest. 1561), der gerade Nachfolger des am 3. Februar 1551 verstorbenen Mainzer Weihbischofs und Dompfarrers Georg Neander (= Naumann, 1549–1551) geworden war. Am 31. August nahm Erzbischof Sebastian an einer Generalkongregation teil. Ihm und dem Trierer wurde die Präzedenz vor allen anderen Erzbischöfen eingeräumt. Bei den Konzilsberatungen der folgenden Wochen und Monate standen bei ihm und Weihbischof Fannemann theologische und seelsorgliche Aspekte im Vordergrund. Politische Überlegungen bezog er so wenig mit ein, daß die kaiserlichen Gesandten unzufrieden darauf reagierten. Um so zufriedener zeigten sich die päpstlichen Legaten und Julius III., der ernstlich erwog, Sebastian von Heusenstamm zum Kardinal zu erheben. Obwohl der Mainzer keinen eigenen theologischen Berater bei sich hatte, brachte er wertvolle Beiträge ein. Dabei stand er auf festem katholischem Boden. Er machte in wichtigen theologischen und kirchlichen Fragen keine Zugeständnisse, zeigte sich jedoch stets konziliant und kompromißbereit, wenn es galt, auf der politischen Ebene Gegebenheiten zu schaffen, die den Frieden und die Einheit förderten. Er war Gesprächspartner, als protestantische Abgesandte Bedingungen aushandeln wollten, unter denen ihre Fürsten bereit wären, das Konzil zu beschicken. Noch bevor konkrete Ergebnisse erzielt wurden, brachen durch den von Kurfürst Moritz von Sachsen angezettelten Fürstenaufstand gegen Kaiser Karl V. im Reich so gefährliche Unruhen aus, daß sich Kurfürst Sebastian gezwungen sah, das Konzil zu verlassen. Die Bitten des Papstes und die Schutzzusagen des Kaisers verzögerten die Abreise des Mainzers bis zum 11. März 1552. Gemeinsam mit den Erzbischöfen von Trier und Köln kehrte er ins Reich zurück. Im selben Monat begannen in Deutschland die Kampfhandlungen. Sie endeten mit der Niederlage des Kaisers und dem Passauer Vertrag von 1552, der im wesentlichen die Ergebnisse des Augsburger Reichsreligionsfriedens von 1555 vorzeichnete, durch den die Anhänger der Augsburger Konfession von 1530 den Katholiken reichsrechtlich gleichgestellt wurden.

Der Krieg betraf das Erzstift Mainz zunächst nur indirekt. Um so härter kamen die Schläge, als Albrecht Alcibiades von Brandenburg-Kulmbach (gest. 1557) begann, auf eigene Faust Fehde zu führen. Der mit ihm verbündete Christoph von Oldenburg brandschatzte im Juni 1552 die oberstiftischen Städte Miltenberg und Tauberbischofsheim. Als am 17. Juni bekannt wurde, Albrecht Alcibiades beabsichtige, das Erzstift Mainz ebenso zu plündern und zu erpressen wie die Hochstifte Würzburg und Bamberg, boten ihm Kurfürst Sebastian und das Domkapitel in

Anbetracht der Schutzlosigkeit des Mainzer Territoriums eine hohe Geldsumme und weitere Zugeständnisse für den Fall des Nichtangriffs an. Doch die Angebote wurden zurückgewiesen. Im Juli 1552 sahen der Erzbischof und die Domherren keine andere Möglichkeit, als aus Mainz zu fliehen. Der Brandenburger überfiel und plünderte im Juli 1552 Oppenheim, Worms und Speyer. Auch Aschaffenburg fiel ihm zum Opfer. Die erzbischöfliche Burg, bezeichnenderweise „Reichskanzlei" genannt, brannte nieder. Mitte August rückte er in das wehrlose Mainz ein und richtete größte Verwüstung an. Er ließ den alten Bischofshof auf dem Höfchen und drei geistliche Häuser am Leichhof niederreißen. Die außerhalb der Stadt liegenden Stifte St. Alban, St. Viktor und Heilig Kreuz sowie die Kartause wurden völlig zerstört und ausgebrannt. Ein Raub der Flammen wurde auch die erzbischöfliche St. Martinsburg. Bevor er die Stadt verließ, mußte ihm von den Bürgern noch eine Brandschatzung von 15 000 Talern gezahlt werden. Die ursprünglich sich auf 100 000 Gulden belaufende Summe war von dem ihm befreundeten Mainzer Domherrn Reichard von Simmern (gest. 1598) und dem als einzigen Priester in der Stadt gebliebenen Domprediger Johannes Wild herabgehandelt worden. Mainz brauchte sehr lange, um sich von diesen Zerstörungen und Plünderungen zu erholen. Der bald darauf ins Erzstift zurückgekehrte Sebastian von Heusenstamm verzieh es Kaiser Karl V. nicht, daß dieser ihm und dem Erzstift nicht nur den Schutz versagt, sondern aus politischen Erwägungen auch noch mit dem Brandenburg-Kulmbacher paktiert hatte. Weil er dem Kaiser von da an nicht mehr zutraute, dem Reich den Frieden zu erhalten, stand Erzbischof Sebastian 1555 auf der Seite der Befürworter eines Reichsreligionsfriedens. In einem solchen Vertrag sah er weniger ein Zugeständnis an die Protestanten; er hielt ihn vielmehr für einen politischen Schutzwall, der verhindern sollte, daß auch die geistlichen Stifte noch verloren gingen. Den Abschluß des Reichsreligionsfriedens am 25. September 1555 hat Sebastian von Heusenstamm nicht mehr erlebt. Er starb am 18. März 1555 in Eltville. Am 23. März wurde er nach Mainz überführt und in der Memorie des Domes beigesetzt. Sein Grabdenkmal aus der Hand des Bildhauermeisters Dietrich Schro nennt den Verstorbenen einen „durch Geist und Gewandtheit in Geschäften höchst ausgezeichneten Mann", der, „ermüdet von der Last der Stürme, die Deutschland überzogen", seine Seele Gott zurückgab. Auch Kaiser Karl V. klagte über den „unzeitlichen tödlichen Abgang" des Erzbischofs, der bis in die letzten Lebensjahre sein treuer Gefolgsmann gewesen war.

„Unzeitig" kam Sebastians Tod wirklich. Der dadurch erforderliche Pontifikatswechsel wurde der schicksalhafteste in der Geschichte des Erzbistums. Der Ausgang der Wahl mußte entscheiden, ob das Erzstift katholisch und damit das Erzbistum erhalten blieb oder ob es durch einen stark dem Protestantismus zugeneigten Bischof der Reformation zugeführt würde.

Der Einsatz der Jesuiten unter Erzbischof Daniel Brendel von Homburg (1555–1582)

Die Mainzer Neuwahl von 1555 wurde in erheblichem Maße von außen beeinflußt. Die protestantischen Nachbarfürsten, allen voran Kurfürst Friedrich II. von der Pfalz (1544–1556) und Landgraf Philipp von Hessen, warben über ihre Mittelsmänner offen für Reichard von Simmern, Domherr in Straßburg, Köln, Mainz, Bamberg und Speyer, der seit 1543 deutlich reformatorische Tendenzen zeigte und nach der Übernahme der Regierung des Herzogtums Simmern 1569 auch zum Protestantismus übertrat. Gegen ihn favorisierte die Kaiserpartei den Speyerer Bischof Rudolf von Frankenstein (1552–1560) und Daniel Brendel von Homburg, der bei den Passauer Friedensverhandlungen 1552 durch eine klare katholische Haltung und politisches Geschick auf sich aufmerksam gemacht hatte.

Die Erzbischofswahl am 18. April ging äußerst knapp aus. Mit nur einer Stimme unterlag Reichard von Simmern dem erst 33jährigen Domherrn Brendel von Homburg, Sohn des Aschaffenburger Vizedoms Friedrich und der Margarethe Riedesel von Bellersheim. Rom bestätigte die Wahl am 23. August 1555 und verlieh dem Neugewählten am 27. November das Pallium. Schon bald begann Erzbischof Daniel mit der Errichtung eines Schloßnotbaues in Aschaffenburg. Damit schuf sich der junge Erzbischof, Landesherr und Kurfürst in heimischer Umgebung einen wichtigen Regierungssitz, der für ihn und das Erzstift besondere Bedeutung gewann, da die Mainzer erzbischöfliche Behörde wie die Stadt Mainz selbst unübersehbare Ambitionen zum Protestantismus hegten.

Mit nicht erwarteter Zielstrebigkeit machte sich Erzbischof Daniel an seine weltlichen und kirchlichen Aufgaben. Er hatte klare Vorstellungen, hielt unbeirrt an seiner katholischen Überzeugung fest, vermied aber jeden Fanatismus und alle dem Reichs- und Landesfrieden schadende Polemik. Das Ergebnis des Augsburger Reichsreligionsfriedens, dessen Kernpunkt mit „Cuius regio eius religio" prägnant formuliert ist, war die von ihm akzeptierte Basis, von der aus er seine reichspolitischen Entschlüsse und Entscheidungen traf. All das entsprach seiner konservativen Lebenseinstellung und auf dem Bestehenden beharrenden Denkweise.

Drei für die Kirchengeschichte des Erzbistums Mainz besonders relevante Entscheidungen und Ereignisse fallen in das Pontifikat von Erzbischof Daniel: die Berufung der Jesuiten nach Mainz, die wenigstens teilweise erfolgte Annahme der Glaubensdekrete des Konzils von Trient und die Rückführung des Eichsfeldes zur katholischen Kirche.

Die Beziehungen der Jesuiten zu Mainz gehören zu den ältesten, die der Orden zu Deutschland anknüpfen konnte. P. Peter Fabers Reise in die rheinische Metropole und die Ablegung der Gelübde von Petrus Canisius in St. Christoph waren nicht ohne Auswirkungen geblieben. Bereits 1551 hatte es Gespräche zwischen Erzbischof Sebastian und dem Jesuiten Claudius Le Jay (Jajus) über Möglichkeiten gegeben, in Mainz ein Jesuitenkolleg einzurichten. Erneut kam dieses Vorhaben auf, als die Jesuiten Petrus Canisius und Johannes Rethius 1559 auf dem Augsburger Reichstag mit Erzbischof Daniel zusammentrafen und ihm ihre Dienste anboten. Der Zeitpunkt war nicht ungeschickt gewählt. Am 28. Februar 1558 hatte Ferdinand I. auf der Kurfürstenversammlung in Frankfurt offiziell die Nachfolge seines resignierten kaiserlichen Bruders Karl V. angetreten. Gegen den Willen von Papst Paul IV. (1555–1559) erklärten die Kurfürsten den bisherigen Römischen König sofort zum Kaiser. Die feierliche Proklamation nahm gemäß geltendem Vorrecht der Mainzer Domdekan Marquard vom Stein vor. Dem ersten Reichstag unter dem neuen Kaiser 1559 in Augsburg war als besonderes Ziel gestellt, die noch nicht erledigten Religionsbeschwerden beizulegen. Auch gemahnte der Kaiser die auf dem Reichstag versammelten Bischöfe, alles zu tun, um in ihren Bistümern die

Reform in Klerus und Volk voranzubringen. Eben dazu versprachen die Jesuiten Canisius und Rethius dem Mainzer die Unterstützung des Ordens. Dieser ging auf das Angebot freudig ein.

Noch im selben Jahr sandte der auf die Hebung seines Klerus sehr bedachte Erzbischof einige Alumnen an die Jesuitenkollegien in Rom und Köln, unter ihnen Julius Echter von Mespelbrunn, später Fürstbischof von Würzburg (1575–1617). Auch hinterlegte er „zu Fundierung der Jesuiten Collegien“ 12 000 Gulden in den „Eisernen Stock“ der Domsakristei. Im November 1560 trug der Erzbischof dem Domkapitel vor, aus Mangel an gelehrten und gut ausgebildeten Seelsorgern bestehe die Gefahr, daß noch mehr einfache Menschen vom Glauben abfallen würden. Die Ausbildung der Geistlichen liege aber im argen. Über die schwachen Leistungen und die Unordnung an der Mainzer Universität sei schon 1554 Klage geführt worden. Nun seien ihm tüchtige, gelehrte und gottesfürchtige Lehrer genannt worden, die er nach Mainz zu holen gedächte. Nach einigem Zögern stimmten die Domherren dem Erzbischof zu. Einem Vertrag mit dem Orden stand nichts mehr im Wege. Er konnte am 21. März 1561 in Aschaffenburg zum Abschluß gebracht werden.

Am 6. Oktober 1561 trafen die ersten 16 Jesuiten unter ihrem Rektor Lambert Auer in Mainz ein. Eine vorläufige Bleibe fanden sie in dem leerstehenden Domherrenhaus des Julius Pflug von Pegau. Später wechselten sie in die freigewordene weihbischöfliche Kurie. Am 9. November 1561 wurde hier die erste Mainzer Jesuitenschule errichtet. Im April 1562 zählte sie bereits 160 und 1566 schon 500 Schüler. Ziel der Jesuiten war, nicht nur Gymnasialunterricht zu erteilen, sondern auch Philosophie und Theologie anzubieten. Dagegen wehrten sich die Universitätsprofessoren; auch das Domkapitel war wenig geneigt, den Lehrkörper der Universität zu erweitern. Dessen ungeachtet ordnete Kurfürst Daniel 1562 die Annahme der Jesuiten als Hochschullehrer an. Die ersten Jesuitenprofessoren waren die promovierten Theologen Lambert Auer und Christian Halver. Die Burse „Zum Algesheimer“, bisher wie die Burse „Zum Schenkenberg“ von den Artisten, d. h. der philosophischen Fakultät belegt, wurde dem Orden für die Philosophie und Theologie eingeräumt. Gelesen und angeboten wurden von den Jesuiten die philosophischen Disziplinen Logik, Physik und Metaphysik, in Theologie Dogmatik, Exegese und Kontroverstheologie, dazu noch Hebräisch.

Am 13. Dezember 1564 konnten erstmals nach 30 Jahren wieder Philosophen promoviert werden. Endgültig etablierten sich die Jesuiten in Mainz 1568. Nach Überwindung vieler Schwierigkeiten wurde vom Domkapitel und vom Erzbischof am 7. Juli bzw. 17. September 1568 die Übertragungs- und Gründungsurkunde für das Jesuitenkolleg unterzeichnet. Neben der Burse „Zum Algesheimer“ wurden ihnen weitere Häuser übereignet; zur Dotation konnten sie die verlassenen Nonnenklöster Padershausen und Seligental nutzen. Den Jesuitenprofessoren wurde das uneingeschränkte Promotionsrecht in Philosophie und Theologie verliehen. Als Wohnung und Kirche erhielten die Jesuiten das verlassene Franziskanerkloster. Die feierliche Inbesitznahme dieses Klosters fand am 16. Juli 1577 statt. Der Umzug erfolgte zwei Monate später.

Das Mainzer Jesuitenkolleg, in dem durchschnittlich etwa 500 bis 800 Schüler ihre humanistische Ausbildung erhielten, und die in die Universität voll integrierte Burse „Zum Algesheimer“ nahe der lange von den Jesuiten mitbenutzten St. Christophskirche bildeten für zwei Jahrhunderte das wichtigste Ausbildungszentrum des Erzstifts.

Als Erzbischof Daniel die Jesuiten 1561 nach Mainz rief, hatte er in sie große Erwartungen gesetzt. Vor allem sollten sie beitragen, „daß die frühere Unverdorbenheit im Glauben und der ganzen katholischen Religion in unserem Erzstift Mainz wiedererlangt, die unsinnigen Lehren beseitigt, die überall überhandnehmenden Sekten von der unserer Sorge anvertrauten Herde des Herrn auf das gewissenhafteste abgewehrt werden".

Die Hoffnung wurde nicht enttäuscht, denn nicht nur durch Unterricht und Lehre leisteten die Jesuiten Beachtliches für die kirchliche Erneuerung. Sie waren auch sehr rege als Prediger und Beichtväter. Die ihnen 1572 übergebene Stelle des Dompredigers hatten sie ohne Unterbrechung bis 1600 inne. Die Ordensleute der Societas Jesu und ihr seelsorglicher Einsatz wurden von der Stadtbevölkerung angenommen. Neigten die Bürger lange Zeit dem Protestantismus zu, so war es den Jesuiten zu verdanken, daß diese Ambitionen nach und nach schwanden und sich wieder reges katholisches Leben zeigte. Dies wurde nicht zuletzt auch an den feierlichen Prozessionen deutlich, die nach langen Jahren der Unterbrechung 1576 anläßlich des 1575 vom Papst ausgerufenen Jubeljahres erstmals wieder in Mainz veranstaltet wurden.

Wesentlichen Anteil hatten die Jesuiten auch daran, daß es dem Erzbischof gelang, die Annahme der Glaubensdekrete des Trienter Konzils im Domkapitel und beim Klerus durchzusetzen. Papst Pius IV. (1559–1565) hatte das Konzil am 29. November 1560 erneut einberufen. Anstoß dazu gaben ihm die enormen Erfolge des Calvinismus in Frankreich – jener von Jean Calvin (gest. 1564) formierten streng reformatorischen Glaubensrichtung, die Kurfürst Friedrich III. von Pfalz-Simmern, der Bruder des Reichard von Simmern, als erster deutscher Reichsfürst offiziell in seinem Land einführte und mit allem Nachdruck durchsetzte. Die päpstlichen Legaten Zaccaria Delfino (gest. 1584) und Giovanni Francesco Commendone (gest. 1584) bemühten sich sehr darum, auch Erzbischof Daniel für die persönliche Teilnahme an der am 18. Januar 1562 eröffneten dritten Konzilsperiode zu gewinnen. Der Erzbischof lehnte ihr Ersuchen ab. Nicht mangelndes Interesse am Konzil veranlaßte ihn dazu, sondern die Sorge, bestimmte Kräfte könnten seine Abwesenheit nutzen, das Erzstift zu säkularisieren, so wie es z. B. Kurfürst Friedrich III. von der Pfalz offen in Erwägung zog. Um wenigstens seinen guten Willen zu zeigen, versprach Kurfürst Daniel, seinen Weihbischof Fannemann zu entsenden. Dieser starb jedoch am 8. November 1561 in Köln und erhielt erst 1563 in dem Dominikaner Leonhard Ziffart (1563–1569) einen Nachfolger.

Die Ablehnung hatte ihren Grund auch noch in der Befürchtung, die Protestanten könnten die Teilnahme am Konzil und die damit zum Ausdruck gebrachte Anerkennung der Entscheidungsbefugnis des römischen Stuhles als Bruch des Reichsreligionsfriedens verstehen und demgemäß reagieren. Wie sehr dennoch Erzbischof Daniel darauf achtete, dem Papst ein Mitspracherecht in den deutschen Reichsangelegenheiten zu wahren, zeigte sein Verhalten vor der Wahl Maximilians II. (1562/64–1576) zum Römischen König. Er erwartete, daß der Papst die Wahl empfehle, obwohl das ungebräuchlich war und von der kaiserlichen Partei auch heftig bekämpft wurde. Die Wahl Maximilians erfolgte am 24. November 1562. Die Krönung vollzog Erzbischof Daniel, und zwar in Frankfurt, das von da an, gemeinsam mit Regensburg, Aachen als Krönungsstadt ablöste. In Regensburg wurde Rudolf II. (1576–1612) gewählt und gekrönt, und zwar wiederum vom Mainzer Erzbischof.

Anläßlich der kurfürstlichen Wahlversammlung 1562 hatte Petrus Canisius nochmals den Wunsch geäußert, die geistlichen Kurfürsten vom Rhein würden doch noch zum Konzil nach Trient gehen. Die Hoffnung erfüllte sich nicht. Weder reisten die Erzbischöfe von Mainz, Köln und Trier persönlich in die Konzilsstadt noch sandten sie Prokuratoren. So nahm das Konzil ohne erneute Mainzer Beteiligung seinen Verlauf und ging mit der XXV. Generalsitzung am 4. Dezember 1563 zu Ende.

Petrus Casinius wurde beauftragt, die 1564 gedruckten Konzilstexte und das am 13. November 1564 vom Papst erlassene Tridentinische Glaubensbekenntnis den deutschen Bischöfen zu überbringen und sie aufzufordern, die Reform- und Glaubensdekrete in ihren Sprengeln in die Tat umzusetzen. Im November 1565 war der Jesuit für einige Tage bei Erzbischof Daniel in Aschaffenburg. Der zeigte sich grundsätzlich bereit, zur Durchführung der tridentinischen Beschlüsse beizutragen. Doch in bezug auf den richtigen Zeitpunkt und die Art des Vorgehens hatte er seine eigene Vorstellung. Wenig hielt er davon, sofort eine Provinzial- oder wenigstens eine Diözesansynode einzuberufen, da das wegen der Zeitumstände von vornherein kaum Aussicht auf Erfolg hatte. De facto trat im Mainzer Erzbistum nie mehr eine solche Kirchenversammlung zusammen. Auch gegen ein allzu scharfes Vorgehen gegen die Konkubinarier im Klerus hatte er zum jetzigen Zeitpunkt seine Bedenken. Er beklagte zwar den Verfall von Zucht und Ordnung im Klerus und in den Klöstern, denen er nur noch wenig Überlebenschancen einräumte; doch harte Gegenmaßnahmen hätten allzu leicht den protestantischen Nachbarfürsten willkommener Anlaß sein können, offen und mit Gewalt als Schützer protestantischer Bewegungen im Erzstift aufzutreten. Erzbischof Daniel hoffte mehr auf die innere Reform, das Heranziehen eines reformwilligen Klerus und die Verkündigung einzelner Dekrete. In diesen Zusammenhang gehört, daß er 1570 ein neues Brevier herausbrachte. Es löste das nach Mainz-römischem Ritus geprägte Heilige Officium von 1517 ab.

Auch ließ der Erzbischof 1578 und 1582 das tridentinische Ehedekret „Tametsi“ verkünden, das für den Katholiken die Trauung vor dem zuständigen Pfarrer und zwei Zeugen verpflichtend machte. Ein großer Erfolg für Erzbischof Daniel war, daß er 1572 das Domkapitel überzeugen konnte, das Tridentinische Glaubensbekenntnis für alle Domherren verbindlich zu machen. Damit hatte er in Deutschland, dessen Stiftsadel mehrheitlich protestantisch war, einen wichtigen Fortschritt erzielt und erreicht, daß das Mainzer Domkapitel für immer dem katholischen Bekenntnis erhalten blieb. Mit Hilfe der rheinischen Ritterschaft, die um der Pfründe in den Stiften willen allmählich wieder zur katholischen Kirche zurückfand, gelang es sogar, auch die übrigen noch erhaltenen Stifte vor der Säkularisation zu bewahren und durch die Verpflichtung auf das Tridentinische Glaubensbekenntnis langsam zu rekatholisieren.

Erneut an das Erzstift binden und langfristig wieder zur katholischen Kirche zurückführen konnte Erzbischof Daniel 1574 das Eichsfeld. Wichtige Hilfe waren ihm dabei Papst Gregor XIII. (1572–1585), der mit der Gründung der Congregatio Germanica (eine Gruppe von Kardinälen, die sich mit deutschen Angelegenheiten zu befassen hatte) das Reich noch stärker in das Interesse der Kurie rückte, und Kurfürst August von Sachsen (1553–1586), der wie Daniel unbedingt an der Aufrechterhaltung des 1555 durch den Religionsvertrag ermöglichten Reichsfriedens festhielt.

Dem Augsburger Vertrag von 1555 waren noch der „geistliche Vorbehalt" beigefügt worden, der untersagte, weitere geistliche Territorien der Reformation zuzuführen, und eine persönliche Erklärung Ferdinands I., die bestimmten Gruppen zugestand, auch in einem Territorium mit katholischer Landesherrschaft das protestantische Bekenntnis beibehalten zu dürfen. Um beide Zusätze wurde lange gestritten. Zuerst anerkannten die Protestanten den geistlichen Vorbehalt nicht. Die meisten Bistümer der Nordens wurden nach 1555 säkularisiert. Jetzt, in der Anfangsphase der katholischen Restaurations- und Gegenreformationsbewegung, wehrten sich die katholischen Fürsten gegen eine Freistellung ihrer Untertanen. Besonders zäh wehrte sich auf den Reichstagen Kurfürst Daniel, weil er in einer Freistellung eine Zerrüttung der staatlichen Ordnung und eine Gefährdung der katholischen Kirche sah. Mit dem Kampf gegen die Freistellung begann er im eigenen Territorium, und zwar im Eichsfeld. Dort waren der Adel, allen voran die Honstein, Wintzingerode und Hagen und die Städte Heiligenstadt, seit 1540 anstelle des Rustebergs Sitz des Mainzer Oberamtmanns, und Duderstadt fast ganz protestantisch geworden. Die Nähe zu Erfurt und Wittenberg und der Bauernaufstand von 1525 hatten nachhaltig in diesem Sinne gewirkt, aber auch das Bestreben, sich von Mainz zu lösen. Um dem entgegenzuwirken, reiste Erzbischof Daniel am 17. Mai 1574 mit 300 Mann Begleitung, darunter die Jesuiten Hermann Thyracus und Ludwig Bacharell, von Mainz über Fulda ins Eichsfeld, wo er seine Mannschaft auf 2000 Personen verstärkte. Es war nach 1544 wieder der erste Aufenthalt eines Mainzer Erzbischofs in diesem Gebiet. Zwei Ziele hatte sich Daniel gesetzt: er wollte das Land politisch wieder fest an Mainz binden und die Bevölkerung rekatholisieren. Beiden Zielen war – wenigstens langfristig – Erfolg beschieden. Als politischen Mandatsträger setzte er den zum Katholizismus konvertierten Lippold von Strahlendorf ein, der als Oberamtmann mit kräftiger Hand zu regieren vermochte. Das kirchliche Leben suchte der Erzbischof durch eine Visitation zu heben und entsetzte Alexander Kindervater (1549–1573) seines Amtes als geistlicher Kommissar, da gerade ihm viele die Hauptverantwortung für die Ausbreitung des Luthertums zuschrieben. Als Nachfolger ernannte er Heinrich Bunthe (1574–1600), der das Amt im bischöflichen Sinne verwaltete.

Gegen eine Rekatholisierung wehrte sich mit besonderem Nachdruck Duderstadt. Da es der Erzbischof ablehnte, anders als mit friedlichen Mitteln die Menschen zu bekehren, machten die Rekatholisierungsversuche nur sehr langsame Fortschritte. Im Dreißigjährigen Krieg sollte Duderstadt sogar wieder eine Hochburg des eichsfeldischen Luthertums werden. Die Stadt wurde erst unter Christoph Jagemann katholisch, der 1636 Pfarrer von Duderstadt und geistlicher Kommissar (1636–1660) wurde. Von da an blieb Duderstadt bis 1781 Sitz des eichsfeldischen Geistlichen Kommissariates.

Nach zweimonatigem Aufenthalt kehrte Erzbischof Daniel im Sommer 1574 nach Mainz zurück. Um der Rückgewinnung des Eichsfelds zur katholischen Kirche Bestand zu geben, sandte er 1575 fünf ihm vom Papst zur Verfügung gestellte und im „Germanicum" ausgebildete Priester in dieses Gebiet, unter ihnen Dr. Vitus

Weihbischof Stephan Weber

Milet aus Schwäbisch-Gmünd, der später als Siegler in Mainz viel für die Reform der Seelsorge leistete, und Dr. Christoph Weilhammer aus Landshut, der als der gelehrteste und tüchtigste von ihnen bezeichnet wurde. Sie alle wirkten mit großem Einsatz, staunenswerter Opferbereitschaft und viel Zähigkeit. Als weitere Maßnahme zur Stärkung des Katholizismus gestattete der Erzbischof 1575 den Jesuiten in Heiligenstadt die Gründung eines Kollegs, das 1581 in neue Gebäude einziehen durfte und 1583 mit vier Neupriestern dem Pfarr- und Seelsorgedienst erste wichtige Früchte zuführte.

Gedrängt, das Jesuitenkolleg in Heiligenstadt zu errichten, hatte den Mainzer Erzbischof der in Begleitung des päpstlichen Nuntius Kaspar Gropper (gest. 1594) zur päpstlichen Visitation nach Deutschland gekommene Nikolaus Elgard. Diesen tüchtigen, im Germanicum ausgebildeten jungen Mann gewann Erzbischof Daniel für die seit dem Tode von Wolfgang Westermeyer (1551–1568) vakante Stelle eines Mainzer Weihbischofs in partibus Thuringiae et Saxonia mit Sitz im damals zu 95 Prozent protestantischen Erfurt. Der Papst stimmte dem von Kardinal Morone bereits 1576 in Vorschlag gebrachten Antrag des Erzbischofs bereitwillig zu. Erst 30 Jahre alt, wurde Elgard 1577 zum Mainzer Weihbischof und Titularbischof von

Ascalon ernannt, am 2. Februar 1578 vom Erzbischof in der Mainzer St. Christophskirche zum Bischof geweiht und bald darauf nach Erfurt gesandt. Hier und im Eichsfeld setzte er die Reformbemühungen des anderen Mainzer Weihbischofs Stephan Weber (1569–1622) fort. Allzu früh starb Elgard am 11. August 1587. Er wurde in der Stiftskirche Unserer Lieben Frau in Erfurt beigesetzt. Seine Habe hatte er den Jesuiten vermacht, die er zunächst heimlich und dann offen nach Erfurt geholt hatte. Fünf Jahre vor Weihbischof Nikolaus Elgard war Erzbischof Daniel in die Ewigkeit abberufen worden. Er starb am 22. März 1582 in Aschaffenburg. Beigesetzt wurde er im Mainzer Dom. Das ihm zu Ehren errichtete Denkmal ist künstlerisch weniger gelungen. Das gilt nicht von dem Familiendenkmal, das der Erzbischof nach 1569 von Gerhard Wolff schaffen ließ und das ihn mit seinen Eltern und sieben Geschwistern unter dem Kreuze Christi kniend zeigt. HODIE MIHI CRAS TIBI (Heute mir, morgen dir) lautet eine Inschrift, und ein vom Tod bedrohtes Kind symbolisiert, daß der Mensch von Geburt an dem Sterben anheimgegeben ist. Erzbischof Daniel hat in schwieriger Zeit dem Erzbistum treue Dienste geleistet, dem Reich war er nach den Worten von Kurfürst August von Sachsen ein „fürtrefflicher, verständiger und friedliebender Herr".

Erneuerung der liturgischen Texte und Verordnungen unter Erzbischof Wolfgang von Dalberg (1582–1601)

Die für den 20. April 1582 angesetzte Wahl des neuen Erzbischofs hatte nicht mehr die Brisanz wie jene von 1555. Dennoch verlief auch sie sehr spannend. Bis zum Vorabend des Wahltages lag der Würzburger Fürstbischof und Mainzer Domherr Julius Echter von Mespelbrunn mit einer Stimme (12 : 11) vor dem Dompropst Wolfgang von Dalberg. Trotz langer Verhandlungen konnte für ihn nicht die benötigte Mehrheit gefunden werden; denn als bereits regierender Bischof brauchte Echter, um gewählt bzw. richtiger postuliert zu werden, zwei Drittel der Stimmen. Als sicher war, daß sich dieses Ergebnis auf keinen Fall erzielen ließ, zog Bischof Julius seine Kandidatur zurück. Nach der offiziellen Verkündigung dieses Verzichtes am Morgen des 20. April galt Wolfgang, Sohn des kurpfälzischen Amtmanns zu Oppenheim Friedrich von Dalberg und der Anna von Fleckenstein, als gewählter neuer Erzbischof von Mainz. Im Gegensatz zu Julius Echter von Mespelbrunn, dem typischen Vertreter des wieder erstarkten und gegenreformatorisch aktiven Katholizismus, war Dalberg, seit zwei Jahrzehnten im diplomatischen Dienst seines Vorgängers, eher auf vermittelnden Kurs hin orientiert.

Rom bestätigte die Wahl am 3. September. Das Pallium wurde dem Mainzer am 1. Oktober 1582 verliehen, also wenige Tage, bevor Papst Gregor XIII. durch Überspringen der zehn Tage vom 5. bis 14. Oktober den von ihm verbesserten neuen Kalender einführte. Das Erzstift Mainz schloß sich schon im folgenden Jahr der Kalenderreform an und ließ auf den St. Katharinentag (25. November) sofort den St. Nikolaustag (6. Dezember) folgen. Nur Erfurt wehrte sich gegen diese „papistische" Neuerung.

Die Verfechter einer strengen katholischen Linie hätten es damals lieber gesehen, wenn Julius Echter den Erzstuhl von Mainz bestiegen hätte. Gegen Erzbischof Wolfgang hegten sie Vorbehalte. Es wurde sogar die Furcht geäußert, er könne wie

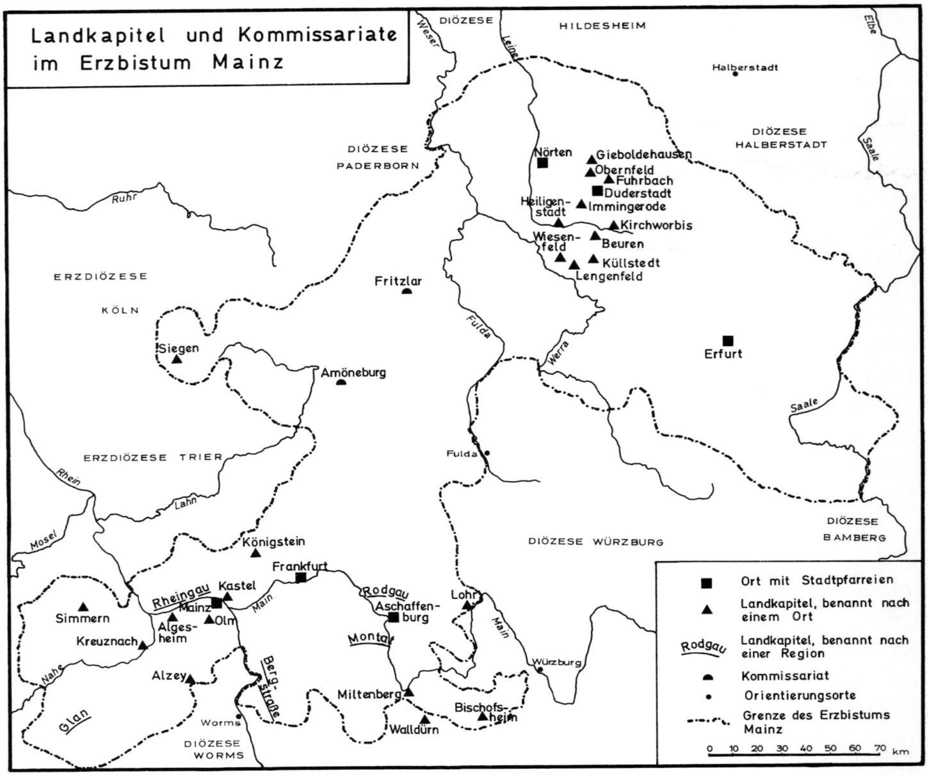

Landkapitel und Kommissariate im Erzbistum Mainz

der Kölner Erzbischof Gebhard Truchseß von Waldburg (1577–1583) den Versuch machen, das Erzstift zu säkularisieren. Diese Besorgnis zerstreute der Erzbischof dadurch, daß er sich 1583 zum Priester und am 20. Mai 1584 in Aschaffenburg zum Bischof weihen ließ. Seine Konsekratoren waren Weihbischof Stephan Weber und der Mainzer Dompropst und Bischof von Worms Georg von Schönenburg (1580–1595), der selbst erst wenige Wochen zuvor in der unter Erzbischof Daniel in Mainz erbauten und 1581 eingeweihten Schloßkirche St. Gangolph zum Bischof konsekriert worden war.

Im selben Jahr 1584 entschieden im Kölner Krieg die bayerisch-spanischen Waffen gegen Gebhard Truchseß von Waldburg. Er verlor endgültig das Erzbistum. Sein Nachfolger wurde der Wittelsbacher Ernst von Bayern (1583–1612). Damit hatte die Gegenreformation ihren ersten großen Erfolg zu verzeichnen.

Fast wäre das durch den Verlust von Mainz wieder in Frage gestellt worden; denn seit 1586 fühlte sich das Erzstift von der mit den französischen Hugenotten verbündeten Pfalz ernsthaft bedroht. Die Gefahr einer Säkularisierung wurde noch dadurch verstärkt, daß in der Mainzer erzbischöflichen Beamtenschaft die Protestanten erheblichen Einfluß besaßen. Daß selbst hohe Staatsämter immer noch mit Nichtkatholiken besetzt waren, entschuldigte der Erzbischof dem päpstlichen Nuntius gegenüber mit der Erblichkeit bestimmter Posten und mit den ungünstigen Zeitumständen.

Die Gefahr, angegriffen und säkularisiert zu werden, war erst zu Beginn der neunziger Jahre endgültig gebannt. Von da an wagte der ängstlich zurückhaltende Erzbischof die kirchliche Reform intensiver anzugehen. Er ordnete 1594 Visitationen an, so wie es ihm als Verpflichtung in der Wahlkapitulation vorgeschrieben war. Die Visitationsergebnisse für die Stadt Mainz lagen im November 1594 vor. Sie machten deutlich, daß die Reform des Klerus, insbesondere des Stiftsklerus, noch kaum vorangekommen war. In den Stiften wurde die Residenzpflicht nur wenig beachtet. Selbst bei Priestern war mitunter die theologische Unwissenheit erschreckend groß. Die Gottesdienste in den Stiften wurden vernachlässigt. Etwa die Hälfte der Stiftsherren war mit Frauen liiert. Gegen diese Konkubinarier erließ der Erzbischof auf Drängen Roms 1595 ein schärferes Edikt. Doch dem wurde wenig entsprochen.

Bereits Erzbischof Daniel hatte anstelle der schon im Schwinden begriffenen Archidiakonate im Erzbistum Landkapitel der neueren Ordnung eingeführt, an deren Spitze jeweils ein Dekan stand. Durch neue Landkapitelstatuten, die an den Vorschriften des Tridentinums ausgerichtet waren, sollten die Mißstände im Pfarrklerus besonders auf dem Land behoben werden. Für eine Besserung von Gottesdienst und Seelsorge war die neue Agende bestimmt, die ab dem 23. August 1598 für das Erzbistum Geltung hatte und 1599 im Druck erschien. Mit ihr, dem reformierten Brevier von 1570 und dem 1602 erschienenen neuen Missale, das als Manuskript noch zu Lebzeiten von Erzbischof Wolfgang fertiggestellt worden war und das zuletzt 1520 erschienene alte Meßbuch ablöste, begann im Erzbistum die Phase des reformierten Mainz-römischen Ritus, der bis zur 2. Hälfte des 17. Jahrhunderts Geltung behielt.

Erzbischof Wolfgang starb am 5. April 1601 in Aschaffenburg. Wie die meisten seiner Vorgänger wurde er im Mainzer Dom beigesetzt. Mit seinem Tod endete die Zeit, da die Reformation eine Chance hatte, auch das Erzstift Mainz zu erobern. Eine neue Generation, gegenreformatorisch gesinnt, übernahm die Geschicke der Kirche von Mainz.

3. Vorboten und Wirren des Dreißigjährigen Krieges

Volksfrömmigkeit und Hexenwahn unter Erzbischof Johann Adam von Bicken (1601–1604)

Ohne besondere Schwierigkeiten gestaltete sich am 15. Mai 1601 die Wahl des neuen Erzbischofs. Die Domkapitulare einigten sich auf den Domscholaster Johann Adam von Bicken, 1564 als Sohn des Philipp, kurmainzischer Marschall und Amtmann von Steinheim, und der Anna Brendel von Homburg, Schwester des Erzbischofs Daniel, im Stammschloß Hainchen (Siegerland) geboren. Die rasche Einigung auf ihn und die neuen Zusätze in der von allen beschworenen Wahlkapitulation ließen erkennen, daß im Domkapitel die Phase der konfessionellen Gespaltenheit überwunden war und sich ein neues katholisches Selbstbewußtsein zu regen begann. Johann Adam, dessen Pate einst der lutherische Graf Johann VI. von

Nassau-Dillenburg gewesen war, galt als streng katholisch und für gegenreformatorische Maßnahmen aufgeschlossen. Er hatte in Mainz, Würzburg, Pont-à-Mousson, Bourges, Toulon und Siena studiert und 1587 ein halbes Jahr in Rom gelebt. 1594 gehörte er zu den Mainzer Domherren, die mit dem Nuntius wegen der Mainzer Visitation verhandelt hatten. An der päpstlichen Kurie war er geschätzt. Zu seiner Erzbischofswahl gratulierten ihm nicht nur Papst Klemens VIII. (1592–1605) und dessen Neffen, sondern auch mehrere Kardinäle, unter ihnen Robert Bellarmin (gest. 1621) und Caesar Baronius (gest. 1607), dessen Hauptwerk „Annales ecclesiastici" in zwölf Bänden die bis dahin umfassendste quellenmäßige Darstellung der Kirchengeschichte war. Bestätigt wurde die Mainzer Wahl am 27. August 1601. Die Verleihung des Palliums verzögerte sich bis zum 3. Februar 1602. Bis dahin hatte Erzbischof Johann Adam, der stets nur Subdiakon blieb, den größten Teil des Erzstifts bereits bereist, um als Landesherr die Huldigung entgegenzunehmen. Schon da wurde deutlich, daß er gewillt war, die in der Wahlkapitulation geschworene Reform der Kirche ernstzunehmen. Neu in dem Vertragstext waren die Verpflichtungen, ein Priesterseminar zu errichten und einen Kirchenrat zu bilden, der ihm bei der Beaufsichtigung des Kultus und der Geistlichkeit und bei der Bekämpfung des Protestantismus behilflich sein sollte. Von der Pflicht, ein Priesterseminar zu errichten, ließ er sich 1602 wegen der äußerst angespannten Finanzlage des Erzstifts entbinden. Um so gründlicher kam er der Aufgabe nach, überall im Erzstift den Katholizismus einzuführen. Bereits bei der Huldigungsreise überhörte er die Beschwerden der protestantischen Bevölkerung in den Grafschaften Königstein und Rieneck und in der Stadt Fritzlar über gegenreformatorische Maßnahmen. Dann setzte er selbst gegenreformatorische Akzente: neuer Oberamtmann in Königstein wurde Johann Reichard Brömser von Rüdesheim, ein Mann seines Vertrauens; die evangelischen Gottesdienste wurden verboten, die lutherischen Pfarrer durch katholische ersetzt. Das führte vor allem in Hofheim, Königstein und Lohr zu erheblicher Aufregung. Sie legte sich bald, da der Erzbischof auf gewaltsame Maßnahmen verzichtete. Der 1602 von Vertretern durchgeführten Huldigungsreise im Eichsfeld ließ er eine Visitation folgen, unterstützt durch besondere Verordnungen über Kirchenzucht und Gemeindeleitung. 1603 verlangte er von den erzstiftischen, vielfach adeligen Beamten das katholische Glaubensbekenntnis. Offensichtlich gingen alle darauf ein; denn es verstummte die unter seinen Vorgängern Daniel und Wolfgang oft gehörte Klage, der Hof sei weithin protestantisch. Zahlreiche Adelsfamilien, die bis dahin häufig evangelisch oder gemischtkonfessionell waren, bezeugten wieder den katholischen Glauben.

Die von Johann Adam für 1602 angeordnete Nachfeier des mit vielen Ablässen verbundenen Jubeljahres („Heiliges Jahr") 1600 führte zu einem gegenreformatorischen Durchbruch besonders im Frömmigkeitsleben der Laien. Im gesamten Erzstift, vor allem auch in der Stadt Mainz, wurden feierliche Gottesdienste, Prozessionen und Wallfahrten veranstaltet. Ein besonderer Höhepunkt war das Wallen zum Heilig Kreuzstift vor den Toren von Mainz. Der Erzbischof und der Domdekan zogen mit den Jesuiten und ihren Schülern und Sodalitäten am 13. August 1602 dorthin. Am darauffolgenden Tag veranstaltete der gesamte Stadtklerus eine Prozession zum genannten Stift. Erstmals wurden nach sehr langer Zeit wieder Reliquien in großer Anzahl mitgeführt. Diese Wallfahrten waren der Auftakt zur Hauptgottesdienstfeier im Hohen Dom am 15. August, dem Fest Ma-

Mainz, Wundertätiges Kreuz

riä Himmelfahrt, zu der die ganze Stadt geladen und auch erschienen war. Das neue Lebensgefühl mit seiner Freude an barocken Formen, prachtvollen Prozessionen und innig empfundener Religiosität hatte sich dem mittelrheinischen Raum genähert.

Daneben war aber auch grausame Wirklichkeit, daß im Erzstift der Hexenwahn grassierte. Der zwanzig Jahre in Würzburg und Mainz lehrende Jesuit Nikolaus Serarius (gest. 1609), ein namhafter Exeget und besonders bekannt durch seine mehrbändige „Geschichte des Erzstifts Mainz" („Moguntiacarum rerum... libri V"), schrieb: „Im Jahre 1603 unternahm der Erzbischof große Anstrengung, zwei Seuchen in seinem Sprengel zu bekämpfen und auszumerzen, nämlich die Aberkunst der Zauberer und Hexen und die Häresie". Nicht, als ob der Hexenwahn mit seinen Prozessen, die zumeist mit dem furchtbaren Feuertod der Angeklagten endeten, im Erzstift mit Johann Adam von Bicken begonnen hätte; Verleumdungsklagen wegen Hexerei waren seit dem frühen 16. Jahrhundert bei den Gerichten eingegangen, die zu vereinzelten Prozessen mit recht unterschiedlichen Urteilen führten. Eine Verschärfung der gerichtlichen Verfahren gegen die Hexen setzte 1594 ein. Bald steigerte sich der Wahn so sehr, daß Hunderte von unschuldigen Menschen den Feuertod starben. Die Zentren der kurmainzischen Hexenverfolgung lagen im Oberstift. Zeitlich hatten die Hexenprozesse mit tödlichem Ausgang ihre Höhepunkte unter Erzbischof Johann Adam und unter seinem Nachfolger Erzbischof Johann Schweikard von Kronberg (1604–1626), und zwar unter letzterem vor allem in den Jahren von 1611 bis 1618. Erzbischof Johann Philipp von Schönborn (1647–1673) gehörte zu den ersten deutschen Reichsfürsten, die den Wahn durch Verordnungen brachen und den noch vereinzelt geführten Hexeninquisitionen den Schrecken nahmen. Der größte Vorkämpfer gegen die Hexenverfolgung war der Jesuit Friedrich Spee zu Langenfeld (gest. 1635), der mutige Verfasser der „Cautio criminalis" und tiefsinnige Schöpfer noch heute beliebter Kirchenlieder.

Die vielen unschuldigen Hexenopfer – allein im Spessart und im Bachgau waren es unter Erzbischof Johann Adam 126 Personen – legen einen dunklen Schatten auf das Pontifikat des ansonsten so sehr um die Besserung der kirchlichen Zustände in seinem Sprengel bemühten Erzbischofs. Johann Adam von Bicken starb im Alter von 39 Jahren am 11. Januar 1604 in Aschaffenburg. Es ist ein Spiegelbild der Zeit, daß auch dieser frühe Tod mit Hexerei in Verbindung gebracht wurde. Am 23. Januar 1604 wurde der Erzbischof feierlich in seiner Mainzer Kathedralkirche beigesetzt.

Erzbischof Johann Schweikard von Kronberg (1604–1626): Förderer barocker Frömmigkeit und Gelehrsamkeit

Mit Johann Schweikard von Kronberg kam am 17. Februar 1604 erstmals ein im römischen Kolleg der Jesuiten bzw. im „Germanicum" ausgebildeter Theologe auf den Erzstuhl des heiligen Bonifatius. Er entstammte einem der ältesten Geschlechter des Erzstifts. Sein Großvater Hartmut, ein Freund Sickingens und mit Luther persönlich bekannt, hieß wegen seines Eintretens für die neue Lehre „Bekenner". Sein Vater Hartmut, kurmainzischer Marschall, Großhofmeister und Amtmann zu

Steinheim und Hofheim, hatte sich einträgige Pfründe zu verschaffen gewußt. Über die Jesuiten hatte Johann Schweikard zu einem eindeutigen Katholizismus gefunden. Er hatte jedoch nicht die kämpferische Natur wie Johann Adam von Bicken oder Julius Echter von Mespelbrunn, der sich 1604 abermals um den Mainzer Stuhl beworben hatte. Den schweren Zeiten, beherrscht von Epidemien, politischer und religiöser Zwietracht und schließlich gar Krieg, war er nicht immer gewachsen.

Als er sein Pontifikat begann, suchte wieder einmal die Pest den mittelrheinischen Raum heim. Mainz fühlte sich erneut von der Kurpfalz bedroht. Um dagegen bzw. gegen die seit 1608 unter kurpfälzischer Führung in der „Union" verbündeten protestantischen Reichsstände Schutz zu haben, schloß er sich der 1609 gegründeten „Liga" unter Führung von Maximilian von Bayern (1597–1651) an. Das Entstehen der bewaffneten Bündnisse der „Union" und „Liga" förderte ein militantes Aufeinanderstoßen im Reich. Reichspolitisch stand Erzbischof Johann Schweikard stark unter dem Einfluß von Christoph von Sötern (gest. 1652, seit 1610 Fürstbischof von Speyer und 1623 auch noch Kurfürst von Trier). Obwohl der Mainzer die Wahl des Habsburgers Matthias (1612–1619) zum Römischen König gern verhindert hätte, krönte er ihn wie auch dessen Nachfolger Ferdinand II. (1619–1637). Er war den Kaisern treu ergeben. Er wußte, daß ihm einzig das Erzkanzleramt die Möglichkeit bot, das politische Geschehen im Reich zu beeinflussen. Er setzte es zur Wahrung der Reichsverfassung ein, denn diese garantierte am ehesten den Bestand des eigenen Territoriums, der eigenen hohen Reichsämter und letztlich auch der katholischen Religion im Reich.

Der persönlich anspruchslose und diszipliniert lebende Johann Schweikard trug viel zur Durchsetzung der Gegenreformation und innerkirchlichen Reform im Erzstift bei. Zu den kirchlich besonders langfristig wirkenden Maßnahmen seines Pontifikats gehörten die am 10. Juli 1615 erlassene „Ernewerte vnnd mehrerklärten Reformation vnnd Ordnung / Wie es in Ihrer Churf. Gnaden Erzstifft in Stätten vnnd vff dem Landt... / bey dem heyligen Gottesdinst / in außspendung der Hochwürdigen Sacramenten / erhaltung Kirchen vnd Schulen / vnd sonsten bey andern Geistlichen Vbung – vnnd verzichtungen von Geistlich, vnd – Weltlichen Personen gehalten werden soll", sowie sein Befehl vom selben Tag, „Wie man sich sonderlich in anwendung allerhandt vnkosten, bei Kindtauffen, Gevatterschafften vnnd Hochzeiten ... bezeigen und verhalten soll". Die Kirchenordnung war eine Zusammenfassung aller vorherigen kirchenreformatorischen Maßnahmen, der „Befehl" eine Art erstmals im Erzstift erlassener Polizeiordnung für das sittliche und kirchliche Leben. In Verbindung mit den 1617 beigefügten „Additionsartikeln" setzten sie den kirchenpolitischen Schlußstrich unter das Kapitel „Reformation im Erzbistum Mainz".

Der mehr innerkirchlichen Überwindung des Protestantismus bzw. der Durchsetzung der kirchlichen religiösen Erneuerung diente unter anderem das 1605 als Gesangbuch eingeführte „Catholische Manual" mit schon 74 deutschen Liedern für den Gottesdienst, das bis in das späte 18. Jahrhundert mehrfach neu aufgelegt wurde. Vor allem aber war es die Förderung, die der Erzbischof den reformierten Orden zukommen ließ. 1612 rief er die Franziskaner wieder nach Mainz. Als Bleibe übergab er ihnen den Lorcher Hof. Ebenfalls gestattete er 1612 den Jesuiten, die 1609 die große Mainzer Marianische Kongregation bzw. Sodalität ins Leben geru-

Walldürn, Andachtsbild

fen hatten, in Aschaffenburg ein Kolleg zu gründen. Die Errichtung eines Jesuitenkollegs in Erfurt konnte 1616 erfolgen.

Von besonderer Bedeutung war, daß Erzbischof Johann Schweikard 1618 die Kapuziner – im 16. Jahrhundert als Reformzweig der Franziskaner entstanden – nach Mainz holte. Im Westenburger Hof nahe der Ignatiuskirche hatten sie ihre Niederlassung. Dort legte Weihbischof Stephan Weber am 21. September 1621 den Grundstein ihrer Klosterkirche. Diese kleinste aller Mainzer Ordenskirchen konnte am 11. Mai 1625 von Weihbischof Ambrosius Saibäus (1623–1644) eingeweiht werden. Kirche und Kloster der besonders beim Volk beliebten Mönche mit Bart, brauner Kutte und Kapuze blieben bis zur Säkularisation 1802 ein wichtiges religiöses Zentrum der Stadt. Gleichzeitig war das Kloster auch Mittelpunkt der nach und nach im Erzbistum errichteten Niederlassungen. Als ordensintern 1686 die sogenannte Mainzer Kustodie mit Hauptsitz in Mainz gebildet wurde, gehörten dazu die Niederlassungen in Nothgottes, Aschaffenburg, Engelberg, Bensheim, Walldürn, Bingen, Lohr, Königstein, Dieburg, Alzey und Wertheim.

Das Jahr 1618 brachte nicht nur die Kapuziner nach Mainz. Im selben Jahr tat sich auch im Oberstift etwas, dem mehr religiöse Bedeutung zuwachsen sollte, als zunächst erwartet werden konnte. Nach langer Zeit der Unterbrechung durch die reformatorischen Wirren führten Jesuiten erstmals wieder von Aschaffenburg aus in geschlossener Prozession eine Wallfahrt zum Heiligen Blut nach Walldürn. Zu diesem Ort pilgerten die Gläubigen seit dem 14. Jahrhundert, zumal Papst Eugen IV. 1445 den Wallern Ablässe verlieh. Zu den größten Förderern dieses eucharistischen Heiligtums im Odenwald zählt der aus Aschaffenburg stammende Walldürner Pfarrer Magister Jodocus Hoffius (Hoffmann, gest. 1628). Die seit 1571 festzustellenden zaghaften Versuche, die Wallfahrt wieder zu beleben, hatte er 1586 aufgegriffen und bis zu seinem Tod in unermüdlicher Arbeit vorangebracht. Ihm vor allem ist es zu verdanken, daß Walldürn das bedeutendste Wallfahrtszentrum des Mainzer Erzstifts wurde. Die ersten größeren Erfolge seiner Bemühungen zeigten sich etwa ab 1600. Die Zahl der Pilger schwoll an. Zuerst kamen sie wieder aus dem Würzburger Raum. Mit der in geschlossener Prozession durchgeführten Aschaffenburger Wallfahrt von 1618 knüpfte auch der Mainzer Raum wieder an den Walldürner Wallfahrtsbetrieb an. Der eigentliche Wallfahrtstag war der Sonntag in der Fronleichnamsoktav. Wegen der immer größer werdenden Pilgermassen wurden noch unter Pfarrer Hoffius der Samstag und der Montag hinzugenommen. Rom gewährte für dieses eucharistische Triduum 1624 eigens einen Ablaß. Beachtenswert ist, daß im selben Jahr 1624 in der Mainzer St. Quintinskirche die Gründung einer Sakramentalischen Erzbruderschaft erfolgte. Die Satzung dieser vornehmlich von Laien getragenen religiösen Verbindung, ähnlich den um 1530 in Rom entstandenen Oratorien, verlangte, daß jedes Mitglied während des Jahres eine Anbetungsstunde halten sollte, in der es im Namen aller betet. Schon bald formierten sich aus dieser privaten Gebetsstunde öffentliche eucharistische Mehrstundengebete. Dazu gehörte das in Aschaffenburg gebräuchliche und im Manual des geistlichen Kommissars Wolfgang Sigismund von Vorburg 1628 aufgezeichnete „Sechsstündige Gebet“, eine Nebenart zu den Zehn- und Vierzigstundengebeten, aus denen sich das 1722 im Erzbistum endgültig etablierte „Ewige“ oder „Große Gebet“ entwickelte.

Während sich das religiöse Leben im Erzbistum neu zu entfalten begann, zogen dunkle Wolken am politischen Horizont auf. Die Auflehnung der protestantischen Böhmen gegen das katholische Habsburg und der Griff des „Winterkönigs“ Friedrich von der Pfalz nach der Böhmischen Krone löste 1618 den Dreißigjährigen Krieg aus, der als konfessionelles militantes Kräftemessen begann, seit dem Eintritt der Schweden 1630/31 und der Franzosen 1635 zu einem europäischen Hegemonialkrieg wurde und sich dann über Jahre hinschleppte, zäh, grausam, zerstörerisch, sinnlos und Verderben bringend.

Die Erfolge der Liga und der kaiserlichen Truppen in den Jahren vor allem bis 1626 ließen Erzbischof Johann Schweikard am 17. September 1626 in der Zuversicht sterben, vieles von dem, was der katholischen Kirche in der Reformationszeit verloren gegangen war, könnte nun wieder zurückgewonnen werden. Ihm selbst hatten 1623 die Siege der kaiserlich-spanischen Truppen unter Christobal Spinola über die Verbündeten des Kurpfälzers und die spanische Besetzung der Pfalz (1620–1632) die Möglichkeit gegeben, das seit der Mainzer Stiftsfehde verpfändete Amt Starkenburg durch Einlösung zurückzuerhalten. Sofort hatte er durch Kapuzinerpatres mit der Rekatholisierung der Bergstraße beginnen lassen. Auch im Eichsfeld konnte er ab 1623 wegen der kaiserlichen Waffenerfolge in Norddeutschland die Gegenreformation zu Ende führen.

Für das Erzbistum war weiter von großer Wichtigkeit, daß vor allem ab 1626 auch in den pfälzischen Territorien mit der Wiedereinführung der katholischen Religion begonnen wurde. Franziskaner, 1623 nach Kaiserslautern und Oppenheim auch wieder in Kreuznach, hatten daran erheblichen Anteil, aber auch die Karmeliter und die Jesuiten, die 1624 bzw. 1625 in Kreuznach ein Kloster bzw. eine Niederlassung eröffnen konnten. Ab 1625 wurden im Bereich der Kreuznacher Regierung die nichtkatholischen Pfarrer, insbesondere die kalvinischen, verdrängt und durch katholische ersetzt, die trotz aller gezielten Auswahl nicht immer den erforderlichen Idealen entsprachen. Auch der Gregorianische Kalender und die erneute Feier der katholischen Festtage wurden eingeführt. Hinzu kam die Verordnung, Kinder und Jugendliche in Kinderlehre und Schule katholisch unterrichten zu lassen. Die letzteren Einführungen und Erlasse ergingen im Todesjahr 1626 von Erzbischof Johann Schweikard. Er starb im neuen Aschaffenburger Schloß, das er gemäß der Wahlkapitulation zwischen 1605 und 1614 nach den Plänen von Georg Riedinger als kurfürstliche Sommerresidenz hatte errichten lassen.

Die Erzbischöfe Georg Friedrich Greiffenclau von Vollrads (1626–1629) und Anselm Casimir Wambolt von Umstadt (1629–1647) während der Wirren des Dreißigjährigen Krieges

Fünf Jahre nach des Erzbischofs Tod war der protestantische Schwedenkönig Gustav II. Adolph (1611–1632) in diesem wunderschönen Renaissancebau der Herr. Am 17. September 1631 hatte er bei Breitenfeld nahe Leipzig den kaiserlichen Feldmarschall Johann Tserclaes Tilly (gest. 1632) vernichtend geschlagen und war in raschem Zug über Erfurt, Königshofen, Würzburg und Aschaffenburg siegreich bis Mainz gezogen.

Noch vor diesen Ereignissen hatte es in Mainz erneut einen Pontifikatswechsel gegeben. Am 21. Oktober 1626 war Georg Friedrich Greiffenclau von Vollrads, Mainzer Dompropst und 1616 Fürstbischof von Worms, zum Erzbischof gewählt worden. Er entstammte der mittelrheinischen Reichsritterschaft und war 1573 auf Burg Vollrads im Rheingau geboren. Seine Ausbildung und Erziehung waren stark jesuitisch geprägt. Er hatte bei Jesuiten in Trier, Pont-à-Mousson, Würzburg und am Germanicum in Rom studiert. Sein nur knapp dreijähriges Pontifikat ließ ihm wenig Zeit, starke Konturen in der Geschichte des Erzbistums zu hinterlassen. Immerhin gab er der von der Brüsseler Regierung 1628 angeordneten Rekatholisierung in den Ämtern Kreuznach und Alzey den nötigen Nachdruck. Entsprechend seiner eigenen Einstellung achtete er auf Sittenreinheit, Glaubenseifer und Frömmigkeit. Sein Pontifikat fiel in die Phase einer allgemein zu beobachtenden Rekatholisierungs- und Bekehrungswelle.

Das 1629 von Kaiser Ferdinand II. erlassene Restitutionsedikt, das in Überschätzung der wirklichen politischen Möglichkeiten die Rückerstattung aller gegen den Geistlichen Vorbehalt von 1555 der protestantischen Reformation zugeführten geistlichen Territorien, darunter die Mainzer Suffraganbistümer Halberstadt, Hildesheim und Verden, an die katholische Kirche angeordnet hatte, war von Erzbischof Georg Friedrich noch gut geheißen und befürwortet worden. Dann starb er am 6. Juli 1629 in Mainz, dessen kurfürstliches Schloß er zwei Jahre zuvor in Auftrag gegeben hatte. Bis 1629 war lediglich das Erdgeschoß fertig.

Zum neuen Erzbischof wählte das Domkapitel abermals einen ehemaligen Germaniker. Obwohl Kaiser Ferdinand II. entschiedene Vorbehalte vortrug, einigten sich die Domherren am 6. August 1629 auf Anselm Casimir Wambolt von Umstadt. Wie nach seinem bisherigen Werdegang kaum anders zu erwarten, begann der neue Erzbischof und Kurfürst Erzbistum und Erzstift im Sinne der Gegenreformation und der nachtridentinischen Kirchlichkeit zu regieren. Doch schon zwei Jahre nach Regierungsantritt hemmte der Krieg in fast allen Bereichen seine Initiative. Nach der Einnahme des Oberstifts stand der siegreiche Gustav II. Adolph von

Schweden mit seinen Truppen am 22. Dezember 1631 vor den Mainzer Stadttoren. An Weihnachten konnte er nach kurzem Gefecht die Stadt einnehmen.

Gleich den Bischöfen von Würzburg und Worms hatte Erzbischof Anselm Casimir am 18. Dezember 1631 seine Bischofsstadt verlassen und war mit zahlreichen Domkapitularen und hohen Hofbeamten nach Köln geflüchtet. Vier Jahre bot ihm dort Erzbischof Ferdinand von Bayern (1625–1661) Aufenthalt und Sicherheit. Mit ihm im Kölner Exil weilten u. a. auch sein Weihbischof Christoph Weber (1616–1633), der aus Erfurt geflüchtet war und im Exil starb, und der organisationstüchtige Domherr Johann Philipp von Schönborn, der erzbischöflicher Nachfolger Anselms werden sollte. Erst ab 1635 konnte der Erzbischof in sein zwischenzeitig erneut von der Säkularisation bedrohtes Erzstift zurückkehren. Die Schweden wollten nämlich ihren Bevollmächtigten Axel Oxenstierna (gest. 1654) zum Kurfürsten und Mainz zum Mittelpunkt eines protestantischen Reiches machen. Die schwedischen Niederlagen und der Prager Frieden weckten im Kurfürsten und Erzbischof die Hoffnung auf ruhigere Zeiten. Die Hoffnung trog. Er konnte zwar noch an der Wahl Kaiser Ferdinands III. (1637–1657) mitwirken und diesen am 22. Dezember 1636 zum Römischen König krönen. Doch der Eintritt der Franzosen in die direkten Kriegshandlungen gegen das habsburgische Kaiserhaus riß das Erzstift wieder voll in den Strudel der Kriegsereignisse. Im unteren und im oberen Stift kämpften, konfiszierten und plünderten Verbündete und Gegner. 1639 ging das Eichsfeld erneut an die Schweden verloren. 1644 erzwangen die Franzosen die Kapitulation der Stadt Mainz. Abermals hatte der Kurfürst flüchten müssen. Da selbst die mainzischen Gebiete in Hessen keine Sicherheit mehr boten, verbrachte Anselm Casimir seine letzten Lebensjahre in Frankfurt am Main. Von hier aus mußte er am 9. Mai 1647 mit dem französischen Marschall Henri de Turenne einen für das Reich und das Erzstift unvorteilhaften Waffenstillstand schließen. Zur gleichen Zeit suchten in Münster und Osnabrück Kriegsgegner und Reichsstände nach einer Möglichkeit, den fast 30jährigen Krieg zu beenden. Den 1648 erreichten Friedensschluß durfte Anselm Casimir nicht mehr erleben. Er starb am 9. Oktober 1647 in Frankfurt. Seinem Nachfolger mußte er ein friedloses Land und ein zerschundenes Erzbistum übergeben.

LITERATUR

Zu Kapitel VII, 1:

ACTA REFORMATIONIS CATHOLICAE ECCLESIAM GERMANIAE CONCERNENTIA SAECULI XVI. Die Reformverhandlungen des deutschen Episkopats von 1520 bis 1570. Hrsg. v. Georg Pfeilschifter. 6 Bde. Regensburg 1959–1974.

BÄUMER, Remigius: Johannes Cochlaeus (1479–1552). Leben und Werk im Dienst der katholischen Reform. (= Katholisches Leben und Kirchenreform im Zeitalter der Glaubensspaltung, 40). Münster/W. 1980.

BEUMER, J(ohannes) SJ: Friedrich Nausea und seine Wirksamkeit zu Frankfurt, auf den Colloquien zu Hagenau und Worms und auf dem Trienter Konzil. In: Zeitschrift für katholische Theologie 94 (1972) S. 29–45.

BRÜCK, Anton Ph(ilipp): Kardinal Albrecht von Brandenburg, Kurfürst und Erzbischof von Mainz. In:

Der Reichstag zu Worms 1521. Reichspolitik und Luthersache i. A. der Stadt Worms zum 450-Jahrgedenken. Hrsg. von Fritz Reuter. Worms 1971. S. 257–270.

BRÜCK, Anton Ph(ilipp): Die Mainzer Domprediger des 16. Jahrhunderts. Nach den Protokollen des Mainzer Domkapitels. In: Hessisches Jahrbuch für Landesgeschichte 10 (1960) S. 132–148.

BRUDER, (Peter): Der selige Petrus Faber, Priester der Gesellschaft Jesu. Seine besonderen Beziehungen zur Diözese Mainz. In: Pastor bonus 33 (1920/21) S.255–260. 330–335. 372–378.415–419. Auch SD.

DUCHHARDT, Heinz: Das Erzstift Mainz unter Albrecht von Brandenburg. In: Das Wappenbuch des Reichsherolds Caspar Sturm. Bearb. v. Jürgen Arndt. (= Wappenbücher des Mittelalters, 1). Neustadt a. d. Aisch 1984. S. 245–251. 252–274.

EITNER, Theodor: Erfurt und die Bauernaufstände im XVI. Jahrhundert. In: Mittheilungen des Vereins für die Geschichte und Alterthumskunde von Erfurt 24 (1903) S. 5–108.

FRANZ, Eckhart G.: Hessen und Kurmainz in der Revolution 1525. Zur Rolle des frühmodernen Staates im Bauerkrieg. In: Aus Geschichte und ihren Hilfswissenschaften. FS für Walter Heinemeyer zum 65. Geburtstag. (= Veröffentlichungen der Historischen Kommission für Hessen, 40). Marburg 1979. S. 628–652.

FRANZ, Günther: Der deutsche Bauernkrieg. 2 Bde. München und Berlin 1933–1935.

GOLDSCHMIDT, Hans: Zentralbehörden und Beamtentum im Kurfürstentum Mainz vom 16. bis 18. Jahrhundert. (= Abhandlungen zur Mittleren und Neueren Geschichte, 7). Berlin, Leipzig 1908.

HERRMANN, Fritz: Die evangelische Bewegung zu Mainz im Reformationszeitalter. Mainz 1907.

HERRMANN, Fritz: Mainzer Palliums-Gesandtschaften und ihre Rechnungen. In: Beiträge zur Hessischen Kirchengeschichte (= Ergänzungsbd. zum Archiv für Hessische Geschichte und Altertumskunde NF) 2 (1905) S. 225–273. 3 (1908) S. 117–134.

HERRMANN, Fritz: Die Protokolle des Mainzer Domkapitels in Regestenform. Bd. 3: Die Protokolle aus der Zeit des Erzbischofs Albrecht von Brandenburg. (= Arbeiten der Historischen Kommission für den Volksstaat Hessen). Paderborn 1932.

HOTZ, Walter: Das Hallesche Heiltum und die Plastik am Untermain. In: Mainz und der Mittelrhein in der europäischen Kunstgeschichte. Studien für Wolfgang Fritz Volbach zu seinem 70. Geburtstag. (= Forschungen zur Kunstgeschichte und christlichen Archäologie, 6). Mainz 1966. S. 373–384.

ISERLOH, Erwin: Luther zwischen Reform und Reformation. Der Thesenanschlag fand nicht statt. (= Katholisches Leben und Kämpfen im Zeitalter der Glaubensspaltung, 23/24). Münster 3. erweiterte Auflage 1968.

KALKOFF, Paul: Zu Luthers römischem Prozeß. In: Zeitschrift für Kirchengeschichte 31 (1910) S. 48–65. 368–414. 32 (1911) S. 1–67. 199–258. 408–456. 572–595. 33 (1912) S. 1–72.

KIERMAYR, Reinhold: Der Mainz/Magdeburgische Ablass in Duderstadt. In: Die Goldene Mark. Zeitschrift für die Heimatarbeit im Unterreichsfeld 34 (1983) S. 113–122.

KITTELSON, James M.: Wolfgang Capito. From Humanist to Reformer. (= Studies in Medieval and Reformation Thought, 17.) Leiden 1975.

LIPGENS, Walter: Neue Beiträge zum Reformationsversuch Hermanns von Wied aus dem Jahre 1545. In: Annalen des Historischen Vereins für den Niederrhein insbesondere das alte Erzbistum Köln 149/150 (1950/1951) S. 46–73.

OTTE, Albert: Die Mainzer Hofgerichtsordnung von 1516/1521 und die Gesetzgebung auf dem Gebiet der Zivilgerichtsbarkeit im 16. Jahrhundert. Geschichte, Quellen und Wirkung des Gesetzes für die Zentraljustizbehörde eines geistlichen Kurfürstentums. Diss. jur. Mainz 1964. Düsseldorf 1965.

RASMUSSEN, Jörg: Untersuchungen zum Halleschen Heiltum des Kardinals Albrecht von Brandenburg. In: Münchner Jahrbuch der bildenden Kunst 3.F.27 (1976) S. 59–118. 3.F.28 (1977) S. 91–132.

RAUCH, Günter: Das Mainzer Domkapitel in der Neuzeit. Zu Verfassung und Selbstverständnis einer adligen geistlichen Gemeinschaft. (Mit einer Liste der Domprälaten seit 1500.) In: Zeitschrift der Savigny-Stiftung für Rechtsgeschichte 92 = Kan.Abt. 61 (1975) S. 161–227. 93 = Kan.Abt. 62 (1976) S. 174–278. 94 = Kan.Abt. 63 (1977) S. 132–179.

ROESGEN, Manfred von: Kardinal Albrecht von Brandenburg. Ein Renaissancefürst auf dem Mainzer Bischofsthron. Moers 1980. Vgl. dazu die Rezension von Friedhelm Jürgensmeier, in: Nassauische Annalen 93 (1982) S. 377.

SCHRADER, Franz: Kardinal Albrecht von Brandenburg, Erzbischof von Magdeburg, im Spannungsfeld zwischen alter und neuer Kirche. In: Von Konstanz nach Trient. Beiträge zur Geschichte der Kirche von den Reformkonzilien bis zum Tridentinum. Festgabe für August Franzen. Hrsg. v. Remigius Bäumer. München, Paderborn, Wien 1972. S. 419–445.

STEITZ, Heinrich: Als im Dom zu Mainz „Evangelisch" gepredigt wurde. In: Ebernburg – Hefte 12 (1978) S. 26–35.
STEITZ, Heinrich: Geschichte der Evangelischen Kirche in Hessen und Nassau. 4 Teile. Marburg/L. 1961–1971.
STRUCK, Wolf-Heino: Der Bauernkrieg am Mittelrhein und in Hessen. Darstellung und Quellen. (= Veröffentlichungen der Historischen Kommission für Nassau, 21). Wiesbaden 1975.
STRUCK, Wolf-Heino: Reformation und Bauernkrieg aus der Sicht des Rheingaus. In: Hessisches Jahrbuch für Landesgeschichte 33 (1983) S. 101–144.
VOLZ, Hans: Erzbischof Albrecht von Mainz und Martin Luthers 95 Thesen. In: Jahrbuch der Hessischen kirchengeschichtlichen Vereinigung 13 (1962) S. 187–228.
WIESFLECKER, Hermann: Kaiser Maximilian I. Das Reich, Österreich und Europa an der Wende zur Neuzeit. 4 Bde. Wien, München 1971–1981.
WINKLER, Friedrich: Das Gebetbuch des Kardinals Albrecht von Brandenburg. In: Mainz und der Mittelrhein in der europäischen Kunstgeschichte... (s. weiter bei Hotz). Mainz 1966. S. 385–414.
WOLFERT, Alfred F.: Heraldische Spuren der Verwandtschaft des Kardinals Albrecht von Brandenburg in Aschaffenburg. In: Aschaffenburger Jahrbuch für Geschichte, Landeskunde und Kunst des Untermaingebietes 6 (1979) S. 127–136.
WOLTER, Hans SJ: Die Gravamina des Klerus gegen den Rat von Frankfurt am Main im Jahre 1526. In: Archiv für mittelrheinische Kirchengeschichte 25 (1973) S. 203–226.

Zu Kapitel VII, 2:

BEUMER, Johannes: Das Mainzer Provinzialkonzil aus dem Jahre 1549 und seine Beziehungen zu dem Trienter Konzil. In: Annuarium Historiae Conciliorum 5 (1973) S. 118–133.
BEUMER, Johannes SJ: Die Provinzialsynoden von Mainz und Trier aus dem Jahre 1549 und ihre Bedeutung für die Liturgiereform. In: Trierer Theologische Zeitschrift 82 (1973) S. 293–303.
BRÜCK, Anton Ph(ilipp): Die Anfänge der Jesuiten in Mainz. In: Jahrbuch für das Bistum Mainz 7 (1955–1957) S. 196–207.
BRÜCK, Anton Ph(ilipp): Das Erzstift Mainz und das Tridentinum. In: Das Weltkonzil von Trient. Sein Werden und Wirken. Hrsg. v. Georg Schreiber. Bd. 2. Freiburg 1. Brsg. 1951. S. 193–243.
BRÜCK, Anton Ph(ilipp): Kurmainz in den Kriegswirren 1552–1553 (nach den Protokollen des Mainzer Domkapitels). In: Hessisches Jahrbuch für Landesgeschichte 6 (1956) S. 182–217.
BRÜCK, Anton Ph(ilipp): Der Mainzer Regierungswechsel im Jahre 1582. In: Mainzer Almanach 1957, S. 116–144.
BRÜCK, Anton Ph(ilipp): Notizen zur Reformationsgeschichte der Grafschaft Rieneck. In: Würzburger Diözesangeschichtsblätter 16/17 (1955) S. 368–370.
BRÜCK, Anton Ph(ilipp): Stadt und Erzstift Mainz im Schmalkaldischen Krieg (nach den Protokollen des Mainzer Domkapitels). In: Hessisches Jahrbuch für Landesgeschichte 4 (1954) S. 155–185.
BRÜCK, Anton Ph(ilipp): Die Verhandlungsunterlagen des Mainzer Erzbischofs in Trient 1551. In: Archiv für mittelrheinische Kirchengeschichte 5 (1953) S. 301–310.
BRÜCK, Anton Ph(ilipp): Wahl und Bestätigung des Mainzer Erzbischofs und Kurfürsten Sebastian von Heusenstamm. In: Archiv für mittelrheinische Kirchengeschichte 14 (1962) S. 128–144.
DECOT, Rolf: Religionsfrieden und Kirchenreform. Der Mainzer Kurfürst und Erzbischof Sebastian von Heusenstamm 1545–1555. (= Veröffentlichungen des Instituts für Europäische Geschichte Mainz. Abt. für Abendländische Religionsgeschichte, 100). Wiesbaden 1980.
DÖLLE, Adalbert: Erzbischof Daniel Brendel von Homburg und die Gegenreformation auf dem Eichsfeld. In: Universitas. Dienst an Wahrheit und Leben. FS für Bischof Dr. Albert Stohr. I.A. der katholisch-theologischen Fakultät der Johannes Gutenberg-Universität Mainz hrsg. v. Ludwig Lenhart. Bd. 2. Mainz 1960. S. 110–125.
DREHMANN, Lorenz: Der Weihbischof Nikolaus Elgard. Eine Gestalt der Gegenreformation. Mit besonderer Berücksichtigung seiner Tätigkeit in Erfurt und auf dem Eichsfeld (1578–1587) auf Grund seiner unveröffentlichten Briefe (1572–1585). (= Erfurter Theologische Schriften, 3). Leipzig 1958.
FEIFEL, Erich: Grundzüge einer Theologie des Gottesdienstes. Motive und Konzeption der Glaubensverkündigung Michael Heldings (1506–1561) als Ausdruck einer katholischen „Reformation". (= Untersuchungen zur Theologie der Seelsorge, 15). Freiburg i. Brsg. 1960.
GREBNER, Christian: Kaspar Gropper (1514–1594) und Nikolaus Elgard (ca. 1538–1587). Biographie

und Reformtätigkeit. Ein Beitrag zur Kirchenreform in Franken und im Rheinland in den Jahren 1573–1576. (= Reformationsgeschichte · Studien und Texte, 121). Münster 1982.

HASENCLEVER, Adolf: Die Politik der Schmalkaldener vor Ausbruch des schmalkaldischen Kriegs. (= Historische Studien, 23). Berlin 1901. ND Vaduz 1965.

HATTEMER, Karl: Territorialgeschichte der Landgrafschaft Hessen bis zum Tode Philipps des Großmütigen. Darmstadt 1911.

HENGST, Karl: Jesuiten an Universitäten und Jesuitenuniversitäten. Zur Geschichte der Universitäten in der Oberdeutschen und Rheinischen Provinz der Gesellschaft Jesu im Zeitalter der konfessionellen Auseinandersetzung. (= Quellen und Forschungen aus dem Gebiet der Geschichte, NF 2). Paderborn 1981.

HOFFMANN, Hermann: Die Kirchenvisitation in neun Pfarreien südlich Mainz (1548/49). In: Beiträge zur Mainzer Kirchengeschichte in der Neuzeit. FS für Anton Philipp Brück zum 60. Geburtstag. (= Quellen und Abhandlungen zur mittelrheinischen Kirchengeschichte, 17). Mainz 1973. S. 85–97.

JAHNS, Sigrid: Frankfurt, Reformation und Schmalkaldischer Bund. Die Reformations-, Reichs- und Bündnispolitik der Reichsstadt Frankfurt am Main 1525–1536. (= Studien zur Frankfurter Geschichte, 9). Frankfurt a. M. 1976.

JEDIN, Hubert: Das konziliare Reformprogramm Friedrich Nauseas. In: Historisches Jahrbuch der Görres-Gesellschaft 77 (1958) S. 229–253.

JÜRGENSMEIER, Friedhelm: Reform und Reformation im Augustiner-Chorherrenstift Ravengiersburg. In: Archiv für mittelrheinische Kirchengeschichte 26 (1974) S. 75–95.

KAHLENBERG, Friedrich P.: Konsolidierung und Arrondierung des Territorialstaates in der zweiten Hälfte des 16. Jahrhunderts. Der Merlauer Vertrag von 1582 zwischen Hessen und Mainz. In: Hessisches Jahrbuch für Landesgeschichte 14 (1964) S. 123–198.

KÖTTER, Franz Josef: Die Eucharistielehre in den katholischen Katechismen des 16. Jahrhunderts bis zum Erscheinen des Catechismus Romanus (1566). Münster 1968.

MERZBACHER, Friedrich: Die Konsekration des Mainzer Erzbischofs und Kurfürsten Wolfgang Kämmerer von Dalberg. In: Zeitschrift der Savigny-Stiftung für Rechtsgeschichte 69 = Kan. Abt. 38 (1952) S. 485–499.

MOLITOR, Hansgeorg: Studien zur katholischen Reform in Deutschland. Ein kritischer Bericht. In: Römische Quartalschrift 60 (1965) S. 269–279.

OPFERMANN, Bernhard: Die kirchliche Verwaltung des Eichsfeldes in seiner Vergangenheit. Ein Handbuch mit 5 Karten. Leipzig, Heiligenstadt 1958.

PETRI, Franz: Das Jahr 1552 in der rheinischen Geschichte. In: Spiegel der Geschichte. Festgabe für Max Braubach zum 10. April 1964. Hrsg. v. Konrad Repgen und Stephan Skalweit. Münster/Westf. 1964. S. 293–320.

REIFENBERG, Hermann: Liturgie vom Trienter Konzil bis zum 2. Vatikanum. In: Archiv für Liturgiewissenschaft 16 (1974) S. 439–475.

REIFENBERG, Hermann: Messe und Missalien im Bistum Mainz seit dem Zeitalter der Gotik. (= Liturgiewissenschaftliche Quellen und Forschungen, 37). Münster 1960.

SCHEPPLER, Franz Joseph K.: Codex ecclesiasticus Moguntinus novissimus oder Sammlung der Erzbischöflich-Mainzischen in kirchlichen und geistlichen Gegenständen ergangenen Constitutionen und Verordnungen. 1. Bd. 1. Abth.: 1547–1700. Aschaffenburg 1801 (mehr nicht erschienen!).

STEINHUBER, Andreas: Geschichte des Collegium Germanicum Hungaricum in Rom. 2 Bde. Freiburg i. Brsg. 1895. ^{2}1906.

STURM, Hans-Georg: Pfalzgraf Reichard von Simmern 1521–1598. Phil. Diss. Mainz 1967. Trier 1968.

WOLF, Karl: Die Besitzergreifung der Grafschaft Königstein durch Kurmainz im Jahre 1581 und der Wetterauer Grafenverein. In: Nassauische Annalen 74 (1963) S. 70–78.

WOLTER, Hans SJ: Die Visitation der drei Stiftskirchen von Frankfurt am Main im Jahre 1548. In: Archiv für mittelrheinische Kirchengeschichte 27 (1975) S. 81–105.

WOLTER, Hans SJ: Die Reichsstadt Frankfurt am Main und das Konzil von Trient. In: Archiv für mittelrheinische Kirchengeschichte 16 (1964) S. 139–175.

Zu Kapitel VII, 3:

ALTMANN, Hugo: Die Reichspolitik Maximilians I. von Bayern. 1613–1618. (= Briefe und Akten zur Geschichte des Dreißigjährigen Krieges in den Zeiten des vorwaltenden Einflusses der Wittelsbacher, 12). München, Wien 1978.

ASSION, Peter (Hrsg.): 650 Jahre Wallfahrt Walldürn. Mit Beiträgen von Friedhelm Jürgensmeier, A. Gramlich u. a. Karlsruhe 1980.

BRÜCK, Anton Ph(ilipp): Die Berichte des Kommissars Wolfgang Sigismund von Vorburg aus Aschaffenburg an den Mainzer Kurfürsten 1635–1636. In: Archiv für mittelrheinische Kirchengeschichte 26 (1974) S. 107–123.

BRÜCK, Anton Ph(ilipp): Hexenprozesse in Aschaffenburg und Damm in den Jahren 1603/1604 und 1628/1629. In: Aschaffenburger Jahrbuch für Geschichte, Landeskunde und Kunst des Untermaingebietes 6 (1979) S. 241–270.

BRÜCK, Anton Ph(ilipp): Johann Adam von Bicken. Erzbischof und Kurfürst von Mainz 1601–1604. In: Archiv für mittelrheinische Kirchengeschichte 23 (1971) S. 147–188.

BURKARD, Hans: Anselm Casimir Wambolt von Umstadt, Erzbischof und Kurfürst von Mainz. Seine Vorgeschichte und Wahl. In: Archiv für hessische Geschichte und Altertumskunde NF 13 (1922) S. 334–380.

DERSCH, Wilhelm: Das Restitutionsedikt in Hessen. In: Zeitschrift des Vereins für hessische Geschichte und Landeskunde 40 = NF 30 (1907) S. 195–213.

FRIEDRICH SPEE IM LICHT DER WISSENSCHAFTEN. Beiträge und Untersuchungen. Hrsg. v. Anton Arens. (= Quellen und Abhandlungen zur mittelrheinischen Kirchengeschichte, 49). Mainz 1984.

GREBNER, Christian: Hexenprozesse im Freigericht Alzenau (1601–1605). In: Aschaffenburger Jahrbuch für Geschichte, Landeskunde und Kunst des Untermaingebietes 6 (1979) S. 137–240.

HENSLER, Erwin: Verfassung und Verwaltung von Kurmainz um das Jahr 1600. Ein Beitrag zur Verfassungsgeschichte der geistlichen Fürstentümer. (= Straßburger Beiträge zur neueren Geschichte, II, 1). Straßburg 1909.

KOOB, Ferdinand: Aus der Geschichte der Gegenreformation in Heppenheim und dem Oberamt Starkenburg 1623 bis 1655. In: 1200 Jahre Heppenheim. Im Gedenken an die erste urkundliche Erwähnung Heppenheims am 17. Juli des Jahres 755. Heppenheim 1955. S. 99–128.

LITZENBURGER, Andrea: Kurfürst Johann Schweikard von Kronberg als Erzkanzler. Mainzer Reichspolitik am Vorabend des Dreißigjährigen Krieges (1604–1619). (= Geschichtliche Landeskunde, 26.) Wiesbaden, Stuttgart 1985.

MÜLLER, Hermann-Dieter: Der Schwedische Staat in Mainz 1631–1636. Einnahme, Verwaltung, Absichten, Restitution. (= Beiträge zur Geschichte der Stadt Mainz, 24). Mainz 1979.

NEUER-LANDFRIED, Franziska: Die Katholische Liga. Gründung, Neugründung und Organisation eines Sonderbundes 1608–1620. (= Münchener Historische Studien, Abt. Bayerische Geschichte, 9). Kallmütz 1968.

PATTLOCH, Bernd: Wirtschafts- und Fiskalpolitik im Kurfürstentum Mainz vom Beginn der Reformation bis zum Ausbruch des Dreißigjährigen Krieges. Diss. München. Augsburg 1969 (Masch.).

RAUSCH, Fred G.: „Das Wort Gottes und rechte wahre christliche underweisung anzuhören." Ein Dokument der Rekatholisierung Lohrs im Jahre 1604. In: Lohr a. Main. 1333–1983. 650 Jahre Stadtrecht. FS zum Stadtrechtsjubiläum. Lohr a. Main 1983. S. 106–123.

DIE SAKRAMENTALISCHE BRUDERSCHAFT AN ST. QUINTIN IN MAINZ. Zu ihrem 300jährigen Jubiläum vom 19. bis 22. Juni 1924. Mit Beiträgen von A(ndreas) L(udwig) Veit, H(einrich) Schrohe und K(arl) Neundörfer. Mainz 1924.

SCHMIDT, Jakob: Die katholische Restauration in den ehemaligen Kurmainzer Herrschaften Königstein und Rieneck. Nach archivalischen Quellen dargestellt. (= Erläuterungen und Ergänzungen zu Janssens Geschichte des deutschen Volkes III, 1). Freiburg i. Brsg. 1902.

VEIT, Andreas Ludwig: Mainzer Domherren vom Ende des 16. bis zum Ausgang des 18. Jahrhunderts in Leben, Haus und Habe. Ein Beitrag zur Geschichte der Kultur der Geistlichkeit. Mainz 1924.

WEBER, Hermann: Frankreich, Kurtier, der Rhein und das Reich 1623–1635. (= Pariser Historische Studien, 9). Bonn 1969.

VIII. LICHT UND SCHATTEN

Das Erzbistum im Zeitalter von Barock und Aufklärung (1647–1792)

1. Konsolidierung unter Erzbischof Johann Philipp von Schönborn (1647–1673), dem „deutschen Salomo"

Bedeutung und Auswirkungen des „Westfälischen Friedens" (1648)

Nur selten nahm eine Mainzer Erzbischofswahl einen für Erzstift, Erzbistum, Reich und Kirche so guten und glücklichen Ausgang wie die von 1647. In politisch außergewöhnlich schwieriger und bedrängter Lage entschied sich das Domkapitel am 19. November 1647 „per viam inspirationis Spiritus sancti" für den vorher schon aussichtsreichsten Kandidaten Johann Philipp von Schönborn. Daß Rom die Wahl erst am 23. August 1649 bestätigte und dem bereits am 8. September 1645 vom Mainzer Weihbischof Wolther Heinrich von Strevesdorff (1634–1674) zum Bischof konsekrierten Erzbischof bis zum 13. September 1649 das Pallium vorenthielt, hatte teils mit dessem harten Feilschen um die Reduzierung der Taxen und Konfirmations- bzw. Palliengebühren zu tun. Es hatte aber auch seine Ursache in dem von ihm als richtig erkannten politischen Programm, das der Schönborn unbeirrt und mit wenig Rücksicht auf die intransigenten Religionsvorstellungen des päpstlichen Nuntius und Friedensvermittels Fabio Chigi auf dem Friedenskongreß in Münster und Osnabrück verfocht und durchzusetzen versuchte. Der talentierte und sehr gebildete Johann Philipp von Schönborn war 1605 auf Burg Eschbach nahe Weilburg im Taunus als Sohn des Ministerialen Georg und der Maria Barbara von der Leyen geboren. Bis zur Jahrhundertwende waren die Schönborn wie viele andere Adelsgeschlechter gemischtkonfessionell. Später galten sie in der protestantischen Umgebung als Hort des Papismus. Johann Philipp war noch vom zuständigen protestantischen Pfarrer Jacobus Staudt in Bessenbach getauft worden. Nach dem frühen Tode ihres Vaters gingen er und sein Bruder Philipp Erwein (1607–1668) auf Veranlassung der Mutter zur schulischen Ausbildung an das Mainzer Jesuitenkolleg. Seine Studien führten ihn an die Universitäten Würzburg, Orléans, Mainz und Siena. Rom lernte er 1629 kennen. Den mehrfach mit schwierigen und teilweise gefährlichen Missionen betrauten Johann Philipp wählte das Würzburger Domkapitel am 16. August 1642 zum Nachfolger des im Juli verstorbenen Bischofs Franz von Hatzfeld (1631–1642). Nuntius Fabio Chigi, der nachmalige Papst Alexander VII. (1655–1667), weihte ihn noch im gleichen Monat zum Diakon.

Johann Philipp von Schönborn hatte sich in schwerer Kriegszeit nicht nach dem Bischofsamt gedrängt, das ihn gleichzeitig als Herzog in Franken auch Landesherr eines stark vom Krieg gezeichneten geistlichen Territoriums sein ließ. Doch von Beginn seiner Regierung an nahm er die Zügel eigenständig und fest in die Hand. Es entsprach seinem Naturell und ausgeprägten Verantwortungsbewußtsein, daß er die ihm übertragenen Ämter nicht nur dem Namen nach innehaben wollte. Schon bald nach Regierungsantritt in Würzburg begann er, mit Freund und Feind Erleichterungen für sein Hochstift auszuhandeln: Die Kaiserlichen drängte er, die Kriegslasten herabzusetzen; von den Schweden erkaufte er eine relative Sicherheit; die 1642/43 ins Hochstift eingefallenen Franzosen veranlaßte er zum Abzug. Überzeugt davon, daß der schon 25 Jahre währende Krieg vom Kaiser und seinen Verbündeten nicht mehr gewonnen und den katholischen Reichsständen nur noch weiteren Schaden bringen würde, suchten er und seine wenigen engen Mitarbeiter nach Wegen zu einem baldigen Frieden. Dabei begannen sich die Grundlinien seiner gesamten späteren Politik abzuzeichnen. Der eigenen Schwäche bewußt, sah er sich nach Verbündeten um. Er suchte sie im Reich, ließ aber auch beim französischen ersten Minister Kardinal Jules Mazarin (gest. 1661) vorfühlen, ob Frankreich für einen Separatfrieden mit Würzburg zu gewinnen sei. Als eine der Hauptursachen für den immer noch anhaltenden Krieg erachtete er die zu enge Verknüpfung des habsburgischen Kaiserhauses mit dem spanisch-französischen Konflikt. Deshalb verlangte er die Abkoppelung der militärischen Ziele Spaniens von den Reichsangelegenheiten. Da kaum zu erreichen war, daß die kaiserliche Politik einer solchen Trennung zustimmen würde, forderte er für die Reichsstände Sitz und Stimme auf dem Westfälischen Friedenskongreß. Dabei ließ er es auch auf den Konflikt mit Kaiser Ferdinand III. ankommen. Gegen dessen Willen beschickte er 1644 den Friedenskongreß in Münster und Osnabrück. Das machte Frankreich auf den eigenwilligen Reichsfürsten aufmerksam und ließ Wien wegen der drohenden Spaltung zwischen Kaiser und Reichsständen in der Frage der Besetzung des Kongresses einlenken. Auf dem Kongreß wollte der Schönborn lediglich die Friedensfrage behandelt wissen. Die protestantischen Religionsgravamina sollten seiner Meinung nach als innerdeutsche Angelegenheit auf einem Reichstag gelöst werden. Als er jedoch erkennen mußte, daß die protestantischen Reichsstände und die Schweden die Friedensfrage unnachgiebig mit der Einbeziehung der Religionsfrage verbanden, zeigte er sich ab 1646 als einer der ersten katholischen Reichsstände auch hier zu Kompromissen bereit. Diese religionspolitische Flexibilität trug ihm das Mißtrauen des päpstlichen Friedensvermittlers Fabio Chigi und den Unwillen der sogenannten extremkatholischen Gruppe um Adam Adami, Johann Leuchselring und Heinrich Wangnereck SJ ein, die selbst auf die Gefahr eines verlängerten Krieges hin hart auf zum Teil in der Praxis längst überholten Rechtspositionen beharrten und jedes diesbezügliche Entgegenkommen als Verrat am katholischen Glauben apostrophierten. Fabio Chigi war seit Ende 1645 entschlossen, offiziellen Protest gegen einen Friedensvertrag einzubringen, der als Ergänzung zu 1555 die Religionsfrage mit einschloß. Johann Philipp von Schönborn war spätestens ab 1646 bereit, einen möglichen Frieden nicht an der Religionsfrage scheitern zu lassen. Diese unterschiedliche Position sollte auf viele Jahre das Verhältnis beider belasten.

Die Wahl zum Erzbischof von Mainz und damit zum Kurfürsten, Erzkanzler des Reiches und seit dem 16. Jahrhundert auch zum Inhaber des Reichsdirektoriums, d. h. zum Leiter des Reichstages, gab Johann Philipp von Schönborn ab November 1647 die Möglichkeit, die Reichspolitik maßgeblich mitzugestalten. Wie schon seit 1642 in Würzburg – er behielt dieses Fürstbistum bei und nahm 1663 noch das kleine Bistum Worms hinzu – bewies Johann Philipp auch in Mainz, daß er seine Titel und Ämter nicht nur dem Namen nach führte, sondern mit wirklicher Kompetenz und Entscheidungsbefugnis ausübte. Am raschen Zustandekommen eines politischen Reichsreligionsvergleiches und des Westfälischen Friedensschlusses am 24. August 1648 war er maßgeblich beteiligt. Die nach dreißig Jahren Krieg in Münster und Osnabrück erfolgte Einigung war in vielem auch sein Werk. Diesen mühsam errungenen und teuer erkauften Reichsfrieden unter allen Umständen zu erhalten, war die oberste Maxime seiner Politik in den nächsten 25 Jahren. Dabei nahm er alle Chancen wahr, die sich ihm boten. Als besonders geeignetes Mittel zur Friedenswahrung erachtete er die Bündnispolitik, die er dann auch in mitunter überzogenem Maße betrieb. Balancierend zwischen den großen Machtblöcken habsburgisches Kaiserhaus und Frankreich, dem 1648 die Garantie des Reichsfriedens übertragen worden war, warf er das Gewicht seiner an sich schwachen Erz- und Hochstifte und seine ihm verfassungsmäßig zukommenden hohen Reichsämter jeweils auf die Waagschale.

Solange die Franzosen noch Mainz besetzt hielten und der Frondekrieg für innerfranzösische Unsicherheit sorgte, war seine Bündnispolitik kaiserorientiert. Unzufrieden mit der wenig reichsbetonten habsburgischen Politik, näherte er sich ab 1655 Frankreich, dessen Dynamik er bewunderte und das ihn um des vermehrten französischen Reichseinflusses willen hofierte. Der Höhepunkt seiner profranzösischen Politik lag im Jahr 1658. Damals verzögerte er lange die Wahl Leopolds I. (1658–1705) zum Kaiser. Dennoch gab er bewußt dem Habsburger seine Stimme und nicht Ludwig XIV. (1643–1715) von Frankreich, der ebenfalls nach der Kaiserkrone griff. Gleichzeitig propagierte er den am 15. August 1658 geschlossenen Rheinbund, der ein reichsständisches und französisches Gegengewicht zum Kaiserhaus bildete. Nach 1661 rückte der Schönborn langsam wieder von Frankreich ab und näherte sich später sogar erneut dem Kaiser. Die Gründe dafür lagen in der immer offenkundiger werdenden Hegemonialpolitik des Sonnenkönigs, die eine ernste Bedrohung des Reichsfriedens darstellte, eben jenes Friedens, den Erzbischof Johann Philipp mit seinen politischen Mitteln und Möglichkeiten stets unbedingt zu erhalten bestrebt war. Er und das stiftische Deutschland brauchten diesen Frieden. Er garantierte den Fortbestand der 1648 festgeschriebenen Reichsverfassung, der wichtigsten Voraussetzung für den Erhalt des stiftischen Deutschlands. Dessen Existenz war 1648 dadurch gesichert worden, daß der Friedensvertrag den 1. Januar 1624 als Stichtag für den Entscheid über die Glaubenszugehörigkeit der Untertanen und den kirchlichen Besitz angenommen hatte: Was zu jenem Zeitpunkt katholisch war, sollte katholisch bleiben und was protestantisch war, protestantisch. In die seit 1555 bestehende rechtliche Gleichstellung der Katholiken und Lutheraner wurden die Reformierten (Kalviner) einbezogen. Erst diese Festlegung, die praktisch das Ende von Reformation und Gegenreformation bedeutete, gab der katholischen Kirche im Reich abermals eine feste und gesicherte Basis, auf der der dringend notwendige innere und äußere Wiederaufbau erfolgen konnte. Ganz konkret galt das auch für das Erzstift Mainz, dem definitiv, nebst kleineren Besitzungen im Hessischen, die Bergstraße und Erfurt wieder zugesprochen wurden.

Mannigfaltige Förderung und Hebung des kirchlichen Lebens

Nach über hundert Jahren Existenzunsicherheit und dreißig Jahren Krieg hatte das Erzstift 1648 erstmals wieder die Chance, verfassungsrechtlich gesichert und in Frieden den wirtschaftlichen, finanziellen, kulturellen, religiösen und kirchlichen Wiederaufbau anzugehen. Als Landesherr und Bischof hat Johann Philipp viel getan, um den möglichen Aufschwung wirklich voranzubringen. Er mühte sich um die Verbesserung von Handel, Handwerk, Wirtschaft und Verkehr. Er trug Sorge für die Wiederbesiedelung verödeter Gebiete, insbesondere im Raum um Seligenstadt. Er ließ starke Fortifikationen in Mainz und Erfurt durchführen. In beiden Städten errichtete er ein Waisenhaus. Mit unterschiedlichem Erfolg mühte er sich um eine Verbesserung der weltlichen und kirchlichen Behörden, unter anderem auch des Generalvikariats. Zu den hervorragenden Leistungen in seinem Pontifikat gehört die endgültige Durchführung der Beschlüsse des Konzils von Trient. 1651 ordnete der Erzbischof die Wiedereinführung des lange im Mainzer Dom vernachlässigten Chorgebetes an. 1656 erließ er das Dekret zur Einführung des Gregorianischen Chorals, der die bis dahin üblichen Mainzer Melodien ablöste. Häufig gemahnte er die Priester, die Bibel und die Kirchenväter für ihre Predigt heranzuziehen. Er selbst liebte die Heilige Schrift. Viele Evangelientexte und die Psalmen setzte er in Reime und ließ sie vertonen; so den „königlichen Psalter" von 1658, den er Leopold I. widmete. Auch an der 1662 edierten deutschen Bibelübersetzung, einer Überarbeitung der 1630 erstmals gedruckten Bibel des Kaspar Ulenberg (gest. 1617), wirkte er mit. Wie streng die Herausgabe von deutschen Bibeln damals in Mainz gehandhabt wurde, mußte Adolph Gottfried Volusius, in Rom ausgebildeter Konvertit, Mainzer Dompfarrer, Vertrauter des Erzbischofs und von 1676 bis zu seinem Tod 1679 Mainzer Weihbischof, erfahren. Weil seine Bibelübersetzung von 1655 Unklarheiten aufwies, durfte sie nicht erscheinen. Um so mehr Erfolg war seinem 1663 bereits in zweiter Auflage erschienenen biblischen Katechismus beschieden. Volusius arbeitete im Auftrag des Erzbischofs 1664 auch an einem Mainzer Proprium als Zusatz zum neuen tridentinisch-römischen Brevier, dessen erster Teil 1665 erschien. Damals gab es erhebliche Schwierigkeiten mit der römischen Kurie, weil die Mainzer in das Proprium neben Bardo auch Willigis als Heiligen aufgenommen hatten. Nach jahrelangem Streit blieb Willigis schließlich im Mainzer Heiligenkalender. Es war zum Schluß eher eine stillschweigende Übereinkunft. Der Erzbischof und seine kirchlichen Mitarbeiter, unter ihnen neben Volusius vor allem Weihbischof Peter van Walenburch (1658–1669), konnten für sich die in den Dekreten des Tridentinum zugebilligte Möglichkeit in Anspruch nehmen, überlieferte liturgische Sonderformen beizubehalten, wenn sie eine Tradition von über 200 Jahren besaßen. Selbst das von Willigis gegründete Stift St. Stephan hatte dessen Officium vergessen; rechtzeitig wurde jedoch ein Codex von 1142 wiederentdeckt, der bewies, daß schon im 12. Jahrhundert Willigis in der Liturgie verehrt wurde. Selbst wenn die Einführung des Willigisfestes ein kleines, weniger gelungenes Teilstück innerhalb der liturgischen Reform war, die große Leistung des Schönborn und der damaligen geistlichen Behörde auf dem Gebiet der vom Konzil von Trient gewollten liturgischen Übereinstimmung in der Gesamtkirche wurde dadurch nicht geschmälert. Geradewegs ein Meilenstein der Mainzer Liturgiegeschichte war 1671 die Herausgabe eines an den Beschlüssen des Konzils von

„Catechismus Biblicus" von Weihbischof Volusius (Titelblatt)

Trient und dem Rituale Romanum von 1614 orientierten neuen Rituale. Es behielt bis 1950 Gültigkeit.

Unter Erzbischof Johann Philipp wurde auch die Neubearbeitung des Missale nach tridentinisch-römischem Ritus in Angriff genommen. Ediert werden konnte es jedoch erst 1698. Dieses blieb wie das Brevier von 1665 in Gebrauch, bis die Verwirklichung der liturgischen Reformbeschlüsse des II. Vatikanischen Konzils (1962–1965) 1965 neue liturgische Bücher in deutscher Sprache brachte.

Gleich zweimal erließ Erzbischof Johann Philipp einen umfassenden Erlaß über die Ordnung in Kirchen, Schulen und Gemeinden, 1648 und 1670. Die „Ernewerte Kirchen-Ordnung" von 1670 galt für die „Ertz- und Stiffter Mayntz, Würzburg und Wormbs", deren Bischof und Landesherr der Schönborn war. Die überhaupt nur einmal zustandegekommene Kumulation der Bistümer Mainz und Würzburg nutzte der Erzbischof, um die seit langem bestehenden Kontroversen zwischen den beiden Stiften auszuräumen. 1656 schlossen Mainz und Würzburg „Unio und Bündnis" in den weltlichen Dingen und 1663 eine „Confoederatio" in spirituellen und kirchlichen Angelegenheiten, wie z. B. in Liturgiereform und Kirchenordnung oder auch in dem 1664 erneut erlassenen Edikt, die im tridentinischen „Tametsi" vorgeschriebene katholische Eheschließungsform auch wirklich einzuhalten. Das wesentlichste Ergebnis der „Unio" von 1656 waren einige Grenzkorrekturen, geringfügig in der Grafschaft Rieneck, eine ganze Anzahl Orte betreffend im Odenwald. Die meisten der betroffenen Gemeinden und Pfarreien gehörten territorial zu Mainz und kirchlich zu Würzburg. Das hatte immer wieder zu erheblichen Spannungen und teilweise sogar zu Verwirrungen geführt, vor allem in der Zeit der Durchsetzung katholischer Reformmaßnahmen. Erschwerend kam noch hinzu, daß in diesen Gebieten das Kollationsrecht, d. h. das Recht, den Pfarrer zu ernennen, nur selten beim Bischof von Würzburg lag, dem aber als Ordinarius das Bestätigungsrecht und damit das kirchliche Einsetzungsrecht zustand. Diesem Mißstand setzte der Vergleich von 1656 ein Ende. Fast alle im Mainzer Territorium gelegenen Orte kamen nun auch kirchlich zum Erzbistum, darunter das von der Benediktinerabtei geprägte Amorbach und der wichtige Wallfahrtsort Walldürn. Lediglich Buchen als Sitz eines Landkapitels blieb kirchlich bei Würzburg, an das auch einige bisher kirchlich zu Mainz gehörende Ortschaften, die außerhalb des Kurstaates lagen, angegliedert wurden.

In dem Bewußtsein, daß weder Dekrete und Erlasse noch eine bessere Organisation allein die kirchliche Erneuerung bewirken konnten, wurden vom Erzbischof Johann Philipp nachdrücklich die Formen der aufkommenden barocken Frömmigkeit unterstützt. Er förderte die Bruderschaften und Gebetsvereinigungen, ordnete gar Mehrstundengebete in Zeiten der Not an, zu denen sicher die Pestjahre zählten, die um 1666 erneut hereinbrachen, befürwortete das wieder beliebte Prozessions- und Wallfahrtswesen und die neue Eucharistie- und Marienfrömmigkeit. Dabei wahrte er Nüchternheit und steuerte den im Volk aufkommenden Drang nach Übertreibung. Dem, vor allem aber auch der gesamtkirchlichen Erneuerung, galten die Visitationen, die mehrfach, so in den Jahren 1654 bis 1657, 1660 und 1666, im Erzbistum durchgeführt wurden. Auch die Reform des Schulwesens ließ er sich angelegen sein. Die Erarbeitung und konkrete Durchsetzung der vielen Reformmaßnahmen vertraute er seinen kirchlichen Mitarbeitern an, vor allem seinen Weihbischöfen und Generalvikaren, aber auch anderen

Bartholomäus Holzhauser

Stellen in der kirchlichen Behörde, die er geschickt mit geeigneten Personen besetzte.

Einen besonderen Glücksgriff tat Erzbischof Johann Philipp 1655 mit der Berufung von Bartholomäus Holzhauser (gest. 1658) zum Pfarrer von Bingen. Den reformeifrigen Begründer des „Instituts der in Gemeinschaft lebenden Weltpriester", später auch „Bartholomiten" und „Communisten" genannt, hatte er in Regensburg und Bad Gastein kennen und schätzen gelernt. Sofort übertrug er dem „Institut" die Leitung des 1654 gemäß den Bestimmungen des Konzils von Trient in Würzburg errichteten Priesterseminars. Um diese Leitung hatten sich auch die

Jesuiten bemüht. Doch zu ihnen hatte der Schönborn trotz mancher Zusammenarbeit ein sehr reserviertes Verhältnis. So beauftragte er auch nicht sie, sondern wiederum Bartholomiten, die Leitung des 1662 in Mainz eröffneten Priesterseminars zu übernehmen. Erster Regens wurde der spätere Weihbischof Matthias Starck, der zuvor bereits die in Bingen von Holzhauser eingerichtete Lateinschule geleitet hatte. Es war die erste Schule dieser Art, die später im Erzstift weit verbreitet war. Die Bedeutung des Priesterseminars in Mainz muß für das Erzbistum sehr hoch angeschlagen werden. Viele gute Priester gingen aus ihm hervor. Ein größerer Teil von ihnen schloß sich den Bartholomiten an. Die meisten von ihnen wirkten als Pfarrer in der Seelsorge.

Ab der zweiten Hälfte des 17. Jahrhunderts standen in der Pfarrseelsorge auch viele Ordensgeistliche: die Benediktiner von St. Jakob in Mainz und von Sponheim, die Karmeliten von Kreuznach und Simmern, die Franziskaner, die Kapuziner und die Augustiner-Chorherren in Ravengiersburg und Pfaffen-Schwabenheim. Ihnen allen ist es zu verdanken, daß selbst die Nuntien dem Mainzer Klerus im 18. Jahrhundert hohes Lob zollten.

Der mit Strenge auf Reform und kirchliches Wiederaufblühen bedachte Erzbischof Johann Philipp war kein Fanatiker. Den Protestanten gegenüber wahrte er als Landesherr eine tolerante Haltung. Auch an seinen Hof berief er kenntnisreiche Protestanten, so den bekannten Gelehrten Johann Christian von Boineburg (gest. 1672), seit 1653 Katholik und bis 1667 Mainzer Oberhofmarschall, oder Gottfried Wilhelm Leibniz (gest. 1716), von 1668 bis 1672 Mitarbeiter und Rat am kurfürstlichen Oberrevisionsgericht. Besonders nahm sich der Erzbischof der Konvertiten an, unter diesen der schon genannte spätere Weihbischof Volusius und Berthold Nihus (gest. 1657), der 1655 zum Mainzer Weihbischof in Erfurt ernannt und am 6. Juni 1655 im Dom von Johann Philipp persönlich konsekriert wurde. Die Begegnung mit den Protestanten und die Aufnahme und Förderung von Konvertiten war bei Erzbischof Johann Philipp eingebunden in sein Bemühen, über Unionen oder Konversionen das konfessionell gespaltene Deutschland wieder zu einen. Nicht alle am Mainzer Hof in diesem Zusammenhang entwickelten Unionsideen waren dabei vom Erzbischof abgesegnet oder akzeptiert. Mitunter wurden sogar abenteuerliche Pläne geschmiedet, so die Vorstellung, über das Zugeständnis von Laienkelch und Priesterehe ließe sich ganz Frankfurt wieder rekatholisieren. Die irenische Grundtendenz erwies sich jedoch als sehr positiv und fruchtbringend. In Mainz behielt sie lange ihre Ausstrahlung.

Ein schweres Nierenleiden von Erzbischof Johann Philipp hatte schon 1663 daran denken lassen, die Nachfolge durch die Wahl eines Koadjutors zu regeln. Die Besserung des Gesundheitszustandes, persönliche und familiäre Ambitionen und politische Umstände verzögerten die Wahl bis zum 15. Dezember 1670. Koadjutor mit dem Recht der Nachfolge wurde der Speyerer Fürstbischof Lothar Friedrich von Metternich-Burscheid. Rom hatte die Postulation am 16. November 1671 bestätigt. Er konnte am 12. Februar 1673 die Nachfolge in Mainz antreten.

An jenem Tag starb in Würzburg Johann Philipp von Schönborn, „deutscher Salomo" gepriesen, „Vater des Vaterlandes" und „Friedensfürst". Sein Leib wurde in Würzburg beigesetzt, sein Herz in den Mainzer Dom überführt. Eine Inschrift auf dem Grabdenkmal im Westchor nennt ihn einen wahrhaft Großen.

2. Von Frankreich bedroht: Das Erzbistum von 1673 bis 1695

Erzbischof Lothar Friedrich von Metternich-Burscheid (1673–1675)

Die Stelle einer solchen Persönlichkeit einzunehmen und auszufüllen, ist für den Nachfolger nicht immer leicht. Dem neuen Erzbischof Lothar Friedrich von Metternich-Burscheid, der bereits am 24. Juni 1656 vom Mainzer Weihbischof Wolther Heinrich von Streversdorff in Bruchsal zum Bischof konsekriert worden war und am 13. Mai 1673 in Mainz feierlich inthronisiert wurde, machten die düsteren politischen Wolken das Leben noch schwerer. Wie bereits in den letzten Lebensjahren von Erzbischof Johann Philipp lag über dem Reich die Gefahr, von König Ludwig XIV. mit Krieg überzogen zu werden. Kaum hatte Lothar Friedrich seine mit dem Mainzer Erzstuhl verbundenen hohen Ämter angetreten, mußte er erleben, daß französische Truppen vorübergehend in seine Territorien einrückten. Der Reichskrieg gegen Frankreich begann. Erzbischof Lothar Friedrich hatte ihm zugestimmt. Nach einem Sieg der Franzosen über kaiserliche Verbände am 16. Juni 1674 war es diesen gelungen, in bedrohlicher Nähe zum Kurstaat einige strategisch günstige Positionen zu besetzen. Fast zur gleichen Zeit lähmten zwei Schlaganfälle nahezu alle Aktivitäten von Erzbischof und Kurfürst Lothar Friedrich. Auf die Reichspolitik vermochte er kaum noch Einfluß zu nehmen. Die Verwaltung seiner Territorien erfolgte im gewohnten Gang über die Behörden. Normal verlief auch das kirchliche Leben im Bistum. Die bischöfliche Betreuung seiner Kirchensprengel, zu denen 1674 auch noch Worms hinzugekommen war, anvertraute Lothar Friedrich seinem Speyerer Weihbischof Johannes Brasset (gest. 1684). Er holte ihn 1674 nach Mainz und ernannte ihn zusätzlich zum Wormser und Mainzer Weihbischof in partibus Thuringiae, Eichsfeldiae et Saxoniae. Nach Thüringen (Erfurt) ist der Weihbischof nie gekommen. Bis 1676 wirkte er als damals einziger Weihbischof des Erzbistums fast ausschließlich in der Rheingegend um Mainz. Der Erzbischof starb am 3. Juni 1675 in Mainz. Einen Monat zuvor hatte er zustimmen müssen, daß auf Gesuch des Domkapitels kaiserliche Schutztruppen in die Stadt eingerückt waren.

Erzbischof Damian Hartard von der Leyen (1675–1678)

Die Wahl des neuen Erzbischofs blieb von der Präsenz des kaiserlichen Truppenkontingents nicht unberührt. Gleich mehrere Domkapitulare in hohen Stellungen und mit großem Einfluß bewarben sich um den Erzstuhl, unter ihnen Wilderich von Walderdorff (1617–1680), erst lange Jahre Mainzer Generalvikar, dann durch Erzbischof und Erzkanzler Johann Philipp von Schönborn Reichsvizekanzler am Kaiserhof und seit 1669 Bischof von Wien. Die Wahl fiel am 3. Juli 1675 jedoch auf den vom Kaiser protegierten und von seinem kurfürstlichen Bruder Erzbischof Karl Kaspar von Trier (1652–1676) nachdrücklich unterstützten Damian Hartard von der Leyen. Wenige Tage später postulierte ihn auch das Wormser Domkapitel zum neuen Bischof. Rom hatte keine Bedenken, beide Wahlen 1676 zu konfirmieren. Im gleichen Jahr bestätigte der Papst auch Adolph Gottfried Volusius, wegen seiner Strenge als Visitator gerne als „Pfaffenschinder" apostrophiert, als Mainzer Weihbischof in Erfurt. Ihn hatte Erzbischof Damian Hartard zum Nachfolger des 1676 nach Speyer zurückgekehrten Weihbischofs Brasset ernannt.

Die anhaltende Bedrohung durch den übermächtigen französischen Nachbarn band weithin die Kräfte der neuen Führung in Mainz, ohne ihr dabei viel Spielraum zu lassen. Durch Defensivallianzen und die Unterstützung der seit 1676 laufenden Friedensverhandlungen in Nijmegen versuchte Kurfürst Damian Hartard den französischen Druck zwar zu mildern, doch viel bewegen vermochte er nicht. Dazu war auch seine Regierung zu kurz, denn der Tod durch Herzschlag holte ihn bereits am St. Nikolaustag (6. Dezember) 1678 heim.

Besondere kirchliche Aktivitäten fehlten in seinem Pontifikat, es sei denn die Neubelebung der sakramentalischen Bruderschaft oder die Förderung der besonderen Verehrung des heiligen Josefs würden dazu gezählt. Die Josefsverehrung war in Deutschland zu Beginn des 17. Jahrhunderts vor allem durch die unbeschuhten Karmeliten erneut belebt worden. Ferdinand III. hatte bereits 1655 den Nährvater Jesu, den „Erhalter des Friedens", zum Patron Böhmens erklärt. Leopold I. weihte 1675 Österreich dem himmlischen Schutzpatron. Den Mainzer Erzbischof bat er mitzuhelfen, das ganze Reich für das gleiche Tun zu gewinnen. Am 25. Oktober 1675 gab der Erzbischof die kaiserliche Aufforderung an seine damaligen acht verbliebenen Suffraganbischöfe weiter und teilte ihnen mit, im Mainzer Dom werde als kostbarer Schatz die Hauptreliquie des heiligen Josef aufbewahrt und jährlich werde der „heylige Patriarch" an seinem Gedenktag durch eine Prozession besonders gefeiert. Da die Antwort der Bischöfe positiv ausfiel, erwirkte Leopold I. am 28. März 1676 von Papst Klemens X. (1670–1676) die Bestätigung des heiligen Josef als Patron aller deutschen Katholiken.

Erzbischof Karl Heinrich von Metternich-Winneburg (1679)

Erzbischof Damian Hartard wurde am 28. Dezember 1678 in der von ihm restaurierten St. Laurentiuskapelle des Domes beigesetzt. Zehn Monate später wurde in Mainz erneut um einen Oberhirten getrauert. Der erst am 9. Januar 1679 zum Nachfolger von Damian Hartard zum Erzbischof gewählte Karl Heinrich von Metternich-Winneburg war völlig überraschend bereits am 26. September 1679 während der Huldigungsreise in Aschaffenburg gestorben. Sein Grab fand er in der St. Lambertuskapelle des Hohen Domes. Weil wenige Tage vor dem Erzbischof auch der Domdekan Marsilius Gottfried von Ingelheim (gest. 8. September 1679) während einer Reise ins Oberstift unerwartet verschieden war, klagte in der Leichenpredigt der Dompfarrer Johann Caspar Diemer, erst habe das Erzstift seine Mutter verloren, nun habe ihm Gott auch noch den Vater genommen.

Das Sterben von drei Erzbischöfen in rascher Folge bedeutete wegen der notwendigen Neuwahlen und Bestätigungen eine erhebliche finanzielle Belastung des wirtschaftlich schon wieder schwachen Erzstifts. Noch schwerwiegender war es, daß durch die zu kurzen Regierungszeiten die kontinuierliche Landes- und Bistumsführung Schaden litt, um so mehr in einer Zeit, die Regierungsgewalt und Führung immer stärker und absoluter in die Hand des Herrschers legte.

Erzbischof Anselm Franz von Ingelheim (1679–1695)

Wie schon im Januar 1679 galt auch nach dem Tod von Erzbischof Karl Heinrich der fähige Generalvikar und Hofratspräsident Christoph Rudolph von Stadion (gest. 1700) als der aussichtsreichste Kandidat für die Nachfolge. Doch abermals gelang es den kaiserlichen Gesandten und Mittelsmännern, die Wahl des für sie zu frankreichfreundlichen Stadion zu verhindern. Als Kompromißkandidat wurde plötzlich Anselm Franz von Ingelheim gehandelt. Da weder die kaiserliche Partei noch Frankreich größere Bedenken gegen ihn vortrugen, stand seiner Wahl zum Erzbischof am 7. November 1679 nichts mehr im Wege. Rom bestätigte die Wahl am 11. März 1680. Am 29. April wurde ihm das Pallium verliehen. Zum Bischof konsekrierte ihn im Mainzer Dom unter Assistenz des Bamberger Bischofs Peter Philipp von Dernbach und des Speyerer Oberhirten Johann Hugo von Orsbeck der Trierer Weihbischof Johann Heinrich von Anethan.

Auf den neuen Erzbischof, Kurfürst und Landesherrn kamen schwere Aufgaben zu. Trotz des am 5. Februar 1679 in Nijmegen auch zwischen dem Kaiser und Frankreich geschlossenen Friedens ging das Hegemonialbestreben König Ludwigs XIV., des inzwischen mächtigsten Herrschers Europas, weiter. Mit seiner Reunionspolitik griff er erneut nach Reichsgebiet. In willkürlicher Auslegung des mittelalterlichen Lehensrechts verlangte er, zu den in den Friedensverträgen an Frankreich abgetretenen Territorien müßten auch jene gehören, die einmal in irgendeiner Form mit diesen in einem Abhängigkeitsverhältnis gestanden hätten. Von einer eigens in Metz geschaffenen Reunionskammer wurden die Reunionen bis weit ins rheinische und pfälzische Land ausgedehnt. Mit dem politischen Wechsel waren wichtige kirchliche Veränderungen verbunden. Der französische König, der 1685 durch die Aufkündigung des Edikts von Nantes den Hugenotten die religiöse Freiheit nahm, verordnete, daß in den reunierten protestantischen Gebieten den Katholiken wieder Religionsfreiheit und Mitbesitz am Kirchengut eingeräumt werde. Diese Bestimmungen, die das Außerkraftsetzen des Normaljahres 1624 bedeuteten, schufen in den betroffenen Orten erhebliche Spannungen, vor allem als es darum ging, dem katholischen Gottesdienst wieder die Kirchen zu öffnen. Im Frieden von Rijswijk verzichtete Frankreich 1697 auf die annektierten Ortschaften, soweit sie nicht im Elsaß lagen, ließ dem Artikel 4 des Friedensvertrages jedoch die Klausel beifügen, in den restituierten Gemeinden die römisch-katholische Religion in dem Zustand zu belassen, wie er jetzt sei. Im Badener (Schweiz) Frieden von 1714 fand die Klausel eine nochmalige Bestätigung. Eine im Auftrag des Metzer Bischofs Henry Charles du Cambout de Coislin 1715 durchgeführte Visitation der ehemaligen Reunionsgebiete erstreckte sich innerhalb des Erzbistums Mainz auf die Pfarreien Bechtolsheim, Waldalgesheim, Wörrstadt, Flonheim, Wallertheim, Meisenheim, Reipoldskirchen, Sien, Rhaunen, Baumholder, Harxheim, Kusel, Glan-Münchweiler, Kirn, Merxheim, Boos, Obermoschel, Offenbach und Birkenfeld. In diesen Orten war den Katholiken seit dem ausgehenden 17. Jahrhundert also wieder eine rechtliche Basis gegeben.

Ab 1679 fürchtete Erzbischof Anselm Franz, die französischen Reunionsansprüche könnten sich auch auf kurmainzische Gebiete erstrecken. Das zu verhindern, war sein politisches Ziel. Da der Kaiser ihm keinen Schutz bieten konnte, weil er durch die Türkenkriege gebunden war und weil ein schlagkräftiges Reichsheer ebenso fehlte wie eine genügend ausgerüstete Kurmainzer Bewaffnung, griff der Kurfürst zum Mittel der schon traditionellen Mainzer Politik des Gleichgewichts durch Bündnisse und Vereinbarungen. Anders als der politisch versierte Johann Philipp von Schönborn verhielt er sich dabei eher reagierend. Auch war die Mainzer Politik nicht ohne Widersprüchlichkeiten. Um dem politischen Druck Frankreichs zu entgehen, wurde die Aufstellung eines großen Reichsheeres zunächst verzögert und dann vom Kurfürsten doch mitbeschlossen. Dem gegenüber gestand er mit den anderen Reichsfürsten im Regensburger Stillstand vom 15. August 1684, daß Frankreich die okkupierten Reunionsgebiete für 20 Jahre rechtmäßig in Besitz halten konnte.

Frankreich begnügte sich mit diesem Zugewinn nicht. Es beanspruchte zur eigenen Sicherheit feste Plätze im Reich und griff militant in die seit 1685 akute pfälzische Erbfolge ein. 1688 ließ Ludwig XIV. große Truppenverbände ins Reich einmarschieren. Sie rückten auch auf Mainz. Als es Erzbischof Anselm Franz nicht gelang, die Franzosen durch Verhandlungen von einem Angriff abzuhalten, überließ er ihnen kampflos die befestigte Stadt. Am 17. Oktober 1688 rückte General Marquis de Bouffleurs mit seinem Heer ein. Anselm Franz hatte sich zuvor über Aschaffenburg und Steinheim nach Erfurt in Sicherheit gebracht. Als Statthalter blieb Christoph Rudolph von Stadion in Mainz zurück. Ein Jahr konnten die Franzosen die Stadt halten. Gegen Frankreich war im Februar 1689 der Reichskrieg erklärt worden. Seit Juli 1689 schloß das Reichsheer mit 60 000 Mann Mainz ein. Nach schweren Bombardements, die größte Verwüstungen anrichteten und viele Kirchen zerstörten, mußten die französischen Truppen am 8. September 1689 kapitulieren. Sie zogen mit „6690 Mann, 572 Lastpferden, 354 Wagen, 31 Mauleseln, 11 Schiffen und 1500 Kranken und Blessierten, nebst 6 Stücken, 2 Mörsern und 2 Haubitzen" geordnet ab. Am 11. September wurde die Stadt übergeben, am 12. September im Dom ein feierliches Dankamt mit Te Deum gesungen. Später kehrte auch wieder Erzbischof Anselm Franz nach Mainz zurück. Er mühte sich um eine stärkere Besatzungstruppe, doch die völlig ruinöse Finanzlage des Erzstifts ließ das Bestreben über erste Ansätze nicht hinauskommen.

Die Kriegsereignisse und ein stark auftretendes Gichtleiden schienen die Kräfte des Erzbischofs ab 1690 völlig zu lähmen. Am 24. Januar 1690 krönte er in Augsburg den zum Römischen König gewählten späteren Kaiser Joseph I. (1705–1711) und Kaiserin Eleonore Magdalena (gest. 1720), die dritte Gemahlin Kaiser Leopolds I. Auch an der Errichtung der 9. Kurwürde für Hannover wirkte er 1692 mit. Stärkere Impulse gingen kaum noch von ihm aus. 1691 zog er sich fast ganz nach Aschaffenburg zurück. Dabei hatten seine ersten Regierungsjahre besonders im kirchlichen Bereich durchaus Dynamik gezeigt.

Bereits 1680 hatte er die Kirchenordnung von 1670 erneut auflegen und verkünden lassen. Er genehmigte Schulstatuten, die in ihrer Zeit fortschrittlich waren, und ordnete 1682 den Winterschulbesuch für alle sechs- bis zwölfjährigen Kinder an. Er machte dem Waisenhaus in Erfurt fromme Stiftungen und ordnete die Reparatur des Armenspitals in Aschaffenburg an. Die Missionen in den Gemeinden übertrug er den Jesuiten, den Franziskanern und den Kapuzinern. Besonders angetan war er von P. Martin von Cochem (1634–1712). Von 1682 bis 1685 war dieser bekannte und beliebte religiöse Volksschriftsteller im Erzbistum als Missionar und Visitator tätig. Der Kapuziner lebte längere Zeit in den Niederlassungen Nothgottes, Mainz und Dieburg und verfaßte neben einer Neubearbeitung des Gesangbuches zahlreiche Betrachtungsbücher und Meßerklärungen.

Zu seinem Weihbischof ernannte er den vorbildlichen und eifrigen Seelsorger Matthias Starck (1681–1703; gest. 1708), der zur Gemeinschaft der „Bartholomiten“ gehörte. Dieses vor allem auch für das Erzbistum Mainz so segensreich wirkende Institut – bis zum Ende des Kurstaates waren rund 900 Geistliche Bartholomiten, darunter die Weihbischöfe Caspar Adolph Schnernauer (1728–1733), Christoph Nebel (1733–1769) und Ludwig Philipp Behlen (1769–1777) – hatte nach langen Verhandlungen am 1. Juni 1680 die päpstliche Approbation und Bestätigung erhalten. Starck wurde am 27. Juli 1681 im Mainzer Dom geweiht. Segensreich und tatkräftig wirkte er im Erzbistum. Auf Geheiß von Anselm Franz übernahm er zwischen 1686 und 1696 auch die Stelle eines Präses im Priesterseminar, in dem er in aller Bescheidenheit bis zu seinem Rücktritt als Weihbischof lebte. 1703 zwang ihn ein starkes Augenleiden, sein Amt niederzulegen. Er verbrachte seine letzten Lebensjahre im Frankfurter Bartholomäusstift. Um die Gottesdienste im Hohen Dom den Bedürfnissen der barocken Frömmigkeit entsprechend gestalten zu können, ordnete der Erzbischof 1682 bedauerlicherweise die Entfernung des um 1240 errichteten und mit künstlerisch überaus wertvollen Figuren des Naumburger Meisters ausgestatteten Westlettners an. Nur wenige Fragmente dieses Kunstwerkes ersten Ranges sind heute noch im Dom- und Diözesanmuseum zu bewundern. Dazu gehören die Deesis, Christus mit den fürbittenden Maria und Johannes, und der „Kopf mit der Binde“. Für den Ostchor bestellte Anselm Franz mehrere barocke Altäre, die 1683 von Weihbischof Starck konsekriert wurden. Wie sehr dem Erzbischof Liturgie und eucharistische Frömmigkeit am Herzen lagen, zeigt auch sein Wohlwollen der sakramentalischen Bruderschaft von St. Quintin gegenüber. Er schenkte ihr ein Andachtsbild und überließ ihr die „wunderbaren Hostien“: 1684 wurde in der Kirche von Partenheim eine alte Monstranz mit drei Hostien wiederentdeckt. Da sie bei einem Brand der Kirche 1435 unversehrt geblieben waren, waren sie lange das Ziel frommer Pilger. Obwohl Partenheim lutherisch wurde, blieb das Andenken an die sakralen Gegenstände noch bis ins frühe 17. Jahrhundert gewahrt, geriet dann aber in Vergessenheit. Da nicht sicher war, ob die Hostien konsekriert worden waren, wandte sich Anselm Franz sogar an den Papst, um zu erfragen, was mit dem Fund geschehen solle. Auf Anordnung des Papstes wurden Hostien und Monstranz ohne besondere Verehrung in der Sakristei von St. Quintin aufbewahrt.

Der körperliche Verfall und schwindende Elan des Erzbischofs, aber auch politische Überlegungen führten dazu, daß am 3. Oktober 1691 Ludwig Anton von Pfalz-Neuburg zum Mainzer Koadjutor mit dem Recht der Nachfolge gewählt wurde. Das Domkapitel hatte sich unter dem Einfluß des Kaiserhauses für einen politisch einflußreichen und militärisch fähigen Mann entschieden. Doch der Großmeister des Deutschen Ordens und 1683 zum Wormser Bischof postulierte Kurpfälzer starb noch vor dem Erzbischof am 4. Mai 1694 in Lüttich. Bereits am 4. September 1694 gaben die Mainzer Domkapitulare erneut einem Koadjutor ihre Stimme. Diesmal entschieden sie sich für Lothar Franz von Schönborn, Neffe von Johann Philipp und seit 1693 Fürstbischof von Bamberg. Er konnte schon bald die Nachfolge in Mainz antreten, denn Kurfürst Erzbischof Anselm Franz von Ingelheim starb am 30. März 1695 in Aschaffenburg. Sein Leichnam wurde am

16. April in der dortigen Stiftskirche St. Peter und Alexander beigesetzt. Nach Sitte der Zeit wurden seine Intestina in die Hofkirche St. Gangolph nahe dem Mainzer kurfürstlichen Schloß gebracht, an dem der Verstorbene zu Lebzeiten weiter hatte bauen lassen. Das Herz des Erzbischofs kam in den Mainzer Dom. Dort ließ ihm sein Neffe und Erbe Franz Adolph Dietrich von Ingelheim-Mespelbrunn ein von Johann Wolfgang Frölicher geschaffenes Denkmal setzen. Recht blasiert schaut der gepflegte und elegant gekleidete geistliche Fürst auf den Beschauer herab. Die am Ideal des „Sonnenkönigs“ orientierte Figur verschleiert, daß im Leben von Anselm Franz oft genug die Schatten das Licht überdeckten.

3. „Pro Deo, Caesare et Imperio“: Erzbischof Lothar Franz von Schönborn (1695–1729)

Hoffnungsträger in schwieriger Zeit

Es war wie ein tiefes Durchatmen, als am 2. Mai 1695 Lothar Franz von Schönborn in Mainz feierlich inthronisiert wurde und seine hohen Ämter und Würden in Besitz nahm. Glücklich und selig pries eines der vielen Huldigungsgedichte den Tag. Der neue Erzbischof war ein Hoffnungsträger. Schon sein Familienname hatte Klang. Die Schönborn waren zu einer der angesehensten Familien im stiftischen Deutschland und im Reich aufgestiegen. Die Erinnerung an die Persönlichkeit und an die großen Leistungen von Erzbischof Johann Philipp war noch sehr lebhaft. Das hatte den Ausschlag dafür gegeben, daß die Domkapitulare bei der Koadjutorwahl ihm und nicht dem vom Kaiserhaus, insbesondere von seiner Schwester Kaiserin Eleonore Magdalena favorisierten Franz Ludwig von Pfalz-Neuburg, Bruder des verstorbenen Koadjutors Ludwig Anton, die Stimme gegeben hatten. Dem dynamischen und politisch versierten Fürstbischof des wirtschaftlich recht gesunden Hochstifts Bamberg trauten sie am ehesten zu, Stütze, Hilfe und Rettung für das vom Frankreich Ludwigs XIV. noch immer bedrohte und finanziell vor dem Ruin stehende Erzstift sein zu können. Wie brisant die Situation für das wegen seiner strategisch günstigen Lage besonders gefährdete Mainz war, verdeutlichten die feindlichen Schwadronen, die am Abend des feierlichen Einzugs von Erzbischof Lothar Franz bis vor die Tore der Stadt kamen. Der seit 1688 entfesselte Krieg, der durch die berüchtigte „verbrannte Erde“ des General Mélac 1689 mit bis dahin kaum gekannter Rücksichtslosigkeit geführt wurde, war noch nicht beendet. Durch ähnliche Leistungen wurden wie einst von Erzbischof Johann Philipp jetzt von Lothar Franz Sicherheit und Bestand für das Erzstift erwartet. Im Gegensatz zu seinem eher frankophilen Onkel war Lothar Franz eindeutig kaiserorientiert.

Die römische Kurie, politisch etwas ins Abseits geraten und ohne besondere Impulse für den deutschen Katholizismus, schien ebenfalls große Hoffnungen in Lothar Franz zu setzen. Schon bald nach seiner Erhebung und Bestätigung zum Bischof von Bamberg hatte sie ihm trotz der grundsätzlichen Bedenken gegen Bistumskumulationen das Wahlvorteilsbreve für Mainz gegeben. Die Mainzer Postulation zum Koadjutor war ebenfalls rasch am 11. Oktober 1694 vom Papst bestätigt worden. Das Pallium für Mainz erhielt der Erzbischof am 6. Mai 1695. Die

Diakonatsweihe am 30. Oktober 1694 und die Priesterweihe am 1. November 1694 hatte Lothar Franz aus der Hand von Weihbischof Starck in der Loretokapelle der Mainzer Kapuziner empfangen. Die Bischofsweihe spendete ihm am 6. November 1695 ebenfalls Weihbischof Matthias, assistiert vom Speyerer Weihbischof Johann Philipp Burkard und den Äbten Cölestin Mann von Amorbach, Robert Kolb von Arnsburg und Alberich Kraus von Eberbach. Diese Weihen sollten nicht nur feierliche Riten und Zeremonien sein. Für den geistlichen Fürsten jener Epoche war es wichtig, auch kirchlich und sakramental die Fülle des Amtes innezuhaben.

Lothar Franz von Schönborn war der hierarchisch strukturierten und ständisch geordneten mittelalterlichen Weltordnung noch eng verbunden. Die beginnende Frühaufklärung tangierte ihn nur oberflächlich, obwohl er selbstbewußt kirchliche Eigenständigkeit bewies, einen gemäßigt absolutistischen und zentralistischen Regierungsstil pflegte und Handel, Rechtswesen und Bildungspolitik den modernen Reformen öffnete. Mit Recht wird er als einer der letzten großen Repräsentanten der mittelalterlichen transzendenten Weltanschauung und der universalen Reichsidee bezeichnet. Durch Stand, Wahl und Weihe wußte er sich von Gott persönlich erhöht und beauftragt, seine Kirchensprengel und Territorien zu lenken und zu leiten und seine hohen Reichsämter auszufüllen. „Pro Deo, Caesare et Imperio" war seine Devise. Er fühlte sich nicht als Diener des Staates, sondern als Mitgestalter und Repräsentant. Seine politischen Ziele und Aktivitäten waren am Reich und an den Belangen des stiftischen Deutschlands, insbesondere seiner eigenen Landesherrschaften, orientiert. Gleich Erzbischof Johann Philipp hatte er zum Ziel, den Reichsfrieden wiederherzustellen und zu erhalten und vor allem Kriege von seinen Stiften fernzuhalten. Ohne größeren Einfluß nehmen zu können, unterstützte er die Verhandlungen, die 1697 zum Frieden von Rijswijk führten. Mit Geschick erreichte er, daß der Kurstaat den Wirrnissen und Belastungen des Spanischen Erbfolgekrieges entging. Die von Lothar Franz geprägte Mainzer Politik innerhalb des Reiches war gekennzeichnet von dem Bemühen um Kreisassoziationen, d. h. die militärische Verbindung von Kreisen, in die das Reich seit 1512 eingeteilt war, um so den kleineren und wenig bewaffneten (armierten) Ständen eine gewisse Gleichgewichtigkeit neben großen armierten Ständen, insbesondere neben dem vor allem nach den Siegen über die Türken erstarkenden Österreich und dem 1701 zum Königtum ausgerufenen Brandenburg-Preußen, zu erhalten. Von den nicht mehr oder nur noch ungenügend am Wohl und Erhalt eines universalen deutschen Reiches interessierten Österreich und Preußen sollte bald die größte Gefahr für die geistlichen Territorien und damit auch für Mainz ausgehen.

Der fürstlichen Position und der Zeit entsprechend lagen die wesentlichen Aktivitäten auch bei Erzbischof Lothar Franz im weltlichen Bereich. Das Erzbistum wurde von ihm über die kirchlichen Behörden gelenkt und geleitet. Die bischöflichen Funktionen und die geistliche Betreuung übten seine Weihbischöfe aus, nach 1703 in partibus Rheni Johann Edmund Gedult von Jungenfeld (1703–1728), im Bereich von Erfurt nach dem 1717 zurückgetretenen, sehr geschätzten Priester, Seelsorger und Geistesmann Johann Jakob Senfft (1695–1717), Johann Joachim Hahn (1718–1725) und Christoph Ignaz von Gudenus (1726–1747).

Die eigentlichen priesterlichen Tätigkeiten des Erzbischofs beschränkten sich auf das gelegentliche Lesen der heiligen Messe, zumeist als feierliches Pontifikalamt, auf das öffentliche Mitfeiern der kirchlichen Hochfeste, auf das Kommunionspenden bei besonderen Anlässen, auf die Teilnahme an den in der Barockzeit besonders prunkvoll gestalteten Prozessionen, auf wichtige und eindrucksvolle Weihehandlungen, wie etwa 1719 die Konsekration seines Neffen Johann Philipp Franz von Schönborn (Fürstbischof von Würzburg, 1719–1724) und 1728 in der St. Gangolphskirche die Bischofsweihe seines Lieblingsneffen Friedrich Karl von Schönborn (von 1729 an Fürstbischof von Bamberg und Würzburg, gest. 1746). Seit 1705 war Friedrich Karl als Reichsvizekanzler in Wien sein wichtigster politischer Mitarbeiter und Berater.

Mit besonderem Nachdruck ließ sich Erzbischof Lothar Franz die Vollendung und Durchführung der von seinem Oheim begonnenen Kirchen- und Liturgiereform gemäß den Beschlüssen des Konzils von Trient angelegen sein. 1698 erschien das neue römisch-tridentinische Missale mit Mainzer Eigenteil. 1705 ordnete er den Neudruck der Mainzer Bibel von 1662 an. Ein Mainzer Manuale wurde 1715 und der Mainzer Eigenteil für das Brevier 1717 ediert. Er förderte das Bruderschaftswesen und genehmigte 1725 die Bruderschaft vom Heiligsten Herzen Jesu, die aus einer in der Kirche der Welschnonnen seit 1700 gepflegten Herz-Jesu-Andacht erwachsen war. Die Bruderschaft war wegen der „Batzenkuchenprozession" am Herz-Jesu-Fest beliebt und volksnah. Ab 1805 war die Bruderschaft in der St. Peterskirche beheimatet.

Erzbischof Lothar Franz, auf den laut Abt Robert Kolb von Arnsburg die Liebe zum eucharistischen Christus „erbweis und erblich deriviret und geflossen war", beauftragte 1718 den Pfarrer von St. Quintin, Dr. Johann Wolfgang Antz, dem „Ewigen Gebet", 1677 von Erzbischof Damian Hartard ins Erzbistum eingeführt und vor allem von Erzbischof Anselm Franz gefördert, Ordnung und eine feste Organisation zu schaffen. Endgültig eingeführt wurde das „Große Gebet" 1722 „Zu Vergrößerung Göttlicher Ehr, zum heylsamen Trost, zeitlich und ewiger Benediction dero getreuen Unterthanen, zu allgemeinert Wohlfahrt des gantzen lieben Vatterlands". Nach der Ordnung begann das Gebet jeweils am 1. Juli, morgens um 4 Uhr, im Hohen Dom, und lief Tag um Tag durch das gesamte Erzbistum. In die gleiche Zeit fällt der Neubau der Walldürner Wallfahrtskirche, auch Zeichen der damals stark gepflegten Eucharistiefrömmigkeit, deren pastorale Aufbereitung, etwa in der feierlich gestalteten Erstkommunion, sich insbesondere die Jesuiten angelegen sein ließen.

Nicht weniger innig war die erneut aufblühende Marienfrömmigkeit. Besondere Marienandachten, seit dem 14. Jahrhundert bekannt, wurden in der Mainzer St. Quintinskirche wieder ab 1634 zwischen Mariä Himmelfahrt (15. August) und Mariä Geburt (8. September) gehalten. In der schwierigen Schwedenzeit sollte der Schutz der Gottesmutter erfleht werden. Unter Erzbischof Johann Philipp wurde die Andacht bis zum Fest Kreuzerhöhung (14. September) ausgeweitet, mit täglicher Messe und ausgesetztem Allerheiligsten, um sie dem auch andernorts geübten „Dreißiger Mariae" anzugleichen. Einem eigenen Büchlein für diese Andachten gab die Mainzer erzbischöfliche Behörde 1723 die Druckerlaubnis. Aus diesen besonderen Marienandachten erwuchs damals auch das Mariengebet im Mai und daraus wiederum die zuerst in Italien in Übung gekommene Maiandacht. Seit dem 18. Jahrhundert war sie im Erzbistum weit verbreitet.

Bruderschaftsbild aus Mainz

Stärkung der katholischen Position

All diese Glaubensäußerungen und mit oft großem Aufwand und Gepränge ausgestatteten Frömmigkeitsformen ließen die Katholiken wieder das lang entbehrte Selbstwertgefühl finden.

Dem kam auch zugute, daß seit dem ausgehenden 17. Jahrhundert ihre Rechtspositionen gegenüber den Lutheranern und Kalvinern verbessert und ihr Besitzstand erweitert wurde. Für das Erzbistum Mainz lagen die dadurch entstandenen Zugewinne vor allem im Bereich des heutigen Rheinhessen und in der Vorderen Grafschaft Sponheim. Nicht nur die schon genannte französische Reunionspolitik, auch die Maßnahmen der seit 1685 aus dem katholischen Haus Pfalz-Neuburg stammenden pfälzischen Kurfürsten haben dazu wesentlich beigetragen. Schon bald nach Regierungsantritt hatte Kurfürst Philipp Wilhelm (1685–1690) erlassen, daß auch den Katholiken die freie und öffentliche Religionsausübung im ganzen Lande zuständе. Das hatte zur Folge, daß sich die wenigen Katholiken Gemeindestrukturen gaben und erste Ansprüche geltend machten, z. B. auf das Glockengeläut und auf die Mitbenutzung von Kirchhöfen. Was Kurfürst Philipp Wilhelm begonnen hatte, setzten 1688 die in die Pfalz eingefallenen Franzosen und vor allem Kurfürst Johann Wilhelm (1690–1716) verstärkt fort. Neben Frankreich war vornehmlich er es, der den Katholiken im Frieden von Rijswijk den bis dahin zurückgewonnenen Besitzstand rechtlich sicherte. Dadurch ermutigt, begann er ab 1699 mit einer recht massiven Zurückdrängung der Reformierten und verkündete am 26. Oktober 1698 durch Dekret, daß in der gesamten Kurpfalz das Simultaneum zu gelten habe, d. h. neben den Lutheranern und Reformierten standen von da ab die Kirchen auch wieder den Katholiken zur Verfügung. Die im Erlaß zur Verstaatlichung des reformierten Kirchengutes vom 30. Juni 1699 gipfelnde Religionspolitik des Kurpfälzers rief den empörten Widerstand vor allem des protestantischen Kurbrandenburg hervor. Die Lage entspannte sich und führte schließlich zum Kompromiß in der Religionsdeklaration vom 21. November 1705. Er sah die Religionsfreiheit für alle und die Aufhebung des Simultaneums vor. Die Katholiken erhielten ihre Freiheiten; die Protestanten waren nicht mehr genötigt, katholischen Gebräuchen aktive Mithilfe zu leisten oder sie zu respektieren bzw. selbst einzuhalten, wie etwa katholische Feiertage oder die geschlossenen Zeiten. Die neuen Besitzverhältnisse wurden nach einem bestimmten Schlüssel durch Teilung geregelt. Simultaneen sollten nur noch als Ausnahme bestehen bleiben. Vorgesehen war, diese gemeinschaftlichen Kirchen durch eine Mauer zu teilen, eine Maßnahme, die jedoch in den meisten Fällen nicht verwirklicht wurde. Wie nicht anders zu erwarten, löste die rechtliche Vereinbarung heftige Reaktionen und Proteste in den Gemeinden aus. Teilweise blieb die Stimmung über lange Zeit vergiftet. Dabei wurde von beiden Seiten die Glut geschürt. Toleranz im Alltag mußte erst noch wachsen.

Daß duldsames Verhalten damals nicht unbekannt war, bewies Kurfürst Lothar Franz in seinem Umgang mit Protestanten. Der Mainzer Hof galt als irenisch; dennoch bemühte man sich intensiv um die Konversion vornehmlich hochgestellter Persönlichkeiten. Neben Jesuitenprofessoren wirkte in diesem Sinne mit großem Eifer der langjährige Mainzer Offizial und nachmalige Abt von Göttweig Gottfried Bessel (gest. 1749) aus dem oberstiftischen Buchen. Zu den bekanntesten Konvertiten, die über Erzbischof Lothar Franz und seine Mitarbeiter zum katholischen Glauben fanden, gehörten Herzog Anton Ulrich von Braunschweig-Wolfenbüttel (gest. 1714) und dessen Enkelin Elisabeth Christine (gest. 1759), die spätere Gemahlin von Kaiser Karl VI. (1711–1740).

Wenn heute von Kurfürst Erzbischof Lothar Franz von Schönborn, Prototyp eines Barockprälaten im positiven Sinn, die Rede ist, wird er zunächst als einer der bedeutendsten Bauherren und Mäzene seiner Zeit apostrophiert. Viele Kirchen und Profanbauten wurden unter seiner Ägide und Förderung errichtet. Architekten und Baumeister ersten Ranges zog er heran: die Brüder Johann und Georg Dientzenhofer, Lukas von Hildebrandt, Maximilian von Welsch, Balthasar Neumann, dazu ungezählte Maler, Bildhauer und Stukkateure. Gärten und Brunnenanlagen finanzierte er, darunter als wichtige Nutzeinrichtung den Mainzer Neuen Brunnen im Bleichviertel.

Die ersten größeren Erfahrungen hatte er in dem ihm übertragenen Familienbesitz Gaibach in Franken gesammelt. Das prachtvollste Schloß, das er bauen ließ und mitkonzipierte, war Schloß Weißenstein ob Pommersfelden bei Bamberg. In dieses Juwel des Barocks investierte er jene 100 000 Gulden, die ihm Kaiser Karl VI. als Dank dafür überreichte, daß er ihn in Frankfurt gewählt und am 22. Dezember 1711 zum Kaiser gekrönt hatte.

Vor Pommersfelden hatte er bereits in Mainz nach französischem Vorbild die kurfürstliche Favorite nach Plänen von Maximilian von Welsch anlegen lassen. Die prächtige Sommerresidenz auf der Anhöhe gegenüber der Mündung des Mains in den Rhein mit ihren sechs Pavillons, den großartigen Wasserspielen und den drei parallel verlaufenden Gartenanlagen sollte die Größe und Bedeutung repräsentieren, zu der das katholische Erzstift Mainz und der geistliche Kurfürst selbst wieder gelangt waren. Die Favorite ging kaum hundert Jahre später mit dem Erzstift und dem Erzbistum unter. Der Bombenhagel von 1793 ließ nur noch Ruinen übrig. Bestand behielten viele andere Schönbornbauten, darunter auch St. Rochus in Mainz, das auf eine Stiftung von ihm zurückgeht.

Erzbischof Lothar Franz, dem Ämterpatronage zugunsten seiner Familie nicht fremd war, hatte sich schon früh bemüht, seinem fähigen Neffen Friedrich Karl wie in Bamberg auch die Nachfolge in Mainz zu sichern. In Rom hatte er rechtzeitig ein „Breve eligibilitatis“ für diesen besorgt. Doch bei der anstehenden Koadjutorwahl am 5. November 1710 gaben die Mainzer Domkapitulare nicht Friedrich Karl die Stimme, sondern dem vom Kaiserhof favorisierten Franz Ludwig von Pfalz-Neuburg, Bischof von Breslau und Worms und seit 1716 auch Erzbischof und Kurfürst von Trier.

Die Gründe für die Wahl des Pfalz-Neuburgers lagen nicht in dessen besonderer Qualifikation. Eher war es die Unzufriedenheit darüber, daß Erzbischof Lothar Franz als gemäßigt absoluter Herrscher die Mitregierung des Domkapitels weithin zurückgedrängt hatte. Auch die Mißgunst über den raschen Aufstieg der Schönborn und politische Divergenzen spielten eine Rolle. Daß Rom, verärgert über politische Aktivitäten des Reichsvizekanzlers Friedrich Karl, auch Franz Ludwig von Pfalz-Neuburg ein „Breve eligibilitatis“ ausgestellt hatte, führte zu einer längeren Verstimmung zwischen dem Mainzer Kurfürsten und dem päpstlichen Hof. Lothar Franz von Schönborn, ein kluger Politiker und der glänzendste Repräsentant der Reichskirche, starb am 30. Januar 1729 in Mainz. Mindestens zehn Leichenpredigten rühmten ihn, unter dem das stiftische Deutschland noch einmal in strahlendes Licht gestellt war.

Die Erzbischöfe Franz Ludwig von Pfalz-Neuburg (1729–1732) und Philipp Karl von Eltz (1732–1743)

Erzbischof Franz Ludwig von Pfalz-Neuburg, der nie eine höhere Weihe, wohl aber eine Anzahl von Bistümern erhalten hatte, zog am 6. April 1729 feierlich in Mainz ein. Vor der Inbesitznahme des Mainzer Erzstuhls hatte er auf Trier verzichtet. Sein Nachfolger wurde dort Georg Franz von Schönborn (1729–1756), ein Neffe des verstorbenen Lothar Franz. Das kurze Pontifikat des Pfalz-Neuburgers hinterließ im Erzbistum nur wenige Spuren. Er ordnete einige Verbesserungen in der Führung des Generalvikariats an. Als Großmeister des Deutschordens legte er am 30. April 1730 den Grundstein zum Deutschhaus (heute Landtagsgebäude von Rheinland-Pfalz). Bereits im Herbst 1731 reiste der Kurfürst an den kaiserlichen Hof in Wien und begab sich 1732 von dort in sein Breslauer Bistum. Er starb am 18. April 1732 und wurde in der von ihm in Auftrag gegebenen kurfürstlichen Kapelle des Breslauer Domes beigesetzt.

Zu seinem Nachfolger in Mainz wählte das Domkapitel am 9. Juni 1732 den theologisch gebildeten und verantwortungsbewußten Philipp Karl von Eltz. Wie allgemein erwartet, richtete Erzbischof Philipp Karl sein Augenmerk weniger auf die politischen als eher auf die geistlichen Belange des Erzbistums. Auf seine Veranlassung wurden sämtliche Pfarreien visitiert. Großen Einfluß räumte der Erzbischof seinem Neffen Hugo Franz Karl von Eltz-Kempenich ein, den er zum Generalvikar (1735–1743) bestellte. Unter ihm wurde erneut an der Verbesserung der geistlichen Behörde gearbeitet. Bemüht um die gute Gestaltung der Gottesdienste, ordnete Erzbischof Philipp Karl die Neuauflage mehrerer liturgischer Bücher an. Starke Impulse gingen von seinem Pontifikat jedoch nicht aus. Zu schwer tat sich der bei seiner Wahl schon fast 70jährige Erzbischof, die gewohnten Bahnen zu verlassen und dynamisch Gegenwart und Zukunft mitzugestalten.

Irritiert durch schwierige politische Konstellationen, reagierte Kurfürst Philipp Karl eher zögernd und zwiespältig, als 1740 wichtige Entscheidungen von ihm gefordert wurden. Ein doppelter Regierungswechsel wurde in diesem Jahr schicksalhaft für das deutsche Reich. Am 31. Mai starb der preußische „Soldatenkönig" Friedrich Wilhelm I. Ihm folgte sein Sohn Friedrich II. (1740–1786), der in die Geschichte als „Alter Fritz", aber auch als „der Große" einging. Friedrich II. war persönlich bekannt mit François Voltaire (gest. 1778) und Jean d'Alembert (gest. 1783) und vertraut mit der französischen Philosophie und Staatslehre. Als streng absolutistisch regierender Monarch baute er Preußen zu einer der führenden Mächte Europas auf.

Am 20. Oktober 1740 starb Kaiser Karl VI. Laut der im „Conclusum" 1732 von den Reichsständen in Frankfurt akzeptierten und 1735 von Frankreich garantierten „Pragmatischen Sanktion" von 1731 fiel die österreichische Erbfolge an die Kaisertochter Maria Theresia (1740–1780). Ihr Gemahl Franz Stephan von Lothringen sollte Kaiser werden. Bereits 1732 hatte sich der Mainzer Erzbischof Philipp Karl bei Zusicherung einer jährlichen Rente von 100 000 Gulden verpflichtet, den Lothringer zu wählen. Diese vertragliche Bindung zog Kurmainz 1734 in den von Frankreich eröffneten Polnischen Thronfolgekrieg (1733–1738). Die durch die französischen Waffenerfolge erneut drohende Gefahr, daß Mainz überrannt und besetzt würde, veranlaßten den Erzbischof, trotz seiner Bauunfreudigkeit die Mainzer Forts „Elisabeth", „Welsch" und „Philipp" und am Rheinufer das neue Zeughaus zu errichten und trotz seiner Zusagen von 1732 politische Neutralität einzunehmen. Ein strikt neutrales Programm ließ sich für Mainz, genauer für den ranghöchsten Reichs- und Kurfürsten auf dem Mainzer Erzstuhl, nicht halten. Das zeigte sich, als Friedrich II. im Dezember 1740 mit dem Einmarsch in das österreichische Schlesien den Österreichischen Erbfolgekrieg (1749–1748) eröffnete und Frankreich, Kurbayern und Kursachsen als Verbündete Preußens eine stark antihabsburgische Front aufbauten. Diese politische Konstellation zwang Erzbischof Philipp Karl, 1741 Habsburg gegenüber wortbrüchig zu werden. Er löste sich von der 1732 für Franz Stephan gegebenen Zusage, versprach im September 1741 dem Wittelsbacher Karl Albrecht von Bayern seine Stimme bei der Kaiserwahl und wählte diesen mit weiteren sieben Kurfürsten am 14. Januar 1742 zum Kaiser. Erzbischof Clemens August von Köln (1723–1761), ein Bruder des Gewählten, krönte Kaiser Karl VII. Albrecht (1740–1745) am 12. Februar 1742 in Frankfurt. Noch im gleichen Jahr brachte Österreich eine starke Koalition gegen Frankreich und Bayern zustande. Der Hauptkoalitionspartner war Georg II., König von England (1727–1760) und Kurfürst von Hannover. Ein von ihnen in den Niederlanden aufgestelltes „Pragmatisches Heer" mit 50 000 Mann rückte im Frühjahr 1743 gegen den in Frankfurt residierenden Kaiser Karl VII. Zur gleichen Zeit starb in Mainz am 21. März Erzbischof Philipp Karl. Er wurde beim Ecce-Homo-Altar vor dem Ostchor des Domes beigesetzt.

4. Kurmainz und die Aufklärung (1743–1792)

„Aufgeklärt" oder „reaktionär"? Das Erzbistum unter Johann Friedrich Karl von Ostein (1743–1763)

Der bis dahin politisch kaum in Erscheinung getretene Johann Friedrich Karl von Ostein wurde als Kompromißkandidat am 22. April 1743 zum neuen Erzbischof gewählt. Er war seit 1724 Propst des Frankfurter Bartholomäusstifts und seit 1725 durch die Provision seines Großoheims Kurfürst Lothar Franz von Schönborn Mainzer Domkustos. Über seine Mutter Anna Charlotte Maria (gest. 1746) war er Neffe der bischöflichen Brüder Friedrich Karl, Georg Franz und des Kardinals Damian Hugo von Schönborn, Fürstbischof von Speyer und Konstanz (gest. 1743). Ein Vetter von Kurfürst Johann Friedrich Karl war der Mainzer Großhofmeister Anton Heinrich Friedrich von Stadion (gest. 1768), Sohn von Anna Maria von Schönborn (gest. 1707). Dieser Staatsminister war seit seinen Studienzeiten in Frankreich ein offener Anhänger der immer schärfer staats- und gesellschaftskritisch werdenden französischen Aufklärung. Von Stadion, ein kluger und sehr fähiger Kopf, verehrte Voltaire, mit dem er persönlich Bekanntschaft gemacht hatte. Er

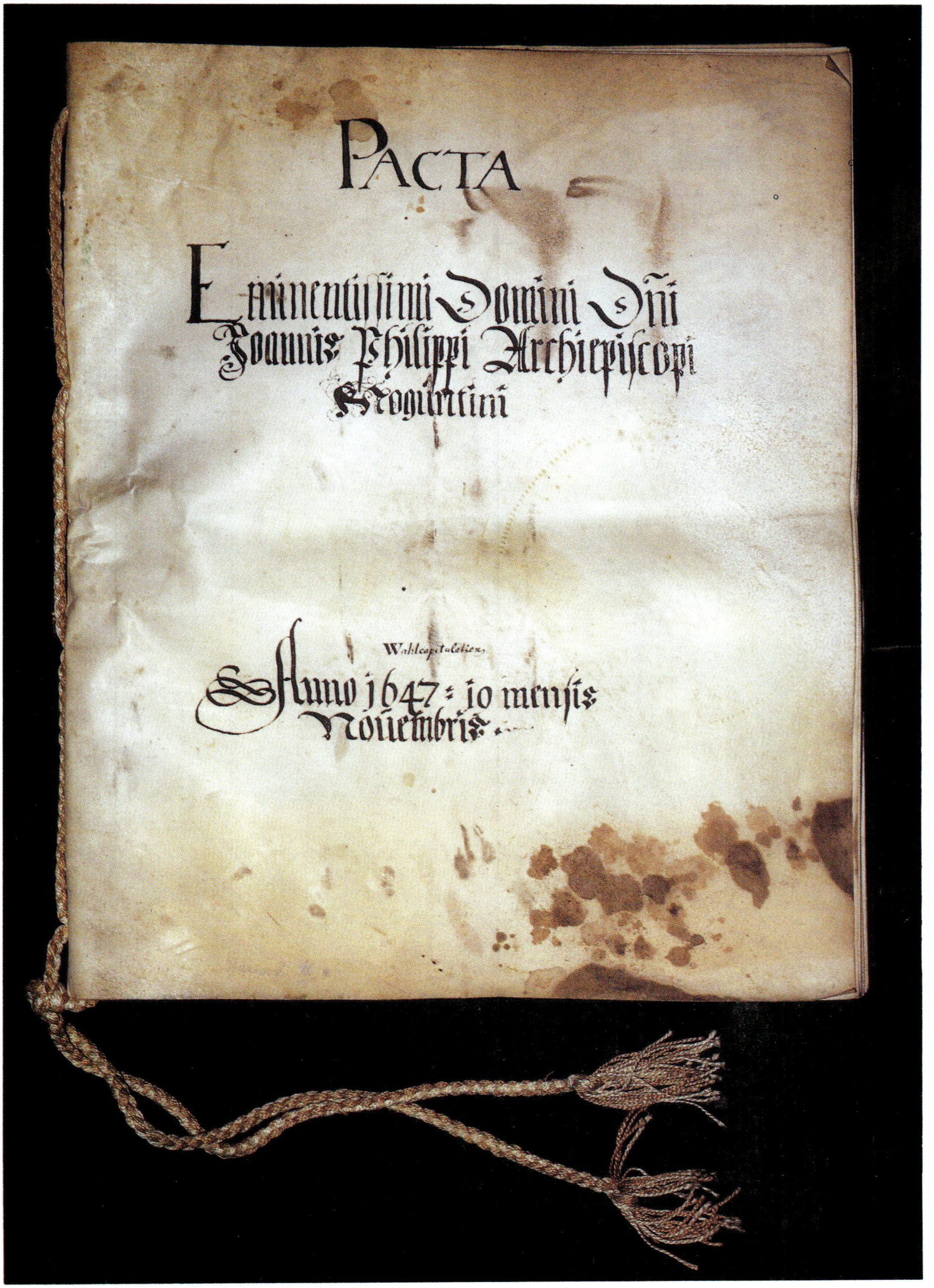

Wahlkapitulation von Erzbischof Johann Philipp von Schönborn, Titelblatt

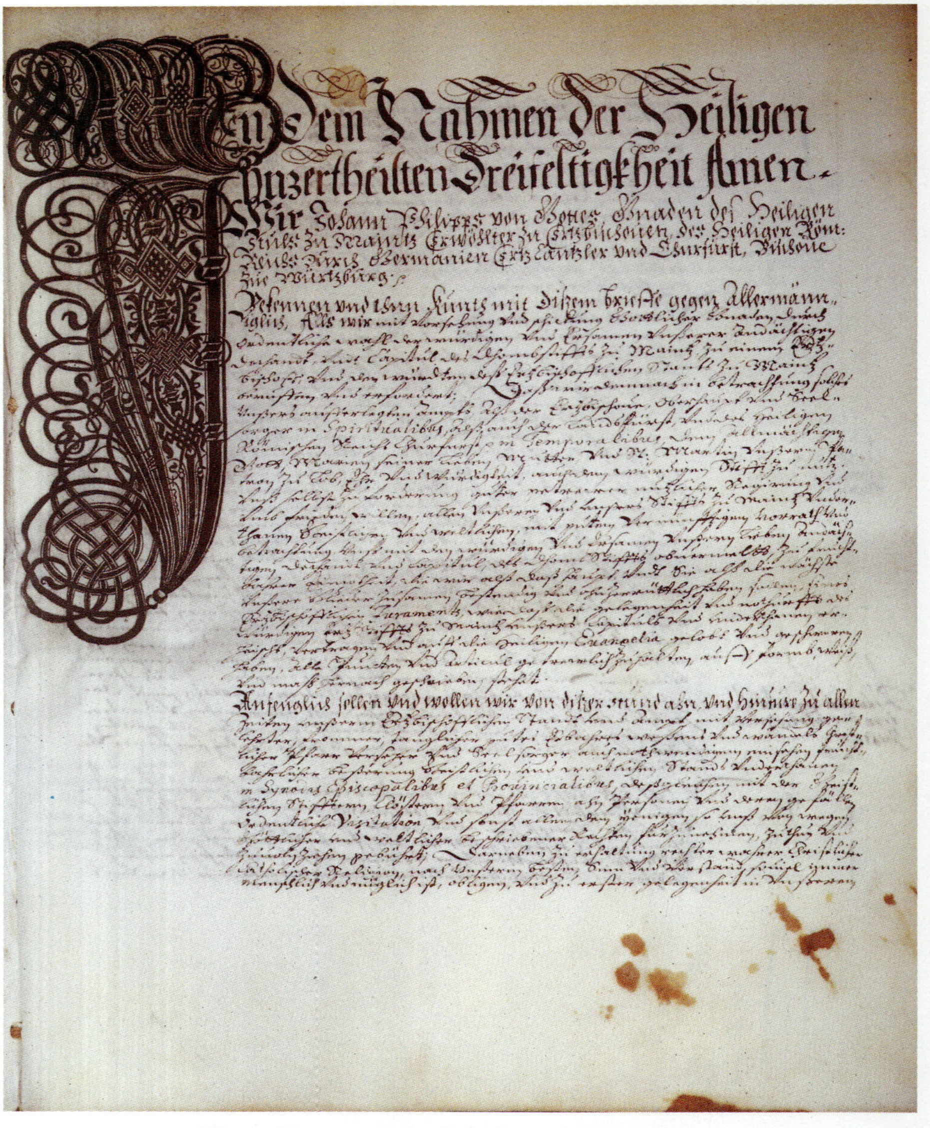
In dem Nahmen der Heiligen Unzertheilten Dreieltigkheit Amen.
Wir Johann Philipps von Gottes Gnaden des Heiligen Stuhls zu Maintz Erwöhlter zu Ertzbischoven, des Heiligen Röm: Reichs durch Germanien Ertzcantzler und Churfürst, Bischove zu Würtzburg
Bekennen und thun kunts mit diesem brieffe gegen allermänniglich
Anfenglich sollen und wollen wir von dieser stund ahn und hinfüro zu aller

Wahlkapitulation von Erzbischof Johann Philipp von Schönborn

Gedenkmünzen: Mainz (1795), Aschaffenburg (1619) und Frankfurt (1809)

war begeistert von den staatspolitischen Theorien von John Locke (gest. 1704) und Charles de Montesquieu (gest. 1755). Reges Interesse zeigte er für die seit 1751 erscheinende französische „Encyclopédie". Dieser aufgeklärten Haltung entsprang auch seine Kritik an kirchlichen Institutionen und Gebräuchen, an den Jesuiten und am kurmainzischen Schulsystem. Von Stadion war der geistig lebendige Mittelpunkt der aufgeklärten Zirkel in Mainz. Politische Mitsprache blieb ihm versagt, solange der mit den Schönborn überworfene Erzbischof Philipp Karl von Eltz regierte.

Als Johann Friedrich Karl von Ostein den bischöflichen Stuhl bestieg, wehte ein neuer Wind in Mainz. Dies nicht so sehr in den Belangen der Reichspolitik, auch nicht in den kirchlichen Angelegenheiten, wohl aber hinsichtlich der wirtschaftlichen Strukturen und des Geisteslebens im Kurstaat. Der Einfluß des aufgeklärten Ministers von Stadion wurde bald spürbar. In der Reichspolitik, vor allem ab 1740 dominant von dem Dualismus zwischen Österreich und Preußen geprägt und über Jahre von Kriegshandlungen bestimmt, vermochte der Mainzer Kurfürst und Erzkanzler nur noch eine beiläufige Rolle zu spielen. Der Sieg des „Pragmatischen Heeres" über einen 60000 Mann starken französischen Truppenverband am

27. Juni 1747 nahe dem oberstiftischen Dettingen nahm zwar die unmittelbare Bedrohung vom Mainzer Kurstaat, doch bedeutete er nicht das Ende des Krieges. Kurfürst Johann Friedrich Karl bemühte sich, über die seit langem praktizierte, inzwischen aber in die Krise geratene Assoziationspolitik und durch die Erklärung der Neutralität Schaden von dem wie stets schwach armierten Erzstift fernzuhalten. Aus dieser Bündnispolitik erwuchs 1744 sogar ein mit König Georg II. geschlossener Subsidienvertrag, der bis 1747 der schwach gefüllten Mainzer Staatskasse immerhin 250000 Taler eintrug. Auch gelang es dem Erzkanzler nach dem Tod von Kaiser Karl VII. am 20. Januar 1745, den Füssener Friedensvertrag vom 22. April 1745 zwischen Bayern und Österreich zu vermitteln. Erst dies ermöglichte, Franz Stephan von Lothringen am 13. September 1745 in Frankfurt zum Kaiser zu wählen. Gekrönt hat ihn Erzbischof Johann Friedrich Karl am 4. Oktober 1745. Die stets farblos gebliebene Regierung von Kaiser Franz I. (1745–1765) hat der vom wachsenden Partikularismus brüchig werdenden Reichseinheit nie Halt und Stütze sein können. Um so bestimmender wurde Preußen, dem es gelang, einen straff geführten Beamtenapparat und ein starkes stehendes Heer aufzubauen. Die territorialen Erfolge seit 1740 zu sichern und einem möglichen Angriff der verbündeten Gegner zuvorzukommen, waren für Friedrich II. Anlaß, 1756 mit dem Einmarsch in Sachsen den Siebenjährigen Krieg zu eröffnen.

Mainz schloß sich daraufhin dem Reichsexekutionszug gegen den preußischen Aggressor an, mußte dann jedoch erleben, daß im Juni 1757 Erfurt von 3000 Preußen besetzt und vom Kurstaat hohe Kontributionszahlungen verlangt wurden. Die durch die eigenen Militärkosten schon sehr angestrengte Finanzkraft des Erzstifts wurde dadurch völlig zerrüttet. Um weiteren Schäden zu entgehen, entschloß sich Kurfürst Johann Friedrich Karl nach der Niederlage der Franzosen und der Rheinarmee am 5. November 1757 bei Roßbach zur Neutralität. Von da an war es ihm kaum noch möglich, in der Reichspolitik eine aktive Rolle zu spielen. Am Zustandekommen des Friedens von Hubertusburg am 15. Februar 1763 war Mainz nur unwesentlich beteiligt. In den politischen Gedankenspielen Preußens wurde das Erzstift sogar schon als säkularisiertes Verhandlungsobjekt geführt.

Beachtlich ist, daß im Innern des Kurstaates trotz dieser kriegerischen Wirren und Belastungen ein deutlicher Reformprozeß in Gang kommen konnte. Die Ideen und die Initiative gingen dabei nicht so sehr vom eher introvertierten Erzbischof Johann Friedrich Karl aus, wie es etwa bei seinem politisch überaus versierten bischöflichen Oheim Friedrich Karl von Schönborn in den Hochstiften Bamberg und Würzburg der Fall war. In Mainz setzte sein als erster Staatsminister beschäftigter Vetter von Stadion die Akzente. Dabei ging es zunächst um die Modernisierung von Verwaltungsapparat und Wirtschaft. Die Regierung wurde straffer organisiert und die Wirtschaft im Sinne der Aufklärung merkantilistisch ausgerichtet und am Volkswohl orientiert. 1744 erschien eine neue Forst- und Jagdordnung. Im fast industrielosen Land wurde 1746 die Höchster Porzellanmanufaktur aufgebaut. 1747 wurde der Handelsstand aus der einengenden Krämerzunft herausgelöst und verselbständigt. Mainz erhielt vom gleichen Jahr an jährlich zwei vierzehntägige Messen, die Handel und Wirtschaft merklich belebten. 1752 erschien eine neue Polizei- und Handelsordnung, die die Einrichtung einer Handelskammer und eines Handelsgerichts vorsah. Der Verbesserung des Handels diente der Ausbau der Straßen und Wasserwege und der Reform des Rechtswesens das 1755 in

Kraft gesetzte „Kurmainzer Landrecht“. Auch die Reform des Unterrichtswesens wurde angestrebt, so etwa durch die Schulordnung von 1758, welche die Verantwortung der Eltern für die schulische Ausbildung der Kinder unterstrich und nicht nur die Winterschule, sondern auch die Sommerschule für die 7- bis 13jährigen Kinder verpflichtend einzuführen versuchte. Der Unterweisung der Mädchen nahm sich der Kurfürst besonders an. Er berief 1752 das „Institut Beatae Mariae Virginis“ nach Mainz, das die Engländerin Maria Ward (gest. 1645) gegründet hatte. Die „Englischen Fräulein“ wirkten zuerst als Gehilfinnen an der schon bestehenden Mädchenschule, die sie 1768 eigenverantwortlich übernehmen konnten. Die aus der ignatianischen Spiritualität lebende Ordensgemeinschaft war die einzige, die Säkularisation und französische Herrschaft überdauerte. Bis heute leisten die Schwestern eine segensreiche Tätigkeit im Bistum.

Der an der Reform und Verbesserung der Mainzer Universität besonders interessierte Erzbischof Johann Friedrich Karl hatte schon bald nach Regierungsantritt eine Kommission zur Verbesserung der Programme und Statuten eingerichtet. Ihr gehörten Professoren, Domkapitulare und Vertreter der weltlichen Behörden an. Sie griff die von der 1739 ernannten Verbesserungskommission gemachten Vorschläge teilweise auf und bemühte sich, eine neue Konzeption des gesamten Lehrsystems zu entwickeln. Als wichtiges Ergebnis ihrer Arbeit erließ der Kurfürst 1746 die neuen Universitätsprivilegien und -verordnungen. Diese Osteinische Verfassung berührte auch deutlich die mehr oder weniger ganz von den Jesuiten beherrschte Theologie. In Ergänzung der bis dahin fast ausschließlich spekulativen und kontroverstheologischen Ausrichtung wurde jetzt vermehrt Wert auf biblische Theologie und Kirchengeschichte gelegt. Erstmals wurde ein Lehrstuhl für Kirchengeschichte eingerichtet. In Ergänzung zu den Universitätsreformen konnten 1754 in Erfurt die „Academie nützlicher Wissenschaften“ und 1758 in Mainz eine Künstlerakademie gegründet werden. Im Bereich der darstellenden Kunst drängten sich das französische Drama und die italienische Oper an die Stelle des bis dahin dominierenden Jesuitenschauspiels.

Der Versuch, die „Societas Jesu“ zurückzudrängen, war kennzeichnend für die Aufklärung. Berechtigte und unberechtigte Kritik wurde an dieser Ordensgemeinschaft geübt. Die einzigartige Stellung der Jesuiten vor allem im Erziehungsbereich, ihre weitreichenden Privilegien und ihr großer Einfluß auf die öffentliche Meinung waren für viele im Klerus und in den höheren Schichten ein Stein des Anstoßes. Solange Erzbischof Johann Friedrich Karl lebte, blieben alle Attacken gegen die Jesuiten wirkungslos. Der Erzbischof, selbst tief in den Formen ignatianischer Frömmigkeit verwurzelt, blieb stets ein Freund und Beschützer des Ordens. Er ließ es sich nicht nehmen, 1746 die neue Jesuitenkirche in Mainz persönlich einzuweihen. Gleiches tat er 1747 mit der neuen Basilika der Benediktinerabtei Amorbach, 1750 mit der Pfarrkirche von Amorbach und 1756 mit der barocken Peterskirche in Mainz, deren Architekt der vom Kurfürsten geförderte Mainzer Johann Valentin Anton Thoman war. Symptomatisch ist eine Begebenheit aus dem Jahre 1754. Staatsminister von Stadion hatte ohne größere Rücksichtnahme ein 1720 von den Jesuiten nahe der St. Sebastianskapelle am Höfchen errichtetes sogenanntes Missionskreuz entfernen und eine St. Nepomukstatue umpostieren lassen, um mehr Platz für das Mainzer Messegelände zu haben. Die an sich vernünftige Maßnahme verletzte jedoch das fromme Empfinden des Volkes tief. Da auch die Jesuiten heftig protestierten, nahm der Erzbischof die Anordnung seines Ministers zurück. Kreuz und Statue kamen wieder an ihre alte Stelle. Aufklärung auch in kirchlichen bzw. religiösen Belangen und Antijesuitismus konnten unter Erzbischof Johann Karl noch nicht zur Entfaltung kommen. Der Jesuiten Arbeit in Schule und Unterweisung des Volkes erfreue ihn ungemein, schrieb er 1759 an Papst Klemens XIII. (1758–1769). Sie sollten als Wächter für Glauben und Sittlichkeit dem Erzbistum erhalten bleiben. Deshalb erbat er vom Papst dringend den Schutz ihres Rufes.

Nicht zuletzt aus dem Gespür heraus, daß Mainz ihm doch nicht die Entfaltungsmöglichkeit bot, die seinem Engagement und aufgeklärten Geist entsprach, verließ Staatsminister von Stadion 1761 den erzbischöflich-kurfürstlichen Hof und zog sich auf seinen Besitz im schwäbischen Warthausen zurück. Er blieb noch bis 1767 Mainzer Großhofmeister. Ein Jahr später starb er. In seinen letzten Lebensjahren war durch ihn der „Warthauser Musenhof“ zu einer „Akademie des europäischen Geistes“ geworden, in der sich die Geistesgrößen der Zeit trafen.

Kurfürst Johann Friedrich Karl von Ostein, seit 1756 auch Fürstbischof von Worms, starb am 4. Juni 1763. Im Mainzer Dom, der während seines Pontifikats gründlich erneuert worden war und in dessen Westchor Franz Anton Herrmann das großartige Chorgestühl eingearbeitet hatte, wurde er beigesetzt. Die Trauerfeierlichkeiten wurden umrahmt von der Musik des böhmischen Komponisten Johannes Zach, der in Mainz von 1745 bis 1765 als Hofkapellmeister wirkte. Die Messen, Motetten und Hymnen dieses bekannten Musikers, der als einer der Mitschöpfer der deutschen Sinfonie gilt, klangen in den großen Gotteshäusern des Erzbistums. Seine Konzerte, Sinfonien und Quartette erfreuten insbesondere im Mainzer kurfürstlichen Schloß, das nach vielen Jahrzehnten Bauzeit unter Erzbischof Friedrich Karl um 1752 fertiggestellt worden war. Das Schloß, die Neubauten von St. Peter, der Jesuitenkirche und der Welschnonnenkirche, die Restaurierung von Mariagreden, des Altmünsterklosters und der Pfarrkirchen von St. Stephan, St. Emmeran und St. Christoph sowie die Errichtung des noch heute als Gouvernement bekannten Osteiner Hofes gaben damals dem erzbischöflich-kurfürstlichen Mainz mit seinen etwa 15 000 Einwohnern sein elegantes Gepräge. Die neuen Errungenschaften und Moden in Baustil, Kunst, Musik und Theater wurden gefördert und neue Presseorgane ermöglicht.

Wichtige Verbesserungen in Verwaltung, Handel, Wirtschaft und Staatsführung waren erfolgt. Der von Staatsminister von Stadion protegierte Mainzer Professor Johann Baptist Horix (gest. 1792) hatte sein am 1. April 1759 von Rom verurteiltes Werk über die Concordata Nationis Germanicae herausbringen können, das bald den episkopalistischen und antiklerikalen Bestrebungen in Deutschland wichtigstes Material sein sollte. Trotz all dieser modernen Tendenzen galt das Erzstift in den Augen der Aufklärer als reaktionär und rückständig.

Aufgeklärte Landes- und Reichspolitik unter Erzbischof Emmerich Joseph von Breidbach-Bürresheim (1763–1774)

War es lange Zeit in Mainz Gewohnheit, erst nach den feierlichen Exequien für den verstorbenen Oberhirten zur Wahl eines neuen Erzbischofs zu schreiten, so hatte sich im Verlauf des 18. Jahrhunderts die Sitte gebildet, die Wahl den offiziellen

Begräbnisfeierlichkeiten voranzustellen. Die Trauergottesdienste für Erzbischof Johann Friedrich Karl im Dom fanden vom 18. bis 20. Juli 1763 statt. Ihnen wohnte auch der neue Kurfürst Erzbischof Emmerich Joseph von Breidbach-Bürresheim bei, für den sich am 5. Juli die Domkapitulare einstimmig entschieden hatten. Das Wahlgeschehen war allerdings nicht so klar und einfach, wie es das Endergebnis scheinen läßt. Bei einem ersten Wahlgang hatten sich elf Domkapitulare für Hugo Franz Karl von Eltz-Kempenich erklärt. Der Dompropst und ehemalige Generalvikar war mit dem verstorbenen Erzbischof über seine Schwester verschwägert. Er galt als gemäßigt und teilte die Bedenken der Mehrheit des Domkapitels gegen einen zu raschen Abbau der alten Standesprivilegien und der überkommenen Formen und Strukturen zugunsten einer Neuordnung im Sinne der Aufklärung. Eltz war durch viele Pfründen sehr vermögend. Bei seinem Tod am 27. Juni 1779 hinterließ er neben zahlreichen Ländereien eine Bibliothek mit 462 Codices und Büchern, eine bedeutende Gemäldesammlung von über 200 Stücken, eine sehr große Waffensammlung und einen hervorragend besetzten Marstall. Es ehrt ihn, daß er seinen Reichtum zur „Erbauung vieler Kirchen und Erhalten der vielen Armen" gebrauchte. Im Eichsfeld und im Spessart nahm er sich vor allem der Schulen an. Ihnen und dem Mainzer Priesterhaus in Marienborn hinterließ er auch den größten Teil seines Vermögens.

Ein weiterer aussichtsreicher Kandidat bei der Wahl 1763 war der Domkantor Lothar Franz Ignaz Specht von Bubenheim (gest. 1766). Er erhielt beim ersten Wahlgang acht Stimmen. Auf den Domdekan Emmerich Joseph, der seit 1752 als Hofrats- bzw. Regierungspräsident enger Mitarbeiter vom Großhofmeister von Stadion war und wie dieser offen für die aufgeklärte Staats-, Rechts- und Gesellschaftsauffassung eintrat, entfielen lediglich fünf Stimmen. Die Wahl entschied sich, als es Emmerich Joseph gelang, die Partei des Domkantors für sich zu gewinnen. Daraufhin gaben ihm auch der Dompropst und sein Anhang die Stimme.

Mit offensichtlich ehrlicher Freude wurde der leutselige, für die Nöte der Menschen aufgeschlossene und einem frohen Lebenswandel zugeneigte Emmerich Joseph vom Volk begrüßt. Die Menschen trauten ihm und dem von ihm erwarteten Regierungsprogramm zu, die wirtschaftlich schlechte Lage des Erzstifts zu bessern und die begonnenen Reformen in Staat und Regierung voranzubringen.

Mit dem Wahlentscheid des Mainzer Domkapitels waren der kaiserliche Hof in Wien und der päpstliche Nuntius weniger zufrieden. Die einen befürchteten, der frankophile Emmerich Joseph könnte deutlich von der betont kaisertreuen Politik des Domkapitels abrücken. Der andere wußte um die aufgeklärte Grundeinstellung des neuen Erzbischofs und um die Vorbehalte, die er und seine Familie gegenüber der Kölner Nuntiatur hegten. Rom bestätigte die Mainzer Wahl am 22. August 1763 und verlieh dem Erzbischof das Pallium. Die Bischofsweihe empfing Emmerich Joseph am 13. November 1763 im Oratorium des kurfürstlichen Schlosses. Es deutete bereits auf die Haltung des Erzbischofs gegenüber den Jesuiten hin, daß er sie unter Aufhebung ihrer bisherigen Immunität erstmals einen hohen Pallienbeitrag zahlen ließ.

Dem Mainzer Kurfürsten und Erzkanzler war kaum reichspolitischer Spielraum gegeben. Das Reich, im Grunde ein Bündel von einigen wenigen großen und einer Vielzahl von kleinen und kleinsten Staaten, war wenig mehr als ein Gebilde, das von einigen alten Gewohnheiten und Einrichtungen lose zusammengehalten wurde. Zu den wesentlichen Reichsaufgaben gehörte noch die Wahl des Königs bzw. Kaisers. Schon bald nach der Erhebung von Emmerich Joseph auf den Mainzer Erzstuhl stand die Königswahl Josephs II. (1765/1780–1790), Sohn Kaiser Franz' I. und der Kaiserin Maria Theresia, an. Seine Wahl war bereits im Frieden von Hubertusburg vereinbart worden. Nach altem Recht schrieb Erzbischof Emmerich Joseph den Wahltag in Frankfurt auf den 7. Januar 1764 aus. Die Wahl erfolgte am festgesetzten Termin. Am 3. April 1764 vollzog der Mainzer Erzbischof unter Assistenz seiner beiden Weihbischöfe Christoph Nebel und Johann Friedrich von Lasser (1748–1769, Weihbischof für Erfurt), sowie der Äbte von St. Jakob, Seligenstadt, Amorbach, Arnsburg, Eberbach und Ilbenstadt die Königskrönung. Anläßlich dieser Feierlichkeiten gelang es ihm, zum ersten und einzigen Male alle neun Kurfürsten zum Kurfürstentag am 7. April im Römer zu Frankfurt zu versammeln. Dabei wurde die Erneuerung des Kurvereins beschlossen.

Viel mehr Reichsaktivitäten waren dem Mainzer Erzkanzler kaum vergönnt. Glück für das Reich und den Kurstaat bedeutete es, daß sie während des Pontifikats von Erzbischof Emmerich Joseph von Kriegen verschont blieben. Um den 1763 mühsam ausgehandelten Frieden nicht zu gefährden, verhielt sich sogar die französische Regierung reserviert, als die Mainzer Regierung mit antihabsburgischer Tendenz wegen eines engeren Zusammengehens mit Frankreich vorfühlen ließ.

In Frankreich war dabei Karl Friedrich Willibald von Groschlag (gest. 1799) vorstellig geworden, den Erzbischof Emmerich Joseph auf Vorschlag von Staatsminister von Stadion 1764 zum Vizehofmeister und 1767 zum Großhofmeister ernannt hatte. Seine Berufung zum Minister und einflußreichsten Berater und die Einsetzung von Anselm Franz von Bentzel (gest. 1786) als Hofvizekanzler (bzw. später Kanzler) bedeutete vor allem für den Kurstaat, daß am aufgeklärten Reformprogramm entschieden festgehalten wurde. „Das Wohl der Völker ist die erste Regentenpflicht, und die werd ich mit meinem Wissen und Willen nie außer acht lassen", soll der Kurfürst bei der Amtseinführung des Freiherrn von Groschlag gesagt haben.

Diese Reform bezog sich zunächst einmal auf den Kurstaat und dessen Wirtschafts- und Finanzpolitik, die merkantilistisch und am Volkswohl orientiert betrieben wurde. Zahlreiche Verordnungen zur Sanierung der Finanzen ergingen. Auf sparsame Haushaltsführung wurde ebenso Gewicht gelegt wie auf die bessere Bewirtschaftung der Forsten und die Förderung der wenigen Industrie in Höchst und Lohr mit seiner Glashütte und der Spiegelfabrik. Die militärische Belastung des Erzstifts ließ Kurfürst Emmerich Joseph senken und zur Hebung des Handels bestimmte Zölle aufheben. 1769 erschien eine neue Gerichtsordnung zur Beschleunigung der Rechtsverfahren und zur Mehrung der Gerechtigkeit im Justizwesen. Schon früh war eine Reform der Kurmainzer Regierungsverwaltung verfügt worden. Durch Erlasse sollte für eine besser funktionierende Beamtenschaft im gesamten Erzstift gesorgt werden. Erhebliche Anstrengungen wurden unternommen, um in Übereinkunft mit den Nachbarstaaten und Handelspartnern eine Vereinheitlichung im Münzwesen zu erreichen. Großer Wert wurde auf die Volksfürsorge und die Armenbetreuung gelegt, vor allem in den Mißernte- und Hungerjahren von 1766 bis 1771. Das Volk zeigte sich für diese Maßnahmen dankbar. Am Ende der Regierung von Erzbischof Emmerich Joseph konnte erfreut registriert werden, daß die 1763 leeren Kassen des Erzstifts auf ein Guthaben von einer Million Gulden gebracht worden waren. Die im Sinne der Aufklärung erfolgten Reformmaßnahmen griffen auch auf den kirchlichen Bereich über. Noch einmal wurden die vielen Feiertage, die eine wesentliche Beeinträchtigung des Arbeitslebens bedeuteten, reduziert, darunter vor allem die „gelobten Feste“ und die „Hagelfeiertage“. Selbst nach der am 23. Dezember 1769 erlassenen Verordnung blieben noch 47 Feiertage übrig, die kirchlich und weltlich einzuhalten waren. Auch eine Vereinfachung der Gottesdienstgestaltung wurde angestrengt. Einengende Verfügungen und teilweise Verbote trafen das häufige und zumeist mit viel Aufwand betriebene Wallfahrts- und Prozessionswesen. Schon unter Erzbischof Johann Friedrich Karl war 1759 untersagt worden, in der eucharistischen Prozession als biblische Personen verkleidete Leute mitzuführen. Jetzt wurden auch die beliebten berittenen eucharistischen Prozessionen verboten, darunter die von den Dörfern Dromersheim und Ockenheim und von der Stadt Gau-Algesheim zum Laurenziberg. Die Gelübdeprozessionen wurden ebenfalls eingeschränkt.

Nicht so sehr in diesen Maßnahmen, die zumeist wirkliche Mißstände beseitigten oder berechtigte Anliegen aufgriffen, bekundete sich, daß die Aufklärung im Erzstift nun auch den kirchlichen und weltanschaulichen Bereich tangierte. Aufklärerische Reform im engeren Sinne des Wortes zeigte sich vor allem in der ab etwa 1768 betriebenen Schul- und Klosterpolitik, im offenen Antijesuitismus und im deutlich spürbar werdenden Antikurialismus.

Im Schulwesen beließ man es nicht mehr bei den bisherigen Verordnungen, die unter Androhung von Strafen die Verpflichtung zum Schulbesuch und die Schulaufsichtspflicht der Pfarrer durchzusetzen bestrebt waren. Unter maßgeblicher Beteiligung von Anselm Franz von Bentzel arbeitete eine 1770 vom Kurfürsten eingesetzte und von den kirchlichen Behörden weithin unabhängige Schulkommission an einer umfassenden und am Gedankengut der Aufklärung orientierten Verbesserung des gesamten Schul- und Erziehungswesens. Die Kommission hatte sich weite Ziele gesetzt. Reformiert werden sollten zunächst die Land- und Pfarrschulen, dann die Mittelschulen und schließlich die Gymnasien. Als wichtigste Schritte auf diesem Reformkurs wurde eine Trennung des Schuldienstes vom Kirchendienst angestrebt, d. h. die Befreiung des Lehrers von der gleichzeitigen Verpflichtung zu kirchlichen Diensten, die Festlegung eines jährlichen Mindesteinkommens in Höhe von 300 Gulden und schließlich die Gründung einer Lehrerakademie in Mainz. Die „Schullehrer Academie“ konnte am 1. Mai 1771 eröffnet werden. Die Leitung wurde dem Hofgerichtsrat J. Friedrich Steigentesch übertragen, der von 1765 bis 1769 die Wochenschrift „Der Bürger“ herausgegeben hatte, ein Blatt, welches das Volk im Sinne der Aufklärung erziehen wollte, aber auf sehr wenig Echo stieß. Die Oberaufsicht über die Lehrerakademie blieb der kurfürstlichen Schulkommission vorbehalten. 1772 dehnte die Kommission ihre Kompetenzen unter gleichzeitiger Beschränkung der Befugnisse des Generalvikariats auf das gesamte Schulwesen aus, eine Maßnahme, die insbesondere im Domkapitel heftig kritisiert wurde. Ab 1770 dachte die Kurmainzer Behörde auch an eine strenge Reglementierung der Klöster. Vor allem von Bentzel arbeitete an der am 30. Juli 1771 erschienenen kurfürstlichen Klosterverordnung. Sie griff derart in die inneren Belange der Orden ein, daß das Domkapitel verhinderte, den Erlaß zur Durchführung zu bringen. Ähnlich war es mit dem Amortisationsgesetz vom 6. Juni 1772. Es wandte sich gegen das weitere Wachsen der „toten Hand“, d. h. gegen Vermehrung von Landbesitz in den Händen jener, die es nicht weitervererben konnten, weil sie nicht „starben", so die Kirchen und die Klöster. Weniger die Gesetze an sich schadeten den Orden, sondern der hinter den Verordnungen stehende klosterfeindliche Geist. Er wurde zur klaren Kampfansage, als Papst Klemens XIV. (1769–1774) unter dem Druck der liberalen und kirchenfeindlichen Regierungen, insbesondere von Portugal und Spanien, am 21. Juli 1773 den Jesuitenorden aufhob. Eines der wirkungsvollsten Bollwerke der Kirche auf diese Weise zerschlagen zu haben, wurde von den einen als Sieg der Vernunft gefeiert, von den anderen als bitteres Unrecht und feige Kapitulation gebrandmarkt. Mainz gehörte mit Wien, München und Würzburg zu den Regierungen, die sofort den päpstlichen Erlaß durchführten. Bereits am 6. September 1773 wurde die Auflösung des Mainzer Jesuitenkollegs vollzogen. An der Spitze der Aufhebungskommission, die nach einem sorgfältig vorbereiteten Plan arbeitete, stand Kanzler von Bentzel. Er war es auch, der seinem Onkel Ignaz Bentzel, Rektor des Kollegs, das kurfürstliche Aufhebungsdekret überbrachte.

Beschämend war die grobe und verletzende Art, wie man die seit fast 200 Jahren im Kolleg tätigen Jesuiten aus ihrer Lebens- und Wirkstätte entfernte. In geschlossenen Karren und in Begleitung von Bewaffneten transportierte man sie in umliegende Klöster. Offensichtlich sollten so Sympathiekundgebungen der Bevölkerung vermieden werden, die den als Lehrer, Beichtväter, Prediger und Seelsorger geschätzten Patres nach wie vor sehr zugetan war.

Ähnlich wie in Mainz ging es allen Jesuiten im Erzstift und im Hochstift Worms, dessen Fürstbischof Emmerich Joseph seit 1768 war. Der jesuitische Besitz wurde von der kurfürstlichen Regierung eingezogen und ohne Mitwirkung des Domkapitels als Kasse für die Pension der vertriebenen Jesuiten, für die innere und äußere Ausgestaltung des Priesterseminars und für die Reform der Universität verwendet.

Nach der Vertreibung blieb nur noch ein (Ex-)Jesuit an der Mainzer Universität. Am 31. Oktober 1773 verfügte der Kurfürst die Neubesetzung der philosophischen und theologischen Lehrstühle. Professor für orientalische Sprachen und Exegese des Alten und Neuen Testaments wurde der aus dem Eichsfeld stammende und an der protestantischen Universität in Göttingen ausgebildete Johann Lorenz Isenbiehl (gest. 1818). Durch seine Auslegung der „Weissagung vom Emmanuel (Js. 7,14)" geriet er später in Konflikt mit der Kirche, der er sich jedoch unterwarf. Die Professur für Moraltheologie erhielt der Binger Pfarrer Adam Gärtler. Die Dogmatik wurde Johann Schmitt übertragen, Vikar am St. Viktorstift in Weisenau. Als Professor auf dem neuen Lehrstuhl „Einleitung in die Gottesgelehrtheit" wurde der Studiendirektor des Priesterseminars Johann Philipp Franck berufen. Mit der kirchengeschichtlichen Professur wurde der Seligenstädter Benediktiner P. Joseph Fuchs betraut, der sich durch Ausgrabungen und durch seine Arbeit über die alte Mainzer Geschichte einen Namen gemacht hatte.

Gleichzeitig mit der Ernennung der neuen Universitätsprofessoren wurde im ehemaligen Jesuitenkolleg das Gymnasium Emmericianum feierlich eröffnet. Das ehemalige Jesuitennoviziat, zwischen 1715 und 1717 errichtet, wurde am 6. November 1773 vom Priesterseminar übernommen.

Erzbischof Emmerich Joseph, der so tolerant war, 1768 der kurfürstlichen Universität in Erfurt die Einrichtung eines Kollegiums von vier lutherischen Theologieprofessoren zu gestatten, kannte den Jesuiten gegenüber wenig Rücksicht. Zu sehr sah er in ihnen die Vertreter und Verfechter eines veralteten und überholten Lehr- und Kirchensystems. In bezug auf die Kirchenstruktur stand der Erzbischof dem Episkopalismus nahe, so wie er im Werk des Trierer Weihbischofs Johann Nikolaus von Hontheim (gest. 1790) „De statu ecclesiae deque legitima potestate Romani pontificis" umrissen war, das 1763 in Frankfurt unter dem Pseudonym Justinus Febronius erschien. Danach müßten im Zuge einer innerkirchlichen Reform die zum Nachteil der Bischöfe und der deutschen Nation entstandenen und noch bestehenden „römischen Mißbräuche" abgestellt und die ursprünglichen Rechte des Episkopats wieder zur Geltung gebracht werden. Aus diesen Gründen weigerte sich der Erzbischof auch 1768, für die römische Dispens, neben dem neu hinzugekommenen Bischofssitz von Worms auch noch Mainz beibehalten zu dürfen, Gebühren zu zahlen. Noch mehr ins Grundsätzliche ging es, als der Erzbischof am 30. Oktober 1768 ein Programm aufstellen ließ, das als Vorlage für eine Vereinbarung mit dem Erzstuhl von Köln dienen sollte, in der es um die „Wiedergewinnung" der Rechte des deutschen Episkopats ging. Eine Präliminarkonvention der beiden Erzstühle, in der die episkopalistischen Leitlinien festgeschrieben wurden, konnte bereits im Januar 1769 unterzeichnet werden. Noch im Dezember des gleichen Jahres trafen sich die Delegierten der Erzbischöfe von Mainz, Köln und Trier in Koblenz und legten in 31 Artikeln einer Vereinigungsurkunde ihre Beschwerden gegen die römische Kurie fest. Von der Koblenzer Übereinkunft führte ein direkter Weg zur Emser Punktation von 1786, die den Höhepunkt der episkopalistisch-febronianischen Strömung im Reich bilden sollte.

Erzbischof Emmerich Joseph von Breidbach-Bürresheim starb am 11. Juni 1774 in Mainz. Zwei Jahre zuvor hatte er sein Testament gemacht. Das Dokument läßt viel von der persönlichen Liebenswürdigkeit, dem Gerechtigkeitssinn und der Aufgeschlossenheit des Erzbischofs für die Sorgen und Nöte der Armen durchblicken. Es paßt nicht zu dem Bild, das seine Gegner von ihm zeichneten. Emmerich Joseph war nicht der durch falsche Berater verführte Zerstörer blühenden kirchlichen Lebens im Erzbistum. Er war ein positiver Vertreter der katholischen Aufklärung, der mit viel Reformeifer die Zustände in Staat und Kirche bessern wollte. Nur deshalb war er aber auch nicht der größte der Mainzer Kurfürsten, zu dem ihn die Aufklärer stempeln wollten. Denn manche seiner Reformen waren überhastet, und nicht immer setzte er die richtigen Maße. Seine letzte Ruhestätte fand der Erzbischof im Dom, dessen 1767 vom Blitz getroffener und zerstörter Westturm nach den Plänen von Franz Ignaz Michael Neumann (gest. 1785) inzwischen wieder aufgebaut worden war und dessen neue, vom Erzbischof noch selbst geweihten Glocken am Fest Mariae Verkündigung (25. März) 1774 zum erstenmal geläutet hatten.

Restauration und Aufklärung unter Erzbischof Friedrich Karl Joseph von Erthal (1774–1802)

Der Tod von Kurfürst Emmerich Joseph löste eine der turbulentesten Mainzer Sedisvakanzen aus. Im Domkapitel prallten die reformaufgeschlossene „emmerichianische" Minorität und eine auf sofortige Restauration eingeschworene Mehrheit hart aufeinander. Die Erregung wurde noch durch die gereizte Stimmung in der Öffentlichkeit gesteigert, die sich in heftigen Mißfallenskundgebungen über die

Münzen der Erzbischöfe: Johann Schweikard von Kronberg (1), Anselm Casimir Wambolt von Umstadt (2), Johann Philipp von Schönborn (3), Lothar Friedrich von Metternich-Burscheid (4), Damian Hartard von der Leyen (5), Anselm Franz von Ingelheim (6), Lothar Franz von Schönborn (7), Johann Friedrich Karl von Ostein (8), Emmerich Joseph von Breidbach-Bürresheim (9), Friedrich Karl Joseph von Erthal (10), Sedisvakanzmünze des Domkapitels von 1743 (11), Rückseite einer Erzbischofsmünze (12)

erfolgten Reformmaßnahmen äußerte. Bereits einen Tag nach dem Tod des Erzbischofs beschloß das Kapitel mehrheitlich, die Kloster- und die Schulkommission als kapitulations- und verfassungswidrig aufzulösen und eine neubesetzte Kommission einzuberufen. Entlassen wurden Dr. Johann Valentin Schumann und Philipp Adam Schultheis. Mitglieder der neuen Kommission waren der Domkustos Friedrich Karl Joseph von Erthal, Weihbischof Ludwig Philipp Behlen (1769–1777), dem alle alten Kommissionsakten ausgehändigt werden mußten, Stephan Alexander Würdtwein (1711–1796), der glänzend begabte Kirchenhistoriker und -rechtler, dessen 27 Bände „Subsidia diplomatica“ mit 3150 Urkunden zumeist aus dem Kurmainzer Archiv für immer eine historische Fundgrube ersten Ranges sind, und schließlich der Rechtsprofessor Franz Anton Dürr (gest. 1805), der wenig später dem neuen Erzbischof wichtige Stütze bei dem Versuch war, die Funktion des Erzkanzlers im Reiche neu zu beleben.

Entlassen wurden auch mehrere Lehrer des Gymnasiums Emmericianum, in dem fortan nicht mehr im Sinne der Aufklärung unterrichtet werden durfte. Die eben erst richtig in Schwung gekommene Phase der Mainzer Aufklärung tat 1773 einen jähen Sturz. Doch sie fiel nicht ins Bodenlose, obwohl es zunächst danach aussah.

Zum neuen Erzbischof wurde nämlich am 18. Juli 1774 der Domkustos Friedrich Karl Joseph von Erthal gewählt, für den sich am 26. Juli auch das Wormser Domkapitel entschied. Beide Wahlen bestätigte Rom am 13. März 1775. Der Kölner Nuntius erwartete von ihm eine Verbesserung der Beziehungen. Wien glaubte in Erthal einen unbedingt kaisertreuen Anhänger zu haben. Auf den Domkustos hatte sich bei der Wahl auch die Mehrheit des Domkapitels festgelegt, weil sie in ihm einen Erzbischof und Landesherrn erhoffte, der den beharrenden Kräften wieder zum Sieg verhelfen würde.

Der neue Erzbischof kam den Erwartungen entgegen. Schon am 19. Juli 1774 entließ er Großhofmeister von Groschlag und Kanzler von Bentzel. Großen Einfluß gewann der als Exponent der Aufklärungsfeindlichkeit geltende Ex-Jesuit Hermann Goldhagen (gest. 1794). Ihm wurde die Schulpräfektur und damit die Auswahl der Lehrer übertragen. Auch konnte er 1774 seine antiaufklärerische „Schriftmäßige Moral“ gründen, eine Zeitschrift, die ab 1776 von seinem apologetischen „Religions-Journal“ fortgesetzt wurde.

Die neue Phase der Reaktion schien perfekt zu sein, zumal der am 11. September 1774 zum Priester und am 14. Mai 1775 zum Bischof geweihte Kurfürst Friedrich Karl Joseph fast pedantisch auf die Einhaltung alter Frömmigkeitsformen achtete. Doch die eher unbeständig und schillernd veranlagte Persönlichkeit des Kurfürsten ließ sich nur schwer auf eine Linie festlegen.

Der Nuntius hatte sich getäuscht, wenn er glaubte, die Beziehungen zur Mainzer Kurie würden sich erheblich bessern. Um 1786 sollten sie sogar einen besonderen Tiefstand erreichen. Auch das Kaiserhaus mußte bald registrieren, daß der neue Mainzer Kurfürst eine recht eigenständige Politik betrieb. Als Joseph II. immer offenkundiger versuchte, das Reich vor den Karren seiner dynastischen Interessen und Ziele zu spannen, ging Erzkanzler Friedrich Karl Joseph deutlich auf Distanz. Er nutzte alle Mittel und Wege, um seinen Reichsämtern wieder mehr Geltung und dem stiftischen Deutschland gesicherten Bestand zu geben. Seine Opposition zur kaiserlichen Politik steigerte sich bis zum Mainzer Anschluß an den von Preußen geleiteten und fast ausschließlich aus protestantischen Reichsständen bestehenden Fürstenbund am 18. Oktober 1785. Mit diesem Eintritt rückte Mainz sogar vorübergehend wieder in den Mittelpunkt der Reichspolitik. Es schmeichelte Kurfürst Friedrich Karl Joseph, daß er als ranghöchster katholischer Reichsfürst umworben wurde. Doch die politisch wenig weitsichtige Entscheidung von 1785 scheiterte bald an den auf die eigenen Vorteile bedachten politischen Ambitionen Preußens, an den zu großen konfessionellen Gegensätzen im Bündnis und an der sehr reservierten Haltung der meisten anderen katholischen Reichsfürsten.

Der immer eigenwilliger und absoluter werdende Regierungsstil des Kurfürsten führte schließlich auch zu einem tiefgehenden Zerwürfnis mit dem Domkapitel. Man warf ihm Täuschung vor: Seine 1773 gezeigte Opposition zu den Reformmaßnahmen von Erzbischof Emmerich Joseph sei lediglich taktisches Spiel gewesen, um selbst Erzbischof und Kurfürst zu werden. Ganz unberechtigt war die Anschuldigung nicht.

Bereits in den ersten Jahren seiner noch im Zeichen der Restauration stehenden Regierung deutete sich an, daß Erzbischof von Erthal längst nicht so aufklärungsfeindlich war, wie zunächst vermutet bzw. von anderen befürchtet wurde.

Schon am 14. Dezember 1774 setzte er eine Kommission für die Reform des Landschulwesens ein. Immerhin besaß damals fast jede Kirchengemeinde des Erzstifts einen Schulmeister. Für diese Schulen sollten neue Lehrpläne ausgearbeitet werden, ein Auftrag, der bis 1780 erfüllt war. Mitglieder der neuen Kommission waren neben Würdtwein der Siegler Ernst Xaver Turin (1738–1810), beide Anhänger einer gemäßigten Aufklärung. Turin erarbeitete später das 1787 eingeführte deutschsprachige Gesangbuch für die Gottesdienste. Als „protestantisch“ verschrieen, löste es vor allem im Rheingau einen langjährigen „Gesangbuchstreit“ aus. Die Tumulte in Rüdesheim und Eltville wurden sogar mit militärischer Gewalt niedergeschlagen.

1776 richtete der Kurfürst anstelle der aufgehobenen Lehrerakademie eine „Normalschule zum Unterricht von Lehrern“ ein. Zu den von ihm berufenen vier Ausbildern zählten auch Alexander Hornung und Matthias Metternich, die beide später als Revolutionäre und Clubisten von sich reden machten.

Ab 1777 kehrte Friedrich Karl Joseph nicht nur zur modernen Finanz-, Forst-, Bau- und Verwaltungspolitik der vorherigen Regierung zurück und ließ sich das Armen-, Spital- und Fürsorgewesen sehr angelegen sein, auch die Kloster-, Universitäts- und Kirchenpolitik orientierte sich wieder mehr und mehr an den Prinzipien und Vorstellungen der sogenannten katholischen, d.h. reformorientierten, aber nicht radikal rationalistisch geprägten Aufklärung.

Zuerst traf es die Klöster. Am 6. Oktober 1777 erging ein Erlaß zur strengen Überwachung des gesamten klösterlichen Vermögens. Die Verordnung stand im Zusammenhang mit einer geplanten umfassenden Neuordnung der Universitätsverhältnisse. Als langjähriger Rektor der Universität (1757–1763) wußte der Kurfürst um die Dringlichkeit einer generellen Reform. Die Notwendigkeit bestätigte auch das umfangreiche Gutachten, das Johann Baptist Horix im Auftrag der weltlichen Behörde erstellt hatte. Der äußere Anlaß, 1777 das Gutachten anzufordern, war die geplante, dann aber doch nicht zur Durchführung gekommene 300-Jahrfeier der Mainzer Universität. Gleich dem Jubiläum drohten auch alle Reformpläne an der schwachen materiellen Basis der Universität zu scheitern. Als Ausweg wurde dem Kurfürsten vorgeschlagen, klösterliches Vermögen heranzuziehen. Friedrich Karl Joseph griff den Gedanken auf. Er verhandelte mit dem Kaiserhof und mit der römischen Kurie um die Erlaubnis, die reich begüterten, aber monastisch kaum mehr lebensfähigen Mainzer Klöster Kartause, Armklara (Klarissinnen) und Altmünster (Zisterzienserinnen) zugunsten der Universität aufzulösen. Die päpstliche Genehmigung erhielt er am 24. August 1781. Die kaiserliche Zustimmung erfolgte am 6. Oktober 1781. Am 15. November 1781 ordnete der Kurfürst den Vollzug der Klosteraufhebung an. Der eingezogene Besitz bildete den Grundstock für den heute noch existierenden Universitätsfonds.

Klosteraufhebungen zugunsten wissenschaftlicher Einrichtungen waren damals nicht unbekannt. Dennoch markierte das Jahr 1781 eine Wende im Pontifikat Erthals. Sie bedeutete nicht nur die Abkehr von einer bisher eher ordensfreundlichen Politik; die gesamte politische Richtung des Kurfürsten war von da an von der Aufklärung geprägt. Er rehabilitierte den talentierten Anselm Franz von Bentzel, den er am 9. September 1782 zum Kurator der Universitäten Mainz und Erfurt ernannte und sogar beauftragte, eine umfassende Neuordnung beider Hochschulen durchzuführen. Bis 1784 schaffte es Bentzel, eine „Neue Verfassung der verbesserten hohen Schule zu Mainz« vorzulegen und durchzusetzen. Sie galt bald als eine der modernsten, wissenschaftsorientiertesten und tolerantesten von ganz Deutschland. Die Einführung der neuen Verfassung erfolgte im Rahmen des glänzend organisierten Restaurationsfestes vom 15. bis 18. November 1784, zu der namhafte Gelehrte aus dem gesamten Reich eingeladen und erschienen waren. Besondere Aufmerksamkeit erregte damals, daß im Zuge der Reform nicht nur Lehrstühle für moderne Wissenschaften eingerichtet worden waren, sondern auch mehrere Professoren, die bekannte und zum Teil sogar radikale Verfechter der Aufklärung waren, einen Ruf erhalten hatten. Zu den neu berufenen katholischen Theologen zählten neben Johann Lorenz Isenbiehl auch Anton Joseph Dorsch (gest. 1819) und Felix Anton Blau (gest. 1798), beide entschiedene und konsequente Anhänger der Philosophie Kants. Ihre Schriften, offenbarungskritisch und vom aufgeklärten Rationalismus geprägt, wurden ab 1790/91 der behördlichen Inquisition unterzogen, Dorsch 1791 vom Erzbischof sogar wieder aus dem Amt entlassen. Beide bekannten sich zu den Ideen der Französischen Revolution von 1789, sie brachen mit der Kirche und wurden führende Männer in der Mainzer Republik von 1792–1793.

Im Bereich der Kirche hat vor allem Johann Valentin Heimes, zunächst in Mainz Geheimer Referendar in Kirchensachen, dann von 1780 bis 1793 Weihbischof in Worms und ab 1783 Weihbischof in Mainz (gest. 1806), die Reformmaßnahmen und auch den episkopalistischen Kurs von Erzbischof Friedrich Karl Joseph mitgetragen. Im Durchsetzen der Reformen erwies er sich überaus fähig und bestimmend. Zu den angestrebten Reformen zählten die Vereinfachung der immer noch barock überladenen Gottesdienste, die Eindämmung des eucharistischen Segens in den Messen, die Einschränkung der Wallfahrten und Prozessionen und erneut die Begrenzung der vielen Feiertage. Darüber hinaus tendierten die Reformer aber auch auf eine Beendigung der absoluten Adelsvorherrschaft im Mainzer Domkapitel, auf die Milderung des strengen Abstinenzgebotes und auf die Lockerung des Zölibats.

Teile dieser Reformanliegen waren auch Beratungsgegenstand auf dem Emser Kongreß, zu dem sich vom 25. Juli bis 25. August 1786 die Delegierten der Erzbischöfe von Mainz, Köln, Trier und Salzburg trafen, um sich über die Rechte der deutschen Metropoliten gegenüber Rom und über innerkirchliche Reformmaßnahmen zu verständigen. Heimes als Vertreter des Erzbischofs Friedrich Karl Joseph war die dominierende und treibende Persönlichkeit auf dieser Tagung, deren wichtigste Ergebnisse in der episkopalistischen Emser Punktation vom 25. August 1786 in 23 Artikeln festgehalten wurden. Die Punktation griff die Koblenzer Gravamina von 1769 auf und legte die Ideen des Febronianismus im Sinne einer Machterweiterung der Metropoliten aus. Für Erzbischof Friedrich Karl Joseph blieb das Emser Treffen solange interessant, wie es ihm die Chance bot, seine Metropolitanstellung auszubauen und als Werber für den Fürstenbund tätig zu sein. Für die Mainzer Politik war der Emser Kongreß somit eher ein Mittel, das es gegen die kaiserliche Politik einzusetzen galt. Der Streit um die 1785/86 in München errichtete und beschickte Nuntiatur, für Salzburg der Hauptgrund, sich in Ems mit den anderen Erzbischöfen abzusprechen, war für Erzbischof Friedrich Karl Joseph nicht mehr als ein Vorwand. Als es sich erwies, daß weder die übrigen Erzbischöfe für den Beitritt zum Fürstenbund zu bewegen waren noch die anderen Bischöfe auf die Mainzer Linie einschwenkten, sondern im Gegenteil aus Furcht vor einer Ausdehnung der Metropolitanrechte Partei gegen die Emser Verbündeten bezogen, verlor der Mainzer Kurfürst bald das Interesse an der Emser Tagung und Punktation. Mit der verärgerten römischen Kurie ging er bereits 1787 eine geheime Verständigung ein.

Von Johann Valentin Heimes wurden die politischen Ziele Erthals in Ems mitgetragen. Der Weihbischof machte auch die Zölibatsfrage zu einem Kernproblem. Eine Lockerung auf diesem Gebiet erachtete er als wichtige Voraussetzung für die von ihm gewünschte Annäherung an die Protestanten. Sie sollte eine wesentliche Stütze für ein überkonfessionelles politisches Bündnis sein. Ob er auch eine von Rom weniger stark abhängige deutsche Nationalkirche unter Mainzer Führung anstrebte, ist umstritten. Eher ist anzunehmen, daß Heimes und seine Parteigänger eine Reichskirche im Sinn hatten, die mit jenen Privilegien versehen war, die einst die Mainzer Akzeptation von 1439 und das Fürstenkonkordat von 1447 zugebilligt hatten. Weder eine Nationalkirche noch eine mit mehr Kompetenzen ausgestattete Reichskirche wurden Wirklichkeit. Sie lagen nicht einmal im Bereich des damals Möglichen.

Zurückgestellt bzw. verhindert wurden solche Pläne auch durch die 1787 erzielte Verständigung mit Rom. Dieser Ausgleich bahnte sich an, als am 5. Juni 1787 Karl Theodor von Dalberg (gest. 1817) mit preußischer Unterstützung zum Mainzer Koadjutor mit dem Recht der Nachfolge gewählt worden war. Der Papst bestätigte am 15. Juli 1788 die Wahl des hoch angesehenen und bei aller Weltoffenheit tief religiösen Dalbergs und kam damit Preußens Zielen sehr entgegen. Rom durchkreuzte damit aber auch die Pläne der Kurmainzer Regierung, die eigene Metropolitanstellung ebenfalls mit preußischer Unterstützung auszubauen.

Stärkere Initiativen blieben fortan aus. Das lag einmal daran, daß Erzbischof Friedrich Karl Joseph ab 1787 seinen reformatorischen und politischen Elan verlor. Die in Anlehnung an die 1786 abgehaltene Synode von Pistoia am 18. Juli 1789 für 1792 einberufene Mainzer Synode hätte zwar nochmals für Konfliktstoff sorgen können, doch die politischen Ereignisse ließen die Synodenpläne bald vergessen. Das alte Erzbistum Mainz stand unmittelbar vor seinem Untergang.

Den Anstoß dazu sollte die Französische Revolution geben, die am 14. Juli 1789 mit dem Sturm auf die Bastille in Paris begann. Der Volksaufstand war für die in der Hauptstadt tagende Nationalversammlung der Anlaß, am 11. August 1789 das Feudalwesen und damit die geltende Ordnung des Ancien régime abzuschaffen. Am 26. August rief sie unter den Schlagworten Freiheit, Gleichheit, Brüderlichkeit die allgemeinen Menschen- und Bürgerrechte aus. Mit den beiden Augustgesetzen löste sich die Revolution aus dem Rahmen des Nationalen. Eine historische Wende größten Ausmaßes hatte sich vollzogen. Die Ideen der Französischen Revolution wurden Weltgut. 1792 hatten sie Mainz unmittelbar erreicht. Die alten Ordnungen wurden gestürzt, neue Strukturen bahnten sich an.

5. LITERATUR

Zu Kapitel VIII, 1:

ARETIN, Karl Otmar Freiherr von: Die Kreisassoziationen in der Politik der Mainzer Kurfürsten Johann Philipp und Lothar Franz von Schönborn (1648–1711). In: Der Kurfürst von Mainz und die Kreisassoziationen 1648–1746. Zur verfassungsmäßigen Stellung der Reichskreise nach dem Westfälischen Frieden. Hrsg. von K. O. Freiherr von Aretin. (= Veröffentlichungen des Instituts für Europäische Geschichte. Abteilung Universalgeschichte, 2). Wiesbaden 1975. S. 31–67.

ARETIN, Karl Otmar Freiherr von: Das Reich. Friedensgarantie und europäisches Gleichgewicht 1648–1806. Stuttgart 1986.

BECKER, Winfried: Der Kurfürstenrat. Grundzüge seiner Entwicklung in der Reichsverfassung und seine Stellung auf dem Westfälischen Friedenskongreß. (= Schriftenreihe der Vereinigung zur Erforschung der Neueren Geschichte e. V., 5). Münster 1973.

BRÜCK, Anton Ph(ilipp): Das Priesterseminar der Bartholomiten in Mainz 1662–1803. In: Archiv für mittelrheinische Kirchengeschichte 15 (1963) S. 33–94.

DUCHHARDT, Heinz: Studien zur Friedensvermittlung in der frühen Neuzeit. (= Schriften der Mainzer Philosophischen Fakultätsgesellschaft, 6). Wiesbaden 1979.

HELLRIEGEL, Ludwig: Benediktiner als Seelsorger im linksrheinischen Gebiet des ehemaligen Erzbistums Mainz vom Ende des 17. bis zum Anfang des 19. Jahrhunderts unter besonderer Berücksichtigung der Propstei Schwabenheim. (= Beiträge zur Geschichte des Alten Mönchtums und des Benediktinerordens, 34). Münster 1980.

HERSCHE, Peter: Die deutschen Domkapitel im 17. und 18. Jahrhundert. 3 Bde. Urselen/Schweiz 1984.

HÜTTL, Ludwig: Geistlicher Fürst und geistliche Fürstentümer im Barock und Rokoko. Ein Beitrag zur Strukturanalyse von Gesellschaft, Herrschaft, Politik und Kultur des alten Reiches. In: Zeitschrift für bayerische Landesgeschichte 37 (1974) S. 3–48.

JÜRGENSMEIER, Friedhelm: Das Fest des Heiligen Willigis von Mainz. In: Willigis und sein Dom. FS zur Jahrtausendfeier des Mainzer Domes 975–1975. Hrsg. von Anton Ph(ilipp) Brück. (= Quellen und Abhandlungen zur mittelrheinischen Kirchengeschichte, 24). Mainz 1975. S. 425–435.

JÜRGENSMEIER, Friedhelm: Johann Philipp von Schönborn (1605–1673) und die römische Kurie. Ein Beitrag zur Kirchengeschichte des 17. Jahrhunderts. (= Quellen und Abhandlungen zur mittelrheinischen Kirchengeschichte, 28). Mainz 1977.

JÜRGENSMEIER, Friedhelm: Wilderich von Walderdorff (1617–1680), Mainzer Generalvikar, Reichsvizekanzler, Bischof von Wien. In: Archiv für mittelrheinische Kirchengeschichte 36 (1984) S. 65–75.

DIE KAPUZINER IN MAINZ 1618 BIS 1802. Teil 1: S. 9–80 von Eberhard Mossmaier. Teil 2: S. 81–115 von Fritz Viktor Arens unter dem Titel: Die alte Mainzer Kapuzinerkirche und das Kloster. Mainz 1953.

MARIGOLD, W. Gordon: Katholiken und Protestanten huldigen dem Landesfürsten: Gelegenheitsdichtungen für Johann Philipp von Schönborn. In: Jahrbuch für fränkische Landesforschung 38 (1978) S. 123–149.

RACZEK, Klemens Maria O. Carm.: Der Status der niederdeutschen Provinz der Karmeliter im Jahre 1686. Personalbestand nach den Religionskriegen und nach der Durchführung der Tourainer Reform. In: Archiv für mittelrheinische Kirchengeschichte 37 (1985) S. 225–252.

RÖDEL, Walter G.: Mainz und seine Bevölkerung im 17. und 18. Jahrhundert. Demographische Entwicklung, Lebensverhältnisse und soziale Strukturen in einer geistlichen Residenzstadt. (= Geschichtliche Landeskunde, 28). Wiesbaden, Stuttgart 1985.

ROEGELE, Otto B.: Das „Systema der Familie". Kommunikation als Mittel des Aufstiegs. Das Beispiel des Hauses Schönborn. In: Land und Reich. Stamm und Nation. Festgabe für Max Spindler zum 90. Geburtstag. Bd. 2. München 1984. S. 137–155.

WAMPER, Hermann: Das Leben der Brüder Adrian und Peter van Walenburch aus Rotterdam und ihr Wirken in der Erzdiözese Köln bis zum Jahre 1649. Ein Beitrag zur Geschichte der Gegenreformation. (= Veröffentlichungen des Kölner Geschichtsvereins, 28). Köln 1968.

Zu Kapitel VIII, 2:

BRAUBACH, Max: Politische Hintergründe der Mainzer Koadjutorwahl von 1670. In: Rheinische Vierteljahrsblätter 15/16 (1950/51) (Festgabe Hermann Aubin zum 65. Geburtstag) S. 313–338. ND in, ders.: Diplomatie und geistiges Leben im 17. und 18. Jahrhundert. Gesammelte Abhandlungen. (= Bonner Historische Forschungen, 33). Bonn 1969. S. 54–80.

CHRIST, Günter: Lothar Friedrich von Metternich-Burscheidt, Erzbischof von Mainz, Bischof von Speyer und Worms. (= Beihefte zum Aschaffenburger Jahrbuch, 2). Aschaffenburg 1985.

DUCHHARDT-BÖSKEN, Sigrid: Pontifikalhandlungen der Weihbischöfe Volusius und Stark in Mainz. In: Mainzer Zeitschrift 67/68 (1972–73) S. 230–233.

HAAGNER, Hans-Harro: Liber Pontificalium. Ordinationes ab anno 1676 usque ad annum 1707. Das Weihebuch der Mainzer Weihbischöfe Volusius und Starck. In: Archiv für mittelrheinische Kirchengeschichte 38 (1986) S. 225–279.

JÜRGENSMEIER, Friedhelm: Karl Heinrich von Metternich-Winneburg im Spiegel des Informativprozesses von 1679. In: Beiträge zur Mainzer Kirchengeschichte der Neuzeit. FS Anton Philipp Brück zum 60. Geburtstag. Hrsg. von Franz Rudolf Reichert. (= Quellen und Abhandlungen zur mittelrheinischen Kirchengeschichte, 17). Mainz 1973. S. 319–331.

JÜRGENSMEIER, Friedhelm: Kastellaun und Sevenich. Ein Visitationsbericht von 1715. In: Hunsrücker Heimatblätter 10, Nr. 22, 1970, S. 437–441.

LENHART, Ludwig: Zwei Mainzer Weihbischöfe des 17. Jahrhunderts als ehemalige Heppenheimer Pfarrer. (Adolf Gottfried Volusius 1676–1679 und Matthias Starck 1679–1708). (Ein Beitrag zu den geistlichen Beziehungen zwischen dem bischöflichen Mainz und Heppenheim a. d. B. im 17. Jahrhundert.). In: 1200 Jahre Heppenheim. Im Gedenken an die erste urkundliche Erwähnung Heppenheims am 17. Juli des Jahres 755. Heppenheim 1955. S. 129–149.

MÜLLER, Klaus: Wien und Kurmainz 1673–1680. Ein Beitrag zur Geschichte der kaiserlichen Diplomatie im Reich. In: Rheinische Vierteljahrsblätter 32 (1968) S. 332–401.

NIEBECKER, Agnes Maria: Beiträge zum Leben und Wirken Damian Hartards von der Leyen, Erzbischof und Kurfürst von Mainz 1675–1678. Diss. phil. Mainz 1955 (Masch.). Vgl. dazu Autorenreferat, in: Nassauische Annalen 67 (1956) S. 277–278.

REICHERT, Franz Rudolf (Hrsg.): Gottfried Bessel (1672–1749). Diplomat in Kurmainz – Abt von Göttweig – Wissenschaftler und Kunstmäzen. (= Quellen und Abhandlungen zur mittelrheinischen Kirchengeschichte, 16). Mainz 1972.

SCHRÖCKER, Alfred: Heer, Finanzen und Verwaltung. Kurmainz im Pfälzer Krieg 1689 bis 1697. In: Archiv für hessische Geschichte und Altertumskunde NF 31 (1971/72) S. 98–114.

SCHULTE, Johann Chrysostomus: P. Martin von Cochem 1634–1712. Sein Leben und seine Schriften nach den Quellen dargestellt. (= Freiburger Theologische Schriften, 1). Freiburg i. Brsg. 1910.

WYSOCKI, Josef: Kurmainz und die Reunionen. Die Beziehungen zwischen Frankreich und Mainz von 1679 bis 1688. Diss. Phil. Mainz 1961.

Zu Kapitel VIII, 3:

ARENS, Fritz: Maximilian von Welsch. Architekt der Schönbornbischöfe. München 1986.

ARETIN, Karl Otmar Freiherr von: Kaiser Joseph I. zwischen Kaisertradition und österreichischer Großmachtpolitik. In: Historische Zeitschrift 215 (1972) S. 529–606.

DARAPSKY, Elisabeth: Geschichte der Welschnonnen in Mainz. Die regulierten Chorfrauen des Hl. Augustinus und ihre Schulen. (= Beiträge zur Geschichte der Stadt Mainz, 25). Mainz 1980.

DUCHHARDT, Heinz: Die Mainzer Koadjutorwahl von 1710. In: Geschichtliche Landeskunde 7 (1972) S. 66–93.

DUCHHARDT, Heinz: Philipp Karl von Eltz, Kurfürst von Mainz, Erzkanzler des Reiches (1732 bis 1743). Studien zur kurmainzischen Reichs- und Innenpolitik. (= Quellen und Abhandlungen zur mittelrheinischen Kirchengeschichte, 10). Mainz 1969.

DUMONT, Franz: Christo in pauperibus. Die Geschichte der katholischen Krankenhauspfarrei St. Rochus in Mainz. Anhang 1: Quellen und Literatur. Anhang 2: Die Pfarrer von St. Rochus seit 1721. In: Leben und Leiden. Die Sorge der Kirchen im Krankenhaus. 70 Jahre Seelsorge in den Universitätskliniken der Johannes Gutenberg-Universität Mainz. Mainz 1984. S. 47–111.

FREEDEN, Max H. von: Die Schönbornzeit. „... aus Frankens besserenTagen ...“. (= Mainfränkische Hefte, 80). Würzburg 1983.

GOTTRON, Adam: Beiträge zur Geschichte des Mainzer Weihbischofs Johann Edmund Gedult von Jungenfeld (1652–1727). In: Archiv für mittelrheinische Kirchengeschichte 9 (1957) S. 95–117.

JÜRGENSMEIER, Friedhelm: Die Eucharistie in der Barockfrömmigkeit am Mittelrhein. In: Archiv für mittelrheinische Kirchengeschichte 23 (1971) S. 103–119.

JÜRGENSMEIER, Friedhelm: Friedrich Karl von Schönborn (1674–1746). In: Fränkische Lebensbilder, Bd. 12. (= Veröffentlichungen der Gesellschaft für fränkische Geschichte, VII A). Würzburg 1986. S. 142–162.

JÜRGENSMEIER, Friedhelm: Die Schönborn und ihre Bauten. In: Vor-Zeiten. Geschichte in Rheinland-Pfalz. Hrsg. von Dieter Lau und Franz-Josef Heyen. Bd. 2. Mainz 1986. S. 113–134.

LAUTZAS, Peter: Die Festung Mainz im Zeitalter des Ancien Régime, der Französischen Revolution und des Empire (1736–1814), ein Beitrag zur Militärstruktur des Mittelrhein-Gebietes. (= Geschichtliche Landeskunde, 8). Wiesbaden 1973.

MARIGOLD, W. Gordon: Die Bekehrungswelle im 17. und 18. Jahrhundert und die Familie Schönborn. In: Jahrbuch für fränkische Landesforschung 41 (1981) S. 89–117.

MARIGOLD, W. Gordon: Kirchliche und weltliche Ehrungen für Lothar Franz von Schönborn: Erfurt und der Mainzer Landesherr. In: Historischer Verein für die Pflege der Geschichte des ehemaligen Fürstbistums Bamberg, Bericht 119 (1983) S. 99–127.

PETRY, Ludwig: Dem Osten zugewandt. Gesammelte Aufsätze zur schlesischen und ostdeutschen Geschichte. Festgabe zum 75. Geburtstag. (= Quellen und Darstellungen zur schlesischen Geschichte, 22). Sigmaringen 1983. (Betr.: Franz Ludwig von Pfalz-Neuburg).

RAAB, Heribert: Der Informativprozeß des Mainzer Kurfürst-Erzbischofs Philipp Karl von Eltz (1732). In: Mainzer Zeitschrift 62 (1967) S. 105–109.

RIEDEL, Friedrich W.: Die Reise des Mainzer Kurfürsten Franz Ludwig von Pfalz-Neuburg nach Wien im Jahr 1731. In: Beiträge zur Mainzer Kirchengeschichte in der Neuzeit. FS für Anton Philipp Brück zum 60. Geburtstag. (= Quellen und Abhandlungen zur mittelrheinischen Kirchengeschichte, 17). Mainz 1973. S. 219–237.

SCHLEGEL, Arthur: Die Baugeschichte des Mainzer Deutschordenshauses. In: Mainzer Zeitschrift 56/57 (1961/62) S. 1–54.

SCHRÖCKER, Alfred: Ein Schönborn im Reich. Studien zur Reichspolitik des Fürstbischofs Lothar Franz von Schönborn (1655–1729). (= Beiträge zur Geschichte der Reichskirche in der Neuzeit, 8). Wiesbaden 1978.

SCHRÖCKER, Alfred: Die Patronage des Lothar Franz von Schönborn (1655–1729). Sozialgeschichtliche Studie zum Beziehungsnetz in der Germania Sacra. (= Beiträge zur Geschichte der Reichskirche in der Neuzeit, 10). Wiesbaden 1981.

TOLERANZ AM MITTELRHEIN. Referate der 35. Jahrestagung der Gesellschaft für mittelrheinische Kirchengeschichte. Hrsg. von Isnard W. Frank. (= Quellen und Abhandlungen zur mittelrheinischen Kirchengeschichte, 50). Mainz 1984.

WENZEL, Werner: Die Gärten des Lothar Franz von Schönborn (1655–1729). (= Frankfurter Forschungen zur Architekturgeschichte, 3). Berlin 1970.

Zu Kapitel VIII, 4:

ARETIN, Otmar Freiherr von: Karl Theodor von Dalberg zwischen Kaiser und Fürstenbund. Aktenstükke zur Coadjutorwahl in Mainz 1787. In: Archiv für mittelrheinische Kirchengeschichte 16 (1964) S. 328–377.

BACH, Adolf: Der Mainzer Weihbischof Valentin Heimes und die „Weinpredigt" in Goethes „St. Rochus zu Bingen". In: Rheinische Vierteljahrsblätter 27 (1962) S. 97–116.

BACH, Adolf: Vom Grafen Friedrich von Stadion und solchen, die ihm nahestanden. – Graf Friedrich von Stadion, ein Aufklärer als Minister im katholischen Kurmainz. In: ders.: Aus Goethes rheinischem Lebensraum. Menschen und Begebenheiten. (= Rheinischer Verein für Denkmalpflege und Heimatschutz, 1967/68). Neuss 1968. S. 1–134.

BRÜCK, Anton Ph(ilipp): Kurmainzer Schulgeschichte. Texte, Berichte und Memoranden. (= Mainzer Beiträge zur Pädagogik. Historische Abteilung, 1). Wiesbaden 1960.

BRÜCK, Anton Ph(ilipp): Die Mainzer theologische Fakultät im 18. Jahrhundert. (= Beiträge zur Geschichte der Universität Mainz, 2). Wiesbaden 1955.

BRÜCK, Anton Ph(ilipp): Stephan Alexander Würdtwein (1722–1796). Eine Lebensskizze. In: Archiv für mittelrheinische Kirchengeschichte 2 (1950) S. 193–216.

BRÜCK, Anton Ph(ilipp): Die verwandtschaftliche Verbundenheit der Mainzer Domherren bei der Koadjutorwahl im Jahre 1787. In: FS für Heinz F. Friederichs. Hrsg. von Gerhard Gessner. Neustadt 1980. S. 39–50.

CHRIST, Günter: Aschaffenburg. Grundzüge der Verwaltung des Mainzer Oberstifts und des Dalbergstaates. (= Historischer Atlas von Bayern. Teil Franken. Reihe I, Heft 12). München 1963.

DREYFUS, François Georges: Sociétés et Mentalités à Mayence dans la seconde moité du dix-huitième siècle. Paris 1968.

DÜLMEN, Richard van: Antijesuitismus und katholische Aufklärung in Deutschland. In: Historisches Jahrbuch 89 (1969) S. 52–80.

FRIESENHAGEN, Alois: Mainzer Klosterpolitik im letzten Drittel des 18. Jahrhunderts unter besonderer Berücksichtigung der Klosterverordnung von 1771 und den Überlegungen im Vorfeld der geplanten Synode. Theol. Diss. Mainz 1979. Darmstadt 1979.

GOTTRON, Adam: Die Reise des Pfarrers Turin von Mainz nach Rom 1791. In: Mainzer Almanach 1960, S. 131–158.

HAMMERSTEIN, Notker: Aufklärung und katholisches Reich. Untersuchungen zur Universitätsreform und Politik katholischer Territorien des Heiligen Römischen Reiches deutscher Nation im 18. Jahrhundert. (= Historische Forschungen, 12). Berlin 1977.

JUNG, Horst-Wilhelm: Anselm Franz von Bentzel im Dienste der Kurfürsten von Mainz. (= Beiträge zur Geschichte der Universität Mainz, 7). Wiesbaden 1966.

KIRNBERGER, Albert: Die Handelsmesse in Mainz in der Zeit der merkantilistischen Wirtschaftspolitik unter der Regierung der drei letzten Kurfürsten von Mainz 1743–1793. Mainz 1951.

KRÜGER, Karin-Jutta: Karl Friedrich Willibald von Groschlag (1729–1799). Ein Beitrag zur Kurmainzischen Politik und zur Aufklärung im Rhein-Main-Gebiet. Diss. München 1967. Köln 1970.

MAINZ – „CENTRALORT DES REICHES". Politik, Literatur und Philosophie im Umbruch der Revolutionszeit. Hrsg. von Christoph Jamme und Otto Pöggeler. (= Deutscher Idealismus. Philosophie und Wirkungsgeschichte in Quellen und Studien, 11). Stuttgart 1986.

MATHY, Helmut: Anton Joseph Dorsch (1758–1819). Leben und Werk eines rheinischen Jakobiners. Zugleich ein Beitrag zur Geschichte der Mainzer philosophischen Fakultät am Ende des 18. Jahrhunderts. In: Mainzer Zeitschrift 62 (1967) S. 1–55.

MATHY, Helmut: Felix Anton Blau (1754–1798). Ein Mainzer Lebensbild aus der Zeit der Aufklärung und Französischen Revolution, zugleich ein Beitrag zur radikalen Aufklärungstheologie am Mittelrhein. In: Mainzer Zeitschrift 67/68 (1972/73) S. 1–29.

MATHY, Helmut: Die Mainzer Universitätsreform von 1784. In: Hermann Weber (Hrsg.), Aufklärung in Mainz. (= Schriften der Mainzer Philosophischen Fakultätsgesellschaft, 9). Wiesbaden 1984. S. 61–84.

MATHY, Helmut: Das Testament des Mainzer Kurfürsten-Erzbischofs Emmerich Joseph von Breidbach-Bürresheim. In: Archiv für mittelrheinische Kirchengeschichte 24 (1972) S. 267–276.

MICHELS, Adolf Carl: Die Wahl des Grafen Johann Friedrich Karl von Ostein zum Kurfürsten und Erzbischof von Mainz. (1743). Phil. Diss. Bonn 1930. Auch in: Archiv für hessische Geschichte und Altertumskunde NF 16 (1930) S. 515–580.

POST, Bernhard: Judentoleranz und Judenemanzipation in Kurmainz 1774–1813. (= Schriften der Kommission für die Geschichte der Juden in Hessen, 7). Wiesbaden 1985.

RAAB, Heribert: Die Breidbach-Bürresheim in der Germania Sacra. Eine Skizze der Reichskirchenpolitik des Mainzer Kurfürsten Emmerich Joseph und seines Bruders Karl Ernst. In: Mainzer Almanach 1962, S. 91–106.

RAAB, Heribert: Damian Friedrich Dumeiz und Kardinal Oddi. Zur Entdeckung des Febronius und zur Aufklärung im Erzstift Mainz und in der Reichsstadt Frankfurt. In: Archiv für mittelrheinische Kirchengeschichte 10 (1958) S. 217–240.

RAAB, Heribert: Der Mainzer Weihbischof Ludwig Philipp Behlen (1714–1777). In: Mainzer Almanach 1968, S. 59–79.

RAAB, Heribert: Valentin Heimes' Informativprozesse anläßlich seiner Ernennung zum Weihbischof von Worms (1780) und Mainz (1782) mit einem Anhang unbekannter Briefe von Heimes an Nuntius Bellisomi. In: Jahrbuch für das Bistum Mainz 7 (1955–1957) S. 172–189.

SOLF, Elisabeth: Die Reichspolitik des Mainzer Kurfürsten Johann Friedrich Karl von Ostein von seinem Regierungsantritt (1743) bis zum Ausbruch des Siebenjährigen Krieges. Phil. Diss. Frankfurt/M. 1935. Berlin 1936.

STEINRUCK, Josef: Die kirchengeschichtliche Bedeutung des Nuntiaturstreits (1785–1790). In: Trierer Theologische Zeitschrift 83 (1974) S. 38–60.

VEIT, Andreas Ludwig: Emmerich Josef von Breidbach-Bürresheim, Erzbischof von Mainz (1763–1774), und die Verminderung der Feiertage. Ein Beitrag zur Geschichte der kirchlichen Aufklärung im katholischen Deutschland. In: FS Sebastian Merkle zu seinem 60. Geburtstage. Hrsg. von Wilhelm Schellberg. Düsseldorf 1922. S. 348–370.

WAGNER, Walter: Das Rhein-Main-Gebiet vor 150 Jahren (1787). In: Archiv für hessische Geschichte und Altertumskunde NF 20 (1938) S. 1–220.

IX. ZUSAMMENBRUCH UND NEUAUFBAU

Das Bistum bis zur Mitte des 19. Jahrhunderts

1. Die Französische Revolution und Mainz

Die Mainzer Republik 1792–1793

Die gefährlichen Ereignisse der Revolution in Frankreich begannen für Erzstift und Erzbistum bedrohlich zu werden, als die französische gesetzgebende Versammlung am 20. April 1792 Österreich den Krieg erklärte. Einen Monat zuvor war am 1. März Kaiser Leopold II. (1790–1792) gestorben. Das führte die Großen des Reiches in Frankfurt zusammen, um Kaiser Franz II. (1792–1806) zu wählen. Am 14. Juli 1792 wurde er vom Mainzer Erzbischof Friedrich Karl Joseph von Erthal feierlich gekrönt. Fünf Tage später traf sich in Mainz der letzte große Fürstentag des Heiligen Römischen Reiches Deutscher Nation. Der Kurfürst-Erzbischof war in der Favorite glänzender Gastgeber für Kaiser Franz II. und König Friedrich Wilhelm II. von Preußen (1786–1797), für die Kurfürsten von Köln und Trier, für die Landgrafen von Hessen-Kassel und Hessen-Darmstadt, für 50 weitere Reichsfürsten und an die 100 Reichsgrafen, für König Ferdinand von Neapel und für die emigrierten französischen Grafen Louis von Provence und Karl von Artois.

Es wurde gefeiert und siegesgewiß vom Krieg gesprochen, der am 19. Juli 1792 gegen das revolutionäre Frankreich erklärt worden war. Erzbischof Erthal hielt damals den Tag für den bedeutendsten seiner Regierung. Er ahnte nicht, daß unter den Gästen fast alle jene zu finden waren, die kurze Zeit später seinen Staat den eigenen politischen Interessen opfern oder als säkularisierte Beute unter sich aufteilen würden. Trotz einiger Bedenken wegen des unkalkulierbaren Risikos und trotz der Warnungen, die seit März aus Frankreich kamen, schloß sich Mainz dem antirevolutionären Koalitionskrieg an. Damit leitete es den Anfang vom Ende seines eigenen Bestandes als Kurfürstentum, Staat und Erzbistum ein.

Die Strategie der Hauptverbündeten, die Truppen unter Vernachlässigung der Rheinlande im Nordwesten zu konzentrieren, ermöglichte dem französischen General Custine, über Landau ins Reich vorzustoßen. Als in Mainz die Kunde durchdrang, der Franzose sei am 29. September von Landau aufgebrochen, um Speyer, Worms und Mainz zu erobern, flüchteten Anfang Oktober der Kurfürst, sein Hof und seine Regierung sowie zahlreiche höhere Geistliche ins erzstiftische Aschaffenburg, in das Domschatz und Domarchiv bereits transferiert worden waren. Als Statthalter blieb Domdekan Georg Karl Ignaz von Fechenbach zu Laudenbach (1749–1809) zurück, der spätere Fürstbischof von Würzburg und Bischof von Bamberg. Am 18. Oktober 1792 erreichte das 20 000 Mann starke französische Heer die erzbischöfliche Stadt. Die kampflose Kapitulation erfolgte am 22. Oktober 1792. Um in Stadt und Land ein Chaos zu vermeiden, beließ Custine die vorhandenen Regierungs- und Verwaltungsorgane bis zum 18. November im Amt. Dann ersetzte er sie durch die „Allgemeine Administration“ mit dem revolutionären Theologieprofessor Anton Joseph Dorsch an der Spitze. Dieses Provisorium wurde im März 1792 von der Revolutionsregierung des „Rheinisch-Deutschen Freistaates“ abgelöst, den der gewählte „Rheinisch-Deutsche Nationalkonvent“ ausgerufen hatte. Mit der Proklamierung der „Republik“ kam fast zeitlich gleich ihr Ende; denn noch im März schloß sich um Mainz der Belagerungsring der preußischen Koalitionstruppen. Das „republikanische Mainz“ mußte am 23. Juli 1793 kapitulieren. Die erzbischöfliche Regierung kehrte in eine innerlich und äußerlich zerstörte Stadt zurück.

Mainz, vom wochenlangen Artilleriebeschuß getroffen, war zerstört. Der Dom war eine Ruine. In Trümmern lagen die Liebfrauenkirche, die Dompropstei und Domdechanei, die Ordenskirchen der Jesuiten, Franziskaner, Dominikaner und Kapuziner, die Kirchen St. Sebastian, St. Aureus und Heilig Kreuz, dazu das Kloster Jakobsberg und die kurfürstliche Sommerresidenz Favorite. Auch der Klerus war verändert und verwandelt. Ihm waren der privilegierte Gerichtsstand und die Ehegerichtsbarkeit genommen. Die Priester hatten den Eid auf die Verfassung und die Ideen der Französischen Revolution ablegen müssen. Viele hatten sich geweigert, manche hatten geglaubt, ohne größere Gewissensbelastung zustimmen zu dürfen. Einer großen Änderung war auch die gesamtpolitische und geistige Situation unterworfen. Die aus Frankreich kommenden Prinzipien von Freiheit, Gleichheit und Brüderlichkeit waren bei vielen auf große Aufnahmebereitschaft gestoßen. Die Revolutionsideen konnten zwar überdeckt, jedoch nicht getilgt und gänzlich verdrängt werden.

Das Ende des Erzbistums

Die Auflösung des alten Reichssystems und die schon seit langem im Raum stehende Säkularisation der geistlichen Reichsfürstentümer waren nur noch eine Frage der Zeit. Die Endphase ihres Untergangs begann mit dem Frieden von Campo Formio, den das unterlegene Österreich am 17. Oktober 1797 mit Frankreich schloß. In der Abmachung sagte sich Österreich von dem bisherigen Prinzip der Reichsintegrität los und gestand Frankreich in 14 Geheimartikeln die Abtretung der beanspruchten linksrheinischen Gebiete zu, einschließlich der Festung Mainz.

Preußen hatte bereits 1795 im Sonderfrieden von Basel Frankreich die Rheinlande als Verhandlungsobjekt angeboten. Auch auf dem Rastatter Kongreß von 1797, der auf Reichsebene die Beschlüsse von Campo Formio sanktionieren wollte, zeigte es keinerlei Bereitschaft, die geistlichen Kurstaaten am Rhein zu retten. Somit war Mainz verloren. Kampflos zogen am 30. Dezember 1797 die Franzosen in die Stadt ein, die der Erzbischof wenige Tage zuvor verlassen hatte.

Im okkupierten linksrheinischen Gebiet übernahm der in Mainz residierende französische Kommissar Rudler die Regierungsgeschäfte. Bereits am 23. Januar 1798 schuf er im Auftrag der Pariser Zentralbehörde neue politische Verhältnisse. Er gliederte die Rheinlande gemäß der Konstitution der französischen Republik und dem Gesetz vom 21. Fruktidor III (7. September 1795) in die vier Departements de la Roer mit Hauptort Aachen, de la Sarre mit Hauptort Trier, du Rhin et

Moselle mit Hauptort Koblenz und Mont Tonnere (Donnersberg) mit Hauptort Mainz.

Diese Maßnahme als Vorbereitung für die volle Eingliederung der Gebiete in die französische Republik zog folgenschwer den sofortigen Zerfall des alten Erzbistums Mainz nach sich. Dem inzwischen in Aschaffenburg residierenden Erzbischof war es nicht mehr möglich, die linksrheinischen Bezirke seines Kirchensprengels zu leiten. Seinem Generalvikar Joseph Casimir von Redwitz erlaubte er, an jedwedem Ort mit Ausnahme von Aschaffenburg zu residieren. Da auch sein Weihbischof Valentin Heimes nicht in Mainz bleiben konnte, übertrug der Erzbischof am 16. Mai 1798 die interimistische Verwaltung dem Geistlichen Rat Johann Valentin Schumann (1733–1803). In der anhaltenden Phase der offen religionsfeindlichen Revolution konnte der ernannte Provikar nur mühsam für das Restbistum einen Modus vivendi finden.

Eine Besserung des Verhältnisses von Republik und Kirche setzte erst nach dem Staatsstreich Napoleons vom 9. November 1799 ein, der diesen unter Ausschaltung des Direktoriums zum Ersten Konsul machte. Aus politischen Gründen wollte der Korse den Ausgleich mit der katholischen Kirche und dem Papst. Ergebnis dieser Bemühung war das Konkordat zwischen der französischen Regierung und Papst Pius VII. (1800–1823), das am 15. Juli 1801 in Paris von Bonaparte und Kardinal Consalvi unterzeichnet wurde. Der Kompromiß erklärte in Artikel 1 den katholischen Kult mit Einschränkungen für öffentlich und frei, legte in Artikel 2 fest, daß alle französischen Bistümer neu umschrieben werden können und räumte in Artikel 4 dem Ersten Konsul das Recht ein, alle neuen Erzbischöfe und Bischöfe zu ernennen. Gegen den Willen des Vertragspartners fügte Napoleon Bonaparte der „Convention" noch 77 „Organische Artikel" mit eindeutig staatskirchlichen Bestimmungen bei und veröffentlichte sie 1802 als Gesetz.

Konkordat und „Organische Artikel" betrafen das Erzbistum Mainz unmittelbar. Das Konkordat legitimierte seine Zerstückelung und dadurch indirekt seine Aufhebung; es ermöglichte die Errichtung eines neuen Bistums Mainz auf der linken Rheinseite, die durch den Friedensvertrag von Lunéville am 9. Februar 1801, bei gleichzeitiger Anordnung der Säkularisation der geistlichen Territorien und Klöster im Reiche, an Frankreich gefallen war.

Die von Napoleon durchgeführte Neueinteilung der französischen Kirche in 10 Erzbistümer und 50 Bistümer wurde am 29. November 1801 durch die päpstliche Bulle „Qui Christi Domini" und am 9. April 1802 durch ein von Kardinal Giovanni Battista Caprara ausgestelltes Exekutionsdekret kanonisch bestätigt.

Im Departement Donnersberg entstand aus Teilen der Erzdiözese Mainz und der Diözesen Worms, Speyer und Metz das neue Bistum Mainz mit etwa 176 000 Katholiken unter 400 000 Einwohnern. Mainz verlor seine Position als Metropolitansitz: mit dem ebenfalls vom Ersten Konsul errichteten neuen Bistum Aachen, das in den Grenzen des Departements de la Roer und du Rhin et Moselle bis in die ehemals Mainzer Gebiete auf dem Hunsrück und links der Nahe reichte, gehörte es nun zum Erzbistum Mecheln in Belgien.

Um wenigstens seinen Kurstaat Mainz zu retten, hatte Erzbischof Friedrich Karl Joseph von Erthal bereits im Spätjahr 1801 einer Änderung der rheinischen Diözesangrenzen zugestimmt, doch brachte ihm dieses Entgegenkommen keinen Nutzen. In Regensburg arbeitete seit 1802 eine vom Kaiser und Reichstag eingesetzte Deputation, um nach den von Frankreich und Rußland festgelegten Richtlinien die durch die angeordnete Säkularisation möglichen „Entschädigungsgesetze“ festzulegen. Das für die katholische Reichskirche erschütternde Ergebnis dieser Tätigkeit hat Friedrich Karl Joseph von Erthal nicht mehr erlebt. Am 4. Juli 1802 resignierte er und übergab seine noch vorhandenen Ämter und Würden seinem 1787 ernannten Koadjutor und designierten Nachfolger Kurfürst Erzbischof Karl Theodor von Dalberg. Drei Wochen später starb Erthal am 25. Juli 1802 und fand in der Aschaffenburger Stiftskirche St. Peter und Alexander seine letzte Ruhestätte.

Der Hauptschluß der außerordentlichen Reichsdeputation in Regensburg wurde am 25. Februar 1803 angenommen. In § 25 verfügte er: „Der Stuhl zu Mainz wird auf die Domkirche zu Regensburg übertragen. Die Würden eines Kurfürsten, Reichs-Erzkanzlers, Metropolitan-Erzbischofs und Primas von Deutschland bleiben auf ewige Zeiten damit vereinigt. Seine Metropolitan-Gerichtsbarkeit erstreckt sich in Zukunft über alle auf der rechten Rheinseite liegenden Teile der ehemaligen geistlichen Provinzen von Mainz, Trier und Köln, jedoch mit Ausnahme der königl. Preußischen Staaten; imgleichen über die Salzburgische Provinz, soweit sich diese über die mit Pfalz-Baiern vereinigten Länder ausdehnt.“

Papst Pius VII., der durch ein Breve vom 15. Juli 1803 Erzbischof von Dalberg mit der provisorischen Verwaltung des durch den Tod des Fürstbischofs Joseph Konrad Schroffenberg (1780–1803) vakanten Bistums Regensburg beauftragt hatte, legitimierte die Translation des Erzbistums am 1. Mai 1805. Die seit 782 bestehende Kirchenprovinz Mainz existierte nicht mehr.

Nach der im Reichsdeputationshauptschluß am 25. Februar 1803 verordneten Durchführung der Auflösung der geistlichen Reichsfürstentümer und der Säkularisation der Stifte und Klöster gab es im Reiche außer den geistlichen Kleinstterritorien des Hoch- und Deutschmeisters und des Großpriors des Johanniterordens nur noch das geistliche Kurfürstentum Aschaffenburg-Regensburg, das eigens für den Fürstprimas Erzbischof Karl Theodor von Dalberg aus den Fürstentümern Aschaffenburg und Regensburg und der Grafschaft Wetzlar eingerichtet worden war. Er verdankte es seinen guten Beziehungen zu Napoleon und der gefühlsmäßigen Bindung, die viele noch zu dem alten Kurstaat Mainz hatten.

Für Erzbischof Karl Theodor von Dalberg brachte die Auflösung des Heiligen Römischen Reiches Deutscher Nation – ausgelöst durch die Gründung des Rheinbundes der von Napoleon unter Druck gesetzten 15 süd- und westdeutschen Fürsten am 12. Juli, der Niederlegung der Reichskrone durch Kaiser Franz II. am 1. August und der kaiserlichen Entbindung aller Stände von ihren Pflichten am 6. August 1806 – auch einen Titelwechsel mit sich. Der „Kurfürst-Erzkanzler“ von Dalberg nannte sich ab August 1806 Fürstprimas. Sein Territorium Regensburg verlor er 1810 an Bayern, erhielt dafür aber das neugebildete Großherzogtum Frankfurt, das aus Teilen des säkularisierten Hochstifts Fulda, der Grafschaft Hanau und den bereits in seinem Besitz befindlichen Städten und Ämtern Frankfurt, Wetzlar und Aschaffenburg bestand. Die kirchliche Verwaltung dieses Gebietes oblag dem Generalvikariat Aschaffenburg, das von 1803 bis 1806 Weihbischof Johann Valentin Heimes leitete. Ihm folgten im Amt der Weihbischof Joseph Hieronymus Karl von Kolborn (1744–1816) und nach dessen Tod bis zur endgültigen Auflösung der spätere Speyerer Bischof Matthäus Georg von Chandell

(1745–1826), der bereits 1802 von Erzbischof Erthal zum Offizial für das rechtsrheinische Bistumsgebiet ernannt worden war.

Der letzte Erzbischof von Mainz, Fürstprimas Karl Theodor von Dalberg, starb am 10. Februar 1817 in Regensburg. Neue Kräfte waren aufgerufen, das kirchliche Leben in Mainz zu heben.

2. Das Napoleonische Bistum Mainz

Die Bistumsorganisation

Mainz, wie schon mehrfach in seiner Geschichte stark zerstört und nach Beendigung der Säkularisation kirchlich verarmt und politisch unbedeutend, sollte durch Napoleons Gnaden Zentrum eines umstrukturierten Bistums werden. Den Weg in die Zukunft wies der Straßburger Joseph Ludwig Colmar (1802–1818), von Napoleon am 6. Juli 1802 eigenmächtig zum Bischof von Mainz ernannt, von den Mainzern bei seinem Kommen abgelehnt und als hergelaufener „Bettelbub" verspottet. Die Bischofsweihe empfing Colmar am 24. August 1802 in der Pariser Karmeliterkirche. Da der Hohe Dom zu Mainz durch den Artilleriebeschuß 1793 zerstört worden war, wurde der neue Bischof am 3. Oktober 1802 durch den Mainzer Provikar Johann Valentin Schumann in St. Peter zu Mainz inthronisiert. Die Festpredigt hielt Pfarrer Ernst Xaver Turin.

Herkommen, Werdegang und Zeitumstände ließen Bischof Colmar beim sofort begonnenen Wiederaufbau von Bistum und kirchlichem Leben andere Mittel und Wege wählen als sein noch lebender erzbischöflicher Vorgänger, den die politischen Umwälzungen der jüngsten Zeit vom Heiligen Stuhl von Mainz verdrängt hatten. Für den in den Ideen der Aufklärung und im steten Umgang mit der Diplomatie aufgewachsenen Karl Theodor von Dalberg konnte der erlittene Zusammenbruch der „Germania sacra" und der alten Reichskirchenordnung nur politisch überwunden werden. Sein Verdienst war es, daß in Artikel 62 des Reichsdeputationshauptschlusses der Status quo der kirchlichen Verhältnisse garantiert wurde. Er dachte an einen Wiederaufbau einer durch kirchliche Reformen geläuterten Reichskirche, an deren Spitze ein Primas stehen sollte. Diese Reichskirche, durch ein dem französischen Vorbild angepaßtes Reichskonkordat im neuen Gefüge festverankert und dadurch solides Bollwerk gegen alle landeskirchlichen und kurialistischen Tendenzen, schien ihm die beste Garantie für den Wiedergewinn des katholischen Einflusses in Reich, Politik und Kultur. Seine Reichskirchen-, Konkordats- und Primaspläne, auf vielen politischen Ebenen immer wieder verfochten, setzten sich nicht durch; seine Anhängerschaft an Napoleon zahlte sich nicht aus.

Dem 1802 ernannten neuen Mainzer Bischof aus dem Elsaß war diplomatisches und politisches Spiel zum Wohl von Kirche und katholischer Religion völlig fremd. Der 1760 in Straßburg geborene Bürgersohn war mehr Seelsorger als Politiker. Mit 20 Jahren hatte er sich für das Priestertum entschieden und war durch die der Scholastik verpflichtete und der Aufklärung feindliche theologische Schule der Ex-

Bischof Joseph Ludwig Colmar

jesuiten gegangen. Als junger Priester und verfolgter eidverweigernder Untergrundseelsorger mußte er in seiner Heimatstadt die blutigen 90er Jahre der revolutionären Schreckensherrschaft miterleben. All das prägte ihn. Es ließ ihn aufgeschlossen sein für das religiöse Erwachen, das sich kurz nach Ausbruch der Revolution im französischen Klerus und in einer Elite von Laien bemerkbar machte und das sich nach der 1799 durch Napoleon bewirkten Entspannung auch öffentlich zeigen konnte. Rechristianisierung hieß das Programm. Innere Reform und Pastoral waren die Devise. Über die Einflüsse von Jean Portalis und Kardinal Fech fand diese Bewegung ab 1801 durch die Pariser Kultusdirektion eine gewisse Förderung. In diesem Zusammenhang steht die Berufung von Colmar auf den Heiligen Stuhl von Mainz. Als Colmar in Angelegenheiten der Straßburger Barmherzigen Schwestern 1802 in Paris weilte, lernte ihn Kultusminister Portalis kennen. Offensichtlich beeindruckte der damalige Domprediger und Seelsorger den hohen Staatsbeamten so sehr, daß er Napoleon vorschlug, den Straßburger Pfarrer zum Bischof zu ernennen.

Colmar ging in ein konturloses Bistum, in ein geschocktes und desolates Mainz. Dem aus vier Diözesanteilen zusammengestückelten neuen Kirchensprengel ohne gewachsene Geschichte mußte eine Organisation gegeben werden, der Bischofsstadt eine Kathedralkirche und dem Bistum neues kirchliches Leben.

Die Diözesanorganisation geschah unter Berücksichtigung der neuen französischen Gesetzgebung in Anlehnung an die durch die „fränkische Regierung" geschaffenen politischen Strukturen. In zähen Verhandlungen mühte sich Colmar um die Wiedergewinnung des Mainzer Domes als Bischofskirche. Neues kirchliches Leben im Bistum suchten der Bischof und seine engsten Mitarbeiter über die gezielte geistliche Erneuerung des Klerus, die Reform des Gottesdienstes und die Wiederbelebung der öffentlichen Religion zu erreichen. Einigem war nur kurzlebiger Erfolg beschieden, anderes wurzelte so tief, daß es später äußere Umbrüche und Erschütterungen unbeschadet überdauerte.

Bischof Colmars erster Generalvikar wurde der noch von Erzbischof Friedrich Karl Joseph eingesetzte Provikar und bisherige Bistumsverweser Johann Valentin Schumann. Dessen Tod am 1. Mai 1803 bot den äußeren Anstoß für ein baldiges Revirement der Bistumsspitze. Im „Organisationsplan für das Bistum Mainz", dem die Pariser Regierung am 17. Juni 1803 ihre Zustimmung gegeben hatte, wurde Anfang Juli mit der Bekanntgabe der neuen Bistumseinteilung auch das neue Domkapitel vorgestellt. Aus diesem zehnköpfigen Kollegium, dem nur Bürgerliche angehörten, wählte Colmar für seine große Diözese zwischen Rhein, Nahe, Glan und Queich im Raum von Pfalz und heutigem Rheinhessen mit Ernst Xaver Turin und Johann Bernhard Betz (1746–1816) gleich zwei Generalvikare, wie es ihm gemäß Artikel 21 der 1802 veröffentlichten „Organischen Artikel" möglich war. Dem Mainzer Domkapitel gehörte auch der erst 32jährige Johann Jakob Humann an, den Colmar aus seiner elsässischen Heimat mitgebracht hatte. 1806 löste dieser Turin als Generalvikar ab und wurde einer der engsten Mitarbeiter des Bischofs.

Die äußere Gliederung des Bistums gestaltete Bischof Colmar unter maßgeblicher Beteiligung des 1803 zum Domkapitular ernannten Johann Peter Schunck (1744–1814). In den vier politischen Departementbezirken (arrondissements) Mainz, Speyer, Kaiserslautern und Zweibrücken errichtete er zusammen mit den drei Pfarreien (paroisses) und vier Vikarien (succursales) der Bischofsstadt insgesamt 38 Pfarreien und 209 erheblich geringer dotierte Vikarien. Die neuerrichteten Pfarreien und Vikarien waren nicht mehr in Dekanate zusammengefaßt, sondern in Anpassung an die 38 „Friedensgerichte" (Kantone), die ihrerseits politische Untergliederungen der „arrondissements" waren. Zur traditionellen Bistumsuntergliederung kehrte Bischof Colmar erst wieder 1811 zurück, als er gleichzeitig mit den neuen Bistumsstatuten die Errichtung von 16 Dekanaten bekanntgab.

Das von außen aufgezwungene und ohne Bezug auf gewachsene Räume kon-

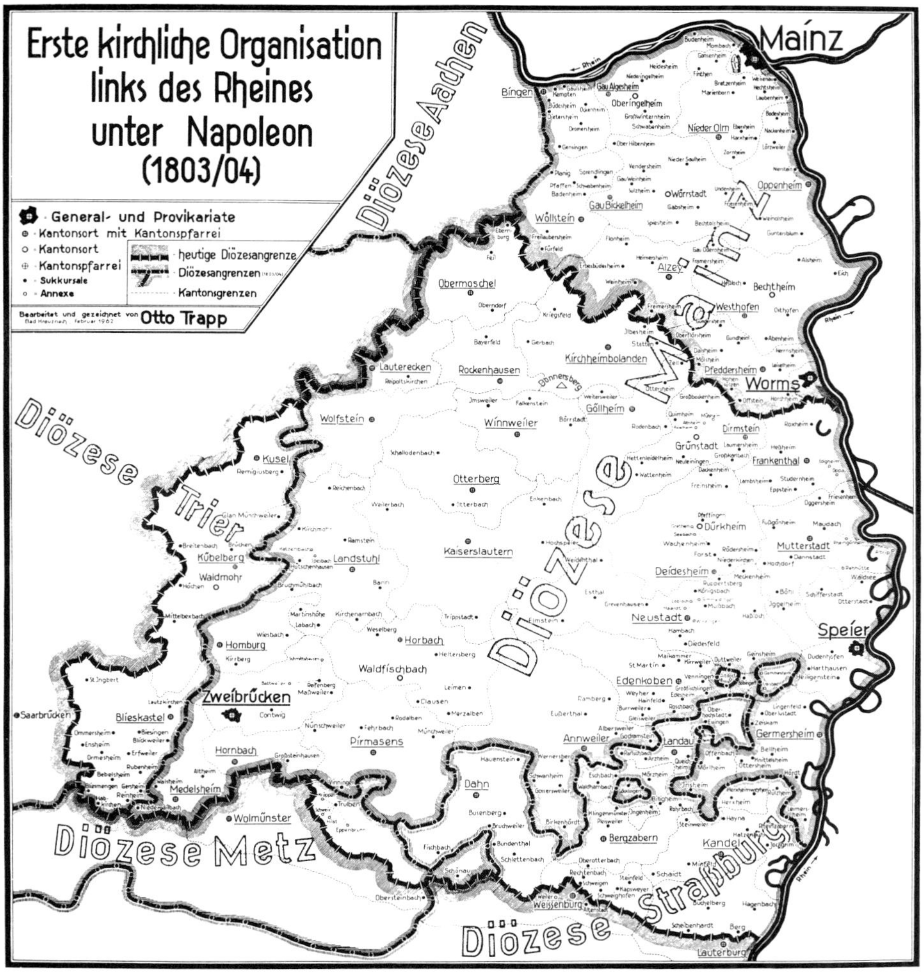

struierte napoleonische Bistum Mainz war nur von kurzer Dauer. Kirchenpolitisch löste es sich, bedingt durch Napoleons Sturz und die Neugestaltung Deutschlands auf dem Wiener Kongreß, 1815 bereits unter seinem ersten Bischof und Organisator auf. Was hier der Bischof geschaffen hatte, war bald vergessen; unvergessen bleibt jedoch die Rettung des Mainzer Domes und die Wiederbelebung des kirchlichen und religiösen Lebens in schwerer Zeit.

Die Bischofskirche

Das neunzehnte Jahrhundert ist für den Dom nach Meinung des Kunsthistorikers und Domkapitulars Friedrich Schneider (1836–1907) „recht eigentlich das Zeitalter des Wiedererstehens. Das Jahr 1800 fand Mainz als eine Stadt in Trümmern.

Die Ruine des Domes mit den verwüsteten Stiftsgebäuden zu seinen Füßen überragte wie ein ausgebrannter Krater die unglückliche Stadt. Im Herzen einer der erinnerungsreichsten Stätten auf deutschem Boden lag wie eine wüste Insel der Dom. Der französische Präfekt, Jean Bon St. André, gedachte hier Wandel zu schaffen und betrieb die gänzliche Abtragung des Gebäudes." Gleiches Schicksal drohte dem alten Kaiserdom zu Speyer. Beide Kathedralen verdanken ihr Weiterbestehen dem hartnäckigen Einsatz von Bischof Colmar und seinen guten Beziehungen zu Paris.

Schon vor seinem Kommen nach Mainz hatten engagierte Mainzer beim Stadtpräfekten Jean Bon St. André gegen die weitere Zerstörung des Domes und gegen die Veräußerung der Inneneinrichtung – u. a. wurde 1801 das kostbare Chorgestühl aus dem noch für Gottesdienste benutzten Westchor versteigert – protestiert. Nur zahlreiche Eingaben Colmars bei Kultusminister Portalis und die positiven Gutachten des französischen Oberbaudirektors Eustache St. Fier bewahrten den Dom vor dem Los der gotischen Liebfrauenkirche: sie wurde 1803 abgerissen. Auf Anordnung der Regierung in Paris ließ der Präfekt den Dom räumen und gab ihn an den Bischof zurück, der 1802 auch die eingezogenen Liegenschaften der Kirchenfabrik erhielt. Damit war für Colmar und die von ihm eingesetzte Baukommission die Voraussetzung gegeben, die ersten Restaurierungsarbeiten durchführen zu lassen und die beschlagnahmte oder versteigerte Inneneinrichtung zurückzuholen.

Am 15. August 1804 konnte die Bischofskirche wieder feierlich eingeweiht werden. Der Hebung des Gottesdienstes diente die fast gleichzeitige Wiedereinführung des lange zugunsten konzertanter Kirchenmusik vernachlässigten Choralgesangs.

Über die Gunst Napoleons, dessen Kaiserkrönung Colmar in Begleitung von Johann Jakob Humann am 2. November 1804 in Notre Dame zu Paris miterlebte, gelang es dem Bischof, 1809 für den Dom neue Glocken und eine Turmuhr zu erhalten. Noch wichtiger war es jedoch, daß dem Bistum auch ein Teil der noch nicht veräußerten Pfarrwittumsgüter zurückgegeben wurde.

Die Mainzer Domkirche bekam ihre heutige Gestalt und Form erst 1875. Unter Bischof Colmar wurde zunächst das Langschiff notdürftig abgedeckt und der Innenraum für den Gottesdienst hergestellt. Die eigentliche Restaurierung verzögerte sich. 1813 sollte sie mit einem Kostenaufwand von 113 925 Franken in Angriff genommen und langfristig durchgeführt werden. Die politischen Ereignisse zerschlugen den Plan. Am 9. November 1813 wurde der Dom Kaserne und Lazarett für 6000 verwundete und seuchenkranke Soldaten Napoleons, die den furchtbaren Rußlandfeldzug und die Schlachten bei Leipzig und Hanau überlebt hatten. Es herrschten grauenvolle Zustände. In ihrer Not verheizten die Soldaten die brennbare Inneneinrichtung mit Ausnahme des Chorgestühls. Nach der Verlegung der Kranken wurde der Dom Viehstall und Schlachthof. Als mit den Truppen die letzten französischen Behörden am 4. Mai 1814 Mainz verließen, blieben Elend und Chaos zurück. An einen Weiterbau des erneut für den Gottesdienst provisorisch instandgesetzten und am 12. November 1814 konsekrierten Domes war bis zum Tode Colmars nicht mehr zu denken.

Erst unter Generalvikar Humann, der von 1818 bis 1830 das unbesetzte Bistum leitete, konnte 1822 die Notbedeckung des Kirchenschiffes durch einen neuen

Mainz, Dom, Ostwerk (Fotografie um 1877)

Dachstuhl ersetzt und 1828 der Ostturm mit der berühmten Kuppel gekrönt werden, die der Architekt Georg Moller (gest. 1852) entworfen und der Schlossermeister Gottfried Strobel gebaut hatte. Befürchtungen, die schwere Eisenkonstruktion könnte durch zu starke Belastung des Mauerwerks den Dom zum Einsturz bringen, waren Anlaß, 1870 die „Mollersche Kuppel" abzutragen. Der Plan des Mainzer Dombaumeisters Joseph Wessicken (gest. 1918), den Ostturm mit einem neugotischen Aufsatz zu versehen, fand keine Zustimmung. Heute prägt der 1875/76 vom niederländischen Architekten Peter Joseph Hubert Cuypers entworfene neuromanische Helm das Bild des Ostwerkes. Die geringfügige Formkorrektur, die bei den Restaurierungsarbeiten nach dem 2. Weltkrieg am Ostturm vorgenommen wurde, veränderte den Gesamteindruck nur wenig.

Das Mainzer Priesterseminar

Am kirchlichen und religiösen Erwachen, das sich nach dem strukturellen und geistigen Zusammenbruch im neuerrichteten Bistum Mainz langsam zwar, doch deutlich bemerkbar machte, hatte Bischof Colmar erheblichen Anteil. Zahlreiche Predigten und Hirtenbriefe, Bistumsvisitationen, die Wiederbelebung der bis 1805 durch die französischen Revolutionsgesetze verbotenen Fronleichnamsprozession, die Einführung des von Napoleon 1806 vorgeschriebenen Katechismus von Bischof Jacques Beningne Bossuet (1627–1704), der 1810 durch den „römischen" Katechismus des Jesuiten Petrus Canisius (1521–1597) ersetzt und erst unter Bischof Ketteler erneut geändert wurde, die Veröffentlichung und Verbreitung des „Lehr- und Gebetbuches für katholische Christen", das 1815 Johann Jakob Humann erarbeitet hatte und das allein bis 1844 siebenmal aufgelegt wurde, zeugen von vielseitigen seelsorglichen Aktivitäten. Um eine religiöse Neuorientierung im Volk zu verankern, war für den Oberhirten Colmar ein geistlich geprägter und qualifiziert gebildeter Klerus notwendig.

Unter Berufung auf die „Organischen Artikel" und ermutigt durch die Ausführungsbestimmungen, die Kardinal Caprara 1802 im Sinne und Auftrag von Papst Pius VII. erlassen hatte, gelang es Colmar, 1805 ein Priesterseminar im säkularisierten ehemaligen Augustinerkloster zu errichten. Das Gebäude war ihm für diesen Zweck 1803 durch Konsularbeschluß als Ersatz für das von den französischen Behörden verstaatlichte und zu einem Lyzeum umfunktionierte ehemalige Priesterseminar zur Verfügung gestellt worden. Dem Seminar, das mit 10 Alumnen am 30. Oktober 1805 eröffnet werden konnte, gliederte Colmar nach französischem Vorbild noch ein bischöfliches Gymnasium als Kleines Seminar an.

Zum ersten Regens und Leiter des Gesamtinstituts ernannte er seinen Landsmann und Jugendfreund Bruno Leopold Liebermann (1759–1844), den auf seine Bürgschaft hin Napoleon kurz zuvor aus politischer Haft in Paris „en surveillance" nach Mainz entlassen hatte. Liebermann, dessen fünfbändige antirationalistische „Institutiones theologiae dogmaticae" weite Beachtung fanden, blieb bis Februar 1824 Regens. Er trat für eine zentralistisch-autoritäre Erneuerung der Kirche ein und prägte einen streng kirchlichen und asketisch erzogenen Klerus. Die Mainzer Theologieprofessoren der ersten Phase entnahmen ihr philosophisches und theologisches Konzept dem scholastischen Studienprogramm der früheren Jesuitenanstalten. Erst während der Sedisvakanz (1818–1830) kamen die von Bischof Colmar und seinem Regens grundgelegten und geförderten Kräfte zum Durchbruch: um Liebermann sammelte sich der „Mainzer Kreis", zu denen die ehemaligen Alumnen des Mainzer Priesterseminars und späteren Bischöfe Andreas Räß (Straßburg, gest. 1887), Johann Jakob von Geissel (Speyer, Köln, gest. 1864) und Nikolaus Weis (Speyer, gest. 1869) gehörten. Theologisch und geistig bildeten sie einen scharfen Gegensatz zu dem aufgeklärten Lehrkörper der erloschenen Fakultät.

Durch scholastisch-spekulative Durchdringung der überlieferten katholischen Lehre, basierend auf einer bewußt kirchlichen, biblisch-patristischen Frömmigkeit, sollte eine Distanzierung vom Zeitgeist und eine Neuorientierung im kirchlichen Leben gefunden werden.

Der einfache Bürgersohn Joseph Ludwig Colmar war 1802 in Mainz nicht mit offenen Armen empfangen worden. Doch schon bei seiner Einführung fiel er dadurch positiv auf, daß er anders als seine gefürsteten erzbischöflichen Vorgänger die Kanzel bestieg und als Seelsorger zu der ihm anvertrauten Gemeinde sprach. Sein bleibender hoher persönlicher Einsatz für sein Bistum und die Art, wie er in schweren Zeiten mit dem Volke ging und litt, machten ihn bald beliebt und geachtet. Als Bischof Colmar am 15. Dezember 1818 starb, wußte das Bistum, daß es einen guten Bischof verloren hatte.

3. Das neuumschriebene Bistum

In dem am 30. Mai 1814 in Paris unterzeichneten Friedensvertrag konnten die 1801 in Lunéville erzwungenen Gebietsabtretungen an Frankreich annuliert werden. Dies ermutigte die katholische Kirche auf dem Wiener Kongreß 1815, wenn nicht schon die Landeshoheit in den linksrheinischen ehemaligen geistlichen Reichsfürstentümern, so doch wenigstens das säkularisierte Kirchengut zurückzufordern. Die betroffenen Staaten, die wie z. B. Preußen am 30. Oktober 1810 per Gesetz „alle Klöster, Dom- und andere Stifter, Balleyen und Commenden", darunter die bis 1802 zu Kurmainz gehörenden thüringischen Gebiete mit Erfurt als Zentrum, zu Staatsgütern erklärt hatten, dachten nicht daran, zu restituieren. Die von manchem erhoffte deutsche Reichseinheit blieb ebenso Traum wie Dalbergs Vorstellung von einer katholischen Reichskirche. Auf dem „tanzenden Kongreß" dominierte nicht der Gedanke der Einheit und Gerechtigkeit; es wurde gefeilscht, genommen und umverteilt.

Lang umstrittenes Verhandlungsobjekt waren wegen ihrer strategisch günstigen Lage Stadt und Festung Mainz. Österreich und vor allem auch Bayern machten Ansprüche geltend, konnten sich aber gegenüber Preußen, das dem Großherzogtum Hessen-Darmstadt wegen der Abnahme des Herzogtums Westfalen verpflichtet war, nicht durchsetzen. Bayern wurde Franken, der Aschaffenburger Raum und die Rheinpfalz zugeteilt. So erhielt es weite Gebiete des ehemaligen Bistums Speyer, die nach 1801 wichtige Teile des Bistums Mainz ausmachten. Da staatskirchliche Ambitionen grenzübergreifende kirchliche Lösungen nicht zuließen, war der Zerfall des napoleonischen Bistums unausweichlich.

Im Bayerischen Konkordat von 1817 wurde das Bistum Speyer wiederbelebt und der Kirchenprovinz München-Freising angegliedert. Die seit 1814 von Provikar Franz Christoph Günther (1770–1848) im Auftrag von Bischof Colmar verwalteten linksrheinischen speyerischen Pfarreien und Vikarien wurden 1821 endgültig vom Bistum Mainz abgetrennt. Im selben Jahr fielen auch, wie 1817 konkordatär vereinbart, die ehemals erzbischöflich mainzischen Gebiete um Aschaffenburg an das jetzt bayerische Bistum Würzburg. Die Priester des Aschaffenburger

Landes fügten sich nur schwer in die neue Zugehörigkeit. Etwa 70 von ihnen verließen in den folgenden Jahren das Bistum.

Mainz wurde dem Großherzogtum Hessen-Darmstadt zugesprochen. Mit den Provinzen Oberhessen, Rheinhessen und Starkenburg und den Zentren Gießen, Mainz und Darmstadt (– das frühere Fürstbistum Worms war politisch in Rheinhessen und kirchlich endgültig im Bistum Mainz aufgegangen –) war die Grenzumschreibung des neuen Kirchensprengels zwar vorgegeben, doch keineswegs endgültig fixiert.

Die Oberrheinische Kirchenprovinz

Für die kirchlichen Fragen und Probleme betrachtete sich der Wiener Kongreß als nicht zuständig. Dennoch herrschte ein lebhafter Austausch über die Position der katholischen Kirche in Deutschland.

Dalbergs Zielvorstellung von einer Reichskirche präzisierte sein Konstanzer Generalvikar und Vertreter in Wien, Heinrich Ignaz von Wessenberg (1774–1860) in Richtung einer josephinistisch gefärbten Nationalkirche, deren Verhältnis zu Rom in einem Konkordat zu regeln sei. Dieses sollte für alle 38 deutschen Staaten, die sich am 10. Juni 1815 zum Deutschen Bund zusammengeschlossen hatten, gelten. Die Kirche sollte von einem Primas auf dem wiedererrichteten Erzstuhl in Mainz geführt und bei allen wichtigen Verhandlungen mit den obersten Bundesbehörden und der römischen Kirche vertreten oder geleitet werden.

Rom strebte grundsätzlich auch ein Bundeskonkordat mit dem Ziel direkter Befugnisse über die Kirche in Deutschland an, verzögerte aber die Verhandlungen, um auf jeden Fall die Bildung einer Reichs- bzw. Nationalkirche zu verhindern.

Die Mittelstaaten um Bayern und Württemberg wollten weder eine Regelung der kirchlichen Angelegenheiten auf Bundesebene noch den großen Einfluß des Heiligen Stuhles. Sie setzten durch, daß an die Stelle der Beratungen über ein Bundeskonkordat Einzelverhandlungen mit Rom traten. Für die katholische Kirche in Deutschland begann ein gefährlicher Weg in die Isolation.

Als erster Staat schloß Bayern 1817 das bereits erwähnte Konkordat ab. Preußen und Hannover verhandelten ebenfalls gesondert mit Rom und erzielten Einigung in den Zirkumskriptionsbullen von 1821 und 1824.

Von Österreich gedrängt, den früher übernommenen Verpflichtungen entsprechend, endlich für die katholischen Untertanen eine kirchliche Ordnung zu schaffen, traten Württemberg, Baden, Nassau, Hessen-Kassel, Hessen-Darmstadt und neben Frankfurt einige nord- und mitteldeutsche Kleinstaaten am 24. März 1818 zu den „Frankfurter Konferenzen" zusammen. An Joseph Ludwig Colmar, den einzigen residierenden katholischen Bischof im Bereich der verhandelnden Staaten, war wohl aus staatskirchlichen Prinzipien keine Einladung ergangen. Hessen-Darmstadt mit etwa 120000 Katholiken unter rund 720000 Einwohnern wurde durch den aus Kurköln stammenden Geistlichen Karl Joseph von Wreden (1761–1829) vertreten.

Die von den Konferenzteilnehmern erarbeiteten „Grundzüge zu einer Vereinbarung über die Verhältnisse der katholischen Kirche in den deutschen Bundesstaaten" mit starker staatskirchlicher und antirömischer Akzentuierung wurden zu einer Deklamation zusammengefaßt. Diese Deklamation und ergänzende „Grundbestimmungen für ein organisches Staatsgesetz" wurden von den beteiligten Staaten im Vertrag vom 7. Oktober 1818 angenommen und Rom ultimativ zur Annahme vorgelegt, ein Ansinnen, das scheitern mußte. Trotz der römischen Empfehlung an die südwestdeutschen Staaten, eine Regelung der Bistumsgrenzen zu erarbeiten, wurden die Frankfurter Konferenzen 1819 ergebnislos abgebrochen.

Anfänglich strebten die vorwiegend protestantischen Staaten Nassau und Kurhessen keine eigenen Landesbistümer an. Sie beabsichtigten, das Bistum Mainz auf ihre Grenzen auszudehnen. Das hatte zur Folge, daß Hessen-Darmstadt für Mainz gegen die Ansprüche von Württemberg und Baden die Erzbistumswürde forderte. Rom zeigte sich geneigt, diesen Wunsch zu erfüllen. Nassau und Hessen-Kassel entschieden sich jedoch bald für eigene Landesbistümer. Mit Württemberg, welches „das kleinere Übel" wählen wollte, gaben sie einem neu zu gründenden Erzbistum Freiburg den Vorzug, so wie es Baden durch den gewandten Diplomaten und späteren Mainzer Bischof Vitus Burg (1768–1835) seit längerem verfocht. Gegen den geschichtlichen Anspruch von Mainz stellten die Staaten programmatische Scheingründe: die seit 1816 in Mainz eingerichtete Bundesfeste mache die Stadt in Kriegszeiten zu unsicher, die Gefahr einer Beeinflussung durch Österreich und Preußen sei zu groß, die Infrastruktur von Freiburg zeige sich für einen Erzstuhl günstiger, zumal Mainz durch eine Verfügung der französischen Regierung seine Universität verloren habe.

Hinter dem Entscheid der nassauischen Regierung in Wiesbaden stand überdies die Furcht, ein erstarkter Metropolitansitz Mainz könne erneut eigenstaatlich werden und dann den Rheingau zurückfordern.

Im Januar 1821 gab der Hessen-Darmstädter Vertreter von Wreden auf Anordnung seiner Regierung seinen Widerstand auf und stimmte einem Erzbistum in Baden zu. Jetzt handelte Rom schnell. Ohne Änderung wurde die in Frankfurt erarbeitete und beschlossene Diözesanumschreibung übernommen und am 16. August 1821 durch Papst Pius VII. in der Zirkumskriptionsbulle „Provida solersque" angeordnet. Damit war kirchlicherseits die Oberrheinische Kirchenprovinz mit dem Erzbistum Freiburg und den Bistümern Rottenburg für Württemberg, Fulda für Kurhessen, Limburg für Nassau und Mainz für Hessen-Darmstadt errichtet. Das jetzt mit dem Großherzogtum Hessen-Darmstadt deckungsgleiche Bistum Mainz hat bis auf einige kleinere Grenzkorrekturen – die letzte vollzog der Apostolische Nuntius Cesare Orsenigo am 10. Februar 1931 – seine äußere Gestalt nicht mehr verändert.

Die Bulle regelte auch die Dotation und Zusammenstellung der Domkapitel – im Bistum Mainz war der Domdekan die einzige postpontifikale Dignität –, nicht jedoch das von den Regierungen beanspruchte und in Frankfurt bereits in Planung genommene staatliche Mitspracherecht bei der Besetzung der Bistümer und Domkapitel. Das führte zu langanhaltenden Schwierigkeiten.

Die von der römischen Initiative überraschten Staaten sanktionierten zwar im Oberrheinischen Staatsvertrag vom 8. Februar 1822 die Zirkumskriptionsbulle, machten deren Ausführung jedoch von einer zusätzlichen Einigung in der Besetzungsfrage abhängig. Erst 1827 konnte nach zähen Verhandlungen der erforderliche Kompromiß erreicht und kirchlicherseits in der Bulle „Ad dominici gregis custodiam" vom 11. April und im Breve „Re Sacra" vom 28. Mai festgeschrieben

Domkapitelskreuz (Vorder- und Rückseite)

werden. Danach wurden die ersten Bischöfe von den Regierungen und die ersten Domdekane von den Bischöfen ernannt.

Für die Folgezeit war den Regierungen im „Irischen Veto" zugestanden, von den eingesandten Kandidatenlisten des Domkapitels die Namen der „minder genehmen" zu streichen, ein Recht, das der Großherzog von Hessen-Darmstadt lediglich im Falle des Domkapitulars Dr. Johann Baptist Holzammer 1900 einmal in Anspruch nahm.

Die 1827 gefundene Übereinkunft, die allerdings nach 1834 bei der Wiederbesetzung des Heiligen Stuhls von Mainz nur noch zweimal voll zur Anwendung kam, 1899 und 1903 bei der Wahl der Bischöfe Heinrich Brück und Heinrich Georg Kirstein, blieb bis 1932 vereinbarte Rechtsnorm. Erst im Badischen Konkordat, das wegen der Weimarer Reichsverfassung vom 11. August 1919 und der veränderten Gesamtsituation notwendig geworden war, wurde für die Besetzung der Bischofsstühle eine neue Vereinbarung getroffen. Diese bis heute geltende Regelung sieht vor, daß vor einer Bischofswahl eine Namensliste der römischen Kurie zur Prüfung einzureichen ist. Aus der dann von Rom zurückgesandten Dreierliste mit mindestens einem Angehörigen des eigenen Bistums wählt das Domkapitel den kommenden Bischof, den anschließend der Papst ernennt.

Mainzer Bischofsernennungen

Die Gesamtsituation im deutschen Episkopat war desolat. Außerhalb Bayerns, das nach dem Konkordatsabschluß von 1817 die einzelnen Bischofsstühle zu besetzen begann, waren bis auf vier alle deutschen Diözesen vakant. Der Tod Colmars im Dezember 1818 riß eine neue Lücke. Dem Bistum Mainz stand eine der längsten Vakanzen seiner Geschichte bevor.

Bereits im Frühjahr 1818 hatte die großherzogliche Regierung von Hessen-Darmstadt gehofft, Bischof Colmar nähme das ihm von der königlich-bayerischen Regierung angetragene Bischofsamt in Speyer an. Dies hätte Darmstadt die Möglichkeit gegeben, einen Kandidaten der staatskirchlichen Richtung auf den Mainzer Bischofsstuhl zu heben.

Erst 1830 konnte der 1818 zum Kapitularvikar gewählte Generalvikar Johann Jakob Humann dem neuen Bischof Joseph Vitus Burg die Geschäfte übergeben. Die Gründe für die lange Verzögerung der Neubesetzung lagen in den Divergenzen zwischen Darmstadt und Rom.

Es ging dabei um grundsätzliche und um personelle Probleme. Hessen-Darmstadt, das in seiner Verfassung vom 17. Dezember 1820 die Herrschaft des Staates über die Kirche festgeschrieben hatte, forderte gemeinsam mit den oberrheinischen und mitteldeutschen Staaten das Mitwirkungsrecht bei den Bistumsbesetzungen. 1827 war endlich ein Kompromiß erreicht. Uneinigkeit bestand aber über den Bischofskandidaten. Darmstadt beharrte auf Karl Joseph von Wreden. Der staatskirchlich denkende Geistliche war seit 1803 in den Diensten des Großherzogs. 1820 berief dieser ihn als Vertreter des Bischofs in den Landtag. Obwohl Generalvikar Humann 1822 auch die kirchliche Verwaltung des rechtsrheinischen Teiles des Bistums erhielt, führte in Wirklichkeit von Wreden die offiziellen Diözesangeschäfte. Im November 1822 erklärte er der Regierung seine Bereitschaft, als Kandidat für Mainz zur Verfügung zu stehen. Hessen-Darmstadt ersuchte um seine Bestätigung, doch Rom lehnte ab. Über Kardinal Consalvi wurde der Darmstädter Regierung eine eigene Vorschlagsliste zugeleitet. Roms Kandidaten waren Liebermann, Räß und Humann. Diese dezidierten „Mainzer" wiederum lehnte die Regierung ab. An eine Einigung war nicht zu denken. Erst von Wredens Tod brachte 1829 Bewegung in die verhärteten Fronten. Darmstadt nominierte nun Joseph Vitus Burg, der seit 1828 Titularbischof von Rhodiapolis und als Weihbischof in Freiburg von Erzbischof Bernhard Boll (1827–1836) zurückgewiesen worden war. Rom bestätigte die Nomination durch den Großherzog und erlaubte am 28. September 1829 die Translation auf den bischöflichen Stuhl von Mainz.

Hier wurde Burg am 12. Januar 1830 inthronisiert. Burg, der wußte, daß er als „Wessenbergianer" bei dem „Mainzer Kreis" auf erhebliche Vorbehalte stieß, warb um Vertrauen, indem er Johann Jakob Humann 1830 zum Domdekan ernennen ließ. Nach der damaligen Verfassung war dieses Amt von besonderer Wichtigkeit; bestimmte doch die von der Landesregierung vom 30. Januar 1830 erlassene „Verordnung, die Ausübung des oberhoheitlichen Schutz- und Aufsichtsrechtes über die katholische Landeskirche betreffend", in Art. 21, daß das Domkapitel unter dem Bischof die oberste Verwaltungsbehörde der Diözese bildet und unter der Direktion des Dekans die Verwaltung kollegial führt. Das durch diese Verordnung abgewertete Amt des vom Bischof zu bestimmenden Generalvikars wurde erst 1852 wieder aufgewertet und mit Adam Franz Lennig besetzt.

Der als liberal und staatskirchlich apostrophierte Bischof Burg spöttelte gelegentlich, es fehle in Mainz „vorzugsweise an etwas mehr zeitgemäßem Liberalismus". Einen neuen Stempel konnte er seinem Bistum nicht aufdrücken, denn bereits am 22. Mai 1833 starb er und wurde im Dom beigesetzt.

Nach dem 1827 festgelegten Modus wählte das Domkapitel am 16. Juli 1833 Domdekan Johann Jakob Humann zu seinem Nachfolger. Diesem war ein noch kürzeres Pontifikat beschieden; denn nur wenige Wochen nach seiner Bischofsweihe und Einführung am 11. Juni 1834 starb er am 19. August 1834 und erhielt wie seine Vorgänger sein Grab im Dom.

Die Wahl des nächsten Bischofs von Mainz machte keine grundsätzlichen Schwierigkeiten, brachte jedoch einen unerwarteten Ausgang. Nach dem vorgeschriebenen Wahlmodus einigten sich die Domkapitulare am 6. Oktober 1834 im Beisein eines staatlichen Kommissars mit 4 zu 1 Stimmen auf den eben ernannten Domdekan Franz Werner (1770–1845), einen verdienstvollen Mann, der bereits von Bischof Colmar 1803 ins Domkapitel aufgenommen worden war und sich unermüdlich für den Erhalt des Domes eingesetzt hatte. Doch Werner nahm die Wahl nicht an. Eine Verzögerung der Bistumsbesetzung brachte das nicht, denn Großherzog Ludwig II. hatte am 22. September 1834 erklärt, auf der ihm zugesandten Vorschlagsliste befände sich kein Kandidat, der ihm „minder genehm" wäre. So konnten die Domkapitulare ohne Aufschub einen zweiten Wahlgang vornehmen. Mit wiederum 4 zu 1 Stimmen einigten sie sich auf den Darmstädter Pfarrer und Oberschulrat Peter Leopold Kaiser (1788–1848), der schon 1833 auf der Wahlliste gestanden hatte. Er war der jüngste von fünf Kandidaten und gehörte als einziger nicht dem Domkapitel an. Erst nach einigem Zögern bestätigte Papst Gregor XVI. (1830–1846) am 6. April die Wahl. Peter Leopold Kaiser wurde am 30. Juni 1835 zum Bischof geweiht und feierlich inthronisiert.

Theologische Strömungen und staatskirchliche Gegenmaßnahmen

Orientiert an Rom und an den Kreisen um die französischen Restaurationsphilosophen wie Joseph Marie de Maistre (1754–1821), François René de Chateaubriand (1768–1849), Hugo Félicité Robert de Lamennais (1782–1854) und später auch Charles de Montalembert bildete sich am Mainzer Priesterseminar die erste Mainzer Theologenschule (Erster Mainzer Kreis).

Zu ihr zählte der Elsässer Andreas Räß (1794–1887), seit 1812 im Seminar, 1816 zum Priester geweiht und ab 1819 Philosophie und, nach Liebermanns Rückkehr 1824 nach Straßburg, Dogmatik lehrend. Befreundet war Räß mit dem in Lothringen geborenen Nikolaus Weis (1796–1869), der 1811 ins Kleine Seminar eintrat und am 22. August 1818 gemeinsam mit Johann Jakob von Geissel (1796–1864) die Priesterweihe durch Bischof Colmar wenige Tage vor dessen Tod empfing. Diese drei jungen Theologen bildeten mit Liebermann das Zentrum des Kreises und die Multiplikatoren seiner Ideen und Vorstellungen, die eine selbstbewußte und von der Staatskirchenhoheit unabhängige Kirche als unabdingbare Voraussetzung für die religiöse Wiedergeburt und Weiterentwicklung des deutschen Katholizismus anstrebten. Um dieses Zieles willen schien ihnen die Sammlung und Konzentrierung der katholischen Kräfte oberstes Gebot. Dazu sollten die Gläubigen von einem im katholischen Glaubensgut festverwurzelten Klerus motiviert und durch den Einsatz der katholischen Presse mobilisiert werden. Zu diesem

Zwecke gründeten Räß und Weis 1821 die populärwissenschaftliche kirchen- und kulturpolitische Monatsschrift „Der Katholik", deren Motto „Christianus mihi nomen, catholicus cognomen" jede Ausgabe zierte. Zusammen mit einer Vielzahl von Publikationen erbaulichen, apologetischen und polemischen Inhaltes trat diese „Zeitschrift zur Belehrung, Warnung und Wehr gegen Angriffe auf die Kirche" nicht nur gleichberechtigt neben die seit 1819 erscheinende wissenschaftlich ausgerichtete „Tübinger Theologische Quartalschrift", sondern auch in den Konkurrenzkampf mit der protestantischen und liberalen Presse, die weithin die Öffentlichkeit beherrschte.

Der unter Liebermann herangebildete volksnahe Pfarrklerus wirkte in erheblichem Maße mit, die katholische Literatur unter die Leute zu bringen. Eine beachtlich große Zahl der Publikationen wurde in Mainz gedruckt. „Die Mainzer stritten dabei gegen die Aufklärung, aber auch gegen das seit dem Reformationsfest von 1817 sehr kampfesfreudige Luthertum; sie wandten sich gegen die Einmischung des Staates in die kirchliche Sphäre" und auch gegen Geistliche, die dem bürokratischen Staate zu dienlich waren. Engagiert und antiaufklärerisch einseitig bekämpften die „Mainzer" nach französischem Vorbild alles, was nach Gallikanismus, Episkopalismus und Staatskirchenwesen roch, und setzten sich für autoritäre Kirchenführung und Zentralismus als geeignete Mittel gegen alle demokratischen Tendenzen ein.

Diese Haltung führte einmal dazu, daß der Ultramontanismus in Mainz früh seine Befürworter und Verteidiger fand, und zum anderen, daß die staatskirchlich und später restaurativ eingestellten Regierungen mit Gegenmaßnahmen reagierten.

Eine Reaktion war, daß in Bayern, Preußen und Hessen der „Katholik", der 1826 bereits 1600 Abonnenten zählte, wegen seiner schroffen kirchenpolitischen Haltung verboten wurde. Von der hessen-darmstädtischen Zensur 1822 betroffen, wurde er zunächst in Straßburg von Joseph von Görres (1776–1848), der sich um die Hebung des Blattes, seit 1824 auch mit eigenen Beiträgen, sehr verdient machte, und dem dorthin zurückgekehrten Liebermann, später dann von Nikolaus Weis in Speyer herausgegeben. Bischof von Speyer war seit 1837 Johann Jakob von Geissel. Als dieser 1841 auf den erzbischöflichen Stuhl von Köln wechselte, übernahm sein Speyerer Bischofsamt Nikolaus Weis.

Dessen Nachfolger als Herausgeber des „Katholik" wurde bis 1844 der spätere Bonner Dogmatiker und Mitbegründer des Borromäusvereins Franz Xaver Dieringer (1811–1876). Auch der bekannte Kirchengeschichtsforscher und spätere Kämpfer gegen das Dogma von der päpstlichen Unfehlbarkeit Ignaz von Döllinger (1799–1890) war von 1824–1827 Mitarbeiter. 1844 kam die wöchentlich als Kirchenblatt erscheinende Zeitschrift nach Mainz zurück. Mit der Übernahme der Redaktion durch Johann Baptist Heinrich (1816–1891) und Christoph Moufang (1817–1890) im Jahre 1850 veränderte sich langsam der literarische Charakter. Das wichtige Organ u. a. zur Vermittlung der französischen Restaurationstheologie und zur Abwehr des Hermesianismus wurde ein theologisches Fachorgan, eine „Zeitschrift für katholische Wissenschaft und kirchliches Leben", wie bis 1918 der Untertitel gleichbleibend lautete. Von seiner konservativen und ultramontanen Warte aus nahm er zu fast allen Fragen des kirchlichen und öffentlichen Lebens Stellung.

Eine andere Reaktion der hessischen Landesregierung auf Aktivitäten des kämpferischen „Ersten Mainzer Kreises“ richtete sich gegen das Priesterseminar selbst. Zunächst versagte Hessen-Darmstadt mit den übrigen südwestdeutschen Staaten dem Artikel V. der Ergänzungsbulle „Ad dominici gregis custodiam“ von 1827 die Zustimmung. Der Artikel schrieb vor, die Priesterseminare unter der Leitung der Bischöfe nach den Bestimmungen des Konzils von Trient zu führen. Dann verfügte im Oktober 1829 die Regierung mit Zustimmung des neuen Bischofs Joseph Vitus Burg sogar die Aufhebung des Seminars zugunsten einer Katholisch-Theologischen Fakultät an der Landesuniversität in Gießen. Die Besetzung der theologischen Lehrstühle erfolgte nicht mehr durch den Bischof, sondern durch den protestantischen Großherzog und sein Kultusministerium. Andreas Räß, der 1824 bereits vergeblich dagegen gekämpft hatte,daß Bischof Matthäus Georg von Chandelle von Speyer (1818–1826) seine Alumnen aus dem Mainzer Priesterseminar zurückzog, um ihnen an einer Universität eine mehr wissenschaftlich betonte Ausbildung zu ermöglichen, verließ 1827 seine langjährige Wirkstätte und kehrte nach Straßburg zurück.

Die Verlegung der Priesterausbildung nach Gießen war als staatskirchliche Maßnahme heftig umstritten. Von einem Teil des älteren aufgeklärten Klerus wurde sie begrüßt, von den Bischöfen Johann Jakob Humann und Peter Leopold Kaiser notgedrungen hingenommen. Der Streit eskalierte, als 1841 der erst 34jährige Professor für Kirchengeschichte Kaspar Riffel (1807–1856) nach einer schroffen Veröffentlichung über Luther und die Reformation ohne Inkenntnissetzung des Bischofs von der Landesregierung zwangspensioniert und von der Universität entfernt wurde.

Bischof Kaiser versuchte wiederholt, eine Rückverlegung der Fakultät zu erreichen, zumal die Mainzer Hochschule am Priesterseminar nicht förmlich aufgehoben worden war. Kirchliche Bedenken gegen den aufgeklärten Katholizismus der Lehrstuhlinhaber, die schlechte spirituelle Betreuung der Priesteramtskandidaten und nicht zuletzt kirchenpolitische Erwägungen waren für Bischof Wilhelm Emmanuel von Ketteler Anstoß, ohne vorheriges Plazet der Staatsbehörden 1851 eine „theologische Lehranstalt am bischöflichen Seminar zu Mainz“ zu errichten. Markus Adam Nickel (1800–1869), lange Jahre Lehrer am bischöflichen Gymnasium und dann Professor für Moraltheologie und Regens, war Verbindungsglied zwischen der ersten und zweiten „Mainzer Theologenschule“. Er überzeugte vor allem als theologischer Schriftsteller bei dem Bemühen, in Fortsetzung der praxisnahen Arbeit seiner Vorbilder Colmar und Liebermann bibelorientierte Wege der Frömmigkeit aufzuzeigen. Die theologische Richtung am Priesterseminar, nach 1851 ohne Einschränkung der Neuscholastik zugewandt, bestimmten mit Christoph Moufang, Johann Bapt. Heinrich und Paul Leopold Haffner (1829–1899) eher jene Männer, die zum Kern des sogenannten „Zweiten Mainzer Kreises“ zählten, der in Weiterführung der Ideen des „Ersten Mainzer Kreises“ auf die Festigung eines einflußreichen Katholizismus in Deutschland abzielte.

LITERATUR

Zu Kapitel IX, 1:

ARETIN, Karl Otmar Freiherr von: Heiliges Römisches Reich 1776–1806. Reichsverfassung und Staatssouveränität. 2 Bde. Wiesbaden 1967.

BASTGEN, Beda (Hubert): Dalbergs und Napoleons Kirchenpolitik in Deutschland (= Veröffentlichungen der Görres-Gesellschaft, Sektion für Rechts- und Sozialwissenschaft,30). Paderborn 1917.

BOCKENHEIMER, Karl Georg: Geschichte der Stadt Mainz während der zweiten französischen Herrschaft (1798–1814). Mainz 1890.

BOCKENHEIMER, Karl Georg: Die Mainzer Geistlichkeit während der ersten französischen Herrschaft am Rhein 1792–93. In: Studien aus Kunst und Geschichte. Friedrich Schneider zum 70. Geburtstag gewidmet. Hrsg. von Erwin Hensler. Freiburg i. Brsg. 1906. S. 251–258.

BOCKENHEIMER, Karl Georg: Wie Mainz zum zweitenmal an Frankreich kam. Zur Erinnerung an den 30. Dezember 1797. Mainz 1927.

DEUTSCHE JAKOBINER. Mainzer Republik und Cisrhenanen 1792–1798. Ausstellung des Bundesarchivs und der Stadt Mainz im Foyer des Mainzer Rathauses. 3 Bde. Mainz 1981.

DUMONT, Franz: Die Mainzer Republik von 1792/93. Studien zur Revolutionierung in Rheinhessen und der Pfalz. Diss. phil. Mainz 1978. Alzey 1982.

GUGUMUS, Emil: Das Bistum Mainz im Jahre 1804. In: Archiv für mittelrheinische Kirchengeschichte 26 (1974) S. 243–268.

KOPP, G(eorg) L(udwig) C(arl): Die katholische Kirche im neunzehnten Jahrhundert und die zeitgemäße Umgestaltung ihrer äusseren Verfassung mit besonderer Rücksicht auf die in dem ehemaligen Mainzer, später Regensburger Erzstifte hierin getroffenen Anstalten und Anordnungen. Mainz 1830.

RAAB, Heribert: Karl Theodor von Dalberg. Das Ende der Reichskirche und das Ringen um den Wiederaufbau des kirchlichen Lebens 1803–1815. In: Archiv für mittelrheinische Kirchengeschichte 18 (1966) S. 27–39.

ROB, Klaus: Karl Theodor von Dalberg (1744–1817). Eine politische Biographie für die Jahre 1744–1806. (= Europäische Hochschulschriften, III, 231). Frankfurt a. M./Bern u. a. 1984.

SCHWAIGER, Georg: Die Kirchenpläne des Fürstprimas Karl Theodor von Dalberg. In: Münchener Theologische Zeitschrift 9 (1958) S. 186–204.

USINGER, Franz: Das Bistum Mainz unter französischer Herrschaft (1798–1814). Mainz 1911.

VEIT, Ludwig Andreas: Der Zusammenbruch des Mainzer Erzstuhles infolge der französischen Revolution. Ein Beitrag zur Geschichte der Säkularisation der deutschen Kirche. Mainz 1927.

WÜHR, Wilhelm: Emigranten der Französischen Revolution im Kurfürstentum Mainz. In: Aschaffenburger Jahrbuch für Geschichte, Landeskunde und Kunst des Untermaingebietes 2 (1955) S. 61–97.

Zu Kapitel IX, 2:

AUGUSTINERSTRASSE 34. 175 Jahre Bischöfliches Priesterseminar Mainz. Red. Klaus Reinhardt unter Mitarbeit von Ingobert Jungnitz. (Mainz) 1980.

COMO, Franz Alois: Joseph Ludwig Colmar, Bischof von Mainz von 1802 bis 1818. Ein Lebensbild. (Koblenz) 1959.

DUCHHARDT-BÖSKEN, Sigrid: Der Mainzer Dom im 19. Jahrhundert. In: Willigis und sein Dom. FS zur Jahrtausendfeier des Mainzer Domes 975–1975. Hrsg. von Anton Ph(ilipp) Brück. (= Quellen und Abhandlungen zur mittelrheinischen Kirchengeschichte, 24). Mainz 1975. S. 439–499.

EGLER, Anna: Das Priesterbild Bischof Colmars in Seminar- und Diözesanstatuten. In: Archiv für mittelrheinische Kirchengeschichte 28 (1976) S. 209–233.

GUERBER, Joseph: Bruno Franz Leopold Liebermann. Freiburg/Brsg. 1880.

LENHART, Ludwig: Bischof Joseph Ludwig Colmar (1802–1818). Der Neubegründer des Mainzer Bistums und Retter des Mainzer Domes. In: Mainzer Almanach 1960, S. 61–74. Vgl. ders.: Bischof Joseph Ludwig Colmar und seine Rolle in der tragischen Schicksalsgemeinschaft des Mainzer und Speyerer Domes zur Zeit Napoleons. In: 900 Jahre Speyerer Dom. FS zum Jahrestag der Domweihe 1061–1961. Im Auftrage des Domkapitels hrsg. von Ludwig Stamer. Speyer 1961. S. 224–239.

MAY, Georg: Colmars Ringen um den katholischen Charakter der Primarschulen in der Diözese Mainz von 1808 bis 1813. In: Ministerium Justitiae. FS für Heribert Heinemann zur Vollendung des 60. Lebensjahres. Hrsg. v. André Gabriels und Heinrich J. F. Reinhardt. Essen (1986). S. 299–311.
ORGANISATION DER MAINZER DIÖZESE. Mainz Jahr XI (1803).
SCHNEIDER, Friedr(ich): Der Dom zu Mainz. In: Zeitschrift für Bauwesen 34 (1884) Sp. 191–204. 239–260. 403–430; 35 (1885) Sp. 149–176. 399–426. 551–592. Atlas zu 1884, Blatt 50–58. Atlas zu 1885, Blatt 46. Sonderdruck mit Untertitel: Geschichte und Beschreibung des Baues und seiner Wiederherstellung. Als Folioausgabe mit 10 Tafeln und als Oktavausgabe. Mainz, Berlin 1886.
SELBST, Jos(eph): Joseph Ludwig Colmar, Bischof von Mainz 1802–1818. Ein Zeit- und Lebensbild. Mainz 1902.

Zu Kapitel IX, 3:

BASTGEN, Beda (Hubert): Die ersten Bischofskandidaten der Oberrheinischen Kirchenprovinz in den Berichten an die Nuntien von Wien und München. In: Theologische Quartalschrift 116 (1935) S. 485–543. Vgl. dazu wichtige Ergänzungen von Stumm, Hugo: Zwei gescheiterte Kandidaturen für den Mainzer Bischofsstuhl im 19. Jahrhundert. In: Jahrbuch für das Bistum Mainz 3 (1948) II, S. 214–233. 4 (1949) (= FS August Reatz) S. 171–187.
BRÜCK, Heinrich: Die oberrheinische Kirchenprovinz von ihrer Gründung bis zur Gegenwart, mit besonderer Berücksichtigung des Verhältnisses der Kirche zur Staatsgewalt. Mainz (1868).
FRANZ, Jakob: Bischof Joseph Vitus Burg bis zum Antritt seines Mainzer Episkopates. Aufklärung und Restauration in der rheinischen Kirchengeschichte und Kirchenpolitik im Vormärz. Mainz Phil. Diss. 1949. Autorenreferat in: Nassauische Annalen 64 (1953) S. 159–161.
KRÜGER, Gustav: Der Mainzer Kreis und die katholische Bewegung. In: Preußische Jahrbücher 148 (1912) S. 395–414.
LENHART, Ludwig: Die Dotationsurkunde des Großherzogs Ludwig I. von Hessen für das 1821–1827 neu umschriebene Bistum Mainz. In: Archiv für mittelrheinische Kirchengeschichte 16 (1964) S. 378–393.
LENHART, Ludwig: Die erste Mainzer Theologenschule des 19. Jahrhunderts (1805–1830). (Die elsässische Theologenkolonie in Mainz). Ein kirchen- und geistesgeschichtlicher Durchblick. In: Jahrbuch für das Bistum Mainz 6 (1951–1954) (= FS Jakob Schmidt) S. 93–186. 7 (1955–1957) S. 9–72. 73–130.
LENHART, Ludwig: Johannes Jakob Humann, der langjährige Bistumsverweser (1818–1830) und der kurzfristige Mainzer Bischof (16. Juli bis 19. August 1834) in der Geisteshaltung Colmars. In: Jahrbuch für das Bistum Mainz 3 (1948) I, S. 37–54. II, S. 186–213.
LENHART, Ludwig: Petrus Leopold Kaiser, der von „Glauben und Milde“ geprägte Mainzer Bischof in Sailers Geisteshaltung (1835–1848). In: Jahrbuch für das Bistum Mainz 4 (1949) S. 188–250.
LIPGENS, Walter: Der Briefwechsel zwischen J. V. Burg, Bischof von Mainz (1830/33) und F. A. Spiegel, Erzbischof von Köln. In: Archiv für mittelrheinische Kirchengeschichte 13 (1961) S. 360–369.
LÖSCH, St.: Die katholisch-theologischen Fakultäten zu Tübingen und Gießen (1830–1850). In: Theologische Quartalschrift 108 (1927) S. 159–208.
REINHARDT, Rudolf: Von der Reichskirche zur Oberrheinischen Kirchenprovinz. In: Theologische Quartalschrift 158 (1978) S. 36–50.
SCHWALBACH, Helmut: Der Mainzer „Katholik“ als Spiegel des neuerwachenden kirchlich-religiösen Lebens in der ersten Hälfte des neunzehnten Jahrhunderts (1821–1850). Kath.-theol. Diss. Mainz (1967).
STUMM, Hugo: Staatsrat Justin Freiherr von Linde. (Ein Beitrag zur Geschichte des Staatskirchentums im Vormärz). In: Jahrbuch für das Bistum Mainz 6 (1951–1954) (= FS Jakob Schmidt) S. 62–81.
VIGENER, Fritz: Die katholisch-theologische Fakultät in Gießen und ihr Ende. In: Mitteilungen des Oberhessischen Geschichtsvereins NF 24 (1922) S. 28–96.
WALTER, Kurt: Hessen-Darmstadt und die katholische Kirche in der Zeit von 1803 bis 1830. (Entstehungsgeschichte der Diözese Mainz). (= Quellen und Forschungen zur hessischen Geschichte, 14). Darmstadt 1933.
WELLER, Josef Günter: Bischof Peter Leopold Kaiser (1788–1848). Der Weg der katholischen Kirche im Großherzogtum Hessen-Darmstadt aus der Subordination bis zum Durchbruch eines strengkirchlichen Katholizismus. Mainz Phil. Diss. 1969. Bamberg 1970.

X. KIRCHE, STAAT UND GESELLSCHAFT

Das Bistum vom Revolutionsjahr 1848 bis zum Ersten Weltkrieg

1. Gestärkt aus der Krise: Das Bistum unter Bischof Wilhelm Emmanuel Freiherr von Ketteler (1850–1877)

Katholische Aufbruchstimmung und revolutionäre Bewegung

Die zweite Hälfte des 19. Jahrhunderts war geprägt durch eine kirchenpolitische Neuorientierung und ein wachsendes Selbstbewußtsein katholischer Kreise. Trotz oder vielleicht gerade wegen mannigfaltiger Eingriffe staatlicher Behörden in das innerkirchliche Leben wurden Kräfte mobilisiert, die zu einer Stärkung der katholischen Position in Staat und Gesellschaft führten.

Schon im sogenannten „Kölner Ereignis“ machte sich die Aufbruchstimmung der Katholiken bemerkbar: Als am 20. November 1837 der Kölner Erzbischof Klemens August Droste zu Vischering (1836–1845) von der preußischen Regierung wegen seiner Weigerung, die Mischehenfrage weiterhin im Sinne der umstrittenen Geheimen Konvention von 1834 handhaben zu lassen, in Haft genommen worden war, führte diese absolutistische Maßnahme unerwartet zur offenen Konfrontation mit jenen engagierten katholischen Kreisen, die seit Jahren die Freiheit der Kirche von den Zwängen der Staatskirchenhoheit forderten. Eine tiefe Aversion gegen das herrschende protestantische Preußen verstärkte noch die Angriffslust. Vor allem der vom vielseitigen Publizisten Joseph Görres im Januar 1838 herausgebrachte „Athanasius“, eine kampfbetonte Schrift, die die Verhaftung des Erzbischofs zum Anlaß nahm, Grundsätzliches über das problematische Verhältnis von Staat und Kirche zu sagen, mobilisierte die katholische Öffentlichkeit. Die ultramontane Bewegung trat nach außen und wagte den Kampf für die Freiheit der Kirche. Wichtiges weiteres Sprachrohr der Katholiken wurden die 1838 gegründeten „Historisch-politischen Blätter“. Deren Polemik gegen Staatskirchentum und Protestantismus fand ein weites Echo. Es kam zu vielen Spontanreaktionen. Dazu zählt auch, daß aus Erbitterung über das Verhalten der preußischen Regierung der spätere Mainzer Bischof Wilhelm Emmanuel von Ketteler gleichzeitig mit Paul Ludolf Melchers (1813–1895), der 1857 Bischof von Osnabrück, 1866 als Geissels Nachfolger Erzbischof von Köln und 1885 infolge des Kulturkampfes Kurienkardinal in Rom wurde, die juristische Laufbahn aufgab. Beide quittierten in Münster den Dienst und reisten im Frühjahr 1839 nach München, dem Zentrum des kämpferischen politischen deutschen Katholizismus.

Wie aufmerksam von den „Mainzern“ die „Kölner Affaire“ beobachtet wurde, läßt sich unter anderem aus der Korrespondenz zwischen Adam Franz Lennig und seinem Neffen Christoph Moufang lesen: „Gott sei tausendfach Dank“, schrieb Lennig, „daß die Sache so gekommen ist; denn ein Fall der Art war nötig, um die Katholiken aus ihrer unglaublichen Schlafsucht zu erwecken.“ Und auf die Frage des späteren Bistumsverwesers Moufang, „wie denkt unser Reverendissimus in der

Jugendbildnis von Bischof Wilhelm Emmanuel von Ketteler

Sache", antwortete Lennig am 11. Januar 1838, daß Bischof Petrus Leopold Kaiser „klare Position" beziehe. Er verteidige die „Sache des Erzbischofs von Kölln", sei aber in der Mischehenfrage zurückhaltend, da über Justin von Linde (1797–1870) bereits von Bischof Burg mit der hessischen Regierung ein akzeptabler Modus ausgehandelt worden sei. Etwas später schrieb Lennig: „Die Kölner Geschichte hat etwas mehr kirchlichen Sinn und Entschlossenheit in den Klerus gebracht. Die Besseren zeigen das deutlich und sind nun fest in dem Punkte, um den sich jetzt der Kampf am meisten dreht, in der Sache der gemischten Ehe. In Mainz erscheint nun die gute Praxis durchgreifen zu wollen oder schon durchgegriffen zu haben. Ähnliches läßt sich aber von den Geistlichen in der hinteren hessischen Pfalz oder in manchen Gegenden kaum erwarten. Am tüchtigsten sind hier noch die jüngeren Priester."

Aufs Ganze gesehen hielt Lennig das Mainzer Bistum „für solche Lehren wie in Köln noch nicht reif". Noch hatten Bischof Kaiser und die „Aschaffenburger Theologen" das Sagen, denen in dem von Karl Theodor von Dalberg 1807 gegründeten und wohldotierten Aschaffenburger Priesterseminar eine wissenschaftlich fundierte und weltoffene Ausbildung gegeben worden war. Doch gerade der regierungsfreundliche, dem Staatskirchentum und der gemäßigten Aufklärung nicht grundsätzlich abgeneigte Kaiser ernannte 1847 den zwei Jahre zuvor ins Domkapitel gewählten Lennig zum Offizial und schuf damit dem Exponent der „Mainzer" eine weitere wichtige Basis für die Durchsetzung seiner kirchenpolitischen und geistlichen Vorstellungen.

In Fortsetzung der Methoden des „Ersten Mainzer Kreises" gingen Lennigs Überlegungen zur Mobilisierung der katholischen Bevölkerung zunächst dahin, an der Gründung einer Mainzer Tageszeitung mitzuwirken. Sie sollte zusätzlich zum „Katholik" und den seit 1842 von Subregens Heinrich Joseph Himioben (1807–1860) redigierten „Katholischen Sonntagsblättern" erscheinen. Franz Johann Sausen stellte am 24. Juli 1847 diesbezügliche Anträge an die hessische Staatsregierung. Die politischen Umwälzungen des Jahres 1848 und die damit einhergehende Verkündigung der Pressefreiheit am 6. März 1848 beschleunigten das Lizenzverfahren. Im Juni 1848 konnte der Antragsteller das „Mainzer Journal" der Öffentlichkeit vorstellen. Sausen blieb bis zu seinem Tod 1866 Chefredakteur der Tageszeitung, die ohne sonderlich scharfe Polemik geschickt die politischen Ereignisse und Vorgänge aus katholischer Sicht darstellte, kommentierte und verdeutlichte. Als wichtiges Organ der katholischen Laien hielt sie sich sogar während der nationalsozialistischen Diktatur bis 1942.

Zu den Märzerrungenschaften der deutschen Revolution von 1848 gehörte neben der Pressefreiheit die Erkämpfung des von den restaurativ-reaktionären Regierungen lange verweigerten Vereinsrechtes. Lennig, Moufang, Riffel, Heinrich, der Laie Johann Falk und weitere Mainzer Katholiken nutzten die neue Rechtssituation zur Gründung eines „Vereins für religiöse Freiheit", der sich bei der ersten Mitgliederversammlung noch im März in „Piusverein" umbenannte. Erster Präsident der inzwischen auf 300 bis 400 angewachsenen Mitglieder wurde Lennig. Die am 4. April 1848 im „Katholik" veröffentlichten Vereinsstatuten wurden bis weit über die Grenzen des Bistums Mainz so spontan aufgenommen, daß für eine erste Generalversammlung vom 3. bis 6. Oktober 1848 bereits die Delegierten von 17 Zentralvereinen mit 1200 Ortsvereinen nach Mainz eingeladen werden konnten. Auf diesem ersten deutschen Katholikentag, Anfang einer bis heute fortwährenden Kette von möglichst jährlichen Treffen, formierte sich aus den „Piusvereinen" der „Katholische Verein Deutschlands", dessen neue Statuten sofort in Kraft traten. Der Versuch einer organisierten deutschen katholischen Laienbewegung war gestartet. Bis weit ins 20. Jahrhundert hinein sollte das sich immer mehr entfaltende Vereinswesen ein wichtiger Rückhalt des deutschen Katholizismus werden.

Die Generalversammlung in Mainz wählte zu ihrem ersten Präsidenten Franz Joseph Ritter von Buß (1803–1878), der wie weitere 20 Tagungsteilnehmer Mitglied der Deutschen Nationalversammlung war, die seit dem 18. Mai 1848 in der Frankfurter Paulskirche tagte. Nach Ritter von Buß' Aussage verstand sich die Mainzer Versammlung als „geistiges Parlament des katholischen Volkes" in bewußter Unterscheidung zum „politischen Parlament" in Frankfurt.

Die Zentralforderungen des ersten Katholikentages waren kirchliche Freiheit und Assoziationsrecht. Wie aufmerksam die in Mainz versammelten Katholiken das Geschehen in der Paulskirche beobachteten und kritisch hinterfragten, macht die dem Frankfurter Parlament am 6. Oktober gesandte „Verwahrung" deutlich, die Lennig unterzeichnet hatte. Der Katholikentag begrüßte in dieser Schrift zwar die im Verfassungsentwurf in Aussicht gestellte Unabhängigkeit der Kirche, forderte jedoch gleichzeitig eine Klärung der in § 14 vorgesehenen Formulierung: „Jede Religionsgemeinschaft (Kirche) bleibt aber, wie jede andere Gesellschaft im Staate, den Staatsgesetzen unterworfen", und protestierte energisch gegen das geplante Schulprogramm und gegen das beabsichtigte Verbot der Orden der Jesuiten und Redemptoristen.

Für die öffentliche Sitzung des Katholikentages am 4. Oktober im Akademiesaal des kurfürstlichen Schlosses waren bedeutende Redner gewonnen. Zu ihnen gehörten die im Frankfurter Parlament tätigen Ignaz von Döllinger (1799–1890), der von der Arbeit der Nationalversamlung über das Verhältnis von Staat und Kirche berichtete, Heinrich Förster, der auf die notwendige religiöse Neubestimmung abhob und Wilhelm Emmanuel von Ketteler, der die soziale Frage als Kernproblem des Jahrhunderts in den Vordergrund rückte. Der eher zum linken liberalen Spektrum zählende Referent Ketteler griff das Thema so packend an, daß er vom Dompfarrer Joseph Nickel (1802–1855) gebeten wurde, mit gleicher Problematik die bevorstehenden Adventspredigten im Mainzer Dom zu halten.

Von den meisten führenden Katholiken kann nicht gesagt werden, daß sie die Revolution von 1848 gewollt, geschweige denn initiiert hätten. Doch die rasch eintretenden Ergebnisse der Volkserhebung entsprachen so sehr den lange geäußerten eigenen Forderungen, daß sich bald ein Großteil der engagierten katholischen Persönlichkeiten hinter die Umwälzungen stellte, soweit sie auf die Veränderung von Verfassung und Regierungsform und nicht auf den Sturz der Staatsform hinzielten.

Das gilt auch für das Bistum Mainz. Die von Frankreich nach Deutschland übergreifende Revolution brachte im Großherzogtum bereits am 5. März große Veränderungen. Ludwig II. sah sich genötigt, seinen Sohn Ludwig III. (1848–1877) als Mitregent zu ernennen und ihm die Regierungsgeschäfte zu übertragen. Am gleichen Tag wurde der konservative Ministerpräsident Karl Wilhelm du Bos du Thil (1777–1859) vom liberalen Heinrich von Gagern (1799–1880) abgelöst, der drei Monate später zum Präsidenten der Deutschen Nationalversammlung gewählt wurde und als solcher die „Souveränität der Nation" erklärte. Am 6. März machte Ludwig III. mit seinem Reformedikt die gröbsten staatskirchlichen Bestimmungen der Kirchenverordnung vom 30. Januar 1830 mehr oder weniger gegenstandslos und versprach unter anderem die Liberalisierung der Kirchengesetze. Den Kern seiner Versprechungen löste er mit dem „Gesetz, die religiöse Freiheit betreffend" am 2. August 1848 auch ein.

Die Vorgänge waren für Bischof Kaiser so erfreulich, daß er am 8. März im Dom einen feierlichen Dankgottesdienst hielt. In seiner Predigt, die Himiobens ultramontan-konservative „Katholische Sonntagsblätter" am 12. März veröffentlichten, betonte der Bischof die grundsätzliche Unabhängigkeit der Kirche von jeder Staatsform. Er selbst plädiere sogar für die Trennung von Staat und Kirche nach belgischem Muster. Die Kirche stehe freiheitlichen Institutionen nicht feindlich gegenüber, begrüße sie vielmehr, da in ihnen das der Kirche von Gott verliehene

Recht auf Freiheit leichter zu erhalten sei. Nur dürften freiheitliche Staatsgebilde nicht mit Chaos, Anarchie und Willkür gleichgesetzt werden, wie es die radikalen Republikaner und Liberalen versuchten.

Weder die hessen-darmstädtischen Märzerlasse und Augustgesetze noch die liberal klingenden Predigtworte des Bischofs können die konservative Haltung verdecken, in der Kirche und Staat damals befangen blieben. Von den ausschlaggebenden Kirchenmännern wurde eine vom Staat unabhängige Kirche gefordert. Demokratische und konstitutionelle Öffnungen innerhalb der Kirche, wie sie etwa von den Synodenbefürwortern aus dem niederen Klerus, von mehreren Theologieprofessoren der Universitäten oder von den „Wessenbergianern" gefordert wurden, hatten bei der eher zentralistisch-autoritären und ultramontanen Grundstimmung keine Chance, verwirklicht zu werden.

Petrus Leopold Kaiser starb am 30. Dezember 1848. Im Revolutionsjahr war es der offen geäußerte Wunsch der Landesregierung, nicht durch einen unbequemen Bischof weitere Schwierigkeiten zu bekommen. Aus diesem Grunde favorisierte eine einflußreiche Gruppe am Hof des Großherzogs als Kandidaten für Mainz den aus Zürich stammenden Gießener Theologieprofessor Leopold Schmid (1808–1869).

Vier der wahlberechtigten Domkapitulare – sie standen der ehemaligen von Erzbischof von Dalberg und Johann Michael Sailer (1751–1832) geprägten Aschaffenburger theologischen Schule nahe – glaubten, den hessen-darmstädtischen Wunsch respektieren zu können. Sie entschieden sich bei der Wahl am 22. Februar 1849 für Schmid, offensichtlich um mit ihm auch ein Gewicht gegen die Dominanz der „Mainzer" zu schaffen. Gegen ihn votierte der ansonsten zu den „Aschaffenburgern" zählende Domdekan Tobias Höfer (1783–1855), der aus dem westfälischen Brilon stammende Johann Baptist Stratmann (1787–1862), Oheim des lange in hessen-darmstädtischen Diensten stehenden Staatsmannes Justin von Linde, und Adam Franz Lennig, das Haupt der „Mainzer". Vor allem seinen Interventionen, die über den ultramontanen Limburger Bischof Peter Joseph Blum (1842–1884) und den Münchener Nuntius Carlo Sacconi liefen, war es zuzuschreiben, daß Papst Pius IX. (1846–1878) am 14. Januar 1850 die Wahl von Schmid verwarf.

Tief enttäuscht teilte der Zurückgewiesene am 27. Januar 1850 dem Domkapitel mit, er wolle die Entscheidung als Tatsache hinnehmen; ob er „sie als vollendete und zu Recht bestehende anerkennen" könne, müsse allerdings erst „eine der Wichtigkeit der Sache entsprechende Überlegung" erbringen. In Mainz, politisch gesehen eines der Zentren sowohl sehr radikaler demokratischer Bestrebungen als auch der frühen Arbeiterbewegung, gärte es. Am 28. Januar veranstalteten die Schmid-Freunde im „Frankfurter Hof" eine Protestversammlung, auf der vor allem Adam Franz Lennig heftig attackiert wurde. Daß die Angriffe weniger auf dem Vorwurf beruhten, Lennig strebe selbst das Bischofsamt an, sondern vielmehr der restaurativen geistigen, kirchlichen und kirchenpolitischen Linie galten, die mit seinem Namen identifiziert wurde, ergibt sich aus der Breite der Pressekampagne, die gegen ihn und die „Ultramontanen" einsetzte. An ihr beteiligten sich besonders die liberale „Mainzer Zeitung" und das „Frankfurter Journal".

Da sich die Majorität des Domkapitels auf der Sitzung vom 29. Januar wiederum für Schmid aussprach und daher keine Lösung gefunden werden konnte, schaltete sich die Landesregierung ein. Über zwei Kommissare drängte sie, die Besetzung des Bischofsstuhles zu beschleunigen.

Im Verlaufe des Februar gelang es der Minorität, im Domkapitel eine Mehrheit für den Vorschlag zu finden, Rom eine Kandidatenliste zur Auswahl zu senden. Vorgeschlagen wurden Wilhelm Emmanuel Freiherr von Ketteler (1811–1877), seit 1849 Propst von St. Hedwig in Berlin, der Breslauer Domkapitular und spätere Fürstbischof Heinrich Förster (1799–1881) und der Rottenburger Domkapitular Anton von Oehler (1810–1879). Am 1. März erhielt die Liste das Plazet des Großherzogs. Sie wurde sogleich nach Rom gesandt und traf dort am 15. März ein. Ohne Aufschub ernannte Pius IX. Ketteler zum Bischof. Die Präkonisation erfolgte im Konsistorium vom 20. Mai gemeinsam mit der Beschließung der Translation des Erzbischofs Kardinal Friedrich zu Schwarzenberg (1809–1885) von Salzburg nach Prag. Beide Oberhirten begegneten sich noch mehrfach auf dem I. Vatikanischen Konzil. Sie gehörten zur Minorität, die sich gegen eine Dogmatisierung der päpstlichen Infallibilität (Unfehlbarkeit) aussprachen. Am 25. Juli 1850 erfolgte Kettelers Bischofsweihe sowie seine Inthronisation und die Inbesitznahme des Mainzer Bistums.

Bischof Kettelers Verhältnis zur großherzoglich-hessischen Regierung

Noch an seinem Weihetag richteten Ketteler und die in Mainz anwesenden Konsekratoren und Mitbischöfe der Oberrheinischen Kirchenprovinz an ihre Regierungen eine Denkschrift, in der für die Kirchen die immer noch vorenthaltenen Rechte zurückgefordert wurden. Anders als Preußen, das trotz der konservativen Gesetzesrevision vom 31. Januar 1850 die „oktroyierte Verfassung" vom 5. Dezember 1848 im wesentlichen beibehielt und damit der katholischen Kirche die selbständige Verwaltung ihrer Angelegenheiten einräumte, den ungehinderten Verkehr der Bischöfe mit Rom bestätigte, das landesherrliche Plazet einschränkte und das staatliche Präsentationsrecht zu kirchlichen Stellen aufhob, beharrte die hessendarmstädtische Regierung gleich den anderen Staaten im Bereich der Oberrheinischen Kirchenprovinz auf der staatlichen Kirchenhoheit. Was während der 48er Revolution als erzwungene Antwort auf massiven Druck von außen an Erleichterungen zugestanden worden war, wurde 1850 wieder zurückgenommen. So schrieb Großherzog Ludwig III. am 23. Februar 1850 erneut den Stand von 1830 fest.

Unter maßgeblicher Beteiligung von Wilhelm Emmanuel von Ketteler drangen die oberrheinischen Bischöfe zwischen 1851 und 1853 in drei gemeinsamen Denkschriften an die Regierungen auf die Beseitigung der absolutistischen Staatskirchenhoheit. Als sich dieses Vorgehen als wenig zweckvoll erwies und die Konflikte mit den Regierungen, wie 1854 in Baden, eher noch forcierte, ging der Mainzer Bischof eigene Wege. Er scheute sich nicht, dabei die Regierung mehrfach vor vollendete Tatsachen zu stellen, etwa bei der Wiedereröffnung des Mainzer Priesterseminars 1851 oder bei der Ausschreibung von Konkursexamen für vakante Pfarreien. Er trat mit der Publikation „Das Recht und der Rechtsschutz der Katholischen Kirche in Deutschland" (1854) an die Öffentlichkeit. Gleichzeitig ließ er private Verhandlungen mit Regierungsstellen zur Lösung von konkreten Einzelfragen führen. Sein wichtigster Erfolg war dabei die „Vorläufige Übereinkunft zwischen der

Großherzoglich-Hessischen Regierung und dem Bischof von Mainz vom 23. August 1854 im Betreffs der Regelung der Verhältnisse des Staates zur Kirche". Der wesentliche Gewinn dieser zunächst geheimgehaltenen Übereinkunft mit der seit 1850 vom konservativen Ministerpräsidenten Karl Friedrich von Dalwigk (1802–1880) geführten Regierung war, daß dem Bischof die selbständige Besetzung aller geistlichen Stellen eingeräumt wurde. Da die „Vorläufige Übereinkunft" zum endgültigen Abschluß die Genehmigung von Rom benötigte, reiste Ketteler in Begleitung von Generalvikar Franz Adam Lennig noch im November 1854 nach Rom. Ketteler war überzeugt, daß eine günstigere Übereinkunft zwischen Kirche und Staat kaum abgeschlossen werden konnte. Daher glaubte er auch, in Rom rasch die Zustimmung zu finden. Doch da sollte er sich täuschen. Sogleich nach seiner Ankunft in der Ewigen Stadt bemühte er sich beim Papst und bei den zuständigen Stellen um Audienzen. Bei den ersten Gesprächen mit den Kardinälen Antonelli und Brunelli und mit Papst Pius IX., der den Mainzer zwei Stunden antichambrieren ließ, kamen nur Unverbindlichkeiten zur Sprache. Bischof Ketteler führte das auf die großen Vorbereitungen der Dogmatisierung der Unbefleckten Empfängnis Mariens am 8. Dezember 1854 zurück. Er wohnte diesem feierlichen Akt in St. Peter bei und besuchte zwei Tage später auch die St. Pauls-Basilika, die nach dem Brand von 1821 wieder aufgebaut worden war und nun mit großer Zeremonie neu eingeweiht wurde. Dann vergingen Monate, ohne daß sich in bezug auf die Konvention etwas tat. Lennig schrieb nach Mainz: „Die Verhandlungen mit Brunelli waren freilich schnell erledigt; allein die Sanktion der Übereinkunft erfolgte nicht, so sehr auch der Bischof drängte." Die Art des schleppenden Fortgangs machte immer deutlicher, daß nicht Terminschwierigkeiten die Gründe für die Verzögerungen waren, sondern grundsätzliche Einwände. Diese richteten sich weniger gegen den Inhalt der Konvention selbst. Vielmehr ging es darum, daß der Heilige Stuhl unter Ausschluß des Bischofs direkt mit der hessischen Regierung verhandeln wollte. Das ergibt sich aus den Schreiben des Kardinalstaatssekretärs Antonelli an den Wiener Nuntius Antonio de Luca und entspricht auch der damals immer stärker werdenden zentralistischen Einstellung und politischen Linie der Kurie. Fünf Monate wurde Ketteler hingehalten, ohne daß sich Wesentliches tat. Mit einigen Verbesserungsvorschlägen für eine Konvention, aber sonst leeren Händen, kehrte er Ostern 1855 in sein Bistum zurück. Die Behandlung, die er als Bischof in Rom gefunden hatte und das offen gezeigte geringe Interesse an der von ihm vorgelegten Konvention ließen sein Verhältnis zur römischen Kurie kühler werden. Ketteler war an einer empfindlichen Stelle getroffen worden.

Für das Bistum Mainz blieb die Konvention von 1854 weiter von Bedeutung. Auch ohne förmliche Bestätigung durch Rom war sie für die hessen-darmstädtische Regierung Norm für ihr Verhalten der katholischen Kirche gegenüber. Als das vor allem ab 1860 von liberalen und antikatholischen protestantischen Kreisen im Parlament und in der Presse heftig attackiert wurde, setzte sich Ketteler am 27. März 1861 mit seinem vielbeachteten Hirtenschreiben: „Soll die Kirche allein rechtlos sein?" vehement zur Wehr. Er verlangte mit Entschiedenheit „Gerechtigkeit und Behandlung der Kirche ohne Vorurtheile, ohne Ausnahmegesetze und ohne Einmischung". Er verwahrte sich scharf gegen böswillige Verleumdungen und ging hart mit der Intoleranz ins Gericht, die für Parteizwecke den Staatsapparat gegen die katholische Kirche aufbringen wolle. 1862 vertiefte Ketteler die Zentralgedanken seines Mahn- und Hirtenschreibens vom Vorjahr in seiner ersten umfangreichen und sehr durchdachten Schrift „Freiheit, Autorität und Kirche".

In der Manier der „Mainzer Kreise" propagierte er die erneute Aktivierung der katholischen Tagespresse. Die Kirche, das Christentum mit seinen Prinzipien und Grundsätzen sollten im öffentlichen Leben fruchtbar zur Geltung kommen. Er setzte sich mit den großen Zeitthemen auseinander, attackierte, ohne zu verletzen, die liberalen und protestantischen Gegner der katholischen Kirche und forderte für diese wiederum alle nötige Freiheit. Freiheit hieß für ihn nicht Besitz von überkommenen Privilegien und auch nicht das Losgebundensein von der naturgegebenen Staatsgewalt oder von den bürgerlichen Pflichten. Kirchenfreiheit bedeutete vielmehr „das Recht der Kirche, ihre eigenen Angelegenheiten nach ihren Grundsätzen selbst zu regeln und dabei nur den allgemeinen Staatsgesetzen unterworfen zu sein" (Art. 24). Der Schritt des Bischofs an die Öffentlichkeit machte großen Eindruck. Seine Schrift wurde noch im gleichen Jahr sechsmal neu aufgelegt und in andere Sprachen übersetzt. Gleich mehrere Gegenschriften versuchten seine Argumente zu widerlegen. Die Stimmung im Großherzogtum war gereizt, die Angriffe der liberalen Partei vor allem in der fast nur von Protestanten besetzten Zweiten Kammer wurden immer massiver. Dies war für Ketteler Anlaß, am 6. Oktober 1866 Ludwig III. die Zurücknahme der „Vorläufigen Konvention" anzubieten. Ohne Verzug nahm der Großherzog den Verzicht an. Die rechtliche Stellung der Kirchen und kirchlichen Vereine in Hessen-Darmstadt beruhte bis 1874/1875 teils schwebend auf der bisher geübten Praxis und teils auf jenen Bestimmungen, die von einem 1862 eingebrachten Gesetzentwurf der Regierung in den Kammern zur Verabschiedung gekommen waren.

Der Verzicht von Bischof Ketteler auf die Konvention kann nicht losgelöst von den politischen Ereignissen des Jahres 1866 gesehen werden. Der Deutsche Krieg hatte dem Königreich Preußen mit dem Sieg über die österreichischen Truppen am 3. Juli 1866 bei Königsgrätz die alleinige Führungsposition in Deutschland gewonnen. Die Schlacht hatte zugleich den Entscheid gegen die sogenannte großdeutsche und für die kleindeutsche Lösung gebracht, ein seit 1848 heiß diskutiertes politisches Konzept, das unter Mißachtung jahrhundertelanger Reichsgeschichte Österreich mit seinen vielen Millionen Katholiken ausschloß.

Geführt von Ministerpräsident Otto von Bismarck (1815–1898) nutzte Preußen die Gunst der Stunde und baute gegen alle Legitimität und jedes traditionelle Recht mit großen territorialen Zugewinnen seine Macht aus. Am 20. September 1866 vollzog es die Annexion der mit Österreich verbundenen Staaten Hannover, Kurhessen, Frankfurt und Nassau und wurde damit zum unmittelbaren mächtigen Nachbarn von Hessen-Darmstadt, das mit den übrigen süddeutschen Staaten befürchten mußte, die in Gang gekommene „nationale Revolution von oben" könne auch die eigenen Grenzen überschreiten.

Bischof Ketteler, Preußen jetzt direkt vor Augen, hatte sich rasch auf die neue Realität eingestellt. In einer Art kirchenpolitischer Vorwärtsverteidigung entschloß er sich für eine neue politische Linie. Bisher war die katholisch-klerikale Mainzer Politik großdeutsch und vor allem seit 1859 proösterreichisch ausgerichtet. Christoph Moufang z. B. gründete 1862 die Großdeutsche Partei. Der „Katholik" und das „Mainzer Journal" hatten sich oft für ein starkes Österreich ausgesprochen, und zwar nicht zuletzt aus dem Grund, um in Italien ein starkes konser-

Siegel der Pfarrei Vendersheim (19. Jahrhundert)

Siegel des Dekanats Vilbel (19. Jahrhundert)

Siegel von Erzbischof Adalbert I. von Saarbrücken (1124)

vativ-katholisches Gewicht gegen die nationale italienische Erhebung zu erhalten, die unter König Viktor Emmanuel II. von Sardinien-Savoyen (ab 1861 von Italien, gest. 1878) die Existenz des Kirchenstaates bedrohte.

In seiner 1867 veröffentlichten Schrift „Deutschland nach dem Kriege 1866" plädierte Ketteler zum Befremden vieler ultramontaner Freunde für die kleindeutsche Lösung. Er wollte die bewußte Eingliederung der deutschen Katholiken in einen Nationalstaat, weil er von diesem Staat für die katholische Kirche am ehesten die ihr zustehenden Rechte erwartete. Nach Kettelers Tod schrieb 1877 Domdekan Johann Baptist Heinrich im „Katholik": „Wer Deutschlands Vormacht sein soll, war dem Bischof von Mainz... eine untergeordnete und offene Frage. Wenn er in seinem Buch ‚Freiheit, Autorität und Kirche' die Berufung der Hohenzollern auf den Kaiserthron als Möglichkeit in Aussicht stellte, und in der späteren Schrift: ‚Deutschland nach dem Kriege 1866', die thatsächliche Hegemonie Preußens mit wohl verwahrter Befriedigung anerkannte, so war diese Haltung auf das später freilich so bitter vernichtete Vertrauen gegründet, daß die edle und gerechte Politik Friedrich Wilhelm IV. (1840–1861) an die Stelle der altpreußischen Tradition getreten sei, und daß die Freiheit der Kirche, welche die Verfassung garantierte, in Preußen niemals des Schutzes entbehren werde."

Die Wandlung vom dezidierten Großdeutschen im Frankfurter Parlament von 1848 zum Realpolitiker, der 1866 der kleindeutschen Lösung zustimmte, erregte nicht nur im Bistum Mainz Erstaunen. Ketteler blieb bei der eingeschlagenen Linie. Nach der Reichsgründung von 1871 trat er wiederum für die aktive Beteiligung der Katholiken am Aufbau des neuen Kaiserreiches und seiner Institutionen ein.

Synodale Bestrebungen, Diözesankonferenzen und das I. Vatikanische Konzil

Die sogenannte synodale Bewegung der 30er Jahre faßte in Baden und Württemberg bei dem theologisch aufgeklärten und demokratischen Tendenzen weitgehend aufgeschlossenen Klerus breiteren Fuß als im Bistum Mainz. Genauere Untersuchungen über die diesbezügliche Haltung vor allem des mainzischen Pfarrklerus stehen noch aus. Es läßt sich jedoch sagen, daß in bestimmten Teilen des Bistums das Drängen von engagierten Geistlichen und interessierten katholischen Laien nach der Wiederbelebung der partikular-kirchlichen Synode, vorab der Diözesansynode, durchaus vorhanden war. Dafür sprechen verschiedene Eingaben an das Bischöfliche Ordinariat. Zu den Begründungen, die von seiten der römischen Kurie bei der Zurückweisung der Konfirmation der Wahl von Leopold Schmid 1849 zum Bischof von Mainz gegeben wurden, gehörte auch, er habe sich mit mehreren katholischen Geistlichen für die Wiedereinführung der Diözesansynode eingesetzt, die nichts anderes sei als der Versuch, auf dem Weg über geistliche Deputierte Teilnahme an der Leitung der Kirche zu erlangen. Mit der angesprochenen Konferenz war konkret eine Versammlung katholischer Geistlicher in Friedberg gemeint, der nachgesagt wurde, sie habe gleich ähnlichen Gruppierungen im südwestdeutschen Raum die „Aufhebung des Zölibats und der lateinischen Messe, Beschränkung der päpstlichen Macht und Verschmelzung verschiedener christlicher Konfessionen" beantragt. Schmid wehrte sich damals gegen die Unterstellungen, betonte aber gleichzeitig, mit seinen Freunden im Geiste jenes Katholizismus zu stehen, der „zwischen 1815 und 1848 in Deutschland die Oberhand hatte". Dieser sei geprägt gewesen von den Schriften und dem Leben Sailers, Wessenbergs, Dreys und Möhlers. 1848 hatte die von vielen gewünschte Diözesansynode eine reelle Chance, in Deutschland wiederbelebt zu werden. Auf der ersten deutschen Bischofskonferenz vom 22. Oktober bis 16. November 1848 in Würzburg, an deren Zustandekommen der „Mainzer Kreis" um Adam Franz Lennig, Christoph Moufang und Johann Baptist Heinrich maßgeblichen Anteil hatte, wurde nach langer und ausführlicher Diskussion die Wiedereinführung der Diözesansynode beschlossen. Der Entscheid wurde in einem Rundschreiben allen Geistlichen mitgeteilt. Dennoch kam es nicht zur Durchführung der Beschlüsse. Denn bereits 1849 sprach sich die römische Kurie in offiziellen Schreiben sowohl gegen Diözesansynoden als auch gegen eine Nationalsynode aus. Hinter beiden wurden nationalkirchliche Strukturen und demokratische Tendenzen vermutet, die unbotmäßigen Selbständigkeitsbestrebungen die Wege öffnen könnten. Als einzig legitime Form synodaler Betätigung wurde die Provinzialsynode zugelassen, die der Straffung der kirchlichen Disziplin und der Formulierung bzw. Verkündigung der kirchlichen Lehre zu dienen hatte. In der Oberrheinischen Kirchenprovinz wurde, anders als in Wien 1858 und in Köln 1860, keine solche Provinzialsynode durchgeführt. Stattdessen gab es im Bistum Mainz seit 1856 mehrere sogenannte Diözesankonferenzen. Zweck dieser Zusammenkünfte war, „daß der Bischof in mitten seines Klerus demselben persönlich seinen Willen, seine Absichten und seine Verordnungen bezüglich der Verwaltung der Seelsorge, des priesterlichen Lebens und überhaupt alles dessen, was zum besten der Diözese dienlich ist, kundmacht und hier wiederum, insoweit er es für zweckdienlich hält, die Mitteilungen, die Wünsche und Ansichten der Geistlichen vernimmt" (Mainzer „Rheinische Blätter").

Die Würzburger Bischofskonferenz von 1848, auf der Franz Adam Lennig anstelle des erkrankten Bischofs Petrus Leopold Kaiser die Mainzer Diözese vertrat, war ein im Kirchenrecht noch nicht vorgesehener Typ von Synode. In gewisser Weise konnte sie anknüpfen an die bischöflichen Zusammenkünfte, die erstmals unter Napoleon Bonaparte in Brauch kamen. Ihre Fortsetzung sollte sie in den allgemeinen deutschen Bischofskonferenzen finden, die ab 1867 in Fulda abgehalten wurden. Die erste Konferenz am Grab des heiligen Bonifatius war auf Einladung des Salzburger Fürst-Erzbischofs Maximilian Joseph Ternóczy zustandegekommen. Die Anregung für diese vertrauliche Besprechung hatte der deutsche Primas von Bischof Ketteler erhalten, den er anläßlich der Jubiläumsfeiern zu Ehren des heiligen Apostels Petrus am 29. Juni 1867 in Rom getroffen hatte. Papst Pius IX. wählte diese Feierlichkeiten, an der etwa 500 Bischöfe teilnahmen, um das von ihm geplante Konzil anzukündigen.

Die offizielle Einberufung dieser großen Kirchenversammlung für den 8. Dezember 1869 erfolgte am 29. Juni 1868. Laut der Einberufungsbulle hatte das Konzil den Zweck, gegen den modernen Rationalismus Stellung zu nehmen. Doch schon bald rückte die Frage einer möglichen Definition der persönlichen Unfehlbarkeit des Papstes in den Vordergrund. Das dazu in den Medien und in der öffentlichen Meinung hart ausgetragene Pro und Kontra schuf vor allem in Frankreich und Deutschland bald eine Atmosphäre des Mißtrauens und des Unbehagens. Für Verwirrung und Ärger sorgte vor allem ein Artikel der römischen Jesuitenzeitschrift „La Civiltà cattolica" vom 6. Februar 1869, in dem es hieß, die Katholiken im eigentlichen Sinne des Wortes glaubten, das Konzil würde nicht lange dauern. Sie erwarteten, daß die Lehren des Syllabus offiziell verkündet würden und sie freuten sich darauf, die Definition der Lehre von der Unfehlbarkeit des Papstes entgegenzunehmen. Weiter hieß es, Papst Pius IX. werde wohl in einem Gefühl berechtigter Zurückhaltung nicht selbst die Initiative für den Vorschlag ergreifen wollen, doch hoffe man, daß die einstimmige Kundgebung des Heiligen Geistes durch den Mund der Väter des kommenden ökumenischen Konzils diese Lehre durch Akklamation definieren werde. Fast gleichzeitig mit diesem Civiltà-Artikel war Bischof Ketteler mit der Schrift „Das allgemeine Konzil und seine Bedeutung für unsere Zeit" an die Öffentlichkeit getreten. Er stimmte seine Leser auf das bevorstehende kirchliche Großereignis ein, wies auf die grundsätzliche Bedeutung solcher Kirchenversammlungen hin und griff dann die in der Öffentlichkeit immer heftiger diskutierte Frage auf, ob und wie von den Konzilsvätern die päpstliche Unfehlbarkeit in Sachen des Glaubens und der Sitte als Glaubenssatz (Dogma) erklärt werden solle.

Von seinem theologischen Verständnis her hatte er keine Schwierigkeiten, im Petrusamt die von Gott gewollte letzte Garantie für die Kircheneinheit und Glaubenswahrheit zu sehen. Bedenken trug er jedoch gegen die Art und Weise, wie jetzt Eiferer und Fundamentalisten die ganze Wahrheit im Papst konzentrierten und verlangten, diese ihre Auffassung ohne weitere gründliche theologische Erörterung gleichsam durch Akklamation zur Definition zu bringen.

Bereits diese Unterscheidung zwischen grundsätzlicher Bejahung und ekklesiologisch einseitiger und gefährlicher Übertreibung rückte ihn zwischen die Fronten. Weil er theologisch die Unfehlbarkeitslehre annehmen und verantworten zu können glaubte und das in seiner Schrift auch darlegte, galt er in den Augen der prinzipiellen Unfehlbarkeitsgegner als sogenannter Infallibilist, und weil er die Infallibilität des Papstes nur im Gesamt der Einheit der Kirche und somit in wesentlicher Verbindung mit dem Episkopat sehen konnte, erachteten ihn die Infallibilisten, also jene, die unbedingt die rasche Dogmatisierung der päpstlichen Unfehlbarkeit anstrebten, als Antiinfallibilisten. Diese Meinung verhärtete sich bei ihnen noch, weil Bischof Ketteler eine Definition für inopportun und bei den gegebenen Umständen für theologisch bedenklich hielt. Es erregte in Rom großes Mißfallen, daß er seit Beginn des Konzils eindeutig im Lager der Minorität, d. h. in der kleineren Gruppe der Definitionsgegner, zu finden war. Weil er seine Bedenken gegen die Definierung aber nicht mit jener Vehemenz und Aggressivität vortrug wie die sogenannten Antiinfallibilisten um Johann Josef Ignaz von Döllinger und John E. Acton (1834–1902), traf ihn auch deren Gegnerschaft und Verunglimpfung. So heißt es in den „Römischen Briefen vom Konzil", die unter dem Pseudonym Quirinus erschienen, Ketteler bleibe, „wenn nicht der elende Heuchler, so doch in jedem Fall der schwache Charakter und der schwache Theologe. Er will etwas anderes, als er früher wollte, und weiß doch selbst nicht, was er will. Er schwankt immer fort und wandelt sich gleichsam, ohne es zu merken. Er lernt in der Konzilszeit nicht einmal um, sondern dreimal – Infallibilist – Opportunist – Antiinfallibilist – Infallibilist". Diese im unmittelbaren Kampf von prinzipiellen Unfehlbarkeitsgegnern geäußerte Bewertung geht so sehr an Kettelers Grundeinstellung und an seinen Beiträgen zum I. Vatikanischen Konzil vorbei, daß sie in der späteren Literatur keine Beachtung mehr gefunden hat.

Bereits die genaue Lektüre seiner Schrift „Das allgemeine Konzil und seine Bedeutung für unsere Zeit" vom Februar 1869 hätte die theologische Position Kettelers erkennen lassen können. Der Mainzer Bischof war nicht prinzipieller Gegner der päpstlichen Unfehlbarkeit. Von seiner theologischen Ausbildung und späteren Weiterbildung her stand er unter dem Einfluß sowohl der katholischen Romantik und der Tübinger Schule als auch der sogenannten ultramontanen scholastischen Richtung. Den Theologiestudenten hatten die Schriften und Gedanken des späten Johann Adam Möhler nachhaltig beeinflußt. Dessen Kirchenbild als Synthese von gesellschaftlichem Gebilde und geistdurchlebter Gemeinschaft und die auf den Einheits- und Organismus-Gedanken basierende Möhlersche Ekklesiologie prägten ihn tief. Der scholastischen Theologie war Ketteler weniger durch die dogmatischen Schriften des Jesuiten Giovanni Perone (1794–1876) nahegekommen, die er während seiner Münchner Studienzeit durchgearbeitet hatte, als vielmehr über die „katholische Dogmatik“ des aus der 1. Mainzer Theologenschule stammenden Heinrich Klee (1800–1840). Über diesen führte Kettelers Weg zu der persönlichen Überzeugung von einer ekklesiologisch allerdings eng umgrenzten päpstlichen Unfehlbarkeit. Klees Dogmatik fußte auf den „Institutiones Theologiae Dogmaticae“ seines Lehrers Bruno Franz Leopold Liebermann. In dessen Ekklesiologie war allem gallikanischen und febronianischen Gedankengut eine klare Absage erteilt. Im Mittelpunkt seines hierarchisch strukturierten Kirchenbildes stand das römische Papsttum. Römisch und katholisch waren für ihn Synonyme. Für Liebermann stand mit dieser Auffassung nicht im Widerspruch, daß er die Lehre von der päpstlichen Unfehlbarkeit noch als offene Frage betrachtete und die Unabänderlichkeit der päpstlichen Entscheidungen von der Zustimmung der Gesamtkirche abhängig machte. Der Papalismus etwa eines de Maistre mit dem Versuch, die Unfehlbarkeit und die monarchische Gewalt des Papstes neu zu umschreiben und zu begründen, ist hier also noch nicht rezipiert worden. Kettelers „vorsichtiges Ja zur päpstlichen Unfehlbarkeit“ war eingebettet „in ein Gesamtverständnis von Kirche und kirchlicher Einheit, das ihn von der theologischen Perspektive der meisten Verfechter der Infallibilität unterschied. In seinem Kirchenbild als organische Einheit von Haupt und Gliedern, wobei Christus immer das Haupt bleiben muß, hatten der Primat und die päpstliche Unfehlbarkeit ihre Funktionen innerhalb des Gesamtepiskopats. Im Papsttum sah er weniger das Fundament der Kirche, auf das sich das ganze erst aufbaut, als vielmehr das Band der Einheit“. Im Gesamt der Kirche war für ihn der Ort auch für die päpstlichen unfehlbaren Lehrentscheidungen. Diese konnten nach ihm nicht isolierte und einsam gefällte ex cathedra-Entscheidungen als Ausdruck absoluter päpstlicher Macht und Gewalt sein, sondern seltene und besonders qualifizierte definitive Lehraussagen, hinter denen ein langer innerkirchlicher Prozeß der Wahrheitsfindung mit dem Einsatz aller natürlichen und menschlichen Mittel liegen mußte.

Die römischen Reaktionen auf seine Schrift und auch auf das Schreiben der Bischöfe an Papst Pius IX. sowie die immer heftiger werdende Pressekampagne ließen Bischof Ketteler nur ungern zum Konzil fahren. Dem als Konsultor in Rom weilenden Moufang hatte er bereits am 20. Mai 1869 geschrieben: „Wenn ich Sie nur in Rom zu meinem Coadjutor oder zu meinem Weihbischof weihen lassen könnte, um Sie als meinen Stellvertreter nach Rom zu schicken.“

In die Pflicht genommen reiste er dennoch im November 1869 in Begleitung seines Sekretärs Dr. Johannes Michael Raich zum Konzil. Von Anfang an stand er auf seiten der etwa 140 (von 700) Bischöfe starken Minorität, die sich gegen eine

Dogmatisierung der päpstlichen Unfehlbarkeit aussprach. Das Konzil wurde termingerecht am 8. Dezember 1869 eröffnet. Den Konzilsvätern lag eine Geschäftsordnung vor, die am 27. November 1869 gebilligt worden war. An dieser Geschäftsordnung entzündete sich der erste Streit. Für Bischof Ketteler wurde sie bald zu dem, was das formale Element seiner Schwierigkeiten mit dem Konzil ausmachte; denn sie erwies sich rasch als wenig praktikabel. Daher sollte sie durch eine neue ersetzt werden. Was hier vom vordergründigen Anliegen her richtig war, trug wesentliche Probleme in sich. Denn die neue, am 20. Februar 1870 vom Papst approbierte und dann dem Konzil übergebene Geschäftsordnung enthielt zwei Bestimmungen, die zu heftigen Protesten führten. Daß den Konzilspräsidenten das Recht eingeräumt wurde, eine Diskussion vorzeitig zu beenden, konnte als unstatthafte Begrenzung der notwendigen Freiheit angesehen werden und wurde als solche mit anderen auch von Ketteler beklagt und gerügt. Noch gravierender jedoch war für ihn die durch die neue Ordnung geschaffene Möglichkeit, kirchliche und lehramtliche Konstitutionen vom Konzil auch mit einfacher Stimmenmehrheit anzunehmen. Ketteler und Karl Joseph Hefele (Bischof von Rottenburg, gest. 1893) protestierten dagegen am heftigsten. Mit Verweis auf die Tradition und die Lehren der Theologen forderten sie für solche Entscheidungen die moralische Einstimmigkeit der Bischöfe. Der „Consensus universalis concilii" lasse sich nicht mit einfachen Mehrheitsbeschlüssen erbringen, das Unanimitätsprinzip könne nicht durch das parlamentarische Majoritätsprinzip ersetzt werden. Mit dieser Kritik verknüpfte Ketteler seine grundsätzlichen Bedenken gegen die seit Beginn des Konzils praktizierte exklusiv päpstliche Leitung. Auch sie bedrohte nach seiner Auffassung das moralische Einheitsprinzip, da die Vielheit des die Weltkirche repräsentierenden Episkopats nicht mehr zur Genüge zur Geltung komme. In seiner Kritik ging Ketteler hier so weit, daß er das Vorhandensein „der fundamentalen Freiheit und damit der Legitimität des Konzils selbst" in Frage stellte.

Tief saß in ihm die Furcht, die Bedeutung des Episkopats könnte Schaden nehmen. Seine wache Aufmerksamkeit war um so mehr geweckt, da der am 20. Januar 1870 dem Konzil übergebene Entwurf „De ecclesia Christi" zwar in Ausführlichkeit vom Papsttum sprach, im Kapitel X über die Hierarchie in der Kirche das Wort „Bischof" aber nicht einmal erwähnte. Ketteler war mit dem Grundkonzept des dogmatischen Schemas so wenig einverstanden, daß er von Domdekan Heinrich ein völlig neues Modell erarbeiten ließ.

Noch während dieser Arbeit legte die Majorität dem Papst die von den entschlossenen Infallibilisten Erzbischof Manning, Bischof Senestrey von Regensburg und Erzbischof Dechamps von Mecheln lancierte Petition vor, die Unfehlbarkeitsfrage auf die Tagesordnung des Konzils zu setzen. Die Debatte über das dem Kirchenschema vorangestellte Papstschema „Pastor aeternus" begann am 13. Mai. Zweimal kam Bischof Ketteler bei diesen Diskussionen in St. Peter zu Wort, am 23. Mai und am 25. Juni. Zweimal drang er darauf, die Unfehlbarkeit des Papstes sichtbar-institutionell an die Gesamtkirche zu binden. Ketteler wußte, daß eine Definition kam. Seine Bedenken richteten sich nicht gegen irreformable, d. h. unfehlbare ex cathedra-Entscheidungen. Ihn beschäftigten das „Wie des Zustandekommens" und die Sorge, es könnten Aussagen gemacht werden, die eine „persönliche", eine „charismatische" Unfehlbarkeit des Papstes nahelegten, die ihm ohne Vermittlung durch die Kirche zukomme.

Die letzten Wochen von Kettelers Aufenthalt auf dem Konzil waren geprägt von seinem intensiven Bemühen um eine Kompromißformel, die dem „anti-gallikanischen“ Anliegen der Infallibilisten und seinem kooperativ strukturierten Kirchenbild entgegenkam. Einen letzten diesbezüglichen Versuch wagte er am 15. Juli. Bei einer Audienz, die Pius IX. ihm und anderen Abgeordneten der Minorität gewährte, warf er sich gleich dreimal auf die Knie und bestürmte den Papst, im Dogmentext die strittigen Worte „ex sese“ zu streichen und die Einbettung der päpstlichen Infallibilität in die Unfehlbarkeit der Kirche zu berücksichtigen. Das Bemühen war vergebens. Um juristisch jede Interpretation im Sinne des Gallikanismus auszuschließen, wurde das „ex sese“ durch die Beifügung „non autem ex consensu Ecclesiae“ sogar noch verhärtet.

Zutiefst enttäuscht verließ Ketteler gleich den meisten Bischöfen der Minorität am 17. Juli Rom. Vor seiner Abreise, dem Vorabend der Dogmatisierung also, schrieb er an Papst Pius IX.: „Heiligster Vater! Um nicht in der meiner ganzen Seele widerstrebenden Lage zu sein, mit Non placet zu stimmen, bleibt mir kein anderes Mittel, als noch heute Abend von der mir erteilten Erlaubnis zur Rückreise Gebrauch zu machen.“ Kettelers zahlreiche Versuche, die Unfehlbarkeit des Papstes stets in den Zusammenhang mit der Unfehlbarkeit der Kirche zu stellen und das Kollegium der Bischöfe als die Nachfolger der Apostel miteinzubringen, war ebenso gescheitert wie das einzig von ihm unternommene Bemühen, die drängende Sozialfrage zu einem eigenen Kapitel des Konzils zu machen.

Die Erklärung der päpstlichen Infallibilität durch die Mehrheit der Konzilsväter am 18. Juli 1870 und die Verkündigung als Dogma der Kirche hat Bischof Ketteler gläubig angenommen. In einem Hirtenwort, das er mit seinen Amtsbrüdern Ende August 1870 in Fulda verfaßt hatte, rief er seine Diözesanen auf, gleiches zu tun. Der Rundbrief ist zurückhaltend formuliert. Die exklusiven Sprachformulierungen des Dogmentextes blieben unberücksichtigt, ohne damit den Dogmeninhalt zu beugen. Ähnlich verfuhr Ketteler in der Schrift „Das unfehlbare Lehramt des Papstes nach der Entscheidung des vaticanischen Concils“, die er im März 1871 veröffentlichte. Er forderte die Unterwerfung unter die Lehraussage von der päpstlichen Unfehlbarkeit, weil diese für ihn in Anlehnung an theologische Traditionen die selbstverständliche Folge der Unfehlbarkeit der Kirche war.

Nicht alle Priester und Laien des Bistums folgten dem Beispiel und Aufruf des Bischofs. Ähnlich wie in anderen Teilen Deutschlands bahnte sich auch im Mainzer Kirchensprengel die altkatholische Abspaltung an. Sie blieb zwar in engen Grenzen, doch sie hatte beachtliche politische Wirkung. Die innerkatholische Kontroverse um Annahme oder Ablehnung der vatikanischen Infallibilitätsdefinition bot der von Reichskanzler Otto von Bismarck geführten preußischen Regierung den Anlaß, im „Kulturkampf“ die Auseinandersetzung mit dem politischen Katholizismus zu suchen.

Der Kulturkampf (1871–1886)

Kaum war nach dem Sieg über Frankreich und dem Beitritt der süddeutschen Staaten zum Norddeutschen Bund am 18. Januar 1871 der preußische König Wilhelm I. (1861–1888) in Versailles zum deutschen Kaiser ausgerufen und damit das

Deutsche Reich gegründet worden, geriet es durch den Kulturkampf in eine ernste innere Krise. Es war der Konflikt Bismarcks und der starken Nationalliberalen Partei bzw. des modernen Nationalstaates und der liberalen Gesellschaft mit dem politisch erstarkten und im Zentrum parteilich organisierten deutschen Katholizismus bzw. auch den restaurativen katholischen Tendenzen.

Bischof Ketteler und die Mainzer Kirchenführung hielten sich zunächst zurück, da die Kontroverse vorerst nur Beteiligte in Preußen betraf. Als aber mit dem „Jesuitengesetz“, das den Mitgliedern der Gesellschaft Jesu und allen verwandten Orden wie Redemptoristen und Lazaristen den Aufenthalt in Deutschland verbot, die Kulturkampfgesetzgebung auf das gesamte Reich übergriff, gab Bischof Ketteler seine Zurückhaltung auf. Wie kein anderer mobilisierte er die katholische öffentliche Meinung. Er wurde nachgerade zum Spiritus rector des bischöflichen Widerstands.

Im Juli 1872 kam es in Mainz zur Gründung des „Vereins der deutschen Katholiken“, der laut Programm für die Freiheit der Kirche und gegen jede Willkür des Staates eintreten sollte. Die Weichen für diesen kämpferischen Zusammenschluß der deutschen Katholiken, die mit etwa 17 Millionen rund ein Drittel der Bevölkerung ausmachten – das Bistum Mainz zählte etwa 220000 Katholiken – waren vom 21. deutschen Katholikentag in Mainz gestellt worden, den das Lokalkomitee unter Präsident Christoph Moufang vom 11. bis 14. September 1871 im „Frankfurter Hof“ organisiert hatte. Bei diesem Zentraltreffen der katholischen Vereine, aus Furcht vor kulturkämpferischen Repressalien von da an als „General-Versammlung der Katholiken Deutschlands“ geführt, hatte Ketteler eine viel beachtete Rede über das Verhältnis von Liberalismus und Katholizismus gehalten. Das Thema war für ihn von grundsätzlicher Bedeutung. Daher brachte er es noch im gleichen Jahr unter dem Titel „Liberalismus, Sozialismus und Christentum“ als Buch heraus.

Ab 1873 gewann der Kulturkampf auch innerhalb des Großherzogtums Hessen-Darmstadt an Bedeutung. Nachdem am 6. Juni 1871 der konservative Ministerpräsident von Dalwigk seinen Abschied hatte nehmen müssen, konnten die Liberalen in der Regierung ihre Position erheblich strärken. Unter Ministerpräsident Karl Hoffmann (1872–1876) begannen sie, erste Kulturkampfprogramme zu entwerfen. Ein großer Erfolg für sie war, daß Großherzog Ludwig III. am 23. Dezember 1873 als erster deutscher Monarch den zum altkatholischen Bischof geweihten Joseph Hubertus Reinkens (1821–1896) anerkannte und gleichzeitig den Altkatholiken die Mitbenutzung der katholischen Kirchen und Friedhöfe und die Teilnahme an den alten Pfründen zubilligte.

Ab 1874 erließ die hessen-darmstädtische Regierung auch ausgesprochene Kulturkampfgesetze. Am 16. Juni wurde die staatliche Schulhoheit verankert. 1875 erschienen die Gesetze „über die rechtliche Stellung der Kirchen und Religionsgemeinschaften im Staate“, über den „Mißstand der geistlichen Amtsgewalt“, über die „Vorbildung und Anstellung der Geistlichen“, die „religiösen Orden und ordensähnlichen Kongregationen“ und über das „Besteuerungsrecht der Kirchen und Religionsgemeinschaften“. 1876 wurde der Austritt aus der Kirche durch Gesetz erleichtert.

Durch diese Kampfmaßnahmen verhärteten sich die Fronten zusehends. Als staatlicherseits 1874 für die „Vorbildung und Anstellung der Geistlichen“ der dreijährige Besuch einer deutschen Universität sowie ein Fakultätsexamen vor einer staatlichen Prüfungsbehörde, ersatzweise ein sogenanntes Cultusexamen in Deutsch, Geschichte und Philosophie vorgeschrieben wurde, protestierte Bischof Ketteler energisch. Er wollte seine zukünftigen Priester nicht der Gefahr einer bewußt unchristlichen oder antikatholischen Ausbildung aussetzen. In seiner Schrift „Der Kulturkampf gegen die katholische Kirche und die neuen Kirchengesetzentwürfe in Hessen" sowie in seinem Fastenhirtenbrief von 1875 „Über die neuen hessischen Kirchengesetze" wagte er sehr offene Worte. Als alle Proteste und Eingaben wirkungslos blieben und am 23. April 1875 die neuen Gesetze durch die Unterschrift des Großherzogs in Kraft traten, wurde mit passivem Widerstand reagiert. Alle Mainzer Theologiestudenten verlegten ihre Ausbildung nach Eichstätt bzw. einige wenige nach Rom. Um den besonders nachteiligen Artikel 4 des Gesetzes bezüglich der Anstellung der Geistlichen zu umgehen, der ihnen die Anzeigepflicht bei kirchlichen Amtsübertragungen und Versetzungen vorschrieb, wurden von da an erledigte Pfarrstellen vom Ordinariat offiziell nicht mehr besetzt. Das brachte in vielen Pfarreien Seelsorge und kirchliche Betreuung der Gläubigen fast völlig zum Erliegen. Die Verbitterung der katholischen Bevölkerung darüber war groß, aber auch ihre Bereitschaft, für die kirchliche Freiheit zu kämpfen.

Das Ende des Kulturkampfes hat Bischof Ketteler nicht mehr erlebt. Er starb auf der Rückreise von Rom am 13. Juli 1877 im Kapuzinerkloster von Burghausen. Unter großen Ehren wurde er im Mainzer Dom beigesetzt.

Die Romreise anläßlich des 50jährigen Bischofsjubiläums von Papst Pius IX. hatte Ketteler als einziger deutscher Bischof antreten können. Die Regierung in Hessen-Darmstadt hatte ihm trotz aller Differenzen die Erlaubnis dazu ausgestellt. Die gleiche Regierung war aber nicht gewillt, die durch Wahl in Mainz am 20. Juli 1877 getroffene Nachfolgeregelung zu akzeptieren. Sie verweigerte dem vom Domkapitel zum Bischof gewählten Christoph Moufang ihre Anerkennung. Da keine Bereitschaft bestand, bei einer Neuwahl einem Kompromißkandidaten die Stimme zu geben, blieb das Bistum neun Jahre unbesetzt. In dieser schwierigen Zeit verwaltete Moufang im Auftrag Roms die Diözese als Bistumsverweser.

Eine Entschärfung und die Beendigung des Kulturkampfes leitete Papst Leo XIII. (1878–1903) ein. Noch am Tage seiner Wahl zum Oberhaupt der katholischen Kirche hatte er ein Annäherungsschreiben an Kaiser Wilhelm I. gesandt. Schon bald konnte in unmittelbaren Verhandlungen zwischen der römischen Kurie und der preußischen Regierung ein Modus vivendi ausgehandelt werden. Mit der gründlichen Revision der Kulturkampfgesetze begann Preußen 1886. Auch in Hessen-Darmstadt entspannte sich das Verhältnis von Kirche und Staat. 1886 konnte die Bischofsbesetzung von Mainz ernsthaft angegangen werden. Verhandelt wurde auf höchster Ebene. In einer „Denkschrift" von Domkapitular Friedrich Schneider heißt es: „Der Modus der Besetzung des Bischöflichen Stuhles kann entweder darin gefunden werden, daß der Hl. Stuhl das Domkapitel ermächtigt, eine zweite Liste vorzulegen (– die erste war ja bereits 1877 eingereicht worden –) und auf Grund derselben zur Wahl zu schreiten, oder aber darin, daß der Hl. Stuhl der Großherzoglichen Regierung die Person bezeichnet... In Preußen hat die direkte Verständigung sich ebenso fruchtbar erwiesen, wie die Wahl."

Die Regierung versuchte zunächst noch einen dritten Weg. Sie schlug ihrerseits dem Heiligen Stuhl zur Auswahl folgende drei Kandidaten vor: Dekan Georg Jakob Brentano (1817–1898) von Heldenbergen, Dompfarrer Heinrich Wilhelm (1826–1892) und Domkapitular Friedrich Schneider. Der übergangene Bistumsverweser Moufang eilte nach Rom und brachte die Liste zu Fall. Daraufhin ließ Großherzog Ludwig IV. (1877–1892) den auf der Liste des Domkapitels von 1877 unberücksichtigt gebliebenen Domkapitular Paul Leopold Haffner (1829–1899) beim Papst vorschlagen und drängte auf dessen Ernennung. Da auch Friedrich Schneider die deutschen Kurienkardinäle Paul Ludolf Melchers und Joseph Hergenröther beeinflussen konnte, die Kandidatur zu unterstützen, ernannte Leo XIII. Haffner am 10. Juni 1886 zum Mainzer Oberhirten. Der neue Bischof wurde am 25. Juli im Dom konsekriert und feierlich inthronisiert.

Preußen und ähnlich auch das Großherzogtum Darmstadt bemühten sich um eine Annäherung an die Kirche. Am 5. Juli 1887 wurde das umstrittenste Kulturkampfgesetz, die Vorbildung und Anstellung der Geistlichen betreffend, durch eine neue, der katholischen Kirche entgegenkommende Regelung ersetzt. Im Oktober konnte das 1876 geschlossene Priesterseminar wiedereröffnet werden. Das „Gesetz über den Mißbrauch der geistlichen Amtsgewalt“ wurde am 7. September 1889 fast ersatzlos gestrichen. Am 1. Juni 1895 folgte die Zurücknahme des Ordensverbotes. Andere Rechtsbestimmungen aus der Kulturkampfzeit, so das Zivilehegesetz von 1875, blieben weiterhin gültig. Sie fanden 1896 Eingang in das Bürgerliche Gesetzbuch, das ab 1899 mit einigen Abänderungen auch in Hessen-Darmstadt zur Anwendung kam.

Das Verhältnis von Kirche und Staat war damit geregelt. Größere Komplikationen gab es nicht mehr, auch nicht 1918, als in Deutschland die konstitutionelle Monarchie durch die republikanische Staatsform und Verfassung ersetzt wurde. Für den Bereich der Oberrheinischen Kirchenprovinz, jetzt nur noch bestehend aus den Bistümern Freiburg, Rottenburg und Mainz, regelte das Badische Konkordat von 1932 die Anpassung an die neuen politischen Verhältnisse.

2. Karitatives, soziales und seelsorgliches Engagement

Pulsierendes Leben in alten Orden und neugegründeten Kongregationen

In seinem Fastenhirtenbrief vom 18. Januar 1847 klagte Bischof Petrus Leopold Kaiser: „In unserer Diözese Mainz befindet sich kein Kloster mehr.“ Dieses bittere Erbe gab er fast unverändert an Ketteler weiter. Erst unter diesem konnte im Bistum die Neubelebung des Ordensstandes erfolgen. Initialzündend wirkte auch hier das Revolutionsjahr 1848. In dieser Zeit eines allgemeinen Aufbruchs, aber auch mancher Turbulenzen in Mainz selbst, beschloß der eben gegründete Mainzer „Vincenz- und Elisabethen-Verein“, zur Linderung der Not und als Zeichen christlicher Karitas ein kleines Hospiz zu errichten. Mit der Krankenpflege sollten die elsässischen „Barmherzigen Schwestern vom hl. Vincenz von Paul“ betraut werden, die dank der guten Kontakte der Mainzer zum Straßburger Bischof Andreas Räß bereits 1849/50 nach Mainz kamen. 1852 wurde ihnen das Rochusspital übertragen, im Frühjahr 1855 das Mädchenwaisenhaus im Knebelschen Hof und im

Sommer 1855 das große Invalidenhaus im ehemaligen Jesuitennoviziat an der Christophsgasse. Von da an betreuten die Ordensfrauen des heiligen Vincenz alle großen Mainzer Wohlfahrtsanstalten, bis die hessen-darmstädtische Kulturkampfgesetzgebung 1876 die Gesundheits- und Wohlfahrtspflege zu einer Angelegenheit der Gemeinden erklärte. Das Rochusspital und das Invalidenhaus gingen in das Eigentum und in die Verwaltung der Stadt über. Die Betreuung der Alten und Kranken lag aber weiter in den Händen der Schwestern, deren Wirkstätte überdies das 1868 auf dem Kästrich errichtete „St. Vincenz- und Elisabethen-Hospital" war. Die karitativen Leistungen der „Vincentinerinnen" fanden Anerkennung. In Darmstadt wurde ihnen ein Krankenhaus übertragen, in Bensheim an der Bergstraße und in Heppenheim gelang es ihnen, Niederlassungen zu gründen. Gegen ungerechtfertigte Angriffe und gegen Verleumdungen konnte sie Bischof Ketteler mit Erfolg verteidigen, dem neues Ordensleben im Bistum Herzens- und wichtige Pastoralangelegenheit war.

Wie in Deutschland überhaupt, war für das erneute Aufblühen des Ordenslebens im Bistum Mainz von ausschlaggebender Bedeutung, daß sich die Neueinrichtungen weithin mit karitativen, sozialen, schulischen, seelsorglichen und missionarischen Aufgaben befaßten. Gerade Institutionen mit solcher Zielsetzung war es möglich, ohne größere Schwierigkeiten seitens der staatlichen Regierung neue Betätigungsfelder zu eröffnen. So vermochte unter Bischof Ketteler das dem Schulwesen für Mädchen dienende „Institut der Englischen Fräulein" zwölf weitere neue Häuser im Bistum zu errichten. Außer den Vincentinerinnen widmeten sich seit 1854 Schwestern der „Kongregation vom allerheiligsten Heiland" aus dem elsässischen Niederbronn in Darmstadt und Borromäerinnen in Bingen dem Krankendienst. Gleichzeitig kamen Aachener Franziskanerinnen zur ambulanten Krankenpflege und zur Armenfürsorge nach Mainz. Sie wurden in der Stadt rasch freundlich aufgenommen. Die Schriftstellerin und 1850 in Berlin bei Ketteler zum Katholizismus konvertierte Ida Gräfin von Hahn-Hahn (1805–1880), auf die die Einführung des „Vereins christlicher Mütter" in Deutschland zurückgeht, finanzierte 1853/54 in Mainz ein erstes Kloster der „Frauen vom Guten Hirten". Den Anfang des Mainzer Klosters der „Schwestern von der Ewigen Anbetung" machten 1860 sieben Mainzerinnen. Ein Jahr später siedelten 79 Mitglieder des „Instituts der Schul- und Krankenschwestern von der Göttlichen Vorsehung" von Finthen nach Mainz über. Bischof Ketteler hatte diese „Mainzer Schwestern", die mit vier Kandidatinnen in Finthen begonnen hatten, 1851 gegründet, ihnen 1858 landesherrliche Anerkennung verschafft und sie 1859 mit seinem persönlichen Vermögen bedacht. Die neue Kongregation entfaltete sich so stark, daß sie mit ihren über 100 Mitgliedern, darunter 56 examinierten Lehrerinnen, an 22 Orten im Bistum 24 Schulstellen verwalten konnten. Die Wirren des Kulturkampfes waren der „Ketteler-Gründung" Anlaß, mit einer Gruppe von Schwestern in die USA auszuwandern, um hier neue Arbeitsmöglichkeiten zu suchen.

Erheblich weniger schnell und mitgliederstark als die weiblichen Kongregationen entwickelten sich nach 1848 die Männerorden im Bistum. Die ersten Kontakte bereitete Bischof Ketteler dadurch, daß er ab 1851 im Bistum von Jesuiten, Redemptoristen und Kapuzinern Missionen predigen ließ. Seit 1853 mühte er sich über Adam Franz Lennig, von der Regierung in Darmstadt die Genehmigung zu erhalten, die Kapuziner im Bistum niederzulassen. Da das Ersuchen ohne Erfolg blieb, rief der Bischof die Patres im Herbst 1854 ohne Gutheißung der staatlichen Stellen nach Mainz. Die von den Katholiken gut aufgenommenen Kapuziner gründeten 1862 auch in Dieburg eine Niederlassung. Im folgenden Jahr kamen Josephsbrüder ins Bistum. Sie übernahmen in Klein-Zimmern das Knaben-Waisenhaus und leiteten es 80 Jahre lang. In Mainzer Krankendienste traten die „Barmherzigen Brüder". Schwierig war es, dem durch Papst Pius VII. (1800–1823) wiederhergestellten Jesuitenorden erneut im Bistum Heimat zu geben. Im Februar 1859 waren einige Patres nach Mainz gekommen, um die dem Orden vom Bischof angebotene St. Christophskirche zu übernehmen. Obwohl Ketteler bei der Berufung der Jesuiten im Einvernehmen mit der Regierung gehandelt hatte und der Gesetzentwurf von 1862 die rechtliche Stellung der kirchlichen Vereine endgültig zu regeln sich anschickte, sahen sich die Patres bald heftigen Angriffen von seiten liberaler Kammerabgeordneter und der kirchenfeindlichen Presse ausgesetzt. Dessen jedoch ungeachtet entfalteten die mehrfach vom Bischof öffentlich verteidigten Jesuiten im Bistum eine rege Tätigkeit, vor allem beim Aufbau der sogenannten „Marianischen Kongregation" zur seelsorglichen Betreuung der Jugend, bis sie im Herbst 1872 der Kulturkampf erneut aus dem Bistum vertrieb. Erst 1956 war ihnen dann die Rückkehr möglich. Im 20. Jahrhundert wurde überhaupt die Palette der männlichen Orden und Kongregationen im Bistum bunter und vielfältiger. Nach und nach kamen die Oblaten (1909), die Trappisten (1925–1946), die Franziskaner (1925–1946), die Benediktiner (1925), die Karmeliten (1924), die Dominikaner (1931), die Johannesmissionare (1932), der Deutschorden (1956) und die Missionare von der Heiligen Familie (1962). 1987 lebten und wirkten innerhalb des Bistums insgesamt 79 Patres und 56 Ordensbrüder.

Kirche und Arbeiter: Die „soziale Frage" und der Gewerkschaftsstreit

Die Revolution von 1848 war vor allem eine Erhebung des reformfreudigen liberalen Bürgertums gegen reaktionäre und verkrustete staatliche Willkür. Dabei ging es in erster Linie um die Durchsetzung politischer Anliegen. Der Kampf galt der Freiheit zu politischem Handeln, konstitutionellen Verfassungen und, wenigstens in Ansätzen, der Einheit Deutschlands. Sozialprogramme spielten bei dieser Revolution eine wichtige Rolle, doch sie waren nicht der Kern der Forderungen. Noch hatte sich das klassenbewußte Proletariat nicht gebildet, sondern war als solches erst im Werden. 1848 gab es den Arbeiterstand und es gab dessen große Nöte. Der als Abgeordneter der Kreise Tecklenburg, Warendorf und Rheine in die Frankfurter Nationalversammlung gewählte Pfarrer Wilhelm Emmanuel Freiherr von Ketteler hatte in seiner Gemeinde Hopsten diese Nöte kennengelernt und nach Auswegen gesucht. Sie bedrängten und beschäftigten ihn so sehr, daß er das Anliegen zum Zentralthema seiner spontanen Rede am 4. Oktober 1848 vor der Versammlung des katholischen Vereins in Mainz machte. „Die schwerste Frage, die bei allen gesetzlichen Bestimmungen, bei allen Staatsformen noch nicht gelöst ist, das ist die soziale Frage", rief er aus. Die soziale Frage, die Oskar von Nell-Breuning als „in Frageform gebrachte Sozialkritik" definierte, und praxisorientierte Sozialpolitik zeichneten ab 1848 bzw. 1850 Ketteler und sein Pontifikat so sehr aus, daß er als Arbeiterbischof in die Geschichte einging.

In der als christliche Pflicht verstandenen Karitas sah er zuerst eine mögliche Lösung des Problems. Am 4. Oktober 1848 brachte er „den Armen des deutschen Volkes" ein Hoch aus und sammelte für sie. Bei seiner ersten Predigt im Mainzer Dom am 19. November mahnte er zu recht verstandenem Eigentumsbegriff: „Die katholische Kirche hat in ihrer Lehre vom Eigenthume nichts gemein mit jener Auffassung des Eigenthumsrechtes, die man gewöhnlich in der Welt antrifft und demgemäß der Mensch sich als den unbeschränkten Herrn seines Eigenthums ansieht. Nimmermehr kann die Kirche dem Menschen das Recht zuerkennen, mit den Gütern der Welt nach Belieben zu schalten und zu walten, und wenn sie vom Eigenthume der Menschen spricht und es beschützt, so wird sie immer die drei, ihren Eigenthumsbegriff wesentliche Momente vor Augen haben, daß das wahre und volle Eigenthumsrecht nur Gott zusteht, daß dem Menschen nur ein Nutzungsrecht eingeräumt worden und daß der Mensch verpflichtet ist, bei der Benutzung die von Gott gesetzte Ordnung anzuerkennen."

Diese Thematik wurde zum Hauptprogramm des fünften Katholikentages, der vom 7. bis 10. Oktober 1851 Delegierte aus 30 Bistümern nach Mainz brachte. Besondere Aufmerksamkeit fand Adolf Kolping (1813–1865), der durch den 1846 von ihm gegründeten katholischen Gesellenverein den Innungsgedanken und die damit verbundene korporative Struktur fördern und so der Wiederherstellung gesunder Verhältnisse im Handwerkerstand dienlich sein wollte. Die tradierte und als gottgegeben verstandene Gesellschaftsordnung blieb dabei unangetastet. Staatliche Maßnahmen zur Durchsetzung von mehr sozialer Gerechtigkeit wurden noch nicht verlangt. Radikale demokratische Forderungen, etwa wie die der Mainzer Republikaner, galten der Mehrheit der Delegierten und den Lesern der Zeitschrift „Der Katholik" als „infernale Wühlerei".

Wie rasch sich jedoch mit der sozialen Not auch die Sensibilität wenigstens bestimmter katholischer Kreise für diese Problematik entwickelte, läßt sich am Programm des 15. deutschen Katholikentages ablesen, der unter der Präsidentschaft von Wilderich Freiherr von Ketteler, einem Bruder des Mainzer Bischofs, vom 21. bis 24. September 1863 in Frankfurt abgehalten wurde. Ein zentrales Anliegen war die soziale Thematik. Nicht mehr im karitativen Engagement oder im Vereinswesen sah man die Lösung des Problems, sondern in christlichen Arbeitervereinigungen, in Produktionsgenossenschaften oder in klosterähnlichen Fabrikgründungen, wie sie vom Schweizer Kapuziner und Generalvikar von Chur P. Theodorius Florentini (1808–1865) praktiziert wurden. Auf Antrag des Mainzer Domkapitulars Heinrich nahm der Katholikentag die Empfehlung an, die soziale Frage als dringende Zeitfrage anzugehen.

Bischof Ketteler griff diesen Appell auf und entwickelte christliche Lösungen, die an Kooperations- und Verteilungsmodellen von Ferdinand Lassalle (1825–1864), dem früheren Mitarbeiter von Karl Marx (1818–1883) und ersten Präsidenten des 1863 in Leipzig gegründeten sozialdemokratischen „Allgemeinen Deutschen Arbeitervereins", angelehnt waren. Am 14. Januar 1864 hatte ihm Ketteler von Frankfurt aus anonym geschrieben: „Ich wende mich an Sie mit der Bitte um Rath in der Arbeiter-Angelegenheit. Ich verstehe an dieser Frage nicht mehr, als ich mit dem gesunden Menschenverstand erfassen kann. Tiefere Einsicht fehlt mir, obwohl ich das, was die Tagespresse über diese wichtige Angelegenheit bringt, lese, um mir ein richtiges Urtheil zu bilden. Ich stehe nicht ganz auf Ihrem Boden. Ich glaube nicht, daß unbedingte Gewerbefreiheit für diesen Stand zum Heile führt. Auch glaube ich, daß religiöse u. moralische Potenzen mitwirken müssen, um diesem Stand zu helfen. Dagegen bin ich mit Ihnen vollkommen darin einverstanden, daß alle Untersuchungen eines Schulze-Delitsch [Hermann, 1808–1883] nur einen relativen Werth für den Zweck haben dem Arbeiterstande zu helfen u. daß daher die Gründung von Productiv Associationen für die Arbeiter wo ihnen erstens der Arbeitslohn u. zweitens ein Antheil am Capitalgewinn zufällt, das wahre Mittel ist, um die Lage dieses zahlreichen Standes materiell zu verbessern. Sie verehrter Herr wollen das Capital für diese Arbeiter hauptsächlich aufbringen durch die Hilfe des Staates u. durch das Mittel der directen Wahlen wollen Sie diese Beihilfe erlangen. Ich bin bei diesem Modus nicht ganz unbedenklich. Jedenfalls scheint es mir aber gewiss zu sein, daß, wenn auf anderem Wege Capitalien für diesen Zweck gewonnen werden können, auch diese Weise der Realisierung Ihres Gedankens nicht ausgeschlossen werden soll. Ich komme damit zu dem eigentlichen Gegenstande dieses Schreibens.

Ich könnte für diesen Zweck etwa 50 000 Gulden zur Disposition stellen. Ich möchte den Versuch auf die Gränzen eines kleinen Staates in Mitteldeutschland, in dem ich wohne, beschränken. Mein Gedanke wäre der. Ich wünsche fünf verschiedene Associationen zu gründen. Eine Association für die Cigarrenfabrikanten dieses Landes. Eine Association für alle Handarbeiterinnen, eine Association für die eigentlichen Taglöhner u. die zwei andern für die meistverbreiteten Fabrikgeschäfte in diesem Lande. Jeder Association würden also 10 000 fl zufallen. Die Kleinheit dieser Summe würde es nöthig machen, das ganze Unternehmen in kleinen Verhältnissen zu beginnen.

Ich erlaube mir nun diese Frage: Halten Sie erstens diesen Plan überhaupt für durchführbar? 2. wären Sie geneigt mir für eine solche Association ein Project auszuarbeiten, wobei ich bemerke, daß es mir zweifelhaft ist, ob man diese 5 Associationen unter einer Centralleitung vereinigen könnte oder sie selbständig etablieren müßte? 3. wenn Sie nicht geneigt wären, ein solches Project mir zuzustellen, könnten Sie dann vielleicht eine Persönlichkeit nennen, die gegen ein entsprechendes Honorar besondere Befähigung und Muße hätte?"

Bereits am 21. Januar 1864 kam Lasalles Antwort aus Berlin. Sie war sehr freundlich gehalten, korrigierte in einigen Punkten das Verständnis von Ketteler, lehnte es aber ab, ein Projekt auszuarbeiten, solange der Anfrager anonym bleibe. Zu weiterem direkten Kontakt zwischen beiden ist es nicht mehr gekommen.

Doch zeichnete sich bei Bischof Ketteler bald eine deutliche Weiterentwicklung bei seiner Behandlung der sozialen Frage ab.

Schon in der noch 1864 veröffentlichten Schrift „Die Arbeiterfrage und das Christentum" setzte er sich sehr kritisch mit der Wirtschaftsordnung des Liberalismus auseinander und verlangte Freiheit für die Selbsthilfe der Arbeiter und Freiheit für die Kirche bei der Unterstützung der Arbeiter und der Notleidenden. Als konkrete Hilfsmaßnahmen forderte er Anstalten für den arbeitsunfähigen Arbeiter, den Schutz der Familie, eine bessere Ausbildung des Arbeiters, vor allem die Gründung von Arbeitervereinen und Produktivassoziationen, von Spar- und Konsumvereinen und ähnlichen Einrichtungen. In seiner berühmten Rede 1869 auf der Liebfrauenheide bei Klein-Krotzenburg ging der Bischof noch weiter und regte, da die traditionellen Maßnahmen nicht mehr ausreichten, staatliche Sozialgesetze und den staatlichen Schutz für Arbeitergewerkschaften an. Die gleichen Anliegen wiederholte er noch im selben Jahr auf der Konferenz der Bischöfe in Fulda.

In den folgenden Jahren war das Engagement von Bischof Ketteler bezüglich der sozialen Frage durch die Beteiligung am I. Vatikanischen Konzil und durch die Kulturkampfjahre etwas in den Hintergrund gedrängt. Dennoch hat das Bistum ihm und einigen seiner Mitarbeiter zu verdanken, daß es innerhalb des Katholizismus beim Ringen um die Lösung der sozialen Frage und damit bei der Gestaltung einer neuen Gesellschaftsordnung eine Vorreiterposition einnehmen konnte. Kettelers sozialpolitische Vorstellungen gewannen Einfluß sowohl auf die später vom Deutschen Reichstag verabschiedeten Sozialgesetze als auch auf die erste päpstliche Sozialenzyklika „Rerum novarum", die Leo XIII. 1891 veröffentlichte.

Als Kettelers Schrift „Arbeiterfragen und Christentum" bei Franz Kirchheim in Mainz 1890 zum vierten Mal neu aufgelegt wurde, schrieb der Zentrumsführer Ludwig Windthorst (1812–1891) in der Einleitung: „Es ist und bleibt unser Ruhm, daß ein katholischer Kirchenfürst es war, welcher zuerst den Mut hatte, zu einer Zeit, wo das Manchestertum die ganze öffentliche Meinung beherrschte, die Fahne der christlichen Sozialreform aufzupflanzen."

Daß Papst Johannes Paul II. (seit 1978) bei seinem ersten Deutschlandbesuch am 16. und 17. November 1980 in Mainz auf eigenen Wunsch am Grab des „Arbeiterbischofs" in der Marienkapelle des Domes betete, läßt sich als Dank der offiziellen Kirche an eine Persönlichkeit verstehen, die mit viel Mut aktuelle und viele bewegende Zeitfragen aufgriff und sich nicht scheute, gesellschaftspolitisches und soziales Neuland zu betreten.

Die führende Rolle im kirchlichen und gesellschaftspolitischen Leben des katholischen Deutschlands vermochte das Bistum Mainz nicht ins 20. Jahrhundert zu retten. Zum Nachfolger des am 9. November 1899 verstorbenen Bischofs Haffner wurde am 21. Dezember 1899 der aus Bingen stammende Domkapitular Heinrich Brück (1899–1903) gewählt. Rom bestätigte die Wahl am 30. März 1900. Der neue Bischof hatte sich zwar in über 40jähriger Arbeit – als sehr zurückgezogen lebender Kirchenhistoriker – ein umfangreiches kirchengeschichtliches Wissen angeeignet. Seine vielen Publikationen, antiaufklärerisch geprägt und mit starkem Hang zur Apologie, hatten ein lebhaftes Echo gefunden. Sie sprachen den konservativen katholischen Zeitgeist an. Doch Impulse und Anstöße zu geben, gelang dem Bischof nicht. Dafür gewöhnte er sich zu schwer an sein neues Amt, in das er zwar gerne, doch ohne jede pastorale Erfahrung gelangt war. Und dafür war sein Pontifikat auch zu kurz. Im gleichen Jahr wie Papst Leo XIII. starb er am 5. November 1903 in Mainz.

Dem wegen seines mitunter schroffen Wesens eher gefürchteten Bischof Brück folgte noch im gleichen Monat am 30. November 1903 der sehr volkstümliche Seelsorger und gebürtige Mainzer Georg Heinrich Kirstein (1903–1921). Der eben zum Papst gewählte Pius X. (1903–1914) bestätigte die Wahl am 8. Februar 1904. Unter großer Anteilnahme der Bevölkerung erfolgte die Bischofsweihe am Fest des heiligen Josef (19. März) 1904. „Gratia et Pax", Gnade und Frieden, hatte Bischof Georg Heinrich zu seinem Motto gewählt. In sein Wappen hatte er außer dem Mainzer Rad ein Bildnis Mariens und eine Friedenstaube aufgenommen. Motto und Wappen gaben etwas von seiner Persönlichkeit wieder. Tiefe Frömmigkeit zeichneten ihn aus, Sinn für das Gefühlsmäßige und Friedfertigkeit. Das befähigte

Wappen der Bischöfe und des Bistums: Joseph Ludwig Colmar (1, 2), Vitus Burg (3), Johann Jakob Humann (4), Petrus Leopold Kaiser (5), Wilhelm Emmanuel von Ketteler (6), Paulus Leopold Haffner (7), Heinrich Brück (8), Georg Heinrich Kirstein (9), Ludwig Maria Hugo (10), Albert Stohr (11), Hermann Kardinal Volk (12), Karl Lehmann (13), Weihbischof Josef Maria Reuß (14), Weihbischof Wolfgang Rolly (15), Bistumswappen (16, 17)

ihn einerseits, das Volk anzusprechen. Gerne wurden seine Predigten gehört, zumal seine Ausdrucksformen und der Klang seiner Sprache nie die Heimat verleugneten. Andererseits ging seine Friedfertigkeit so weit, daß er allen Konflikten geflissentlich aus dem Wege ging. Darunter litt die Leitung des Bistums und es hinderte ihn, klärend oder richtungsweisend drängende Zeitprobleme anzupacken.

Eine solche Gelegenheit hätte sich geboten, als zu Ehren von Bischof Kettelers 100. Geburtstag die 58. Generalversammlung der Katholiken Deutschlands vom 5. bis 10. August 1911 in Mainz tagte. Unter den 55 000 Besuchern waren die Arbeiter besonders stark vertreten, deren „gleichbedeutender und gleichberechtigter Erwerbsstand" als eine der sichersten Säulen der christlichen Gesellschaftsordnung bezeichnet wurde. Antwort erwarteten diese Arbeiter vor allem im sogenannten Gewerkschaftsstreit, der seit etwa 1900 als anhaltender Druck auf der katholischen Arbeiterschaft lag. In wichtigen Fragen standen sich zwei Richtungen der gewerkschaftlich organisierten katholischen Arbeitnehmer gegenüber, die konservative Berliner und die liberalere Köln-Mönchengladbacher Richtung. Die streng konfessionellen „Berliner" lehnten in patriarchalisch-feudalistischer Befangenheit den Einsatz von Streikmaßnahmen im Arbeitskampf und gemischt konfessionelle Gewerkschaften ab. Auch forderten sie, die katholischen Arbeitervereine bedürften einer kirchlichen, d. h. priesterlichen Leitung. Die gemäßigte westdeutsche Richtung wollte mit nüchternem Blick auf die gesellschaftlichen und wirtschaftspolitischen Gegebenheiten die konfessionelle Öffnung der christlichen Gewerkschaft. Auch bejahte sie bei Arbeitsstreitigkeiten den machtvollen Einsatz der Organisation bis hin zum Streik.

Der Katholikentag in Mainz beließ es letztlich bei Appellen zur Einigkeit. Bischof Georg Heinrich Kirstein hielt eine aufmunternde, doch eher erbauliche Ansprache. Im Gewerkschaftsstreit blieb er wie stets völlig neutral. Bischof Ketteler wurde in seiner Zeit der „Herold eines neuen sozialen Ideals und Programms für das katholische Deutschland" genannt. Ähnliche Positionslichter zu setzen, war der Mainzer Kirche jener Jahrzehnte nicht vergönnt. Adam B. Gottron (1899–1971) charakterisierte die „Nach-Ketteler-Moufang-Haffner-Zeit" mit den gleichen Worten, mit denen Georg Freiherr von Hertling 1896 die Katholiken Deutschlands aufrütteln und aus ihrem selbstgesuchten Ghetto führen wollte: „Geringschätzung der profanen Wissenschaft, Angst vor der Wissenschaft, ungesunde Vorliebe für das vermeintliche Übernatürliche, übertriebener Konservativismus und falsche Pietät, einseitige Liebe für streitbare Apologetik." Begünstigt wurde solche Haltung noch von der kirchlichen Großwetterlage, die vom Antimodernismus und Integralismus bestimmt war.

Zugleich war es aber auch eine Zeit reger Seelsorgeaktivität und des ersten Aufkommens von liturgischer Bewegung und Jugendbewegung, so wie sie sich etwa in der Mainzer „Juventus" darstellte.

Der 1914 ausbrechende Erste Weltkrieg überlagerte und verdeckte mit seinem lauten Patriotismus, seinen Wirren und seinen mörderischen Schlachten alle hoffnungsvollen Neuansätze. Wie überall, so machte er auch im Bistum Mainz das alltägliche kirchliche Leben eher still und bescheiden. Als der Krieg am 9. November 1918 mit der Niederlage Deutschlands zu Ende ging und politische Umwälzungen großen Ausmaßes die politische Szene beherrschten, war Bischof Kirstein ein kranker Mann. Seinem ihm als Koadjutor aufgenötigten Nachfolger mußte er es überlassen, das Bistum in eine neue Phase seiner Geschichte zu führen. Gestorben ist Bischof Georg Heinrich Kirstein am 15. April 1921. Beigesetzt wurde er in der Johanneskapelle des Domes.

LITERATUR:

Zu Kapitel X, 1:

BIRKE, Adolf M.: Bischof Ketteler und der deutsche Liberalismus. Eine Untersuchung über das Verhältnis des liberalen Katholizismus zum bürgerlichen Liberalismus in der Reichsgründungszeit. (= Veröffentlichungen der Kommission für Zeitgeschichte, Reihe B, Forschungen, 9). Mainz 1971.

CONZEMIUS, Viktor: Die Minorität auf dem ersten Vatikanischen Konzil: Vorhut des Zweiten Vatikanums. In: Theologie und Philosophie 45 (1970) S. 409–434.

FASTENRATH, Elmar: Bischof Ketteler und die Kirche. Eine Studie zum Kirchenverständnis des politisch-sozialen Katholizismus. (= Beiträge zur neueren Geschichte der katholischen Theologie, 13). Essen 1971.

GÖTTEN, Josef: Christoph Moufang. Theologe und Politiker. 1817–1890. Eine biographische Darstellung. Diss. Mainz 1967. Mainz 1969.

HAINBUCH, Friedrich: Zur Bischofswahl Wilhelm Emmanuel von Kettelers im Jahre 1850. – Neue Dokumente. In: Archiv für mittelrheinische Kirchengeschichte 34 (1982) S. 355–372. Vgl. a.a.O. 35 (1983) S. 285–286.

ISERLOH, Erwin: Der Katholizismus und das Deutsche Reich von 1871. Bischof Kettelers Bemühungen um die Integration der Katholiken in den kleindeutschen Staaten. In: Politik und Konfession. FS für Konrad Repgen zum 60. Geburtstag. Hrsg. von Dieter Albrecht, Hans Günter Hockerts, Paul Mikat, Rudolf Morsey. Berlin 1983. S. 213–229.

ISERLOH, Erwin: Wilhelm Emmanuel von Ketteler und die Freiheit der Kirche und in der Kirche. (= Akademie der Wissenschaften und der Literatur, Abhandlungen der Geistes- und Sozialwissenschaftlichen Klasse 1978, Nr. 7). Mainz, Wiesbaden 1978.

KETTELER, Wilhelm Emmanuel von: Sämtliche Werke und Briefe. Kritische Gesamtausgabe. Mainz 1977ff. Bd. I, 1: Schriften, Aufsätze und Reden 1848–1866. Bearb. von Erwin Iserloh, Christoph Stoll, Emil Valasek u. Norbert Jäger. Mainz 1977. Bd. I, 2: Schriften, Aufsätze und Reden 1867–1870. Bearb. von Erwin Iserloh, Bernd Goldmann, Emil Valasek. Mainz 1978. Bd. I, 3: Schriften, Briefe und Materialien zum Vaticanum I. 1867–1875. Bearb. von Erwin Iserloh, Norbert Jäger und Christoph Stoll. Mainz 1982. Bd. I, 4: Schriften, Aufsätze und Reden 1871–1877. Hrsg. von Erwin Iserloh u. a. Mainz 1977. Bd. I, 5: Nachgelassene und Anonyme Schriften. Vorwort von Erwin Iserloh. Hrsg. Akademie der Wissenschaften und der Literatur Mainz. Bearb. von Erwin Iserloh, Christoph Stoll, Emil Valasek u. Norbert Jäger. Mainz 1985. Bd. II, 1: Briefe 1825–1850. Vorwort von Erwin Iserloh. Hrsg. Akademie der Wissenschaften und Literatur zu Mainz. Bearb. von Erwin Iserloh und Bernd Goldmann. Mainz 1984.

LENHART, Ludwig: Bischof Ketteler. 3 Bde. Mainz 1966–1968.

LENHART, Ludwig: Dr. Paul Leopold Haffner (1829–1899). Der schwäbische Philosoph auf dem Mainzer Bischofsstuhl. In: Jahrbuch für das Bistum Mainz 8 (1958–1960) S. 11–117. Auch SD Mainz 1960.

LENHART, Ludwig (Hrsg.): Idee, Gestalt und Gestalter des ersten deutschen Katholikentages in Mainz 1848. Ein Gedenkbuch zum Zentenar-Katholikentag 1948. Mainz 1948.

LENHART, Ludwig: Moufangs Ablehnung als Kapitelsvikar durch den hessischen Staat und die dadurch verursachte Mainzer Sedisvakanz von 1877 bis 1886. (Ein Beitrag zur Geschichte des Kulturkampfes). In: Archiv für mittelrheinische Kirchengeschichte 19 (1967) S.157–191.

MATHY, Helmut: Das Ketteler Komitee vor 100 Jahren. Eine Herausforderung an die Bischofs-Ketteler-Initiative heute. Hrsg. von der Bischofs-Ketteler-Initiative e. V. Mainz. Darmstadt 1980.

RIVINIUS, Karl Josef: Bischof Wilhelm Emmanuel von Ketteler und die Infallibilität des Papstes. Ein Beitrag zur Unfehlbarkeitsdiskussion auf dem Ersten Vatikanischen Konzil. (= Europäische Hochschulschriften, Reihe XXIII, Theologie, 48). Frankfurt a. M. 1976.

RIVINIUS, Karl Josef: Kettelers Kirchenverständnis auf dem Ersten Vatikanischen Konzil im Kontext der Unfehlbarkeitsdiskussion. In: Zeitschrift für Kirchengeschichte 4. F. 25 = 87 (1976) S. 280–297.
RIVINIUS, Karl J(osef): Vorgänge um die Mainzer Bischofswahl von 1849/50. Weitere Dokumente. In: Archiv für mittelrheinische Kirchengeschichte 38 (1986) S. 281–324.
SCHATZ, Klaus: Kirchenbild und päpstliche Unfehlbarkeit bei den deutschsprachigen Minoritätsbischöfen auf dem I. Vatikanum. (= Miscellania Historiae Pontificiae, 40). Roma 1975.

Zu Kapitel X, 2:

BRÜCK, Anton Ph(ilipp): Hundert Jahre Borromäerinnen in Bingen. Mainz 1954.
DÖRRLAMM, Rolf: Ein Hauch von Weltkirche. Höhepunkte der Bistumsgeschichte seit 1800: Von Ketteler bis zum Papstbesuch. In: Helmut Beichert (Hrsg.): Mainz – Portrait einer wiedererstandenen Stadt. Mainz 1984. S. 65–90.
GOTTRON, Adam: Der Mainzer Juventus 1890–1921. In: Mainzer Almanach 1967, S. 127–141.
ISERLOH, Erwin: Die soziale Aktivität der Katholiken im Übergang von caritativer Fürsorge zur Sozialreform und Sozialpolitik, dargestellt an den Schriften Wilhelm Emmanuel v. Kettelers. (= Akademie der Wissenschaften und Literatur, Abhandlungen der Geistes- und Sozialwissenschaftlichen Klasse 1975, Nr. 3). Mainz, Wiesbaden 1975.
LENHART, Ludwig: Dr. Georg Heinrich Kirstein. Der volkstümliche Seelsorgsbischof auf dem Mainzer Bonifatiusstuhl (1903–1921). In: Archiv für mittelrheinische Kirchengeschichte 17 (1965) S. 121–191.
LENHART, Ludwig: Dr. Heinrich Brück 1831–1903. Der Kirchenhistoriker auf dem Mainzer Bischofsstuhl 1900–1903. In: Archiv für mittelrheinische Kirchengeschichte 15 (1963) S. 261–333.
MAINZ UND DIE SOZIALE FRAGE IN DER MITTE DES 19. JAHRHUNDERTS. Zum 100. Todestag von Oberbürgermeister Wallau und Bischof Ketteler. Katalog zur Ausstellung im Rathaus-Foyer Mainz 4. August bis 4. September 1977. Mainz (1977).
MATHY, Helmut: Blick zurück und Blick nach vorn. Zur historischen Dimension des Papstbesuches von 1980. In: Lebendiges Rheinland-Pfalz. Zeitschrift für Kultur und Geschichte 18 (1981) S. 7–13.
MEINHOLD, P: Wichern und Ketteler. Evangelische und katholische Prinzipien kirchlichen Sozialhandelns. (= Vorträge des Instituts für Europäische Geschichte Mainz, 70). Wiesbaden 1978.
MÜLLER, Friedrich: Die römisch-katholischen Orden und ordensähnlichen Kongregationen im Großherzogtum Hessen und die hessische Ordensgesetzgebung, eine notwendige Beleuchtung des Zentrumsantrags vom 19. Dezember 1911 im hessischen Landtag auf Abänderung der hessischen Ordensgesetzgebung und der Antwort der Großherzoglichen Regierung vom 9. April 1913. Hrsg. von dem hessischen Hauptverein des Evangelischen Bundes zur Wahrung der deutsch-protestantischen Interessen. Darmstadt 1913.
PRELLER, Karl Philipp: 100 Jahre Mainzer Schwestern von der Göttlichen Vorsehung (1851–1951). Ein Ketteler-Werk u. Denkmal. Mainz (1951).
RAUSCHER, Anton/ROOS, Lothar: Die soziale Verantwortung der Kirche – Wege und Erfahrungen von Ketteler bis heute. Köln 1977.
RIVINIUS, Karl Josef: Ketteler und die katholische Sozialbewegung im 19. Jahrhundert. In: Theologie und Glaube 67 (1977) S. 309–331.

XI. KRIEG UND FRIEDEN

Das Bistum von der Weimarer Republik bis zum II. Vatikanischen Konzil

1. Das Bistum in der Weimarer Republik und unter Hitlers Diktatur (1919–1945)

Bischof Ludwig Maria Hugo (1921–1935)

Ende 1918 sahen sich die katholische Kirche Deutschlands und der in Zentrum und Bayerischer Volkspartei politisch organisierte deutsche Katholizismus vor zwei vollendete Tatsachen gestellt: den verlorenen Krieg und die ausgerufene Republik. Mit beiden Gegebenheiten galt es zu leben, beide mußten politisch bewältigt werden. Es gehört zu den Leistungen des Zentrums, daß es ihm gelang, mit klarem Blick auf die politische Realität und konzentriert in positiver Mitarbeit die Verfassung der jungen Republik mitzuprägen. Die von der Nationalversammlung am 11. August 1919 in Weimar erlassene Verfassung trug daher in sich auch die Vorstellung vieler deutscher Katholiken. Dennoch wurde die Weimarer Republik mit den verfassungsmäßig garantierten demokratischen Grundrechten und der Volkssouveränität nicht von allen Katholiken gleichermaßen anerkannt und bejaht. Während der rheinisch-demokratische Katholizismus, in den auch die Katholiken des Mainzer Bistumsbereichs einbezogen waren, mehrheitlich die neue demokratische Ordnung begrüßte und akzeptierte, machte der eher monarchisch eingestellte bayerische Katholizismus von seiner ablehnenden und reservierten Haltung wenig Hehl. Als Exponenten dieser beiden Richtungen stießen auf dem Münchener Katholikentag 1922 Kardinal Michael Faulhaber (1869–1952), von 1911–1917 Bischof von Speyer und anschließend Erzbischof von München und Freising und Vorsitzender der Bayerischen Bischofskonferenz, und der nachmalige Bundeskanzler Konrad Adenauer (1876–1967) hart aufeinander. Faulhaber hatte in scharfen Worten seinem Mißfallen an der Republik Ausdruck gegeben. Adenauer verteidigte sie und wies auf die Vorteile hin, die auch die katholische Kirche durch die Verfassung gewonnen hatte. Zu den für die Kirche besonders günstigen rechtlichen Neuheiten gehörte, daß auf den staatlichen Einfluß bei der Vergabe von kirchlichen Ämtern verzichtet worden war.

Ohne diese freizügige Möglichkeit wäre der 1871 in Arzheim bei Landau geborene und 1894 in Rom als Germaniker zum Priester des Speyerer Bistums geweihte Dr. Ludwig Maria Hugo 1921 wohl kaum Koadjutor und Bischof in Mainz geworden. Seine Erhebung auf den Stuhl des heiligen Martin konnte nämlich sowohl am Domkapitel als auch an der Regierung des seit 1918 bestehenden Volksstaates Hessen mit den Provinzen Rheinhessen, Starkenburg und Oberhessen vorbei erfolgen. Beide bis dahin an den Bischofserhebungen maßgeblich beteiligten Instanzen wurden dieses Mal lediglich über vollendete Tatsachen unterrichtet. Der Mainzer Domdekan und Generalvikar Ludwig Bendix (1857–1923) hate den Anstoß gegeben, den Speyerer Priester als Koadjutor für Bischof Kirstein zu bestellen. Beide hatten sich kennengelernt, als Ludwig Hugo in seiner Eigenschaft als Regens des

Speyerer Priesterseminars 1918 Möglichkeiten sondierte, die Priesteramtskandidaten des eigenen Bistums im Mainzer Priesterseminar studieren zu lassen. Im Seminar war Bendix Professor für Kirchenrecht. Gleichzeitig vertrat er von 1908 bis 1918 ständig den Mainzer Bischof in der Ersten Kammer des Großherzogtums. Dem Kirchenrechtler wurden ein hohes Arbeitspensum, aber auch der starke Drang zur Macht und ein erheblicher Hang zur Kompromißlosigkeit nachgesagt. Schon lange vermochte er auf Bischof Kirstein großen Einfluß auszuüben. Das steigerte sich fast bis zur Leitung des Bistums, als er 1920 Generalvikar wurde. Ohne vorhergehende Konsultierung des Domkapitels machte er wegen der sehr angegriffenen Gesundheit von Bischof Kirstein den Apostolischen Nuntius von Berlin (1920–1929) und München (seit 1917) Eugenio Pacelli (1876–1958), ab 1939 Papst Pius XII., auf Ludwig Hugo als möglichen Mainzer Koadjutor aufmerksam. Der Nuntius griff die Anregung gern auf und betrieb, unterstützt von Erzbischof Faulhaber, in Rom die Ernennung des Speyerer Regens. Am 11. Januar 1921 konnte Bendix dem erstaunten Domkapitel mitteilen, Papst Benedikt XV. (1914–1922) werde dem erkrankten Bischof Kirstein als Koadjutor und Nachfolger Ludwig Hugo beigeben, der sich einen Monat später dem Domkapitel erstmals persönlich vorstellte. Präkonisiert, d. h. offiziell zum Mainzer Koadjutor mit dem Recht der Nachfolge und zum Titularbischof von Bubasti ernannt, wurde der theologisch gebildete, streng neuscholastisch und konservativ orientierte, von Faulhaber geschätzte und geförderte Hugo am 17. März 1921. Daß bei seiner Bischofsweihe am 10. April im Speyerer Dom außer dem Generalvikar Dr. Bendix vom Mainzer Diözesanklerus nur die Domkapitulare Dr. Philipp Jakob Mayer (1870–1936) und Matthäus Kemmerer (1853–1929), sowie die Mainzer Stadtgeistlichen Dekan Kaspar Schäfer von St. Stephan und Pfarrer Dr. Josef Schneider von St. Ignaz, ein Studienfreund des Koadjutors, teilnahmen, war ein Affront und wurde auch als solcher verstanden. Am 13. April 1921 siedelte der Koadjutor in aller Stille und unbeachtet nach Mainz über. Dem Domkapitel legte er am folgenden Tag die päpstlichen Ernennungsurkunden vor. In der Nacht zum 25. April 1921 starb Bischof Kirstein gegen 3 Uhr.

Bischof Dr. Ludwig Maria Hugo (1921–1935) trat ein schweres Amt an: Deutschland mußte nach Kriegsniederlage und Revolution in die Weimarer Republik hineinwachsen, die schweren Verluste durch den Krieg wirkten noch nach, die laut Versailler Vertrag (1919) zu zahlenden Reparationen belasteten aufs schwerste die wirtschaftliche Situation. Ein Großteil des Bistums, insbesondere die Stadt Mainz, war von den Franzosen besetzt. Zu diesen äußeren Schwierigkeiten kam die Verstimmung über die Art und Weise der Nachfolgeregelung. Im Wissen um diese Problematik hatte der neue Bischof in der Dankansprache anläßlich seiner Bischofsweihe den Wunsch geäußert: „Speyer und Mainz, Gott vereins!" Den Weg, den er als Bischof zu gehen gewillt war, drückten sein Motto „Super fundamentum Apostolorum" und sein Wappen aus, welches das wuchtige Ostwerk der Mainzer Domkirche auf starkem Felsen stehen läßt. Im ersten Hirtenwort, das Bischof Hugo noch am Tag seines Kommens nach Mainz geschrieben hatte, rief er dem Bistum zu: „Zurück zu Gott und seiner heiligen Kirche. Die göttliche Barmherzigkeit hat uns die heilige Kirche als Mutter geschenkt. Ihr müssen wir ergeben sein wie einer wahren Mutter, ihr vertrauen als der Erbin der großen Verheißungen unseres Gottes, ihr glauben als der Verkünderin der ewigen Wahrheiten, die feststehen werden, wenn auf Erden alles menschlich Große, ja wenn Himmel und Erde vergangen sind." Fest auf dem Felsen der Apostel stehen, unbeirrt von den Stürmen der Zeit, gläubig ergeben der Kirche: das war seine Haltung. Diese Richtung wies er seinem Bistum. Innerkirchlich stand Bischof Hugo, geschult in Rom und geprägt von Faulhaber, dem integralistischen Gedanken nahe. Schon als Pfarrer hatte er sich literarisch in die Zurückweisung moderner theologischer Denkanstöße, insbesondere auf dem Gebiet der Exegese, eingeschaltet. Die von den Kirchenvätern und allen voran von Thomas von Aquin gesetzten theologischen Grenzpfähle durften seiner Meinung nach von keiner modernistischen Neuhinterfragung angetastet, die Heilige Schrift nicht durch Irrtümer und Fabeln verunreinigt werden. Diesen jedem Rationalismus abholden Grundsätzen blieb er stets treu. In vielen minuziös strukturierten Predigten und Hirtenbriefen hat er sie dem gläubigen Volk weitervermittelt. Den Priesternachwuchs versuchte er im Geist dieses Glaubens- und Kirchenverständnisses zu prägen.

Politisch rückte er sich nicht in den Vordergrund. Doch hatte er auch hier feste Positionen, und er stellte sich offen hinter seine Geistlichen und die Amtsträger, wenn diese trotz richtiger Entscheidungen angegriffen wurden. Das zeigte sich im Umgang mit der französischen Besatzungsmacht, die in Mainz nicht nur einen Armeebischof, der den Dom für Gottesdienstzwecke mitbenutzte, sondern auch hohe Vertreter der Regierung im „Gouvernement", dem ehemaligen Osteiner Hof, hatte. Insbesondere aber bewies er diese Haltung, als das Mainzer Ordinariat 1930 als erstes in Deutschland die weltanschauliche Auseinandersetzung mit dem Nationalsozialismus begann.

Die feierliche Inthronisation von Bischof Hugo war am 27. April 1921 erfolgt. Zuvor hatte es noch Überlegungen gegeben, ob der neue Bischof, wie bisher der großherzoglichen Regierung, auch der demokratischen hessischen Staatsregierung den Treueid zu schwören habe. Da die Weimarer Verfassung einen solchen Eid nicht mehr als verpflichtend vorsah, wurde der Eid auch nicht von der hessischen Regierung verlangt. Am 15. Oktober 1921 wurde durch eine Regierungsvorlage die Aufhebung der Bestimmungen über die Eidesleistung von Geistlichen veranlaßt.

Das Verhältnis zwischen dem Bistum und der hessischen Regierung gestaltete sich gut und blieb ohne größere Belastungen, bis die Nationalsozialisten auch hier wichtige Stellen besetzen konnten. Ein neuralgisches Feld war immer wieder die Frage bzw. die Infragestellung oder rechtliche Verankerung der christlichen Bekenntnisschule. Das entsprach den kulturpolitischen Auseinandersetzungen um das von der Weimarer Verfassung geforderte Reichsschulgesetz: Die Katholiken verlangten die vom Kirchenrecht vorgeschriebenen Bekenntnisschulen. Die linksorientierten Parteien versagten diesen die rechtliche Gleichrangigkeit mit den von ihnen favorisierten Gemeinschaftsschulen. Als 1922 in Hessen Bestrebungen zur Aufhebung der Bekenntnisschulen die Gemüter erregten, wehrten sich die Katholiken in Protestaktionen.

Trotz dieser Irritationen und trotz der schweren Belastungen, die durch Inflation und Arbeitslosigkeit auf der Bevölkerung lag, konnten sich im Bistum in den ersten zehn Jahren des Pontifikats von Bischof Hugo viele organisatorische, pastorale und auch denkmalpflegerische Aktivitäten und Leistungen entfalten.

Herausgefordert von der Not der Nachkriegszeit, hatte 1922 Dr. Karl Neundörfer, Pfarrer von St. Quintin (1914–1926), begonnen, auch in Mainz einen Caritasverband zu organisieren. Ein erstes Büro fand diese wichtige Einrichtung in der Pfaffengasse, dann am Ballplatz. Um dem Verband besseren Bestand zu geben, berief Bischof Hugo 1924 den organisatorisch sehr begabten Trierer Priester Aloys Strempel (1891–1944) zum hauptamtlichen Caritasdirektor. Der neue Mann an der Spitze des Verbandes verstand es, mit großer Energie und mit einem erstaunlichen Finanzierungsgeschick die karitativen Einrichtungen des Bistums zu mehren. Große Anregung bot eine anläßlich des Heiligen Jahres 1925 von Strempel initiierte und von Bischof Hugo persönlich geführte Pilgerfahrt nach Rom, die einen Besuch der mustergültigen Caritasstätten in Mailand einschloß. Nach deren Vorbild wurde 1927 das Mainzer Caritashaus am Südbahnhof eingerichtet. Fast gleichzeitig entstanden das Caritaskinderheim St. Josef in Bad Nauheim und das Caritasheim in Braunshardt, 1928 zu Ehren des Bischofs St. Ludwig genannt und 1934 infolge der Zeitumstände zu einem Exerzitienhaus umfunktioniert. Vielfältig waren die Aktivitäten des Caritasverbandes, um die Nöte der Armen, Kranken, Erholungsbedürftigen und Obdachlosen zu lindern.

Das karitative Engagement war ein Aspekt jener innerkirchlichen Bewegung, die in der damaligen Nachkriegszeit besonders zur Entfaltung kam und vor allem auch den mündig werdenden Laien ergriff. Eine neue Offenheit für das Transzendentale zeigte sich und die Bereitschaft, christliches und kirchliches Leben für die eigene Person und in der Öffentlichkeit zu verwirklichen.

Hatte die Liturgische Bewegung schon gegen Ende des 19. Jahrhunderts Akademiker angesprochen und zu neuer Kirchlichkeit geführt, so erfaßte jetzt die Bewegung die Jugend. Romano Guardini (1885–1968), Mainzer Priester, war einer der ersten, die der katholischen Jugend im „Quickborn" neue Wege der Frömmigkeit und Lebensgestaltung wiesen. Dem weiten Denken und Schauen dieses Mannes war das Mainz jener Jahre allzu eng. Daher folgte er 1923 nicht nur einem Ruf als Professor für Religionsphilosophie und katholische Weltanschauung an die Berliner Universität, sondern löste sich auch innerlich von seinem Heimatbistum.

Jugendbewegung und Liturgische Bewegung mit der aktiven Beteiligung der Laien am Eucharistiegottesdienst waren für viele schwer zu verstehen, besonders für jene, die Rosenkranz, Litanei und Allgemeines Gebet als die alten Formen der Teilnahme am heiligen Meßopfer besonders schätzten.

Großen Anklang dagegen fand die Frühkommunion der Kinder, die Papst Pius X. seit 1910 gefordert hatte. Im Auftrag von Bischof Hugo wurde vor allem Pfarrer Heinrich Alois Heiser (gest. 1954) der Promotor der Frühkommunion im Bistum, für deren Förderung 1928 eigens ein Sekretariat eingerichtet wurde. Die von Pfarrer Heiser in seiner Pfarrei Biblis praktizierten und an ausländischen Vorbildern weiterentwickelten Kinderseelsorgemodelle gewannen über die Grenzen des Bistums hinaus Beachtung. Dem Bemühen um die Einführung der Frühkommunion war Erfolg beschieden. 1934 gingen bereits mehr als 50 Prozent der Kinder vor dem vierten Schuljahr zur feierlichen Ersten Kommunion.

Einen weiteren Aspekt der Christusfrömmigkeit, der in jenen Jahren besonders betont war, bildete die Herz-Jesu-Verehrung. Noch bevor Papst Pius XI. (1922–1939) 1928 durch eine Enzyklika die Frömmigkeitsform theologisch fundiert in die Liturgie einordnete, hatte die unter ihm 1924 approbierte Zeremonie der Herz-Jesu-Thronerhebung, häufig verbunden mit den sogenannten Familienweihen, auch im Bistum Mainz eine starke Woge der Herz-Jesu-Verehrung ausgelöst. Im Bistum, das 1923 die Zweihundertjahrfeier der Herz-Jesu-Bruderschaft in Mainz begehen konnte, wurde die Anregung und päpstliche Aufforderung lebhaft begrüßt. Ein äußerer Höhepunkt dieser Begeisterung war das Vorhaben, den Rhein und seine Anwohner dem Heiligsten Herzen Jesu zu weihen. Als bleibende Erinnerung daran sollte auf dem Jakobsberg bei Ockenheim, gleichsam als katholisches Gegenbekenntnis zur preußischen „Germania“ auf der anderen Seite, eine kolossale Herz-Jesu-Statue errichtet werden. Von dem Plan, der in den Anfängen stecken blieb, geben noch heute einige Überbleibsel Kunde. An dem eifrigen Bemühen, die Kosten für das Monument aufzubringen, waren die Trappisten lebhaft beteiligt, die damals neben der Vierzehn-Nothelfer-Kapelle auf dem Jakobsberg ihr erstes Kloster im Bistum gründen konnten. Später übernahmen Jesuiten die Klostergebäude. Heute steht an dieser Stelle ein Kloster der Missionsbenediktiner von St. Ottilien, die ein vom Bistum gefördertes Bildungszentrum leiten. Die Herz-Jesu-Verehrung, Ausdruck des Christen, sich in die Liebe Gottes hineinnehmen zu lassen, aber auch der Bereitschaft, Sühne zu leisten für die Frevel, die Gott angetan werden, hatte ihre Ergänzung in der Christkönigsverehrung, die in Deutschland vor allem ab 1928 aufkam. Der dritte internationale Christkönigskongreß konnte trotz der nationalsozialistischen Gegenpropaganda vom 25. bis 29. Oktober 1933 mit großem Erfolg in Mainz durchgeführt werden. Er diente insbesondere der Förderung der Katholischen Aktion, zu der Pius XI. mit dem Hinweis auf das allgemeine Priestertum aller Gläubigen aufgerufen hatte. Sie verstand sich als soziale und gesellschaftliche Bewegung mit dem Ziel, Christi Reich zu fördern oder, wie es der Paderborner Subregens Dr. Friedrich Jürgensmeier (gest. 1946) 1933 in Mainz formulierte, als ein „Generalangriff auf die christusferne und christusfremde Welt unter der Oberleitung des Papstes und unter Leitung der Bischöfe“, zu dem jeder Gefirmte als Mitkämpfer berufen ist.

Der Organisator des Kongresses in Mainz war im Auftrag von Bischof Hugo der Gründer des Johannesbundes Johannes Haw (1871–1948), dessen „Johannesmissionare“ 1932 nach Mainz gekommen waren und in der leerstehenden Elisabethkaserne das „Theresianum“ als Gymnasium und Internat eingerichtet hatten. Um all den organisatorischen, seelsorglichen und kirchlichen Fragen mehr Wirkung im Gesamtbereich der Diözese zu geben, hatte Bischof Hugo 1925 erstmals wieder seit fast 400 Jahren eine Bistumssynode einberufen. Unter seinem Vorsitz nahmen 100 Diözesan- und 9 Ordenspriester an der Kirchenversammlung teil, die vom 5. bis 7. Januar 1926 in Mainz stattfand. In zehn verschiedenen Kommissionen wurde über die Verwaltung und die Finanzsituation, über den Caritasverband und seine diözesanen Einrichtungen, über Seelsorgsfragen, die Diasporasituation, das Schulwesen, die Ausbildung des Klerus und das Vereinswesen und darüber hinaus über Wissenschaft, Liturgie und kirchliche Kunst beraten.

Zur Sprache kamen auch die Sicherungsarbeiten an den Fundamenten des Mainzer Domes, die 1924 endlich in Angriff genommen werden konnten. An der Sanierung des Domes, dessen auf Pfählen ruhende Fundamente durch die Rheinregulierung im 19. Jahrhundert gefährlich bedroht waren, hatte schon in den Jahren von 1909 bis 1916 im Rahmen des Möglichen Dombaumeister Professor Ludwig Bekker (gest. 1940) gearbeitet. Dazu war eigens 1909 ein Dombauamt geschaffen worden. Die große Gefährdung des Domes, dessen Nordseite auf der ganzen Länge und Breite bis zu 40 cm unterhöhlt war, wurde jedoch jetzt erst erkannt. Caritasdirektor Aloys Strempel wurde beauftragt, die Sanierung des Gesamtprojektes finanziell zu organisieren und die Innenrestaurierung der Kathedrale zu leiten. Nach heutigen restauratorischen, architektonischen und denkmalpflegerischen Kriterien hätte damals vieles anders und besser gemacht werden müssen. Was jedoch für den Erhalt der Substanz des Domes geleistet wurde, ist immer noch imponierend. Nach intensiver Arbeit war das Werk 1928 vollendet. Mit dem Dankfest am 15. und 16. Oktober 1928 wurde der Dom wieder seiner gottesdienstlichen Bestimmung übergeben. Das feierliche Pontifikalamt am 16. Oktober, dem Fest des Bistumsheiligen Erzbischof Lul (gest. 786), zelebrierte im Beisein vieler Bischöfe der Apostolische Nuntius Eugenio Pacelli. Im gleichen Gottesdienst wurden die Domaltäre neu konsekriert, der Hauptaltar St. Martin im Westchor von Bischof Ludwig Hugo, der Marien- und Stephansaltar im Ostchor von Erzbischof Carl Fritz aus Freiburg, der Bonifatius- oder Nassauer Altar von Bischof Joseph Damian Schmidt aus Fulda, der Marienaltar im nördlichen Seitenschiff von Bischof Augustinus Kilian aus Limburg, der Petrus- oder Saulheimer Altar von Bischof Franz Rudolph Bornewasser aus Trier, der Michaels- oder Greiffenclauer Altar von Bischof Ludwig Sebastian aus Speyer, der Heilig Kreuz-Altar von Bischof Johannes Sproll aus Rottenburg, der Laurentiusaltar vom französischen Militärbischof Paul Rémont, der Bardoaltar in der zwischen 1872 und 1874 errichteten Ostkrypta von Abt Ildephons Herwegen aus Maria Laach, der Johannes Baptist-Altar in der Fürstenberger Kapelle vom Zisterzienserabt Eberhard Hoffmann aus Marienstatt und der Altar der Godehardkapelle von Abt Willibald aus Metten.

Die Domweihe von 1928 war die feierlichste Handlung dieser Art. Vorausgegangen war am 8. Dezember 1924 die Konsekration der Mainzer Karmeliterkirche, die schon vom Abbruch bedroht war und die erst durch großen Einsatz gerettet werden konnte. Sie wurde Zentrum der aus Holland ins Bistum zurückgekehrten Karmeliter, die seitdem segensreich im Bistum wirken. Im 1926 eingeweihten Mainzer Karmeliterkloster lebte auch eine Zeitlang P. Titus Brandsma (gest. 1942), der einige Jahre später ein Opfer des Hitlerterrors wurde. Insgesamt wurden unter Bischof Hugo 18 Kirchen konsekriert und 18 Gotteshäuser benediziert. 1928 konnte die Liebfrauenkirche in Worms wieder Marien-Wallfahrtskirche werden. Zwischen 1921 und 1932 entstanden 27 neue Pfarreien und Kuratien.

Als die letzte dieser Kirchengemeinden entstand, waren das Mainzer Ordinariat und die immer größeren Zulauf findende nationalsozialistische Partei bereits heftig aufeinandergeprallt. Begonnen hatte die ins Grundsätzliche gehende Kontroverse noch vor den Septemberwahlen von 1930, die der Partei Adolf Hitlers den enormen Zugewinn von 12 auf 107 Sitze im Reichsparlament gebracht hatten.

Der erste Anstoß für die öffentliche Konfrontation mit der Menschen und Religion verachtenden nationalsozialistischen Ideologie und ihren rabiaten Vertretern war von Dekan Heinrich Hainstadt (gest. 1956) in Lorsch ausgegangen, der es ablehnte, daß sich uniformierte Nazis als Gruppe und zum Zwecke der Demonstration einem Begräbnis anschlossen. Als der Geistliche daraufhin von einem Münchener Parteigenossen in Rom angeklagt wurde, stellte sich der Generalvikar Philipp Jakob Mayer vor seinen Pfarrer. Noch deutlicher wurde die Auseinandersetzung, als am 25. August 1930 Pfarrer Heinrich Weber aus Kirschhausen im Odenwald anfragte, ob gegen militante Nazis die gleichen kirchlichen Grundsätze anzuwenden seien wie gegen antiklerikale Mitglieder der freien Gewerkschaften und der sozialistischen Organisationen. Die Antwort des Generalvikars war klar. Er erklärte am 1. September 1930, die Hitlerpartei falle unter die von der Kirche verbotenen Gruppierungen. Daher könne es keinem Katholiken gestattet werden, eingeschriebenes Mitglied dieser Partei zu werden. Auch sei die korporative Teilnahme der Partei an katholischen Gottesdiensten und Begräbnissen nicht erlaubt. Die Sakramente dürfe ein Parteimitglied nur empfangen, wenn es verspreche, aus der NSDAP auszutreten.

Die Begründung für diese erstmals in Deutschland so scharf formulierte Erklärung hatte Generalvikar Mayer am 25. August 1930 anonym im „Mainzer Journal" unter dem Titel „Katholik und Nationalsozialismus" veröffentlicht. Nach gründlichem Studium der Schriften Hitlers und seiner Anhänger und des nationalsozialistischen Parteiprogramms war es vor allem der § 24 des Parteiprogramms, der Dr. Mayer aufgeschreckt hatte. Darin war für die religiösen Bekenntnisse im Staat Freiheit verlangt, soweit sie nicht dessen Bestand gefährdeten oder gegen das Sittlichkeits- und Moralgefühl der germanischen Rasse verstießen. Hart griff der Verfasser des Zeitungsbeitrags diesen Nachsatz an. Er verrate die Affenliebe der Nationalsozialisten zur eigenen Rasse. Ihr Haß und Kampf gegen alles Fremdrassige sei bekannt und ebenso ihre feindliche Einstellung zur katholischen Kirche. Für die Tiefe und Weite des katholischen Glaubens sei im geistigen System des Nationalsozialismus kein Raum, weil dessen Bewegung eine entsetzliche religiöse Verwirrung und eine Beleidigung des echten katholischen Christentums sei. Der Nationalsozialismus, einmal zur Herrschaft gelangt, bedeute die offene Kampfansage an die katholische Kirche.

Die Aufregung der Nationalsozialisten über diese ungewohnt scharfe Ablehnung – sie wurde von mehreren Pfarrern sogar von den Kanzeln verlesen – war erwartungsgemäß groß. Heftige Attacken richteten sich gegen Bischof Hugo und das Ordinariat. Bis vor den Reichstag trugen sie ihre Schmähungen und Verleumdungen. Erstaunlicherweise solidarisierte gerade das die Diözesanverbände mit dem Oberhirten und veranlaßte sie zu Treuebekenntnissen. Gleichzeitig ist zu bedauern, daß die mutige Mainzer Stellungnahme, obwohl bald in ganz Deutschland bekannt, nicht ein einheitliches antinationalsozialistisches Vorgehen des Gesamtepiskopats zu mobilisieren vermochte.

Das Mainzer Ordinariat blieb, wie aus weiteren Erklärungen und Zusammenstößen ersichtlich, bei seiner strikt ablehnenden Haltung. Erst nach der Regierungsübernahme durch Adolf Hitler am 30. Januar 1933, seinem großen Erfolg bei den Neuwahlen am 5. März und den feierlichen Zusicherungen in der Regierungserklärung des Reichskanzlers und Führers am 23. März 1933 trat die bis dahin offen gezeigte Oppositionshaltung etwas zurück. Der bedingten Loyalitätserklärung der deutschen Bischöfe vom 28. März 1933 hatte sich auch Bischof Hugo angeschlossen. Mit der Erklärung bzw. bedingten Zurücknahme der Verbote und Warnungen vor der NSDAP war ein Damm gebrochen. Jetzt war es auch den Katholiken nicht länger verboten, Mitglieder der Partei zu werden, solange sie nicht deren nach wie vor von den Bischöfen abgelehnten Ideologien anhingen.

Das am 20. Juli 1933 zwischen dem Vatikan und der Reichsregierung abgeschlossene Konkordat nährte noch in vielen die trügerische Hoffnung, über Rechtsvereinbarungen ließe sich der aggressive Kirchenhaß der neuen Machthaber zügeln und wenden. Das sollte sich spätestens 1934 als gefährlicher Irrtum erweisen. Unbehelligt von den braunen Regierungsorganen konnten in Mainz Nazigruppen vor dem bischöflichen Palais gröhlen und den Bischof schmähen.

Es muß als demonstrative Antwort der Katholiken verstanden werden, daß sich im gleichen Jahr am Fronleichnamstag auf dem Jugendwerk in Mainz rund 24000 Gläubige einfanden, um Bischof Hugo zu hören, und etwa 10000 Männer die traditionelle Wallfahrt nach Marienthal im Rheingau mitmachten. Den Naziterror mit seiner ganzen Brutalität und Menschenverachtung hat Bischof Hugo nicht mehr erlebt. Er starb in der Nacht zum 30. März 1935 nach längerem Leiden in Mainz. Beigesetzt wurde er am 3. April in der Lul-Krypta unter dem Westchor des Domes, die im Zuge der großen Sicherungsarbeiten bis 1928 angelegt worden war.

Bischof Albert Stohr (1935–1961)

Zu seinem Nachfolger bestimmte das Apostolische Breve vom 17. Juli 1935 den Dogmatikprofessor am Priesterseminar und ehemaligen Zentrumsabgeordneten im hessischen Landtag (1931–1933) Dr. Albert Stohr. Der im hessischen Friedberg 1890 geborene und 1914 zum Priester des Mainzer Bistums geweihte Theologieprofessor und geschätzte Pädagoge wurde am 24. August im Hohen Dom durch Erzbischof Konrad Gröber aus Freiburg zum Bischof geweiht.

Der neue Oberhirte, der wußte, daß ein schweres Amt auf ihn zukam, wählte als Devise die Psalmstelle aus der Meßliturgie des Tages seiner Ernennung: „Der Herr ist meine Stärke.“ Großes Vertrauen auf Gott benötigte Bischof Stohr, denn die ersten zehn Jahre seines Pontifikats standen im Zeichen der immer schärfer werdenden Spannungen zwischen der nationalsozialistischen Führung und der Kirche. Die Dekade war markiert vom starken Druck des Naziregimes, von Verfolgungen und Schikanen, vom wachsenden Totalitätsanspruch einer unchristlichen Ideologie, vom 1939 ausbrechenden Zweiten Weltkrieg, vom Rassenwahn und systematischen Völkermord, von Judenvernichtung, Zerstörung und Tod. Mit 1945 kam das Ende des Krieges und des Dritten Reiches. Erst von da an konnte ein Neuaufbau begonnen werden.

Noch bevor Bischof Stohr sein Amt angetreten hatte, waren, wie im übrigen Deutschland, auch im Bistum Mainz die katholischen Verbände und Vereine trotz des Art. 31 des Reichskonkordats mehr oder weniger alle aufgelöst oder den nationalsozialistischen Gruppierungen gleichgeschaltet worden. Ähnlich traf es die katholische Presse, darunter die Wochenzeitung „Der Katholik“, die erst unter Bischof Hugo 1931 ins Leben gerufen worden war. 1937 mußte sie ihr Erscheinen endgültig einstellen.

Störungen von kirchlichen Veranstaltungen waren bald ebenso an der Tagesordnung wie schikanöse behördliche Verordnungen, so etwa das Verbot, anläßlich einer Firmreise des Bischofs am 8. September 1936 eine Wallfahrt zum Mariengnadenbild in Dieburg durchzuführen. Wahrscheinlich wollte die örtliche Behörde dem Bischof einen ähnlichen Erfolg verweigern, wie er ihn zwei Tage zuvor bei der viel besuchten Männerwallfahrt zur Liebfrauenheide hatte oder am 16. August 1936 bei der Jungmännerwallfahrt nach Marienthal.

1935 eröffneten die Nationalsozialisten die berüchtigte Serie der Prozesse gegen

Ordensleute und Priester wegen devisenrechtlicher oder sittlicher Vergehen. Sie nahmen verstärkt zu, als am 21. März 1937 von allen Kanzeln das Rundschreiben Pius XI. „Mit brennender Sorge“ verlesen worden war. Diese Enzyklika, die mit massiver Kritik die nationalsozialistische Religionspolitik und Weltanschauung anprangerte und zurückwies, beendete die Phase einer nur defensiven und mahnenden kirchlichen Reaktion auf die Übergriffe der Nazis. Ähnlich wie Konrad Graf von Preysing (1880–1950), von 1932 bis 1935 Bischof von Eichstätt und ab 1935 Bischof von Berlin, war Bischof Stohr mit der Eingabenpolitik des Breslauer Erzbischofs und Vorsitzenden der Deutschen Bischofskonferenz Adolf Bertram (1859–1945) nicht mehr einverstanden. Mit seiner Kritik hielt er jedoch vorerst zurück.

Die Enzyklika „Mit brennender Sorge“ verlas der Bischof am 21. März 1937 persönlich im Dom. Ihre Veröffentlichung kam für das Hitler-Regime völlig überraschend. Es reagierte mit wachsender Kirchenfeindschaft und noch härterem Vorgehen. Mehrere Priester des Bistums wurden verhaftet, weil sie das päpstliche Rundschreiben vervielfältigt und weitergegeben hatten. Einige Geistliche kamen sogar ins Konzentrationslager. Ab 1938 richtete sich der Kampf vor allem gegen die noch bestehenden Verbände und Vereine und gegen die Schulen in kirchlicher Trägerschaft. Ab Ostern 1938 wurden die Schulen der Englischen Fräulein in Darmstadt, Offenbach und Worms, sowie die Schule der Lioba-Schwestern in Bad Nauheim und die katholische Privatschule in Alzey geschlossen. 1939 erging das Verbot für Geistliche, an den Volksschulen Religionsunterricht zu erteilen, wenn weltliche Lehrkräfte zur Verfügung stünden. Der Akademieverband, der Diözesanverband der katholischen Männervereine und der Jungmännerverband wurden aufgelöst. Die Benediktiner von Ilbenstadt mußten am 1. Juni 1939 ihr Kloster verlassen.

Bischof, Priester, Orden und Gläubige hatten sich in diesen schwierigen Jahren der Verfolgung und des dann beginnenden Krieges zurechtzufinden. Das kirchliche Leben mußte so gut wie möglich erhalten bleiben. Insgesamt ist ihnen das gelungen. Dazu beigetragen haben die Mainzer Diözesansynode von Pfingsten 1937 und die couragierten Hirtenbriefe von Bischof Stohr. An alle ist dennoch die Frage zu richten, ob ihr Protest angesichts der Verbrechen in den Konzentrations- und Vernichtungslagern trotz aller Gefahr nicht lauter und vernehmlicher hätte sein müssen.

Innerhalb des deutschen Episkopats war Bischof Stohr seit 1937 für das Jugendreferat zuständig. Zusammen mit Ludwig Wolker (1871–1955), dem großen Promotor des Jungmännerverbandes, bemühte er sich um eine Verinnerlichung der Jugendseelsorge. Nach Ende des Zweiten Weltkrieges gehörte Stohr zu den Bischöfen, die sich intensiv für neue Formen kirchlicher Jugendarbeit einsetzten.

Ganz besondere Verdienste konnte sich Bischof Stohr um die Erneuerung der Liturgie erwerben. Er gehörte zwar nicht zu denen, die sich im August 1939 auf Einladung von Ludwig Wolker in Fulda trafen, um über die Neuausgabe des Kirchengebets zu beraten, und die den Entschluß faßten, der liturgischen Bewegung eine feste Organisation und Spitze zu geben. Doch als es 1949 zur Bildung der Liturgischen Kommission kam, berief die Bischofskonferenz die Bischöfe Simon Konrad Landersdorfer von Passau (1936–1968) und Albert Stohr zu deren Leiter. Mit beachtenswertem Einfühlungsverständnis und großer Behutsamkeit nahm er sich dieser Aufgabe an. Der erste Gewinn aus der Arbeit der Kommission waren die „Richtlinien zur liturgischen Gestaltung des pfarrlichen Gottesdienstes“, die 1942 der Bischofskonferenz übergeben wurden und die damals auch im Mainzer Bistum in Kraft traten. Die eigentlichen Früchte dieses Mühens um die Erneuerung der Liturgie konnten aber erst nach dem Krieg und insbesondere durch die liturgischen Beschlüsse des II. Vatikanischen Konzils geerntet werden.

Ab 1942 rückte das Kriegsgeschehen immer näher ans Bistum. Der Angriff der feindlichen Flieger auf Mainz in der Nacht vom 12. zum 13. August 1942 zerstörte viele Gebäude, darunter auch das Bischofshaus und Teile des Domes. Weitere Luftangriffe folgten. Nach der Bombardierung am 27. Februar 1945 lag die Bischofsstadt zu 80 Prozent in Trümmern. Schwer getroffen war auch das Priesterseminar, das auf Anordnung des Reichskirchenministeriums 1939 seinen eigentlichen Betrieb hatte einstellen müssen.

Als das Deutsche Reich am 8. Mai 1945 bedingungslos kapitulieren mußte, waren viele Orte des Bistums ruiniert. Neben Mainz hatte es besonders schwer die Städte Worms, Offenbach, Darmstadt, Bensheim und Bingen getroffen. 61 kirchliche Gebäude, davon 21 Kirchen, waren völlig zerstört, 60 weitere Gebäude zum Teil schwer beschädigt, darunter auch der Mainzer Dom. Nicht nur der Wiederaufbau dieser Ruinen erforderte viel Einsatz und Zeit.

2. Zu neuen Ufern. Wiederaufbau und neues kirchliches Denken (1945–1962)

Für die Stadt Mainz ging der Krieg mit dem Einrücken der Amerikaner am 21. März 1945 zu Ende. Drei Tage später kehrte Bischof Stohr in die Stadt zurück, die vom Krieg schwer gezeichnet war. Von den Kirchen in der Stadt waren St. Bonifaz, St. Josef, St. Christoph, St. Stephan, St. Alban und St. Emmeran völlig zerstört. In Trümmern lagen das Kloster der Ewigen Anbetung, in dem 41 Ordensschwestern den Angriff vom 27. Februar nicht überlebt hatten, das Mutterhaus der Schwestern der Göttlichen Vorsehung und das Kloster vom Guten Hirten.

Die Stadt war ein Symbol für das völlig daniederliegende Deutschland. Sollte ein materieller Wiederaufbau möglich werden, mußten zunächst die inneren Ordnungen erneuert und lebenswerte Ziele aufgezeigt werden. Zu den wenigen Institutionen des öffentlichen Lebens, die in ihren Strukturen und im Selbstverständnis den totalen Zusammenbruch überstanden hatten, zählte die katholische Kirche. Der immensen Aufgabe, die jetzt auf die Kirche zukam, war sich Bischof Stohr sehr bewußt. Bereits in seinem ersten Hirtenschreiben der Nachkriegszeit vom 23. März 1945 rief er zum Wiederaufbau auf. Die Voraussetzung für den materiellen Wiederaufbau sah er in der Sammlung und Neuentfaltung des religiösen Lebens. In den Mittelpunkt des Aufbaus wollte er die Würde des Menschen gestellt sehen, dessen Antlitz in der zurückliegenden Hitlerdiktatur so furchtbar geschändet worden war. Noch 1945 formulierte und bekundete er in seinem Bekenntnis zum ungeteilten Deutschland, zum Rechtsstaat, zum christlichen Staatsideal und zum Sozialstaat seine an Bischof Ketteler angelehnte Vorstellung vom wiederaufzubauenden deutschen Staatsgebilde. Wie empfindlich die Besatzungsmacht auf diese klare und im Sinne eines ungeteilten Deutschlands ausgelegte Position rea-

Bischof Albert Stohr auf dem Mainzer Katholikentag (1948)

gierte, zeigt ihr Verbot, die erste Nummer des eben erst erlaubten Bistumsblattes „Kirchliche Nachrichten“, später „Glaube und Leben“, vom 29. Juni 1945 zu veröffentlichen.

Dessen ungeachtet sprach sich Bischof Stohr noch im gleichen Jahr gegen eine Kollektivschuld des deutschen Volkes an den Verbrechen des Dritten Reiches aus. Auch das stieß auf Widerspruch.

Der Plan, sofort eine katholische Tageszeitung herauszubringen, scheiterte. Doch bereits 1946 konnte, redigiert von Dr. August Schuchert (1900–1962), das „Jahrbuch für das Bistum Mainz“ erscheinen. Der erste Band des „Archiv für mittelrheinische Kirchengeschichte“, getragen von den Bistümern Mainz, Trier, Limburg und Speyer, konnte 1949 herausgebracht werden.

In den ersten Nachkriegsjahren galt es, die unmittelbare Not zu beheben. Dies geschah in besonderem Maße in der Betreuung der Kriegsgefangenen, die teilweise im Gebiet des Bistums inhaftiert waren, und der Einbindung der Flüchtlinge und Heimatvertriebenen, die in großem Strom auch in die Mainzer Diözese kamen. Vor 1945 zählte das Bistum etwa 420000 Katholiken. Bald schwoll die Zahl auf 650000 und bis 1960 sogar auf 710000 an. Heute wohnen über 900000 Katholiken in der Diözese. Da ein Großteil der katholischen Flüchtlinge in Diasporagebieten angesiedelt wurde, bedeutete das eine wesentliche Veränderung der bisherigen konfessionellen Strukturen. Dem mußte Rechnung getragen werden durch die Einrichtung und den Bau von Gotteshäusern und kirchlichen Zentren und die Vermehrung der Seelsorgsbezirke, d. h. der Pfarreien und Kuratien. Im Pontifikat von Bischof Stohr erhöhte sich die Zahl der Seelsorgsbezirke im Bistum um über hundert. Über hundert Kirchen und Kapellen wurden in seiner Zeit gebaut und eingeweiht.

Schwer war es, alle diese Pfarreien und Vikarien mit Seelsorgern zu besetzen. Der Krieg hatte unter den Geistlichen und beim Priesternachwuchs erhebliche Opfer gefordert. Die Zahl der mit den Heimatvertriebenen gekommenen Kleriker konnte die Lücke kaum füllen.

Eine wichtige Aufgabe war es daher, den Priesternachwuchs zu fördern. Unmittelbar nach Kriegsende war das Priesterseminar in Mainz wieder eröffnet worden. Die Leitung war Dr. Josef Maria Reuß (1906–1985) übertragen worden. Die Not im Hause war wie überall sehr groß. Dessen ungeachtet wurde bereits an neuen Statuten und Lehrplänen gearbeitet. Diese Bemühungen erledigten sich bald von selbst, denn auf Initiative der französischen Besatzung wurde in Mainz am 15. Mai 1946 die Johannes Gutenberg-Universität eröffnet. Es zeugt vom Weitblick der Bistumsleitung, daß mit gleichem Tag auch eine Katholisch-Theologische Fakultät eingerichtet wurde, die von da an theologische Ausbildungsstätte der Priesteramtskandidaten des Bistums war. Erster Dekan dieser Fakultät und erster gewählter Rektor der Universität (1947–1949) war der Dogmatikprofessor Dr. Dr. August Reatz (1889–1967). Die Mainzer Universität war nach der politischen Neuordnung Westdeutschlands Landesuniversität des neu formierten Landes Rheinland-Pfalz mit Mainz als Hauptstadt, nach der Gründung der Bundesrepublik Deutschland am 7. Oktober 1949 wie das ebenfalls neu umschriebene Hessen eines der elf Bundesländer. Das Bistum Mainz blieb in seinen alten Grenzen bestehen. Seine Gebiete liegen in beiden Bundesländern. Da die Länder die Kultushoheit ausüben, sind die Regierungen von Rheinland-Pfalz und Hessen seine wichtigsten staatlichen Gesprächs- und Verhandlungspartner. Vor allem für den Bereich der Schule

Hermann Kardinal Volk und Weihbischof Josef Maria Reuß

hatte und hat das seine Bedeutung. Im Ringen um die katholische Erziehung der Kinder wurde in den Nachkriegsjahren wieder großer Wert auf die Konfessionsschule gelegt. Unter Berufung auf die Verfassung von Rheinland-Pfalz verlangte Bischof Stohr 1952 die Einführung der staatlichen Bekenntnisschule. Er konnte seine Forderung erfolgreich durchsetzen. An Ostern 1953 wurden zunächst 20 katholische Schulen eröffnet. Wegen der geringen katholischen Schülerzahl war in vielen Orten von vorneherein auf die Errichtung eigener Bekenntnisschulen verzichtet worden. Die später bestehenden 42 Bekenntnisschulen wurden bei der Verfassungsänderung 1967 bzw. 1970 wieder aufgehoben. Dafür war es jedoch möglich, neben den schon existierenden höheren Schulen in katholischer privater Trägerschaft auch private katholische Grundschulen und Hauptschulen zu errichten.

Zur Steuerung und Linderung der materiellen Nöte der Nachkriegszeit wurde das Caritaswesen des Bistums neu strukturiert und mit allen nur möglichen Mitteln gefördert. Eine wichtige Entscheidung war, dem Caritasdirektor vier Geistliche beizugeben, die in den neu errichteten Bezirksverbänden Darmstadt, Gießen, Offenbach und Worms die Caritas aufzubauen hatten. Von 1948 bis 1951 übernahm Bischof Stohr in eigener Person den Vorsitz. Heute ist der Caritasverband eine weitverzweigte und gut durchorganisierte Institution.

In dem schon 1945 mit großem Nachdruck geäußerten Wissen, daß neben dem materiellen Wiederaufbau dringend die geistige Erneuerung stehen müsse, gingen von Bischof Stohr wichtige Impulse aus zur Wiederbelebung des kirchlichen und religiösen Lebens.

Eine erste bedeutende Station auf diesem Weg war 1948 der Jubiläumskatholikentag in Mainz, der von 180000 Teilnehmern besucht wurde. Er setzte deutliche Akzente für die Gestaltung der Zukunft. Das Motto „Nicht klagen, sondern handeln" forderte zur Bewältigung der vielen Nöte auf. Seine Denkanstöße bewegten die innerkirchliche Erneuerung, den ökumenischen Gedanken, die christlich-jüdische Versöhnung. Die Anregungen wurden auf einer Anzahl regionaler Katholikentage im Bistum weitergegeben und umgesetzt. Mit dem Katholikentag in Zusammenhang stand auch die Neubelebung des Vereinswesens. Bedeutsam dabei war, daß die gesamte Männerarbeit des Bistums im Kettelerwerk zentral zusammengefaßt waren. Ein weiterer wichtiger Schritt zur Belebung der religiösen Erneuerung war die Mainzer Diözesansynode vom 8. bis 10. März 1955. Sie versuchte, auf die sozialen und gesellschaftlichen Fragen der Zeit Antworten zu finden und entwarf neue Diözesanstatuten, die jedoch bald durch die Beschlüsse des II. Vatikanischen Konzils überholt wurden. Den starken liturgischen Impulsen, die gerade auch von Bischof Stohr ausgingen, war eine längere Lebensdauer beschieden. Wichtigen Anteil hatte er am Entstehen des Deutschen Psalter und Kleinen Offiziums, an der Neuordnung der Heiligen Woche, an der Überarbeitung von Rituale und Benediktionale, an den Vorarbeiten zur Brevierreform. Das neue Mainzer Gesangbuch von 1952 nahm schon in vielem den Geist des Konzils voraus.

Dem so sehr beschäftigten Diözesanbischof gab Rom einen „Gehilfen". Am 19. November 1954 wurde Regens Josef Maria Reuß zum Weihbischof ernannt und am 21. Dezember 1954 zum Titularbischof von Sinope geweiht. Er war der erste Weihbischof im Mainzer Bistum. Der am 5. Juni 1985 verstorbene Pastoraltheologe, bedeutend durch seine Arbeiten über Ehe- und Familienseelsorge und geschätzter Priesterseelsorger, besaß eine weite Ausstrahlung. Zusätzlich zu seinem

Papst Johannes Paul II. trägt sich in das Goldene Buch der Stadt Mainz ein (1980)

Bischofsamt blieb er bis 1968 Regens des Priesterseminars. Dann zwang ihn eine schwere Erkrankung, dieses Amt niederzulegen. Unterstützung bei seinen Aufgaben als Weihbischof erhielt er 1972 durch den Studiendirektor und Religionslehrer an der Mainzer Maria-Ward-Schule, Wolfgang Rolly, der am 5. Juni 1972 vom Papst zum zweiten Mainzer Weihbischof und Titularbischof von Taborenta ernannt worden war und am 2. Juli 1972 im Hohen Dom die Bischofsweihe empfing.

Das 25jährige Bischofsjubiläum des Ordinarius Dr. Albert Stohr beging das Mainzer Bistum 1960 mit großer Feierlichkeit. Vieles hatte bis dahin wieder aufgebaut werden können. Ein besonders schönes Geschenk zum Jubiläum war, daß am 12. November des gleichen Jahres der Dom nach langer Aufbau- und Renovierungsarbeit wieder in neuem Glanz erstrahlte und eingeweiht werden konnte. Etwas mehr als ein halbes Jahr später war Bischof Stohr tot. Er starb auf einer Firmreise am 3. Juni 1961 in Seligenstadt. Die Eröffnung des II. Vatikanischen Konzils am 11. Oktober 1962, in dessen theologische Vorbereitungskommission er 1959 von Papst Johannes XXIII. (1958–1963) berufen worden war, durfte er nicht mehr erleben.

Statt seiner wirkte auf dieser bedeutendsten allgemeinen Kirchenversammlung der neueren Zeit der Münsteraner Dogmatikprofessor Dr. Dr. Hermann Volk (geb. 1903 in Steinheim), den Papst Johannes XXIII. am 25. März 1962 zum neuen Bischof von Mainz ernannt und der am 5. Juni 1962 mit der Bischofsweihe und

Die Mainzer Bischöfe und das Domkapitel (1983)

Inthronisation sein hohes Amt angetreten hatte. Das Wirken und die Bedeutung dieser weit über Mainz hinaus hochgeachteten und geschätzten Persönlichkeit und ihr 20jähriges Pontifikat zum Wohle und Ansehen des Mainzer Bistums und der katholischen Kirche nachzuzeichnen und zu werten, sei aus Achtung und Respekt ebenso einer späteren Zeit überlassen wie die Darstellung der vielfältigen Auswirkungen des am 8. Dezember 1965 feierlich beendeten II. Vatikanischen Konzils auf das innere und äußere Leben des Bistums. Bischof Hermann Volk, von Papst Paul VI. (1963–1978) am 5. März 1973 zum Kardinal erhoben und von Papst Johannes Paul II. 1980 bei seinem Besuch in Mainz als Freund begrüßt, nahm aus Altersgründen am 27. Dezember 1982 seinen Abschied. Als Nachfolger ernannte der Papst am 23. Juni 1983 den Freiburger Dogmatikprofessor Dr. Dr. Karl Lehmann, der am 2. Oktober 1983 zum Bischof geweiht wurde. Bischof Lehmann, seit dem 23. September 1985 stellvertretender Vorsitzender und seit dem 22. September 1987 Vorsitzender der Deutschen Bischofskonferenz, möge die Kraft geschenkt werden, die Geschicke der Mainzer Kirche, seit den Tagen des heiligen Bonifatius „sancta sedes Monguntina et specialis filia ecclesiae Romanae" geheißen, noch lange zu leiten.

Zu Kapitel XI, 1:

BERG, Hermann: Bischof Dr. Albert Stohr. (= Aktuelle Information. Hrsg. v. der Abteilung Öffentlichkeitsarbeit, Bischöfliches Ordinariat Mainz, 45). Eltville 1987.

DAS BISCHÖFLICHE ORDINARIAT MAINZ und der Nationalsozialismus bis 1933. Eine Dokumentation. Zusammengestellt von Sigrid Duchhardt-Bösken. (= Aktuelle Information. Hrsg. v. der Abteilung Öffentlichkeitsarbeit, Bischöfliches Ordinariat Mainz, 32). Eltville 1983.

BRINGMANN, Michael: Der Architekt Ludwig Becker (1855–1940) als Mainzer Dombaumeister – ein Stein des Anstoßes? In: Kunst und Kultur am Mittelrhein. FS für Fritz Arens zum 70. Geburtstag. Hrsg. v. Joachim Glatz und Norbert Stuhr. Worms 1982. S. 191–206.

BUSSMANN, Walter: Der deutsche Katholizismus im Jahre 1933. In: FS für Hermann Heimpel zum 70. Geburtstag am 19. September 1971. Hrsg. von den Mitarbeitern des Max-Planck-Instituts für Geschichte. (= Veröffentlichungen des Max-Planck-Instituts für Geschichte, 36 – I). Stuttgart 1971. S. 180–204.

GERL, Hanna-Barbara: Romano Guardini 1885–1968. Leben und Werk. Mainz 1985.

GÜNTHER, Barbara: Verzeichnis der katholischen Kirchenbücher und Elenchen der Diözese Mainz sowie der Elenchen des ehemaligen Erzbistums Mainz. (= Veröffentlichungen der Landesarchivverwaltung Rheinland-Pfalz, 28). Koblenz 1977.

HANDBUCH DER DIÖZESE MAINZ. Hrsg. von der Bischöflichen Kanzlei. Mainz 1931.

HELLRIEGEL, Ludwig (Red.): Märtyrer 33/45. Verfolgung und Widerstand der Kirche im Bistum Mainz. (= Beiträge zur Geschichte des Gau-Algesheimer Raumes Heft 10, 1984). Gau-Algesheim 1984.

KRAUS, Johannes: Dr. Albert Stohr. 25 Jahre Bischof von Mainz. Mainz 1960.

LENHART, Ludwig: Dr. Ludwig Maria Hugo (1871–1935). Ein theologisch-religiös markanter, den Nationalsozialismus frühzeitig durchschauender Rheinpfälzer auf dem Mainzer Bischofsstuhl (1921–1935). In: Archiv für mittelrheinische Kirchengeschichte 18 (1966) S. 119–199.

DIE MACHTERGREIFUNG DER NATIONALSOZIALISTEN 1933 IN MAINZ. Eine Dokumentation. Quellenband zur Ausstellung der Stadt Mainz Januar bis März 1983. Zusammengestellt und bearb. von Friedrich Schütz. Mit einer Einleitung von Anton Maria Keim. Mainz 1983.

60 JAHRE IM DIENST DER MAINZER PFARREIEN. Von der Katholischen Pfarrzentrale Mainz zum Gesamtverband der Katholischen Kirchengemeinde von Mainz 1918–1978. Masch. o. O. o. J.

STOCKINGER, Jakob: Die Domrenovationen des 20. Jahrhunderts. In: Willigis und sein Dom. FS zur Jahrtausendfeier des Mainzer Domes 975–1975. Hrsg. von Anton Ph(ilipp) Brück. (= Quellen und Abhandlungen zur mittelrheinischen Kirchengeschichte, 24). Mainz 1975. S. 515–543.

STOHR, Albert: Gottes Ordnung in der Welt. Fünfundzwanzig Jahre deutscher Vergangenheit in Hirtenbriefen des Mainzer Bischofs. Ausgew. u. hrsg. von Hermann Berg. Mainz 1960.

WEIS, Othmar: Caritas in Mainz während des Krieges 1939–1945. In: Jahrbuch für das Bistum Mainz 2 (1947) I, S. 10–16.

Zu Kapitel XI, 2:

BERG, Hermann: Von der staatlichen katholischen Bekenntnisschule zur Schule in freier katholischer Schulträgerschaft in Rheinhessen. In: Neues Jahrbuch für das Bistum Mainz 1978, S. 91–106.

BISTUM MAINZ. Kirche auf dem Weg. Hrsg. vom Bischöflichen Ordinariat Mainz. Redaktion: Ingobert Jungnitz. Mainz 1975.

DER CHRIST IN DER NOT DER ZEIT. Der 72. Deutsche Katholikentag vom 1. bis 5. September 1948 in Mainz. Hrsg. v. Generalsekretariat des Zentralkomitees der Katholiken Deutschlands zur Vorbereitung der Katholikentage. Paderborn 1949.

DÖRRLAMM, Rolf: Mit ihm läßt sich „Kirche machen". Am 2. Oktober wurde Karl Lehmann zum Mainzer Bischof geweiht. In: Mainz. Vierteljahreshefte für Kultur, Politik, Wirtschaft, Geschichte 3 (1983) Heft 4, S. 13–14. Vgl. dazu auch, ders.: Die Botschaft des Friedens verkünden. Der Amtsbeginn des neuen Mainzer Bischofs Prof. Dr. Dr. Karl Lehmann. In: Mainz. Vierteljahreshefte ... 4 (1984) Heft 1, S. 33–36.

FINK, Heide-Marie: Bibliographie Weihbischof Prof. Dr. Josef Maria Reuss. In: Neues Jahrbuch für das Bistum Mainz 1977, S. 165–168.

GOTTRON, Adam: Katholischer Religionsunterricht und Schulgottesdienst am Mainzer Gymnasium von 1814 bis 1954. In: Archiv für mittelrheinische Kirchengeschichte 14 (1962) S. 478–506.

HANDBUCH DER CARITAS IN HESSEN. Übersicht über ihre Einrichtungen und Anstalten nach dem Stande vom 1. Juli 1951. Mit einem Anhange über die Einrichtungen und Anstalten der Caritas in den Regierungsbezirken Montabaur (Diözese Limburg) und Rheinhessen (Diözese Mainz) des Landes Rheinland-Pfalz. Hrsg. von der Konferenz der Caritasverbände in Hessen. Mainz 1951.

HERMANN KARDINAL VOLK. 20 Jahre Bischof von Mainz. Hrsg. von dem Bischöflichen Domkapitel und von dem Bischöflichen Ordinariat in Mainz mit Beiträgen von Ruth Baron u. a. Mainz ^{4}1983.

IN SORGENDER LIEBE. Ein Sach- und Arbeitsbericht über fünfundzwanzig Jahre caritativer Arbeit im Bistum Mainz. Hrsg. v. Caritasverband für die Diözese Mainz e. V. Mainz 1960.

JOSEF MARIA REUSS (1906–1985) zum Gedenken. (= Aktuelle Information. Hrsg. v. der Abteilung Öffentlichkeitsarbeit, Bischöfliches Ordinariat Mainz, 42). Eltville 1986.

KLEINES HANDBUCH FÜR DAS BISTUM MAINZ. Hrsg. Bischöfliche Kanzlei. Mainz 1963.

SCHUCHERT, August: Fliegergeschädigte Kirchen, Pfarrhäuser und Klöster im Bistum Mainz 1939–1945. Ein Dokumentarbericht. In: Jahrbuch für das Bistum Mainz 6 (1951–1954) (= FS Jakob Schmidt) S. 15–54.

SCHUCHERT, August: Verehrte Gestalten. I. Vom Opfertod der 41 Schwestern der Ewigen Anbetung in Mainz. II. Bruder Deogratias. In: Jahrbuch für das Bistum Mainz 1 (1946) S. 54–63.

VOLK, Hermann: Gesammelte Schriften. 4 Bde. Mainz 1962–1982.

VOLK, Hermann: Das Zweite Vatikanische Konzil und die Selbstreform der katholischen Kirche. In: Meinhold, Peter und Roegele, Otto B.: Christenheit in Bewegung. Eine Bestandsaufnahme der Konfessionen. Hamburg 1964. S. 145–163.

WEIS, Othmar: Die Caritasarbeit im Bistum Mainz während der Jahre 1945/46. In: Jahrbuch für das Bistum Mainz 3 (1948) I, S. 17–30.

ANHANG

Landkapitel und ihre Pfarreien nach dem Stand von 1797 im Erzbistum Mainz

Landkapitel (Gau-)Algesheim
Appenheim
Badenheim
Bingen
Büdesheim
Dietersheim
Dromersheim
Freilaubersheim
Gau-Algesheim
Gau-Bickelheim
Gaulsheim
Groß-Winternheim
Hackenheim
Heidesheim
Heimbach, Ober- und Nieder-
Ingelheim, Ober- und Nieder-
Kempten
Münster a. d. Nahe
Neubamberg
Trechtingshausen
Oberhilbersheim
Ockenheim
Pfaffenschwabenheim
Schwabenheim a. d. Selz
Sprendlingen
Volksheim
Welgesheim
Wöllstein
Zotzenheim

Landkapitel Alzey
Alzey
Bechtolsheim
Dalheim
Erbes-Büdesheim
Flonheim
Fürfeld
Freimersheim
Friesenheim
Gabsheim
Gau-Weinheim
Gerbach
Heppenheim
Heßloch
Hillesheim
Köngernheim
Kriegsfeld
Oberndorf
Odernheim
Schornsheim
Spiesheim
Sulzheim
Vendersheim und Partenheim
Undenheim
Weinheim
Weitersweiler

Kommissariat Amöneburg
Amöneburg
Anzefahr
Bauerbach
Erfurtshausen
Mardorf ü. Kirchhain
Neustadt
Niederklein
Roßdorf
Ruhlkirchen
Schröck
Stadtallendorf

Landkapitel Bergstraße
Bensheim
Biblis
Bürstadt
Dieburg
Eppertshausen
Fürth
Gernsheim
Habitzheim
Hambach und (Ober-)Laudenbach
Heppenheim
Lorsch
Mörlenbach und Birkenau
Münster
(Ober-)Abtsteinach
Viernheim
Wald-Michelbach

Landkapitel Beuren (Eichsfeld, heute DDR)
Beuren
Birkungen
Breitenbach

Hausen
Kallmerode
Steinbach
Wingerode

Landkapitel Bischofsheim (= Taubergau)
Distelhausen
Dittwar
Eiersheim
Gamburg
Großrinderfeld
Hochhausen
Hundheim
Külsheim
(Lauda-)Königshofen
Poppenhausen
Schönfeld
Tauberbischofsheim
Uissigheim
Werbach
Werbachhausen

Kommissariat Fritzlar
Fritzlar
Naumburg
Ungedanken

Landkapitel Fuhrbach (Eichsfeld, tw. heute DDR)
Bischofferode (DDR)
Breitenberg ü. Duderstadt
Ecklingerode (DDR)
Fuhrbach
Holungen (DDR)
Jützenbach (DDR) und Lüderode (DDR)
Weißenborn (-Lüderode, DDR)

Landkapitel Gieboldehausen (Eichsfeld)
Billshausen
Gieboldehausen
Krebeck
Lindau a. d. Oder
Renshausen
Rhumspringe
Rüdershausen

Landkapitel Glan
Bärweiler
Baumholder
Bayerfeld
Becherbach
Kirchenbollenbach
Kirn
Kusel
Lauschied
Lauterecken und Offenbach
Meisenheim
Münchweiler a. d. Alsenz
Oberkirchen
Obermoschel
Reichenbach
Reipoltskirchen bei Lauterecken
Sien
Staudernheim
Theisbergstegen
Weierbach

Landkapitel Heiligenstadt (Eichsfeld, heute DDR)
Birkenfelde
Geisleden
Gerbershausen
Hohengandern
Kalteneber
Kirchgandern
Rengelrode
Rohrberg bei Heiligenstadt
Rustenfelde
Siemerode
Uder
Westhausen
Wüstheuterode

Landkapitel Immingerode (Eichsfeld, heute tw. DDR)
Berlingerode (DDR)
Duderstadt
Gerblingerode
Immingerode
Nesselröden
Neuendorf (DDR)
Teistungen (DDR)
Westerode

Landkapitel (Mainz-)Kastel
Astheim
Eddersheim
Flörsheim
(Frankfurt-)Höchst und Zeilsheim
Hattersheim
Hochheim
Hofheim
Kriftel
Mainz-Kastel
Mainz-Kostheim
Marxheim
Münster-Liederbach
Schwanheim
Sindlingen
Sossenheim
Weilbach
Wicker

Landkapitel Kirchworbis (Eichsfeld, heute DDR)
Bernterode
Breitenworbis
Deuna
Gernrode
Hüpstedt
Kirchworbis
Niederorschel
Worbis

Landkapitel Königstein (im Taunus)
Bommersheim
Burgholzhausen (früher: Holzhausen)
Dorn-Assenheim
Fischbach
(Frankfurt-)Heddernheim
Heldenbergen
Kirdorf
Königstein und Falkenstein (OT von K.)
Kransberg
Kronberg
Neuenhain
Nieder-Mörlen
Ober-Erlenbach
Oberhöchstadt
Oberjoßbach
Ober-Mörlen
Oberreifenberg
Oberursel
Ober-Wöllstadt
Ockstadt
Oppershofen
Pfaffenwiesbach
Rendel
Rockenberg
Schloßborn
Schwalbach
Vilbel (Bad)
Weißkirchen

Landkapitel (Bad) Kreuznach
Bockenau
Braunweiler
Bretzenheim a. d. Nahe
Dörrebach
Gensingen und Langenlonsheim
Hettesheim
Hüffelsheim
Kreuznach (Bad)
Norheim und Ebernburg
Roxheim
Rüdesheim b. Kreuznach
Schöneberg und Schweppenhausen
Sobernheim
Sommerloch
Spabrücken
Sponheim
Sponsheim und Aspisheim
Stromberg
Waldalgesheim
Waldböckelheim
Walderbach
Waldhilbersheim
Wallhausen
Weinsheim und Mandel
Windesheim

Landkapitel Küllstedt (Eichsfeld, heute DDR)
Beberstedt
Bickenriede
Dingelstädt
Helmsdorf
Kreuzebra
Küllstedt
Silberhausen
Wachstedt

Landkapitel Lengenfeld (Eichsfeld, heute DDR)
Diedorf
Effelder
Großbartloff
Lengenfeld
Struth
Wendehausen

Landkapitel Lohr
Aufenau
Burgsinn
Ernstkirchen
Frammersbach
Geiselbach
Heimbuchenthal
Keilberg
Krombach
Külsheim
Langenprozelten
Lohr
Oberbessenbach b. Wächtersbach
Oberndorf
Orb (Bad)
Rechtenbach b. Lohr
Rieneck
Rothenbuch
Sailuf
Weibersbrunn
Wiesen
Wiesthal
Wirthheim b. Wächtersbach

Landkapitel Miltenberg
Amorbach
Bürgstadt
Dorfprozelten
Eichenbühl

Faulbach
Fechenbach
Großheubach
Heppdiel
Kirchzell
Klingenberg
Miltenberg
Mönchberg
Neunkirchen b. Miltenberg
Riedern
Röllbach
Röllfeld und Laudenbach
Schneeberg
Sommerau
Stadtprozelten
Weilbach
Wertheim

Landkapitel Montat
Aschaffenburg
Aschaffenburg-Damm
Erlenbach
Goldbach ü. Aschaffenburg
Großostheim
Groß-Umstadt
Großwallstadt
Groß-Zimmern
Hösbach
Johannesberg bei Aschaffenburg
Kleinwallstadt
Mömlingen
Mosbach bei Dieburg
Niedernberg
Obernau
Obernburg
Otzberg
Stockstadt
Sulzbach
Wenigumstadt
Wörth a. M.

Landkapitel Obernfeld (Eichsfeld)
Bernshausen
Desingerorde
Obernfeld
Rollshausen
Seeburg
Seulingen
Wollbrandshausen

Landkapitel Olm
Bodenheim
Budenheim
Harxheim
Lörzweiler
Mainz-Bretzenheim
Mainz-Drais
Mainz-Ebersheim
Mainz-Finthen
Mainz-Gonsenheim
Mainz-Hechtsheim
Mainz – Stift Heilig Kreuz
Mainz-Laubenheim
Mainz-Marienborn
Mainz-Mombach
Mainz-Weisenau
Nackenheim
Nieder-Olm
Nieder-Saulheim
Nierstein
Ober-Olm
Oppenheim
Zornheim

Landkapitel Rheingau
Assmannshausen
Bleidenstadt
Dasbach bei Linz a. Rhein
Eibingen
Eltville
Erbach
Frauenstein (Wiesbaden-F.)
Geisenheim
Hallgarten
Hattenheim
Johannesberg
Kiedrich
Lorch
Lorchhausen
Mittelheim
Neudorf
Nieder- und Ober-Gladbach
Nieder- und Ober-Walluf
Oestrich
Presberg
Ransel und Espenschied
Rauenthal
Rüdesheim
Schwalbach
Stephanshausen
Winkel

Landkapitel Rodgau
Alzenau
Bieber
Bürgel
Großauheim
Großkrotzenburg
Heusenstamm
Hörstein
Klein-Krotzenburg
Lämmerspiel
Mainflingen
Mömbris

Mülheim a. M.
Nieder-Roden
Ober-Roden
Seligenstadt
Somborn
Steinheim
Weiskirchen

Landkapitel Siegen
Burgholdingshausen
Irmgarteichen
Junkernhees
Keppel in Dalbruch (Stift)
Netphen
Siegen
Wilnsdorf und Rödgen

Landkapitel Simmern
Atlay
Biberen
Bundenbach
Gemünden
Hennweiler
Kappel
Kirchberg
Laubach
Laufersweiler
Ravengiersburg
Rayerschied
Rehbach (Wüstung)
Rhaunen
Schnorbach
Seesbach
Simmern
Sohren

Landkapitel Walldürn
Altheim
Hainstadt
Hettingen
Hettingenbeuren
Hollerbach
Limbach
Mudau
Rippberg
Schlierstadt
Seckach
Walldürn

Landkapitel Wiesenfeld (Eichsfeld, heute DDR)
Ershausen
Geismar
Heuthen
Kella
Martinsfeld
Rüstungen
Wiesenfeld

REGISTER

Autorenregister

Ortsregister

Personenregister

Die Anordnung und Schreibweise der Namen erfolgt im allgemeinen nach den Richtlinien der Neuen Deutschen Biographie, Bd. 1, Berlin 1953, S. XIII. Daher sind alle Angehörigen regierender Fürstenhäuser und alle geistlichen Fürsten unter ihren Vornamen eingeordnet, sodann solche Persönlichkeiten des Mittelalters, deren Beinamen lediglich Herkunfts-, Standes- oder Berufsbezeichnungen sind.
Abkürzungen: Bs.: Bischof; EB: Erzbischof; Kg./in.: König/-in; Ks./in.: Kaiser/-in; WBs.: Weihbischof

Abbildungsnachweise

Benz, Klaus, Mainz: 322

Bildarchiv H. J. Lauzi, Mainz: 319, 321

Bischöfliches Ordinariat, Mainz: 303, Faltkarten

Böhmelmann, Hans, Klein-Winternheim: 82, 88, 105, 141 a, nach 192, vor 193, 241, 250, vor 289

Böhner, K. u. a.: Das frühe Mittelalter (= Führer durch das Römisch-Germanische Zentralmuseum in Mainz, 1) Verlag Philipp von Zabern, Mainz 1970: 15

Brüggeboes/Mensing, Kirchengeschichte, Patmos Verlag Düsseldorf: 21

Dittrich, Otmar, Cuxhaven: 43, 108, 141 b

Dom- und Diözesanarchiv, Mainz: 236

Dom- und Diözesanmuseum, Mainz, Bildarchiv: 45, 116, 226, 274

Günther, Barbara, Mainz: 269

Mainzer Altertumsverein: 128–129

Jürgensmeier, Friedhelm, Osnabrück: nach 8, vor 33, 212, nach 240, vor 241

Mühl, Bernd, Budenheim: 41, 54–57, 206

Meller, Josef und Werling, Johannes Friedrich: Das Bistum Speyer. Ein Gang durch seine Geschichte. Pilger-Verlag Speyer 1987: 267

Petersohn, Hermann, Restaurator (Mainz, Dom- und Diözesanmuseum): nach 80, 204, nach 288

Priesterseminar Mainz: nach 48, vor 49, 176

Schmitt, Robert, Darmstadt: 282

Schulz, Uwe (Hrsg.): Die Geschichte Hessens. Konrad Theiss Verlag Stuttgart 1983: 25

Serarius, Nikolaus: Moguntiacarum rerum . . . libri V. Mainz 1604: 16, 19, 30, nach 32, 39, 73

Stadtarchiv Mainz, Plan- und Bildstelle: Vorsatzblatt, 67, 152, 161, 165, 183, 209, 224, 317

Studio Popp, Mainz: 265

Tümmler, Hans: Erfurt so wie es war. Droste Verlag Düsseldorf 1978: 100